현직 선생님이 들려주는

한자를 알면 세계가 좁다

漢字

교육용 학습한자
백과사전

현직 선생님이 들려주는

한자를 알면
세계가 좁다

김미화 글·그림

U 중앙에듀북스

"

똑똑 떨어지는 물방울이 바위에 구멍을 뚫듯이…
끈기와 인내심을 가지고 한자세계에 도전하는 모든 분들에게
이 책이 희망의 등대가 되기를 기원합니다.

"

문자(文字)는 살아 움직이는 생물체(生物體)와 같다. 그동안 지구상에는 수많은 문자들이 탄생했으나 대부분 경쟁에서 밀려 소멸하거나 겨우 명맥만 유지하고 있으며, 소수의 문자들만이 오늘날까지 경쟁력 있는 문자로 살아남았을 뿐이다. 한자(漢字)도 그 가운데 하나로 지난 수천 년 동안 변신에 변신을 거듭한 끝에 오늘날 가장 영향력 있는 문자의 반열에 오르게 되었다.

이렇듯 유구한 역사의 한자는 비록 우리 고유의 문자는 아니지만 천년 이상의 세월 동안 우리의 의식주 생활 깊숙이 파고들어와 우리와 희로애락을 함께 했다. 따라서 우리에게 한자 공부는 단순히 외국 문자를 하나 익히는 것 이상의 의미를 지닌다.

요 근래 중국은 고구려사(高句麗史) 왜곡 문제로, 일본은 독도(獨島) 문제로 우리의 심기를 건드리고 있다. 그럴 때마다 주먹 불끈 쥐고 얼굴을 붉혀봐야 아무

소용이 없다. 허공의 메아리일 뿐이다. 이에 대응할 실력을 갖추는 것만이 상대방의 도발을 무력화시킬 수 있는 방법이다.

그렇다면 광개토대왕의 비문(碑文)에 새겨져 있는 문장을 물 흐르듯 해석하기는 어렵다 해도 까막눈은 면해야 하는 것이 후손의 도리가 아닐까.

한자로 기록된 우리 고전의 태반은 지금도 곰팡이를 뒤집어쓴 채 지하실에서 잠자고 있다. 그렇다고 고전해석을 잘하기 위해 한자를 공부하는 것은 아니다. 오히려 현재의 국어생활을 풍부하게 하기 위해 필요하다. 한글과 한자는 상극(相剋)이 아니라 상생(相生)의 파트너이기 때문이다.

아프리카의 작은 나라의 말이라도 필요하다면 배워야 한다는 실용성 면에서 본다면 21세기의 한자는 일석다조(一石多鳥)라 할 수 있다. 예컨대 경주로 수학여행 온 일본학생들이 불국사 경내에 써 있는 한문을 해석하는 모습을 간혹 볼 수 있다. 우리 역시 중국이나 일본을 여행할 때 기본적인 한자만 알고 있어도 각종 안내문의 뜻을 대강은 파악할 수 있다. 한자를 아는 만큼 아시아는 작아지고, 나아가 세계가 점점 좁게 느껴지는 현상은 시간이 흐를수록 더욱 뚜렷해질 것으로 보인다.

그렇다면 정작 학교에서의 한문수업은 어떠한가?

중고등학교 때 한문은 고작해야 일주일에 1시간 내지 2시간을 배운다.

처음엔 그럭저럭 외우는 재미가 있다. 그런데 한자가 늘어나면서 이 한자 저 한자 뒤죽박죽 섞이게 되고 급기야 한자(漢字)만 보면 머리가 아파온다. 이제 漢字(한자)가 恨字(한자)로 보이는 건 시간문제다.

어느 날 수업을 하다가 문득 이런 생각이 들었다.

'한자를 편하고 즐겁게 외우게 할 방법은 없을까?'

이런 고민에서 출발한 이 책은 눈에 그림이 들어오는 순간 한자를 연상해서 오래 기억할 수 있게 하는 데 목적이 있다. 한자 한획 한획의 의미를 학술적으로 접근하다 보면 딱딱하고 지루해지기 쉽다. 그래서 한자의 구성 원리나 유래를 그림으로 표현해 쉽게 이해시키고 싶었다. 그렇다고 한자의 유래를 꼭 외워야 한다는 것은 아니다. 다만 한자를 외우고 뒤돌아서서 '뭐였더라?' 하는 일이 없게 도와주는 역할을 하고 싶은 것이 필자의 생각이다.

이제 즐겁게 한자를 배우고 싶다면 서두르지 말고 천천히 마라톤 하는 기분으로 공부하자. 그럼 어느 순간 끝자락이 보인다. 마술(魔術)처럼.

한자를 단숨에 정복할 수 있는 비법이나 지름길 같은 것은 없다. 밥을 꼭꼭 씹어 삼키듯 하루에 한두 자라도 날마다 꾸준히 외우는 것만이 최선의 방법이다.

자료 수집을 하면서 우여곡절도 많았지만 보람이 더 컸다. 특히 걸음마 수준이었던 포토샵 작업은 조잡하고 거친 그림을 한층 세련된 모양으로 탈바꿈시켜주었다. 몇 번에 걸쳐 중국을 여행하며 찍은 사진은 자칫 지루해지기 쉬운 내용을 부드럽게 하는 윤활유 역할을 해주었다. 여기에 우리나라, 중국, 대만, 홍콩, 일본 등의 한자 관련 사이트는 지식의 한계를 뛰어넘게 해준 정보의 보물창고 역할을 톡톡히 해주었다.

돌이켜 생각해 보니 묵묵히 뒤에서 응원을 아끼지 않았던 남편과 귀찮은 듯 투정을 섞어가며 열심히 커피를 타주었던 딸 희원은 독자의 눈으로 원고를 읽고 수정해준 첫 독자였다. 덕분에 지식의 난해함을 극복하고 한자를 어려워 하는 이들의 눈높이에 쉽게 접근할 수 있었다. 지금도 고마움과 감사의 마음이 진하게 밀려온다.

이 외에도 내가 힘들어 할 때마다 아낌없는 격려로 뒤에서 힘을 실어준 나의 지인(知人)들과 많은 제자들에게도 감사의 뜻을 전한다.

그리고 원고가 완성된 뒤에도 미흡한 부분이 보일 때마다 수정을 감행해 편집에 번거로움을 안겨주곤 했던 출판사 여러분께 깊은 감사를 표한다.

끝으로 이 책이 독자들이 눈으로 즐기며 여유롭게 공부할 수 있는 한자 지침서가 될 수 있기를 바란다.

학문의 미완성 속에 완성된 이 책이 세상 밖으로 나와 햇빛을 본다고 생각하니 나도 모르게 등줄기에서 식은땀이 흐른다.

김미화

차 례

머리말 ◀6

일러두기 ◀14

알아두면 좋은 중요 부수 한자 ◀16

프롤로그 ◀18

1 비슷해 보이지만 사실은 가짜, 짝퉁이야!

01 맹모삼천 孟母三遷 : 맹모, 자식 교육을 위해 이사를 세 번 하다 ◀26

02 단기지교 斷機之敎 : 자식을 일깨우려면 베 한 필쯤이야 싹둑! ◀38

03 정신이출 挺身而出 : 몸을 꼿꼿이 세워 앞으로 돌진하다 ◀53

04 철면피 鐵面皮 : 얼굴에 철판을 까는 것도 처세술이다?! ◀63

05 사이비 似而非 : 비슷해 보이지만 사실은 가짜, 짝퉁이야! ◀72

06 등용문 登龍門 : 예나 지금이나 출세는 정말 어려워 ◀80

07 양두구육 羊頭狗肉 : 한우만 취급한다면서 어찌된 거야!? ◀92

08 곡학아세 曲學阿世 : 학문을 왜곡시키는 어용학자는 각성하라! ◀113

09 문전성시 門前成市 : 잘 나갈 때는 집앞이 시장바닥이래! ◀125

2 좁은 땅덩어리에서 아옹다옹 싸우지 말자

10 어부지리 漁夫之利 : 어부가 엉겁결에 횡재를 하다 ◀ 134

11 소탐대실 小貪大失 : 작은 것을 탐내다 진짜 중요한 것을 잃는다 ◀ 154

12 상전벽해 桑田碧海 : 뽕밭에 지금은 마천루가 세워졌네 ◀ 166

13 문일지십 聞一知十 : 하나를 들으면 열을 알다 ◀ 176

14 후목분장 朽木糞牆 : 썩은 나무는 조각할 수 없듯 썩은 정신으로 무엇을 하랴! ◀ 184

15 천고마비 天高馬肥 : 하늘은 높고 말은 살찐다 ◀ 196

16 부귀재천 富貴在天 : 부귀는 하늘의 뜻에 달려 있다 ◀ 206

17 와각지쟁 蝸角之爭 : 좁은 땅덩어리에서 아옹다옹 싸우지 말자 ◀ 215

18 배중사영 杯中蛇影 : 술잔 속에 비친 뱀의 그림자를 보고 놀라다 ◀ 227

3 젖비린내 나는 녀석이 까불긴…

19 의심암귀 疑心暗鬼 : 의심이 의심을 부른다 ◀ 240

20 무용지용 無用之用 : 쓸모없이 보이는 것이 실은 쓸모가 있다 ◀ 247

21 천의무봉 天衣無縫 : 선녀의 옷은 꿰맨 자국이 없다 ◀ 254

22 구상유취 口尙乳臭 : 젖비린내 나는 녀석이 까불긴… ◀ 261

23 점심 點心 : 마음에 점을 찍듯이 가볍게 먹자 ◀ 275

24 조삼모사 朝三暮四 : 도토리를 아침에 세 개, 저녁에 네 개 주마 ◀ 290

25 점입가경 漸入佳境 : 점점 흥미진진해지네 ◀ 300

26 운우지정 雲雨之情 : 남녀간의 육체적 사랑 ◀ 310

27 가인박명 佳人薄命 : 미인은 불행해지기 쉽다네 ◀ 325

4 말을 이해하는 꽃이여, 그대는 누구인가

28 춘래불사춘 春來不似春 : 봄이 왔건만 내 마음은 아직 겨울이네 ◀ 334

29 추선 秋扇 : 가을 부채처럼 나는 버림받은 여자라네 ◀ 342

30 해어화 解語花 : 말을 이해하는 꽃이여, 그대는 누구인가 ◀349

31 비익조연리지 比翼鳥連理枝 : 우리 사랑 영원히! ◀358

32 경국지색 傾國之色 : 나라를 기우뚱하게 할 만한 미인 ◀370

33 구우일모 九牛一毛 : 아홉 마리의 소 가운데 박힌 한 터럭같이 가벼운 존재 ◀379

34 인생여조로 人生如朝露 : 우리 인생이 아침이슬! ◀387

35 가정맹어호 苛政猛於虎 : 포악한 정치는 호랑이보다 무섭다 하니 ◀401

36 와신상담 臥薪嘗膽 : 복수의 그날을 위하여! ◀420

5 스타 무조건 따라 하면 추녀 된다

37 서시빈목 西施嚬目 : 스타 무조건 따라 하면 추녀 된다 ◀438

38 양상군자 梁上君子 : 군자도 군자 나름일터 ◀451

39 오월동주 吳越同舟 : 외나무다리에서 만난 원수와 싸우지 말자 ◀460

40 청출어람 靑出於藍 : 스승을 뛰어넘는 제자가 되고 싶다 ◀466

41 형설지공 螢雪之功 : 공부하는 데는 환경보다 자신의 의지가 더 중요해 ◀479

42 오리무중 五里霧中 : 오리 안개 속으로 사라진 그대 찾을 수 있을까 ◀493

43 정문입설 程門立雪 : 눈 맞으며 떨지언정 스승의 낮잠을 방해할 수 없다 ◀506

44 단장 斷腸 : 자식 잃은 어미의 애끓는 심정을 누가 알리오 ◀515

45 반포지효 反哺之孝 : 까마귀도 하는 효도를 사람이 어찌 못하랴! ◀521

6 제 분수를 알고 처신하는 것이 세상을 사는 지혜

46 혼정신성 昏定晨省 : 아침저녁으로 인사만 잘 드려도 효자 소리 듣는다 ◀534

47 당랑거철 螳螂拒轍 : 제 분수를 모르고 날뛰다가 큰코다친다 ◀546

48 주지육림 酒池肉林 : 사치향락의 끝은 패가망신 ◀557

49 구밀복검 口蜜腹劍 : 번드르한 말에 혹하지 말자 ◀569

50 호연지기 浩然之氣 : 젊은이여, 큰 뜻을 품어라! ◀590

51 고황지질 膏肓之疾 : 고질병을 고칠 방법은 없을까 ◀605

52 도불습유 道不拾遺 : 길에 떨어진 돈 절대 안 가져가! ◀620

53 기화가거 奇貨可居 : 돈이 될 만한 것은 미리 사둬야 해 ◀633

54 분서갱유 焚書坑儒 : 절대권력을 유지하려면 언론탄압은 기본이야! ◀649

7 생활이 그대를 속일지라도 기뻐하거나 슬퍼하지 마라

55 지록위마 指鹿爲馬 : 멍청한 황제 농락 당하다! ◀662

56 화사첨족 畵蛇添足 : 원리원칙대로 하면 손해 안 본다 ◀672

57 쌍희임문 雙喜臨門 : 일생에 한 번 있을까 말까 한 겹경사! ◀681

58 유아독존 唯我獨尊 : 세상에서 내가 제일 잘났어! ◀694

59 퇴고 推敲 : 글이란 쓰는 것만큼이나 다듬기도 어려워 ◀708

60 난형난제 難兄難弟 : 형만한 아우가 없다는데… ◀717

61 칠보지시 七步之詩 : 권력 앞에선 혈육의 정도 소용없단 말인가! ◀731

62 새옹지마 塞翁之馬 : 생활이 그대를 속일지라도 기뻐하거나 슬퍼하지 마라 ◀746

63 토사구팽 兔死狗烹 : 몸 바쳐 충성하다 팽 당하면 너무 억울해! ◀756

부록

01 찾기 쉬운 필수생활한자 색인 ◀771

02 한중일 주요 속자 · 동자, 약자 · 간체자 ◀788

03 본문에 나오는 한자성어 165 ◀795

04 참고 문헌 및 사이트 ◀798

일러두기

이 책은 한자를 배우면서 답답함을 느끼는 사람들이 바르게 알고 쉽게 이해하도록 하는 데 그 목적이 있다. 한자의 이해 정도에 따라 집중적으로 공부할 부분을 스스로 정하고 읽으면 더 효과적이다. 마치 퍼즐게임 하듯 한자의 조각들을 조립하다 보면 한자 배우기가 쉬워진다. 조각을 많이 알면 알수록 한자정복이 눈앞에 보인다. 여기서 나아가 고사성어와 단어 활용까지 꼼꼼히 챙겨 읽으면 금상첨화라 할 수 있다.

1. 책을 읽기 전에 '알아두면 좋은 중요 부수 한자'를 알아두자. 부수 한자 214개 중에서 가장 활용이 많은 한자 184개를 선정했다.

2. 본문에 수록한 한자는 한문교육용 기초한자 1800자 중 1500자와 그 외 중요 한자를 합쳐 약 2000여 자이다.

3. 각 장에 나오는 한자는 적게는 15자 내외, 많은 것은 60여 자로 이루어져 있다.

4. 각 장의 제목으로 나온 성어의 한자는 노란 바탕색으로 다른 한자들과 구별할 수 있게 했다.

예)

5. 노란 바탕색의 한자를 시작으로 같은 음을 가진 한자들을 중심으로 배열했다. 즉 음과 뜻으로 결합한 형성의 원리로 분리했다. 간혹 음과 관련 없다 하더라도 함께 알아두면 좋은 한자들도 넣었다.

예)

6. 활용이 많지 않거나 묶어서 설명하기 좋은 경우엔 한자어로 제시했다.

예)

7. 그림과 함께 설명한 한자의 유래는 허신(許愼)의 《설문해자(說文解字)》를 중심으로 청나라 때 문자학자 왕균(王筠)의 《문자몽구(文字蒙求)》와 강은(康殷)의 《문자원류천석 석례편(文字源流淺析 釋例篇)》을 주로 참고했

다. 그외 다른 사람의 설(說)은 참고문헌으로 대신하였다. 유래가 여러 개일 경우에는 쉽게 외우는 데 도움이 되는 것으로 택했다.

예)
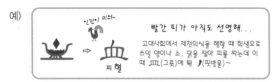

8. 유래가 변형이 심해 알기 어렵거나 외우는 데 도움이 되는 다른 방법이 있는 경우에는 필자 임의대로 설명을 붙였다. 이런 경우 '내 맘대로 해석'이란 타이틀을 붙여두었다.

예) 🐓🐥 내 맘대로 해석 🐓🐥

9. 활용이 많은 중국의 간체자와 우리나라에서도 통용되는 일본의 약자를 함께 실어 중국어와 일본어를 공부하는 데 도움이 되게 했다. 더불어 속자와 동자도 실었다.

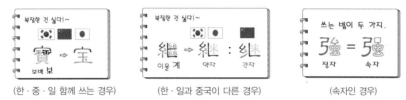

(한·중·일 함께 쓰는 경우)　　　(한·일과 중국이 다른 경우)　　　(속자인 경우)

10. 음과 뜻을 함께 적을 때는 두음법칙을 적용하지 않았다. 다만 독음만 쓸 때는 두음법칙을 적용했다.

예) 雙 喜 臨 門 : 쌍희임문　　　登 龍 門 : 등용문
　　쌍 쌍 기쁠 희 임할 림 문 문　　오를 등 용 룡 문 문

11. 한자 옆의 (　)속은 문맥의 흐름상 음과 뜻을 모두 넣는 경우와 뜻만 넣는 경우, 그리고 음만 넣는 경우가 있다.

예 1) 犬 (개 견)　　　예 2) 犬 (개)　　　예 3) 犬 (견)

12. 삽화와 사진을 삽입해 연상작용에 의한 한자학습 효과와 함께 책을 읽는 데 지루함을 덜어주는 일석이조의 효과를 거둘 수 있게 했다.

13. 한자의 음과 뜻을 함께 쓰는 경우 음이 변했을 때는 '화살표'로 표시했다.

14. 국한문을 병기할 때는 한글 다음에 한자를 괄호로 처리하는 것이 원칙이나 한자의 의미를 강조하거나 문맥의 흐름상 한자를 노출시키는 경우도 있다.

15. '미운 오리와 그의 친구들'은 한자 이해에 도움을 주는 길잡이로 딱딱한 느낌을 줄여 주는 역할을 맡았다.

< 미운 오리와 그의 친구들 >

알아두면 좋은 중요 부수 한자

〈사람〉

耳 귀 이	目 눈 목	口 입 구	鼻 코 비	齒 이 치
身 몸 신	尸 주검 시	歹 앙상한뼈 알	力 힘 력	骨 뼈 골
士 선비 사	文 글월 문	立 설 립	女 계집 녀	子 아들 자
血 피 혈	入 들 입	大 큰 대	長 길 장	色 빛 색
欠 하품 흠	言 말씀 언	舌 혀 설	行 갈 행	比 견줄 비
見 볼 견	曰 가로 왈	甘 달 감	己 몸 기	自 스스로 자
父 아버지 부	氏 성 씨	臣 신하 신	夊 천천히걸을 쇠	彳 두인변

寸 마디 촌	又 또 우	厶 나 사	廾 들 공	彡 터럭 삼
止 그칠 지	癶 걸음 발	卜 점 복	殳 몽둥이 수	支 버틸 지
辵 민책받침	走 달릴 주	首 머리 수	頁 머리 혈	面 얼굴 면
而 말이을 이	心(忄小) 마음 심 (심방변)		攴(攵) 칠 복 (등글월문)	
人(亻) 사람 인 (사람인변)		肉(月) 고기 육 (육달월변)		老(耂) 늙을 로
手(扌) 손 수 (재방변)		爪(爫) 손톱 조		足(𧾷) 발 족
辵(辶) 천천히걸을 착 (책받침)		卩(㔾) 병부 절		

16

〈자연〉

山 메 산	田 밭 전	夕 저녁 석	月 달 월	小 작을 소	一 한 일	二 두 이	八 여덟 팔	十 열 십	玄 검을 현
石 돌 석	木 나무 목	金 쇠 금	土 흙 토	日 해 일	白 흰 백	赤 붉을 적	青 푸를 청	黃 누를 황	黑 검을 흑
禾 벼 화	米 쌀 미	貝 조개 패	瓜 오이 과	風 바람 풍	羊 양 양	羽 깃 우	非 아닐 비	豕 돼지 시	多 해태 치
辰 별 진	雨 비 우	谷 골 곡	气 기운 기	虫 벌레 충	馬 말 마	魚 물고기 어	鳥 새 조	鹿 사슴 록	虍 범 호
齊 가지런할 제	氵 水 이수변 물 수 (삼수변)	巛(川) 개미허리 (내 천)			隹 새 추	飛 날 비	龍 용 룡	龜 거북 귀	鼠 쥐 서
艸(艹) 풀 초 (초두머리)	竹(⺮) 대죽 (대죽머리)	玉(王) 구슬 옥 (구슬옥변)			舛 어그러질 천	角 뿔 각	牙 어금니 아	牛 소 우	犬(犭) 개 견 (개사슴록변)
火(灬) 불 화 (불화녕)	乙(乚) 새 을								

〈생활〉

亠 민갓머리	宀 갓머리	厂 언덕 한	广 집 엄	戶 집 호	口 큰입구변	毋 말 무	生 날 생	用 쓸 용	香 향기 향
几 안석 궤	勹 쌀 포	匕 비수 비	工 장인 공	干 방패 간	襾 덮을 아	聿 붓 율	疒 병들 녁	鬼 귀신 귀	缶 장군 부
弋 주살 익	戈 창 과	弓 활 궁	斤 도끼 근	方 모날 방	至 이를 지	臼 절구 구	鬥 싸울 투	鹵 소금밭 로	麥 보리 맥
矛 창 모	矢 화살 시	缶 장군 부	舟 배 주	辛 매울 신	麻 삼 마	鼓 북 고	鼎 솥 정	爿 장수 장	片 조각 편
皿 그릇 명	豆 콩 두	瓦 기와 와	酉 닭 유	斗 말 두	刀(刂) 칼 도 (선칼도방)	食(飠) 먹을 식	网(罒) 그물 망		
毛 털 모	巾 수건 건	車 수레 거	高 높을 고	門 문 문	穴(宀) 구멍 혈	糸(糹) 실 사 (실사변)	示(礻) 보일 시		
皮 가죽 피	革 가죽 혁	韋 가죽 위	里 마을 리	音 소리 음	阜(阝) 언덕 부 (좌부변)	邑(阝) 고을 읍 (우부병)	衣(衤) 옷 의 (옷의변)		

프롤로그 : 한자의 고정관념을 깨자

고등학교에서 한문시험을 앞둔 학생들이 꼭 한번은 던지는 질문이 있다.

"선생님, 부수랑 획수, 필순, 육서도 시험에 나오나요?"

중학교 때 한문시험에서 골탕(?) 먹은 추억이 있는 학생들에겐 초미(焦眉)의 관심사가 아닐 수 없다. 그런데 해마다 이런 질문을 하는 학생들이 있는 걸 보면 중학교 한문시간에 시달림을 받은 것이 분명하다. 그럼 지금부터 궁금증을 하나씩 짚어보기로 하자.

육서를 배우는 이유

日(해 일), 鳥(새 조)는 구체적인 그림(상형문자)을, 上(위 상), 下(아래 하)는 추상적인 그림(지사문자)을 그렸다. 이렇게 만들어진 한자를 다시 2개 혹은 3개를 결합시켜 만든 한자를 회의(會意)문자와 형성(形聲)문자라고 한다. 여기에서 주목할 것은 뜻과 음으로 결합한 형성문자가 전체 한자의 80%가 넘는다는 사실이다.

한자를 쉽게 외울 수 있는 열쇠가 바로 이 형성문자의 이해에서 출발한다. 동시에 육서를 배우는 가장 큰 이유이기도 하다.

형성문자를 제대로 이해하기 위해서는 다음 3가지를 알아야 한다.

1〉가장 기본적인 형성원리	2〉음과 함께 뜻도 포함	3〉음이 변한 경우

枯 = 木 (나무 목, 뜻) + 古 (옛 고, 음) → 마를 고

漁 = 氵(물, 뜻) + 魚 (물고기 어, 뜻+음) → 고기잡을 어

情 = 忄(마음, 뜻) + 靑 (푸를 청, 음) → 뜻 정

두 번째에서 보듯 음으로 나온 한자가 뜻을 포함한 경우가 다반사이다.

주의할 것은 세 번째인데 음으로 나온 한자가 시간이 지나면서 변하기도 하는데 종성까지 변하는 경우는 많지 않다.

따라서 형성의 원리를 활용하면 한자가 뒤죽박죽 섞이지 않게 외울 수 있다.

부수와 획수는 반드시 외워야 하나

중학교 때 한자와 함께 부수와 획수를 패키지로 묶어 달달 외웠던 추억(?)이 있다. 왜 외워야 하는지 알지도 못하면서 말이다.

그렇다면 부수란 것이 정말 꼭 외워야 할 만큼 중요한 걸까?

정답은 단언하건대 "아니다" 이다.

한자사전을 펼치면 가장 먼저 눈에 들어오는 것이 위풍당당한 부수일람표이다. 후한(後漢)시대 문자학자 허신(許愼)이 한자의 기원을 밝혀 쓴 《설문해자(說文解字)》에서 540개의 부수로 분류한 것이 최초이다. 그러나 허신도 분류가 쉽지 않은 것은 할 수 없이 억지로 끼워 넣기도 했는데 시간이 흐르면서 214개로 정리되어 현재에 이르렀다.

그런데 시중에 나와 있는 중국어사전 중에 《현대중한사전》(고려대학교 민족문화연구소)을 보면 189개의 부수로 분류했다. 그러니까 부수가 다른 한자도 있다는 것이다. 제부수로 알고 있는 아래 한자들을 《현대중한사전》에서 찾아보았다.

生(날 생) : 丿 4획   行(다닐 행) : 彳 3획   甘(달 감) : 一 4획

色(빛 색) : 刀 4획   香(향기 향) : 禾 4획   高(높을 고) : 亠 8획

이렇게 부수는 사전마다 조금씩 다를 수 있다.

그렇다면 부수가 의미하는 것은 무엇일까? 일반적으로 한자의 핵심 부분인 '뜻'을 나타낸다. 그리고 부수를 뺀 나머지 한자가 '음' 임을 추측할 수 있다. 앞서 설명한 형성(形聲)의 원리를 적극적으로 활용하기 위해 필요한 것이 부수인 것이다.

게다가 부수는 대부분 상형(象形)과 지사(指事)로 이루어진 기초한자가 대부분이라 처음 배울 때 알아두면 일석이조(一石二鳥)이다.

부수는 시험에 나오니까 틀리지 않으려고 달달 외우고 뒤돌아서 잊어버려도 되는 천덕꾸러기가 아니다.

부수에 따라 분류한 한자사전들과 달리 공통의 음으로 분류한 사전도 있다. 예컨대 Rick Harbaugh의 《중문자보(中文字譜)》가 그것이다.

우리의 생각을 뒤집은 사전이 아닌가.

공통의 음을 가진 한자들을 패키지로 묶어 외우는 것이 더 쉽다고 생각한 필자 역시 이 분류 방법을 참고했다.

획수는 또 어떠한가?

같은 한자인데 획수가 다르다면

중문자보(中文字譜) / Rick Harbaugh

'설마?' 하겠지만 《현대중한사전》을 보면 3획인 辶(민책받침), 阝(좌부방), 阝(우부방)이 2획에 들어 있다.

게다가 어떤 것은 한 획으로 해야 할지, 두 획으로 해야 할지 헷갈리는 것도 있다.

예를 들면 己(몸 기)가 3획이니 弓(활 궁)은 4획이겠거니 생각하기 쉽다. 그러나 3획이다. 이런 한자가 시험문제에 불쑥 튀어나오면 딱 함정에 빠지기 쉽다.

사실 한자의 3요소인 형(形 : 꼴), 음(音 : 소리), 의(義 : 뜻)를 외우기에도 버겁다. 그런데 여기에 부수, 필순, 획수 같은 군더더기까지 외워야 한다니 머리가 아플 수밖에 없다. 이제 이런 무의미한 소모전은 이제 끝내야 하지 않을까.

꼭 필순에 맞춰 써야 하나

한글을 공책에 처음 쓰기 시작할 때는 누구나 정자로 또박또박 쓴다. 그러다 익숙해졌다 싶으면 자신만의 개성체가 나오고 여기에 살짝 순서도 무시하며 쓴다.

한자도 마찬가지다.

물론 위에서 아래로, 왼쪽에서 오른쪽으로 쓰는 기본적인 필순은 지키되 나머지는 순서에 너무 얽매이지 않아야 한자 쓰기가 즐겁다.

현대 중국인들 중에 한자를 서예체로 멋들어지게 쓰는 사람을 별로 보지 못했으며, 필순도 엄격히 지키는 것 같지 않다. 그런데 우린 조금만 삐뚤하게 쓰거나 순서를 좀 어긴다 싶으면 뒤통수로 핀잔 한 마디가 날아온다.

"한자를 이렇게밖에 못 쓰냐?"

선천적으로 타고난 악필(惡筆)과 졸필(拙筆)의 소유자들은 참담하다. 그래서 한자만 보면 주눅이 들어 펜 끝이 떨린다. 지금 손에 들고 있는 것은 붓이 아니라 펜인데 말이다.

다음 서체를 보자.

요즘 중국의 인터넷에서 흔히 볼 수 있는데 이렇게 21세기에 맞게 다양한 서체가 개발되고 있다. 그러니 한자를 폼 나게 못 쓴다고 그리고 순서가 좀 틀렸다고 너무 기죽지 말자!

한자를 알면 중국어와 일본어가 저절로 보인다!?

지금 중국은 간체자(簡體字)를, 일본은 약자(略字)를 정자(正字)와 함께 섞어 쓰고 있다.

예컨대 정자인 經濟(경제)를 중국에서는 간체자인 经济(jing ji : 징지)로 일본에서는 약자인 経済(けいざい : 게이자이)로 쓴다.

그렇다면 정자는 무용지물(無用之物)?

그러나 정자(중국에서는 번체자라고 함)를 모르고 일본어나 중국어를 공부하면 經濟(경제)를 한자 음으로 읽지 못하는 웃지 못할 일이 벌어진다.

이런 문제를 한꺼번에 해결할 수 있는 해법은 정자(正字)를 먼저 배우는 데서 찾을 수 있다.

특히 중국의 간체자는 정자에서 일부를 생략한 것이 많아 정자의 모습을 유추해 낼 수 있다. 물론 전혀 다른 모양으로 변형한 간체자는 어쩔 수 없이 따로 외워야 하는 불편함도 있다.

중국의 어느 대학교에서 있었던 일이다. 한 학생이 도서관에 가서 중국 역사서인 《後漢書(후한서)》를 열람하는데 반나절이 지나도록 찾지 못했다. 왜냐하면 간체자인 《后汉书(후한서)》만 알고 있었기 때문이다. 한자의 정자를 모르고 중국어를 공부하면 대만, 홍콩에서 쓰는 중국어를 제대로 읽지 못할 수 있다.

그럼 여기서 각 나라에서 쓰는 한자어를 비교해 보자.

한국	정치	경제	사회	문화	예술	
韓國	政治	經濟	社會	文化	藝術	: 정자(한국, 대만, 홍콩)
韓国	政治	経済	社会	文化	芸術	: 약자(일본)
韩国	政治	经济	社会	文化	艺术	: 간체자(중국)

社會(사회)처럼 약자와 간체자가 같은 경우도 있지만 藝術(예술)처럼 다른 경우도 있다. 보다시피 중국과 일본이 문제다. 그나마 모양은 달라졌어도 뜻은 통하니 다행이다 싶겠지만 그렇지 않은 경우도 있다.

예컨대 중국에서는 老婆(노파)가 '부인'이고 新聞(신문)이 '뉴스'란 뜻이다.

필자도 중국어 공부할 때 '어? 왜 이런 뜻이지?' 하며 순간 당황했던 기억이 있다.

그런데 시간이 지나면서 두 가지의 뜻이 구별되어 기억장치에 저장된다.

그러기 위해서는 정자(正字)를 많이 알고 있어야 함은 말할 것도 없다. 우리나라는 정자로 쓰는 것을 원칙으로 하면서 일본에서 쓰는 약자도 일부분 같이 쓰고 있다. 사실 정자만 알아도 대만이나 홍콩, 일본의 홈페이지에 들어가서 필요한 자료를 찾는 데 별 어려움은 없다. 그러니 정자부터 먼저 외우자. 그래야 중국어, 일본어 모두를 즐겁게 공부할 수 있다.

1

비슷해 보이지만 사실은 가짜, 짝퉁이야!

01 맹모삼천 孟母三遷
02 단기지교 斷機之敎
03 정신이출 挺身而出
04 철 면 피 鐵 面 皮
05 사 이 비 似 而 非
06 등 용 문 登 龍 門
07 양두구육 羊頭狗肉
08 곡학아세 曲學阿世
09 문전성시 門前成市

孟 母 三 遷

맏**맹** 어머니**모** 석**삼** 옮길**천**

1. 맹모삼천

직역 : 맹자 어머니(교육을 위해) 세 번 이사가다.

의역 : 자식 교육에는 환경의 영향이 가장 중요함.

유사어 : 근주자적 근묵자흑(近朱者赤 近墨者黑) – 주사(朱砂)를 가까이 하면 붉게 되고 먹물을 가까이 하면 검게 된다. 즉, 좋은 사람과 가까이 하면 좋은 사람이 되고 나쁜 사람과 가까이 하면 저절로 나쁜 사람이 된다.

맹자(孟子)가 대유학자로서 명성을 얻는데는 어머니의 공(功)이 절대적이었다.

맹모(孟母)는 맹자를 잉태한 후 태교(胎敎)하는 것부터 남다른 정성을 쏟았는데 《한시외전(韓詩外傳)》에 그 기록이 남아 있다.

"내가 자식(맹자)을 잉태하였을 때 자리가 바르지 않으면 앉지 않았으며, 자른 것이 바르지 않아도 역시 먹지 않았다."

한편 맹자가 태어나는 날 맹모가 꿈을 꾸었는데, 신(神)이 상운(祥雲)을 타고 태산에서 내려와 지붕 위로 날아왔다. 맹모가 이상히 여겨 바라보고 있는데 갑자기 조각구름이 되어 떨어지는 것이 아닌가. 깜짝 놀라 깨어 보니 꿈이었다.

이렇게 태어난 맹자는 마안산(馬鞍山) 아래 공동묘지 근처에 살았는데 시도 때도 없이 장례 행렬을 만나곤 하였다. 그 때문인지 맹자는 땅을 파고 시체를 묻는 흉내와 곡소리를 내며 놀기 좋아했다. 이것을 본 맹모는 가슴이 아팠다. 그렇다고 한창 뛰어놀 나이인 아들을 집안에 가두어둘 수도 없는 노릇이었다. 결국 그곳을 떠나는 수밖에 없다는 결론을 내리고 10리쯤 떨어진 곳으로 이사했다. 그런데 그곳은 하필 시장 근처여서 각지에서 몰려든 장사꾼들로 늘 붐비고 그들이 흥정하는 소리로 소란스러웠다. 그러자 맹자도 친구들과 흥정하는 흉내를 내면서 돌아다녔다.

'이 동네도 내 아들이 살 만한 곳이 아니구나' 하고 생각한 맹모는 반년 만에 서당 근처로 이사했다. 서당에서 학동들이 학문과 예절교육을 받는 모습을 본 맹자는 제기(祭器)를 가지런히 놓고 제사를 지내고 뒤로 물러나 공손히 인사하며, 예의를 갖추어 말하는 법을 따라하기 시작했다. 그제서야 맹모는 '여기야말로 내 아들이 생활하기에 가장 좋은 곳이구나' 하며 좋아했다.

맹모가 남긴 또 하나의 일화

어느 날 맹자의 이웃집에서 돼지를 잡았다. 이것을 본 맹자가 어머니에게 물었다.

"어머니, 동쪽 집에서 돼지를 잡고 있던데 왜 잡는 거예요?"

그러자 맹모는 농담으로 이렇게 대답했다.

"우리 아들 먹이려고 잡지."

그러자 맹자는 신바람이 나서 밖으로 나갔다.

얼마 후 맹모는 조금 전에 농담한 것이 후회가 되었다.

'예로부터 태교라 하여 뱃속의 아이도 올바로 교육시키는데 나는 호기심으로 가득 찬 어린 아들에게 아무 생각 없이 농담으로 대답했으니 훗날 내가 무슨 말을 해도 믿지 않을 것이야. 그럼 안 되지.'

이런 생각이 들자 맹모는 즉시 시장에 가서 돼지고기를 샀다. 그리고 그날 저녁 돼지고기를 밥상에 올려놓자 맹자가 신이 나서 먹었다. '말한 것은 반드시 실천하고 실천하면 반드시 결과가 있다'를 보여주는 일화이다.

孟
맏 **맹**

皿 (그릇 명)을 보면《어린 왕자》에 나오는 '모자' 나 '코끼리를 잡아먹은 보아뱀' 이 생각난다. 어쨌거니 子 (자식)이 皿 (그릇) 속에 들어 있다?

이 한자의 유래는 여러 가지가 있는데 그 중 가장 신빙성 있는 것을 보자.

저도 아빠 자식이여요!

그릇 명

맏 맹

세상에 이런 일이 ...

첫 子 (자식)을 요리해서 皿 (접시)에 담은 모습이다.
결혼한 신부가 첫 아기를 출산하면 기다렸다는 듯이 요리를 해서 맛있게(?) 먹었다는데...
믿거나 말거나라구?!~

'정말 이런 일이 있었을까?' 하겠지만, 중국 고대사회에서 흔히 있었던 '첫아이 죽이기' 는 결국 아버지의 혈통이 아닐 것이라는 의심에서 출발했다.

임신기간이 열 달인 것을 알게 된 것은 전국시대(기원전 403~221년) 무렵으로 그 전 시대엔 정확한 계산이 어려웠다. 게다가 정조관념이 없어 혼전 성관계가 자유롭던 고대시대에서 첫아이의 존재는 아버지 입장에서 보면 매우 부담스러웠다. 그래도 설마 요리까지 해서 먹었을까 생각하겠지만 아이를 요리해서 먹었다는 엽기적인 이야기는 중국 전적(典籍)의 여러 곳에 기록으로 남아 있는 걸 어쩌랴.

하긴 지금도 요리의 천국으로 알려져 있는 중국은 맛을 위해서라면 어떤 재료도 가리지 않는 민족이 아니던가. 어쨌든 지금의 '1가구 1자녀' 정책 속에 자라난 첫아이는 '소황제(小皇帝)' 의 대접을 받는다니 그야말로 격세지감(隔世之感)이 아닌가.

'맏이, 첫째' 란 뜻으로 나온 孟(맏 맹)은 오늘날 '성씨 맹' 으로 더 많이 알려져 있다. 맹자(孟子)가 바로 대표적인 예이다.

■ 孟春(맹춘) 초봄. 이른 봄.
■ 孟子(맹자) 孔子(공자)의 사상을 이어 아성(亞聖)이라 불림.

孟(맹)을 음으로 취한 한자를 보자.

孟(맏아이)를 요리해 먹는 모습은 犭(개)보다도 더 잔인하고 끔찍하기까지 하다.

여기서 '사납다' 는 뜻이 나오고 뒤에 '날래다' '엄하다' 는 뜻이 나왔다.

사나울 **맹**

■ 猛犬(맹견) 사나운 개.
■ 猛打(맹타) 연달아 때리거나 침.
■ 猛獸(맹수) 사나운 짐승.
■ 勇猛(용맹) 용감하고 사나움.

그럼 여기서 犭(개)의 본 모습을 보기로 하자.

사람이 손을 크게 벌린 모습에서 大(큰 대)가 나왔는데 많고 많은 동물 중에 개에게 大(대)를 넣어 만든 것을 보면 사람과 가깝게 지낸 것이 분명하다. 여기에 살랑살랑 흔들어대는 丿(개 꼬리)를 추가했다.

이 한자는 변형부수가 더 자주 나오므로 꼭 알아두자.

개 **견**

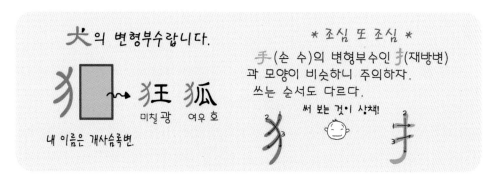

犬의 변형부수랍니다.

犭 → 狂 狐
   미칠 광 여우 호

내 이름은 개사슴록변.

＊ 조심 또 조심 ＊
手(손 수)의 변형부수인 扌(재방변)과 모양이 비슷하니 주의하자. 쓰는 순서도 다르다.

써 보는 것이 상책!

- 愛犬(애견) 개를 귀여워함. 또는 그 개.
- 犬猿之間(견원지간) 개와 원숭이의 사이라는 뜻으로, 사이가 매우 나쁜 두 사람의 관계를 비유하는 말.

갑자기 **돌**

불과 몇 십년 전만 해도 시골 마을에 낯선 사람이 나타나면 집안에 있던 犬(개)가 '갑자기' 穴(개구멍)에서 튀어나와 사람을 놀라게 하곤 했다. 突(갑자기 돌)은 이렇게 만들어졌다.

- 突進(돌진) 세찬 기세로 거침없이 곧장 나아감.
- 突發(돌발) 뜻밖의 일이 갑자기 일어남.
- 突出(돌출) 쑥 내밀거나 불거져 있음.
- 突然變異(돌연변이) 생물체에서 어버이의 계통에 없던 새로운 형질이 갑자기 나타나는 일.

그럼 또 다른 한자와 함께 정리하자.

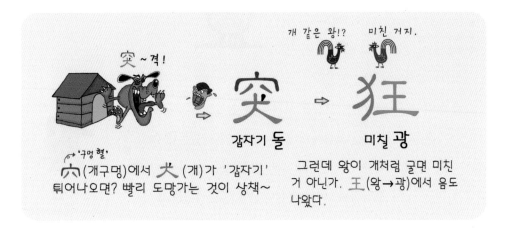

突 ~ 격!

'구멍 혈'
穴(개구멍)에서 犬(개)가 '갑자기' 튀어나오면? 빨리 도망가는 것이 상책~

突
갑자기 **돌**

개 같은 왕!? 미친 거지.

⇒ 狂
미칠 **광**

그런데 왕이 개처럼 굴면 미친 거 아닌가. 王(왕→광)에서 음도 나왔다.

미칠 **광**

예나 지금이나 정신나간 王(왕)이 광란(狂亂)의 밤을 즐기면 그 불똥은 고스란히 백성에게 돌아간다. 죽지도 못하고 근근이 목숨을 연명하던 백성들 눈에 이런 王(왕)은 미친 犭(개)로 보인다. 따라서 미쳐 날뛰는 것 중에 제일 피해가 심한 것이 한 나라를 통치하는 王(왕)이다. 이렇게 음을 취한 듯하면서 뜻도 살짝 끼워 넣으면 전달력이 훨씬 강해지는 효과가 있다. 요즘 들어서는 '어떤 일이나 대상을 미치게 좋아한다'는 mania(마니아)란 뜻으로 자주 나온다.

30

- 狂風(광풍) 미친 듯이 사납게 휘몰아치는 거센 바람.
- 狂犬(광견) 미친 개.
- 發狂(발광) 미친 병의 증세가 밖으로 드러나 비정상적이고 격하게 행동함.
- 熱狂(열광) 미친 듯이 날뜀.

개가 눈물을 흘린다?

집 잃고 떠돌아다니다 보면 개도 서러워 눈물이 나는 걸까? 이건 사람도 마찬가지인데……. 사실 戾(사나울 려 → 루)에서 음을 취했다는데 아래 그림으로 외우면 쉽지 않을까?

눈물 **루**

세상에서 가장 슬픈 물방울은?

집 호

집 그리워 흘리는 강아지 눈물~

중국에서는 氵(물방울)이 目(눈)에 맺힌 泪(눈물 루)를 쓴다해.

涙 = 泪

난 하루만 굶어도 눈물이 나~

이 한자는 활용도가 많지 않음에도 불구하고 교육용 기초한자 1800자에 들어가 있다. 혹시 이인직의 신소설 〈'혈의 涙(누)'〉 때문이 아닐까?

이제부터는 皿(그릇 명)이 들어 있는 한자에 대해 알아보자.

설마 그릇에 묻은 첫 아이의 핏자국은 아니겠지…….

그렇게 잔인한 유래를 가지고 있다면 소름끼치겠지만 다행히 아니다. 그렇다면?

피 **혈**

흑, 血의 淚야.

빨간 피가 아직도 선명해...

고대사회에서 제천의식을 행할 때 희생으로 쓰일 양이나 소, 닭을 잡아 피를 짜는데 이 때 血(그릇)에 튄 ✔(핏방울)~

피 혈

血(그릇)에 튄 ✔(핏방울)이 선명하다.

- 血液型(혈액형)　혈구와 혈청의 응집 반응으로 혈액을 분류한 형.
- 獻血(헌혈)　(수혈하는 데 쓰도록) 자기의 피를 바치는 일.
- 血肉(혈육)　(자기가 낳은) 자식.

따뜻할 **온**

　알고 보면 한자도 외우는 즐거움이 있는데 미리 겁부터 먹기 때문에 '한자는 지겹고 재미없는 문자' 로 전락하게 된 것이다. 복잡하게만 보이는 이 한자의 모습을 그린 그림을 보자.

아, 따뜻해.

아기는 지금 목욕 중...

김이 氵(모락모락) 나는 皿(욕조) 속에 人(아기)가 목욕을 하고 있다 이때 囚(욕조 속 아기)의 표정은? 아~~ 따뜻해!

따뜻할 온

뭐 이 정도면 외울만 하지 않을까?

탕 속의 물을 따뜻하게 데운다는 데서 '익히다' '따뜻하다' 가 나왔다.

- 溫氣(온기)　따뜻한 기운.
- 溫泉(온천)　뜨거운 물이 자연적으로 솟아나는 샘.

溫(따뜻할 온)이 들어 있는 대표적인 한자성어도 알아두자.

고전 속에 현재와 미래가 있다.

溫 故 知 新
익힐온 옛고 알지 새신

공자(孔子)가 말씀하셨다.
"옛 것을 익혀 새로운 것을 알면 비로소 다른 사람의 스승이 될 만하다."
즉, 옛 것을 연구하고 익힌 것을 통해 새 지식이나 창의력이 나온다는 뜻이다.
따라서 옛 것만을 아는 데에 그치지 않고 새로운 이론과 이치를 창조할 수 있어야 진정한 스승이 될 수 있다는 말씀이다.

일상생활에 흔히 쓰이는 이런 한자성어는 꼭 알아두자.

'널리 인간을 이롭게 한다' 는 뜻인 弘益人間(홍익인간)은 다 알다시피 우리나라의 건국이념이다. 여기서 보이는 益 (더할 익)은 皿(그릇)에 水(물)이 찰랑거리는 모양을 그렸는데 시간이 지나면서 ⺍(물)이 90도로 회전한 모양으로 변했다.

넓을 **홍**   더할 **익**

그릇에 물을 붓는다는 데서 ① '더할 익' 과 ② '이로울 익' 이 나왔다.

■ 損益(손익) 손실과 이익.
■ 無益(무익) 이로움이 없음.

그런데 이 한자의 뜻에 ③ '더욱 익' 이 있다는 것을 알아야 다음에 나오는 한자 어들을 정확하게 해석할 수 있다.

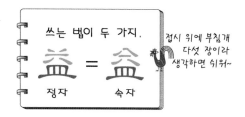

쓰는 법이 두 가지.

益 = 益
정자   속자

접시 위에 부침개 다섯 장이라 생각하면 쉬워~

일상생활에 흔히 쓰는 이런 한자어들은 알아두면 유용하다.

그렇다면 (넓을 홍)은 어떻게 만들어진 걸까? 활을 그린 弓(활 궁)과 팔뚝 모양을 한 厶(나 사)가 결합해서 '넓을 홍'이 되었단다. 무거운 활을 거뜬히 들고 창공을 향해 활시위를 당기는 우리나라 양궁선수들의 팔뚝을 생각하면 쉽게 이해할 수 있다.

오호, 우리 양궁 선수의 팔뚝을 생각하시라. 멀리 나가는건 당연지사야.

우리 민족의 자긍심을 보여주는 한자어 弘益(홍익)을 넣어 만든 상호를 길거리에서 쉽게 볼 수 있다. 그럼 여기서 弘(넓을 홍)을 음으로 취한 한자를 보자.

강할 **강**   약할 **약**

弘(넓을 홍 → 강)에서 음을 취하고 虫(벌레 충)을 끼워 넣었다. 원래 벌레이름으로 나왔다가 ① '강할 강'이 되었다니 억지가 심하다. 벌레가 강해봐야 얼마나 강할까? 괜히 인간인 우리가 초라해진다. 그래서 이 한자에 또 하나의 뜻인 ② '억지로 강' 이 있나 보다.

1. 강할 강 強力(강력) 강한 힘.
    強國(강국) 강성한 나라.
2. 억지로 강 強盜(강도) 강제로 남의 금품을 빼앗는 일.
    強奪(강탈) 남의 것을 강제로 빼앗음.

強(강)과 모양은 비슷한데 뜻은 정반대인 弱(약할 약)은 弓(활)을 너무 많이 사용해서 감은 천이 彡(너덜너덜)거리는 모습에서 나왔다.

強弱(강약) 같은 반의어는 함께 외워야 쉽게 외워진다.

父母(부모)! 듣기만 해도 가슴이 뭉클해지는 단어 아닌가. 父(아버지 부)는 도끼를 그린 모양이라고 하니 용감한 아버지의 모습이다.

그렇다면 母(어머니 모)는 어떻게 만들었을까?

아버지 부　어머니 모

나에게 가장 중요한 일은? 아기에게 젖먹이는 일!

엄마가 아기에게 젖을 먹이는 모습에서 엄마의 가슴만 남았다.

엄마의 역할이 무엇인지 확실하게 보여주는 한자다.

■ 母性(모성) 여성이 어머니로서 지니는 본능적인 성질.
■ 母乳(모유) 어머니의 젖.

그런데 엄마의 젖가슴을 잘못 그려서 毋(말라 무)를 만드는 일이 종종 있다. 毋(말라 무)를 母(어머니 모)와 구별해서 써야 하는 이유는 만들어진 원리를 보면 더욱 분명해진다.

이런 놈에겐 몽둥이찜질!

강간범이 다가오자 母(여자)가 丿(몽둥이)
를 들고 소리치고 있다.
"다가오지 마~!"
여기에서 금지의 뜻 '~말라'가 나왔다.
그러니 좋다가 母(모)를 毋(무)로 쓰는
낭패는 저지르지 말자!

옛날에도 강간범이 있었나 본데 활용할 만한 한자어가 거의 없다.

그러니 그냥 '이런 한자도 있구나' 하고 알아두면 된다.

그렇다면 아래 한자는?

독성분이 들어 있는 生(풀)에다 먹지 毋(말라)는
한자를 결합시켜서 '독'이란 한자를 만들었다.

옛날에는 독초나 독버섯을 먹고 목숨을 잃는 일이 허다했
다. 그래서 "독버섯이야! 먹지마"하고 외치는 모습이 연상된
다. 그런데 毋(말라)자리에 관계도 없는 母(엄마)를
넣은 한자가 더 많이 보인다. 있을 수 없는 일이다.

- 毒藥(독약) 독이 든 약.
- 毒舌(독설) 남을 사납고 날카롭게 매도(罵倒)하는 말.
- 惡毒(악독) 마음이 악하고 독살스러움.

숫자에 관한 한자는 열심히 외우는 것이 상책이다.

그럼 한번 보기로 할까.

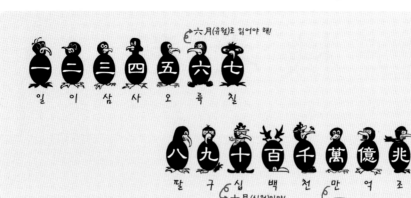

六月(유월)로 읽어야 해!

一 二 三 四 五 六 七
일 이 삼 사 오 육 칠

八 九 十 百 千 萬 億 兆
팔 구 십 백 천 만 억 조

← 十月(시월)이야!

← 万(속자: 알아두면 좋다)

걷는 모습인 辶(책받침)에서 뜻을 취하고, 署(선→천)에서 음이 나왔는데 후에 이 한자는 점점 사용이 줄어들어 다른 곳에서는 보기가 어렵게 되었다.

옮길 천

■ 遷都(천도) 도읍을 옮김.
■ 左遷(좌천) 지금보다 낮은 지위나 직위(職位)로 옮김.
■ 變遷(변천) 세월이 흐르는 동안 변하고 달라짐.

辶(책받침)이라고 알려진 이 한자를 알아보자.

쌍둥이 같지만 좀 다르다.

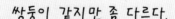

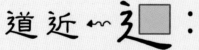

마지막 획, 붙이면 안돼!

道 近 ← 辶 ☐ : ☐ 廴 → 建 延

내 이름은 '책받침'   내 이름은 '민책받침'

도로를 걷는 모습을 그린 부수로   발을 길게 끌면서 걷는 모습을 그린
'도로' '보행'과 관계 있다.   부수로 '책받침'과 달리 위에 점이 없
                          어 '민책받침'이라고 부른다.

'걷는다' 는 뜻을 가지고 있는 이 한자들을 그럴듯하게 써야 폼이 난다.

斷 機 之 教

끊을 **단**   베틀 **기**   ~의 **지**   가르칠 **교**

2. 단기지교

직역 : (맹자 어머니가) 베틀에 있는 실을 끊어버리다.

의역 : 학문을 중간에 포기하는 것은 짜고 있던 베틀의 실을 끊어 버리는 것과 같음.

스승의 집에 머물며 공부하던 어린 맹자가 어느 날 공부에 싫증도 나고 어머니도 보고 싶어 서당에서 도망나와 집으로 돌아왔다. 그때 베틀에 앉아 길쌈질을 하고 있던 맹모가 맹자를 보더니 이렇게 물었다.

"그래, 학문은 어느 경지에 이르렀느냐?" 그러자 맹자가 힘없이 대답했다.

"옛날과 별로 다르지 않습니다."

孟母斷機圖(맹모단기도)/열녀전 삽화

그러자 맹모는 짜고 있던 베(날실)를 칼로 잘라 버렸다. 놀란 맹자가 그 이유를 묻자 이렇게 대답했다.

"학문을 하다 말고 중간에 돌아온 것은 내가 짜고 있던 베를 잘라 버린 것과 같으니라. 군자(君子)란 학문에 정진해서 입신양명(立身揚名)하고 그 학문의 지혜로 일생을 편안히 지낼 수 있는 무기로 삼아야 하느니라. 뿐만 아니라 행동할 때 화(禍)를 멀리할 수 있는 인생의 친구가 학문의 지혜이기도 하다. 그런데 너는 학문을 중도에 포기하고 돌아왔으니, 땔나무나 실어 나르고 말이나 기르는 종살이를 면하기 어려울 뿐만 아니라 재앙과 근심을 해결하는 학문의 지혜가 없어서 하루하루를 근근히 살 것이 분명하다. 그러니 훗날 너는 도둑이 아니면 노예로 살지 않겠느냐?"

이 말을 들은 후로 맹자는 불철주야 학문에 힘써 훌륭한 대유학자가 되었다.

맹모삼천(孟母三遷), 맹모단기(孟母斷機)와 함께 유향(劉向)의 《열녀전(烈女傳)》에 수록되어 있는 또 다른 일화를 통해 아들과 며느리의 갈등을 풀어주는 맹모의 지혜를 알아보자.

맹자가 결혼한 지 얼마 안 된 무더운 어느 날 맹자가 방에 들어갔는데 부인이 웃옷을 벗고서 앉아 있었다. 이것을 본 맹자가 불쾌감을 감추지 못하고 나가더니 이후로 부인을 쳐다보려 하지 않았다. 며칠 뒤 맹자의 처가 맹모에게 친정으로 보내주기를 청하며 이렇게 말했다.

"제가 들으니 내실의 일에 대해서는 부부(夫婦)의 도리를 논하지 않는다고 합니다. 제가 방에서 옷을 벗고 있었사온대 남편이 그 모습을 보고 화를 내더니 저를 보려 하지 않습니다. 남편은 저를 손님으로 대하는 것입니다. 저는 더 이상 살 수가 없어 친정으로 돌아가려 합니다."

맹모는 즉시 맹자를 불러 꾸짖었다. "무릇 예의(禮儀)란 문에 들어갈 때 누가 있는가를 묻는 것은 상대방에 대한 공경의 표시요, 마루에 오를 때 인기척을 내는 것은 방 안의 사람에게 누군가가 왔음을 알리기 위한 것이니라. 그리고 방에 들어갈 때는 눈을 아래로 내리는 것은 방 안에 있는 사람의 실수를 볼까 두려워서이다. 그런데 너는 예의도 살피지 않고 방안에 들어가서는 웃옷을 벗고 있는 부인을 보고 화를 내니 네가 무엇이 예(禮)인지는 알기는 안다는 거더냐? 부인의 실수(失手)만을 책망하고 있는 네가 무례(無禮)한 것이 아니냐."

이 말을 들은 맹자가 크게 반성하고 부인에게 사과했다.

끊을 단

匕(베틀)에 걸어 놓은 絲(실)을 斤(도끼 근=칼)로 끊는 맹모의 모습에서 '끊을 단' 의 유래가 보인다.

■ 斷絕(단절) 관계나 교류가 끊어짐.
■ 決斷(결단) 딱 잘라 결정하거나 단안을 내림.
■ 斷食(단식) 일정 기간 음식물을 먹지 않음.
■ 無斷(무단) 미리 연락하거나 승낙 받지 않고 함부로 행동하는 일.

이을 계

'어, 왜 또 나왔지?' 하고 생각했다면 천천히 다시 보기 바란다. 얼핏보면 斷(끊을 단)처럼 보이겠지만 좀 다르다.

斤(도끼 근)을 없애고 앞에 糸(실)을 넣어 끊어진 곳을 '실로 다시 이어 붙이다' 는 뜻이다.

활용이 많으니 헷갈리지 않게 잘 외워야 한다.

■ 繼續(계속) 끊었던 일을 다시 시작하여 해 나감.
■ 繼母(계모) 아버지의 후처.
■ 繼承(계승) 조상이나 적임자의 뒤를 이어 받음.

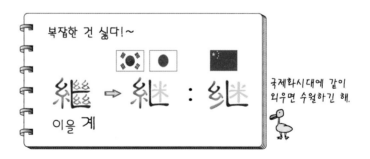

그럼 여기서 絲(실)에 대해 좀더 알아보자.

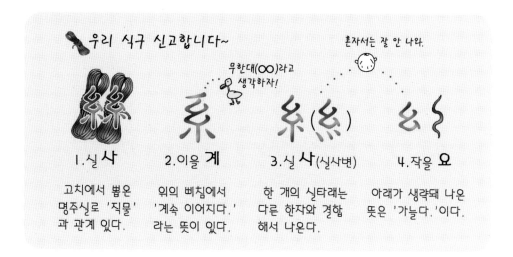

우리 식구 신고합니다~

혼자서는 잘 안 나와.

무한대(∞)라고 생각하자!

1.실 **사**
고치에서 뽑은 명주실로 '직물' 과 관계 있다.

2.이을 **계**
위의 삐침에서 '계속 이어지다.' 라는 뜻이 있다.

3.실 **사** (실사변)
한 개의 실타래는 다른 한자와 결합해서 나온다.

4.작을 **요**
아래가 생략돼 나온 뜻은 '가늘다.'이다.

한자 속에 자주 등장하는 위의 한자들을 알았으니 이제 두려움을 갖지 않아도 된다. 그럼 누에고치에서 뽑은 명주실을 뜻하는 한자어를 보자.

비단이라는 뜻을 나타내기 위해 糸(실)을 앞에 넣고 뒤에 한자 肙(작은벌레 연)을 음으로 넣어 만들었다.

그런데 肙(연)이란 음을 가진 이 한자는 단독으로 거의 나오지 않으니 음으로만 알아두자.

비단 **견**   실 **사**

- 絹織物(견직물) 명주실로 짠 직물.
- 人造絹(인조견) 인조 견사로 짠 비단.

무한대라고 생각하면 이해하기 쉽다고 한 系(이을 계)는 '풀어진 실타래'를 연상하게 한다. 한자어는 계보(系譜), 계통(系統)이 있다.

그렇다면 아래 한자도 문제없다.

전통사회에서 孫(손)이 귀한 집안'은 孫(손)이 끊어질까 전전긍긍하며 온갖 비법을 동원하며 안간힘을 썼다고 한다.

그래서 아들에서 아들로, 그 아들에서 子(아들)로 계속해서 주욱~ 系(이어져) 대를 잇는 것이 최대의 과제였다. '자손' '손

손자 **손**

자' 라는 뜻을 모두 포함하고 있는 이 한자를 잘 살펴보면 무한대를 뜻하는 '삐침'이 보인다. 알고 보니 간절한 인간의 염원이 담겨 있었던 것이다.

🌎 어떻게 읽지?

孫子 子 孫 孫子 子 孫 孫子

子孫   孫子   子子孫孫

機

베틀 기

'이런 한자 어떻게 쉽게 외울 방법은 없을까?'

이런 고민을 누구나 한번쯤은 다 해본다. 부담스럽기 그지없는 이 한자를 단원 김홍도의 풍속화를 보며 이해해 보자.

먼저 幾(얼마 기)를 알고 나면 機(베틀 기)는 쉽게 해결할 수 있다.

戈(창) 들고 보초 서는 人(사람)이 '지킬 수' 야.

어멈아, 오늘 얼마나 했냐?

幾
얼마 기

機
베틀 기

🌸 내 맘대로 해석 🌸

88(날실)을 베틀에 걸고 길쌈질 하는 며느리 뒤에 戍(지키고) 서서 늘 똑같은 질문을 하신다. "얼마나 했냐?"

여기에 木(나무)를 넣어 '베틀 기' 를 만들었는데 지금은 '기계'란 뜻 으로 쓰고 있다.

다시 정리하면 풍속화 속의 시어머니는 무기 대신 손자녀석을 등에 업고 길쌈질을 재촉한다.

이때 며느리 뒤에 지키고 서서 잔소리처럼 하는 말은 "얼마나 했냐?"이다. 위 그림 을 보면 이제 幾(얼마 기)를 생각하자.

수학 시간에 "~의 값은 얼마인가?"하고 묻는데 한자어로는 幾何(기하)라고 한다. 그래서 조선 말기에 수학(數學)이란 용어가 나오기 전에는 幾何學(기하학)이라고 불렀다.

이 幾(얼마 기) 앞에 木(나무)를 넣어 베틀을 뜻하다가 후에 ① '기계 기' 가 되었는데 이외에도 ② '시기 기' ③ '기교 기' 로도 활용되기 때문에 어렵더라도 반드시 알아야 할 한자이다. 장황하게 설명한 이유가 여기에 있다.

1. 기계 기 機械(기계) 飛行機(비행기) 戰鬪機(전투기)
2. 시기 기 好機(호기) 危機(위기) 投機(투기)
3. 기교 기 機巧(기교) 機智(기지)

그런데 이렇게 힘들게 외운 한자들이 중국 대륙에서도 통할까? 불행하게도 정답은 "통하지 않는 한자도 꽤 있다"는 사실이다. 지금 중국에서는 한자를 간략하게 쓴 '간체자' 를 쓰고 있는데 모든 한자를 다 간체자로 바꾼 것은 아니다. 간체자를 만들 때 여러 방법이 동원되었는데 그 중 한 방법을 한자 幾(얼마 기)를 통해 알아보자.

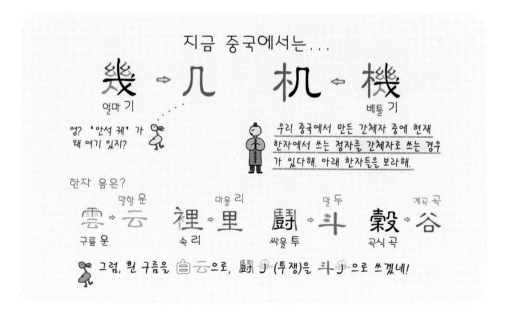

이렇게 만들어진 간체자 때문에 우리나라 사람뿐 아니라 대만과 홍콩사람들도 당황해 한다. 중국 안에서만 통하는 간체자는 일본에서 만든 약자(略字)와는 또 다르다. 그렇다면 정자(正字)로 된 한자를 많이 알고 있는 것이 오히려 중국어 공부에 방해가 되지 않을까 하는 생각도 든다.

그러나 혼란은 잠시! 시간이 지나면 이런 현상에 익숙해져서 한자와 별도로 두뇌에 저장된다. 오히려 정자로 된 한자를 잘 모르면 대만과 홍콩에서 나오는 서적을 읽지 못하는 황당한 일이 발생한다. 간체자를 쓰는 중국 대륙과 정자(중국에서는 번체자라고 부름)만 쓰는 대만과 홍콩으로 인해 중국어를 공부하는 사람들은 너무 힘들다. 진시황이 문자통일을 시행했듯이 중국인들은 어떤 식으로든 한자를 체계적으로 다시 정리해야 하지 않을까?

김홍도의 풍속화는 아직 끝나지 않았다.

옛날 여인들이 평생을 두고 했던 길쌈질 수준은 너나 없이 가히 최고의 수준이었다.

ㄱ(북)을 잡고 놀리는 손이 너무 빨라 마치 허깨비에게 홀려 마술을 보는 것처럼 변화무쌍하다는 뜻을 가지고 있다.

■ 幻想(환상) 현실로는 있을 수 없는 일을 있는 것처럼 상상하는 일.
■ 幻聽(환청) 현실로는 아무 소리도 안 나는데 소리가 들리는 것같이 느껴지는 현상.
■ 幻覺(환각) 실제로는 대상이 없는데도 실재(實在)하는 듯이 감각적으로 느꼈다고 생각하는 감각.

풍속화 속에 두 어린아이를 幼兒(유아)라고 한다. 幼(어릴 유)에 대한 설명은 위에 있는데 그렇다면 兒(아이 아)는 어떻게 만들어졌을까? 그 해답은 할머니 등에 업힌 아기에게 있다.

어릴 **유**　아이 **아**

일명 숨구멍이라고 하는 대천문은 태어날 때는 벌어져 있다가 돌이 지나면서 닫히기 시작한다. 그러니까 臼(벌어진 대천문)과 儿(튼튼한 다리)를 그린 모습이 兒(아이 아)인 것이다. 바로 할머니 등에 업혀 머리와 다리만 삐죽 보이는 바로 저 아이의 모습이다.

- 幼稚園(유치원)　초등학교 입학 전의 어린이를 대상으로 삼는 교육기관.
- 幼年期(유년기)　유아기와 소년기의 중간 시기.

그런데 놀이공원에 놀러 간 幼兒(유아)들 눈에 비친 인파는 살아 움직이는 수많은 쌀 알갱이로 보인다. 그러다 한순간에 엄마의 손을 놓치면?!

헤맬 **미**　아이 **아**

迷(헤맬 미)는 길 잃고 돌아다니는 모습인 辶(책받침)에서 뜻을 米(쌀 미)에서 음을 취했다. 그런데 어린아이들만 迷兒(미아)가 되는 것은 아니다. 오히려 어른들이 길을 잃고 헤매는 경우가 허다하다. 내가 지금 어디로 가고 있는지…….

가도 가도 끝없는…
우두커니 한참 바라보다가…
너의 모습이 살아 오는 듯…

迷兒?

- 迷路(미로)　어지럽게 갈래가 져 섞갈리기 쉬운 길.
- 迷信(미신)　합리적 과학적 입장에서 망령된다고 생각되는 신앙.

인류의 가장 중차대한 문제 敎育(교육)을 한자로 풀어보자.

가르칠 **교**　기를 **육**

爻(사귈 효)는 셈을 가르치는 '산가지'와 '새끼줄'이라는 등 설이 분분하나 회초리 자국으로 보면 더 실감난다. 잘못을 저지른 子(자식)을 爻(피나게) 攵(때리는) 教(가르칠 교)에서 '사랑의 매'가 보인다.

그럼 여기서 '때려서 고치다'는 뜻을 가진 한자를 알아보자.

좀 살살 때려요~

인정사정 볼 것 없이 때려야혀.

教(교)에서 攵(등글월문)이 key point!

攵(등글월문)의 원형은 攴(칠 복)이다.
又(손)에 卜(막대기)를 들고 잘못된 곳을 때려서 고친다는 뜻이다. 변형부수인 攵(등글월문)이 더 많이 보인다. 많아서 멍든 한자를 보자.

散　修　改　敗
흩어질 산　닦을 수　고칠 개　패할 패

그러니까 예로부터 자식이나 제자들이 잘못하면 매로 다스리는 것도 교육의 한 방법이었다. 체벌이 인간을 만드는 한 방법이라고 생각한 고전적인 방법이 비판을 받기도 하지만, 쇠도 달궈서 두

정자만큼 유명한 속자!

教 = 敎
정자　　속자

드려야 쓸 만한 물건이 되듯이 사람 다루는 것도 마찬가지가 아닐까? 올바른 인간을 만들기 위해서는 '사랑의 매'가 반드시 필요한 법이다.

뒤에 성인의 가르침이란 뜻으로 '종교'라는 뜻도 있으니 알아두자.

- 教授(교수) 대학에서 학술을 가르치는 사람을 통틀어 이르는 말.
- 教徒(교도) 종교를 믿는 사람. 신도.
- 基督教(기독교) 크리스트교.

자, 그렇다면 育(육)은 어떻게 만들어진 것일까?
먼저 다음 한자부터 보자.

세상 밖으로 떠밀려 나오는 나!

열 달이 다 되가니 슬슬 세상 밖으로 나올
때가 됐는데...
잠시 뒤 川(양수)가 터지더니 우와~~ 드
디어 㐬(태아)의 머리가 보인다. 순산이다!
㐬 이 뭔가 했더니...
子(아들 자)를 거꾸로 그린 거란다.

정리하면 育(기를 육)은 이제 막 태어난
㐬(아기)의 모습에다 月(고기 육)의 변형부수
를 넣었다. 따라서 신생아가 신체 건강하게 성장할
수 있도록 잘 먹여서 키운다는 뜻이다.

따라서 教育(교육)이란 당근과 채찍이 조화
롭게 이루어져 육체와 정신 모두 건강한 인간을 만
든다는 뜻이다.

攵(따나게) 子(제자)
의 종아리를 攵(치시는)
그대는 '참스승' 이옵니다.

教育은 아름다워~

- 養育(양육) 돌보아 길러 자라게 함.
- 育兒(육아) 어린아이를 기름.
- 育成(육성) 길러서 잘 자라게 함.

그럼 이제부터 㐬(거꾸로 그린 아기)가 들어 있는 한자들을 보기로 하자.

어디서 본 듯하다 했더니 바로 이 한자였다.

자궁에서 나오는 㐬(아기) 앞에 氵(물)을 넣어 양수와 함께
태아가 흘러나오는 모습에서 '흐를 류'가 나왔다.

흐를 **류**

- 流行(유행) 어떠한 현상 등이 새로운 경향으로 한동안 사회에 널리 퍼지는 현상.
- 流産(유산) 달이 차기 전에 태아가 죽어서 나옴.
- 一流(일류) 어떤 분야에서 첫째가는 지위나 부류.

트일 **소**

우선 疋(소)부터 알아야 될 것 같다.

모양이 疋(발 족)과 비슷하다 했더니 '발 소'란다. 활용의 기회는 거의 없으니 이 한자만 알아도 된다.

그런데 자궁 속의 아기가 나오는데 웬 疋(발)? 아하, 세상 구경을 빨리 하고 싶어 발길질하며 나오는 모습이구나.

머리, 어깨, 마지막으로 발이 빠져나오는 순간 엄마의 자궁과 멀어지면서 탁 트인 세상을 비로소 보게 된다는 데서 '트일 소' '멀 소'라는 뜻이 나왔다.

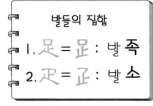

발들의 집합
1. 足 = 疋 : 발 **족**
2. 疋 = 疋 : 발 **소**

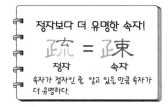

정자보다 더 유명한 속자!
疏 = 疎
정자   속자
속자가 정자인 줄 알고 있을 만큼 속자가 더 유명하다.

■ 疏通(소통) 막히지 않고 잘 통함.
■ 疎遠(소원) 관계가 멀어짐.
■ 疏外感(소외감) 남에게 따돌림을 당하는 느낌.

푸성귀 **소**

보다시피 음인 疏(소)에다 위에 ++(풀 초)를 넣어 '푸성귀 소'가 되었다. 활용할 곳은 별로 없지만 1800자에 들어가 있고, 또한 나물은 우리 식탁에서 빠질래야 빠질 수 없는 중요한 vegetable이니까 알아두자.

■ 菜蔬(채소) 밭에서 가꾸어 먹는 온갖 푸성귀.

채울 **충**

세상 구경을 한 云(아기)가 자라서 이제 걸을 수 있을 만큼 튼튼하게 성장한 儿(다리)를 그린 모습이다.

튼튼하고 야무지다는 뜻에서 '채울 충'이 나왔다. 롱~ 儿(다리)와 川(양수)는 엄연히 다

나도 설 수 있어요

르다. 充(채울 충)과 㐬가 헷갈리면 한자가 싫어진다.

- 充電(충전) 축전지나 축전지 따위에 전기를 축적함.
- 充實(충실) 내용 따위가 잘 갖추어지고 알참.
- 充滿(충만) 어떤 곳에 가득하게 차 있는 모습.
- 補充(보충) 모자란 것을 채움.

銃은 세우기 좋아!

엽총을 보면 넓적한 부분인 개머리판이 充(충
→ 총)과 모양이 비슷하다. 여기에 총의 재료인
金(쇠 금)을 넣었다.

총 **銃**

- 銃器(총기) 소총이나 권총 따위 무기를 통틀어 이르는 말.
- 小銃(소총) 혼자서 가지고 다니면서 사용할 수 있는 소형 화기.
- 拳銃(권총) 한 손으로 다룰 수 있게 만든 작은 총.

充(충 → 통)에서 음을, 糸(실 사)에서 뜻을 취해
실로 묶어당기면 줄줄이 끌려오듯이 앞에서 많은 사람
을 이끌고 간다는 뜻인 '거느릴 통'이 나왔다.

거느릴 **통** 거느릴 **솔**

- 大統領(대통령) 공화국의 원수(元首)로 국가를 대표함.
- 統合(통합) 모두 합쳐 하나로 만듦.
- 統計(통계) 한데 몰아서 셈함.

그럼 率(거느릴 솔)에 대해 알아보자.

저것이 나를 잡는 그물이라구?

새 잡는 玄(그물)을 땅에 질질 (끌고)
가는 모습에서 '거느릴 솔'이 나왔다.
뒤에 나온 '비율 률'은 좌우대칭을 한 한자
의 모습에서 나온 것이 아닐까 추측한다.

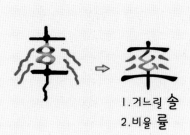

1. 거느릴 **솔**
2. 비율 **률**

한문수업 시간에 率(거느릴 솔)이 등장하면 시험문제에 꼭 나온다.
　음과 뜻이 두 개인 한자는 함정을 파면 틀리기 쉽기 때문에 학생들이야 밉겠지만 출
제하는 선생님은 즐겁다(?).

1. 거스릴 솔 引率(인솔) 손아랫사람이나 무리를 이끌고 감.
2. 비율 률 比率(비율) 어떤 수나 양의 다른 수나 양에 대한 비.

다시 한 번 정리해 보자.

統(통)과 率(솔)의 공통 분모는 糸(실)이다. 실을 잡아끌면 줄줄 따라 오듯이 많은 사람을 거느리고 따라오게 하는 힘을 統率力(통솔력)이라고 한다.

통솔력이 부족하면 실들이 엉켜서 풀리지 않는다. 사회도 마찬가지이다. 사회의 질서가 엉키지 않으려면 지도자의 '統率(통솔)의 힘'이 필요하다.

사나울 포 버릴 기

暴棄(포기)라…….

'하던 일을 중도에 그만두거나 권리를 행사하지 않는다'는 뜻인 포기(抛棄)와 한자가 다르다.

여기서 말하는 暴棄(포기)는 自暴自棄(자포자기)의 줄임말이다.

먼저 暴(사나울 포)의 유래를 보기로 하자.

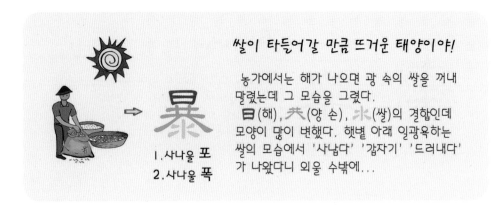

쌀이 타들어갈 만큼 뜨거운 태양이야!

농가에서는 해가 나오면 광 속의 쌀을 꺼내 말렸는데 그 모습을 그렸다.
日(해), 共(양 손), 米(쌀)의 결합인데 모양이 많이 변했다. 햇볕 아래 일광욕하는 쌀의 모습에서 '사납다' '갑자기' '드러내다'가 나왔다니 외울 수밖에…

暴
1. 사나울 포
2. 사나울 폭

외우려면 좀 헷갈리는 점이 없지 않지만 활용이 많기 때문에 반드시 알아야 할 중요한 한자이다.

이 한자는 '포'와 '폭' 이렇게 음이 두 가지로 난다.

원래 음은 '포' 인데 뜻에 비해 음이 너무 부드러워 균형이 맞지 않았다. 그래서 강한
느낌이 들게 '기역'을 넣어 '폭' 이라는 음을 추가했다는데 원음인 '포' 보다 활용이 많
다. 이외에 '갑자기 폭' '드러낼 폭' 도 있다고 하니 알아두자.

1. 사나울 포　暴惡(포악)　사납고 악함.
2. 사나울 폭　暴動(폭동)　무리를 지어 불온한 행동을 함.
　　　　　　　亂暴(난폭)　몹시 사납고 거친 행동.
　　　　　　　暴風(폭풍)　몹시 세게 부는 바람.
　　　　　　　暴走族(폭주족)　주위의 상황을 생각하지 않고 함부로 난폭하게 달리는 무리.
3. 갑자기 폭　暴落(폭락)　물가가 갑자기 떨어짐.
4. 드러낼 폭　暴露(폭로)　비밀같은 것을 남들에게 드러냄.

다음 한자인 棄 (버릴 기)는 잘 써 보려 해도 뜻대로 안 써지는 한자 중 하나인데
어떻게 만들어졌는지 알아보자.

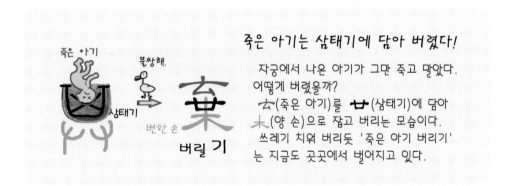

죽은 아기는 삼태기에 담아 버렸다!
자궁에서 나온 아기가 그만 죽고 말았다.
어떻게 버렸을까?
厺(죽은 아기)를 廿(삼태기)에 담아
木(양 손)으로 잡고 버리는 모습이다.
쓰레기 치워 버리듯 '죽은 아기 버리기'
는 지금도 곳곳에서 벌어지고 있다.

산부인과에 있는 쓰레기통을 뒤지면 이런 모습으로 버려져 있는 아기들이 있을지
모른다. 혹여 쓸만한 물건이 버려져 있다면 이 아이를 생각하자. 함부로 버리는 나쁜
습관이 고쳐질지 모른다.

■ 棄權(기권)　권리를 버리고 행사하지 않음.
■ 遺棄(유기)　내버리고 돌아보지 않음.

이제 自暴自棄 (자포자기)에 대한 유래를 끝으로 厺 (거꾸로 그린 아기)
에 대한 대단원의 막을 내리기로 하겠다.

죽은 아기 버리듯 쓰레기통에 처박힌 나!

자신의 모습이라고 생각해 봐!

自暴自棄

스스로 **자** 사나울 **포** 스스로 **자** 버릴 **기**

맹자(孟子)가 말하기를,

"自暴自棄한 사람과는 함께 말하거나 큰일을 도모할 수 없다. 自暴란 입만 열면 예의(禮義)를 비방하는 것이요, 自棄란 인의(仁義)를 실천할 수 없다고 말하는 것이다. 요즘 사람들은 예의(禮義)와 인의(仁義)를 버리고 따르지 않으니 아, 슬프도다!"

여기서 유래한 自暴自棄는 '절망 상태에 빠져서 아무런 기대도 없이 자기를 방치하는 태도'란 뜻으로 쓴다.

爆
터질 **폭**

暴(사나울 폭)이 들어간 한자 하나 더!

안 그래도 햇볕이 뜨겁다는 뜻인 暴(폭)인데 여기다가 火(불)을 붙인다면 안 터질 수가 없겠다.

그래서 폭탄 따위가 터져서 폭발한다는 '터질 폭'이 나왔다. 새해를 알리는 중국거리의 폭죽(爆竹)은 전쟁터를 방불케 한단다.

새해를 알리는 爆竹

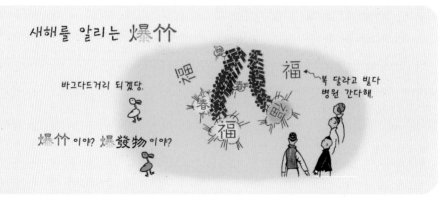

바그다드거리 되겠당.

爆竹 이야? 爆發物 이야?

복 달라고 빌다 병원 간다해.

- 爆發(폭발) 불이 일어나며 갑자기 터짐.
- 爆彈(폭탄) 파괴를 목적으로 만든 폭발물.
- 爆笑(폭소) 폭발하듯 갑자기 터지는 웃음.
- 爆竹(폭죽) 가느다란 대통이나 종이통 속에 화약을 다져 넣고 불을 붙여 터뜨려 소리나 불꽃이 나게 하는 물건.

挺 身 而 出
빼낼**정** 몸**신** 말이을**이** 날**출**

3. 정신이출

직역 : 몸을 꼿꼿이 세워 앞으로 나아가다.
의역 : 위험한 일에 주저하지 않고 용감하게 나가 싸움.
유사어 : 솔선수범(率先垂範) – 남보다 앞장서서 몸소 착한 일을 하여 모범을 보임.

당(唐)나라 개국(開國) 황제인 고조(高祖) 이연(李淵)에게는 건성(建成), 세민(世民), 원길(元吉) 등의 세 아들이 있었다. 건성은 맏아들로서 태자(太子)로 세워졌고, 세민은 진왕(秦王)에, 원길은 제왕(齊王)에 봉해졌다. 그러나 세 왕자 중 둘째 세민은 부친을 도와 수(隋)나라를 멸하고 당나라를 세우는 데 큰 공을 세웠기 때문에 명망이 가장 높았으며 또한 고조의 깊은 총애를 받았다.

이런 사실을 알고 있는 태자 건성은 황제 계승권을 세민에게 빼앗길까 두려워하였다. 셋째 원길 역시 대단한 야심가로서 둘째형 세민을 죽이면 태자 건성은 도마 위의 생선이라고 생각하고, 일단 태자 건성과 연합하여 둘째 세민을 죽이기로 계획하였다. 그러나 세민도 가만히 있을 리가 없었다. 세민은 주변 사람을 동원해서 태자와 원길의 움직임을 하나하나 감시하고 있었다.

어느 날 태자의 심복이었던 현무문의 수비대장인 상하(常何)를 매수하여 자기편으로 만들어 놓고 긴급히 고조를 알현하여 위급 상황을 보고했다.

"신은 형제들에게 잘못한 일이 없는데 형인 태자 건성과 동생 원길이 결탁하여 저를 죽이려고 합니다."

세민의 보고를 받은 고조는 놀라 이렇게 말했다.

"물러가 있거라. 내일 아침에 두 사람을 불러 이 문제를 밝히겠노라."

황제의 부름에는 누구든지 입궐해야 하고 그러려면 반드시 현무문(玄武門)을 지나야 하는데 이때 무장한 병사는 들어갈 수 없었다. 세민이 궁궐로 형제를 끌어들여서 죽이려 한 작전은 맞아 떨어졌다.

건성과 원길이 소수의 부하만을 데리고 현무문에 들어서는 순간 세민의 복병이 일격을 가하면서 양측 간에 싸움이 벌어졌다.

상황이 이렇게 되자 건성과 원길의 부하인 풍립(馮立), 사숙방(謝叔方) 등은 정예병 2천 명을 끌고와 현무문을 지키고 있던 이세민의 수하 경군홍(敬君弘)의 병력과 격렬한 전투를 벌였다. 이 전투에서 경군홍은 상황을 좀더 지켜보면서 나가 싸워도 늦지 않다는 주위의 만류도 뿌리치고 앞장서서 나가 몸을 아끼지 않고 싸웠으며(挺身出戰), 빗발치는 화살 속을 뚫고 맹진하여 결국 승리로 이끌었다. 권력을 얻기 위해서는 형제간의 살상도 서슴없이 행했던 이 사건을 '현무문의 변'이라고 한다.

현무문의 변(變)이 벌어진 2개월 뒤 고조는 퇴위하고 세민이 제위에 올랐으니 그가 바로 중국 역사상 걸출한 황제로 꼽히는 당태종(唐太宗)이다.

황제로 즉위한 세민은 경군홍의 정신이출(挺身而出) 정신을 치하하고 좌둔위대장군(左屯衛大將軍)이란 벼슬을 내렸다.

廷 (조정 정)에서 음을 扌(손)을 높이 쳐들고 앞으로 달려 나가는 모습에서 '남보다 먼저 나선다' 는 뜻인데 많이 나오는 한 자는 아니다.

빼낼 정

그러나 우리 민족의 아픈 역사 挺身隊(정신대)를 잊지 않고 기 억하려면 반드시 이 한자를 알고 있어야 한다.

정身대?

아빠 '정신대' 가 뭐야요?

'일본군 피해 여성' 으로 바꾸는 건 어떨까? -우리 생각-

1944년 '여자정신근로령(女子挺身勤勞令)' 이 공포 되었는데 원래 부족한 남성노동력을 여성으로 채워 군수공장에서 일하게 하려고 만든 것이었다.

그런데 정신대(挺身隊)로 끌려 갔던 여성들을 일 본 군인들의 성적 욕구를 해소하기 위해 만든 성적 노예집단인 '종군위안부(從軍慰安婦)' 생활을 강 요당했다.

많은 위안부들은 지독한 성병에 걸려 죽어갔고, 살아남은 여성들이 고향에 돌아오 니 기다리는 것은 수치와 비난, 오명이었으며, 고향에 돌아오지 못한 여성들은 동남아 등지로 도망가 숨어살아야 했다. 이렇게 고통 속에 숨겨간 여성의 숫자가 무려 20만 명이 넘었다고 한다.

이런 불행한 역사 속에 등장한 '정신대' 는 한자성어 정신이출(挺身而出)에서 명칭 이 나왔다. 그러나 우리 정서상 일본인들이 만든 명칭을 그대로 쓰는 것은 옳지 않다 고 본다. 우리 입장에 맞게 '일본군 피해여성' 같은 명칭으로 바꿔야 한다고 생각한다.

그런데 일본인들은 진정 우리의 할머니들이 일본을 위해 이런 고통쯤은 감수해도 된다고 생각한 것일까? 백배 사죄해도 용서할 수 없는 일이거늘 참으로 통탄스러운 일 이 아닐 수 없다.

정신이출

한자를 공부하다 보면 신체에 관한 한자들이 상당히 많이 나온다.

여기서는 먼저 손에 관한 한자를 모아 살펴보기로 하겠다.

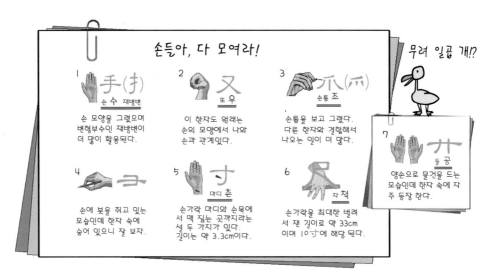

앞에서 다룬 挺(빼낼 정)에서 扌(재방변)을 뺀 나머지

廷(조정 정)은 壬(정)에서 음을, 廴(민책받침 : 발을 길게 끌면서 걸음)에서 뜻을 취해 신하들이 조정으로 천천히 걸어 들어가는 모습이다.

　　따라서 왕이 신하들 앞에서 정치에 대해 듣고 직접 판단하고 판결하는 곳이란 뜻에서 '조정' '법정' 이란 뜻을 가지게 되었다.

이 한자는 원래 壬(줄기 정)으로 써야 하는데 지금은 壬(임)으로도 쓰면서 둘 다 통용되고 있다.

- 法廷(법정)　법원이 소송 절차에 따라 송사를 심리하고 판결하는 곳.
- 朝廷(조정)　임금이 나라의 정치를 신하들과 의논하거나 집행하는 곳.

壬(아홉째천간 임)자가 나온 김에 여기서 십간십이지(十干十二支)를 눈으로 쭉 훑어보자.

- 同甲(동갑) 같은 나이.
- 進甲(진갑) 환갑의 이듬해, 또는 그 해의 생일.
- 干支(간지) 천간(天干)과 지지(地支). 십간과 십이지.

이 한자는 廷(조정 정)과 함께 임금이 계신 조정을 뜻하다가 뒤에 广(집 엄)을 넣어 집 마당이나 일반 가정집을 가리키면서 구분해 쓰기 시작했다.

뜰 정

"즐거운 곳에서는 날 오라 하여도~" 이렇게 따스하고 포근한 家庭(가정)을 생각한다면 广(집 엄)을 넣어 꽃들이 만개한 뜰을 생각하자. 아무래도 法廷(법정)에서 포근한 집의 느낌을 받기엔 좀 무리가 있다.

그래도 헷갈린다면 다음 두 한자어만 구별해서 알아두면 만사형통이다.

法廷이란?

아저씨 질질 끌려 나왔구나~

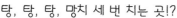

탕, 탕, 탕, 망치 세 번 치는 곳!?

家庭이란?

法廷 같은 집은 삭막해.

마당이 있는 아담한 집.

廷 (조정 정)과 비슷하게 생긴 한자가 있다.

끌 연

하나 하나 분해를 해 보았더니, 천천히 걷는 ㄴ (민책받침)과 가다가 멈춘다는 止 (그칠 지)에다 위에 질질 끄는 모습을 그린 ノ (삐침)이 합쳐져서 가다 서다를 반복하듯이 시간을 엿가락처럼 늘이고 미룬다는 뜻이다.

아래 한자어를 보면 이해가 쉽게 된다.

- 延長(연장) 길게 늘림.
- 延期(연기) 기한을 늘림.
- 延滯(연체) 금전의 납입을 기한이 지나도록 지체함.
- 延着(연착) 정한 시간보다 늦게 도착함.

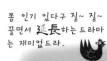
쫌 인기 있다구 질~ 질~ 끌면서 延長하는 드라마는 재미없드라.

延長 공연은 재미있어~

延체된 카드 빚 延기할 방법 없을까?
기운 내세요.

태어날 탄

한자를 그대로 해석하면 言(말)을 질질 延(끌면서) 늘리며 거짓말을 한다는 '거짓 탄' 이었는데 뒤에 '태어나다'는 뜻으로 바뀌었다. 게다가 이 한자를 넣으면 생일(生日)과 구별해서 임금이나 성인(聖人)이 태어나신 날을 가리키므로 아무에게나 쓸 수 있는 한자가 아니다.

- 釋迦誕辰日(석가탄신일) 석가모니의 탄생을 기념하여 정한 날. 음력 4월 8일.
- 聖誕節(성탄절) 12월 24일부터 1월 6일까지 예수의 성탄을 축하하는 명절. 우리나라에서는 12월 25일을 공휴일로 하고 있음.

몸 신

'이 정도 한자쯤이야.'

생긴 모양을 보아 하니 날씬한 몸매가 꼭 물찬 제비 같다. 정말 그럴까?

임산부들의 길거리 수다

만삭이라 힘들어유.

애가 곧 나오겠수.

孕 ← 乃 身 → 身
아이밸 잉   몸 신

만삭의 乃(배)속에서 子(아기)가
금방이라도 나올 품을 그렸으니 쉽다.
지금 중국에서는 임산부를?
孕婦(잉부)라고 부른다.

검은 점이 태아를 표시한 거란다.
지금은 임신과 관계없이 '신체'란 뜻
으로 쓰고 있으니 孕(잉)에게 밀린
것이 분명하다.

그러니까 두 한자가 처음에는 같은 뜻이었다.

시간이 지나면서 孕(잉)은 잉태(孕胎)의 뜻으로 身(신)은 신체(身體)의 뜻으로 독립해서 각자의 길은 걸어가고 있다. 그런데 만삭의 배 모양을 한 한자인 乃(이에 내)가 독립해서 쓰이고 있다.

'이에, 곧, ~이다' 라는 뜻을 가지고 있다.

■ 人乃天(인내천)　사람이 곧 한울이라는 천도교의 기본 사상.

천도교(天道敎)의 중심 교리에서 보이는 이 한자는 요즘 인터넷에서는 "짱" "좋아"란 뜻으로 통한다. 엄지를 치켜든 모양과 비슷해서라는데……. 그럼 임산부도 짱인가?

지금 인터넷에서는 ...

듣기는 좋은데
언제 뜻이 바뀐 거지?

짱이야!

별 볼일 없는
글자도 뜨는구나.

이에 내

寸(손)에 身(화살)을 들고 있는 모습이 '쏠 사'이다. 그런데 화살이 어쩌다 이렇게 身(몸 신)으로 변한 거지?

■ 射擊(사격)　총, 대포, 활 따위를 쏨.
■ 發射(발사)　활·총포·로켓이나 광선·음파 따위를 쏘는 일.

쏠 사

사례할 사

射(쏠 사)에서 음을 취하고 言(말씀 언)을 넣어 '고맙습니다' '죄송합니다' 는 뜻을 모두 포함하고 있다.

쓰임도 다양하니 아래를 보자.

1. 사례할 사 謝恩(사은) 은혜에 감사.
　　　　　 感謝(감사) 고마워 함.
2. 사죄할 사 謝罪(사죄) 지은 죄에 대해 용서를 빔.
　　　　　 謝過(사과) 잘못을 빔.
3. 끊을 사 　謝絕(사절) 거절하며 끊음.

△△日報社절

謝絕

감사드리며
끊겠다는 뜻인
줄 몰랐어...

말이을 이

할아버지의 而(수염)을 그린 한자란다.

그렇게 생각하고 보니 수염 같네. 그런데 할아버지들은 수염을 만지작거리시며 "어험, 에 그리고" "그런데 말야" 하시며 끊어질 듯 이어지는 일장연설을 늘어지게 하신다.

그래서인지 이 한자는 문장과 문장을 연결하는 접속사로 '그리고(and), 그러나(but), 그래서(so)' 로 해석한다. 어렵지 않으니 알아두면 요긴하게 쓸 수 있다.

참을 인　견딜 내

"참아. 조금만 더 참아." "얼마나 더 참아야 해? 난 더 이상 못 참아!" 갑자기 궁금해졌다. '인간은 어느 정도까지 참을 수 있을까?'

정답은 바로 한자어 忍耐(인내)에 숨어 있었다.

<maximum>

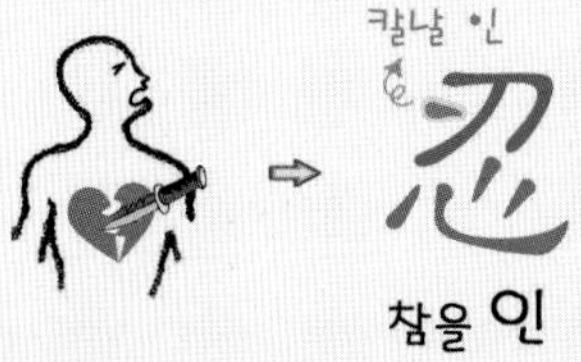

칼날 인
忍

참을 인

心(심장)에 刃(칼날)이 박히는 순간, 난 고통을 참을 수 있을까? 정답은? 참을 수 있다!

<minimum>

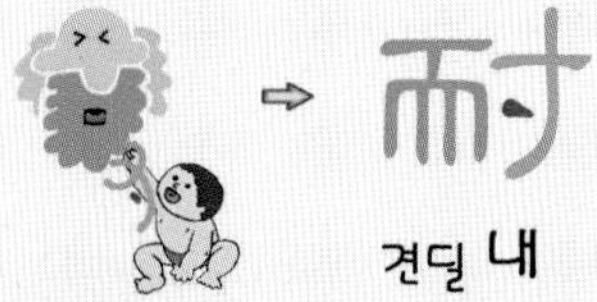

耐

견딜 내

손자가 할아버지 而(수염)을 고사리 같은 寸(손)으로 잡아 뽑는다면? 忍(참을 인)에 비하면 견딜만 하다.

'忍耐(인내)는 쓰고 열매는 달다' 는데 심장에 칼날이 박히는 순간의 고통을 참아야 한다니 쉽지는 않다. 게다가 忍(참을 인)은 너무 잔인해서 차마 볼 수가 없다. 그래서 '잔인할 인' 이란 뜻도 나왔다.

佛心
忍耐
벽을 보고 좌선 삼매에 든지 어언 9년
참새가 날아와 친구 하자네.
둥지 튼다하여 내 머리털과
수염을 내주었더니
콕. 콕.. 콕...
쪼아대며 無의 경지로 인도하네.
忍耐가 佛心이요,
佛心이 忍耐로다.
達磨

■ 殘忍(잔인) 인정이 없고 몹시 모짊.
■ 耐久性(내구성) 변형되지 않고 오래 견디는 성질.

심장에 칼날이 꽂히는 모습을 차마 볼 수 없는 그 순간 우리는 不忍之心(불인지심)이 발동한다는데…….

소만 불쌍한 것이 아냐~

나대신 잘 가~
나도 살고 싶어요. 흑흑

不忍之心

아니 불 잔인할 인 ~의 지 마음 심

제나라 왕이 희생으로 쓰기 위하여 끌려가는 소가 벌벌 떠는 모습을 차마 볼 수 없어 소를 양으로 바꾸라고 명령했다는 말을 듣고 맹자가 말했다.

"남에게 **차마 잔인하게 하지 못하는 마음**으로 차마 잔인하게 하지 못하는 정치를 한다면 천하를 손바닥 위에서 움직이는 것(如反掌)처럼 쉬울 것이다."
여 반 장

'참지 못하는 마음'이 아니라 '차마 남에게 잔인하게 하지 못하는 마음'으로 해석해야 한다. 이 不忍之心(불인지심)이야말로 맹자가 주장한 착한 본성이 아닌가. 이런 마음을 잃지 않고 살아야 뉴스시간에 올라오는 험한 사건을 줄일 수 있다.

인정할 **인**

인정하고 싶지 않더라도 자기의 감정을 잘 다스려서 忍(참으며) 인정한다고 言(말한다)는 뜻이다. 힘들겠지만 인정할 것은 인정해야 한다.

- 認定(인정) 확실히 그렇다고 여김.
- 是認(시인) 어떤 내용이나 사실이 옳거나 그러하다고 인정함.
- 認可(인가) 인정하여 허가함.

날 **출**

안에서 밖으로 나가는 발의 모습을 보고 만든 상형문자다.

이 정도는 기본이라고요?

- 出家(출가) 〈불교〉 속가를 떠나 불문에 귀의함.
- 出産(출산) 아이를 낳음.
- 露出(노출) 밖으로 드러냄.

졸할 **졸**

서툰 扌(손재주)라는 뜻에 出(출→졸)에서 음을 취해 '졸렬하다' '서투르다'는 뜻을 만들었다. 그러나 정말 별볼일 없는 재주라는 뜻보다 자신을 낮추는 '겸손'의 뜻으로 쓰는 경우가 종종 있다. 겸손이 미덕인 우리 사회가 아니던가.

- 拙作(졸작) 보잘것없는 작품. = 拙著(졸저)
- 拙速(졸속) 지나치게 서둘러 함으로써 그 결과나 성과가 바람직하지 못함을 이르는 말.
- 拙丈夫(졸장부) 도량이 좁고 졸렬한 사내.
- 拙筆(졸필) 졸렬한 글씨나 글.

鐵 面 皮
쇠 **철**   얼굴 **면**   가죽 **피**

4. 철면피

직역 : 얼굴에 철판을 깐 사람.

의역 : 자기의 이익을 위해서는 체면 따위는 아랑곳하지 않고 아첨을 떨며 뻔뻔스럽게 행동하는 사람.

유사어 : 후안무치(厚顔無恥) - 얼굴이 두껍고 부끄러움이 없는 사람.

옛날 중국에 왕광원(王光遠)이라는 진사가 있었다. 그는 상당한 수준의 학문을 갖춘 인물이지만 출세욕이 대단하여 권력자가 발바닥을 핥으라면 핥을 그런 위인이었다.

그래서 밤낮으로 하는 일이란 권력가들 집이나 쫓아다니며 아부하는 것이었는데 심지어 그 집의 개나 소를 보고도 정중하게 절을 할 정도였다.

권력가의 형편없는 시를 보고는, "저 같은 사람은 다시 태어나도 이런 시를 지을 수 없지요. 시선(詩仙) 이태백도 보면 울고 갈 겁니다요" 라고 아첨했다.

어느 날 상관의 집에 잔치가 벌어져 많은 사람들이 모였는데 상관이 술에 취한 척하며 채찍을 집어들고 그에게 이렇게 말했다.

"내가 자네를 때려도 되겠는가?"

"물론입니다. 나리의 채찍이라면 얼마든지 기쁘게 맞겠습니다요."

하더니 바지를 걷어 올렸다.

그러자 정말로 세게 채찍질을 하자 아픈 기색은 커녕 오히려 이쪽 저쪽 다리를 돌리면서 기꺼이 매질을 당했다.

이 광경을 지켜 본 친구가 나중에 그를 보고 꾸짖었다.

"자네는 수치심도 없는가? 사람들 앞에서 그런 모욕을 당하고도 오히려 아부를 하다니."

"수치심이라니? 이렇게 하면 출세할 수 있는데 얼마나 좋은 일인가?"

이 말은 들은 친구는 그만 말문이 막히고 말았다.

당시 사람들은 "광원의 낯가죽은 열 겹의 철갑처럼 두껍다(光遠顔厚如十重鐵甲)"라고 말하며 손가락질을 했다.

한자 Up 그레이드

쇠 **철**

쇠를 뜻하는 한자를 이렇게 복잡하게 만들다니……

이미 짐작했겠지만 金(쇠)에서 뜻을, 戴(철)에서 음을 취했다. 戴(철)이란 한자는 다른 곳에서는 볼 수 없으니 그나마 다행(?)으로 생각해야겠다.

이렇게 번거롭게 만들어진 한자를 고분고분 썼을 리가 없다.

지금 약자가 더 많이 쓰이고 있는 것은 당연한 현상!

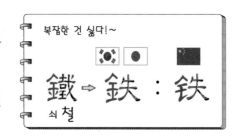

복잡한 건 싫다!~

鐵 ⇒ 鉄 : 铁

쇠 **철**

- 寸鐵殺人(촌철살인) 한 치의 쇠붙이로도 사람을 죽일 수 있다는 뜻으로, 간단한 말로도 남을 감동시키거나 남의 약점을 찌를 수 있음을 이르는 말.
- 鐵拳統治(철권통치) 쇠주먹으로 다스린다는 뜻으로, 폭력으로 국민을 억눌러 다스림을 비유적으로 이르는 말.
- 鐵板(철판) 쇠로 된 넓은 조각.

頁(머리 혈)에서 뜻을, 彦(선비 언 → 안)에서 음을 취해서 만들어진 顔(얼굴 안)과 얼굴의 라인을 강조한 面(얼굴 면)이 만나서 '안면' 이라는 한자어가 나왔다.

얼굴 **안**　　얼굴 **면**

- 顔色(안색)　얼굴빛.
- 破顔(파안)　얼굴에 즐거운 표정을 지어 웃음.

두 한자 모두 얼굴과 관계 있는 한자이지만 어떤 차이가 있지 않을까. 이참에 얼굴에 관한 한자들을 정리해 보자.

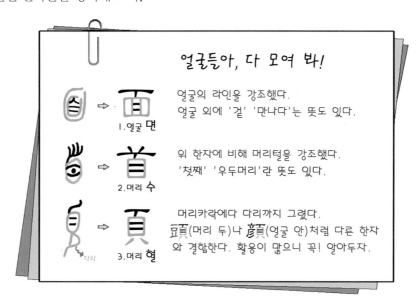

얼굴들아, 다 모여 봐!

面
1.얼굴 **면**
얼굴의 라인을 강조했다.
얼굴 외에 '겉' '만나다'는 뜻도 있다.

首
2.머리 **수**
위 한자에 비해 머리털을 강조했다.
'첫째' '우두머리'란 뜻도 있다.

頁
3.머리 **혈**
머리카락에다 다리까지 그렸다.
豆頁(머리 두)나 顔(얼굴 안)처럼 다른 한자와 결합한다. 활용이 많으니 꼭! 알아두자.

머리에 관한 위의 한자들을 알아두면 한자 공부를 쉽고 재미있게 할 수 있다. 顔(얼굴 안)에서 음으로 나온 彦(언)이 들어간 한자를 하나 더 보자.

彦(언 → 산)에서 음을 취하고 生(생)에서 뜻이 나와 만들어진 이 한자는 인공적인 생산(生産)과 자연적인 출산(出産) 이렇게 두 개의 뜻을 동시에 가지고 있다.
산업화(産業化)가 이루어진 현대에 와서 활용이 많아졌다.

낳을 **산**

- 出産(출산)　아기를 낳음.
- 産婦人科(산부인과)　임신, 분만 및 부인병을 진료하는 곳.
- 産業(산업)　생산을 목적으로 하는 사업.

又(손)에 宀(가죽)을 들고 벗기고 있는 모습이다. 그런데 가죽이란 뜻을 가진 한자가 부수에 가면 두 개가 더 있는데 가죽을 벗기는 것부터 완성까지 3단계를 거치는 과정에서 만들어졌다니 자세히 알아보자.

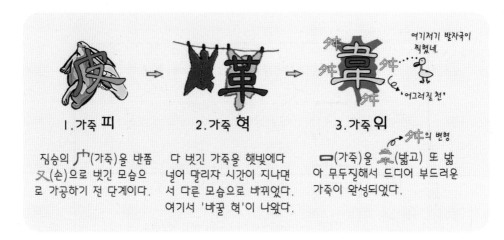

1. 가죽 피

짐승의 宀(가죽)을 반쯤 又(손)으로 벗긴 모습으로 가공하기 전 단계이다.

2. 가죽 혁

다 벗긴 가죽을 햇빛에다 널어 말리자 시간이 지나면서 다른 모습으로 바뀌었다. 여기서 '바꿀 혁'이 나왔다.

3. 가죽 위

여기저기 발자국이 찍혔네.

'어그러질 천'

夕牛의 변형

□(가죽)을 韋(밟고) 또 밟아 무두질해서 드디어 부드러운 가죽이 완성되었다.

皮(가죽 피)는 동물의 가죽뿐 아니라 식물의 껍질을 가리키기도 한다.

이렇게 동식물의 껍질을 가리지 않는 皮(피)는 '어떤 물건의 얇은 것'을 가리킬 때도 쓰인다. 예를 들어보자.

어? 아빠 皮랑 엄마 皮랑 다르네~

에이, 皮박 썼다!

이 만두 皮가 108개째야~

혼자 만들면 우울해져~

명절이면 손에 손에 皮를 들고!

화투에도 皮(피)가 있고 만두에도 皮(피)가 있다. 둘의 공통점은 껍질이면서 '얇다' 는 것이다.

- ■ 虎皮(호피) 호랑이의 털가죽.
- ■ 皮革(피혁) 날가죽과 무두질한 가죽을 아울러 이르는 말.
- ■ 草根木皮(초근목피) 풀뿌리와 나무껍질이라는 뜻으로, 맛이나 영양가 없는 거친 음식을 비유적으로 이르는 말.
- ■ 毛皮(모피) 털가죽.

이렇게 가죽이면서 얇은 느낌을 주는 皮(피)를 음으로 취해 만든 한자를 살펴보자.

石(돌)을 던져서 유리창이 깨진 상황을 생각하면 어렵지 않게 외울 수 있다. 皮(피→파)에서 음을 취했다.

깨뜨릴 **파**

- ■ 讀破(독파) 많은 분량의 책이나 글을 처음부터 끝까지 다 읽음.
- ■ 爆破(폭파) 폭발시켜 부숨.
- ■ 破産(파산) 재산을 모두 잃고 망함.
- ■ 破天荒(파천황) 이전에 아무도 하지 못한 일을 처음으로 해냄을 이르는 말.

皮(피→파)에서 음을, 氵(삼 수)에서 뜻을 취해 만들어졌다. 바다에 가면 발을 담그고 있고 싶은 잔잔한 물결이 있는가 하면 집 한 채도 거뜬히 쓸어버릴 만큼 무서운 파도도 있다. 이렇게 무서운 파도가 우리 사회를 휩쓸고 지나가면 후유증이 상당히 오래간다. 따라서 이 한자를 잔잔한 파도로만 보면 큰코다친다.

물결 **파**

- ■ 波紋(파문) 수면에 이는 물결. 어떤 일이 다른 데에 미치는 영향.
- ■ 波動(파동) ① 물결의 움직임. ② 사회적으로 일으킨 큰 변동.
- ■ 風波(풍파) 세찬 바람과 험한 물결을 아울러 이르는 말.

'저기 彳(걸어가는) 저 사람' 을 가리키면서 만들어진 것이 아닐까. 물론 皮(피)에서 음을 취했다.

이 사람의 반대인 '저 사람', 이것의 반대 '저것', 이곳의 반대 '저곳' 을 가리키며, 또한 나의 반대인 '남' 을 가리키기도 한다.

이 한자를 보면 누구나 생각나는 한자성어가 있다.

저 **피**

손자병법에 나오는 너무도 유명한 필승전략 지침이기도 하다.

상대방의 정보가 중요해!

知 彼 知 己
알 지　저 피　알 지　자기 기

손자병법에서 말하길,
"적을 알고 아군을 알고 싸우면 백 번을 싸워도 위태롭지 아니하다.
(知彼知己 百戰不殆)
적의 실정은 모른 채 아군의 실정만 알고 싸운다면 승패의 확률은 50%이다.
또 적의 실정은 물론 아군의 실정까지 모르고 싸운다면 이길 가망이 없다."

치우칠 **파**

가죽을 벗기다 보면 질겨서 잘 벗겨지지 않는다. 그래서 힘을 주게 되는데 그러다 보면 나도 모르게 머리가 옆으로 기울고 삐뚤어진다.

이 한자는 皮(가죽)을 벗길 때 頁(머리)가 기운 모습이다.

■ 偏頗(편파)　(생각, 판결 등이) 한편으로 치우쳐 공평하지 못함.
■ 頗僻(파벽)　치우치고 그름.

이제 韋(가죽 위)를 음으로 취한 한자들을 보자.

어길 **위**

辶(책받침)에서 뜻을 취했으니 걷는 모습이긴 한데 가죽을 밟을 때 좌우 앞뒤가 어긋나게 밟는 모습에서 만들어진 한자라고 생각하면 韋(가죽 위)는 음과 뜻을 모두 취했다고 할 수 있다.

그러니까 정석에서 벗어난 모습을 韋(위)에서 찾은 것이다.

■ 違反(위반)　법률, 명령, 약속 따위를 지키지 않고 어김.
■ 違法(위법)　법률이나 명령 따위를 어김.

이 한자도 '걷는다' 는 뜻인 行(갈 행)을 넣었는데 여기서
行(갈 행)은 성문 앞을 지키는 보초병이 왔다갔다 하는 모습을
뜻한다. 따라서 '어긋나다' 는 뜻을 가진 違(위)는 질서를 어지
럽히는 사람이라면, '지키다' 는 뜻을 가진 衛(위)는 국방의 의
무를 다하고 있는 군인이다. 두 한자의 발걸음이 다르다.

지킬 **위**

- 防衛(방위) 적의 공격이나 침략을 막아서 지킴.
- 衛星(위성) 행성의 인력에 의하여 그 둘레를 도는 천체.
- 護衛(호위) 보호하여 지킴.

亻(사람)에서 뜻을 韋(가죽 위)에서 음을 취해 만들어졌다.
사람이라면 누구나 偉人傳(위인전)을 읽으며 생각한다.
'나도 훌륭한 사람이 될 거야.'
違法(위법)을 저지르지 않아야 偉人(위인)이 될 수 있다.

훌륭할 **위**

- 偉人(위인) 뛰어나고 훌륭한 사람.
- 偉大(위대) 아주 뛰어나고 훌륭함.

韋(위)에서 음을, 糸(실)에서 뜻을 취해 만들어졌는데 피륙
의 가로방향으로 놓인 '씨실' 을 가리킨다.
따라서 동서, 좌우를 나타내는 한자로 나온다.

씨 **위**

- 緯度(위도) 적도에서 남북으로 잰 각거리.
- 經緯(경위) 피륙의 날과 씨. 일이 전개되어온 과정.

包(쌀 포)는 임산부의 勹(불룩한 배)에 구부리고
있는 巳(태아)를 그렸다고 하니 뱃속의 태아를 부드
럽게 감싸고 있는 임산부의 모습을 연상해 보자.
韋(둘레 위)에서 보이는 囗(큰입구)는 '경계선'
을 의미한다. 물론 韋(위)에서 음을 취했다.

쌀 **포**   둘레 **위**

따라서 包(포위)란 '둘레를 에워싼다' 는 뜻이다.

그렇다면 包(포)를 음으로 취한 한자로 무엇이 있을까 알아보자.

안을 **포**　안을 **옹**

기왕 감싼다는 뜻이라면 '손'을 넣으면 뜻이 더 분명하지 않을까 생각했다면 이 한자가 반갑겠다.

扌(손)을 넣어 감싸안는다는 뜻이 나왔으며 包(포)는 음과 뜻을 모두 취했다고 볼 수 있다.

擁(안을 옹)은 扌(손)에서 뜻을 취하고, 雍(옹)에서 음이 나왔는데 瓦(기와 와)를 넣은 甕(항아리 옹)에서도 볼 수 있다.

그렇다면 抱擁(포옹)할 때의 느낌은? 엄마가 뱃속의 아기를 감싸안고 서로 교감하는 따뜻한 느낌이 아닐까?

- 抱擁(포옹)　품에 껴안음.
- 懷抱(회포)　마음속에 품은 생각.
- 抱負(포부)　마음속에 지닌 앞날에 대한 생각이나 계획 또는 희망.

태의 **포**

胞(태의 포)란 태아를 감싸고 있는 껍질 부분을 가리킨다. 月(고기 육)의 변형부수에서 뜻을 취하고, 包(쌀 포)는 음뿐 아니라 뜻으로 나왔다. '태의' 외에 '세포'란 뜻도 있다.

- 細胞(세포)　생물체를 이루는 기본 단위.
- 同胞(동포)　같은 나라 또는 같은 민족의 사람을 다정하게 이르는 말.
- 單細胞(단세포)　(그것만으로 한 생물체를 이루는) 단 하나의 세포.
- 胞子(포자)　은화식물의 생식기관.
- 胞胎(포태)　태막과 태반.

그럼 정리해 보자.

자궁 속에 있느냐, 엄마 손 안에 있느냐.

열 달 동안 包胎된 내 아기~

열 달 뒤에 엄마와 抱擁~

包 쌀 포

抱 안을 포

同胞 =같은 태줄 = ☺☺☺ =한 겨레

우리나라 사람은 잔칫집에 가서 잘 먹고 일어나면서 하는 멘트가 있다.

"배부르게 잘~ 먹었다."

食(먹을 식)에서 뜻을 包(포)에서 음과 뜻을 취했다. 마치 배부른 모습이 임산부의 배와 같다. 식사 때마다 내 배가 임신 5개월처럼 불룩한 건 아닌지 살펴봐야겠다.

배부를 **포**

- 飽食(포식)　배부르게 먹음.
- 飽滿感(포만감)　배가 부른 느낌.
- 飽食暖衣(포식난의)　배불리 먹고 따뜻이 입음.
- 飽和(포화)　더 이상의 양을 수용할 수 없이 가득 참.

似而非

같을 **사**   말이을 **이**   아닐 **비**

5. 사이비

직역 : 같은 듯하나 아니다.

의역 : 1. 겉으로 보면 옳은 것 같으나 실제로는 옳지 않음.

2. 겉은 제법 비슷해 보이나 속은 다르거나 가짜임.

어느날 만장(萬章)이 맹자를 찾아와 이렇게 물었다.

"공자는 향원(鄕原 : 대중들 틈에 끼어 인기를 얻고 평판이 좋은 인간)이 '덕을 해치는 도둑'이라고 했습니다. 그 지방에서 모든 사람들이 존경하고 따른다면 어디에 가도 이런 존경을 받을 겁니다. 그러니 향원도 군자라 할 수 있지 않습니까? 그런데 왜 그들을 '덕을 해치는 도둑'이라고 하셨을까요?"

그러자 맹자가 이렇게 대답했다.

"향원은 겉으로 보기엔 특별히 꼬집어서 비난하려 해도 비난할 것이 없지만 사실은 더러운 세상과 적당히 타협하고 자신의 이익만을 추구하는 사람들이다. 겉으로는 충직하고 믿음이 있으며 행동할 때는 청렴결백한 군자처럼 보이지. 그래서 다른 사람들이 그를 따르고 자신도 스스로를 옳다고 생각하는데 사실은 그렇지가 않다네.

그래서 공자가 말씀하셨네.

'내 집 앞을 지나가다 들어오지 않는 것을 섭섭하게 생각하지 않는 사람이 있다면 이는 향원뿐이다. 왜냐하면 이들은 덕을 해치는 사람이기 때문이다.' 그리고 또 말씀하셨네.

'나는 사이비(似而非)한 것을 미워한다. 잡초를 미워하는 것은 곡식의 싹과 혼동할까 두려워서이며, 말 잘하는 것을 미워하는 것은 정의를 혼란시킬까 두려워서이고, 정(鄭)나라 음악을 미워하는 것은 아악(雅樂)을 혼란시킬까 두려워서이다. 향원을 미워하는 것은 그들이 덕을 혼란시킬까 두려워서이다.'

따라서 군자는 바른 법도로 돌아가야 한다네. 그래야 일반 백성도 따라서 선한 기풍이 일어나게 되고 백성들에게 선한 기풍이 일어나면 사악한 기운이 없어지리라 믿기 때문이지."

한자 Up 그레이드

사람들이 비슷비슷하게 생기긴 했다. 같은 황인종끼리는 그래도 구별이 좀 되는데 낯선 백인종이나 흑인종들은 비슷비슷해서 구분하기가 쉽지 않다. (같을 사)는 亻(사람 인)에서 뜻을 以(써 이 → 사)에서 음을 취해 '같다' '비슷하다'는 뜻을 갖게 되었다. 이번 한자성어 似而非(사이비)는 발음이 사이버 (cyber)와 비슷해서 그런지 영어로 오해하기도 한다.

같을 **사**

■ 類似品(유사품) 진짜랑 비슷하게 생긴 물건.
■ 近似(근사) 비슷함.

그럼 여기서 음으로 나왔던 以(써 이)에 대해 알아보기로 하자. 한자어 속에 심심치 않게 등장하는데 다음 두 가지 해석을 알아야 즐거워진다.

써 **이**

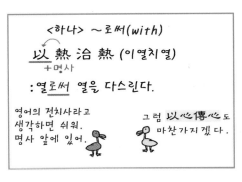

이런 용법을 알아야 한문을 해석하는 데 도움이 된다.

옳을 **시** 그릇될 **비**

"옳다, 그르다. 그르다, 옳다." 어디서나 이 **是非** (시비)가 문제다. 옳다는 것은 무엇일까?

한자를 보니 해가 보이는데 해와 관계가 있을 법하다.

알아보니 **日**(해)와 **正＝疋**(바를 정)이 결합하여 해를 똑바로 쳐다보는 모습에서 ① '옳을 시' 가 나왔단다. 사형장에 끌려나온 충신들이 이렇게 소리친다.

"네 이놈, 하늘이 무섭지도 않느냐!"

하늘은 아무나 올려다 볼 수 없는 존재였으니 양심에 어긋나는 짓을 했다면 감히 하늘의 해를 쳐다볼 수 없다는 뜻이다.

이 한자는 후에 ② '이것 시' 라는 뜻도 나왔는데 문장 속에서 자주 보인다.

그럼 여기서 먼저 **是** (옳을 시)를 음으로 취한 한자들을 알아보자.

제목 **제**

頁(머리 혈)이 들어가면 '앞, 꼭대기' 라는 뜻과 관계 있다.

是 (시 → 제)에서 음을 취해 책의 표지나 제목을 뜻하는데 활용이 많으니 알아두자.

■ 題目(제목) 작품 등에서 그것을 대표하거나 내용을 보이기 위하여 붙이는 이름.
■ 宿題(숙제) 학생들에게 복습이나 예습을 위하여 집에서 하도록 내주는 과제.
■ 主題(주제) 주요한 제목, 또는 중심이 되는 문제.

扌(손)으로 是(옳은) 길로 가도록 인도하고 알려준다는 뜻이다.

끌 **제**

- 提案(제안) 의안으로 내어 놓음.
- 提示(제시) 어떠한 의사를 말이나 글로 나타내어 보임.
- 提出(제출) 문안(文案)이나 의견, 법안(法案) 따위를 냄.
- 提携(제휴) 행동을 함께하기 위하여 서로 붙들어 도와줌.

물의 흐름을 막기 위해 土(흙)을 쌓아 '둑'이라는 뜻을 만들고 是(시→제)에서 음을 취했다.

둑 **제**

- 堤防(제방) 물가에 흙이나 돌, 콘크리트 따위로 쌓은 둑.
- 防波堤(방파제) 거친 파도를 막기 위해 바다에 쌓은 둑.

한자 중에 匕(숟가락 비)란 것이 있는데 是(시)를 앞에 넣어 '숟가락 시'를 다시 만들었다.

이 한자는 1800자에 들어 있지 않지만 아래 보이는 우리 속담을 위해 알아두면 좋다.

숟가락 **시**

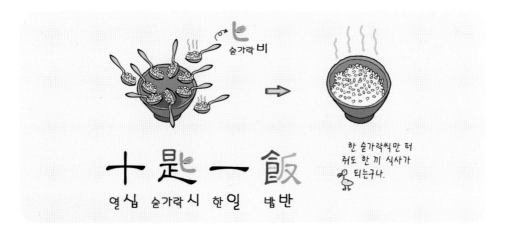

열 사람이 한 술씩만 보태어도 한 공기 밥은 만들어진다는 뜻이니 '여러 사람이 힘을 합하면 한 사람쯤은 구제하기 쉽다'는 뜻이다. 실천할수록 즐거워지는 속담이다.

그럼 이제 非(아닐 비)에 대해서 알아보자.

새는 좌우의 날개로 난다!

새가 양쪽 날개를 벌리고 나르는 모습에서 '아니다'란 부정의 뜻이 나오자 뒤에 '옳지 않다' '나무라다'는 뜻이 추가되었다.
날개에 부정적인 이미지가 너무 강하다.

1. 아닐 비
2. 그릇될 비

한자성어와 한문을 넘나들며 많이 나오니 꼭 알아두자.

1. 아닐 비　非正常(비정상)　정상이 아님.
　　　　　　非夢似夢(비몽사몽)　완전히 잠이 들지도 잠에서 깨어나지도 않은 어렴풋한 상태.
2. 그릇될 비　非行(비행)　잘못되거나 그릇된 행위.
　　　　　　非理(비리)　올바른 이치나 도리에서 어그러짐.

날 비

날개짓하는 새의 모습에서 만들어진 非(아닐 비)가 이렇게 부정적인 뜻으로 쓰이자 새의 나는 모습을 역동적으로 다시 그렸다.

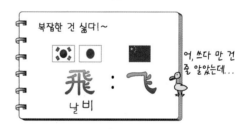

■ 飛上(비상)　날아오름.
■ 飛行機(비행기)　프로펠러를 돌리거나 연소 가스를 내뿜는 힘에 의해 공중에 떠서 날아다니는 탈 것.

슬플 비

'이건 내 心(마음)이 非(아니야). 뭐가 非(잘못)된 걸거야.' 일순간에 참기 힘든 슬픔이 물밀 듯이 찾아온다. 이렇게 생각하고 보니 그럴 듯하다.

■ 悲哀(비애)　슬픔과 설움.
■ 悲劇(비극)　슬픔을 제재로 하여 슬픈 결말로 끝맺는 극.

'非(아닐) 거야, 뭐가 잘못된 걸 거야 하며 扌(손)으로 밀어내면서 거부한다는 뜻이다.

밀칠 **배**

■ 排斥(배척) 따돌리거나 거부하여 밀어 내침.

車(수레)를 함께 끌고 이동하는 무리를 가리켜 만든 한자가 아닐까?

앞에서 끌고 뒤에서 미는 선후배의 아름다운 모습이 그려진다. 물론 非(비→배)에서 음을 취했다.

무리 **배**

■ 後輩(후배) 같은 분야에서 자기보다 늦게 종사하게 된 사람.
■ 不良輩(불량배) 상습적으로 비행을 저지르는 사람이나 무리.

러시아의 작가 도스토예프스키가 쓴 장편소설 중에 〈죄와 벌〉이 있는데 한자를 보니 상당히 헷갈리게 생겼다. 그럼 우선 두 한자의 공통분모부터 해결하자.

허물 **죄** 벌줄 **벌**

버리죵

그물코
그물 **망**

그물로 잡아들여라!

물고기나 새, 짐승을 잡는 그물을 그린 부수인데 지금은 중국에서 網(그물 망)의 간체자로 나온다.

변형부수랍니다~

벌릴 **라** 둘 **치**

그렇다면 두 한자에 공통으로 보이는 ▭(그물 망)은 새를 잡듯이 죄인을 그물로 잡아들인다는 뜻이겠다.

그럼 여기서 먼저 非(허물 죄)를 알아보자.

옛날에는 죄를 짓고 도망가다 잡히면 그물로 옭아매서 끌고 왔다. 그런데 잡힌 죄인은 한결같이 이렇게 말한다. "내가 안 그랬어요. 정말 아니라니까요" 하며 오리발부터 내민다.

그래서 ▥(그물) 밑에 非(아닐 비)를 넣었다고 생각하면 쉽게 외울 수 있다.

잘못을 저지른 놈이라서 '잘못할 非'

아니라고 우겨서 '아닐 非'

어, 둘 다 말이 되네.

그러니까 罰(벌)을 받아야겠지.

죄를 묻기 위해 ▥(그물)로 꽁꽁 묶은 뒤 우선 言(말)로 추궁해서 자백을 받아 낸다. 그런 뒤에 형벌의 도구인 刂(칼)로 지은 만큼의 죄값을 치르게 한다. 얼굴에 문 신을 하거나, 발 뒷꿈치를 베거나, 먹을 치거나 한다. 이렇게 해서 나온 한자가 罰(벌줄 벌)이다.

이렇게 罪(죄)짓고 罰(벌)받을 사람들이 가서 조사 받는 과히 유쾌하지 않은 곳이 있다.

관청 서

그곳이 어디냐. 바로 警察署(경찰서)다. 우린 이곳을 간단히 署(서)라고 말한다.

싸움 나면 입에서 튀어나오는 소리가 있다.

"署(서)에 가서 말하자니까!"

죄 지은 나쁜 者(놈)을 짐승처럼 ▥(그물)로 잡아들인다 하여 만들어진 署 (관청 서)이다. 그물에서 지금은 ▥(철창)으로 변했다고 생각해 보라. 그래야 暑(더울 서) 같은 한자랑 헷갈리지 않는다. 뜨거운 日(태양) 아래 걸어가는 者 (사람)을 그린 이 한자는 대서(大暑), 소서(小暑) 때문에 버젓이 중학교 900자에 들어 있다.

그런데 署(서)라고 해서 꼭 警察署(경찰서)에서만 나오는 한자는 아니다. 稅務署 (세무서), 消防署(소방서) 같은 官公署(관공서)에도 나온다. 너무 겁먹지 말자!

이제 다음 그림 속 한자를 읽으면서 정리해 보자.

여기서 이 한자를 안 하고 넘어갈 수 없다.

위에 보이는 죄수의 모습을 한자로 그대로 그리자.

☐(철창)에 갇힌 人(사람)이라면 죄수가 아니던가.

참으로 쉽게 만들었다.

가둘 **囚**

- 罪囚(죄수) 죄를 지어 교도소에 수감된 사람.
- 良心囚(양심수) 사상이나 신념을 내세워 행동한 이유로 투옥되거나 구금되어 있는 사람.
- 囚衣(수의) 죄수가 입는 옷.

登龍門

오를**등** 용**룡** 문**문**

6. 등용문

직역 : 용문(龍門)에 오르다.

의역 : 1. 입신 출세의 관문을 일컫는 말. 2. 운명을 결정짓는 중요한 시험에 통과함.

후한(後漢) 말의 환관(宦官 : 내시)들은 가난과 신분상승의 욕구로 자진해서 거세하고 황궁에 들어온 뒤 대리 보상으로 권력과 재물에 집착하여 국정을 어지럽히곤 했다.

이런 환관의 부정부패에 놀아난 환제(桓帝) 때 이를 바로잡아보겠다고 나선 정의파 관료 가운데 이응(李膺)이라는 사람이 있었다.

그는 타고난 성격이 강직하고 의(義)를 존중하는 인품의 소유자였는데, 그가 청주자사(青州刺史)로 발령을 받았다는 소문이 돌자 탐욕스런 수령들이 줄줄이 사임할 정도였다.

당시 환관 장양(張讓)의 아우 장삭은 임신한 여자까지 죽일 만큼 잔학한 탐관오리로 악명을 날렸는데, 이응이 사예교위(司隷校尉 : 지금의 경찰청장)가 되었다는 소문을 듣자 겁이 나서 형 장양의 집 기둥 안에 숨었다. 이응은 이 사실을 알고 사졸들을 끌고가 기둥을 부수고 그를 포박하여 낙양의 옥사(獄舍)로 보내어 자백을 받아내고 그 자리에서 죽여버렸다.

형 장양이 아우의 죽음이 억울하다고 황제에게 하소연하였다.

그런데 황제가 이응을 심문하다가 오히려 이응의 강직함에 탄복하게 되었다.

이때부터 환관들은 휴일이 되어도 외출을 하지 않았다. 이를 이상히 여긴 황제가 연유를 묻자 환관들이 울면서 이렇게 대답했다.

"사예교위(司隷校尉) 이응이 무서워서 그렇습니다."

이리하여 뇌물수수나 아첨에 흔들리지 않는 이응의 명예와 덕망은 날로 높아져서 그가 추천한 사람은 인정받고 등용(登用) 되어 출세의 길이 열렸다.

이렇게 되자 당시 사람들이 이응의 집 문턱만 밟아도 출세가 보장된다고 생각했다. 그래서 이응의 집 문턱을 드나들게 된 사람을 '용문(龍門)에 오른 물고기'라고 말하며 부러워했다.

등용문(登龍門)의 유래

용문(龍門)은 지금의 산서성과 섬서성의 경계에 위치한 지명으로 이곳에서 황하는 급물살을 이루며 거세게 쏟아져 내리는데 수만 갈래 물줄기는 우레소리를 내며 천지를 진동시킨다.

이처럼 물살이 너무 험해서 배로도 왕래가 불가능할 정도인 용문(龍門)에 봄이 오면 강과 바다에서 수천 수만 마리의 큰 물고기들이 앞다투어 몰려든다. 오직 목표는 하나. 황하의 상류로 거슬러 올라가는 것이다. 그런데 워낙 높은 곳에서 세차게 떨어지는 물줄기라서 이것을 뚫고 올라가려면 어지간한 꼬리의 힘으로는 어림도 없는 일이다. 그래서 한해에 용문에 오르는 물고기는 수만 마리 중에 72마리에 불과했다.

당신의 마음에 달린 물고기의 운명.

그러나 일단 용문에 오르게 되면 구름이 흩어지고 천둥이 멎으면서 하늘에서 내려온 불이 꼬리를 태우게 되는데 이때 용으로 변하면서 오색찬연한 무지개를 타고 하늘로 올라간다는 전설이 전해져 왔다.

그럼 용문에 오르지 못한 수많은 물고기들은 어떻게 되었을까?

급류에 휘말려 떠내려가다 바위에 머리를 부딪쳐 상처를 입고 아가미를 드러내며 죽게 된다. 이것을 가리켜 '점액(點額)' 이라 한다.

따라서 점액(點額)은 등용문(登龍門)과 반대의 뜻으로 출세에서 떨어져나간 패배자나 시험에서의 낙방자를 가리킬 때 쓰인다.

한자 **Up** 그레이드

산에도 올라가야 하고 학교도 올라가야 하니 다리에 관한 한자가 보여야 할 터인데 어디 있나 했더니 (걸음 발)이 있었네. 이 한자가 '발'이라고 생각하고 외워야 뜻을 이해하는 데 도움이 되며 또 비슷한 모양의 한자와도 구별이 가능하다.

그런데 豆(콩 두)는 왜 있는 걸까?

| 제사 이야기 하나 |

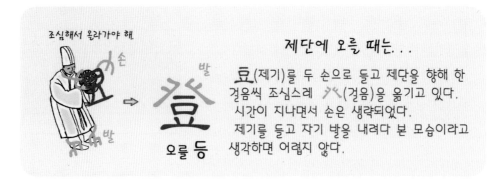

제단에 오를 때는...

豆(제기)를 두 손으로 들고 제단을 향해 한 걸음씩 조심스레 (걸음)을 옮기고 있다.
시간이 지나면서 손은 생략되었다.
제기를 들고 자기 발을 내려다 본 모습이라고 생각하면 어렵지 않다.

아, 그러니까 제기를 들고 제단으로 올라가는 모습에서 유래했구나.

주의할 점은 豆(콩 두)로 알고 있는 이 한자가 원래는 '제기' 모습에서 유래했다는 사실이다.

모양을 가만히 보면 제사상 위에 있는 목기와 모양이 닮았다. 그래서 한자 속에서는 '제기'란 뜻으로 주로 나온다. 뒤에 '콩'이란 뜻이 추가된 것이다.

- 登校(등교) 학생이 학교에 감.
- 登山(등산) 운동, 놀이, 탐험 따위의 목적으로 산에 오름.
- 登用(등용) 인재를 뽑아서 씀.

그렇다면  (오를 등)을 음으로 취한 한자 2개를 더 보기로 하자.

제기를 들고 오르는 제단 옆에 등을 켜놓았는데 火(불)에서 뜻을, 登(오를 등)에서 음과 뜻을 모두 취해 '등', '등불'이라는 뜻이 나왔다.

등불 **등**

- 燈火可親(등화가친) 등불을 가까이 하여 글 읽기에 좋은 계절, 즉 가을철.
- 街路燈(가로등) 길거리를 밝히기 위하여 가설한 등.
- 燃燈(연등) 연등놀이를 할 때에 밝히는 등불.

登(등 → 증)에서 음을 취하고 사실을 言(말)로 증명해 보이거나 알린다는 뜻에서 '증명' '증거'란 뜻이 나왔다.

증거 **증**

- 物證(물증) 물적 증거.
- 證明(증명) 어떤 사실이나 결론이 참인지 거짓인지 밝히는 일.
- 僞證罪(위증죄) 법정에서 증인이 허위의 공술을 하는 죄.
- 證書(증서) 어떤 사실을 증명하는 문서.

이번에는 癶(걸음 발)이 들어간 한자 2개를 보자.

활을 쏜다는 뜻이니 弓(활 궁)이 보이는 것은 당연한데, 나머지는 뭘까 했더니 癹(발)이란 한자인데 음으로 나왔다. 지금은 보기 어렵다. 물론 활을 쏘려면 癶(발 모양)을 정확한 위치에 두어야 하니 꼭 음으로만 나온 것은 아닐 것이다.

활용이 많은 한자이니 꼭 알아두자.

쏠 **발**

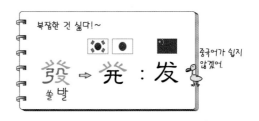

- 爆發(폭발) 속에 쌓여 있던 감정 따위가 일시에 세찬 기세로 나옴.
- 發展(발전) 더 낮고 좋은 상태나 더 높은 단계로 나아감.
- 發射(발사) 총포나 로켓 따위를 쏨.

폐할 **폐**

發(화살 맞은) 广(집)이라...

그렇다면 무너져 내려 패가망신(敗家亡身)한 모습 아닌가. 몸이 병으로 망가지거나 버림받아 쓸모없게 된 사람을 뜻하기도 한다. 그래서 중지하다는 ① '폐할 폐' 와 ② '못쓰게될 폐' 가 있다.

역사에서 보면 장희빈이 廢妃(폐비)되었다가 복위한 인현왕후의 초상화에다 화살을 쏘아대며 저주를 퍼부었다. 그래서인지 얼마 뒤에 인현왕후는 廢人(폐인)이 되어 시름시름 앓다가 죽고 말았다. 그러나 그뒤 장희빈도 결국엔 일이 발각되어 사약받고 廢家亡身(폐가망신)하였으니 자업자득 아닌가. 요즘 불경기라 여기저기 폐업(廢業) 신고하는 가게가 많다고 한다.

- 廢家(폐가) 버려두어 낡아 빠진 집.
- 存廢(존폐) 존속과 폐지를 아울러 이르는 말.
- 廢人(폐인) 병 따위로 몸을 망친 사람.

한자를 쓰다 보면 비슷하게 생겨서 뭐가 뭔지 잘 구분이 되지 않는 것이 있다.

癶(걸음 발)과 비슷하게 생긴 한자가 하나 있다는데 그 정체를 알아보자.

제사 **제**   제사 **사**

祭(제사 제) 위에 있는 한자(㕚)가 癶(걸음 발)과 비슷하게 생겼지만 뜻은 전혀 다른데 우선 공통으로 들어가 있는 示(보일 시)의 정체부터 밝히고 나서 알아보자.

84

정말 귀신이 보이나?

八(피)가 뚝뚝 떨어지는 一(희생양)을
(제단) 위에 올려놓고 제사를 지내면
신이 내려온단다.
이제 이 한자가 보이면 이렇게 소리치자.
"귀신이 보여요!"

보일 시

이 한자는 실체가 없어 육안으로는 보이지 않는 귀신 따위가 보인다는 뜻이다. 그러니까 눈으로 실제 사물을 본다는 뜻을 가지고 있는 見(볼 견)과는 분명히 다르다. 그렇다면 위에 있던 ✶ 은 무엇인고?

제사를 지내기 전에 ⺼(고기)를 ⺕(또 우=손)으로 받쳐들고 示(제사상) 위에 올려놓는 모습인데 지금도 흔히 볼 수 있다.

祭(제사 제)는 이렇게 만들어졌다.

이제 발걸음을 그린 癶(걸음 발)과 ✶(손에 고기든) 모습을 분명하게 구분하자.

祀(제사 사)는 비교적 쉽게 만들었다.

巳(뱀 사)에서 음을 示(보일 시)에서 뜻을 취해 만들었다. 巳(뱀 사)는 뒤에 다시 설명하기로 하겠다.

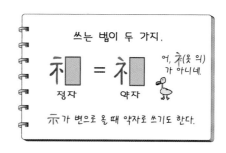

쓰는 법이 두 가지.

示 = 礻

정자   약자

어, ネ(옷 의)가 아니네.

示가 변으로 올 때 약자로 쓰기도 한다.

그럼 이제부터 示(보일 시)가 들어 있는 한자 4개를 보자.

宀(집)안에 示(제단)이 있는 집이라면……
아하, 종갓집이구나.
옛날 종갓집에는 조상을 모시는 사당이 있었다.
또 이 한자를 '마루 종' 이라고도 하는데 여기서 '마루' 는 산이

종묘 종

문화유산

85

나 지붕 따위의 길게 등성이가 진 곳으로 사람의 척추 같은 곳이다. 따라서 그 집안의 근본이자 가장 높은 위치에 있는 대들보 같은 역할을 하는 집안이 宗家(종가)인 것이다. '종묘(宗廟)'라 함은 역대 제왕의 위패를 모셔놓은 왕가의 사당을 말한다.

- 宗族(종족) 동성동본의 일가.
- 宗教(종교) 신이나 절대자를 인정하여 그것을 믿고 숭배하는 정신문화의 한 체계.
- 宗孫(종손) 종가의 대를 이을 맏손자.

높을 **숭**

종갓집은 그 집안에서 어떤 대접을 받고 어떤 위치를 차지하는지 굳이 설명하지 않아도 짐작할 수 있다.

山(산)처럼 크고 높아서 우러러봐야 하는 宗(종갓집) 이다. 宗(종→숭)에서 음도 나왔다.

여기서 '숭상하다' '높다'는 뜻이 나왔다.

- 崇尙(숭상) 높여 소중히 여김.
- 崇拜(숭배) 우러러 공경함.

살필 **찰**

宀(집) 안에 祭(제사상)을 차려 놓은 모습이다. 제사를 지내기 전부터 끝날 때까지 혹시 빠진 음식은 없는지, 자리에 맞게 놓였는지, 제사 순서에 맞춰 지내고 있는지 꼼꼼하게 따지고 잘 살펴봐야

한다. 그래서 이 한자가 들어가면 눈초리가 매섭다.

- 警察(경찰) 경찰관의 준말.
- 監察(감찰) 단체의 규율과 구성원의 행동을 감독하여 살핌. 또는 그런 직무.
- 診察(진찰) 의사가 여러 가지 방법으로 환자의 병이나 증상을 살핌.

아래 보이는 5개의 한자를 찾아보자.

다 찾을 수 있을까?

登 宗 崇 祭 察
★오를 등 ★종묘 종 ★높을 숭 ★제사 제 ★살필 찰

지금도 마찬가지지만 옛날 축제는 사람들이 모여 서로 교제할 수 있는 기회와 공간을 마련해 준다.

祭(축제)가 있는 날 밤에 阝(언덕=담)을 사이에 두고 첫눈에 반한 남녀가 서로 통성명하며 대화를 주고받는 예쁜 장면을 생각해 보자. 그래서 이 한자는 '사이'라는 뜻과 함께 '교제하다'는 뜻도 나왔다.

사이 **제**

- 交際(교제) 서로 사귀어 가까이 지냄.
- 國際(국제) 나라와 나라 사이의 관계됨.

상상의 동물 중에 최고의 몸값을 자랑하는 龍(용)을 그린 모습이다.

인간의 상상력을 발휘하여 만들어진 이 동물은 우리 생활에 밀접한 관련을 맺으면서 지금까지 멸종되지 않고 살아 있다.

龍

용 **룡**

- 恐龍(공룡) 중생대 쥐라기와 백악기에 걸쳐 번성하였던 거대한 파충류.
- 龍頭蛇尾(용두사미) 처음은 왕성하나 끝이 부진한 현상을 이르는 말.

정자 龍과 간체자 龙을 찾아라!

삐딱하게 휘갈겨 쓸수록 龙된다~

龍(용)그림이 그려진 衣(옷)이면 임금님이 입고 계신 용포(龍袍)가 아닐까 했더니 시체에게 입히는 옷이란다.

시체를 덮는 옷이란 뜻에서 뒤에 '습격하다'는 뜻과 '물려받다'는 뜻이 추가되어 지금까지 활용되고 있다.

그런데 왜 龍(용)을 넣었을까? 알 수가 없다.

엄습할 **습**

- 襲擊(습격) 갑자기 상대편을 덮쳐 침.
- 空襲警報(공습경보) 적의 항공기가 공습하여 왔을 때 위험을 알리는 경보.
- 世襲(세습) 한 집안의 재산이나 신분, 직업 따위를 그 자손들이 대대로 물려받는 일.

그럼 여기서 衣(옷 의)가 한자 속에서 어떻게 나오는지 보기로 하자.

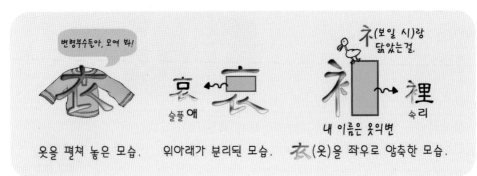

위에 보이는 변형 부수를 잘 알아두자.

특히 위아래가 분리된 한자는 놓치기 쉽고 옷을 압축해서 만든 衤(옷의변)은 礻(보일 시)와 헷갈리기 쉬우니 이 기회에 눈 부릅뜨고 다시 보자.

님에 점 하나 찍으면 남이 되듯이 礻(보일 시)에 丶(점) 찍으면 衤(옷 의)가 된다는 사실을 명심하자.

문 **문**

한자를 처음 공부할 때 '한자는 그림이구나' 라는 생각을 갖게 해주는 한자가 바로 門(문 문)이다.

그러나 아무나 사는 집의 문은 아니었던 듯 싶다.

양쪽으로 여닫는 문에 사는 사람들이 옛날에 얼마나 되었을까?
백성들이 사는 초가집과는 좀 다른 양반 집이란다.
여기서 '집안' '가문'이란 뜻도 나왔다.

■ 家門(가문) 가족 또는 가까운 일가로 이루어진 공동체.
■ 名門家(명문가) 이름 있는 문벌. 또는 훌륭한 집안.

그럼 우리 같은 일반 백성들이 살았던 집도 구경해 보자.

옛날에 내가 살았던 집은?

왼쪽 문만 그렸다.
한 짝으로 된 사립문을 그린
이 집은 많은 백성이 살았던
집이다.

화려함보다는 소박함이 묻어나는 이 한자는 서민들이 사는 집이었다.

지금이야 '집' 이란 일반명사로 쓰지만 말이다.

■ 戶主(호주) 한 집안의 주장이 되는 사람.
■ 家家戶戶(가가호호) 집집마다.

그럼 여기서 戶(집 호)가 들어간 한자를 하나 더 보자.

"너의 所見(소견)을 말해 보거라."

所見(소견)을 해석하면 '눈으로 본 바' 이다. 즉
'어떤 사물을 보고 가지는 의견이나 생각' 이란 뜻이다.

바 소   볼 견

所(바 소)는 戶(집 호 → 소)에서 음을 斤(도
끼 근)에서 뜻을 취했으나 세월이 흐르면서 지금의 뜻으

로 변했다. 그런데 해석하는 방법에는 두 가지가 있으니 주의해야 한다.

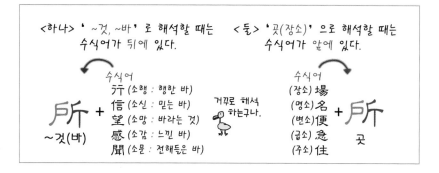

<하나> ' ~것, ~바' 로 해석할 때는
수식어가 뒤에 있다.

수식어
行 (소행 : 행한 바)
信 (소신 : 믿는 바)
望 (소망 : 바라는 것)
感 (소감 : 느낀 바)
聞 (소문 : 전해들은 바)

所 +
~것(바)

거꾸로 해석
하는구나.

<둘> '곳(장소)' 으로 해석할 때는
수식어가 앞에 있다.

수식어
(장소) 場
(명소) 名
(변소) 便
(급소) 急
(주소) 住
+ 所
곳

한문용어들

見(볼 견)은 目(눈 목)과 儿(발)을 그려 만든 한자이다. 이 정도 한자쯤이야 하겠지만 아래 두 개의 한자성어 속에 보이는 見(볼 견)의 음을 다시 보자.

1. 百 聞 不 如 一 見
   일백백 들을문 아니불 같을여 한일 [볼 견]
   : 백번 듣는 것이 한 번 보는 것만 (같지) 못하다.

2. 讀 書 百 遍 義 自 見
   읽을독 책서 일백백 번편 뜻의 저절로자 [나타날현]
   : (같은) 책을 백 번쯤 읽으면 그 뜻이 저절로 나타난다.

읽고 또 읽으라는 말씀~

見(볼 견)이 '나타날 현'도 있다는 사실을 이 기회에 알아두자.

■ 見物生心(견물생심) 어떠한 실물을 보게 되면 그것을 가지고 싶은 욕심이 생김.

어, 아래에 보이는 집은 뭐야?

家家戶戶 꿀꿀꿀...
옛날에는 宀(집집)마다 豕(돼지)를 길러 함께 살았다.
이는 인간과 가장 친한(?) 동물이 없음을 증명하는 것이 아닐까?

너도 이 집 식구?
돼지 시
家 집 가

현재 '집'이란 뜻 외에 '전문가'라는 뜻으로도 많이 나온다.

오늘날 집집마다 애견을 많이 기른다면 옛날에는 단백질 공급을 위해 개, 돼지, 닭을 길렀다. 이중에서 돼지가 대표 가축이었다. 요즘은 집에서 돼지 기르기가 어려우니 돼지저금통이라도 갖다놔야 집다운 집이 되겠다.

돼지 이야기가 나왔으니 우리가 즐겨 먹는 돼지고기는 한자로 어떻게 쓰는지 알아보자.

돼지를 그대로 그린 豕(돼지 시) 앞에 月(고기)를 넣어 만든 이 한자가 식용으로 쓰이고 있는 돼지를 가리킨다. 그렇다면 아이들이 특히 좋아하는 豚(돈)까스의 재료는? 물론 돼지고기다.

돼지 **돈**

험상궂은 豕(멧돼지)를 잡기 위해 辶(뛰어다니는) 모습에서 '쫓아가다' '쫓아내다'는 뜻과 '다투다'는 뜻이 나왔다.

■ 角逐場(각축장)　서로 이기려고 다투고 있는 곳.
■ 逐出(축출)　쫓아내거나 몰아냄.

쫓을 **축**

집 이야기가 나왔으니 집안의 살림살이에 관한 한자를 알아보자.

집안에 갖추어 놓은 가구(家具)를 가리키는 이 한자는 '○○家具'란 상호에서 흔히 볼 수 있다. 그런데 가구점에 들어가면 정말 이 한자처럼 생긴 가구가 전시되어 있다. 그래서 외우는 방법도 생각보다 쉽다.

갖출 **구**

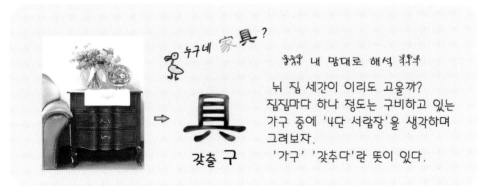

누구네 家具?

내 맘대로 해석

뉘 집 세간이 이리도 고울까?
집집마다 하나 정도는 구비하고 있는
가구 중에 '4단 서랍장'을 생각하며
그려보자.
'가구' '갖추다'란 뜻이 있다.

갖출 **구**

■ 具色(구색)　여러 가지 물건을 고루 갖춤.
■ 器具(기구)　세간, 그릇, 연장 등의 총칭.

羊 頭 狗 肉

양**양**   머리**두**   개**구**   고기**육**

7. 양두구육

직역 : 밖에는 양 머리를 걸어 놓고 안에서는 개고기를 팔다.

의역 : 좋은 물건을 내걸고 나쁜 물건을 팜. 겉과 속이 일치하지 않음.

유사어 : 표리부동(表裏不同) – 겉과 속이 같지 않음.

춘추시대 안영(晏嬰)은 매우 강직한 사람으로 제나라를 천하강국으로 만든 재상이다. 안영은 재상의 자리에 있으면서도 고기 반찬을 입에 대지 않았으며, 부인은 비단옷을 입지 않았다. 왕이 궁궐의 미녀를 주겠다고 했을 때에도 정중히 거절하였으며, 심지어 30년 동안 가죽옷 한 벌로 지낼 만큼 검소함을 몸소 실천하였다.

당시 제(齊)나라 영공(靈公)은 궁중의 여인들에게 남장(男裝)을 시켜 놓고 즐기는 엽기적인 취미를 가지고 있었다.

그런데 이것이 백성들 사이에도 유행되어 남장한 여인이 날로 늘어나 남녀구분이 되지 않고 비정상적인 모습이 여기저기에서 나타나기 시작했다. 그러자 영공이 관리들에게 명령을 내렸다.

"지금부터 여자가 남장하고 다니는 모습을 발견하면 그 자리에서 옷과 혁대를 찢어 버려라."

영공은 이렇게 하면 남장하는 유행이 사라질 것으로 생각하였으나 결과는 그렇지가 않았다.

얼마 뒤 영공이 안영을 불러 그 까닭을 묻자 그는 이렇게 대답했다.

"전하께서는 궁중의 여인들에게는 남장을 허용하시면서 궁 밖의 여인들에게는 금령을 내렸사옵니다. 이는 '밖에는 양 머리를 걸어 놓고 안에서는 개고기를 파는 것(羊頭狗肉)'과 같사옵니다. 이제라도 궁중의 여인들에게 남장을 금하시오소서. 그러면 궁 밖에도 저절로 남장이 사라질 것이옵니다."

영공이 안영의 진언(進言)에 따라 즉시 궁중의 여인들에게 남장 금지령을 내렸다. 그러자 한 달 뒤에 제나라에서는 남장한 여인을 찾아볼 수 없게 되었다.

안영과 관련된 또 다른 고사성어 ①

意氣揚揚
뜻 **의** 　기운 **기** 　날릴 **양** 　날릴 **양**

▶ (일이 바라던 대로 되어) 아주 자랑스러워 우쭐댐.

안영의 마차를 몰던 마부(馬夫)가 있었다. 마부는 안영의 마차가 지나갈 때마다 사람들이 머리 숙여 예의를 표하는 것을 보고 마치 자기가 안영이 된 듯한 착각에 빠져 있었다.

하루는 마부가 마차를 몰고 가는 모습을 아내가 보게 되었다. 남편은 수레 위에 큰 차양을 씌우고 몸을 뒤로 젖힌 채 의기양양(意氣揚揚)한 모습으로 앉아 채찍질을 하고 있었다. 마부가 집으로 돌아오자 아내는 그에게 이혼을 청하며 이렇게 말했다.

"안자께서는 키가 육척도 못 되는데 제나라의 재상이 되어 제후들에게 이름을 떨치고 있습니다. 그럼에도 그분은 항상 겸손한 모습이었습니다. 그런데 당신은 키는 팔척이나 되는데 마부 노릇이나 하면서 마치 재상인 것처럼 으스대고 있더군요. 그래서 제가 이혼을 청하는 겁니다."

그 후로 마부는 자신을 낮추고 겸손해졌다고 한다.

南 橘 北 枳
남녘 **남**　귤 **귤**　북녘 **북**　탱자 **지**

▶ 남쪽의 귤나무를 북쪽에 갖다 심으면 탱자가 되듯이 사람도 환경
에 따라 선하게 되기도 하고 악하게 되기도 한다는 뜻임.

어느 해 안영이 사신으로 초(楚)나라에 가게 되었다. 초나라 영왕(靈王)은 평소 안영이 비상한 인물이라는 소문이 자자하던 터라 한번 만나서 코를 납작하게 만들고 싶은 심술이 작용했다.

며칠 후 궁궐에 도착한 안영을 큰 문 옆에 조그만 개구멍으로 들어가게 했다.

그러자 안영이 말하길, "제가 개 같은 나라에 사신으로 왔다면 개구멍으로 들어갈 것이나, 저는 대국인 초나라에 사신으로 왔기 때문에 개구멍으로 들어갈 수가 없노라" 하였다. 이리하여 큰문으로 들어온 안영이 왕에게 인사를 하자 왕이 입을 열었다.

"제(齊)나라에는 그렇게도 사람이 없소?"

"사람이야 많이 있지요."

"그런데 어찌하여 당신 같이 키도 작고 볼품 없는 사람이 사신으로 오게 되었소?"

그러자 안영은 이렇게 대꾸하였다.

"예, 저희 나라에선 상대방 나라의 격에 맞게 사신을 골라 보내는 관례가 있사옵니다. 제나라에서는 제가 가장 못났기 때문에 초나라 사신으로 오게 된 것이옵니다."

이 홍두깨 같은 대답에 왕은 그만 얼굴이 벌개지고 말았다.

잠시 뒤에 연회를 열었는데 분위기가 한창 무르익을 즈음, 미리 짜놓은 각본대로 포졸이 오랏줄에 죄인을 꽁꽁 묶어서 왕 앞으로 끌고 왔다.

"여봐라! 그 죄인은 어느 나라 사람이냐?"

"예, 제(齊)나라 사람이온데 절도를 저질렀습니다."

그러자 왕이 빈정거리며 안영에게 물었다.

"제나라 사람은 원래 도둑질을 잘 하오?"

그러자 안영은 이렇게 대답했다.

"신이 들으니, 귤(橘)이 장강(長江)의 남쪽에서 자라면 귤(橘)이 되는데, 그 귤을 장강(長江) 북쪽에 옮겨 심으면 탱자(枳)로 변한다고 하더이다. 잎 모양은 서로 비슷하나 맛은 영 다르지요. 이렇게 귤이 탱자가 되는 것은 수질과 토질이 다르기 때문인데 저 제(齊)나라 사람도 원래 도둑질이 무엇인지도 모르고 살다가 이 초(楚)나라 땅에 이사와서 도둑질을 하였으니 이는 초나라의 풍토 때문일 겁니다."

안영의 기지(機智)와 태연함에 감탄한 왕은,

"사실은 내가 그대를 모욕 주려고 벼르고 있었는데 오히려 과인이 욕을 당했구려."

하고는 안영에게 사과하고 정중하게 대접했다.

한자 Up 그레이드

보기만 해도 예쁜 양의 뿔을 강조해서 만든 글자이다. 羊 (양)은 겁이 많기 때문인지 무리를 지어 살며 유순(柔順)하다. 아주 오래전부터 인간에게 털과 젖을 제공해 왔으며, 인간을 대신해서 제물로 바쳐지기도 했다. 정말 고마운 동물이다. 그래서인가 羊(양)을 넣어 만들어진 한자에는 나쁜 뜻이 없다.

양 **양**

- 九折羊腸(구절양장) 산길이 양의 창자처럼 꼬불꼬불하고 험함.
- 羊毛(양모) 양의 털.

바다 **양**

바다를 가리키는 氵(물)과 음을 나타내는 羊(양)이 합쳐져서 만들어진 '바다 양'이다. 그렇다면 海(바다 해)와 무슨 차이가 있을까?

육지와 닿아 있는 바다

육지와 멀리 떨어진 바다

그리고, 西洋(서양)과 東洋(동양)을 나누는 기준인 동시에 西洋(서양)의 약칭으로 나온다.

■ 洋食(양식) 서양식 음식.
■ 洋服(양복) 서양식 의복.

아름다울 **미**

羊(양)들 중에 털에 윤기가 자르르 흐르고 뿔이 大(커지면) 그 중 가장 아름다운 놈을 골라 제단에 희생양으로 바치는데 여기서 '아름다울 미'가 나왔다.

아름답지 않으면 절대 뽑히지 않는다?!

지금 우리 사회는...

나, 이쁘지~

너도 이뻐~

나도 저런 뿔로 성형 할까봐.

돈 전

有錢無罪
유 전 무 죄

無錢有罪는 들어 봤나?
무 전 유 죄

有美無罪
유 미 무 죄
예쁘면 죄가 되지 않고

無美有罪
무 미 유 죄
예쁘지 않으면 죄가 된다!

■ 美德(미덕) 아름답고 갸륵한 덕행.
■ 美談(미담) 사람을 감동시킬 만큼 아름다운 내용을 가진 이야기.
■ 自然美(자연미) 사람의 손길이 가지 아니한 본래의 아름다움.

고급요리에 해당되는 羊(양고기)를 食(먹여서) 성장시키고 기른다는 뜻이다.

물론 羊(양)은 음으로도 나왔다.

- 奉養(봉양) 부모나 조부모와 같은 웃어른을 받들어 모심.
- 養育(양육) 부양해서 기름.
- 養成(양성) 길러 냄.

기를 **양**

희생물인 羊(양) 따위를 示(제단)에 올려놓고 신에게 제사를 지내는 이유가 무엇일까?

우리를 굽어 살펴 나쁜 재앙은 막아주고 좋은 일들만 많이 생기게 해 달라는 것 아니겠는가?

여기에서 '상서롭다' 즉, 행복하고 좋은 일을 뜻하는 한자가 나왔다.

- 不祥事(불상사) 상서롭지 못한 일.

상서로울 **상**

다음 한자는 앞서 나온 祥(상서로울 상)과 관련지어 생각하면 이해가 쉽다.

示(제단)을 없애고 그 자리에 言(말씀 언)을 넣었다. 제단에 羊(희생양)을 올리고 신에게 거짓없이 자세하게 고하고 잘못을 빌거나 복을 구하는 모습에서 '자세한 내용'이란 뜻이 나왔다.

- 詳細(상세) 자세하고 세밀함.
- 作者未詳(작자미상) 작자가 아직 자세하지 알려지지 않음.

자세할 **상**

무슨 한자가 이렇게 생긴 거야?

정말 외우고 싶은 마음이 안 들게 생겼다.

그래도 1800자에 들어 있는 걸 보면 무시할 수 없으니 이렇게 외워보는 것은 어떨까?

모양 **양**

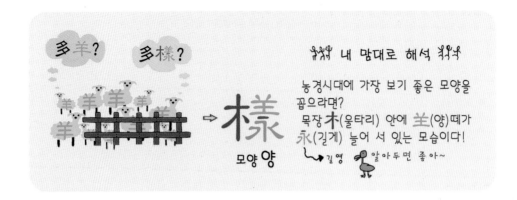

이 세상에서 가장 아름다운 모양은? 양들이 떼지어 노는 모양!

- 樣式(양식) 일정한 방식.
- 多樣(다양) 여러 가지 모양.
- 模樣(모양) 생김새.

착할 **선** 악할 **악**

사람들은 말한다.

"이것은 善(선)하고 저것은 惡(악)하다." 그런데 구분이 어디 그리 쉬운 일인가?" 是非(시비)만큼 구분하기 어려운 것이 善惡(선악)이다. 먼저 善(선할 선)의 유래부터 볼까.

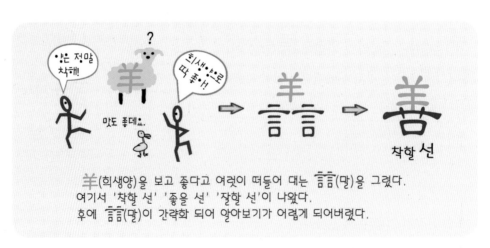

羊(희생양)을 보고 좋다고 여럿이 떠들어 대는 言言(말)을 그렸다.
여기서 '착할 선' '좋을 선' '잘할 선'이 나왔다.
후에 言言(말)이 간략화 되어 알아보기가 어렵게 되어버렸다.

그래서인지 도가 지나치게 너무 착하면 자칫 바보 같아 보일 수 있다.

이 한자의 유래에서 은밀히 시사해 주고 있지 않은가.

■ 親善(친선) 서로 친하고 사이가 좋음.
■ 積善(적선) 선행을 쌓음.
■ 最善(최선) 가장 좋음.

그럼 고기 중에 가장 善(좋은) 月(고기)는 어디에 썼을까?

옛날에는 축하해 줄 일이 생기면 품질이 善(좋은) 양을 잡아 선물을 하거나 아니면 月(고기 반찬)을 만들어서 마음을 전했다. 그래서 이 한자는 '반찬' '선물'이란 뜻을 가지고 있다.

반찬 선

 이란...

그러고 보니 10여 년 전만 해도 고기나 과일을 최고의 선물로 꼽았던 적이 있었다. 아니 지금도 현금에 밀리긴 했지만 갈비세트가 고급선물로 아직은 인기가 높다.

양고기로 맛있는 반찬 만들어 주는 것

■ 膳物(선물) 남에게 인사로 주는 물건.

善(착할 선)을 알았으니 이제 惡(악할 악)을 알아보자.

먼저 여러 가지 설을 가지고 있는 亞(버금 아)의 유래를 보자.

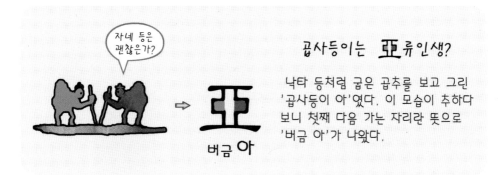

자네 등은 괜찮은가?

곱사등이는 亞류인생?

낙타 등처럼 굽은 곱추를 보고 그린 '곱사등이 아'였다. 이 모습이 추하다 보니 첫째 다음 가는 자리란 뜻으로 '버금 아'가 나왔다.

버금 아

'첫째'를 유독 좋아하는 우리 민족 입장에서 보면 그리 반가운 한자는 아닐 듯싶다.

■ 亞聖(아성) 聖人(성인)인 공자 다음 가는 聖人(성인)에 가까운 사람으로 孟子(맹자)가 대표.
■ 亞流(아류) ① 어떤 학설 등에 찬성하여 따르는 사람.
　　　　　　　② 으뜸가는 사람을 흉내 낼 뿐 독창성이 없는 것, 또는 그러한 사람.

그런데 Asia(아시아)를 한자어로 亞細亞(아세아)로 표기한다. 어떻게 만들어졌을까?

이것은 '음역'의 원리로 만들었는데 이때 뜻도 함께 넣는 경우가 보통이다. 그래서 기왕 쓸 거면 좋은 뜻을 가진 한자로 뽑아 썼다.

요즘 중국 거리에 넘쳐나는 간판에서 재미있게 음역된 것을 몇 개 살펴보자.

중국에 가면 可口可樂과 麥當勞와 家樂福이 있다~
(가구가락) (맥당로) (가락복)

"간체자라 어렵다해."

"코카콜라다해"
"가구가락"

"맥도날드다해" "맥당로!"

기왕이면 좋은 뜻으로!

'입을 즐겁게 한다'는 뜻인 코카콜라(可口可樂), '집이 즐거워지고 부자가 된다'는 까르푸(家樂福)의 상호에서 보듯 발음을 핑계로 들어간 뜻이 더 멋지다.

중국에서 외래어를 표기하는 또 하나의 원리로 아래와 같은 것도 있다.

'음 + 종류'로 된 외래어

America : me(美) + 国(나라) = 美国

England : En(英) + 国(나라) = 英国

beer : be(啤) + 酒(술) = 啤酒

중국은 미국과 감정이 좋지 않았던 시대에 美(아름다울 미) 대신 米(쌀 미)를 넣어 米國(미국)으로 표기했던 적이 있다. 같은 음이라서 별 문제 없어 보이지만 미국인들 입장에서 보면 별로 기분이 좋지 않다. 지금도 습관적으로 미국(米國)으로 표기하는 일이 종종 있다. 우리나라에서는 미국(米國)으로 표기하지 않는다. 아니 사용할 수가 없었다. 美國을 米國으로 쓰기만 해도 불순분자로 몰려 잡혀가기까지 했다.

우리는 북한과 감정이 나빴던 1970년대에는 북괴(北傀 : 북쪽에 있는 꼭두각시 국가)로 불렀다. 지금은 북한(北韓)과 교류를 하면서 북괴(北傀)란 명칭을 쓰지 않는다. 이렇게 글자 하나에 다분히 감정을 실어 표현하는 것도 '한자의 또 다른 재미' 이기도 하다.

게다가 국가의 자존심도 보인다.

그래서 '버금 아'와 '가늘 세'를 넣어 만든 亞細亞(아세아)는 아무리 좋게 해석해 보려 해도 뒷맛이 개운치 않은 것이 사실이다.

이제 본론으로 돌아가 보자.

이 亞(버금 아)에 心(마음 심)을 넣은 한자가 惡(악)이다.

옛날에는 영양결핍이나 각종 질병으로 낙타처럼 등이 굽은 곱사등이가 많았다. 이들이 길거리에서 놀림을 당하며 살다보니 마음이 점점 모질어지고 악하게 변하지 않았을까.

여기서 ① '악할 악'이 나왔다. 악한 것은 사람들이 누구나 미워한다고 하여 음을 바꿔 ② '미워할 오'도 만들었다. 음 두 개를 모두 알아두자.

1. 악할 악 惡質(악질) 성질이 모질고 나쁜 사람이나 행동.
　　　　　 惡疾(악질) 질이 나쁜 고치기 힘든 병.
2. 미워할 오 憎惡(증오) 몹시 미워함.
　　　　　 羞惡之心(수오지심) 자기의 결점을 보고 부끄러워하고 남의 나쁜 점을 미워하는 마음.
　　　　　 맹자의 四端(사단) 중 하나.

頁(머리 혈)에서 뜻을 豆(콩 두)에서 음을 취해 만들어진 '머리 두'는 뒤에 '첫째' '우두머리' 라는 뜻도 갖게 되었다. 머리가 콩알만한 건 절대 아니다.

■ 頭目(두목) 여러 사람 중 우두머리가 되는 사람.
■ 街頭(가두) 시가지의 길거리.

< 진시항 병마용갱에서 >

그럼 앞에 있는 饅(만두 만)에 대해 알아보자.

曼(퍼질 만)에서 음을 食(먹을 식)에서 뜻을 취했다.

밀가루를 반죽하여 얇게 밀어 소를 넣고 둥글게 빚어 삶거나 찌거나 튀겨 만든 이 음식을 우리도 즐겨먹는데 유래를 살펴보자.

제갈공명이 남방의 오랑캐 맹획을 일곱 번 잡았다 일곱 번 풀어준데서 유래한 고사성어 칠종칠금(七縱七擒)이 있다. 아무튼 제갈량이 칠종칠금 끝에 심복(心服)시킨 맹획을 데리고 돌아오는 길에 사천의 여강을 건너는데 갑자기 천둥과 함께 태풍이 불면서 폭우가 쏟아졌다. 그러자 옆에 있던 맹획이,

"수신(水神)이 장난을 치고 있습니다. 이럴 때 우리 남만(南蠻)에서는 신에게 제사를 지내는데 반드시 사람을 죽여서 그 머리를 제물(祭物)로 바쳤습니다. 그래야 신이 음병(陰兵 : 은밀하게 도움을 주는 병사)을 보내서 도와준다고 믿었지요" 라고 말하면서 그렇게 하기를 권했다.

하지만 공명은 잠시 고민하더니 사람머리 대신 양고기와 돼지고기를 섞어 소를 만들고 밀가루로 싸서 사람의 머리 모양을 만들었다. 그리고 성대하게 제사를 지내고 강가에 던졌더니 강물이 죽은 듯이 잠잠해졌다.

후세에 이 음식 이름을 '남만(南蠻)의 머리'라는 의미로 蠻頭(만두)라고 했다가 饅頭(만두)로 바꾸어 부르게 된 것이다.

하긴 '오랑캐의 머리'라고 생각하면 먹기가 불편했겠다.

그런데 중국에서 饅頭(만두)를 시켜 한 입 깨물면 '어, 소가 없네?' 하며 이상하게 생각한다. 지금 중국에서 말하는 饅頭(만두)는 소가 없는 찐빵이다. 소가 들어 있는 饅頭(만두)를 먹고 싶다면 包子(포자)라고 써 있는 걸 시켜야 낭패를 당하지 않는다.

그럼 여기서 曼(퍼질 만)을 넣어 만든 한자를 두 개 더 보자.

보다시피 이 曼(만)자는 이렇게 음으로만 알고 있어도 된다.

氵(물)이 제멋대로 흘러 '질펀하다'는 뜻이다. 그래서 '제멋대로 그린 그림'이라는 뜻으로 漫畵(만화)가 있다. '어떠한 격식에 매이지 않고 맘대로 그린 그림'이라는 뜻인데 요즘은 이런 만화(漫畵)의 부가가치가 천문학적이다.

질펀한 **만**

■ 散漫(산만)　어수선하여 질서나 통일성이 없다.
■ 漫評(만평)　① 일정한 체계없이 생각나는 대로 비평함.
　　　　　　　② 만화를 그려서 인물이나 사회를 비평함.

중국인은 慢慢地(만만디)……

우리가 '빨리 빨리'라는 말을 입에 달고 살았다면 중국인은 '만만디' 즉, '천천히' 하라는 뜻의 '만만디'를 입에 달고 살았

다. 이렇게 '느림의 미학'을 즐겼던 중국인들이 지금은 사정이 달라졌다. 경제가 발전하면서 돈을 만지게 되자 중국인들도 '빨리 빨리'를 외치고 있다.

게으를 **만**

忄(마음)에서 뜻을 취하고 曼(만)에서 음을 취한 이 한자는 이렇게 '게으르고 느리게 행동한다'는 뜻

외에 '업신여기다' '거만하다' 는 뜻도 있는데 이 뜻의 활용이 더 많다.

- 自慢心(자만심) 자신이나 자신과 관련 있는 것을 스스로 자랑하며 뽐내는 마음.
- 放漫(방만) (하는 일이나 생각이) 야무지지 못하고 엉성하다.
- 驕慢(교만) 잘난 체하며 뽐내고 건방짐.
- 怠慢(태만) 열심히 하려는 마음이 없고 게으름.

犭(개)에서 뜻을 句(구절 구)에서 음을 취했다.

- 黃狗(황구) 누렁개.
- 狗肉(구육) 개고기.

개 **구**

우리는 어떤 상태가 엉망이거나 무질서
할 때 속된 말로 '개판' 이라고 한다.

"야, 너희들 왜 이렇게 개판이냐." 이런 말 들으면 정말 기분 '개판' 된다.

그런데 고상(?)한 우리가 쓰기에 좀 머쓱할 때가 있다.

좀 다른 표현이 없을까 하고 생각했다면 아래 한자성어를 알아두자.

진흙탕에서 개처럼 한판 붙어 봐~

자기 이익만을 위한 볼꼴
사나운 싸움이래.

닭싸움이 낫겠다.

泥田鬪狗
진흙니 밭전 싸울투 개구

태조 이성계가 즉위 초에 정도전에게 팔도사람을 평해 보라고 명하자 이렇게 대답했다.
"경기도는 경중미인(鏡中美人), 충청도는 청풍명월(淸風明月), 전라도는 풍전세류
(風前細柳), 경상도는 송죽대절(松竹大節), 강원도는 암하노불(岩下老佛), 황해
도는 춘파투석(春波投石), 평안도는 산림맹호(山林猛虎)이옵니다."
그런데 태조의 출신지인 함경도에 대해서는 평을 하지 않아 어서 말해 보라고 재촉하자
정도전은 "함경도는 이전투구(泥田鬪狗)이옵니다"하고 대답하자 이성계의 얼굴이 그
만 벌겋게 변했다.

눈치 빠른 정도전이 재빨리 '석전경우(石田耕牛 : 자갈 밭을 가는 소)' 라는 말로 기

104

분을 풀어 주었다고 하는 이 일화에서 泥田鬪狗(이전투구)가 유래했다.

태조 이성계도 얼굴색이 변할 만큼 감정을 상하게 한 이 한자성어는 지금 여기저기에서 벌어지고 있다. 특히 정치인들의 泥田鬪狗(이전투구)식 싸움이 가장 눈쌀을 찌푸리게 한다.

冂(고깃덩어리)에 부드러운 仌(결)을 그린 상형문자이다.

■ 肉質(육질) 고기의 질.
■ 肉彈戰(육탄전) 적진에 몸을 날리면서 싸우는 전투.
■ 肉眼(육안) 기구를 이용하지 않고 눈으로 표면을 감식함.

고기 **육**

이 한자의 변형부수를 보자.

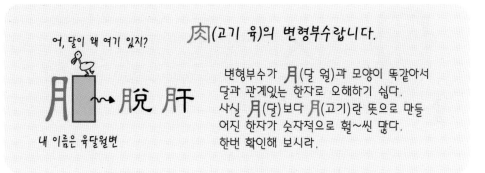

肉(고기 육)의 변형부수랍니다.

어, 달이 왜 여기 있지?

月 ↝ 脫 肝

내 이름은 육달월변

변형부수가 月(달 월)과 모양이 똑같아서 달과 관계있는 한자로 오해하기 쉽다.
사실 月(달)보다 月(고기)란 뜻으로 만들어진 한자가 숫자적으로 훨~씬 많다.
한번 확인해 보시라.

그럼 여기서 月(고기)가 들어간 신체나 장기를 뜻하는 한자들을 살펴보자.

月(고기)에서 뜻을 干(방패 간)에서 음을 취해 만들어진 이 한자는 여러 장기 중에서도 특히 중요하다. 肝(간)은 한번 손상을 입으면 회복이 어렵다고 하니 방패로 창을 막듯이 침입하는 세균을 잘 막아내야 한다는 뜻에서 干(방패 간)을 넣어 만든 것은 아닐까?

■ 肝膽(간담) 간과 쓸개.

간 **간**

밥통 **위**

위장이 田(밭 전)과 무슨 관계가 있을까 하고 궁금하게 여겼는데 알고 보니 위 안에 田(음식물)이 들어 있는 모양이었다. 이 아래에 뜻으로 月(고기)를 넣었다.

- 胃炎(위염)　위 점막에 생기는 염증성 질환.

가슴 **흉**

月(고기)에서 뜻이 나오고 뒤에 있는 한자가 음이라는 말인데……

그럼 여기서 匈(오랑캐 흉)과 함께 凶(흉할 흉)도 알아보자.

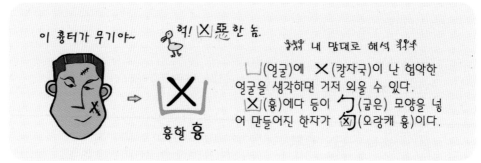

원래 凶(흉)은 구덩이에 빠진 사람을 그린 것이다. 어쨌거나 동서양을 막론하고 ✗(엑스)자는 좋은 대접을 받지 못하고 있다. 한자에서도 ✗(엑스)모양은 '불길하다' '나쁘다' '죽다'는 뜻으로 나온다. 凶(흉할 흉)이 들어간 한자어는 보면 한결같이 가까이 하고 싶지 않은 것들뿐이다.

- 凶年(흉년)　농작물이 잘 되지 않은 해.
- 凶物(흉물)　① 성질이 음흉한 사람.　② 흉측스럽게 생긴 사람이나 동물.
- 凶夢(흉몽)　불길한 꿈.
- 陰凶(음흉)　겉으로는 부드러워 보이나 속으로는 엉큼하고 흉악함.

중국을 통일한 진시황도 흉노족(匈奴族)의 침입을 두려워하여 만리장성을 증축하였다고 전해질 만큼 북방 오랑캐인 흉노족은 중국인들에게 두려움의 대상이었다.

그러니 이런 오랑캐에게 이름을 곱게 지어 불러줄 리가 없다.

어찌되었건 간에 胸(가슴 흉)은 匈(오랑캐 흉)에서 음을 취했다. 병원에서 X-ray(엑스–레이) 촬영할 때 흉부(胸部)가 어딘지 알아야 낭패를 당하지 않는다.

- 胸中(흉중) 가슴 속. 심중.
- 胸部(흉부) 가슴부분.

중요할 **요**

인간의 몸에서 가장 중요한 곳이라 하면 '허리'를 말하지 않을 수 없다. 그럼 여자의 가는 허리를 그린 모습을 보자.

西(양 손으로 허리)를 잡고 있는 女(여자)를 그렸다. 허리야말로 인체의 중심이며 가장 '중요한 곳' 아닌가.

아하, 그래서 허리를 잡고 있는 모습에서 가장 '중요한 부분'이란 뜻으로 나왔구나. 이외에 '구할 요'란 뜻도 있으니 알아두자.

- 要求(요구) 받아야 할 것을 필요에 의하여 달라고 청함.
- 重要(중요) 소중하고 긴요한 것.
- 要點(요점) 가장 중요하고 중심이 되는 사실이나 관점.

그렇다면 원래의 뜻이었던 '허리'는 어떻게 됐을까?
신체를 뜻하는 月(고기)를 넣을 것으로 이미 짐작했겠다. 물론 要(요)는 음과 뜻을 모두 취했다. 중요(重要)한 허리 함부로 하다 다치면 오래 고생해야 한다. 조심하자!

- 腰痛(요통) 허리가 아픈 증상.

허리 **요**

맥 **脈**

맥박(脈搏)이 멈추었다는 것은 목숨이 다했다는 뜻이다.

한의원에 가면 한의사는 환자의 병세를 알기 위해 脈(맥)을 짚어 본다. 脈(맥)이란 무엇인가?

'몸 속에 혈관이 갈래갈래 퍼져서 흐르는 줄기'인 핏줄을 말한다. 한자를 보면 辰(핏줄) 모양에 月(고기)를 넣어 만들었다. 辰(핏줄)처럼 원시적으로 생긴 한자가 쓰기가 더 어렵다.

몸 속의 핏줄과 비슷한 모습을 하고 있는 한자가 하나 더 있다니 어디 한번 보자.

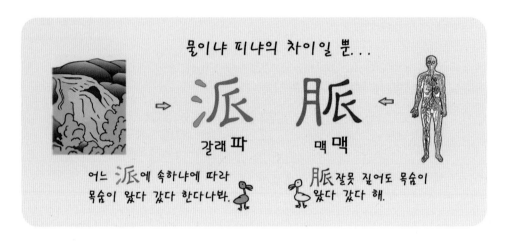

물이냐 피냐의 차이일 뿐...

派 갈래 **파**   脈 맥 **맥**

어느 派에 속하냐에 따라 목숨이 왔다 갔다 한다나봐.

脈 잘못 짚어도 목숨이 왔다 갔다 해.

물줄기의 모습과 핏줄 모양이 같은 모습을 하고 있으므로 두 한자를 함께 외우자.

역사를 들춰보면 한 시대를 살다간 지식인이나 정치인들은 자신의 목숨을 담보로 '△△派(파)'에 소속되어 있는 사람들이다.

자칫 줄 잘못 서면 목숨이 위태롭다.

- 派生(파생)   사물이 어떤 근원으로부터 갈려 나와 생김.
- 分派(분파)   여러 갈래로 나뉘어 갈라짐.
- 黨派(당파)   주의, 주장, 이해를 같이하는 사람들이 뭉쳐 이룬 단체나 모임.

- 山脈(산맥)   많은 산이 길게 이어져 줄기 모양을 하고 있는 산지.
- 診脈(진맥)   병을 진찰하기 위하여 손목의 맥을 짚어 보는 일.
- 水脈(수맥)   땅속을 흐르는 지하수의 줄기.

어느 노랫말에 "내가 가지긴 싫고 남 주긴 아까운 그냥 그런 기분일 거야"라는 가사가 나온다.

이런 기분을 한자성어로 鷄肋 (계륵)이라고 한다. 鷄(닭 계)는 앞에 있는 奚(어찌 해→계)에서 음을, 鳥(새 조)에서 뜻을 취했는데 음으로 나온 한자가 복잡해서 잘 안 외워진다. 그래도 한자로 써 놓은 삼계탕(蔘鷄湯) 간판은 문제없이 읽고 찾아 들어간다. 그런데 삼계탕을 먹을 때마다 이 한 마디는 꼭 기억하도록 하자. '닭의 부리가 될지언정 소꼬리는 되지 말자!'

닭 **계**   갈빗대 **록**

- 鷄口牛後(계구우후) 닭의 부리가 될지언정 소의 꼬리는 되지 말라는 뜻. 큰 단체에서 꼴찌하느니 작은 단체에서 첫째하는 것이 더 낫다.
- 群鷄一鶴(군계일학) 평범한 사람들 가운데 뛰어난 한 사람을 비유한 말.
- 養鷄場(양계장) 설비를 갖추어 닭을 치는 곳.

肋(갈빗대 록)은 月(고기)에서 뜻을 力(력→록)에서 음을 취했다.

교통사고로 심하게 다치면 '늑골(肋骨) 몇 개가 나갔다'고 말한다. 그런데 왜 하필 이렇게 약한(?) 갈빗뼈로 여자를 만들었을까?

그럼 여기서 鷄肋 (계륵)의 유래를 알아보자.

삼국시대 조조가 한중(漢中)에서 유비와 일전을 벌이고 있었는데 수개월 동안 계속되는 전투에서 군량이 모자라고 도망병들이 속출하였다. 진군하자니 이길 승산이 없고 그렇다고 철수하자니 유비에게 웃음거리가 될 것 같아 어찌할 바를 모르고 있었다.

그러던 어느 날 식사를 담당하는 병사가 닭국을 끓여 내왔다. 조조는 국그릇 속에 닭갈비가 들어 있는 것을 보고 생각에 잠겼다.

무언가를 곰곰이 생각하고 있을 때, 하후돈이 막사 안으로 들어와 그 날의 야간 구호(口號)를 알려달라고 했다. 그러자 조조가 이렇게 말했다.

"계륵(鷄肋)이다."

하후돈이 이 구호를 전달하자 주부(主簿) 양수(楊修)는 즉시 수행하던 군사들을 시

양두구육

109

켜서 행장을 수습하고 떠날 채비를 갖추도록 했다. 하후돈이 그 까닭을 묻자 이렇게 대답해 주었다.

"닭갈비란 먹자니 먹을 것이 없고 버리자니 좀 아까운 것이지요(夫鷄肋, 食之則無所得, 棄之則如可惜). 조조의 현재 심정이 이러하시다니 내일이면 반드시 진지를 철수하실 것입니다. 그래서 저도 일찌감치 짐을 싸려는 것입니다."

얼마 후 양수의 예언대로 조조는 철군을 시작하였다.

그다지 쓸모가 있는 것은 아니나 버리기에는 좀 아까워 이러지도 저러지도 못한다는 뜻으로 쓴다. 그러나 조조는 과감하게 버림으로써 훗날 '승리자' 라는 더 큰 이름을 얻었으니 이 교훈을 새길 필요가 있겠다.

조조의 계륵 이야기 하나 더

조조에게 한 가기(歌妓)가 있었는데 목소리가 매우 청아했다. 그러나 성질이 사납고 잔인하여 죽이고자 하였으나 재주가 아깝고, 살려두자니 두고 보기가 역겨웠다. 그래서 조조는 백명의 가기(歌妓)를 뽑아 동시에 연습시켰더니 얼마 후에 목소리가 그 가기 정도 되는 기녀가 나왔다. 그러자 조조는 곧바로 성질이 사나운 가기를 죽여버렸다.

만약 지금 사귀고 있는 이성친구가 鷄肋(계륵)처럼 보여 정리하고 싶다면? 생각처럼 쉬운 문제가 아니다. 그렇다면 이 방법은 어떨까? 휴대폰으로 "넌 鷄肋(계륵)이야" 하고 문자를 날려보자. 어떤 반응을 보일지 궁금해하면서 말이다.

썩을 **부** 패할 **패**

'腐敗(부패)' 한 정부를 바라보며 살고 있는 국민들의 삶은 너무나 비참하다. 이는 쓰레기통에서 진동하는 썩은 고기냄새를 맡고 살아야 하는 것과 같기 때문이다.

腐(썩을 부)는 肉(고기)에서 뜻을 府(마을 부)

에서 음을 취했다. 그런데 府(마을 부)를 자세히 들여다보면 단순히 음으로만 나온 것 같지 않다.

아래 두 한자를 잘 비교해 보자.

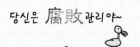

앞 亻(사람)에게 물건을 넘겨 주는 寸(손)을 그려 '줄 부' '부탁할 부'가 나왔다.

여기서 广(집)이란 높은 벼슬아치가 일 하는 관청이다. 付(부)는 음으로 나왔다. 그런데 관청에 부탁하려는 사람들이 모이면 腐敗(부패)의 온상이 되는 건 시간문제다.

정리하면 付(줄 부)는 '주다' '부탁하다' 는 뜻을 가지고 있으니 한자어로 확인해 보자.

- 交付(교부)　내어 줌.
- 付託(부탁)　어떤 일을 해 달라고 청하거나 맡김.
- 送付(송부)　편지나 물품 따위를 부치어 보냄.

付(줄 부)에다 广(집)을 넣어 만든 '마을 부'는 문서나 재화를 맡아 관리하는 '관청'이란 뜻이 더 많다.

- 政府(정부)　입법, 사법, 행정의 삼권을 포함하는 통치 기구를 통틀어 이르는 말.
- 軍府(군부)　장수가 군중(軍中)에서 집무하는 곳.
- 官府(관부)　정부나 관청.

보다시피 한자어에서 관료들이 일하는 '관청' 냄새가 강하게 풍긴다.

腐(썩을 부)는 府(관청)에서 肉(고기) 썩는 냄새가 진동한다고 생각하니 府(부)는 음과 뜻을 모두 포함한다고 봐야 한다.

腐敗(부패)한 냄새는 쓰레기장에서만 나는 것이 아니다. 관청에서 나는 썩은 냄새가 더 지독하다. 예나 지금이나 나랏일 하는 사람들은 부탁(付託)을 조심해야 한다는 경고의 메시지일 것이다. 그런데 우리가 즐겨먹는 음식 중에 腐(부패할 부)가 들어 있는 것이 있다.

그럼 敗(패할 패)는 어떻게 만들어졌을까?

貝(조개)를 막대기로 攵(때려서) 못쓰게 부수어 버린다는 뜻에서 '패할 패' '썩을 패'가 나왔다고 생각하자. 물론 貝(패)에서 음도 나왔다.

- 勝敗(승패) 승리와 패배를 아울러 이르는 말.
- 失敗(실패) 일을 잘못하여 뜻한 대로 되지 아니하거나 그르침.

그렇다면 조개의 입을 벌릴 좋은 방법은 없을까?

법칙 칙

아, 貝(조개) 입에 살짝 刂(칼)을 넣고 비틀면 투명한 조갯살이 드러난다. 이 방법에서 ① '법칙 칙'이 나왔다고 생각하자. 안 벌어진다고 때려봐야 오히려 망가지기만 한다. 문장 속에서는 가정형을 만들어주는 접속사 ② '곧 즉'으로 많이 나온다.

- 原則(원칙) 어떤 행동이나 이론데 일정하게 적용되는 규칙.
- 規則(규칙) 여러 사람이 다 같이 지키기로 약속한 법칙.
- 法則(법칙) 반드시 지켜야 하는 규범.

曲 學 阿 世
굽을 **곡**   배울 **학**   아부 **아**   세상 **세**

8. 곡학아세

직역 : 바른 학문을 왜곡(歪曲)시켜서 세상 속물들(권력자)에게 아첨함.

유사어 : ① 사이비(似而非) – 겉으로는 같은 듯하나 속은 다름.   ② 어용(御用) – 임금이 쓰시는 물건이란 뜻에서 권력에 아첨하고 자주성이 없는 사람이나 단체, 작품 따위를 경멸하여 이르는 말

전한(前漢)의 4대 황제인 경제(景帝)는 즉위하자마자 천하에 훌륭한 선비를 두루 구하였는데 이때 원고생(轅固生)을 등용하여 박사(薄士)로 삼았다. 당시 그는 나이 90세였으나 황제의 부름에 감격하여 '내가 젊은 것들에게 뒤져서야 되나' 하고 백발을 휘날리며 상경하였다.

경제의 어머니인 두태후(竇太后)는 노자(老子)를 몹시 좋아했다. 어느 날 원고생을 불러서 이렇게 물었다.

"경은 노자(老子)를 어떻게 생각하는가?"

그러자 원고생은 이렇게 말했다.

"노자는 종놈이나 노예와 같이 보잘것없는 놈이지요. 적어도 국가의 대사를 논하는 자가 문제삼을 만한 가치 있는 사람은 아닙니다."

두태후는 노발대발하며 말했다.

"네 이놈, 내가 존경하는 노자를 사이비(似而非) 학자로 취급하다니."

하고는 즉시 원고생을 사육장(飼育場)으로 보내어 매일 돼지를 잡게 했다. 그러자 이를 안 경제는 남몰래 예리한 칼을 옥중에 있는 그에게 하사하였다. 원고생은 그 칼

로 어려움 없이 돼지를 죽일 수가 있었다. 이 사실은 알게 된 두태후도 어쩌지 못하고 옥에서 풀어주었다.

이렇게 원고생은 자기가 옳다고 생각하면 어떤 사람 앞이라도 두려워하지 않고 직언을 서슴지 않자 사이비 학자들은 황제를 설득해서 그를 몰아내는 데 필사적이었다.

"저 늙은이는 무용지물(無用之物)이옵니다. 시골에 보내서 손자 업어주는 일이나 하도록 하심이 좋을 것이옵니다."

그러나 이런 말에 경제는 흔들리지 않았다. 이때 공손홍(公孫弘)이라는 젊은 학자도 등용했는데 공손홍은 '저 놈의 늙은 것이……' 하는 눈빛으로 원고생을 흘겨보며 몹시 경멸하였다.

그러나 원고생은 공손홍을 허물없이 대해 주었다. 그러던 어느 날 공손홍을 불러 놓고 이렇게 말했다.

"지금 학문의 정도(正道)는 문란해지고 거짓 학설이 판을 치고 있소. 만약 이대로 방치했다가는 유서 깊은 학문의 전통이 끊어질까 두렵네. 그대는 나이도 젊거니와 배우기를 매우 좋아한다고 들었네. 그러니 부디 바른 학문을 열심히 공부하여 세상에 널리 좋은 풍토를 심어 주시오. 그리고 바라건대 결단코 자기가 믿는 바른 학문을 왜곡시켜 세상의 속물들에게 아부하는 일(曲學阿世)이 없길 바라네."

그의 고결한 인격과 풍부한 학식에 감복한 공손홍은 크게 뉘우치고 사죄한 뒤 원고생의 제자가 되었다.

한자 Up 그레이드

구불구불하다는 뜻을 가진 이 한자를 보면서 이렇게 만들어진 건 아닐까 생각해 봤다.

굽을 **곡**

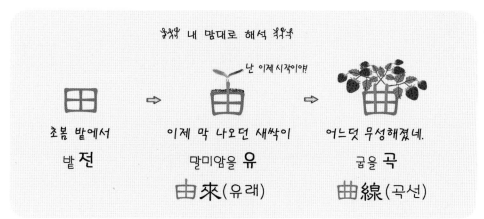

세 개의 한자를 한꺼번에 외울 수 있는 기회다.

그런데 싹이 자라서 무성해진 것은 좋을지 모르겠으나 '꾸불꾸불' 한 이미지 때문에 '바른 정신을 버리고 시류에 영합' 한다는 뜻도 있음을 알아야 한다.

- 歪曲(왜곡)　사실과 다르게 해석하거나 그릇되게 함.
- 曲直(곡직)　사리의 옳고 그름을 이르는 말.
- 曲名(곡명)　악곡의 이름.

곡학아세

115

농사 **농**

농사(農事)란 무엇인가?

辰(때) 맞춰서 씨 뿌리고 때 맞춰서 비가 내려야 농작물이
曲(구불구불) 잘 자란다. 농사란 것이 특별한 것이 아니다. 그
저 뿌린 만큼 풍성한 수확을 거둘 수 있으면 되는 것이다.

辰(때 신)에 대해서는 뒤 다시 다루기로 하겠다.

■ 歸農(귀농) 다른 일을 하던 사람이 그 일을 그만두고 농사를 지으려고 농촌으로 돌아가는 현상.

풍년 **풍**

때 맞춰 씨 뿌리고 제때 비 내려서 농사가 잘 되는 것을 우리는
豐年(풍년)이라고 부른다.

그런데 이 한자는 약자이고 정자는 따로 있다는데 유래와 함께
보자.

조상님 대추 많이 드세요~~~~

豊 ⇒ 豐 (정자) ⇒ 豊 (약자)

가을이 되면 조상신에게 바칠 曲(햇곡식)을 豆(제기)가 작아 보일 정도로
수북하게 담아 제단에 바쳤다.
뒤에 曲을 曲(곡)으로 바꾸어 쓰면서 지금에 이르렀다.

정자를 보니 풍성하다 못해 쏟아질
것 같다. 이 한자를 중국에서는 어떻게
간략하게 쓰고 있는지 간판에서 찾아보
자.

풍년에 대한 고마움과 내년에도 풍년

지금 중국에서 쓰고 있는 豐(풍) 찾아 보자~

116

들게 해 달라고 조상님께 제사지내는 모습을 하고 있는 豊(풍)자가 상호로 들어간 백화점이 있었다.

우리에게 지울 수 없는 상처를 준 삼풍(三豊)백화점…….

1995년 6월 29일에...

옥상 위 냉각탑의 무게를 견디지 못한 백화점이 무너져 내리면서 초유의 대형 참사가 일어났다.
그렇다면 三豊이라는 이름에서 이미 사고가 예견됐던 건 아닌지...

무너진 三豊

설계 단계부터 안전성에 문제가 있던 건물이었다는데 그 뒤에 옥상 냉각탑 설치 및 5층을 식당가로 용도를 변경하자 3배가 넘는 하중을 이기지 못하고 그만 구조체가 손상되면서 결국 무너져 내렸다.

삼풍(三豊)을 풀면 세 배로 무거운 짐덩어리를 머리에 이고 있다는 뜻이니 이름 때문에 그리 된 것은 아닐까? 이렇게 이름을 탓해봐야 슬픔이 사라지는 것은 아니다.

■ 豊盛(풍성)　넉넉하고 많음.
■ 豊滿(풍만)　몸에 살이 탐스럽게 많다.

예의(禮儀)란 무엇일까? 조상에게 바치는 오곡백과를 豊(제기에 풍성)하게 담아 示(제단) 위에 올려 놓고 절하는 것이 예의란다. 제기에 음식을 풍성하게 담아 올려야지 적당히, 조금만 담아 올리면 신에게 불경죄(不敬罪)를 저지르게 된다. 그러면 신이 노해서 인간에게 재앙을 내린다. 이를 막기 위해서라도 禮(예)를 다해야 했다.

예도 **례**

우리 민족은 신(神)뿐 아니라 손님에게도 융숭한 대접을 해야 한다는 뿌리깊은 전통이 있다. 상다리 휘게 음식을 준비하고 손님에게 예의(禮儀)

복잡한 건 싫다!~

禮 ➡ 礼

예도 례

상 이렇게 말한다. "차린 건 별로 없지만……."

- 禮儀(예의) 예로써 올바르게 나타내는 존경의 뜻.
- 禮節(예절) 예의에 관한 모든 절차나 질서.
- 無禮(무례) 태도나 말에 예의가 없음.

몸 체

옛날 사람들은 통통한 몸이야말로 진정 제대로 된 몸이라고 생각했다. 단단한 骨(골격)에 豊(풍만한 살)은 누구나 동경하는 몸이었다. 지금은 마른 몸을 더 좋아하니 시대가 변했다.

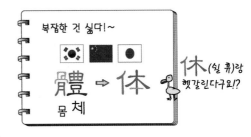

- 身體(신체) 사람의 몸.
- 體面(체면) 남을 대하기에 떳떳한 도리나 얼굴.

배울 학   학교 교

인간으로 태어나서 한 번은 꼭 가야 할 곳을 꼽는다면? 십중팔구는 '學校(학교)'를 꼽지 않을까?

인간이라면 누구나 가보는 학교에서 꼭 배워야 할 것이 있다는데 무엇일까?

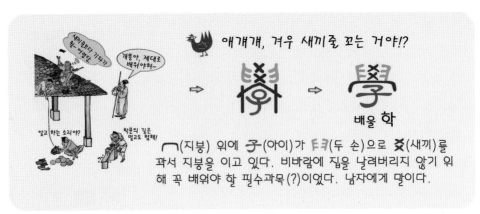

만약 요즘 시대에 만들어졌으면 다음과 같은 모습이 되지 않았을까?

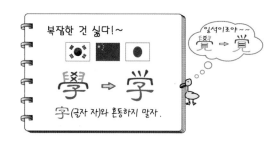

- 學生(학생)   학교에 다니면서 공부하는 사람.
- 學問(학문)   어떤 분야를 체계적으로 배워서 익힘.

그런데 배우긴 배웠는데 잘 이해가 안 될 때가 있다.

이럴 때 가장 좋은 방법은 직접 가서 눈으로 확인해 보는 거다.

그래서 𦥑(학→각)에다 見(볼 견)을 넣어 직접 눈으로
보고 배우면서 '깨닫는다'는 뜻이 나왔다.

백문불여일견(百聞不如一見)이라 하지 않던가.

깨달을 **각**

- 先覺者(선각자)   남보다 먼저 사물이나 세상일을 깨달은 사람.
- 覺悟(각오)   앞으로 해야 할 일이나 겪을 일에 대한 마음의 준비.
- 覺醒(각성)   깨어 정신을 차림. 깨달아 앎.

學校(학교)라고 하면 木(나무) 아래에서 스승을 모시고 강의를 듣던 옛 모습
에서 校(학교 교)의 원형을 찾을 수 있다. 그래서인가 요즘 학생들도 봄이면 야외수
업 하자고 떼를 쓰는 일이 종종 있다. 학교에서는 공부만큼 친구의 사귐도 중요하다.
어찌 보면 친구를 사귀기 위해 학교를 다닌다는 말에 더 공감이 가는 걸 보면 交(사
귈 교)는 뜻도 포함하고 있지 않을까?

그럼 여기서 交(교)를 넣어 만들어진 한자어를 보자.

'친구 따라 강남 간다'는 말이 있듯 학교에서의
交友(교우)관계는 그 사람의 평가기준이면서 인생
에도 영향을 미친다. 交(사귈 교)는 다리가 교차 된 모
습이고 友(벗 우)는 𠂇(손)과 又(손)을 악수하듯

사귈 **교**   벗 **우**

맞잡고 있는 모습이다. 고로 팔짱 끼고 다니는 친구가 많을수록 交友(교우)관계가 좋다!?

그렇다면 交友(교우)관계를 반드시 '주고받는 사이'라야 진정한 우정이 싹튼다고 생각하는가?

그 해답을 고사성어 管鮑之交(관포지교)를 통해 알아보자.

기원 전 7세기 춘추시대 제(齊)나라에 관중(管仲)과 포숙(鮑叔)이 살았는데 이들은 죽마고우(竹馬故友)로 둘도 없는 친구 사이였다.

그뒤 관중이 공자 규(糾)의 측근(보좌관)으로, 포숙은 규의 이복 동생인 소백(小白)의 측근으로 있었다. 얼마 뒤 공손무지에게 왕이 시해되자, 관중과 포숙은 각각 공자와 함께 이웃 노나라와 거나라로 망명했다.

이듬해 공손무지가 살해되자 두 공자는 군위(君位)를 다투어 귀국을 서둘렀고 관중과 포숙은 본의 아니게 적이 되었다. 관중은 한때 소백을 암살하려 했으나 그가 먼저 귀국하여 환공(桓公)이라 일컫고, 노나라에 공자 규의 처형과 아울러 관중의 압송을 요구했다. 얼마 뒤 관중이 압송되어 오자 환공은 사형을 명령하였다. 그러자 옆에 있던 포숙이 이렇게 말했다.

"전하, 제나라만 잘 다스리고 싶으시다면 신(臣)으로도 충분할 것이옵니다. 하오나 천하의 패자(覇者)가 되시려면 관중이 필요합니다."

환공은 포숙의 진언을 받아들여 관중을 대부(大夫)로 중용하고 정사를 맡겼다.

이윽고 재상이 된 관중은 '창고가 가득 차야 예절(禮節)을 안다' '의식이 풍족해야 영욕(榮辱)을 안다'고 주장한 유명한 정치철학이 말해 주듯, 그는 국민 경제의 안정에 입각한 덕본주의(德本主義)의 선정을 베풀어 마침내 환공으로 하여금 주변의 작은 나라 35개국을 병합하게 하고 춘추의 첫 패자로 군림케 하였다.

그래서 관중은 훗날 포숙에 대한 감사한 마음을 이렇게 술회하고 있다.

포숙 같은 친구 한 명만 있어도...

管 鮑 之 交
대롱 관 절인어물 포 ~의 지 사귈 교

"젊었을 때 포숙과 장사를 하였는데 내가 이익금을 슬쩍 많이 챙겼지. 헌데 나를 욕심쟁이라고 욕하지 않더군. 내가 찢어지게 가난한 걸 알고 있었거든.
또 포숙이 어려울 때 도움을 주려다가 오히려 그를 궁지에 빠뜨린 일도 있었어. 헌데 나를 어리석은 놈이라고 욕하지 않더군. 때가 불리했다는 걸 알고 있었지.
내가 세 번 벼슬했다가 세 번 쫓겨났을 때도 나를 못난 놈이라고 욕하지 않았어. 내게 운이 따르지 않았다는 걸 알고 있었지. 어디 그뿐인가?
내가 전쟁터에서 비겁하게 세 번이나 도망을 쳤는데도 나를 겁쟁이라고 흉보지 않았어. 고향에 계신 늙은 어머님 때문이라는 걸 알고 있었던 거야.
아, 나를 낳아 주신 분은 부모님이요, 나를 알아주는 사람은 포숙이구나!"

이렇게 번번이 도움만을 받았던 관중의 회고하는 문장에서 管鮑之交 (관포지교)의 고사가 나왔다.

사촌이 땅을 사도 배가 아프지만 친구가 땅을 사도 배가 아프단다. 그런데 포숙은 관중을 자신보다 더 능력 있는 인물임을 인정하고 죽음에서 일약 재상의 자리에 올려 주었다. 관중과 포숙의 우정을 보니 반드시 give and take의 법칙이 적용되는 것은 아닌 것 같다.

交(교 → 효)에서 음을 攵(칠 복)에서 뜻을 취했다. 열심히 두드리고 때려서 생긴 결과에서 '효험' '본받다' 는 뜻이 나왔다. 예나 지금이나 때려야 효과가 있다고 생각했나 보다.

본받을 **효**

- 效果(효과) 어떤 목적을 지닌 행위에 의하여 드러나는 보람이나 좋은 결과.
- 效能(효능) 효험을 나타내는 능력.
- 藥效(약효) 약의 효험.

성밖 **교**

交(교)에서 음을 阝(고을 읍)에서 뜻을 취해 도성 밖인 '시골'을 의미한다.

- 郊外(교외) 도시의 주변 지역.
- 近郊(근교) 도시의 가까운 변두리에 있는 마을이나 들.

견줄 **교**

交(교)에서 음을 車(수레 거)에서 뜻을 취했다.

그러니까 옛날에는 수레의 짐을 비교했다는 뜻일 것 같은데 지금은 어떤 차를 소유했느냐를 놓고 비교한다. 車(차)가 비교의 척도인 것을 생각하면 이 한자가 예사롭지 않다.

- 比較(비교) 둘 이상의 사물을 견주어 봄.

아첨할 **아**   붙을 **부**

남에게 잘 보이려는 사람에게는 "NO!"란 없다. 무조건 "YES"만 있을 뿐이다.

그래서 阿附(아부)란 한자어를 보니 'YES'란 뜻인 可(옳을 가 → 아)와 딱 붙어서 손을 비비며 부탁(付託)하는 모습을 연상케 하는 付(붙을 부)에서 음과 뜻을 취했다고 보면 좋을 듯하다.

공통으로 들어간 阝(언덕 부)도 뜻으로 나왔다.

아, 우리 속담에 '소도 언덕이 있어야 비빈다'고 했다. 의지할 데가 있어야 무슨 일을 할 수 있을 뿐 아니라 阿附(아부)할 기회도 생기는 법이다.

소처럼 언덕에 엉덩이를 딱 붙인 폼처럼 남에게 엉덩이를 붙이고 "오 YES~"만을 외쳐대는 阿附(아부)의 모습을 생각하자!

'지구 위의 모든 지역' 혹은 '중생이 사는 현상계' 란 뜻을 가지고 있는 이 한자어에서 먼저 世(세상 세)를 알아보자.

세상 세　지경 계

쌍둥이도 世代 차이 난다!

요즘에는...

그러니까 부모와 자식간에 나이가 대략 30세 정도 차이가 나기 때문에 자연스러운 사고 방식의 차이를 세대(世代)차이라고 한다.

그럼 界(지경 계)는 어떻게 만들어졌나 봤더니 田(전)과 介(개→계)가 결합 된 한자란다.

그럼 여기서 介(개)가 무엇인지 알아 보자.

많이 닮았다.

화살표

낄 개

한자랑 화살표랑 구별이 안돼!

화살표와 모양이 흡사하게 생긴 것이 금방 어디로 끼어 들어갈 품이다.
이 한자가 보이면?
사이에 '끼어들다'는 뜻이라고 생각하자.

■ 介入(개입)　어떤 일에 끼어듦.
■ 仲介人(중개인)　상품매매를 중간에서 중개하는 사람.
■ 紹介(소개)　두 사람 사이에 들어서 어떤 일을 어울리게 함.

따라서 田(밭)과 밭 사이의 介(끼어)가 들어간 '경계'를 뜻했는데 지금은 '범위' '사회'란 뜻으로 넓게 사용하게 되었다.

- **政界(정계)** 정치의 세계.
- **學界(학계)** 학문의 세계. 학자들의 사회.

世界(세계)처럼 넓은 세상을 뜻하는 한자어 하나 더 보자.

우주란 온 세계를 둘러싸고 있는 공간으로 존재하는 집의 종류 중에 가장 큰집이다. 집이라는 뜻을 나타내기 위해 宀(갓머리)에서 뜻을 亐(우)와 由(유→주)에서 각각 음을 취해 만들었다.

亐(어조사 우)는 문장에서 나오는데 한자어에서는 거의 나오지 않으니 음만 알고 있어도 된다.

門前成市

문 문   앞 전   이룰 성   시장 시

9. 문전성시

직역 : 문앞이 저잣거리를 이룸.

의역 : 권세가나 부자가 되어 집앞이 방문객으로 저자를 이루다시피 함.

유사어 : 염량세태(炎凉世態) – 권력이 있으면 사람들이 가까이 하고 권력에서 멀어지면 사람들도 멀리하는 세상 인심. 권불십년(權不十年) – 권력은 십년을 넘기지 못한다.

이야기 하나

한(漢)나라 때 하규 지방에 적공(翟公)이라는 사람이 있었다.

당시에 정위(廷尉)라는 높은 벼슬을 하였는데 지금의 사법원장에 해당되는 지위였다. 그러자 친척, 친구 등 평소 왕래가 밀접한 사람 외에도 그와 조금이라도 관계가 있는 사람들이라면 모두들 그를 방문하였다. 이로 인해 그의 집앞은 매일 아침부터 저녁 늦게까지 거마(車馬)가 줄지어 서 있어 말 그대로 문전성시(門前成市)를 이루었다.

그러다 어느날 불행히도 적공이 파직당하게 되자 그동안 찾아 왔던 친척, 친구들이 점점 그를 멀리 하더니 급기야는 발길이 뚝 끊어졌다. 혹 그의 집앞을 지나가게 되면 말을 빨리 몰아 적공을 만나게 될까 두려워했다.

이로 인해 적공의 집앞은 점점 썰렁해지더니 마침내 참새떼들만 바글거리게 되었는데 만약 그물을 치면 많은 참새를 잡을 수 있을 정도였다.

찾아오는 이 한 명없고 참새 떼만 모이네.

門前雀羅

문門 앞前 참새작 그물라

▶ 권세가 없어지면 대문 앞에 참새떼들만 노닐 만큼 방문객들이
끊어진다는 뜻. 門前成市(문전성시)의 반의어.

그런데 얼마 안 되서 적공이 다시 정위 자리에 복귀하였다. 이 소식을 전해들은 주변 사람들이 다시 거마를 타고 적공을 만나려 하였다

그러자 적공이 이들을 물리치고 문앞에 이런 글귀를 남겼다.

一死一生 卽知交情　한 번 죽고 한 번 삶에 사귐의 정을 알게 되고

一貧一富 卽知交態　한 번 가난하고 한 번 부유해질 때 사귐의 태도를 알게 되며

一貴一賤 交情乃見　한 번 귀하고 한 번 천해질 때 사귐의 정이 나타난다네.

한자 UP 그레이드

앞前　뒤後

열심히 외우자!

유래가 복잡하거나 이해에 별 도움이 되지 않으면 열심히 외우는 것도 좋다.

이 한자 역시 유래로 외우기 전에 이미 익히 알고 있는 기초 한
자에 해당된다. 그래도 유래를 한번 살펴보자.

이룰 **성**

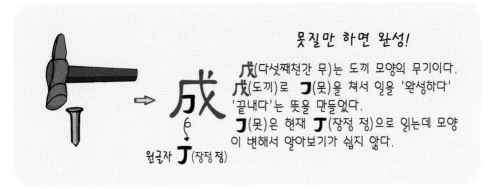

못질만 하면 완성!

戌(다섯째천간 무)는 도끼 모양의 무기이다.
戌(도끼)로 丁(못)을 쳐서 일을 '완성하다'
'끝내다'는 뜻을 만들었다.
丁(못)은 현재 丁(장정 정)으로 읽는데 모양
이 변해서 알아보기가 쉽지 않다.

원글자 丁(장정 정)

■ 完成(완성) 완전히 다 이룸.
■ 成功(성공) 목적하는 바를 이룸.

여기서 주목할 것은 도끼 모양을 하고 있는 한자다.

옛날에는 전쟁으로 인해 하루아침에 흥망이 바뀌던 시절이었던 만큼 호환마마보다
더 무서운 것은 전쟁이 일어나는 것이다.

그래서 무기에 관한 한자가 무척 많다. 우선 아래의 한자만 봐도 비슷비슷하게 생겨
서 어지간한 한자 실력이 아닌 다음에야 구별하기도 쉽지 않다.

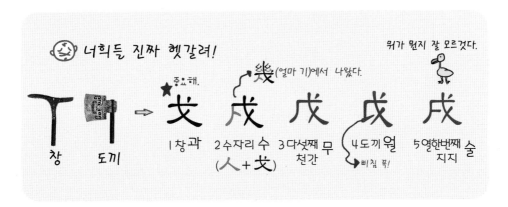

너희들 진짜 헷갈려!

뭐가 먼지 잘 모르것다.

幾(얼마 기)에서 나왔다.

★ 중요해.

창   도끼   →   戈   戌   戊   戉   戌

1 창 과   2 수자리 수   3 다섯째 무   4 도끼 월   5 열한번째 술
(人+戈)   천간   삐침 꾹!   지지

5개의 한자가 보이면 '전쟁, 무기'와 관계가 있다고 생각하면 된다. 그런데 3번과 5번 한자는 원 뜻은 어디로 가버리고 십간십이지에나 볼 수 있다.

필요하다면 외워야겠지만 '음, 무기에 관한 한자인가 봐'라고 생각하고 넘어가자.

다음 3개의 한자는 成(성)을 음으로 취해서 만들어진 한자들이다.

성 **성**

土(흙)을 다져서 성을 만들고 나서 무기를 들고 성문을 지켜야 한다. 중국 고대에는 흙으로 빚어 만든 토성이 대부분이었다. 진시황 때 만들어진 만리장성도 실은 토성이었는데 지금은 바람과 비에 씻겨 무너져 내려 거의 남은 것이 없다.

그럼 지금 달나라에서도 보인다는 만리장성은 무엇인가? 14세기 명나라 때 쌓은 것이라고 하니 진시황의 만리장성(萬里長城)과는 거리가 멀다.

■ 鐵甕城(철옹성)　매우 튼튼히 둘러싼 것이나 그러한 상태.

정성 **성**

言(말)을 할 때는 정성을 다하고 진실해야 하며 거짓이 없어야 한다는 뜻에서 나왔다.

■ 精誠(정성)　온갖 힘을 다하려는 참되고 성실한 마음.
■ 誠意(성의)　정성스러운 뜻.
■ 誠實(성실)　정성스럽고 참됨.

담을 **성**

皿(그릇)에다 음식을 풍성(豊盛)하게 담아 놓은 모습에서 '담을 성' '성할 성'이 나왔다.

콩나물 반찬이라도 접시에 풍성하게 담아 놓으면 보기도 좋고 맛도 있어 보인다.

■ 興亡盛衰(흥망성쇠)　흥하고 망함과 성하고 쇠함.
■ 繁盛(번성)　한창 성하게 일어나 퍼짐.

成(성)자와 비슷해서 헷갈리기 쉬운 한자가 있으니 바로 咸(모두 함)이다. 이 한자는 활용할 곳은 없는 대신 음으로 나오는 두 개의 한자만 알면 만사형통이다.

咸(함→감)에서 음을 心(마음)에서 뭔가가 느껴진다는 뜻에서 '느낄 감'이 나왔다.

느낄 **감**

- 感情(감정) 어떤 현상이나 일에 대하여 일어나는 마음이나 느끼는 기분.
- 感性(감성) 자극이나 자극의 변화를 느끼는 성질.

氵(물)이 들어가면 넘치고 흐르는 것만 생각했다. 그런데 두레박으로 우물물을 빼면 우물 안 물은 그만큼 적어진다.

이 한자는 더하기의 반대인 '덜다, 빼다'는 뜻으로 나왔다.

덜 **감**

- 減少(감소) 양이나 수치가 줆.
- 削減(삭감) 깎아서 줄임.
- 減員(감원) 사람의 수를 줄임.

이 한자는 減(덜 감)이랑 어디가 다른 것 같은데…

앗, 口(입 구) 자리에 火(불 화)가 들어 있네.

그렇다면 이 한자를 분해해 보자.

멸망할 **멸**

氵(물=홍수), 火(불=화재), 戌(도끼= 전쟁)

힘없는 민초들은 전쟁만 무서운 것이 아니다.

氵(홍수 : 어떤 때는 가뭄)로 집을 잃고 얼마 뒤에 火(화재)로 남은 가재도구 다 태우고 이것으로 끝인가 했더니 나라에 戌(전쟁)까지 연속해서 일어났다고 생각해 보라. 하나도 아닌 둘도 아닌 세 가지 일이… 이러고 버틸 집안과 나라는 없다. 그래서 이 한자는 '멸망'이라는 뜻을 갖고 있다.

- 滅亡(멸망) 망하여 없어짐.
- 滅種(멸종) 생물의 한 종류가 아주 없어짐.
- 滅門之禍(멸문지화) 한 집안이 다 죽임을 당하는 끔찍한 재앙.

옛날에는 시장이 날마다 서는 것이 아니었다.

물론 지금도 지방에 가면 삼일장이나 오일장이 있어서 장이 서는 날이면 온 마을 사람들이 '사람 구경, 물건 구경' 하러 나온다.

시장 **시**

이처럼 시장이 서면 만국기는 못 걸망정 무슨 표시는 있어야 하지 않을까? 그래서 ⏀(장신구)가 달린 긴 │(장대)에 ⏁(헝겊)을 걸어서 높은 곳에 세워 장이 섰음을 사방에 알렸다.

이 한자 속에 ⏀(수건 건)이 보이는데 헝겊과 관계 있다. 장 서는 날에 바람에 나부끼는 깃발을 보고 사람들이 장으로 몰려 왔다.

① '시장 시' 는 이렇게 만들어졌다. 시장이 들어선 곳엔 언제나 사람들이 많이 모이게 되는데 그러다 보면 자연스럽게 도시(都市)가 형성된다. 그래서 이 한자에 ② '도시 시' 도 있다. 두 가지의 뜻을 다 알아두자.

1. 시장 시 市場(시장) 여러 가지 상품을 사고 파는 일정한 장소.
2. 도시 시 市長(시장) 지방 자치 단체인 시의 책임자.
　　　　　 都市(도시) 일정한 지역의 정치 · 경제 · 문화의 중심이 되는 지역.

자, 그럼 市(시장 시)를 음으로 취한 한자들을 보기로 하자.

허파 **폐**

요즘 금연 열풍이 뜨겁다. 만병의 원인이라고 하지만 특히 폐에 직접적으로 나쁜 영향을 준다고 한다. 여기서 月(고기)는 '허파' 를 가리킨다. 市(시→폐)에서 음을 취해 만들었다.

■ 肺癌(폐암) 폐에 생기는 암.
■ 肺病(폐병) '폐결핵' 을 일상적으로 이르는 말.

둘 다 女(여자)와 관계가 있겠다.

市(시장 시 → 자)를 넣은 한자가 손위 누이를 가리
키고, 未(아닐 미 → 매)를 넣은 한자는 손아랫누이를
가리킨다.

　앞뒤가 바뀌지 않으려면 나름대로의 비법이 있어야
혼동되지 않고 오~래 기억할 수 있다.

姉 妹
누이 **자**　누이 **매**

어여쁜 姉妹~

쓰는 법이 두 가지
姉 = 姉
정자　　　속자
정자보다 속자가 더 인기가 많다.

2

좁은 땅덩어리에서 아옹다옹 싸우지 말자

10 어부지리 漁父之利
11 소탐대실 小貪大失
12 상전벽해 桑田碧海
13 문일지십 聞一知十
14 후목분장 朽木糞牆
15 천고마비 天高馬肥
16 부귀재천 富貴在天
17 와각지쟁 蝸角之爭
18 배중사영 杯中蛇影

漁夫之利

고기잡을 **어** 남편 **부** ~의 **지** 이로울 **리**

10. 어부지리

직역 : 어부의 이익.

의역 : 두 사람이 맞붙어 싸우는 바람에 엉뚱한 제3자가 이익을 얻음.

전국시대 제(齊)나라에 많은 군사를 파병한 연(燕)나라에 기근이 들자 이웃 조(趙)나라 혜문왕은 기다렸다는 듯이 침략 준비를 서둘렀다. 그러자 연나라 왕은 종횡가인 소대(蘇代)에게 혜문왕(惠文王)을 설득해 주도록 부탁했다.

조나라에 도착한 소대는 혜문왕에게 이렇게 말했다.

"오늘 제가 조나라에 들어오는 길에 역수(易水)를 지나가다 문득 강변을 바라보니 조개가 입을 벌리고 햇빛을 쬐고 있었습니다. 이때 갑자기 황새가 날아와 뾰족한 부리로 조갯살을 쪼자 깜짝 놀란 조개는 입을 굳게 닫고 부리를 놓아주지 않았습니다. 그러자 다급해진 황새가 이렇게 말했습니다.

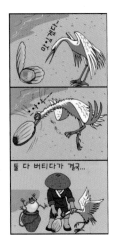

"오늘도 내일도 비가 오지 않으면 너는 말라죽고 말 거야!"

그러자 조개도 지지 않고 이렇게 말했습니다.

"내가 오늘도 내일도 놓아주지 않으면 너야말로 굶어 죽고 말 거야."

이렇게 쌍방이 한 치의 양보도 없이 팽팽히 맞서 옥신각신하는 동안 마침 그곳을 지나던 어부(漁夫)에게 그만 둘 다 잡혀버리고 말았습니다.

지금 전하께서는 연나라를 공격하려고 준비하고 계시더군요.

연나라가 조개라면 조나라는 황새이옵니다. 두 나라가 승산없는 전쟁을 일으키면 백성들은 지치게 되고 그럼 귀국과 접해 있는 강한 진(秦)나라가 어부가 될 것이 뻔합니다."

소대의 말을 듣고 가만히 생각하던 혜문왕은

"그대의 말이 맞소."

하더니 당장 연나라에 대한 공격 계획을 철회했다.

한자 UP 그레이드

氵(강물) 속에 놀고 있는 싱싱한 魚 (물고기)를 잡아 끌어올리는 모습이다. 고기 잡는 모습을 회화적으로 그렸다.

고기잡을 **어**

- 豊漁(풍어) 물고기가 많이 잡힘.
- 遠洋漁船(원양어선) 원양어업을 할 수 있는 배.

그렇다면 이 한자는 무엇이란 말이냐.

魚(물고기)와 羊(양)의 만남(?) 얼른 이해가 안 되는데 그렇다면 아래를 보자.

신선할 **선**

새략

☆☆☆ 내 맘대로 해석 ☆☆☆

洋(바다 양)에서 막 잡아 올린 魚(생선)을 보면 이렇게 감탄한다.
"와, 싱싱하다! 빛깔도 선명하네."
톡톡 튀는 신선한 생선이 눈앞에 그려진다.

어부지리

135

'신선하다' '선명하다' '생선' 이란 뜻을 가지고 있다니 이렇게 외우면 어렵지 않다.

■ 生鮮(생선) 말리거나 절이지 않은 잡은 그대로의 신선한 물고기.
■ 新鮮(신선) 새롭고 산뜻함.
■ 鮮明(선명) 산뜻하고 뚜렷함.

이 정도만 알아도 만사형통!

그러고 보니 지금까지 물고기에 대한 한자를 했는데 정작 주인공인 물고기에 대해서는 설명을 하지 않았다. 물론 대부분 이미 알고 있겠지만 그렇다고 해서 그냥 지나칠 순 없다.

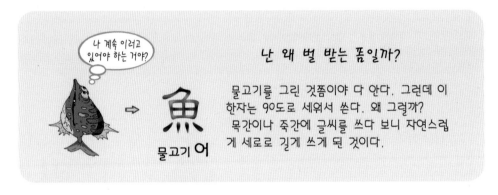

나 계속 이러고 있어야 하는 거야?

난 왜 벌 받는 폼일까?

물고기를 그린 것쯤이야 다 안다. 그런데 이 한자는 90도로 세워서 쓴다. 왜 그럴까?
목간이나 죽간에 글씨를 쓰다 보니 자연스럽게 세로로 길게 쓰게 됐을 것이다.

魚
물고기 어

아무래도 계속 주~욱 벌 받는 폼으로 있어야 할 운명이다.

夫 婦
남편 부   아내 부

어부(漁夫)에서 夫(부)는 광부(鑛夫), 농부(農夫)에서 보듯 남자란 뜻이다. 그런데 '남자' 란 뜻보다 '남편' 이란 뜻으로 더 많이 알려져 있다.
만들어진 유래를 보자.

나도 이제 남자야!

관례를 마친 大(남자)는 성인의 표시로 一(비녀)를 꽂았다.
따라서 '남자'를 통칭하는데 뒤에 '남편' 이란 뜻이 나왔다.

夫
남편 부

우리는 이 한자의 뜻을 통상 '지아비'로 외운다.

지아비를 사전에서 찾아보니, ① '남편의 예스런 말' ② '웃어른 앞에서 자기 남편의 낮춤말'이다.

이제 시대에 맞춰 듣기에도 좋은 '남편 부'라고 읽어야 하지 않을까?

그럼 夫(남편 부)를 음으로 취한 한자들을 알아보자.

옛날 농경사회에서 夫(남편)의 扌(손길)이 필요할 때가 많았을 것이다.

남편의 손길뿐 아니라 힘깨나 쓰는 '장정'들의 힘은 마을에서 절대적이었을테니 남자들의 일손 돕기는 예나 지금이나 큰 도움이 된다.

도울 부

- 相扶相助(상부상조) 서로서로 도움.
- 扶助金(부조금) 부조로 내는 돈.
- 扶養(부양) 생활능력이 없는 사람의 생활을 돌봄.

이 한자에 있는 夫(부→규)는 음과 함께 뜻도 취했는데 남편이란 뜻이 아니다. 모양이 그러할 뿐이다.

실은 수학시간에 원을 그리는 컴퍼스처럼 생긴 도구라고 한다.

원을 그리는 컴퍼스 모양인 夫(부)에다 見(볼 견)을 넣어 한치도 틀리지 않게 동그라미를 그리기 위해 컴퍼스에 집중하는 아이들의 눈을 생각해 보라. 여기에서 '법칙' '표준' '본보기'라는 뜻이 나왔다.

법 규

- 規則(규칙) 여럿이 다 같이 따라 지키기로 약정한 질서나 표준.
- 規格(규격) 일정한 규정에 들어맞는 격식.
- 法規(법규) 법률의 규정·규칙·규범을 통틀어 이르는 말.

원은 내가 가장 정확하게 그리지.

그럼 지금부터 婦(아내 부)에 대해서 알아보자.

아내라는 뜻이니 女(계집 녀)가 있는 것은 이해가 될 터이므로 뒤에 있는 한자를 알아보자.

깨끗하게 쓸고 닦자!

누구의 손일까?

빗자루 추

쓸 소

彐(손)에 帚(빗자루)를 들었다. 지금은 단독으로 나오는 경우가 거의 없다.

扌(손)에 帚(빗자루 추→소)를 들고 깨끗하게 쓸고 있는 모습이다.

상형의 원리를 십분 발휘해서 만든 帚(빗자루 추)는 세월이 흘러도 똑같은 모습으로 살아 있다.

■ 清掃(청소) 깨끗이 쓸고 닦음.
■ 掃蕩(소탕) 휩쓸어 모조리 없애 버림.

자, 그럼 아내를 찾아가 보자.

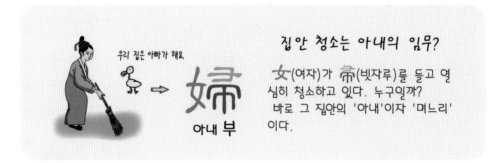

우리 집은 아빠가 해요

아내 부

집안 청소는 아내의 임무?

女(여자)가 帚(빗자루)를 들고 열심히 청소하고 있다. 누구일까?
바로 그 집안의 '아내'이자 '며느리'이다.

전통사회에서 아내와 며느리는 늘 빗자루를 들어야 했다. 지금은 많이 변했다.

■ 姑婦間(고부간) 시어머니와 며느리 사이.
■ 主婦(주부) 가장(家長)의 아내.

어느 날 어떤 남자가 아내에게 의기양양하게 말했다.

"夫(남편 부)은 天(하늘 천)자 위에 한 획을 그어 '하늘보다 높다'는 뜻을 만들었지. 그러니 알아서 모시도록 하시오."

그러자 아내가 이렇게 되받았다.

"뭘 모르시네. 하늘보다 높으신 분 머리 위에 올려져 있는 것이 뭔지 알고 하는 말인지 잘 생각해 보시지 그래요."

아내의 잔소리에 시달리는 남편!

그러자 남편이 정말 궁금해졌다.

'삐죽 올라온 거?! 뭐 다른 뜻이 또 있을까?'

누군가가 일을 어설프게 하거나 실수를 하면 날아오는 소리가 있다. "집에 가서 애나 봐라." 아이 보는 일이 정신적으로나 육체적으로 얼마나 힘든 일인데 이렇게 우습게 보다니⋯⋯.

돌아갈 귀

그런데 한자 歸(돌아갈 귀)는 집에 가서 청소나 해야 할 것 같은 느낌을 준다.

부수에 가면 𠂤(언덕 부 → 귀)라고 있는데 이 한자의 아래 부분이 생략된 모습에서 음을 취하고 집으로 돌아와 여기저기 止(발자국)을 찍으며 帚(빗자루질)을 하고 있는 모습에서 뜻을 취했다. 그러니까 "집에 가서 청소나 해라"는 말이다.

그런데 중국 동진(東晋)시대의 도연명(陶淵明, 365~427)은 "집(고향)으로 돌아가자! 돌아가자!" 하고 외쳤다.

속세에서의 부귀영화를 버리고 마음의 안식처인 고향으로 돌아가는 자신의 심정을 표현한 작품 歸去來辭(귀거래사)를 감상해 보자.

歸 去 來 辭
돌아갈귀 갈거 올래 말씀사

여기서는 '권유'의 뜻인 조사. 문체의 일종

돌아가자! 전원이 장차 황폐해지려 하니 어찌 돌아가지 않겠는가?
이제껏 정신이 육체에 매여 노예처럼 살았다고 어찌 슬퍼만 하겠는가?.
과거는 돌이킬 수 없고, 다가 올 미래는 올바로 할 수 있음을 알았으니,
길 잘못 들어 더 멀어지기 전에 지금이 옳고 어제가 틀렸음을 깨달았네.
(중략)
아서라! 천지간에 몸담고서 얼마나 더 살겠는가?
어찌 마음 가는데 따라 맡기지 않고 무엇 위해 저리 허겁지겁 가려 하는가?
부귀는 내가 원하는 바가 아니오, 천당은 기약할 수 없는 것!
좋은 날 홀로 나가 지팡이 꽂아 놓고 풀 뽑고 김매기 하고,
동쪽 언덕에 올라 휘파람 불고 맑은 시냇물 마주하며 시를 읊기도 하네.
이렇게 자연 변화에 따라 주어진 운명 다할 것이니 더 무엇을 바라겠는가?

<작가와 인터뷰!>

이런 명문장을 쓴 데는 사연이 있다고 한다. 도연명의 집안은 증조부가 장군을 지낸 명가문이었지만 도연명은 책읽기를 좋아하고 벼슬에는 별로 관심이 없었다.

그러다 보니 집이 너무 가난해 쌀독은 늘 비어 있고, 어린것들이 굶기를 밥먹듯 했다. 보다 못한 친척과 친구들이 벼슬을 하라며 아우성을 치자 도연명이 궁여지책(窮餘之策)으로 팽택현에서 현령(縣令) 생활을 하게 되었다.

그러던 어느 날 순찰관이 팽택현을 순시하러 온다는 통보가 왔다. 이때 도연명은 자기 방에서 시를 짓느라 한창 흥이 나 있었다. 잠시 뒤 아전이 방에 들어가 보니 아직도 평복(平服)차림인 것을 보고 놀라서 말했다.

"순찰관이 온다니까요. 관복(官服)으로 갈아입고 절을 해야 하는데 아직도 평복이면 어떡합니까?"

순찰관이 행차하면 관복을 입고 나가서 절을 하며 잘 봐 달라고 아부해야 한다는 사실을 알게 된 도연명이 탄식하며 말했다.

"내가 오두미(五斗米=닷말의 쌀 ; 적은 월급)의 봉급 때문에 저런 소인배들에게 허리를 굽신거려야 하다니……."

그는 그 자리에서 바로 사직(辭職)하고 고향으로 돌아왔는데, 그 심정을 유쾌하게

표현한 것이 작품 歸去來辭(귀거래사)이다.

　전원 속에서의 삶이야말로 도연명이 꿈꾸던 이상향이었을 것이다. 여기서 도연명의 또 다른 불후의 작품 〈도화원기(桃花源記)〉에서 유래한 고사성어 武陵桃源(무릉도원)을 감상해 보자.

< 작가와 인터뷰 2 >
자네 마음 속에 있으니 잘 찾아 보게나.
무릉도원이 정말 있긴 있나요?

武 陵 桃 源
굳셀 무　언덕 릉　복숭아 도　근원 원

진(晉)나라 무릉의 어부가 강을 따라 가다 길을 잃고 홀연 복숭아나무 숲을 만나 들어가서 걷다가 작은 동굴로 들어가자 점점 넓어지며 환해져 왔다. 그 안에서 본 마을은 기름진 밭에 씨 뿌리고 밭 가는 사람들과 노인, 어린이 모두 평화로운 풍경이었다.
이들이 어부를 발견하고는 술을 받고 닭을 잡아 대접하며 말했다.
"우리 조상은 진(秦)시황제의 학정을 피해 들어왔다가 바깥 세계와 멀어졌지요."
어부가 바깥 세상을 말해주자 눈물을 흘리며 슬퍼했다. 며칠 뒤 헤어지며 부탁하길,
"바깥 사람들에게는 이곳에서 본 것을 절대 말하면 안 됩니다."
그러나 어부는 곳곳에 표시를 하고 태수에게 가서 본대로 아뢰었다. 태수가 사람을 보내 찾게 했으나 끝내 찾지 못하고 사람 사이에서도 점점 잊혀져 갔다.

　별천지(別天地), 선경(仙境)의 세계를 뜻하는 武陵桃源(무릉도원)은 서양에서 말하는 '어디에도 없는 장소'라는 뜻인 유토피아(Utopia)와 맥을 같이 한다. 그럼 여기서 𠂤(언덕 부)가 들어 있는 한자들을 알아보자.

　追跡(추적)이란 '범인을 뒤쫓거나 지금까지 있었던 일이나 사건 따위의 자취를 더듬는다'는 뜻이다.

　𠂤(언덕)을 辶(오르락내리락)하며 범인을 찾는 모습에서 追(쫓을 추)란 한자가 나왔다.

追 跡
쫓을 추　자취 적

　跡(자취 적)은 𧾷(발 족)에서 뜻을, 亦(또한 역 → 적)에서 음을 취했다.

그런데 亦(또한 역)자가 중학교 900자에 들어 있는 것이 아닌가. 활용할 만한 곳이 많지 않아 의아스러웠는데 갑자기 떠오른 문장이 있었다.

《논어(論語)》의 첫 머리에 나오는 너무도 유명한 바로 이 문장.

學 而 時 習 之 不 亦 說 乎

배울 학 어조사 이 때 시 익힐 습 그것 지 아니 불 또한 역 기쁠 열 어조사 호

접속사(and) '그것을' (목적어) = 悅 ?로 해석

학이시습지불역열호~

우와, 대단해! 난 기억이 가물가물한데...

"배우고 때때로 그것을 익히면 또한 기쁘지 아니한가?"

어디 읽어 볼까나~ 學而時習之 不亦說乎

학문의 기쁨은 배우고 또 배우는 반복학습에서 온다는 공자의 이 명문장은 오늘날까지 인구(人口)에 널리 회자(膾炙)되고 있다.

《금오신화(金鰲新話)》의 저자 매월당 김시습(金時習)의 이름도 이 문장에서 인용했다는 일화(逸話)에서 보듯 새겨둘 만한 좋은 문장이긴 하다.

앞에서 이미 다룬 帀(시장 시)는 휘날리는 '깃발'의 모습이라고 했다.

師 恩
스승 사   은혜 은

깃발은 시장에서만 휘날리는 것이 아니다. 전쟁터에서 휘날리는 깃발이 더 많았다. 그래서 전쟁터에 군대가 주둔하고 있는 自(언덕)에 帀(깃발) 휘날리며 모인 모습에서 師(군사 사)가 나왔다.

태극기 휘날리며 전진하는 용맹스런 국군을 생각하면 어렵지 않게 이해가 된다. 군대 편성의 한 단위인 사단(師團)에서 그 예를 찾아 볼 수 있다.

그럼 여기서 '군사(軍師)'란 뜻으로 나온 한자성어를 알아보자.

출사표를 던진다!?

투덜이 장비~

出 師 表
날 출　군사 사　겉 표

참나 도야

'스승님 나가신다' 인 줄 알았어.

여기서는 '임금에게 올리는 글' 이란 뜻

出師表를 쓰고 있는 제갈량.

신은 본래 평민으로 몸소 남양에서 밭 갈며 어지러운 세상에서 구차하게 목숨을 지키며 살았는데 선제(=유비)께서 귀한 몸을 굽혀 신의 오두막을 세 번이나 찾아오셔서(三顧草廬) 세상에서 해야 할 일을 물으셨습니다.

이에 감격한 신은 선제를 위해 몸 바쳐 일할 것을 허락하였습니다. (중략)

앗, '삼고초려' ~

그로부터 스물하고도 한 해, 선제께서는 신의 성실함을 알아주시더니 돌아가실 즈음에 대사를 부탁하셨습니다. 그리하여 5월에 노수를 건너 오랑캐 땅을 평정하였나이다. 지금은 북으로 올라가 중원을 평정하려합니다. (중략)

신은 은혜에 감격하여 먼 길을 떠나 출정하려 할 즈음에 표문을 올리니 눈물이 앞을 가립니다.

　제갈량의 出師表(출사표)에는 유비(劉備)의 은혜에 대한 감격과 국가에 대한 충성 및 유비의 아들 유선(劉禪)에 대한 간절한 부탁이 구구절절 배어 있다. '출사표를 읽고 눈물을 흘리지 않으면 충신이 아니다' 는 말이 있을 만큼 감동적인 명문장으로 알려져 있다.

　오늘 날 '出師表를 던진다' 는 말은 '도전장을 내밀거나 시합에 나가서 싸운다' 는 뜻이다.

　특히 이 문장 속에서 유래한 삼고초려(三顧草廬)는 '인재를 구하기 위해서는 윗사람이 먼저 고개를 숙여 맞이해야 한다' 는 교훈을 담고 있다.

　이렇게 '군사' 란 뜻이었는데 뒤에 '스승 사' 란 뜻이 나왔다.

　지금 '스승' 이란 뜻으로 더 많이 알려진 이유는 활용이 더 많아서이다.

- 師弟(사제)　스승과 제자.
- 師範(사범)　남의 스승이 될 만한 모범.
- 敎師(교사)　일정 자격을 가지고 학생을 가르치는 사람.

　恩 (은혜 은)은 因 (원인 인→은)에서 음을, 心 (마음 심)에서 뜻을 취했다. 여기서 잠깐 因 (인)에 대해 정리해 보자.

어부지리

143

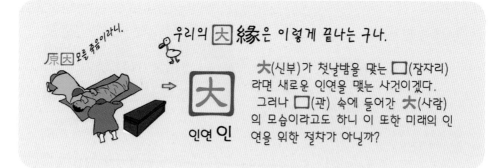

우리의 因緣은 이렇게 끝나는 구나.

原因 모를 죽음이라니.

인연 인

大(신부)가 첫날밤을 맞는 □(잠자리)
라면 새로운 인연을 맺는 사건이겠다.
그러나 □(관) 속에 들어간 大(사람)
의 모습이라고도 하니 이 또한 미래의 인
연을 위한 절차가 아닐까?

□(큰입구)가 무엇이냐에 따라 누워 있는 大(사람)이 달라지는 이 한자는 ①
'인연 인'과 함께 ② '원인 인'이 있다.

- 原因(원인) 사물의 말미암은 까닭.
- 因果(인과) 원인과 결과.
- 因緣(인연) 사물들 사이에 서로 맺어지는 관계.

"스승의 은혜는 하늘 같아서 우러러 볼수록 높아만 지네."

불과 10여 년 전만 해도 가슴 뭉클하게 불렀던 노래 '스승의 은혜'가 요즘은 점점 퇴
색하고 있다.

그래서인지 師恩(사은)이란 단어도 함께 낯설고 멀게 느껴진다.

~의 지

술 취한 사람이 비틀비틀 걸어가는 뒷모습을 생각하면 딱 들어
맞는다. 그래서 ① '갈 지'가 만들어졌는데 세월이 지나면서 뒤에
만들어진 行(갈 행), 去(갈 거), 往(갈 왕)에게 그만 자리를 내주었
다. '굴러 들어온 돌이 박힌 돌을 뺀 격'이라고 할까.

원 뜻은 별로 쓰지 않지만 확실하게 다른 뜻을 잡았다.

바로 ② '조사'와 ③ '대명사'이다. 한자성어에서 ○○之○는 주로 관형격 조사(~의,
~한)로 해석하고, ○之○之, ○○○之는 주로 대명사인 목적어(그것을, 그를, 그곳을)
로 보통 해석된다.

1.조사(~의, 한)와 2.대명사(그것)를 구분해 보아요~

<table>
<tr><td>1. ○○之○ :</td><td>정 저 지 와
井底之蛙
우물 안의 개구리.</td><td>무 용 지 물
無用之物
쓸모없는 물건.</td></tr>
</table>

之의 용법만 잘 알아도 한문 해석 이 즐거워~~

<table>
<tr><td>2. ○之○之 :</td><td>애 지 중 지
愛之重之
그를 사랑하고 (그를) 귀중히 여김.</td><td>○○○之 :</td><td>결 자 해 지
結者解之
맺은 놈이 그것을 풀어야 함.</td></tr>
</table>

한자성어에서는 漁夫之利(어부지리)에서처럼 ○○之○ 형태가 가장 많으므로 먼저 관형격 조사로 해석을 해 보자.

■ 左之右之(좌지우지) 제 마음대로 다룸.

다 익은 禾(벼)를 날카로운 刂(칼)로 베어내는 모습이라 생각하면 뭐 그리 어려울 것도 없다.

인간에게 이로운 곡식인 벼를 수확한다는 것은 풍요를 상징하는 것 아닌가. 여기서 ① '이롭다' ② '이익' ③ '날카롭다' 는 뜻이 나왔다.

利
이로울 리

■ 利益(이익) 이롭고 도움이 되는 일.
■ 利子(이자) 남에게 금전을 꾸어 쓴 대가로 치르는 일정한 비율의 금전.
■ 銳利(예리) 날카롭다.
■ 便利(편리) 편하고 이용하기 쉬움.
■ 利害得失(이해득실) 이익과 손해를 따짐.
■ 利用(이용) 물건을 이롭게 쓰거나 쓸모 있게 씀.

여기서 禾(벼 화)의 유래를 보고 이 한자가 들어간 다른 한자들에 대해 알아보자.

⇒ 禾
벼 화

'벼는 익을수록 고개를 숙인다'는 말이 있다.
바로 그 모습을 그렸다.
이 한자가 보이면 '곡물'과 관계가 있다.
이제 木(나무 목)과 혼동하지 말자.

과목 **과**

禾(벼)나 곡식의 용량을 재는 용기인 斗(말 두)와 결합한 이 한자는 곡류를 종류별로 분류해서 등급을 매기고 계산한다는 뜻이다.

그런데 斗(말 두)가 뭘 말하는지 알아야 이해가 더 쉽겠다.

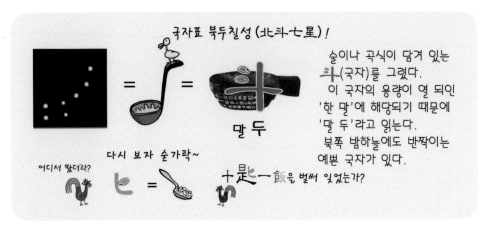

국자표 북두칠성(北斗七星)!

어디서 봤더라?

다시 보자 숟가락~

ヒ = 숟가락

十是一飯을 벌써 잊었는가?

술이나 곡식이 담겨 있는 斗(국자)를 그렸다.

이 국자의 용량이 열 되인 '한 말'에 해당되기 때문에 '말 두'라고 읽는다.

북쪽 밤하늘에도 반짝이는 예쁜 국자가 있다.

말 두

그러니까 곡식류인 콩, 보리, 팥 등을 분류하듯 지금은 교과서를 국어, 수학, 과학, 사회 등으로 조목조목 분류한 것을 '과목(科目)'이라 부른다.

米(쌀)을 斗(국자)로 퍼서 요리한다는 뜻으로 나온 料(헤아릴 료)와 혼동하지 않도록 주의하자.

- 科目(과목) 학문의 구분, 또는 교과를 구성하는 단위.
- 學科(학과) 학문을, 전문 분야별로 나누었을 때의 과목.
- 敎科(교과) 가르치는 과목. 교과목.
- 料理(요리) 입에 맞도록 조리한 음식.
- 無料(무료) 값이나 요금이 필요없음.

향기 **향**

온 동네 사람이 힘을 합쳐 농사를 짓고 곡식을 종류별로 나누어 가졌다. 그리고 집에 와서 돌절구에 넣어 禾(벼)의 껍질을 벗기고 曰(솥단지)에 넣어 밥을 지으면 세상에 이보다 더 향기로운 냄새는 없다.

그 어떠한 향수(香水)보다 더 향기(香氣)롭다!

이 세상에서 가장 향기로운 것은?

밥이야.

솥단지가 日(해 일)처럼 변한 것만 주의하면 어렵지 않게 이해할 수 있다.

- 香氣(향기) 기분 좋은 냄새. 향냄새.
- 焚香(분향) 향을 피움.
- 聞香(문향) 향기를 맡음

■ 내 맘대로 해석 ■

이렇게 수확한 禾(벼 화)를 함께 나누어 여러 사람 口(입)에 골고루 들어간다면 이보다 平和(평화)로운 모습이 또 있을까? 이렇게 다 같이 잘 먹고 잘 살도록 조화(調和)를 이룬다면… 그래서인가? 이 한자는 ① '온화하다' ② '화목하다' ③ '조화' ④ '화답' 하다는 뜻을 가지고 있다.

화할 **화**

- 和而不同(화이부동) 남과 화목하게 지내지만 자기의 중심과 원칙을 잃지 않음.
- 調和(조화) 대립이나 어긋남이 없이 서로 잘 어울림.
- 和答(화답) 맞받아 답함.
- 平和(평화) 전쟁없이 세상이 잘 다스려짐.

과일 木(나무) 중에 인간에게 특별히 利(이로움)을 준다!? 이렇게 영광(?)스런 이름을 받은 과일은 다름아닌 먹는 '배'다. 감기·해소·천식 등에 좋으며 배가 차고 아플 때 증상을 완화시키고 종기를 치료하는 데도 도움을 준다. 그밖에 해독작용이 있어 숙취를 없애준다. 고기를 연하게 할 때 갈아서 넣기도 한다. 정말 利(이)로운 木(과일)이다! 利(리)에서 음도 취했으니 일석이조(一石二鳥) 아닌가.

배나무 **리**

- 烏飛梨落(오비이락) 까마귀 날자 배 떨어진다. 우연의 일치로 의심을 받게 됨.

곳집 안은 온통 菌세상.

禾(벼)를 囗(곳집)에 보관해둔 모습에서 禾(곳집 균)이 나왔다. 그런데 어둡고 습하다 보니 저장해 둔 곡식이 썩으면서 艹(곰팡이)가 핀다. 그리고 삽시간에 여기저기 菌(균)

버섯 **균**

과 버섯이 피기 시작한다. 여기에서 ① '버섯' 과 ② '세균' 이란 뜻이 나왔다.

- 細菌(세균)　식물에 속하는 미세한 단세포 생물을 두루 이르는 말.
- 病菌(병균)　병원균.
- 殺菌(살균)　균을 없앰.

빼어날 **수**

'禾(벼)도 익으면 고개를 乃(숙인다)' 는 속담을 그대로 보여주고 있다. 벼의 이삭이 乃(잘 패어 길게 늘어진 모습)에서 '빼어나다' 는 뜻이 나왔다. 성적표 안에 秀(수)자를 보는 순간 하루종일 싱글벙글이다.

- 秀才(수재)　머리가 좋고 재주가 뛰어난 사람.
- 優秀(우수)　여럿 가운데 뛰어남.
- 秀麗(수려)　(경치나 용모가) 빼어나게 아름다움.

통할 **투**　밝을 **명**

요즘은 국민이 국회에 요구한다. "透明(투명)한 정치를 하라!" 어디 透明(투명)해야 할 곳이 정치권에만 해당이 되겠는가. 세상 모든 일은 透明(투명)에서 출발해서 透明(투명)으로 끝나야 한다.

透(통할 투)는 秀(빼어날 수 → 투)에서 음을, 辶(책받침)에서 뜻을 취했다. 걸어가는 길이 '막힘이 없다' 는 뜻에서 나왔다.

明(밝을 명)은 日(해)와 月(달)을 결합해서 만들었다고 생각하자. 덤으로 달을 2개 겹친 모양을 하고 있는 朋(벗 붕)도 알아두자. 어두운 곳을 해와 달이 비추어 밝게 하듯 우리 사회도 지금보다 더 透明(투명)해졌으면 참~ 좋겠다.

계절 **계**　마디 **절**

"당신은 어느 季節(계절)을 좋아하세요?" 하고 물어본다면 옛사람들은 이구동성으로 가을을 꼽을 것이 분명한데 그 이유가 한자 안에 있다.

秀(빼어날 수)가 늘어진 이삭이라면 季(계절 계)는 子(아이)가 禾(벼)를 어깨에 메고 운반하는 모습이다. 배고픈 시절을 보내야 했던 옛날에는 어린 아이들까지 벼를 어깨에 메고 운반할 만큼 풍년이 든 가을이 얼마나 고맙고 반갑겠는가?

따라서 '결실의 季節(계절)' '天高馬肥(천고마비)' 의 가을 색깔이 진하게 풍기는 한자이다.

節(마디 절)은 卽(즉시 즉 → 절)에서 음을 취했는데 너무 많이 변해서 알기가 어렵다. 𥫗 (대 죽)에서 뜻을 취해 초목이나 뼈의 '마디'를 뜻하다가 여기서 '절개' '조절' 이란 뜻도 나왔다.

- 關節(관절)　뼈마디.
- 節制(절제)　알맞게 조절함.
- 變節(변절)　절개를 저버림.

그럼 여기서 卽(즉시 즉)에 대해 알아보자.

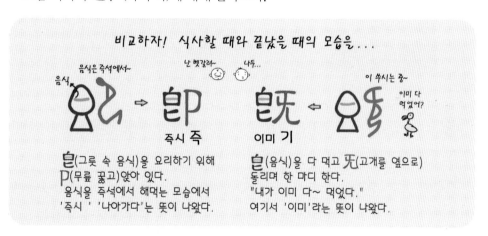

비교하자! 식사할 때와 끝났을 때의 모습을...

음식은 즉석에서~ 난 헷갈려 나두.. 이 쑤시는 중~ 이미 다 먹었어?

음식

卽
즉시 즉

皀(그릇 속 음식)을 요리하기 위해
卩(무릎 꿇고)앉아 있다.
음식을 즉석에서 해먹는 모습에서
'즉시' '나아가다'는 뜻이 나왔다.

旣
이미 기

皀(음식)을 다 먹고 旡(고개를 옆으로)
돌리며 한 마디 한다.
"내가 이미 다~ 먹었다."
여기서 '이미'라는 뜻이 나왔다.

어렵더라도 두 개의 한자를 한꺼번에 외우는 것이 좋다.

- 卽席(즉석)　바로 그 자리.
- 卽時(즉시)　바로 그 때.
- 旣成世代(기성세대)　현실적으로 그 사회의 중심으로서 자리 잡고 있는 나이든 세대.
- 旣存(기존)　이전부터 있음.

그런데 지금도 그렇지만 밥은 여럿이 함께 먹어야 맛있다. 그렇다면 여럿이 함께 먹는 모습을 그린 한자가 있을 법한데… 바로 다음 한자어에서 볼 수 있다.

옛 **고** 고향 **향**

"나의 살던 故鄕(고향)은 꽃피는 산골
복숭아꽃 살구꽃 아기진달래
울긋불긋 꽃대궐 차린 동네
그 속에서 놀던 때가 그립습니다."

우리나라 사람이라면 어렸을 적에 즐겨 불렀던 동요 '故鄕(고향)의 봄'을 기억할 것이다. 여기서 여럿이 둘러앉아 새참 먹는 모습을 그린 鄕(고향 향)을 알아보자.

故鄕의 봄은 새참에서 시작된다.

皀(음식) 앞에서 阝阝(두 사람)이 마주 보고 앉아 식사하고 있다. '마을 향' '시골 향' '고향 향'은 이렇게 나왔다.
여럿이 둘러 앉아 마시는 막걸리 한 잔에서 故鄕의 봄이 느껴진다.

여럿이 둘러앉아 맛있게 새참을 먹는 고즈넉한 풍경화 속 故鄕(고향)은 '어머니 품'처럼 포근하다.

故(옛 고)는 古(옛 고)에서 음을, 攵(칠 복)은 두드리는 뜻이므로 옛날부터 해왔던 일을 답습해서 한다는데서 '일 고' '까닭 고' '죽을 고' 등 여러 뜻이 나왔다.

- 事故(사고) 뜻밖에 일어난 사건이나 탈.
- 故人(고인) 죽은 사람.
- 故國(고국) 자기 나라.
- 故障(고장) 기계나 설비 따위의 기능에 이상이 생기는 일.

그런데 오래 되었다는 뜻은 古(옛 고)도 마찬가지이다. 十(열)명 이상의 사람들 口(입)을 걸쳐 전해져 내려오는 '옛 이야기'라는 의미를 가진 이 한자를 뜻으로 취한 한자가 여럿 있다.

전쟁이 많았던 옛날에 적의 공격에 대비하여 사방에 ☐ (성벽)을 단단히 쌓은 모습에서 '굳을 고' 가 나왔다.

굳을 **고**

- 堅固(견고)   굳고 튼튼함.
- 固執(고집)   자신의 생각이나 의견만을 내세워 굽히지 아니함.
- 固定(고정)   일정한 곳이나 상태에서 변하지 아니함.

한 個(개), 두 個(개) 물건을 셀 때 나오는 이 한자는 '개인' 이란 뜻도 있다.

亻(사람 인)에서 뜻을, 固(고→개)에서 음을 취했다.

낱 **개**

- 個性(개성)   사람마다 지닌, 남과 다른 특성.
- 個人(개인)   집단(단체)의 구성 요소로서의 한 사람.

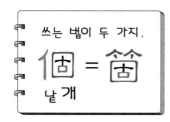

쓰는 법이 두 가지.
個 = 箇
낱 개

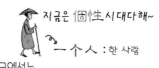

지금은 個性시대다해~
个人 : 한 사람

지금 중국에서는...

개수를 셀 때 箇의 일부인 个로 쓴데.

'꺼' 라고 읽어.

어렸을 적에 먹기 싫었던 '씀바귀' 란 나물이 있었다. 그런데 그 쓴맛을 즐기는 어른도 꽤 많아 어린 나이에 참으로 이해가 되지 않았다.

쓸 **고**

古(고)에서 음을 씀바귀를 뜻하는 ++ (풀 초)에서 '쓸 고' 가 나왔다. 지금은 '씀바귀' 란 뜻보다 '쓰다' '괴로워하다' '고생하다' 는 뜻으로 나온다.

'젊어서 고생(苦生)은 사서도 한다' 고 하지 않던가. 그러니 씀바귀 먹는 것부터 시작해 보자.

- 苦惱(고뇌)   괴로워하고 번뇌함.
- 良藥苦於口(양약고어구)   좋은 약은 입에 쓰다.

마를 고

木(나무)가 古(오래) 되어 바싹 말라버렸다는 뜻에서 '마를 고'가 나왔다. 그러나 '마른 고목에도 꽃은 핀다'고 했으니 만약 일이 뜻대로 되지 않는다고 괴로워만 하지 말고 심기일전(心機一轉)해서 다시 도전해 보자.

- 枯死(고사) 말라서 죽음.
- 枯渴(고갈) 물이 말라서 없어짐.

시어머니 고

女(여자) 중에 오래 되어 쓸모 없는 고물(古物)이란 별명(?)을 들을 만한 여자는 과연 누구일까? 이런 악담을 듣게 된 주인공은 '시어머니'이다. 물론 古(고)는 음으로도 나왔다. 하긴 며느리 입장에서 늙고 험상궂은 시어머니가 견디기 어려울 정도의 시집살이를 시킨다면 이 정도의 감정적인 표현은 애교로 봐 줘야 할 것 같다. 그러나 지금은 시어머니가 며느리 눈치 보는 세상이라고 하니 격세지감(隔世之感)을 느끼지 않을 수 없다. '잠시, 잠깐'이란 뜻도 있으니 알아두자.

- 姑婦(고부) 시어머니와 며느리.
- 姑息的(고식적) 잠시 숨돌릴 정도. 임시변통. 미봉책.

오랑캐 호   나비 접

胡(오랑캐 호)라고 알고 있는 이 한자는 원래 古(고→호)에서 음을, 月(고기 육)에서 뜻을 취해 턱 밑의 살을 가리키는 '턱밑살 호'로 쓰는데 뒤에 중국 북부에 살던 '오랑캐'를 뜻하게 되었다. 1627년(인조 5) 정묘년에 조선과 청(淸)나라 사이의 싸움을 정묘호란(丁卯胡亂), 1636년(인조 14) 병자년에 일어난 2차 전쟁을 병자호란(丙子胡亂)이라고 부른다. 우리 입장에서 보면 청나라의 행위는 '오랑캐'와 다르지 않았다.

蝶(나비 접)은 葉(엷을 엽 → 접)에서 음을 취하고, 虫(벌레 충)을 넣어 '나비'를 뜻하게 되었다. 葉(엽)을 넣어 만든 또 다른 한자로 위에 艹(풀 초)을 넣어 만든 葉(잎 엽)이 있다.

나비를 한자어로 '胡蝶(호접)'이라고 하는데 알아두면 중국어 공부에도 도움이 된다. 나비라 하면 장자(莊子)의 고사(故事)를 떠올리는 사람이 많을 것이다.

'학의 다리가 길다고 자르지 말라'고 말한 장자는 '만물제동(萬物齊同) 사상'에서 인간이 만든 대립구조 즉, 시비(是非), 귀천(貴賤), 빈부(貧富), 선악(善惡)의 구별은 무의미하다고 주장한다. 우리 인생 자체가 '봄날의 꿈'은 아닌지 생각하며 장자의 사상을 가슴으로 음미해보자.

'내 마음은 湖水(호수)요,

그대 노 저어 오오.

나는 그대의 흰 그림자를 안고, 옥 같이

그대의 뱃전에 부서지리라.'

호수 호

氵(삼수)에서 뜻을, 胡(호)에서 음을 취해 만들어졌는데
湖水(호수) 위로 날아다니는 나비의 모습을 생각해서 만든 한자가 아닐까 싶다.

小 貪 大 失

작을 소 탐낼 탐 큰 대 잃을 실

11. 소탐대실

직역 : 작은 것을 탐내다가 큰 것을 잃게 된다.

의역 : 하찮은 이익에 눈이 어두워져 큰 손해를 입음.

춘추전국시대, 촉(蜀)나라는 넓은 영토에 곡식이 풍부하고, 사방이 산으로 둘러 있으며 지세가 험준하여 이웃나라가 감히 침범하지 못했다.

그런데 촉나라 왕은 많은 보물과 미녀(美女)에 욕심을 부리는 탐욕스런 자였다.

촉나라와 이웃하고 있던 진나라 혜왕(惠王)은 비옥한 촉나라를 차지하고 싶었다. 그러나 촉나라로 통하는 길은 매우 험하여 겹겹으로 큰 산이 버티고 있고, 요철(凹凸) 모양으로 울퉁불퉁하여 군대를 진입시키는 것은 거의 불가능했다.

진나라 혜왕(惠王)은 모사(謀士)를 불러 의논하였는데 모사가 말하길,

"촉나라 왕의 탐욕스러운 마음을 잘 이용해서 공격해야 합니다."

그리고 한 가지 계책을 알려 주었다.

왕이 모사의 말을 받아들여 즉시 석공(石工)들을 시켜 거대한 돌소(石牛)를 조각하도록 명령하였다.

그리고 조각한 돌소의 몸 속에 황금과 비단을 채워 넣은 다음 '쇠똥의 금(牛糞之金)'이라 이름짓고 촉왕에 대한 우호의 예물을 보낸다고 소문을 퍼뜨렸다. 이 소문을 들은 촉나라 왕은 너무 기뻐서 '쇠똥의 금'이라는 돌소가 도착하기만을 기다렸다.

며칠 뒤 진나라 사자(使者)가 와서 말했다.

"저희 왕께서 촉나라와의 우의를 다지기 위한 표시로 '쇠똥의 금'이라는 돌소를 바치고자 합니다."

그러자 촉왕이 물었다.

"언제쯤 도착할 예정인가?"

"글쎄요. 촉 땅은 험준해서 한 일 년 반은 걸려야 겨우 도착하겠습니다."

그러자 촉왕은 급한 마음에 이렇게 명을 내렸다.

"산을 깎고 골짜기를 메워 '쇠똥의 금'을 맞이할 길을 만들어라."

그러자 신하들이 절대 안 된다고 반대하였다.

"진나라는 호랑이 같은 나라입니다. 아무런 이유도 없이 돌소를 보낼 리가 없습니다."

그러나 촉왕은 신하들의 말을 듣지 않고 돌소를 맞을 준비를 하였다.

드디어 산길이 완성되었다. 진나라 왕은 돌소의 운반과 보호라는 명분을 내세워 수만 명의 정예병력과 함께 촉나라로 들여보냈다.

촉나라에서는 왕을 비롯한 문무백관들이 성문 밖까지 나와서 돌소를 맞이하였다. 도성의 군중들도 모두 나와 구경했다. 돌소가 촉나라에 거의 도착한 순간 진나라 병사는 숨겨 두었던 무기를 꺼내 촉을 공격하였다. 결국 촉나라는 멸망하고 천하의 웃음거리가 되었다.

후에 이 일을 빗대서 "작은 이익을 탐내다가 큰 이익을 잃었다(此貪于小利失大利者也)"라고 했다.

작을 **소**

이 정도라면 누가 한자를 어렵다고 하겠는가? 자신감도 넣어 주는 한자이다. 올망졸망한 자갈과 모래를 보고 만든 한자이다.

여기서 잠깐!

우리는 대담(大膽)하지 못하고 겁이 많은 사람을 보면 이렇게 말한다. "짜식, **小心** 하긴…"

속된 말로 쪼잔하다는 뜻이니 들으면 기분이 별로 안 좋다.

'중국에서도 통하겠지' 생각했는데 아래 표지판을 보는 순간 '어, 이상하다' 는 생각이 들었다.

미끄러우니 **小心** 하시오.

小心하면 미끄러진다는 뜻인 줄 알았어.

알고 보니 중국에서 '小心' 은 '조심(操心)' 이란 뜻으로 쓴단다. 사실 小心의 유래를 보면 '조심하다' 는 뜻으로 나온 것이 맞다.

維此文王 小心翼翼(우리 문왕은 삼가고 조심하네)

그러니까 우리나라와 달리 중국은 원뜻을 지금까지 죽 써오고 있었다.

1970년대 개를 놓아 길렀던 그 시절에 대문 앞에 이런 문구가 많았다.

猛犬操心(맹견조심)!

그럼 중국에서는 어떻게 쓸까?

혹 중국 여행하다 대문 앞이나 벽에 써 있는 이 한자어를 보고 "뭐, 맹견이 小心하다구?" 하고 웃으면 큰코다친다.

호텔 자동문이나 버스문 앞에도 '小心'이란 한자어를 심심치 않게 본다. 이처럼 같은 한자어를 다른 뜻으로 쓰는 경우가 있다는 사실을 알고 중국어를 배우면 덜 당황스럽다.

小(작을 소) 아래에 大(큰 대)를 붙였다. 밑이 굵고 위로 올라갈수록 끝이 뾰족해진다는 데서 '뾰족할 첨'이 되었다. 여기서 '가장 앞서간다'는 뜻도 나왔다.

뾰족할 **첨**

■ 尖端(첨단) 뾰족한 끝. 시대 사조, 유행 따위의 맨 앞장.
■ 尖銳(첨예) 끝이 뾰족하고 서슬이 날카로움.

아버지의 신체를 의미하는 月(고기 육)의 변형부수이다. 小(소 → 초)를 위에 넣어 아버지의 덕을 '닮아야 한다'는 뜻으로 나왔다.

그래서 불초소자(不肖小子), 불초소생(不肖小生)은 '부모님의 덕망이나 대업을 이을 만한 재질이 없는 어리석고 못난 불효자'란 뜻으로 용서를 빌거나 자신을 낮출 때 쓴다.

닮을 **초**

■ 肖像畵(초상화) 사람의 얼굴이나 모습을 그대로 그린 것.

사라질 소

肖(초→소)의 음 앞에 氵(물)을 넣어 불이나 세균 따위를 물로 씻어내고 없앤다는 뜻이다.

- 消火(소화) 불을 끄는 것.
- 消化(소화) 먹은 음식을 삭히는 것.
- 消息(소식) 어떤 상황에 대한 기별이나 편지.

나라이름 조

走(달릴 주)에서 뜻을, 肖(초→조)에서 음을 취해 '빨리 달릴 조'였는데 지금은 활용이 되지 않고 '성씨'로 사용되고 있다. 조선시대 중종 때 사림파인 조광조(趙光祖)가 득세하자 훈구파들은 궁중의 나뭇잎에 꿀로 '주초위왕(走肖爲王)'이라고 써서 벌레가 갉아먹게 한 뒤에 그 문자의 흔적을 중종에게 보여 마음을 움직이게 하였다. 이로 인해 기묘년에 조광조 일파가 제거당하는 기묘사화가 일어났다. 이렇게 조(趙)를 주초(走肖)로 분리해서 해석하는 원리를 파자(破字)라고 한다. 그러니까 훈구파는 기묘년에 기묘(?)하게 이 파자의 원리를 이용하여 조광조의 무리를 제거하는 데 이용했다.

성씨로 나오는 이런 한자는 알아두어야 낭패를 당하지 않는다.

走肖가 王이 된다.

깎을 삭

肖(초→삭)에서 음이 나왔다는데 위의 한자들과 달리 종성까지 변했다. 이 한자처럼 전혀 다른 음으로 변하는 경우는 그리 흔하지 않다.

刂(칼 도)에서 뜻을 취해 칼로 잘게 부수거나 깎는다는 뜻이다.

- 削髮(삭발) 길렀던 머리를 박박 깎음.
- 削減(삭감) 깎아서 줄임.
- 削除(삭제) 깎아서 없앰.
- 削奪官職(삭탈관직) 벼슬과 품계를 빼앗음.

옛날에는 조개가 돈의 역할을 했다. 그래서 조개가 들어간 한자는 대부분 돈과 관계가 있다. 그렇다면 이 한자는 어떻게 만들어졌을까?

탐할 **탐**

今(지금 금)과 貝(조개)의 결합인데… 아, 今(지금) 눈앞에 있는 貝(재물)을 탐내는 마음이란 뜻으로 나왔나보다. 욕심이 잔뜩 들어간 한자이다.

뒤에 나올 貧(가난할 빈)과 모양이 비슷해서 잘 보지 않으면 혼동되기 쉽다.

■ 貪慾(탐욕)　애착이 심해 만족할 줄 모르는 욕심.
■ 食貪(식탐)　음식에 욕심이 많음.

그럼 여기서 今(지금 금)이 들어간 한자를 보자.

어디서 많이 들어본 단어이다.

요즘 공개석상에서 거리낌없는 애정표현을 해서 남의 시선을 끄는 닭살부부들을 쉽게 볼 수 있다. 불과 몇 년 전만 해도 눈살을 찌푸릴 장면에 웃고 넘어가는 것을 보면 우리 사회도 많이 관대해졌다. 이런 닭살부부를 듣기

거문고 **금** 큰거문고 **슬**

좋게 표현하면 '琴瑟(금슬 ; 금실) 좋은 부부'라고 하는데 琴瑟(금슬)이 무슨 뜻인지 알아보자.

두 한자의 공통 부분인 거문고 玨玨(줄)의 모습에서 뜻을 今(금)과 必(필→슬)에서 음을 취해 만든 악기 이름이다.

琴(금)은 다섯 줄이었다가 일곱 줄로 바뀌었고 瑟(슬)은 열 다섯, 열 아홉, 스물 다섯, 스물 일곱 줄로 여러 종류가 있다. 이 두 악기로 연주하면 화음이 그 어느 것과 비교할 수 없을 만큼 환상적인 조화를 이루었다고 한다.

이렇게 옛날 최고의 현악이중주였던 두 악기를 부부의 화합

현악기니까 '줄'이 중요해.

앙이 아니라 거문고 줄?

에 비유한 것이다.

남편이 노래하고 부인
은 뒤에서 박자를 맞춘다
는 부창부수(夫唱婦隨)
와 통한다. 그런데 지금은
'거문고와 큰거문고'를
뜻하는 琴瑟(금슬)

에서 부부의 사이좋음을 뜻하는 '금실' 이 나왔다.

'금실' 이면 어떻고 '琴瑟(금슬)' 이면 어떠랴. 여기저기에서 많이 들으면 들을
수록 좋은 걸.

읊을 음

今(금→음)에서 음을 口(입)에서 뜻을 취해 낮은 소리로
읊조린다는 뜻이다. 옛날에는 노래부르듯 시를 읊조렸다는데 요
즘은 보기 힘들다.

■ 吟味(음미) 사물의 내용이나 속뜻을 깊이 새기어 맛봄.
■ 吟風弄月(음풍농월) 맑은 바람과 밝은 달을 대하여 시를 지어 읊으며 즐김.

큰 대

음... 쉽다.

사람이 손을 벌리고 서 있는 모습을 그린 한자라니 인간의 위
대(偉大)함을 느끼게 하는 한자다.

■ 大成(대성) 크게 성공함.

클 태

大(큰 대)의 밑에 ╲(점)을 찍어 부피, 규모 면에서 '가장
크다' 는 것을 강조하였으며 '존칭' 을 나타내기도 한다.

■ 太初(태초) 천지가 처음 열린 때.
■ 太陽(태양) 해.
■ 太平(태평) 세상에 아무 걱정 없이 편안함.
■ 太子(태자) 왕위를 계승할 아들.

160

우리나라에서는 '콩'이란 뜻으로도 사용되고 있다.

- 鼠目太(서목태) 쥐의 눈처럼 생긴 콩.
- 黑太(흑태) 검은 콩.

이 한자는 아래 예시된 한자어에서나 찾아볼 수 있으니 아무래
도 위의 한자 太 (클 태)보다 쓰임이 적은 것은 분명하다.

클 태

- 泰山(태산) 중국 산동성에 있는 산 혹은 크고 높은 산의 대명사.
- 泰然(태연) 아무렇지도 않은 행동이나 태도.
- 泰國(태국) 동남아에 있는 타이랜드.

커다란 弓 (활)을 잡고 당당하게 서 있는 大 (사람) 모습을
그렸다. 전쟁이 많았던 고대에 활을 잘 다루는 민족은 주변국가
에서 보면 두려움의 대상이 아닐 수 없었다. 그래서 중화(中華)
사상에 젖어 있던 중국인도 내심 두려움의 존재였던 민족이 있었
으니 그 주인공은 다름아닌 우리 한민족(韓民族)이다. 이 한자는
우리 민족과 밀접한 관계가 있다.

그럼 중화(中華)란 무슨 뜻일까?

오랑캐 이

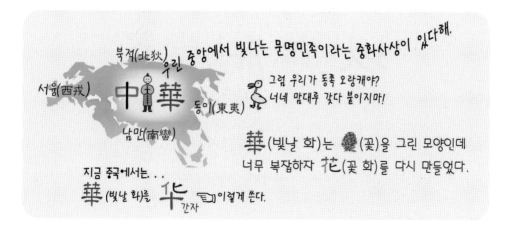

"중국 문화가 최고이며, 모든 것이 중국을 중심으로 하여 세계 만방에 퍼져야 한다."
이것이 중화(中華)사상의 핵심이라고 할 수 있다.

한민족(漢民族)이 주변의 민족을 야만시하면서 자기나라를 세계의 중앙에 위치한 가장 문명한 나라라는 자부심을 보여주는 사상이다.

한번쯤 들어 본 남만(南蠻), 북적(北狄), 서융(西戎), 동이(東夷)가 바로 방위에 따라 주변국을 오랑캐 이름으로 제멋대로 붙이고 야만인 취급한 흔적이다.

이 중 동쪽에 위치한 우리 한민족을 '東夷(동이)'라고 불렀는데 이는 '오랑캐'라는 뜻보다 '활을 잘 다루는 강한 민족'이라는데서 두려워하는 이미지가 더 강하다. 夷 (오랑캐 이)의 모습에서 그것을 증명하고 있다.

고구려 벽화에서 보면 우리는 위풍당당(威風堂堂) 한 동이족이다. 그래서 지금도 '東夷'의 후예답게 양 궁(洋弓)에서 귀신도 놀랄 신기(神技)에 가까운 기 술을 발휘하여 서양인들의 기를 팍 죽이고 있다. 알 고 보니 조상 덕을 톡톡이 보고 있는 것이다.

우리는 위풍당당한 **東夷**다!

다음의 사자성어를 보자.

너희들끼리 치고 박고 싸워 봐!

以 夷 制 夷
왜 하필이면
夷(이)냐?

써 이   오랑캐 이   누를 제   오랑캐 이

'오랑캐로 오랑캐를 제압한다'는 뜻으로 이 나라의 힘을 빌려서 저 나라를 치는 작전이다. 이민족끼리 서로 경쟁하게 하여 자기 나라에 대항하지 못하게 하는 중국의 견제 정책에서 나왔다.
마치 장 속의 나쁜 균을 죽이는데 유산균을 이용하는 원리와 같다.
以熱治熱(이열치열), **同種**(동종)요법과 같은 뜻으로 활용되고 있다.

중화(中華)사상과 무관하지 않은 한자성어이다.

奔走(분주)하게 왔다갔다 움직이는 모습을 그려 보자.

두 한자 모두 사람이 양팔을 휘저으며 달리는 모습이었구나. 뭐가 저리 바쁜 건지 요즘 학원 가방 들고 냅다 달려나가는 아이들 모습 같다.

- 奔走(분주) 바쁘게 뛰어다니는 것.
- 狂奔(광분) 목적을 이루기 위해 미친 듯이 날뛰는 것.
- 自由奔放(자유분방) 관습에 얽매이지 않고 자유롭게 행동하는 것.

그런데 풀이라고 하면 草(풀 초)는 그래도 본 것 같은데 卉(풀 훼)는 처음 본 다. 무슨 차이가 있나 한번 보자.

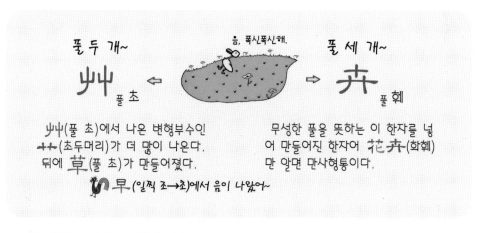

- 花卉(화훼) 관상용으로 재배하는 식물.

그럼 잔디가 쫙 깔린 골프장 느낌을 주는 卉(풀 훼)가 들어 있는 한자들을 찾아 보자.

무덤 **분**

貝(조개)를 부장품으로 넣고 볼록하게 흙을 부풀려서 만든 무덤 위에 골프장의 丰(잔디)처럼 잘 자란 풀을 그린 한자 賁(클 분)은 음으로 주로 나온다.

여기에 土(흙 토)를 넣어 만든 '무덤 분'은 튼튼한 관과 넓은 석실이 있는 지체 높은 분의 무덤을 가리켰다.

■ 古墳壁畫(고분벽화) 옛 무덤의 벽에 그려진 그림.
■ 墳墓(분묘) 무덤.

분할 **분**

賁(분) 앞에 忄(심방변)을 넣어 마음에 응어리가 맺혀 있다는 뜻으로 억울하고 원통하다는 뜻을 가진 '분할 분'이 되었다.

그러고 보니 우리 민족도 슬프거나 억울해서 하소연하기 위해 조상의 무덤 앞을 찾아가서 憤(분)함을 하

소연하곤 했다.

그럼 조상이 하소연을 들어 주나?!

■ 憤痛(분통) 너무 분해서 쓰리고 아픈 마음.
■ 憤怒(분노) 분하여 몹시 성을 냄.

명심하자.

憤(분)을 삭히지 못하면 墳(분)에 들어갈지 모른다!

얻을 **득**   잃을 **실**

중학교 때 彳(두인변)이란 부수를 배운 적이 있었다. 그래서 두 사람이 겹쳐 있는 모습인가 보다 생각했다. 그런데 알고 보니 行(갈 행)의 반쪽이었다. 亻(사람 인)을 두 개 겹쳐 놓은 것처럼 보여서 이름을 이렇게 지었단다. 차라리 '갈 행'이라고 부르는 것이 더 낫다.

길을 가다가 다음과 같은 일이 생긴다면?

우와, 조개다!

에이, 한 발 늦었다.

길 가다 조개 주우면 횡재한거야!

得
얻을 득

길을 彳(가다가) 뭔가를 발견하고는
寸(손)으로 얼른 줍고 있는 모습이다.
그렇다면 旦의 정체는 뭔가 했더니
貝(조개)가 변한 모습이란다.
조개라면? 바로 돈 아닌가!

길가다 돈을 줍게 되면 횡재한 기분이 드는 건 숨길 수 없는 감정일 것이다. 그래서 得(득)되는 일이라면 무슨 짓이든 할 수 있다고 생각하는 사람이 많은가 보다.

- 所得(소득) 어떤 일의 결과로 얻는 것.
- 利得(이득) 이익을 얻는 일, 또는 그 이익.
- 自業自得(자업자득) 자기가 저지른 일의 과보를 자기 자신이 받음.

그렇다면 이번엔 반대로 물건을 흘린다는 뜻을 가진 失(잃을 실)에 대해 알아보자.

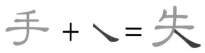

手 + ㇏ = 失

손에 있던 물건이 + 떨어지는 모습 = 잃을 실

나를 헷갈리는 한자들~
天(하늘 천)과 夫(남편 부),
矢(화살 시)와 失(잃을 실)
헷갈리면 바~보!

'앗! 失手' 하는 찰나 땅에 떨어져 깨져버린 것을 어찌하랴.

- 失敗(실패) 일이 뜻하는 바대로 되지 못함.
- 過失致死(과실치사) 큰 실수로 사람을 죽임.
- 損失(손실) 죽거나 잃어버리거나 하여 손해를 봄.
- 失業者(실업자) 직업이 없는 사람.

失(실 → 질) 앞에 수확한 禾(벼)를 실수(失手) 없이 차곡차곡 질서 있게 쌓아 놓는다는 뜻에서 '차례 질'이 나왔다.

이 한자가 1800자 안에 들어 간 이유는 秩序(질서) 라는 한자 때문이다.

이 외에는 활용할 곳이 거의 없으니 이런 행운이 또 있을까?

- 秩序(질서) 사물의 순서.

차례 **질**

桑 田 碧 海

뽕나무 **상**　　밭 **전**　　푸를 **벽**　　바다 **해**

12. 상전벽해

직역 : 뽕나무 밭이 푸른 바다로 변하다.

의역 : 세상이 몰라볼 정도로 변하고 세월은 덧없이 흘러감.

유사어 : 격세지감(隔世之感) – 너무 많이 변해서 전혀 다른 세상이 된 것 같은 느낌.

《신선전》의 '마고선녀(麻姑仙女)' 이야기

옛날에 신선 왕원(王遠)과 선녀 마고(麻姑)가 살았다. 어느 날 그들은 채경(蔡經)의 집에서 술을 마시기로 약속하였다. 왕원은 악사와 시종이 둘러싼 가운데 다섯 마리 용이 끄는 수레를 타고 왔다. 그는 모자를 쓰고, 빛나는 띠를 두른 채 호랑이 머리 모양의 화살통을 매고 있어 위풍당당하게 보였다.

麻姑圖 (마고도) / 任伯年

왕원은 마고선녀가 오기를 기다리는데 아무리 기다려도 오지 않자 왕원이 사자(使者)를 시켜 모셔오도록 했다.

잠시 뒤에 사자가 공중에서 왕원에게 말하기를 "마고선녀께서 500년이 넘게 만나지 못했다고 하시며 우선 안부를 전해 달라 하셨습니다. 지금은 봉래산을 돌아보고 있으니 조금만 더 기다리시랍니다."

그리고 얼마 지나지 않아 하늘에서 마고선녀가 내려왔다. 그녀는 18, 19세 정도로 밖에 보이지 않는 아름다운 아가씨였다. 그녀는 비단결 같은 머리카락을 허리까지 늘어뜨렸고, 옷은 무엇으로 만들었는지도 알 수가 없었으며, 그 위에는 아름다운 무늬들이 수놓여 있었다.

연회에서 마고가 왕원에게 말했다. "제가 하늘의 명을 따르기 시작한 이래로 벌써 세 번이나 동해가 뽕나무밭으로 바뀌는 것을 보았는데 또 바닷물이 이전보다 반이나 얕아진 것을 보았으니 또 육지가 되려는 것이겠지요" (已見東海三爲桑田).

왕원이 탄식하며 말하길 "그렇습니다. 성인들이 모두 바닷물이 낮아지고 있다고 말씀하십니다. 그러니 머지않아 그곳엔 먼지가 날릴 겁니다."

당(唐) 유정지(劉廷芝)의 시 〈대비백두옹(代悲白頭翁)〉을 감상해 보자.

낙양성 동쪽 복숭아꽃 오얏꽃이	洛陽城東桃李花
날아가다 누구의 집에 떨어지는고?	飛來飛去落誰家
낙양의 소녀 얼굴을 아끼며 가꾸지만	洛陽女兒惜顔色
길거리에 떨어진 꽃을 보고 한숨을 쉬네.	行逢女兒長嘆息
올해에 꽃이 지면 그 얼굴도 늙으리라.	今年花落顔色改
내년에 피는 꽃은 그 누가 볼 수 있을까?	明年花開復誰在
이미 소나무 잣나무도 땔감으로 꺾였다니	已見松柏摧爲薪
상전벽해가 참으로 맞는 소리구나.	更聞桑田變成海

桑
뽕나무 **상**

木(뽕나무)의 叒(잎)이 무성한 모습이다.

뽕나무 열매 오디는 약이 되고, 잎은 누에의 먹이가 되어 인간에게 옷감으로 따뜻함을 주고, 줄기는 종이의 원료가 되며, 뿌리 또한 약이 되므로 뽕나무는 인간에게 참으로 이로운 나무이다.

그러나 활용할 만한 한자어가 별로 없어서 대신 '蠶(누에 잠)'에 대해 알아보기로 하자.

蠶
누에 **잠**

벌레란 놈은 주로 떼지어 다니는 것이 특징이라 벌레 3마리를 그린 蟲(벌레 충)이 원래 모습이다. 그런데 번거롭다 보니 한 마리로 虫(벌레)를 대신했다. 이 한자에서 두 마리 벌레는 오글오글 모여 있는 蚰蚰(누에)를 가리킨다.

이 蚰蚰(누에)란 놈은 뽕잎을 한 바구니 따다 주면 2시간 만에 다 먹어치운다. 위에 있는 朁(일찍 참 → 잠)이 음으로 나와 한자가 복잡해졌다. 누에가 뽕잎을 야금야금 갉아먹는 모습에서 나온 한자어로 잠식(蠶食)이 있다.

■ 蠶食(잠식) 누에가 뽕잎을 야금야금 갉아먹는 것처럼 남의 세력 범위나 영역을 조금씩 조금씩 자기의 것으로 만든다는 뜻.

조선시대부터 국가에서 뽕나무를 많이 심게 하고 관리했던 곳이 지명으로 남아 있는데 그곳이 어디인고 하면? 바로 잠실(蠶室)과 잠원동(蠶院洞)이다.

지금은 그 자리가 롯데월드와 고층빌딩들로 들어찼으니 고종 때 태어나신 고령의 할머님이 잠실을 보시면서 하시는 말씀은?

"뽕밭은 다 어디갔누. 桑田碧海(상전벽해)라더니 여긴 桑田building(상전빌딩)이네."

중국 휴게소에 있는 이 벌레를 보고 점원 아가씨에게 중국어로 물었다.

"이 벌레 이름이 뭐지요?"

그랬더니 중국어로 "찬!" 한 마디로 대답했다. 그래서 손바닥에다 "蠶"을 쓰면서 맞냐고 물었더니 고개를 저으며 아니란다.

그리고는 내 손바닥에다 이렇게 써주었다.

"蚕"

내가 같은 한자라고 말하니까 고개를 갸우뚱하면서 가버렸다.

우리 간체자 밖에 모른다해~ 🧍 🦆 그래서 의사소통이 어려워~

蠶 (일찍 참)을 넣어 만든 한자 하나 더!

누에가 수북하게 쌓아놓은 뽕잎에 덮여 꼬물거리는 것처럼 우리는 물에 잠겨 누에마냥 발가락을 꼬물거린다.

그래서 蠶 (참→잠) 앞에 氵(물 수)를 넣어 '잠길 잠'을 만

潛
잠길 **잠**

들었다. 여기에서 '몰래 잠' '숨을 잠'도 나왔다.

형사가 潛伏하면 난 潛水한다!

- 潛水(잠수) 물 속으로 들어가는 것.
- 潛伏(잠복) 드러나지 않게 숨음.
- 潛在(잠재) 속에 숨에 드러나지 않는 것.
- 潛入(잠입) 몰래 숨어 들어가는 것.

田(밭 전)은 3000년 전의 갑골문자에 있는 모습 그대로 살아있는 천수를 누린 한자이다. 중국에서는 논과 밭을 모두 가리킨다. 그래서 논을 수전(水田 : 물이 고인 밭), 밭을 한전(旱田 : 메마른 밭)이라고 한다. 그런데 우리한테는 상당히 낯설다.

밭 **전**   논 **답**

왜일까? 우리나라는 田(논바닥)에 고인 水(물)이란 뜻으로 두 한자를 합쳐서 畓(논 답)을 만들었다. 삼국시대부터 쓰기 시작했다니 꽤 오래 된 우리식 한자로 중

국보다 실용성도 돋보인다.

그러니 (전답) 팔아 자식을 공부시켰던 위대한 조상의 후예답게 열심히 공
부하자.

그럼 여기서 田(밭 전)이 들어 있는 한자들을 보자.

차례 **번**

초등학교에 입학해서 받아본 번호(番號)부터 고등학교 졸업할
때까지 나를 대신했던 번호(番號)를 기억해보자.

동물의 발자국을 그린 釆(나눌 변 → 번)을 넣어 田(밭)
위에 동물의 釆(발자국)의 찍힌 모습이다. 쉬는 시간 어지럽
게 찍힌 발자국으로 교실을 난장

쉬는 시간 우리 반 교실이야~

동물의 발자국이 차례대로 찍힌 모습

판을 만들곤 했던 기억이 새롭다. 그런데 일 番(번)
부터 끝 番(번)까지 친구들의 얼굴이 가
물가물하다. 일설에는 밭에 씨 뿌리는 모습이라고도
한다.

- 番號(번호) 차례를 나타내는 호수.
- 番地(번지) 토지를 조각조각 나누어서 매겨 놓은 땅의 번호.

머무를 **류**

요즘은 유학(留學)이 붐이라는데... =卯(토끼 묘 → 류)
에서 음을 취하고 田(밭 전)에서 뜻이 나왔다. 밭에 머물러 일
하는 농부를 생각해야 할 것 같은데 난 토끼가 밭에 앉아 있는 모
습이 생각난다. 외국에 나가 밤새며 열심히 공부하는 유학생
(留學生) 눈이 토끼 눈이다!

- 留學(유학) 외국에 머물러 학문이나 예술 등을 공부함.
- 留任(유임) 그대로 머물러 일을 맡아봄.
- 停留場(정류장) 버스 등이 사람이 타고 내리도록 잠시 멈추는 일정한 곳.

그럼 여기서 =卯(토끼 묘)가 음으로 나온 한자 하나 더 보자.

나라와 나라 사이에서 물건을 사고파는 행위란 뜻의
貿易(무역)은 현대에 와서 더욱 활발하게 이루어지고 있다.

貿(바꿀 무)는 丣=卯(토끼 묘→무)에서 음을 취하고 돈을 뜻하는 貝(조개 패)에서 뜻을 취해 만들었다.

모양이 留(머무를 류)와 비슷하다고 헷갈리면 안 된다.

그렇다면 易(바꿀 역)은 어떻게 만들어졌을까. 다음 그림을 보자.

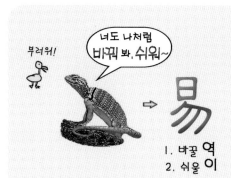

인간에게 없는 도마뱀의 능력!

도마뱀은 빛의 강약, 온도, 감정의 변화에 따라 몸 색깔을 마음대로 바꾼다.
인간의 눈에는 신기하기만 한데 도마뱀은 아무렇지도 않게 바꾸는 것이 아닌가!
여기서 '바꿀 역'과 '쉬울 이'가 나왔다.
뒤에 나올 昜(햇살 양)과 헷갈리지 말자!

도마뱀이라고 생각하면 정말 도마뱀처럼 보인다.

1. 바꿀 역 交易(교역)   물건을 서로 사고파는 일.
   易地思之(역지사지)   처지를 바꾸어 생각함.

2. 쉬울 이 難易度(난이도)   어렵고 쉬운 정도.
   平易(평이)   쉬움.

易(이 → 사)에서 음을, 돈을 뜻하는 貝(조개 패)를 넣어
윗사람이 아랫사람에게 '돈이나 물건을 내려 준다' 는 뜻으로 나온 한자이다. 처음 만들어질 때는 조개같이 귀한 물건을 주었나 보다. 무엇이든 윗분이 주면 고맙게 받아야겠지만 그래도 사약(賜藥)은 받고 싶지 않았을 것 같다.

■ 賜藥(사약)   임금이 죽여야 할 신하에게 독약을 내려 줌.
■ 下賜(하사)   임금이 신하에게 물건을 내려 줌.

碧
푸를 **벽**

王(옥)처럼 푸른빛과 맑고 깨끗한 白(흰)색의 石(모래)가 푸른 바다 밑에 햇빛을 받아 반짝거리고 있는 모습이다.

여기서 白(백 → 벽)은 음으로도 나왔다. 아, 푸른 바다처럼 투명하고 파란 것이 또 있는데 그것은 바로 백인의 눈동자가 그러하다. 그래서 동양의 까만 눈동자와 구별하여 '벽안(碧眼)'이라고 부른다. 벽안(碧眼)의 스님들이 송광사에서 수도하고 계신다던데……

■ 碧海(벽해) 파도가 넘실대는 맑고 푸른 바다.
■ 碧眼(벽안) 검은 자위가 파란 눈. 서양사람.

내가 碧眼의 주인공!

정말 바다색이다~

海
바다 **해**

'이 한자 정도야' 할 사람이 많겠다.

예상한 것처럼 氵(물)이 바다를 뜻하고, 뒤에 每(매 → 해)는 음이 변한 것이다.

그럼 여기서 每(매양 매)의 유래를 보자.

매양 **매**

매일 비녀 꽂는 엄마~~
母(엄마)들은 항상 아침에 일어나서 ㅡ(비녀)부터 꽂고 하루를 시작한다. 이 한자에서 '늘' '한결 같은' 엄마의 모습이 보인다.

예나 지금이나 여자들의 머리 치장은 하루 일과 중에 빼놓을 수 없는 중요한 작업(?)인 것이다. 교실에서 여학생들이 매일(每日) 거울 앞에 장사진(長蛇陣)을 치는 것만 봐도 알 수 있다.

- 每樣(매양)　늘 언제나.
- 每日(매일)　날마다.
- 每年(매년)　해마다.
- 每事(매사)　하는 일마다.

每(매)를 음으로 취한 한자 5개를 알아보자.

머리 손질하는 여자의 손놀림을 보면 머리카락 한 올도 소홀히 넘어가지 않는다. 每(매일)하는 머리 손질이라 야무지게 빗질하고 매만지는 攵(손놀림)은?

당연히 재빠르고 민첩하다.

攵(등글월 문)은 '손에 막대기를 들고 두드려 고친다' 는 뜻이다.

민첩할 **민**

- 敏感(민감)　감각이 예민함.
- 銳敏(예민)　신경이나 감각이 날카로움.

그런데 이 한자는 무슨 뜻이기에 이리 생겼을까?
敏(민첩할 민) 아래에 糸(실)을 추가했을 뿐인데 보기엔 상당히 복잡하게 생겼다. 머리 손질하면서 여기저기 장신구와
糸(술)을 매달아 놓은 모습에서 '많을 번' 이 나왔다.

많을 **번**

치장이 끝나고 나면 머리에 실 조각이 주렁주렁(?) 달려 있다.

한동안 인기를 끌었던 드라마 '황제의 딸' 에서 남자들은 반 대머리라 간편(?)하고 깔끔한데 여자들의 머리는 꽃 장식과 술을 길게 늘어뜨려 한껏 멋을 내었다.

보기에도 무겁고 번잡해 보이건만 그런 장식이 신분을 나타내기도 했을 테니 어쩌겠나. 게다가 유행이라면 여자들에게는 뭐 번잡한 것이 별 문제가 되지 않는다.

조선 중기 때 부녀자들이 썼던 가체는 7명의 머리카락을 잘라서 만들었다고 하지 않던가?

- 繁盛(번성)　한창 잘 되어 발전함.
- 繁殖(번식)　불고 늘어서 퍼지는 것.
- 繁體字(번체자)　중국에서 한자를 간략화하기 전에 필획이 복잡한 한자.
- 繁華(번화)　화려함.

업신여길 모

여자 뒤에서 어떤 亻(사람)이 업신여기고 깔보며 내려다보고 있는 모습이다.

여기의 每(매 → 모)는 음과 함께 노예로 끌려와 무릎 꿇고 있는 여자의 모습이란다.

만들어진 유래 때문인가 들어서 기분 좋은 한자는 아니다.

■ 侮辱(모욕) 깔보고 욕보이는 것.

숨은 한자를 찾아라!

제대로 좀 해 봐라.

每일하면 敏 첩해져

每 敏 侮 繁
매양 매 민첩할 민 업신여길 모 많을 번

매화 매

每(매)라는 음을 가진 木(나무)이름이다.

일본인들의 장수 비결이 식탁에 매일(每日) 올라오는 매실(梅實) 덕분이라는 얘기도 있다.

요즘 우리가 즐겨 마시는 음료 중에 매실이 있는데 건강에 좋다 하여 한동안 인기음료였다.

고상하고 절조 있는 선비들이 좋아했다는 사군자(四君子)인 매란국죽(梅蘭菊竹)에도 들어 있다.

그리고 엄동설한의 추위를 견디며 꽃을 피운다 하여 설중매(雪中梅)라 불렀다. 그러니까 매실(梅實)로 담근 술을 마시고 취해서 횡설수설(橫說竪說)하면 안 되겠다.

■ 梅實(매실) 매화나무의 열매.

梅實 梅實은 시다!

이렇게 신맛이 나는 매실을 상상하게 해서 고인 침으로 잠시 갈증을 풀게 했다는 고사가 있다.

공상으로나마 잠시 위안을 얻어 보자.

아, 침 고인다~

望 梅 解 渴
바랄 망　매화 매　풀 해　목마를 갈

한여름 무더위 날씨에 행군하던 조조의 군대는 목이 말라 허덕이고 있었지만 좀처럼 근처에서 물을 찾을 수가 없었다. 병사들은 갈증에 계속 지쳐갔다.
이 모양을 지켜보던 조조가 말채찍으로 앞을 가리키며 소리쳤다.
"모두들 조금만 더 참아라. 여기서 가까운 곳에 매화나무 숲이 있다. 거기엔 매실이 주렁주렁 달려 있어 갈증을 풀 수 있느니라."
매실이라는 말에 자기도 모르게 입 안에 침이 고인 병사들이 기운을 내서 계속 행군할 수 있었다.

지쳐 있는 병사들을 임기응변으로 행군을 계속해 위기를 넘긴 조조의 깜짝 발상이 가끔은 필요할 때가 있다.

죄를 많이 저지르는 우리 인간들은 매일(每日) 후회하고 뉘우칠 일이 생긴다.

小(마음 심)과 每(매→회)의 결합을 보니 더욱 분명해진다.

후회할 **회**

■ 悔恨(회한)　뉘우치고 한탄함.
■ 悔改(회개)　뉘우치고 고치는 것.
■ 後悔(후회)　뒤늦게 뉘우치는 것.

聞 一 知 十
들을문 한일 알지 열십

13. 문일지십

직역 : 하나를 들으면 열을 미루어 안다.
의역 : 매우 총명한 사람을 말함.

공자(孔子)의 제자는 무려 3,000명이 넘었다. 당시 인구로 보면 중국의 지식인들은 거의 다 공자의 문하(門下)에서 나왔다고 봐도 과언이 아니다.

이 많은 제자들 중에 72명의 수제자(首弟子)가 있었다.

그 제자들 중에 자공(子貢)은 언변이 뛰어나 외교 능력이 탁월하였을 뿐 아니라, 재물을 모으는 데 남다른 수완을 발휘하여 공자에게 재정적 뒷받침도 많이 해준 재력가였다.

어느 날 공자가 자공에게 물었다.

"자공아, 너와 안회 중에 누가 더 낫다고 생각하느냐?"

그러자 자공이 이렇게 대답했다.

"제가 어찌 감히 안회를 바라겠습니까? 안회는 하나를 들으면 열을 알고 저는 하나를 들으면 둘을 압니다(聞一以知十 聞一以知二)" 라고 했다.

이 말을 들은 공자가 이렇게 대답했다.

"그래, 너의 말이 맞느니라. 너와 나, 모두 안회만 못하느니라."

香港孔學出版社 /
克己復禮 (국기복례)를 안회에게 설명하는 공자

이 대화에서 만들어진 한자성어가 聞一知十(문일지십)이다.

문일지이(聞一知二)라고 자평한 자공도 학문에 대한 자부심은 대단한 인물이다. 그러나 안회(顔回)와는 비교가 되지 않는다고 생각한 것이다. 공자도 안회의 높은 학문열을 인정한 것이다. 그렇다면 아마 안회는 머리가 비상한 제자겠거니 생각하기 쉬운데 기록을 보면 그렇지가 않다.

香港孔學出版社 / 안회상

공자가 가장 칭찬을 아끼지 않은 최고의 제자는 안회지만 그는 우직하다 싶을 정도로 말이 없었다. 어느날 공자가 이런 말을 했다.

"나는 안회가 하루 종일 말도 안 하고 있어서 어리석은 줄 알았는데 가만히 그가 행동하는 것을 보니 나의 말을 전부 이해하고 실천하고 있었구나."

그러나 인명재천(人命在天)이라 했던가. 안회는 젊디 젊은 32세(일설에는 44세라고도 함) 나이에 요절을 하고 말았다. 그가 세상을 떠났다는 소식을 들은 공자가 "하늘이 나를 망쳤구나, 하늘이 나를 망쳤어" 하며 통곡했다고 한다.

한자 Up 그레이드

들을 문

門(대문) 앞에서 길거리 통신에 耳(귀)를 쫑긋 세우고 듣는 모습은 예나 지금이나 아줌마의 트레이드 마크가 아닐까?

그래서 所聞(소문)의 진원지이기도 하다.

그렇다면 다음 한자성어도 있음을 주지하시라.

눈으로 직접 확인하자~

百 聞 不 如 一 見
일백 **백** 들을 **문** 아니 **불** 같을 **여** 한 **일** 볼 **견**

=같지 못하다, 못하다.

'백 번 듣는 것이 한 번 보는 것만 못하다.'

실제에 접근해서 직접 조사하고 연구하는 자세를 강조한 문장이다.
경험의 중요성을 말해주는 이 문장은 생활 속에 자주 애용되고 있다.

■ 見聞(견문) 보고 들음.
■ 所聞(소문) 여러 사람의 입에 오르내리면서 전하여 오는 말.

물을 **문**

음으로 나온 🀱(문)에 ⬜(입 구)를 넣어 '질문하다' 는 뜻이다.

■ 問答(문답) 묻고 대답함.
■ 質問(질문) 모르는 것이나 알고 싶은 것 따위를 물음.

사이 **간**

🀱(문) 사이로 ☐(해)가 보인다고 외웠던 기억이 있는 한자이다.

■ 中間(중간) 가운데 부분.
■ 時間(시간) 어떤 시각에서 다른 시각까지의 동안.
■ 週間(주간) 한 주일 동안.

그럼 달을 넣은 한자는 없나? 있다. 바로 이 한자!

한가할 **한**

커다란 🀱(대문) 앞에 木(나무)가 서 있는 모습은 생각만 해도 한가롭고 여유 있다.

낮에는 木(나무)가 한껏 여유를 준다면 밤이 되면 대문 위에 휘영청 뜬 月(달)이 한층 여유를 준다.

그래서 이 한자는 쓰는 법이 두 가지이다.

- 閑暇(한가) 하는 일이 적거나 바쁘지 않아 겨를이 많음.
- 閑散(한산) 한가하고 쓸쓸함.
- 忙中閑(망중한) 바쁜 가운데의 한가한 때.
- 農閑期(농한기) 농사일이 그리 바쁘지 않은 때.

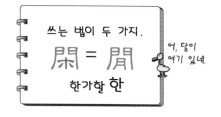

한(漢)나라 채륜(蔡倫)이 종이를 만들기 전에는 (대쪽)에다 글을 썼다. 間(간)에서 음을 취하여 ① '대쪽 간'을 만들었다. 후에 ② '편지 간' ③ '간단할 간'이 나왔다.

'간단하다'는 뜻을 가지고 있다? 그렇다면 여기서 앞서 잠깐 다룬 중국의 간체자(簡體字)에 대해 정리해 보자.

〈간체자 이야기〉

중국에서는 1956년에 문자개혁이 일어났다. 그때 한자의 글씨체가 너무 번거로워 인민들이 배우기 어렵다는 이유로 도마 위에 올랐다. 그래서 좀더 쉽고 빨리 익힐 수 있는 '간단한 글자'란 뜻인 간체자(簡體字)를 탄생시켰다. '중국식 약자'인 셈이다.

그리고 기존에 써왔던 한자를 번체자(繁體字)라고 일컬었다. 번잡하고 번거롭다는 부정적인 이미지를 넣어 비판의 대상으로 삼은 것이다. 앞에서 배운 한자 繁(많을 번)을 생각해 보자.

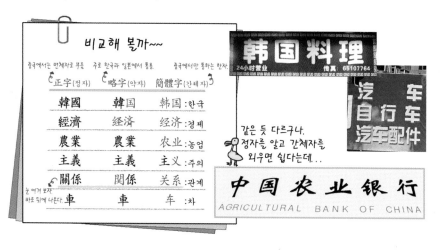

그리고 50여 년의 세월이 흐른 지금은 글로벌시대...

중국이 개방을 하고 보니 간체자를 써온 자신들이 오히려 한자 문맹인의 꼴이 되고 말았다. 왜냐하면 한자를 쓰는 홍콩과 대만은 물론이고 일본과 우리나라도 간체자를 쓰고 있지 않으니 낭패(狼狽)를 당한 것이다.

한자 좀 안다는 우리나라 사람들 중 중국 대륙방송 밑에 간체자로 된 자막은 제대로 읽지 못하는 반면 정자만 알면 대만방송의 자막은 그런 대로 읽을 수 있다.

요즘 북경거리에 가면 낡은 상점의 간판에 쓰여져 있는 간체자와 달리 새로 지은 빌딩의 간판에는 번체자가 많이 눈에 띤다. 21세기 세계 시장경제 속에 살아남기 위해서는 어쩔 수 없는 일인가 보다.

- 竹簡(죽간)　고대 중국에서 글자를 적던 대나무 조각.
- 書簡文(서간문)　편지 글.
- 簡略(간략)　간단하고 단출함.
- 簡單(간단)　까다롭지 않고 단순함.

빗장 **관**　연이을 **련**

서로 걸려 얽혀 있는 것을 일러 '關聯(관련)을 맺고 있다' 고 한다.

關(빗장 관)은 門(대문)의 絲(빗장)을 단단히 잠근 모습이다. 중요한 역할을 하는 대문일수록 잠금 장치가 단단해야 한다. 빗장을 실로 꽁꽁 묶은 모습을 그린 絲(빗장)이 두 한자의 포인트이다.

수많은 나라로 갈라져 있던 춘추전국시대의 제후국들은 국경에 요새를 만들었는데 이것을 關(관)이라고 불렀다.

그래서 국경지대에 설치하여 출입하는 사람을 조사하는 문을 '關門(관문)' 이라고 한다. 축구에서도 빗장수비라는 것이 있는데 빗장이 풀리면 걷잡을 수 없이 골세례를 받아야 한다.

艸(빗장)을 지르고 난 후 絲(실=밧줄)로 단단히 묶어 출입을 통제했던 성문이다.

- 通關(통관)　關門(관문)을 통과해서 밖으로 나가는 것. 관세법의 규정에 따라 화물 수출입의 허가를 받아야 함.
- 難關(난관)　뚫고 나가기 어려운 사태나 상황.

- 關稅(관세) 한 나라의 세관을 통과하는 상품에 대하여 부과하는 세금.
- 關鍵(관건) ① 대문의 빗장 ② 사물의 핵심적 부분. 문제를 해결하기 위해 꼭 필요한 것.
- 關係(관계) 둘 이상이 서로 연결됨.

聯(연이을 련) 역시 絲(빗장)이 보인다. 耳(귀 이)는 왜 붙어 있는 것인지 속 시원하게 밝혀지지 않았으나 열심히 외우자. 서로 얽혀 있다는 한자어 關聯(관련)은 공통분모 絲(빗장)만 알면 그리 어렵지 않게 외울 수 있다.

- 聯合(연합) 둘 이상이 합동함.
- 聯立(연립) 연이어서 섬.
- 聯盟(연맹) 동 목적을 가진 다수인이 동일하게 행동할 것을 맹약하는 일.

양쪽에 걸린 一(빗장)을 廾(두 손)으로 밀면서 풀고 있는 모습이 '열 개' 이다.

'닫을 폐' 는 문을 닫고 十(빗장)에 丿(막대)를 걸 어 열리지 않도록 단단히 닫은 모습이 마치 才(재주 재)처럼 보인다. 반드시 알아야 할 한자들이다.

열 **개**   닫을 **폐**

- 開幕(개막) 막을 올리거나 엶.
- 開發(개발) 개척하여 발전시킴.
- 開閉(개폐) 열고 닫음.
- 閉幕(폐막) 막을 내림.

열고 닫고...

빗장을 손으로 밀면? 열린다!   開

빗장을 질러 닫자!   才

윤달이 왕과 무슨 상관이 있겠나 하겠지만 관련이 있다.

이 윤달이 오면 王(왕)은 종묘의 門(문) 안에 들어가서 그 달이 끝날 때까지 나오지 않고 그곳에서 출입을 삼갔다고 한다.

- 閏年(윤년) 윤일이나 윤달이 든 해.

윤달 **윤**

젖을 윤

閏(윤달 윤)에서 음을 취하고 氵(삼 수)에서 뜻을 취해 물에 푹 젖어 빛이 난다는 뜻을 만들었다.

■ 潤氣(윤기) 윤택한 기운.
■ 潤澤(윤택) 태깔이 부드럽고 번지르르함.

근심할 민

閔(근심할 민)에서 文(글월 문→민)은 음으로 나왔다.

몸에 문신(文身)을 새긴 모양에서 유래된 文(글월 문)은 지금은 '문자' '글자'라는 뜻을 가지고 있다.

閔(민)은 지금 성씨로 주로 사용하고 있는데 '민씨' 하면 단연 명성황후가 생각난다. 한일합방이 체결되자 자결한 민영환(閔泳煥)도 있다.

이렇게 성씨로도 사용되고 있는 閔(민)에서 음뜻을 취하고 앞에 忄(마음 심)을 넣어 '근심하다' '불쌍히 여기다'는 뜻을 만들었다.

■ 憐憫(연민) 불쌍하다고 딱하게 여김.

알 지

먼저 矢(화살 시)의 유래를 보자.

화살 시

나무로 만들어졌다고 하는 이 화살은 길이가 짧으며 무기와 관계 있다. 失(잃을 실)과 혼동하지 말자!

■ 嚆矢(효시) 소리나는 화살이란 뜻으로 북소리와 함께 이 화살을 공중에 쏘면 소리를 듣고 전쟁이 시작됐음을 알린다는 데서 시작을 뜻함. 사물의 시초 혹은 최초.

그렇다면 이 효시(嚆矢)에서 보듯 矢(화살)을 쏘아 전쟁이 시작되었음을 알리면 여러 사람의 입에서 口(입)으로 전해지면서 알게 된다는 데서 '알 지'가 나왔다.

지금 다양하게 많이 활용되는 한자이니 꼭 알아두자.

■ 無知(무지) 아는 지식이 없음.
■ 感知(감지) 느껴서 알게 됨.

矢(화살)이 짧다면 얼마나 짧을까?

바로 답은 여기 있다.

짧을 **단**

애걔, 요렇게 짧단 말이야?

화살이라고 다 길지 않아!

豆(콩 두)가 원래 제기인 것은 알고 있을 터.
옛날 제기는 높이가 대략 10~15cm였다고 하니
다른 화살에 비해 좀 짧은 화살이다.
이렇게 짧은 화살이 전쟁에서 쓸모가 있을까?

그러니까 화살의 크기가 콩알만한 것이 아니라 제기의 높이만 했다는 말씀! 옛날의
제기는 지금 우리가 보는 제기보다 좀 높았다.

어쨌건 간에, 짧긴 짧았나 보다.

- 短信(단신) 짤막한 보도.
- 短期(단기) 짧은 기간.
- 短身(단신) 키가 작은 몸.

日(해)가 들어간 이 한자는 知(알 지)와 어떻게 다른 걸
까?

지식이 태양처럼 환하게 온 세상을 밝히듯이 세상의 지식과 진
리를 깨달은 지혜로운 사람을 뜻하니 知(알 지)보다 더 업그
레이드된 모습이다. 여자 이름에 종종 등장하니 알아두면 좋다.

지혜 **지**

- 智慧(지혜) 선악을 잘 분별하는 마음.
- 智略(지략) 슬기로운 계략.

朽 木 糞 牆
썩을 후   나무 목   똥 분   담 장

14. 후목분장

직역 : 썩은 나무에는 조각할 수 없고 더러운 담은 흙손질할 수 없다.

의역 : 하고자 하는 의지가 없는 사람이나 정신이 썩은 사람은 어찌할 도리가 없음.

공자의 제자라고 해서 안회나 자공 같은 훌륭한 제자만 있는 것은 아니다.

유독 꾸지람을 많이 들은 3명의 제자를 통해 채찍의 교육법을 엿보기로 하자.

공자의 제자인 재여(宰子)가 대낮부터 침실에 들어가 잠을 자고 일어났다. 이 사실을 안 공자가 이렇게 말했다.

"썩은 나무에는 조각할 수 없고, 똥 묻고 썩어 문드러진 담은 흙손으로 곱게 다듬고 꾸밀 수가 없느니라(朽木糞牆). 내가 너를 나무란들 무슨 소용이 있겠는가?"

처음에는 재여의 얼굴이 군자의 상을 하고 있을 뿐 아니라 언변 실력까지 뛰어나 공자의 기대를 한몸에 받았다.

그러나 실천이 부족하고 옳지 못한 행동을 한 뒤에도 반성의 기미가 보이지 않아 크게 실망을 준 제자이다. 후에 제나라 임금의 시해 사건에 가담하여 피살되고 말았다.

香港孔學出版社 / 재여상

자기 능력에다 획을 긋다니

中 道 而 廢
가운데 **중** 길 **도** 말이을 **이** 그만둘 **폐**

▶ 의지가 부족하여 하던 일을 끝까지 실천하지 못함.

공자의 제자 염구(冉求)는 평소에 공자가 문일지십(聞一知十)의 주인공인 안회에 대해 칭찬을 아끼지 않는 것이 무척 부러웠다.

그래서 자기도 칭찬을 받고 싶은 마음에 이렇게 말했다.

"저는 선생님의 말씀을 좋아하지 않는 것은 아니나 실천하는데 역부족(力不足)이옵니다."

그러자 공자가 말하길 "역부족(力不足)이라… 힘이 부족하다고 하는 사람은 분명히 중간에 포기할 것이다(中道而廢). 지금 너는 미리 획을 그어 버렸구나."

홍콩박물관/염구상

아는 척 좀 하지마!

知之爲知之 不知爲不知 是知也
지 지 위 지 지 부 지 위 부 지 시 지 야

▶ 아는 것을 안다고 하고 모르는 것을 모른다고 말하는 것, 이것이 지(知)이다.

공자의 제자 중에 가장 특이한 인물로 자로(子路)를 꼽을 수 있다. 본래 무뢰한이었던 그는 공자의 훈계를 듣고 제자가 되기로 결심하였다. 그러나 타고난 성격 때문인지 평소에 공자에게 꾸지람도 자주 들었다. 그러나 공자가 천하를 돌아다닐 때 보디가드 역할을 충실히 수행하여 공자의 사랑을 받기도 했다.

뒤에 위(衛)나라에서 벼슬하던 중 내란이 일어나자 도의적 책임감으로 전사(戰死)를 택하였다.

내란 소식을 들은 공자는 "분명 자로는 죽을 것이다"하고 그의 죽음을 예언했다고 한다. 왜냐하면 자로는 나설 때 안 나설 때 가리지 않고 아는 척 하기를 좋아했기 때문이다. 어느 날 온갖 아는 척을 하며 으스대는 자로를 보다 못한 공자가 물었다.

"자로야 너에게 안다는 것(知)이 무엇인지 가르쳐 줄까?"

"예."

"아는 것을 안다고 하고 모르는 것을 모른다고 하는 것, 그것이 정말 아는 것이다(知之爲知之 不知爲不知 是知也)."

공자는 자로 너처럼 잘 알지도 못하면서 아는 척하는 건 결국 잘 모르기 때문이라는 것을 우회적으로 충고한 것이다. 공자는 자로에게 공부를 좀더 진지하고 열심히 해야 함을 말하고 싶었을 것이다.

先賢仰子由 / 香港孔學出版社 / 자로상

木(나무)가 썩었다?

그렇다면 뒤에 있는 **丂**이 무엇을 의미하는지 알아보자.

썩을 **후**

 ⇒ 朽

썩지 않는 나무도 있나?

木(나무)가 **丂**(썩고 갈라지면서) 조각이 떨어져 나간 모양이다.

그럼, 영원히 썩지 않고 남는 것을?

정답: 屮

이제 '불후(不朽)의 명작'이 무슨 의미인지 정확히 알 수 있겠다.

丂(썩은 모양)처럼 생긴 한자가 두 개 더 있다.

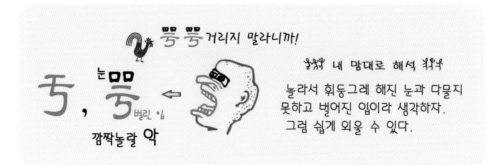

꼬꼬거리지 말라니까!

눈 吁, 벌린 입 吁

깜짝놀랄 **악**

내 맘대로 해석

놀라서 휘둥그레 해진 눈과 다물지 못하고 벌어진 입이라 생각하자.

그럼 쉽게 외울 수 있다.

모양에서 쉽게 연상할 수 있는 두 개의 한자를 별것 아닌 양 생각하면 외워도 자꾸 잊어버린다. 다음 3개의 한자를 보자.

후목분장

더러울 오

지금처럼 오염된 물은 아니라 해도 홍수가 나면 똥물에 돼지나 온갖 물건들이 떠내려 온다. 그러니 그 氵(더러운 물)을 보면 놀라 입을 벌리고 亐(으~악)소리지르는 것은 당연지사 아닌가.

■ 汚物(오물)　지저분하고 더러운 물건.
■ 汚染(오염)　더러워짐.
■ 汚名(오명)　더러워진 이름이나 명예.
■ 貪官汚吏(탐관오리)　탐욕이 많고 행실이 깨끗하지 못한 버슬아치.

놀랄 악

忄(심장)이 벌렁거릴 정도로 咢(놀란 표정)이다. 눈을 보니 놀란 정도를 짐작할 수 있겠다.

■ 驚愕(경악) : 깜짝 놀람.

자랑할 과

뭔가를 자랑하기 위해 입을 大(크게) 亐(벌리고) 한껏 떠벌리며 言(말하고) 있다. 이런 사람의 말은 믿음이 가지 않는다. 그나마 자기 誇示(과시)가 자화자찬(自畵自讚)으로 끝나면 다행이다.

■ 誇示(과시)　실제보다 크게 자랑하며 보임.
■ 誇張(과장)　사실보다 지나치게 떠벌려 나타냄.
■ 誇大宣傳(과대선전)　실제보다 지나치게 떠벌려 선전함.
■ 誇大妄想(과대망상)　자기의 능력·용모·지위 등을 과대하게 평가하여 사실인 것처럼 믿는 생각.

나무 수　　나무 목

한자를 처음 공부하는 사람은 우선 이런 기본적인 한자부터 알고 시작하면 한결 한자 외우기가 재미있어진다.

木(나무 목)이 그렇다. 수천 년 전에 만들어진 문자임에도 불구하고 누구든지 금방 나무임을 눈치채게 하는 상형의 원리는 상당히 실용적이고 경제적이다.

여기에 음을 넣어 조합하면 형성문자가 되는데 樹(나무 수)가 그 예이다.

木(나무)에서 뜻을, 尌(세울 주→수)에서 음을 취했는데 다른 곳에서는 보기 어렵다.

- 樹木園(수목원)　각종 수목을 관리하여 기르는 산림원.
- 紀念植樹(기념식수)　기념으로 나무를 심음.

그 외에도 木(나무 목)이 들어 있는 한자는 많다.

1. 아닐 미
木(나무) 一(가지)가 가늘어 잘 보이지 않아 나온 뜻이 '아직은...아니다'이다.

2. 끝 말
木(나무) 一(꼭대기)를 강조해 '끝' '중요하지 않은 부분'이라는 뜻이 나왔다.

3. 근본 본
木(나무) 밑의 一(뿌리)를 가리켜서 사물의 '근본' '근원'이란 뜻이 나왔다.

'이 정도쯤이야 하고 생각했을 기초한자 3개를 정리해 봤다.

길이의 길고 짧음에 따라 한자의 음과 뜻이 달라진다는 것을 일찍부터 알게 해준 한자들이다. 그럼 아래 한자어들을 의기양양하게 읽어보자.

末世　未知　根本　本國　未來　末年

정답 : 말세　미지　근본　본국　미래　말년

대장금도 요리하다 口(입)으로 맛을 보며 생각한다. '이 맛이 未(아니야)' 그러니까 요리 못한다고 기죽지 말자.

맛 미

- 興味(흥미)　재미. 관심을 가지는 감정.
- 味覺(미각)　혀 따위로 맛을 느끼는 감각.
- 妙味(묘미)　미묘한 맛.

쉴 휴

木(나무) 아래에서 1(사람)이 쉬고 있는 이 한자는 외우지 않아도 절로 이해가 되는 대~단한 한자다.

休息中

■ 休息(휴식) 잠깐 쉼.
■ 年中無休(연중무휴) 한 해에 하루도 쉬는 날이 없음.

마을 촌

寸(마디 촌)에서 음을 취했다. 그렇다면 木(나무)가 무성한 곳에 '마을'이 형성되었다는 뜻이겠다. 지금은 '시골 촌'이란 뜻을 가진 한자어가 더 많다. 어딘지 村(촌)사람 티가 나면 "村(촌)스럽다"고 말한다. 위화감(違和感)을 조성하는 이런 표현은 쓰지 말자!

■ 農村(농촌) 농업으로 생업을 삼는 주민이 대부분인 마을.
■ 村婦(촌부) 시골에 사는 부녀.

오얏 리

'오얏나무'를 뜻하는 이 한자는 子(아들 자 → 리)에서 음을 취했다. 그런데 지금은 '오얏'이라고 하지 않고 '자두'라고 부른다. 자두는 복숭아와 비슷한데 조금 작고 신맛이 있다. 8월에 노란빛이나 자줏빛을 띠며 익기 때문에 자도(紫桃 : 붉은 복숭아)라 했던 것이 음이 변해 '자두'가 되었다. 그런데 우리가 지금 먹는 자두는 1920년 이후부터 재배된 미국 또는 유럽산 개량종으로 완전 토종은 현재 보기 어렵다.

이 한자는 뒤에 '성씨'로 쓰게 되면서 '오얏'이란 본래의 뜻은 희미해졌다.

고려 건국에 많은 영향을 끼친 도선국사는 그의 예언서《도선비기(道詵秘記)》에 "500년 뒤 李(오얏)성씨를 가진 새로운 왕조가 들어설 것이다"라고 예언하였다. 그러자 고려 중엽부터 오얏나무를 잔뜩 심고 일정기간이 지나면 베어버림을 반복함으로써 왕기(王氣)를 다스렸다는 기록이 있다. 그러나 태조 이성계가 조선을 건국했으니 예방으로 되지 않는 것이 있나 보다.

괜히 오얏나무만 수난을 당하지 않았는가 말이다. 季(계절 계)와 헷갈리지 말자.

이 한자를 보면 한번쯤 이런 생각을 한다.

'이 한자가 '과실' 이란 뜻이라고!? 어떻게 이런 뜻이 나온 거지?

과실 **과**

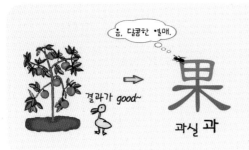

열매란? 노력한 결果물이다.

田(밭)과 木(나무)의 결합이라고 생각
했겠지만 아니다.
나무에 田(열매)가 열린 모습인데 시간
이 지나면서 田(밭)처럼 변한 것이다.

하긴 木(나무)위에 田(밭)이 있다는 것이 이상하긴 했다.

이렇게 '열매' 를 맺기 위해 얼마나 많은 피와 땀을 흘렸을까? 짐작이 간다.

그래서 나온 뜻이 '결과 과' 와 과감하게 일을 해냈다고 하여 '과감할 과' 도 나왔다.

- 落果(낙과) 땅에 떨어진 과일.
- 結果(결과) 열매를 맺음.
- 果敢(과감) 과단성이 있고 용감한.
- 果斷性(과단성) 일을 딱 잘라서 결정하는 성질.

그동안에 한 일의 果(결과)를 가지고 言(묻고) 대답하면서
조사하여 성적을 매기고 세금을 할당하고 부과했다.

지금이야 종이 위에 답을 적는 지필고사가 일반적이지만 옛날
에는 구술로 확인하고 등급을 매기는 경우가 더 많았을 것이다.

뒤에 '(세금을)부과할 과' 가 나왔다.

지금은 '사무분담의 한 단위' 로도 쓰이고 있는데 예를 들면 총무과(總務課), 과장
(課長) 등을 예로 들 수 있다.

매길 **과**

- 日課(일과) 날마다 하는 일.
- 課稅(과세) 세금을 부과함.
- 課題(과제) 주어진 문제나 임무.

후목분장

191

다할 **극**

대한민국 국민이라면 꼭 알아야 할 한자 중 하나이다.

태극기(太極旗)를 영원히 손에서 놓지 않는다면 말이다.

그럼 우선 쓰기가 꽤 번잡해 보이는 亟(빠를 극)부터 알아보자.

빨리 급해!

이 보다 더 절박할 수 없다!

꽉 막힌 二(굴) 속에 갇힌 亻(사람)이 又(손)으로 벽을 긁어대며 口(입)으로 이렇게 울부짖는다.

"빨리 와서 날 좀 구해 줘! 급해~~"

갱 속에 갇힌 인간의 처절한 몸부림이다.

빠를 극
급할 극

인간의 가장 위급하고 극단적인 모습에서 '빨리' '급해' 란 뜻을 뽑아내 만든 亟 (빠를 극) 앞에 木(나무) 막대기를 넣어 감옥이나 갱 속임을 강조했다.

여기에서 극단적인 상황이란 뜻이 나와 '최상, 최종' '우주의 끝' 이란 뜻을 가지게 되었다. 우리 민족혼이 담겨 있는 태극기(太極旗)를 손에 꼭 쥐고 다시 느껴보자.

- 極端(극단) 중용을 벗어나 한쪽으로 치우치는 일.
- 北極(북극) 지구의 자전축의 북쪽 끝의 지점.
- 極樂(극락) 〈극락정토〉의 준말.
- 極貧(극빈) 몹시 가난함.

목욕할 **목** 목욕할 **욕**

요즘이야 집집마다 沐浴(목욕)시설이 되어 있고 곳곳에 목욕탕도 많이 있지만 옛날 사람들은 어디서 沐浴(목욕)을 했을까? 귀족이나 부잣집의 경우 나름대로 목욕 시설이 있었겠지만 대다수 평민들은 울창한 木(나무) 숲 속 谷(골짜기)의 흐르는 계곡 氵(물)에 몸을 씻는 것이 沐浴(목욕)이었음을 한자에서 엿볼 수 있다.

木(나무 목)과 谷(골짜기 곡→욕)에서는 음도 취했다.

노천탕(露天湯)이 연상되는지라 요즘의 沐浴(목욕)과는 거리가 있다.

그럼 여기서 谷(골짜기 곡)을 음으로 취한 한자들을 보자.

저 목욕하는 풍속화 속의 사람들을 보라. 谷(골짜기) 여기저기 평범한 亻(사람)들이 보인다. 여기서 ① '평범할 속'이 나왔다. 그런데 아무래도 계곡에서 보여주는 모습이 고상하지 못했나 보다. 그래서 천박하다는 ② '속될 속'이 나왔다. 그러나 이런 모습이 세월이 흐르면서 풍속으로 굳어졌다 하여 ③ '풍속 속'이 나왔다. 풍속화 속에 목욕을 엿보고 있는 스님들의 모습은 귀엽게(?) 속물(俗物)스럽다.

풍속 **속**

- 風俗(풍속) 예로부터 지켜 내려오는, 생활에 관한 사회적 습관.
- 俗物(속물) '세속적인 명리에만 급급한 사람'을 얕잡아 이르는 말.
- 俗世(속세) 세상. 일반사회.
- 通俗(통속) 세상에 널리 통하는 일반적인 풍속.

이명희 작

谷(곡→욕)에서 음을, 欠(하품 흠)에서 뜻을 취해 만들었다. 앞에 歌(노래 가)에서 잠깐 보았던 欠(하품 흠)에 대해 알아보자.

하고자할 **욕**

마릴린 먼로의 하~품~~~

입 벌리고 하품하는 모습인데 다른 한자와 결합해서 나온다. 이제 이 한자를 보면?
'입 벌~린다!'고 생각하자.
아래 나온 한자들을 보면서 이해하자.
飮(마실 음) 吹(불 취) 歌(노래 가)
아, 攵(등글월문)과 헷갈리지 말자!

혀가 다 보이게 벌리는 입을 그린 이 한자는 '탄식' '노래', '마시는 행위' 등을 뜻하는 한자에 나온다. 그러므로 欲(하고자할 욕)에서 보이는 하품은 참을 수 없다는 강한 욕구(欲求)가 보인다.

- 欲求(욕구) 무엇을 얻거나 무슨 일을 하고자 바라고 원함.
- 欲望(욕망) 무엇을 하거나 가지고 싶어 간절히 바라고 원함.

욕심 **욕**

欲(하고 싶은) 心(마음)이긴 하나 욕구(欲求)가 지나쳐서 생긴 탐욕(貪慾)스러운 마음을 표현할 때 쓴다. 정리하면 欲(하고자할 욕)은 '욕구'의 뜻이 강한 반면 心(마음 심)을 넣은 慾(욕심 욕)은 '탐욕'에 가까워 부정적인 이미지가 강하다.

- 物慾(물욕) 물질에 대한 욕심.
- 貪慾(탐욕) 탐내는 욕심.
- 食慾(식욕) 음식을 먹고 싶어하는 욕구.

너그러울 **관** 용서할 **용**

살다 보면 '寬容(관용)'을 베풀어야 할 때가 있다. 그런데 어느 정도까지 받아 줘야 할지 그 범위가 헷갈릴 때가 있다.

그 답을 한자에서 찾아보자.

宀(집) 안을 莧(산양)이 엉망으로 만들면서 뛰노는 것도 봐준다는 데서 나왔다. 莧(산양 관)은 다른 데서 보기 어렵다.

容(용서할 용)은 宀(집)과 谷(골짜기)의 결합이다. 宀(집)이란 들어오는 모든 사람과 물건을 받아들이고 담는 그릇이다. 谷(골짜기) 또한 모든 만물을 다 포용하고 받아 주는 어머니 같은 품이다. 여기서 ①'용납할 용'과 함께 ②'용서할 용' ③'얼굴 용'이 나왔다. 따라서 어린동생이나 강아지가 집안을 어지럽혀도 꾹 참는 것이 寬容(관용)이다. 속 좁게 굴지 말자!

- 容恕(용서) 잘못이나 죄를 꾸짖거나 벌하지 않고 끝냄.
- 美容(미용) 얼굴이나 머리 등을 곱게 매만짐.

입으로 들어간 (쌀)이 소화가 다 되어 밖으로 배설 될 때
는 전혀 異(다른) 모양
이 되어 나오는 것은?
바로 똥 아닌가. 그렇다
면 이 한자는 외우기 쉽다.

똥 분

- 糞尿(분뇨) 똥과 오줌.
- 人糞(인분) 사람의 똥.

그럼 異(다를 이)에 대해 자세히 알아보기로 하자.

이상한 춤으로 시선 집중!

귀신 田(탈)을 쓰고 共(온 몸)을
흔들며 남과 다른 춤을 추고 있다.
머리에 쓴 탈이 田(밭 전)처럼 변했다.
시선 모으는 데는 괴이한 막춤이 최고~

- 異常(이상) 보통 때와는 다른 정상이 아닌 상태.
- 特異(특이) (보통 것에 비하여) 두드러지게 다름.
- 大同小異(대동소이) 거의 같고 조금 다름. 비슷비슷함.
- 怪異(괴이) 이상야릇함.

爿(조각 장)에서 음을 취하고 수확한 저장물을 차곡차곡 쌓고
담을 만들어 지키는 모습인 嗇(인색할 색)에서 뜻이 나왔다. 그
런데 이 한자가 1800자에 왜 들어 있는지 그 이유를 잘 모르겠다.
활용할 한자어 하나 변변한
것이 없는데 말이다.

담 장

쓰는 법이 두 가지.

牆 = 墙

정자   속자

天 高 馬 肥
하늘 **천**　높을 **고**　말 **마**　살찔 **비**

15. 천고마비

직역 : 하늘은 높고 말은 살찐다.
의역 : 흉노가 약탈할까 전전긍긍하며 조심하라는 경계의 뜻으로 나왔지만 지금은 결실의 계절,
아름답고 풍성한 가을을 상징함.

　　은(殷)나라 초기(B.C. 1700)에 중국 북방에서 일어난 흉노는 주(周), 진(秦), 한(漢)을 거쳐 육조(六朝)에 이르는 근 2000년 동안 북방 변경의 농경지대를 끊임없이 침범 약탈해 온 유목민족이다.

　　《한서》〈흉노전〉의 기록을 보면 이런 대목이 있다.

　　"흉노족은 어른들은 말할 것도 없고, 아이들도 양을 타고 놀았으며 활을 능숙하게 다룰 줄 알아 쥐와 새도 스스로 잡을 정도의 실력을 갖고 있다.

　　이들은 평소에는 방목과 수렵을 하며 지내지만 한번 난폭해지면 시도 때도 없이 내려와 사람을 죽이고 전쟁을 일으키는 잔인함을 보인다.

　　전술이라고 해봐야 이로우면 전진하고 불리하면 물러나는 단순한 전법으로 임전무퇴의 정신 따위는 전혀 없다. 게다가 부끄러움이 뭔지 예의가 뭔지도 잘 모른다. 남녀노소 모두 육식을 하는데 건강한 자가 살찐 고기를 먹고 노약자는 남은 고기를 먹어 병들고 야위었으며, 아버지가 죽으면 그 아들이 후모(後母)를 차지하고, 형제가 죽으면 다른 형제가 그 처첩을 모두 차지하는 것이 이들의 풍속이다."

이런 기록으로 보아 한족은 오랜 세월 흉노족을 멸시했을지는 몰라도 그들의 약탈에 속수무책으로 당해왔던 터라 일단 침략해 오면 달래는 화친정책이 최상책이었다.

이렇게 화친을 하면서도 흉노의 침입을 어떻게든 막기 위해 전국시대 각 나라들도 북방 변경에 성벽을 쌓았고, 천하를 통일한 진시황(秦始皇)은 기존의 성벽을 증축(增築)하여 만리장성(萬里長城)을 완성하였다.

그러나 흉노의 침입은 끊이지 않고 여전했다.

봄부터 여름에 걸쳐 넓은 초원에서 배불리 풀을 뜯어먹은 흉노의 말은 가을이 되면 근육은 그야말로 강철처럼 단단하고 투실투실하다. 그러나 10월부터는 영하 몇 십도의 혹한과 눈보라를 견뎌야 하는 고통의 시간이 다가온다.

그래서 그들은 피둥피둥 살찐 말을 타고 국경을 넘어 남쪽 농경지대로 떼지어 내려와 농가를 습격하여 가축과 식량을 약탈하는 것은 물론 인명까지 살상하고 유유히 사라지는 일을 반복했다. 흉노족도 겨울 동안 굶어 죽지 않기 위해서는 수단과 방법을 가리지 않았던 것이다.

人面獸心
사람**인**　얼굴**면**　짐승**수**　마음**심**

▶ 사람의 얼굴을 하였으나 마음은 짐승 같음.
▶ 남의 은혜를 모르거나 행동이 흉악하거나 의리와 인정을 모르는 사람.

《한서》에는 흉노족의 잔악함을 이렇게 묘사한 구절도 있다.

"오랑캐들은 매우 탐욕스럽게 사람과 재물을 약탈하는데, 그들의 얼굴은 비록 사람 같으나 성질은 흉악하여 마치 짐승 같다(人面獸心)."

그래서 가을이 되면 흉노족의 침입에 대비하여 변방의 병사들은 활줄을 갈아 매고 활촉과 칼을 갈며 경계를 강화했다.

한 마디로 북방 변경의 중국인들은 '하늘이 높고 말이 살찌는(天高馬肥)' 가을만 되면 언제 흉노가 쳐들어올지 몰라 전전긍긍(戰戰兢兢)하며 살얼음판을 걷는 심정으로 힘겨운 가을을 보냈던 것이다.

이처럼 천고마비(天高馬肥)란 말은 원래 흉악한 흉노족(匈奴族)의 침입을 경계하라는 뜻이었는데 지금은 결실의 계절 '가을'을 뜻하는 말로 주로 쓰이고 있다.

한자 UP 그레이드

하늘 **천**

양손을 쫙 벌리고 서 있는 (사람)의 머리 위에 ━ (하늘)을 그려 만들었다

옛날부터 인간은 하늘에 대한 경외(敬畏)의 마음을 가지고 있었다.

그래서 단순히 '하늘'이라는 뜻 이외에 다른 여러 의미로 파생되어 활용되고 있다.

1. 하늘   天地(천지)   하늘과 땅.
     天體(천체)   우주공간에 떠 있는 온갖 물체를 통틀어 이르는 말.
2. 만물의 주재자. 하느님   天罰(천벌)   하늘이 내린 벌.
     天命(천명)   하늘의 명령.
3. 기독교에서의 하늘 나라   天使(천사)   하나님의 천사.
     天國(천국)   하나님이 다스리는 나라.
4. 타고난 그대로   天才(천재)   태어날 때부터 갖춘 뛰어난 재주.
     天性(천성)   선천적으로 타고난 성질.
5. 대자연의 힘   天災(천재)   자연의 현상으로 인해 일어나는 재난(태풍, 홍수, 지진 등).

글자 모양이 말해 주듯 높게 지은 건축물을 그렸다. 아래에서 올려다보면 "와, 높다" 소리가 저절로 나온다. 이렇게 높은 건물에서 '존귀하다' '비싸다' 는 뜻도 나왔다.

높을 **고**

- 高級(고급)　높은 등급.
- 高低(고저)　높고 낮음.
- 高價(고가)　가격이 비쌈.

高(고)를 음으로 하고 앞에 禾(벼 화)를 넣어 만든 '볏짚 고' 이다. 지금은 '원고' '초고' 의 뜻으로 사용되어 출판과 관련된 한자어에 주로 등장한다.

원고 **고**

- 原稿(원고)　출판하기 위해 초벌로 쓴 글.
- 草稿(초고)　시문(詩文)의 초벌 원고.
- 脫稿(탈고)　원고의 집필을 마침.
- 投稿(투고)　원고를 신문사나 잡지사 등에 보내는 것.

이 한자처럼 두 개의 한자를 결합시켜 새로운 한자를 만드는 과정에서 일부를 탈락시키는 경우는 흔한 일이다. 도마뱀이 꼬리를 잘라도 도마뱀인 것처럼.

잔털 **호**

高(고 → 호)에서 口(입 구)를 생략시키고 毛(털 모)를 넣어 만든 '잔털 호' 이다.

결단코 아니라는 결백을 주장할 때 "秋毫(추호)도 그런 일 없다"고 말한다.

여기서 추호(秋毫)란 '동물들이 가을이 되면 털갈이를 해서 새로 돋아나는 잔털' 을 의미한다. 따라서 '털끝만큼 아주 작은 것' 을 의미할 때 사용하는 말이다.

高(높은) 곳을 뛰어다니는 豕(돼지)가 있던가?

이 한자의 뜻에 '호저 호' 가 있는데 이 동물의 얼굴이 '돼지' 처럼 생긴데다가 고슴도치보다 덩치가 크고 가시도 더 길고 따갑다. 그래서 어미 사자가 새끼 사자들에게 먹이 사냥을 연습시킬

뛰어날 **호**

때 이렇게 주의를 준다. "호저란 놈을 보면 무조건 도망쳐야 한다!" 그야말로 사자에게 도 호저는 금기대상 1호이다. 밤에 주로 활동하는 호저는 과수원과 야채밭을 헤집고 다니며 행패를 부리다가 쥐를 만나면 가시를 곤추세우고, 꼬리의 바늘을 진동시켜 떨 면서 괴성을 지르며 돌진한다. 잠시 뒤에 적의 몸에 꽂힌 가시는 근육 속으로 파고드니

천하의 사냥개도 줄행랑부터 칠 수밖에 없 다. 그래서 일명 '산미치광이' 라고 부른다.

이렇게 호저의 억세고 사나운 모습에서 '뛰어나다' '걸출하다' '용감하다' 는 뜻이 나왔다고 하니 섬뜩하다. 흉포한 호저의 이미지와 연결시켜 다음 한자어를 해석해 보라. 안개 걷힌 듯 뜻이 선명해진다.

- 英雄豪傑(영웅호걸)   슬기와 용기가 뛰어나고 도량과 기개를 갖춘 사람.
- 集中豪雨(집중호우)   한 지역에 집중적으로 내리는 큰비.
- 豪華(호화)   사치스럽고 화려한 것.
- 豪族(호족)   어느 지방에서 재산이 많고 세력이 큰 일족.

高(높을 고)와 모양이 비슷한 한자가 있다.

■ 🎵🎵 내 맘대로 해석 🎵🎵 ■

장사 **상**

보다시피 高(고)와는 모양이 조금 다른 높은 亠(성)의 아래에서 장사를 하기 위해 八(장막, 커튼)을 치고 口(물건)을 쌓아 놓은 모습이라 생각하면 쉽게 외울 수 있다.

아니면 亠(성) 아래에서 물건을 八(팔) 口(구)있는 상 인으로 외우는 것도 한 방법이다.

실생활 속에 중요한 한자이니 꼭 알아둬야 한다.

商의 옛 친구들...

- 商業(상업)   상품을 사고팔아 이익을 얻는 일.
- 商店(상점)   물건을 파는 가게.
- 商街(상가)   상점이 많이 늘어서 있는 거리.
- 商標(상표)   남의 상품과 구별하기 위하여 붙이는 고유의 표지.
- 商品(상품)   사고파는 물건.

그런데 이 한자랑 비슷한 놈이 하나 있으니...

😖 아휴, 헷갈린다... 😵

商 (상)과 모양만 비슷할 뿐 전혀 관계가 없다.
또한 古(옛 고)는 이 한자의 뜻인 '밑동'과는 아무 상관이 없다.
商 (상)과 다른 점은 단독으로 나오지 않으므로 '적'으로 읽는다
는 것만 알면 만사형통!

啇
밑동 **적**

이 啇 (적)이 들어가서 만들어진 한자가 무려 4개나 된다.

적군을 향해 몽둥이를 들고 뛰어가 攵 (때리는) 모습에다가
啇 (적)을 음으로 넣었다.

이 한자를 넣어 잘 알려진 한자성어가 있다.

원수 **적**

붓이 칼을 이긴다니까요.

仁者無敵
어질 **인** 놈 **자** 없을 **무** 원수 **적**

양혜왕이 물었다. "전쟁에서 진 치욕을 어떻게 하면 씻을 수 있을까요"
맹자가 대답하길, "어진 정치를 베풀어 형벌은 가볍게 하고 세금은 줄이며
농사철에 농사를 짓게 하고 효성과 우애와 충성과 신용을 가르치면 강한 진나
라를 몽둥이만으로 이길 수 있습니다. 그래서 仁者無敵이란 말이 있지요."
　　　　　　　　　　　　↳ 어진 사람에게는 적이 없다.

어진 사람들은 모든 사람을 사랑하는 진실한 마음을 갖고 있기 때문에 주위에 적이

없다는 뜻이다.

- 敵國(적국)　적대관계에 있는 나라.
- 强敵(강적)　강한 적.
- 對敵(대적)　맞서 겨룸.
- 敵手(적수)　재주나 힘이 맞서는 사람.

갈 적

啇(적)에서 음을 취하고 辶(책받침)을 넣어 만든 걷는다는 뜻의 ① '갈 적'이다. 적당히 알맞은 곳을 선택해서 간다는 뜻에서 ② '알맞을 적'도 나왔다.

- 適當(적당) 정도나 이치에 꼭 맞음.
- 適用(적용) 알맞게 이용함.

딸 적

扌(손)으로 啇(밑동)을 잡고 뽑는다는 뜻에서 나왔다. 아래 한자어 외에 활용할 곳이 거의 없다.

- 指摘(지적) (어떤 사물을) 꼭 집어서 가리킴.
- 摘發(적발) (숨겨져 드러나지 않은 것을) 들추어냄.

물방울 적

분명히 氵(물방울)과 관련 있을 거라고 짐작이 가는데……. 아니나 다를까 '물방울 적'이다. 그렇다면 활용은?

딱 하나 硯滴(연적). 먹을 가는 데 필요한 물을 담는 작은 그릇으로 옛 선인들은 옆에 두고 애지중지(愛之重之)하며 다루던 물건이라고 한다. 현대인들의 책상에서 사라진 지 오래 되었음에도 불구하고 이 한자는 아직도 1800자 안에 들어 있다.

말 마

馬(말 마)는 말을 보고 그린 상형문자이다.

중국에서는...

马 간자

덜 떨어진 말같아~

살찔 비

月(고기)를 보니 신체와 관계 있겠다. 뒤에 있는 巴(파)는 어디서 본 듯하다 했더니 중학교 때 봤던 기억이 난다.

어, 똑같은 한자가 아냐?

조금만 잘못 쓰면 다른 한자가 된다는 두려움에 떨며 외워야 했던 추억의 한자들이다.

干(방패 간)과 于(어조사 우), 矢(화살 시)와 失(잃을 실)도 마찬가지다. 이런 한자들 때문에 시험 점수가 팍팍 깎였던 추억이 새롭다. 그래서 한문 수업이 점점 싫어지게 된 원인이 되기도 했다.

그럼 여기서 己(몸 기)는 뒤에 다루기로 하고 대신 巴(뱀 파)를 넣어서 巳(뱀 사), 已(이미 이)와 함께 비교해 보기로 하자.

〈하나〉巳 : 뱀 사

뱀이 똬리를 틀고 있는 모습에서 만들어졌으며 십이지(十二支) 중 여섯 번째에 해당된다.

을사년의 역사적인 사건으로는 1545년(명종 원년)에 일어난 을사사화(乙巳士禍)와 1905년에 한국과 일본이 맺은 을사조약(乙巳條約)이 있다.

개구리 폼·이·야
뱀 **사**

〈둘〉已 : 이미 이, 끝날 이

■ 윷놀이 내 맘대로 해석 히히히 ■

어느 날 뱀이 먹잇감을 노려보며 입을 벌리고서 붉은 ♠(혀)를 드러내고 있는 《어린왕자》의 삽화를 보는 순간 이 한자가 생각났다. '그래 바로 그것을 그린 거라고 생각하자!'

사실 이 한자는 지금도 어떻게 ① '이미 이' ② '끝날 이' 로 쓰게

넌·이미 끝났·어!
이미 **이**

되었는지 밝혀지지 않았다. 그러나 절묘하지 않은가?!

"넌 이미 끝났어."

- 不得已(부득이) 끝낼 수 없어서, 마지 못해.
- 已往之事(이왕지사) 이미 지나 간 일.

〈셋〉巴 : 큰뱀 파

《어린왕자》에서 본 삽화 중에서 또 하나가 생각났다.

어린왕자는 6개월 간 꼼짝 않고 누워 코끼리를 소화시키고 있는 뱀을 그려 어른들에게 보여주었더니 아무도 믿으려 하지 않자 엄청 실망했다. 바로 이 한자가 巴(보아 뱀)이 ▌(코끼리)를 잡아먹는 모습을 본뜬 한자라면 믿을까? 믿을 수 없다면《박물지(博物志)》와《산해경(山海經)》에 나오는 이야기를 통해 알아보자.

巴蛇(파사)라는 뱀은 코끼리를 잡아먹는 뱀이다.

이 巴(뱀)은 ▌(코끼리)를 잡아먹고 3년이 지난 뒤에 뼈를 뱉어내는데 군자(君子)가 이 뱀을 잡아먹으면 심장과 배의 질병이 싹 낫는다고 한다.

그럼 도대체 얼마나 클끼?

어떤 이가 묻기를 "코끼리를 삼키는 뱀이 있다는데 그 크기는 얼마나 될까?"

그러자 땅꾼들이 말하길, "천심(千尋=2,400m) 정도 된다네."

'믿거나 말거나' 겠지만 기록에 남아 있는 걸 보면 아주 허황된 내용은 아닐 것이다.

이왕지사(已往之事) 나온 김에 엽기적인 뱀 이야기 하나 더!

중국 남방에 염사(蚺蛇)라는 뱀이 살고 있는데 우리에게는 이무기로 잘 알려져 있다. 이무기가 무엇이더냐. 용(龍)이 되려다 못 되고 물속에 사는 여러 해 묵은 큰 구렁이가 아닌가.

이 염사(蚺蛇)란 놈은 여름이 되면 숲속에 웅크리고 숨죽이고 있다가 사슴이 멋모르고 지나가면 단번에 물어 꼬리부터 통째로 삼킨다. 한참 뒤에 사슴의 살이 다 소화가 됐다 싶으면 나무에다 자기의 몸을 칭칭 감아 조르는데 이때 뱃속의 사슴뼈와 머리가 비늘을 뚫고 튀어나온다.

사촌지간쯤 되는 아나콘다도 이런 엽기적인 행동을 하는지 참으로 궁금하다.

그래서 巳(뱀 사)의 안에 ┃(코끼리)를 넣어 만든 한자가 巴(큰뱀 파)이다. ┃ (코끼리)를 너무 간단하게 그려서 코끼리가 섭섭해할 것 같다.

왜 날 쳐다 보는겨?   뱀이 무서워~

하룻 코끼리 뱀 무서울 줄 모른다.

본론으로 돌아가자. 이렇게 뱀 이야기를 장황하게 한 이유는 肥(살찔 비) 때문이었다.

月(고기)와 巴(큰뱀 파 → 비)의 결합으로 된 이 한자는 코끼리를 통째로 집어삼킨 뒤 3년 동안 꼼짝 않고 누워 있는 뱀이다. 3년 뒤에 月(살)이 피둥피둥 오른 巴(뱀)을 상상해 보라.

따라서 肥滿(비만)의 기준은?

코끼리를 잡아먹고 꼼짝 않고 누워 피둥피둥 살찐 뱀의 모습과 얼마나 닮았는가이다.

■ 肥滿(비만) 몸에 기름기가 많아 뚱뚱함.
■ 肥大(비대) 살이 쩌서 몸집이 크고 뚱뚱함.

肥滿 아줌마~

그렇다고 다 듣기 거북한 한자어만 있는 것은 아니다.

■ 肥沃(비옥) 땅이 기름져 작물이 잘 자람.
■ 肥料(비료) 식물이 잘 자라도록 뿌려주는 영양 물질.

이제 巴(파)를 넣어 만든 한자로 마무리하자.

巴(큰뱀)을 扌(맨손)으로 잡는다는 말인가? 옛날이야 산에서 작은 뱀 정도는 손으로 잡기도 했었다. 그런데 코끼리를 잡아먹은 뱀을 어떻게 손으로 잡지?

잡을 **파**

■ 把握(파악) 손에 꼭 쥐고 확실하게 이해하는 것.

富貴在天

넉넉할 **부**　귀할 **귀**　있을 **재**　하늘 **천**

16. 부귀재천

직역 : 부귀는 하늘에 달렸다.

의역 : 부귀는 사람의 힘으로는 어찌 할 수 없다는 말.

유사어 : · 순천자존 역천자망 (順天者存　逆天者亡) – 하늘의 명령에 순응하는 자는 살아남고,
하늘의 명령을 거스리는 자는 망한다.

어느 날 사마우(司馬牛)가 공자(孔子)의 제자 자하(子夏)를 찾아와 괴로워하면서 말했다.

"사람들은 모두들 형제가 있는데 나만 없구려."

사실 사마우에게는 악덕(惡德)한 형 환퇴가 있었다. 공자 나이 60세 때 송나라를 지날 때 형 환퇴가 병사를 시켜 나무를 뽑아 압사시키려 했으나 실패한 일이 있었다.

동생 사마우는 이 사건으로 마음이 편치 않았다. 얼마 뒤에 형이 반란을 꾀하다 실패하여 죽자 자신은 반란에 가담하지 않았지만, 그 화가 자기에게 미칠까봐 늘 두려웠다.

자하가 사마우를 위로하며 이렇게 말했다.

"제가 들었사온대 사람이 사는 것과 죽는 것은 자신의 타고난 운명(運命)에 달려 있고, 부귀는 하늘에 달려 있어 인력(人力)으로 되는 것이 아니라고 합니다. 군자로서 남을 공경하고, 사람을 사귀는데 공손하게 하고 예의를 지키면 온 천하 안에 있는 사람들이 모두 나의 형제가 된다고 합니다. 군자의 학문을 배운 그대가 어찌 형제가 없다고 근심합니까? (死生有命 富貴在天… 四海之內 皆兄弟也)."

세상사람들의 큰 관심사 가운데 하나로 널리 회자(膾炙)되고 있는 한자어를 꼽는다면 단연 '貧富(빈부)'가 1위가 아닐까?

그러면 어디 한번 그 정체를 밝혀보자.

가난할 **빈** 넉넉할 **부**

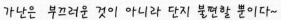

가난은 부끄러운 것이 아니라 단지 불편할 뿐이다~

가난할 빈

당연한 일

감사!

자기의 貝(돈)을 남에게 分(나누어) 주고 있다. 그래서 좀 불편하지만 마음은 부자인 나눔의 정이 느껴진다.

넉넉할 부

宀(집) 안에 畐(술 단지)가 쌓여 있는 부자 집이다. 곡주로 빚은 술은 富의 상징이요 사치품이었다.

刀(칼)로 丶丶(자르는) 모습이 分(나눌 분)이다. 이 한자를 알면 貧(가난할 빈)을 쉽게 이해할 수 있다. 貝(조개=돈)을 나보다 가난한 사람에게 分(나누어)주는 모습이라니 부끄러울 것이 없다.

이 한자와 비슷하게 생긴 한자인 貪(탐낼 탐)을 앞서 다루었다. 今(지금 금)과 分(나눌 분)이 비슷하게 생겼으니 헷갈리지 말자.

貧(가난할 빈)에 비해 富(넉넉할 부)는 부자집 거실에 진열된 값비싼 양주병이 연상되는 것이 아무래도 탐욕(貪慾)스런 느낌을 지울 수 없다. 물론 나누어주는 미덕을 실천하는 부자(富者)가 없는 것은 아니다.

안빈낙도(安貧樂道)의 정신세계를 중요시하는 동양에서 '가난은 부끄러울 것도 부자라고 자랑할 것도 없다' 는 진리가 이 한자 속에 숨어 있었다.

가루 **분**　먹을 **식**

分(나눌 분)을 넣어서 만든 한자를 보자.

米(쌀)을 잘게 **分**(쪼개어) 가루를 만들었는데 먹는 쌀가루, 밀가루뿐 아니라 얼굴에 바르는 분가루도 가리킨다. **食**(먹을 식)은 밥솥에 밥이 익어 김이 모락모락 나는 모습을 그렸으니 보기만 해도 배가 부르다.

그런데 요즘 **粉食**(분식)집 메뉴를 보면 꼭 **粉食**(분식)만 있는 것이 아니다.

■ 粉末(분말)　가루.
■ 粉乳(분유)　가루 우유.
■ 粉骨碎身(분골쇄신)　뼈가 부서지고 몸이 부서지도록 있는 힘을 다하여 노력함.

어지러울 **분** 얽힐 **규**

실타래에 감긴 **糸**(실)을 **分**(가위질)하면 조각조각 공중에 흩어져 어지럽고 지저분하다. **粉**(쌀가루)는 맛있지만 **紛**(실가루)는 지저분하다. **紛**(어지러울 분)이 들어가면 뒤죽박죽 엉키거나 먼지를 일으킨다는 뜻이다.

■ 紛亂(분란)　어수선하고 떠들썩함.

糾(얽힐 규)는 엉킨 **糸**(실)에서 뜻을, **丩**(넝쿨 구→규)에서 음을 취했다. 한자어 **紛糾**(분규)에 있는 **糸**(실)은 반짇고리 안에 감겨 있는 실과 달리 넝쿨처럼 엉키고 설키고 꼬인 실이다. 그런데 우리 사회가 이런 모습을 할 때가 있다. 그럼 온 나라가 산란하고 정신 없다.

귀할 **귀**　천할 **천**

어떻게 살 것인가에 관심이 많은 오늘날은 누구나 많은 재물과 높은 지위를 원한다. 부귀(富貴)를 다 이룬다는 것은 쉽지 않으니 노력하지 않으면 언감생심(焉敢生心) 꿈도 못 꾼다.

그럼 여기서 貴(귀할 귀)의 유래부터 알아보자.

보석함에 조개가 가득!

귀한 조개를 양 손으로 잡아서 넣고 있는 모습이다.
아마 보석함에 넣는 것이리라.
虫(벌레 충)으로 쓰면 벌레 먹은 조개되니 주의하자.

虫(바구니)가 쉽게 이해가 되지 않아서 그냥 열심히 외웠던 한자였다. 정리하면 富貴(부귀)란 거실에 비싼 술과 보석함에 비싼 귀금속이 많이 들어 있는 모습이다. 富貴(부귀)한 자들의 필수품은 예나 지금이나 별반 다르지 않다.

- 貴賤(귀천) 귀하고 천함.
- 貴賓(귀빈) 귀한 손님.
- 貴金屬(귀금속) 값비싼 금속류 보석.

지금도 貴(귀)하다고 하면 이것을 빼놓을 수 없다.
집안에 寶石(보석)이 가득하다면? 말해 무엇하랴.
寶(보배 보)는 宀(집) 안에 王(옥)과 貝(돈)
이 가득하다는 뜻에 缶(장군 부→보)에서 음을 취했
다. 缶(장군 부)에 대한 설명은 뒤에 다시 다루기로
하겠다.

보배 **보**   돌 **석**

石(돌 석)은 厂(언덕) 아래
口(돌)을 그린 거라는데 뭐 굳이
이렇게 외울 필요가 있을까.

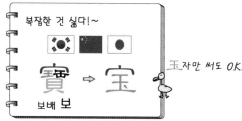

복잡한 건 싫다!~

寶 ⇨ 宝

보배 **보**

玉자만 써도 O.K.

이제 분위기를 바꿔서 貴(귀할 귀)의 반대 뜻인 賤(천할 천)을 알아보자.
어, 그런데 賤(천할 천)에도 貝(조개 패)가 들어 있다! 그 뒤에 있는 한자는 戈
(창 과)를 두 개 겹쳐 놓은 戔(해칠 잔→천)인데 음과 뜻을 모두 갖고 있다.

그러니까 貝(돈)이란 사람을 이롭게 하는 물건이면서 사람을 해치는 무서운 흉기가 될 수 있다.

그렇다면 賤(천)한 사람이란? 남에게 피해를 주면서 재물을 모으는 것도 마다하지 않는 탐욕스러운 인간이다. 돈을 어떻게 벌고 쓰느냐에 따라 貴賤(귀천)이 나누어진다. 내 지갑 속에 있는 돈을 다시 살펴보자.

그럼 여기서 戔(해칠 잔)을 음으로 취한 한자들을 보자.

돈 전

조개를 돈으로 통용했던 시대가 지나고 주나라에 와서 金(금속)으로 만든 돈을 사용하기 시작했다.

그런데 가만히 보아하니 賤(천할 천)과 錢(돈 전)에서 뜻으로 나온 한자 貝(조개)와 金(쇠)는 모두 돈을 가리키는 한자 아닌가.

그러므로 돈이란 잘못 쓰면 賤(천)하게 되고, 잘 써야 本錢(본전)이다!

■ 金錢(금전)   돈.
■ 急錢(급전)   급한 데 쓸 돈.
■ 銅錢(동전)   구리나 구리의 합금으로 만든 주화.

해칠 잔

死(죽을 사)의 일부분인 歹(앙상한뼈 알)은 듣기만 해도 끔찍하다. 여기에 창으로 사람을 찔러 죽인다는 戔(해칠 잔)은 음과 뜻을 다 포함하고 있으니 두 한자를 결합하면 정말 잔인(殘忍)한 뜻 ① '해칠 잔'이 나온다. 그런데 뼈만 앙상하게 드러나 찌꺼기처럼 남아 있다 하여 ② '남은 잔'이란 뜻도 있다.

1. 해칠 잔   殘忍(잔인)   인정이 없고 몹시 모짊.
         殘虐(잔학)   잔인하고 포악함.
2. 남을 잔   殘金(잔금)   쓰고 남은 돈.
         殘留(잔류)   남아서 처져 있음.

210

氵(물)이 깊지 않고 '얕다'는 뜻을 가진 한자로 학문이나 인격이 깊지 않다는 뜻인데 활용이 많지 않다. 戔(잔→천)에서 음을 취했다.

얕을 **천**

■ 淺薄(천박) 지식이나 생각 따위가 얕음.

"제발 말만 하지 말고 實踐(실천) 좀 해라."
어디서나 흔히 듣는 소리다.

열매 **실** 밟을 **천**

踐(밟을 천)은 戔(잔→천)에서 음을, 足(발 족)에서 뜻을 취해 직접 땅을 밟는다는 뜻으로 나왔다.

그런데 활용할 한자어가 實踐(실천)밖에 없다.

實(열매 실)이라고 알고 있는 이 한자는 宀(갓머리)와 貫(뚫을 관)이 결합해서 만들어졌는데 한번 보자.

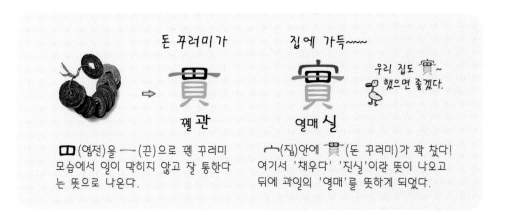

돈 꾸러미가

⇒ 貫
꿸 **관**

집에 가득~~~

實
열매 **실**

우리 집도 實~
했으면 좋겠다.

罒(엽전)을 一(끈)으로 꿸 꾸러미 모습에서 잎이 막히지 않고 잘 통한다는 뜻으로 나온다.

宀(집)안에 貫(돈 꾸러미)가 꽉 찼다! 여기서 '채우다' '진실'이란 뜻이 나오고 뒤에 과일의 '열매'를 뜻하게 되었다.

처음 實(열매 실)로 외우면서 조개를 열매와 연결하려고 애썼던 기억이 있다.

암만 해도 연결이 잘 되지 않아
결국 그냥 외웠지만 말이다.

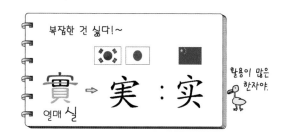

복잡한 건 싫다!~

實 ⇒ 実 : 实
열매 **실**

활용이 많은 한자야.

- 貫通(관통) 꿰뚫음.
- 初志一貫(초지일관) 처음에 세운 뜻을 이루려고 끝까지 밀고 나감.
- 貫徹(관철) 자신의 주의 주장이나 방침 따위를 처음부터 끝까지 일관하여 밀고 나감.

- 結實(결실) 열매를 맺음.
- 事實(사실) 실제로 있었던 일.
- 果實(과실) 열매, 과일.
- 實益(실익) 실제의 이익.
- 實物(실물) (견본이나 모형이 아닌) 실제의 것.

그럼 여기서 貫(꿸 관)을 넣어 만든 한자 하나를 더 보자.

버릇 관

매번 똑같은 엽전 구멍 속으로 끈을 집어넣듯이 똑같은 일을 반복하다 보면 몸에 익숙해진다.

忄(마음)에 이미 익숙해진 일 이란 뜻에 貫(꿸 관)에서 음과 뜻 모두를 취했다.

그러나 습관(習慣)이나 관습(慣習)에 너무 익숙해지다 보면 편할지는 모르겠으나 발전에 장애가 될 수 있다. 고로 慣性(관성)의 법칙에 의해 굳어진 習慣(습관)이 꼭 좋은 것은 아니다.

- 慣性(관성) 물체가 외부의 작용을 받지 않는 한, 정지 또는 운동의 상태를 계속 유지해 나가려고 하는 성질.
- 習慣(습관) 버릇.
- 慣例(관례) 이전부터 해 내려와서 습관처럼 되어 버린 일.
- 慣習(관습) 일반적으로 인정되고 습관화되어 온 질서나 규칙.

있을 존   있을 재

체코 작가 밀란 쿤데라의 장편소설인 '참을 수 없는 存在(존재)의 가벼움'은 인간의 存在(존재)와 욕망과 삶의 한계를 보여준 작품이다. 그렇다면 정말 '가벼운 存在'(존재)인지 유래로 알아보자. 먼저 이해를 돕기 위해 才(재주 재)와 함께 알아보자.

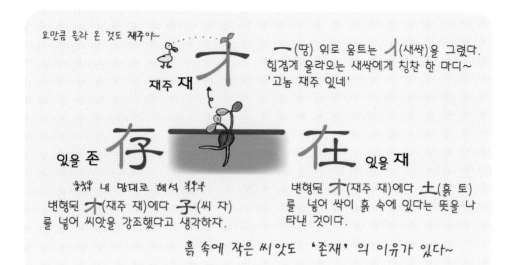

요만큼 올라 온 것도 재주야~ ……

재주 재 才

一(땅) 위로 움트는 丿(새싹)을 그렸다.
힘겹게 올라오는 새싹에게 칭찬 한 마디~
'고놈 재주 잇네'

있을 존 存

있을 재 在

우히히 내 맘대로 해석 부흥
변형된 才(재주 재)에다 子(씨 자)
를 넣어 씨앗을 강조했다고 생각하자.

변형된 才(재주 재)에다 土(흙 토)
를 넣어 싹이 흙 속에 있다는 뜻을 나
타낸 것이다.

흙 속에 작은 씨앗도 '존재'의 이유가 있다~

세 개의 한자가 비슷하게 생겼다 했더니 역시 관련이 있었다.

길고 지루한 겨울을 지나 따스한 햇살이 비추는 어느 날 땅속을 뚫고 삐죽 올라온 새

싹을 보면서 存在(존재)의 이유를 진지하게 느껴보자.

- 英才(영재) 재능이 뛰어난 인재.
- 天才(천재) 태어날 때부터 뛰어난 재주를 지닌 사람.
- 才能(재능) 재주와 능력.

그럼 才(재주 재)을 음으로 취한 한자를 보자.

才(재주) 있는 木(나무)는 물건을 만드는 데 유용하게 쓰이기

때문에 잘려나가 材木(재목)으로 쓰인다.

건축이나 가구 등의 원료로 쓰이는 나무는 아무거나 잘라서 쓰

지 않는다. 여기서 '재목 재'가 나왔다.

재목 材

- 人材(인재) 학식, 능력이 뛰어난 사람.
- 材料(재료) 물건을 만드는 감.

재물 **재**　공로 **벌**

才(재주 재)에서 음을 貝(조개 패)에서 뜻을 취해 돈이나 값나가는 물건을 가리킨다.

재력(財力), 돈의 힘은 무서운 거다.

그럼 閥(공로 벌)은 무엇인가?

門(문 문)에서 뜻을 사람이 창을 들고 싸우는 모습인 伐(칠 벌)에서 음을 취해 공로가 있는 '지체 높은 집안'이나 '가문'을 가리킨다.

그런데 음으로 나온 伐(칠 벌)이 뜻도 포함하고 있다고 생각하면 해석이 예사롭지 않다. 가문(家門)을 위해 싸운다는 건지 문(門) 안에서 재물로 인해 집안 싸움이 났다는 건지 모호하지만 말이다.

사전적 의미로 財閥(재벌)이란 '경제계를 좌지우지하는 대부호의 집안으로 재계에서 세력 있는 자본가의 무리 혹은 대자본가의 일가 친척으로 된 투자기구'라고 설명이 되어 있다. 아무래도 집안에서 돈 때문에 싸움이 일어날 소지가 다분히 있다.

그래서 財閥(재벌)을 내 맘대로 풀어보았다.

'財(재물)을 차지하기 위해 伐(가족들끼리 창)을 휘두르는 門(가문)'이다. 돈 앞에서는 형제고 부모고 없다는 것인데 다 그런 것은 아닐 것이다.

그런데 이 사회에서는 배운 지식을 앞세워 무기로 삼는 '學閥(학벌)'의 힘도 막강하다. 財閥(재벌)과 학벌(學閥)이 대접받는 사회가 꼭 좋은 건지 그걸 잘 모르겠다.

蝸角之爭

달팽이 **와**　뿔 **각**　~의 **지**　다툴 **쟁**

17. 와각지쟁

직역 : 달팽이 뿔 위에서의 싸움.

의역 : 사소한 일로 쓸데없이 싸움 또는 좁은 범위 안에서 싸우는 일.

　전국시대, 위혜왕(魏惠王)은 제위왕(齊威王)과 맹약을 맺었는데 위왕이 배반하자 혜왕이 자객을 시켜 그를 없애려고 하였다.

　그러자 대신들의 의견이 분분하여 결정을 내리지 못하고 있을 때 재상 혜시가 대진인(戴晉人)을 보내 조언을 듣도록 했다.

　대진인이 혜왕에게 물었다.

　"폐하, 달팽이라는 미물(微物)이 있는데 아십니까?"

　"물론 알다마다."

　"그 달팽이 뿔의 왼쪽에는 촉씨(觸氏)라는 자가, 오른쪽에는 만씨(蠻氏)라는 자가 각각 나라를 세우고 있었습니다. 어느날, 그들은 서로 땅을 빼앗기 위해 전쟁을 시작했는데 죽은 자가 수만 명에 이르고, 도망가는 적을 추격한 지 15일 만에야 전쟁을 멈추었다고 합니다."

　"이 무슨 황당무계한 소린가?"

　"하오면, 이 이야기를 사실에 비유해 보겠습니다. 폐하께서는 이 우주의 끝이 있다고 생각하십니까?"

　"아니, 끝이 없지."

"하오면, 마음이 무궁한 우주에서 노니는 자에게 나라라는 것은 있는 것도 되고 없는 것도 되겠지요?."

"그렇겠지."

"그 나라들 가운데 위(魏)라는 나라가 있고, 위나라 안에 대량(大梁)이라는 도읍이 있으며, 그 도읍의 궁궐 안에 전하가 계십니다. 이렇듯 우주의 무궁(無窮)함에 비하면 지금 제나라와 전쟁을 시작하려는 폐하와 달팽이 촉각 위의 촉씨, 만씨가 싸우는 것과 무슨 차이가 있겠습니까?"

대진인(戴晉人)이 물러난 뒤에도 혜왕은 어안이 벙벙해져 넋나간 사람처럼 멍하니 서 있었다.

한자 Up 그레이드

달팽이 **와**

(입삐뚤어질 와)에서 음을 (벌레)에서 뜻을 취해 '달팽이 와'를 만들었다.

달팽이 하면 프랑스의 달팽이 요리가 유명한데 이 고사성어 외에 활용할 곳은 별로 없다.

그럼 여기서 (입삐뚤어질 와)와 비슷하게 생긴 骨(뼈 골)과 비교해보자.

216

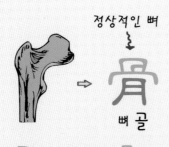

안면마비 현상인 와사증(喎斜症)에 보이는 것처럼 咼(와)는 뼈의 틀어진 모습을 나타낸 것이다.

咼(와)에서 음과 뜻 모두를 취한 다음 두 개의 한자에 비정상적인 뜻이 들어 있다.

입이 삐뚤어진 모습인 咼(삐뚤어질 와 → 과)에서 정도를 벗어나 ① '지나치다' 와 이로 인해 발생한 ② '잘못' 이란 뜻을 음과 함께 취했다. 여기에 辶(책받침)을 넣어 ③ '지나가다' 는 뜻을 추가했다.

잘못 **과**

그래서 이 한자는 세 개의 뜻을 다 알아두어야 정확하게 뜻을 풀이할 수 있다.

1. 지나칠 과　過消費(과소비)　지나친 소비.
　　　　　　過飮(과음)　술을 지나치게 마심.
2. 지날 과　過去(과거)　지나간 때.
　　　　　　過程(과정)　일이 되어 가는 경로.
3. 잘못 과　過誤(과오)　잘못, 과실.
　　　　　　過失(과실)　잘못, 허물.

'지나치다' 로 해석하는 유명한 한자성어를 보자.

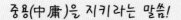

중용(中庸)을 지키라는 말씀!

過 猶 不 及

지나칠 **과**　같을 **유**　아니 **불**　미칠 **급**

過=不及

공자(孔子)에게 제자 자공(子貢)이 물었다.
"스승님, 자장(子張)과 자하(子夏) 중 어느 쪽이 더 현명합니까?"
"자장은 매사에 지나친 면이 있고, 자하는 부족한 점이 많지."
"그렇다면 자장이 더 낫겠군요?"
"그렇지 않단다. 지나침은 모자람과 같으니라.(過猶不及)"

그렇다면 "지나친 사랑은 무관심과 같다"는 말과 통하겠구나.

매사 넘치지도 않게 모자라지도 않도록…….

재앙 **화**　복 **복**

　　두 한자에 示(보일 시)가 보이니 귀신과 관계가 있다. 사람이 나쁜 짓을 하면 하늘이 내려다보고 노하여 벌을 내리는데 이것을 가리켜 '禍(화)를 당했다'고 한다. 그나마 '입이 삐뚤어지는 벌' 정도는 가벼운 禍(화)일지 모른다.

반면 착한 일을 많이 하면 하늘의 신이 '술 단지'를 내려 주신다. 畐(술 단지)가 무엇인지 기억을 더듬어 보라.

富(부)의 상징 아닌가. 집안에 술단지가 가득 찬 것은 분명 조상신 덕이다. 그러니 조상신을 잘 모셔야 福(복)을 받는다.

그래서 제단에 술을 바치고 제사를 지

Lotto 福券
어떻게 안 될까?

저도 福 받고
싶어요～～

禍만 면해도
福이라우.

내며 福(복)을 달라고 빌고 또 빈다. 알고 보면 살아 있는 자들의 평화를 위한 이기

218

심인 것이다.

이렇게 인간이 살면서 받고 싶지 않은 禍(화)와 꼭 받고 싶은 福(복)은 내 맘대로 되는 것이 아니라 신(神)의 주재에 의한 것이다. 그러니까 로또 복권(福券)은 신(神)이 주신 선물이다.

- 福音(복음) 반가운 소식.
- 祝福(축복) 기뻐하여 축하함.
- 幸福(행복) 복된 운수.

畐(술 단지)를 넣은 한자 두 개를 더 보자.

巾(수건 건)에서 옷감의 넓이라는 뜻을 畐(복→폭)에서 음을 취했다.

지금은 옷감이나 종이 따위의 넓이뿐 아니라 포용성, 지식 따위의 많고 적음을 뜻할 때와 사회면에서 인망이나 세력을 뜻할 때도 쓴다. 그러니 幅(폭)넓은 인간 관계를 쌓자!

너비 **폭**

- 全幅(전폭) 일정한 범위의 전체.
- 大幅(대폭) 많은 정도. 넓은 범위.

刂(칼 도)를 넣어 쪼갠다는 뜻으로 나왔으나 지금은 '정(正)'의 상대어로 '다음'이란 뜻과 '어떤 현상이 부차적으로 일어나다'는 뜻으로 쓰이고 있다.

버금 **부**

- 副社長(부사장) 회사에서 사장 다음가는 지위.
- 副作用(부작용) 어떤 일에 곁들여 일어나는 바람.
- 副賞(부상) 정식이상 외에 따로 덧붙여서 주는 상.

總(묶을 총)은 糸(실)로 꽁꽁 묶는데서 뜻을 悤(바쁠 총)에서 음을 취했다. '모두 총'도 있으니 알아두자.

묶을 **총**   뿔 **각**

- 總計(총계) 소계를 모두 합하여 계산함.
- 總理(총리) 내각의 수장.

또 다른 한자 聰(총명할 총)을 보니 悤(총)에서 음을 취했다. 총명(聰明)한 사람은 耳(귀)가 밝아야 한다는 뜻이다. 물론 눈도 밝아야 한다. 그래서 총기(聰氣)가 떨어지신 노인들이 하시는 말씀이 있다.

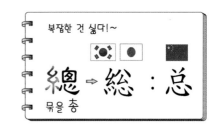

"내 귀가 잘 안 들려!"

悤(총)을 음으로 취한 두 개의 한자를 한꺼번에 외우자.

■ 聰明(총명)   보고 들은 것에 대한 기억력이 좋음.
■ 聰氣(총기)   총명한 기질.

角(뿔 각)은 소의 뿔을 보고 그렸는데 지금은 소뿔보다 사슴뿔을 더 좋아한다.

■ 鹿角(녹각)   사슴의 뿔.
■ 頭角(두각)   여럿 중에서 특히 뛰어난 학식이나 재능.
■ 角逐(각축)   서로 이기려고 다툼.

제법 어른 티가 나는 사내아이를 보면 이렇게 말한다.

"야, 제법 總角(총각)티가 나는데."

總角(총각)이 무엇인가?

옛날 중국에서 어린 남자아이가 상투를 틀기 전에 머리를 양쪽으로 갈라 뿔 모양으로 동여맨 머리이다. 그래서 어린이를 나타냈던 總角(총각)은 장가가기 전까지 하고 다녔는데 우리나라에서는 제법 의젓하게 남자 어른티가 나는 '미혼 남자'를 지칭하게 되었다.

한편 그 머리 모양이 總角(총각)김치를 담그는 무와 비슷하게 생겼다고 해서 그 무로 담는 김치를 總角(총각)김치라고 부르게 된 것이다.

다음 그림에 나오는 동자의 머리 모양을 잘 보자.

單(홑 단→전)으로 알고 있는 이 한자는 사실은 짐승을 잡는 도구를 그린 것이다. 뒤에 戈(창 과)도 무기이니 두 개의 살상용 무기를 들고 치열하게 싸우는 모습에서 ① '싸울 전'이 나왔다.

戰 爭
싸울 **전** 다툴 **쟁**

얼마나 무서울까. 무섭고 겁나면 '덜덜' 떨리는데……

그래서 덜덜 ② '떨 전'도 있다.

흐흐, 戰戰兢兢하는 꼴 좀 봐.
떨 전 조심할 긍

전쟁터에서 최후의 승리자란 單(혼자서) 戈(창)을 들고 최후까지 싸운 자를 말하는 것이 아닐까?

나 지금 떨고 있니?

성적표 받을 때 내 표정 같다.

- 戰鬪(전투) 적군과 직접 맞붙어 싸움.
- 決戰(결전) 승부를 결판내는 싸움.
- 戰戰兢兢(전전긍긍) 매우 두려워하며 조심함.

爭(다툴 쟁)은 爫(양손)에 亅(무언가)를 잡고 서로 잡아당기는 모습으로 戰(싸울 전)에 비해 규모가 작은 사소한 싸움처럼 보인다.

잡아당기는 물건이 아주 중요한 물건인가 본데 너무 간단하게 표현했다.

설마 아기는 아니겠지.

- 競爭(경쟁) 서로 앞서거나 이기려고 다툼.
- 鬪爭(투쟁) 상대편을 이기려고 다툼(싸움).

爭(다툴 쟁)이 들어간 한자 두 개를 보자.

깨끗할 **정**

氵(삼수)에서 뜻을 爭(쟁 → 정)에서 음을 취해 맑고 깨끗한 물을 뜻한다.

- 淨水(정수) 깨끗하고 맑은 물.
- 淨化(정화) 깨끗하고 순수한 부분.
- 淸淨(청정) 맑고 깨끗함.

고요할 **정** 엄숙할 **숙**

　도서관에 가면 벽에 걸린 액자에 '靜肅(정숙)'이란 한자어가 서예체로 많이 붙어 있다. 그런데 읽을 줄 아는 사람은 적다.

　靜(고요할 정)은 爭(쟁 → 정)에서 음을, 靑(푸를 청)에서 느끼는 깨끗한 이미지에서 '고요하다'는 뜻이 나왔다.

　그런데 肅(엄숙할 숙)을 보는 순간 '이거 한자가 맞긴 맞는 거야?' 하는 의구심을 갖게 하는데 그 유래를 보면서 풀어 보자.

엄숙할 숙

실내에서 靜肅합시다.

⺺(손에) ᅡ(바늘)을 들고 爿卅(도안)에 수를 놓고 있는 모습이다.
이 때 바늘에 찔리지 않도록 조심 또 조심하는 모습에서 '엄숙할 숙'이 나왔다.

　그러니까 옛날에는 옷 가장자리에 기하학적 무늬가 많았는데 이 한자에서도 보인다. 그런데 쓸려면 좀 난감하다.

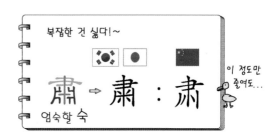

복잡한 건 싫다!~

肅 ➡ 肅 : 肃

엄숙할 숙

이 정도만 줄여도...

- 嚴肅(엄숙) 장엄하고 정숙하다.
- 肅然(숙연) 고요하고 엄숙하다.

지금부터는 손과 관계 있다는 爪(손톱 조)가 들어간 한자들을 보자.

'물건을 주고 받는다' 라는 뜻을 가진 授受(수수)는 뒤에서 다룰 매매(賣買)만큼 헷갈리는 한자이다.

잘 안 쓰는 한자라면 몰라도 그만이겠지만 심심하면 튀어나오니 꼭 알아두긴 해야겠다.

일단 정체부터 밝혀 보자.

혹시 배떼기?

생선 授受 장면 포착이요~

받을 수 → 줄 수

冖(배) 위에서 물건을 주고받는 受(양 손)을 그려 '주고받다'는 뜻이었다가 뒤에 '받다'는 뜻으로만 쓰게 되었다. 그럼 '주다'는 어떻게 하지?

음...다시 만들 수밖에 없다. 뜻을 보니 扌(손) 외에는 달리 넣을 것이 없네.

유래를 봐도 두 개의 한자를 헷갈리지 않고 외운다는 것이 쉽지 않다.

- 授與(수여) 증서 · 상장 · 훈장 따위를 줌.
- 敎授(교수) 대학에서 학술을 가르치는 사람을 통틀어 이르는 말.
- 授業(수업) 학문, 기술 등을 가르쳐 줌.
- 授乳(수유) 어린 아이에게 젖꼭지를 물려 젖을 먹임.
- 傳授(전수) 기술이나 지식 따위를 전하여 줌.
- 受賞(수상) 상을 받음.
- 受講(수강) 강습을 받음.
- 受精(수정) 암컷 난자가 숫컷 정자를 받아들여 하나로 합치는 생식 현상.

授(줄 수)와 모양이 비슷한 한자가 있다.

구제할 **구** 구원할 **원**

救(구제할 구)는 求(구할 구)에서 음을 攵(칠 복)
에서 뜻을 취했다.

攵(칠 복)이라면 '손에 막대기'를 들고 있는 모양이
라고 했는데 이 막대기로 어떻게 구제한다는 걸까.

그 해답은 援(구원할 원)에 있다.

사람 살리는 나뭇가지!

물에 빠진 사람에게 于(나뭇가지)를 잡게
해서 끌어 당기는 모습이다.
구하려는 爪(손)과 허우적거리는 又(손)
사이에 于(나뭇가지)는 생명줄이다.
뒤에 '이에 원'으로 쓰게 되자 앞에
扌(손)을 추가했다. 구조의 손길은 많을수록 좋다.

구원할 **원**

그러니까 救(구)와 援(원) 속의 막대기는 생명줄이다!

援(구원할 원)과 授(줄 수)는 모양이 비슷해 보이지만 전혀 다르다. 유래를 알
고 외우면 머릿속이 뒤죽박죽 되는 일을 막을 수 있다. 잘 정리해 두자.

느릴 **완** 급할 **급**

물에 빠진 사람은 지푸라기라도 잡기 위해 발버둥치
는데 구조대는 늘어진 실처럼 느긋하게 대처한다면? 생
명이 위험해진다.

물론 '느림의 미학'이란 말도 있지만 위급한 사람 구
조할 때는 급할수록 좋은 것이다.

緩(느릴 완)은 늘어진 糸(실)에서 뜻을, 爰(원→완)에서 음과 뜻을 취해 '느슨
하다' '해이하다' '더디고 둔하다'는 뜻이 나왔다.

그렇다면 急(급할 급)은 어떻게 만들어졌을까? 그림을 보자.

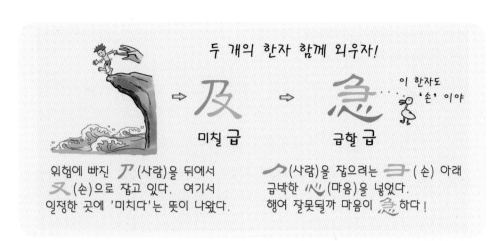

두 개의 한자 함께 외우자!

及
미칠 급

위험에 빠진 ア(사람)을 뒤에서
又(손)으로 잡고 있다. 여기서
일정한 곳에 '미치다'는 뜻이 나왔다.

急
급할 급

이 한자도 '손'이야

ク(사람)을 잡으려는 ヨ(손) 아래
급박한 心(마음)을 넣었다.
행여 잘못될까 마음이 急하다!

그러니까 及(미칠 급)은 잡힌 것이고, 急(급할 급)은 잡을 때의 급한 마음을 나타낸 거구나. 살다보면 緩急(완급)의 조절이 필요할 때가 있다.

그런데 저 위에 있는 아이가 참으로 위험(危險)해 보인다.

벼랑 끝에 서 있는 저 아이의 위급(危急)한 상황에 대해 더 알아보자.

절벽 끝에 서 있던 이 아이가...

危
위태할 위

무서워.

厂(절벽)에 ク(사람)이 위태롭게
서 있다. 그 아래 겁에 질려 巳(쭈그
리고 앉아 있는 사람)도 보인다.

사라졌다!

厄
재앙 액

어? 서 있던 ク(사람)이 떨어졌어!?
이런 厄(액)을 당했구나! 이제 운수
사나운 날을 만나면 이렇게 생각하자.
'그래, 厄(액)땜 한 거야!'

위험한 상황을 잘못 넘기면 厄(액)을 당했다고 말한다.

危(위)와 厄(액)은 서 있는 사람이 있느냐 없느냐 차이다. 그러나 위험하다고
무조건 피하기만 한다면 이 또한 발전이 없다.

와
각
지
쟁

절벽에서 위험(危險)을 무릅쓰고 떨어진 빠삐용은 자유를 찾았다. 모험(冒險)은 어느 정도 위험(危險)을 동반한다.

그러나 危急(위급)한 상황을 잘못 넘기면 厄(액) 당할 각오도 해야 한다.

日(해 일)에서 뜻을 爰(원→난)에서 음을 취했다.

위험한 상황에 처한 사람을 구조해 주는 일은 태양처럼 따뜻한 일이라는 뜻이라고 생각하면 爰(원)은 음으로만 나온 것이 아닌 것 같다.

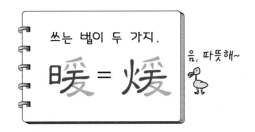

쓰는 법이 두 가지.
暖 = 煖
음, 따뜻해~

- 暖房(난방) (인공적으로) 건물 전체 또는 방 안을 따뜻하게 하는 일, 또는 그 장치.
- 暖帶(난대) 온대 지방 가운데서 열대에 가까운, 비교적 온난한 지대.
- 暖流(난류) 열대 또는 아열대에서 고위도 지방을 향하여 흐르는 따뜻한 해류.

杯 中 蛇 影
잔 배 가운데 중 뱀 사 그림자 영

18. 배중사영

직역 : 술잔 속에 비친 뱀의 그림자.

의역 : 쓸데없는 의심으로 스스로 고민에 빠짐.

진(晉)나라에 악광(樂廣)이 하남 태수로 있을 때였다.

어느 날 그의 절친한 친구가 찾아왔기에 술상을 차려 대접했다.

그런데 술상에 마주앉은 그의 친구는 얼마 지나지 않아서 말수가 적어지고 술도 얼마 안 마시더니 금방 자리를 털고 일어났다.

집으로 돌아간 그의 친구는 아무런 이유도 없이 병이 들어 드러눕더니 병이 좀처럼 차도를 보이지 않았다.

이 소식을 들은 악광은 부랴부랴 문병을 갔다. 이때 친구가 병이 난 이유를 이렇게 말했다.

"전에 자네 집에서 술을 마실 때 술잔에서 뱀이 꿈틀거리는 걸 보았네. 순간 매우 기분이 좋지 않았는데 그날 이후로 앓아 눕게 된 걸세."

악광은 지난번 술자리를 곰곰이 생각해보았다.

'그때 술을 관가(官家)의 방에서 마셨는데 벽에 활이 걸려 있었지. 그 활에는 옻칠로 뱀 그림이 그려져 있었고……'

생각이 여기에 미치자 악광이 말했다.

"그럼 다시 우리 집에 가서 술 한잔 하세. 그럼 병이 금방 완쾌 될 걸세."

친구는 마지못해 따라나섰다.

두 사람은 전과 똑같은 자리에 앉아 술을 마셨다.

"지금도 술잔에 뱀이 보이는가?"

"아 그럼. 뱀 그림자가 언뜻거리는 것 같네."

"이 사람아, 그건 저 활에 그려져 있는 뱀일세."

이유를 알게 된 그 친구는 병이 씻은 듯이 나았다.

한자 up 그레이드

杯
잔 배

木(나무)에서 뜻을, 不(불 → 배)에서 음을 취해 잔이란 뜻이 나왔다.

지금은 음료수를 담아 마시는 잔으로 유리나 도자기류가 대부분이지만 옛날에는 목기(木器)가 많았다. 후에 목기에서 청동으로 재료가 바뀌자 한자도 바뀌어 나무 대신 청동으로 만들어진 굽이 달린 (그릇 명)을 넣어 한자를 다시 만들었다.

이렇게 뒤에 만들어진 盃(잔 배)를 더 많이 쓴다. 요즘은 대회에서 주는 상이란 뜻인 'cup'의 뜻으로도 나온다.

쓰는 법이 두 가지.

杯 = 盃
정자   속자

월드 컵 : 世界盃 :
(FIFA컵)

다시 보자 이정표~

"어이, 우리 한 蓋(잔)하지."

한 蓋이 두 잔, 두 蓋이 석 잔이 되면서 분위기는 무르익고 사람들은 취한다.

무기인 戈(창 과)를 두 개 겹쳐서 남을 다치게 한다는 뜻인 戔(해칠 잔)은 錢(돈 전)과 賤(천할 천)에서 이미 다루었다. 이 戔(해칠 잔)을 皿(그릇) 위에 넣은 것은 술이란 마시면 마실수록 자기 자신뿐 아니라 남도 해치는 무서운 무기가 될 수 있으니 조심하라는 경고가 아닐까.

이제 한 蓋 술도 생각하며 마시자!

술잔 **잔**

갑골문에 보면 부족을 상징하는 口(깃발)과 │(깃대)를 그 마을 제일 가운데에 꽂은 모습에서 '가운데' '안' '적중하다' 는 뜻이 나왔다.

- 中庸(중용) 어디에도 치우치거나 기울지 않는 중정(中正)의 도.
- 中間(중간) 두 사물 사이.
- 中立(중립) 어느 쪽에도 치우치지 않고 서는 것.

가운데 **중**

中(중)에다 亻(사람)을 넣어 형제 중에 둘째를 가리키는데 仲(중)과 통용하기도 한다.

옛날에는 아들이 태어나면 몇 번째 아들인지 표시를 하기 위해 다음 한자들을 이름에 넣었다.

버금 **중**

맏 **백**　　둘째 **중**　　셋째 **숙**　　막내 **계**

지금은 백부(伯父), 숙부(叔父)에서 그 흔적을 찾아볼 수 있다.

그렇다면 '백이(伯夷)와 숙제(叔齊)'는 몇 째 아들일까?

중국 역사상에 백이와 숙제는 의(義)로운 사람의 대명사로 등장한다.

백이와 숙제는 은(殷)나라의 제후국(諸侯國)인 고죽국(孤竹國)의 왕자였는데 아버지가 죽으면서 유언을 남겼다.

"똑똑한 숙제(叔齊)를 왕으로 삼거라."

그러나 숙제는 형을 제치고 셋째인 자신이 왕위에 오를 수 없다며 거절했다. 그럼 제일 큰 형인 백이(伯夷)가 넙죽 왕위를 물려받았을 것 같지만 백이 역시 거절했다.

"아버님의 유언을 거역할 수 없다."

그래서 결국은 둘 다 나라를 떠나 망명길에 올랐다. 그렇다면 누가 왕위를 물려받았을까?

백이(伯夷)는 첫째아들이고, 숙제(叔齊)는 셋째아들이니 둘째가 있다는 뜻이다.

그래서 둘째아들(仲子)이 어부지리(漁父之利)로 왕위에 올랐다.

이렇게 의(義)를 위해 왕위 자리를 거절한 두 형제가 해변가에서 낚시를 벗삼아 늙어가던 중 은(殷)의 제후국 주(周)나라 무왕(武王)이 주지육림의 폭정을 일삼고 있는 은(殷)의 주왕(紂王)을 정벌한다는 소문을 듣고 부랴부랴 달려갔다.

"신하가 임금을 칠 수 없습니다."

명분에 맞지 않는 정벌을 멈추라며 무왕이 가는 길을 가로막았던 것이다.

그러나 무왕은 정벌을 강행하여 은나라를 멸망시키고 주(周)나라를 건국했다.

불의에 저항했던 두 형제는 주(周)나라의 곡식을 먹지 않으리라 작정하고 수양산(首陽山)에서 고사리를 캐먹다가 결국 굶어 죽었다. 굶어 죽기 전에 지었다는 '채미가(采薇歌)'를 감상해 보자.

저 서산에 올라가 고사리나 캐자	登彼西山兮 采其薇矣
포악함으로 포악함을 바꾸다니	以暴易暴兮
그런데 무왕은 잘못을 알지 못하는구나	不知其非矣

고사리 이야기가 나와서 말인데 주나라 이슬을 받고 자란 고사리로 목숨을 연명한 백이(伯夷)와 숙제(叔齊)를 비난하고 나선 대단한 인물이 우리 역사 속에 있다.

바로 사육신의 한 사람으로 유명한 성삼문(成三問)!

단종 복위를 꿈꾸다 발각되어 반역죄로 사지를 찢어 죽이는 거열(車裂)의 극형을 받게 되는 상황에서 지은 시조 한 수를 보자.

수양산(首陽山) 바라보며 이제(夷齊=백이와 숙제)를 한(恨)하노라.

주려 죽을진들 채미(採薇)도 하난 것가.

비록애 푸새엣것인들 긔 뉘 따헤 났나니.

采薇圖 / 故宮博物院

고사리도 주나라의 이슬을 받고 자란 것인데 그것 역시 먹을 수 없다고 읊은 이 시조를 보면 성삼문의 절개가 백이와 숙제보다 더 높다고 말할 수 있다.

이제 고사리를 보면 죽음 앞에서도 당당함을 잃지 않았던 의로운 성삼문을 생각하자.

이 한자를 분리하면 '中心'이다. 中心(중심)이 서면 그 삶이 건강하고 충실해진다 하여 '충성 충' '정성 충'이 나왔다. 이 한자는 나라에 충성(忠誠)한다는 애국의 뜻으로 주로 나온다.

충성 충

기본(基本)이 선 나라란? 中心이 선 나라!

■ 忠誠(충성) 나라나 직장에 몸과 마음을 다 바치는 것.
■ 盡忠報國(진충보국) 충성을 다하여 나라의 은혜를 갚음.

근심 환

中心이 흔들리고 있다. 中心(중심)을 잃게 되면 사물이 串(두 개로 겹쳐) 보인다. 텔레비전 화면이 겹쳐 보이는 것처럼 말이다. 그래서 그 후유증으로 근심이 생기고 병이 생긴다. 지금 내 생활이 忠(충)인지 患(환)인지 체크해 보자.

나 患者야.

- 患者(환자) 다치거나 병이 난 사람.
- 疾患(질환) 몸의 온갖 병.
- 後患(후환) 뒷날의 걱정과 근심거리.

串(두 개 이상의 물건)을 포개서 머리에 이고 있으려니 너무 무거워 쩔쩔매며 걱정하는 心(마음)에서 나온 것이라는 설도 있다. 그렇다면 다음 세 개의 한자를 그림으로 묶어서 외워보자.

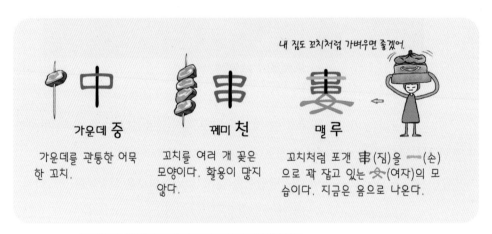

내 짐도 꼬치처럼 가벼우면 좋겠어.

가운데 중
가운데를 관통한 어묵한 꼬치.

꿰미 천
꼬치를 여러 개 꽂은 모양이다. 활용이 많지 않다.

맬 루
꼬치처럼 포갠 串(짐)을 ─(손)으로 꽉 잡고 있는 女(여자)의 모습이다. 지금은 음으로 나온다.

한자에서 꼬치가 보여.

연길에서 유명한 음식은?

串城

꼬치구이~

꼬치는 어느 나라에 가나 똑같구나.

그럼 여기서 婁(맬 루)가 들어간 한자가 뭐가 있나 알아보자.

尸(주검 시)인 이 한자는 누워 있는 시체를 그린 것이다. 그렇다면 이 한자는 여러 시체들이 겹겹이 포개져서 누워 있는 모습인데 별로 활용할 한자어가 없다.

여러 **루**

■ 屢次(누차) 여러 번.

女(여자)가 머리의 ‍(짐)을 내려놓고 개수가 맞나 攵(두드리며) 숫자를 세고 있는 모습이다. 수학(數學) 시간만 되면 계산하느라고 무거운 짐덩이 올린 표정을 하고 있는 아이들이 많다.

셈할 **수**

복잡한 건 싫다!~

數 ⇒ 数
셈할 **수**

屢 樓
이 두 개도 마찬가지라네

■ 算數(산수) 초등학교 때 계산법을 배우던 과목. 6차 교육과정에서 명칭이 수학(數學)으로 바뀜.
■ 數量(수량) 수의 분량.

木(나무)로 만들어지고 층층이 쌓아 올린 집을 가리키는 이 한자는 屢(루)에서 음도 취해 만들어졌다.

다락 **루**

정자(亭子)는 아담한 크기인데 비해 누각(樓閣)은 규모가 크고 웅장하다. 1층은 거의 사용하지 않고 사다리로 올라가 2층에서 경치를 볼 수 있게 되어 있다.

지금은 중국 식당이름에서 많이 볼 수 있는데 막상 가서 보면 규모가 작은 경우가 더 많다. 유적지에 가야 제대로 된 누각(樓閣)을 볼 수 있다.

■ 樓閣(누각) 사방이 탁 트인 곳에 지은 높다란 집.
■ 摩天樓(마천루) 하늘에 닿을 듯이 높이 지은 건축물로 미국의 뉴욕의 건물 따위.
■ 沙上樓閣(사상누각) 모래 위에 누각. 기초가 약하여 오래 가지 못함.
※ 〈참고〉 空中樓閣(공중누각) 공중에 누각. 근거나 현실적 토대가 없는 가공(架空)의 사물. 신기루.

뱀이란 동물에 대해 이미 앞에서 巳(뱀 사), 巴(큰뱀 파)에 대해 배웠는데 또 있단 말인가? 아무래도 우리와 친숙(?)하다 보니 한자를 여러 개 만들었나보다.

구경이나 한번 해보자.

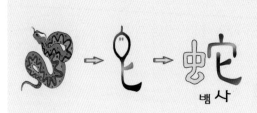

뱀도 귀여운 벌레야.
간단하게 그린 巳(뱀 사)에 비하면 이 한자는 뱀의 모습을 자세히 그렸다.
虫(벌레)가 들어가서 덜 징그럽다.

옛날 사람들은 사자, 호랑이는 큰 벌레(大蟲), 뱀처럼 생긴 것은 긴 벌레(長蟲)이라고 불렀다. 그래서 它(뱀) 앞에 虫(벌레 충)을 넣은 것은 옛날 사람의 사고방식에서 기인된 것이다.

중국어를 공부하다 보면 它(중국 음 : ta)가 나오는데 사물이나 동물을 셀 때 나오는 대명사로 '그것' '저것' 으로 해석한다. 우리는 '다를 타' 로 적고 있다.

이 한자를 배우기 전에 우선 京(서울 경)부터 알아보자.

서울에 살면 부자야~~
세 개 이상의 기둥을 박고 지붕이 높은 2층 집을 그렸다.
京(경)같이 생긴 집들이 많이 세워지자 자연스럽게 정치, 경제의 중심지가 되면서 '수도'로 발전하였다.

그 나라의 '수도', '서울'이란 뜻을 가진 이 한자 속에 빌딩이 보인다. 그래서 모양도 高(높을 고)와 많이 닮았다.

- 上京(상경)   서울(수도)로 올라옴.
- 歸京(귀경)   서울(수도)로 돌아옴.

이제 京(서울 경)에서 음을 취한 한자 2개를 알아보자.

경치 경

京(집) 위로 日(태양)이 비추고 있다. 이렇게 따스한 background라면 언제든지 대~ 환영이다!
景致(경치) 風景(풍경) 背景(배경)

그림자 영

빗살무늬가 그림자구나.

京(집) 위의 日(태양)으로 인해서 彡(그림자)가 생긴 모습에서 '그림자'란 뜻이 나왔다.
撮影(촬영)

3개의 한자를 묶어서 외우면 쉽게 이해할 수 있다.

京(서울 경)을 넣어 만들어진 한자가 몇 개 더 있다.

기왕 털려면 대도(大盜) 아무개처럼 큰집을 털어야 한다?

그래서 京(큰집)은 사람의 扌(손)을 잘 탄다. 가져갈 물건이 많으니 당연한 것 아닌가.

"남들이 날보고 大盜(대도)라고 하더군"

노략질할 략

- 掠奪(약탈)   폭력으로 빼앗음.
- 侵掠(침략)   쳐들어가 노략질함.
- 擄掠(노략)   떼를 지어 돌아다니면서 사람이나 재물을 마구 빼앗아 감.

살필 량

눈 감으면 내 코 베어갈 것 같은 곳이 서울 아니던가.

그러니 京(서울) 사람들 言(말)은 잘 살펴서 이해해야 당하지 않는다. 서울 사람들 말과 얼굴 잘 살피자!

- 諒解(양해)　사정을 참작하여 납득함.
- 諒知(양지)　살펴서 앎.

나아갈 취

京(서울)같이 좋은 곳으로 나아간다는 뜻에 尤(더욱 우→취)에서 음을 취했다.

"서울로, 서울로 올라가자!"

서울로 올라와서 살고 싶은 마음은 예나 지금이나 같았나 보다.

그런데 尤(더욱 우)는 중학교 900자에 들어가 있다. 그럼 활용이 많거나 친숙한 한자어가 있어야 하는데? 거의 없다. '더욱 심하다'는 뜻의 우심(尤甚)' 정도가 있기는 하지만 예나 지금이나 쓰지 않는 한자어가 아닌가! 2000년에 기초한자를 정리할 때 탈락시켜야 했다.

- 日就月將(일취월장)　날로 달로 자라거나 나아감.
- 就職(취직)　직업을 얻음.
- 就業(취업)　직장에 나아가 일함.

서늘할 량

❄(얼음)을 넣어 시원한 뜻을, 京(경 → 량)에서 음을 취해 '서늘하다'는 뜻이 나왔다. 옛날에도 크고 좋은 집은 냉방시설이 잘 돼 있었을까?

하긴 더운 여름 날 너른 대청마루에 앉아

부채질을 하면 에어컨이 필요 없었겠다.

> 쓰는 법이 두 가지.
> 涼 = 凉
> 정자　　속자
> ❄(얼음)을 넣은 속자가 더 많이 나온다.

어, 이 한자가 속자야?

- 淸涼飮料(청량음료)　(탄산가스가 들어 있어서) 맛이 산뜻하면서 시원한 음료수.
- 納涼(납량)　여름에 더위를 피하여 서늘함을 맛봄.

그런데 氵(삼수변)과 冫(이수변)은 무슨 차이가 있을까?

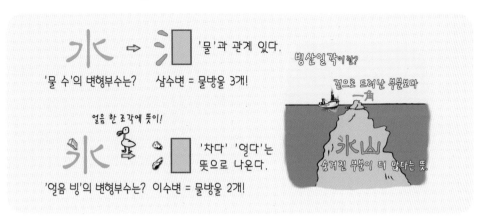

水 → 氵 '물'과 관계 있다.
'물 수'의 변형부수는? 삼수변 = 물방울 3개!

얼음 한 조각에 뜻이!
氷 → 冫 '차다' '얼다'는 뜻으로 나온다.
'얼음 빙'의 변형부수는? 이수변 = 물방울 2개!

빙산일각이란?
겉으로 드러난 부분보다
一角
氷山
숨겨진 부분이 더 많다는 뜻.

이제 冫(이수변)이 보이면 "얼음이다!" 하고 외치자.

1975년인가 가사 내용이 '퇴폐적이고 자학적'이라고 낙인 찍힌 금지곡들 중에 〈고래사냥〉이 있다.

"그래도 생각나는 내 꿈 하나는 조그만 예쁜 고래 한 마리. 자떠나자 동해바다로~"

고래를 잡는 것을 한자어로 捕鯨(포경)이라 하고 고래잡이배는 捕鯨船(포경선)이라고 한다.

魚京
고래 **경**

금지곡 〈고래사냥〉을 한자어로 하면 '포경(捕鯨)'이다.

그런데 우리가 알고 있는 포경이 또 하나 있다.

包莖(감쌀 포, 줄기 경)수술…. 줄기(심볼)를

날 보고 집채만하데!

魚京

감싸고 있는 주름을 제거하는 수술을 말하는데 공교롭게도 음이 같아서 이 수술을 고래사냥이라고 부른다. 그러니까 '고래사냥 = 포경(包莖) 수술'이라는 등식에서 퇴폐적인 노래로 찍혀서 금지곡이 된 것이란다. 물론 이 곡이 금지곡이 된 이유는 이외에 다른 설도 있지만 말이다.

3

젖비린내 나는 녀석이 까불긴…

19 의심암귀 疑心暗鬼
20 무용지용 無用之用
21 천의무봉 天衣無縫
22 구상유취 口尙乳臭
23 점 심 點 心
24 조삼모사 朝三暮四
25 점입가경 漸入佳境
26 운우지정 雲雨之情
27 가인박명 佳人薄命

疑 心 暗 鬼

의심할 **의**　마음 **심**　어두울 **암**　귀신 **귀**

19. 의심암귀

직역 : 의심은 마음에 암귀(어둠 속의 도깨비)를 만든다.

의역 : 의심으로 인한 망상 또는 선입견으로 판단착오를 일으킴.

《열자》 '설부편(說符篇)'에 나오는 이야기

옛날 어떤 사람이 자기가 아끼던 도끼를 잃어버렸다.

아무리 찾아도 보이지 않자 그는 누군가가 훔쳐간 것이라고 단정했다.

일단 도둑맞았다는 생각이 들자 갑자기 이웃집 아이가 수상쩍어 보인다. 길에서 마주쳤을 때 슬금슬금 도망가는 모습에다 안색이나 말투도 어색했기 때문이다.

'내 도끼를 훔쳐간 놈은 틀림없이 그 놈이야.'

이렇게 단정짓고 있던 어느 날, 그는 지난번에 나무 하러 갔던 산등성이 나뭇가지에 도끼가 걸려 있는 것을 발견했다.

'아, 맞아. 그때 내가 여기다 걸어 두었지.'

그가 산을 내려와 집에 돌아오는 길에 다시 이웃집 아이를 보았는데 이번에는 그 아이의 행동이 조금도 수상쩍어 보이지 않았다.

《한비자》 '세난편(說難篇)'에 나오는 이야기

송나라에 한 부자(父子)가 살고 있었는데 큰비가 내려 그만 담장이 허물어졌다.

그러자 아들이 말하길,

"아버지, 빨리 고치지 않으면 도둑 들어요."

얼마 후에 이웃집 노인도 와서 말하길,

"거 빨리 고치지 않으면 도둑 들겠수."

아니나다를까 그날 밤에 도둑이 들어 재물을 훔쳐 갔다.

그러자 부자가 이렇게 생각했다.

'음, 내 자식은 너무 총명해. 어떻게 알았지? 그런데 이웃집 영감은 좀 수상하단 말야. 도둑 들 걸 어떻게 알았느냐 말야. 정말 수상한 걸.'

한자 Up 그레이드

矣(의)에서 음을 취하고, 疋(아기가 갈까 말까) 망설이는 모습에서 '의심하다'는 뜻이 나왔다는데 그냥 외우는 것이 더 낫다.

의심할 **의**

- 疑心(의심) 확실히 알지 못하거나 믿지 못하여 이상하게 생각함.
- 疑惑(의혹) 의심하여 수상히 여김.
- 疑問(의문) 의심스러운 생각을 함.

갈까 말까 疑(의심)했던 망설임이 (얼음)처럼 딱 굳어져 버렸다는 뜻에서 만들어진 한자란다. 역시 쉽지 않다.

엉길 **응**

- 凝結(응결) 액체나 기체에 흩어져 있던 미립자가 모여 큰 입자를 이루어 가라앉는 현상.
- 凝集力(응집력) 분자 또는 원자 간에 작용하여 고체나 액체 등을 이루고 있는 인력.
- 凝視(응시) 눈길을 한곳으로 모아 가만히 바라봄.

마음 심

인간의 몸 속에 있는 ① '심장' 을 보고 그린 상형문자이다.

심장이란 생각을 하는 동시에 감정을 직접 느끼는 곳이라는 생각에서 ② '마음' 이란 뜻이 추가되었다.

많이 사용하는 한자라서 변형부수도 두 개나 만들어졌다.

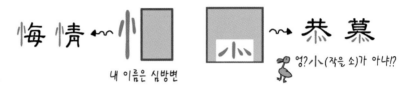

心(마음 심)은 변형부수가 두 개!

悔 情 ← 忄 □   □ 小 ~ 恭 慕

내 이름은 심방변   엉? 小(작을 소)가 아냐!?

- 心臟(심장) 내장의 하나로 혈액 순환의 원동력이 되는 기관.
- 心理(심리) 마음의 움직임이나 상태.

그럼 心(심)을 넣어 만든 대표 한자를 보기로 하자.

사랑 애

"이리 오너라, 업고 놀자. 사랑 사랑 사랑 내 사랑이야."

《춘향전》에 나오는 '사랑가' 의 일부분이다.

듣기만 해도 가슴 설레는 한자이다.

愛人과 함께 걷고 싶어라~

내 맘대로 해석

사랑하는 사람의 어깨를 爪(손)으로 冖(감싸)

안으며 속에 담아 둔 心(마음)을 고백한다.

"사랑해요!~"

이 때 발걸음은 夊(천천히) slow~ slow.

 '천천히걸을 쇠' 자 라네요

너무 愛人(애인)만 사랑하지 맙시다!

- 愛國(애국) 나라를 사랑함.
- 愛民(애민) (임금이) 백성을 사랑함.
- 愛之重之(애지중지) 매우 사랑하고 소중히 여김.

이렇게 사랑했던 愛人(애인)이랑 헤어지면 어떤 모습일까?

옛 사람들도 百(= 頁 머리)를 ⌒(감싸쥐고) 아픈 心(마음)을 달랬을 거다. 그리고 함께 걸었던 추억의 거리를 쓸쓸히 夂(천천히) 걸었을 것이 분명하다.

따라서 이 한자는 ㅠ(손톱) 대신에 百(머리 혈)을 넣어 '근심' '걱정'이란 뜻을 가진 한자를 만들었다.

그런데 근심 걱정이라 하면 이 사람을 따라갈 자가 없다.

憂
근심 우

참, 걱정도 팔자십니다요~

杞 憂
기나라 기 근심 우

자는 동안 하늘이 모너지면 어떡해?

중국 杞(기)나라 사람 중에 이런 걱정을 한 사람이 있었다.
'만약 하늘이 무너지고 또 땅이 꺼지면 어떡하지? 그럼 난 어디로 가나?'
이런 걱정에 잠도 못 자고 밥도 먹지 못하더니 결국 자리에 눕고 말았다.
여기서 유래한 '기나라 사람의 쓸데없는 걱정'은 지금도 애용(?)되고 있다.

시험 전날에 '답안지에 답 밀려 쓰면 어쩌나' 하고 걱정만 하고 공부 안하면? 바로 기(杞)나라 사람 된다.

- 憂愁(우수) 근심과 걱정.
- 憂國(우국) 나라의 현상이나 장래에 대하여 걱정함.
- 內憂(내우) 나라 안이나 조직 내부의 걱정스러운 사태.
- 憂慮(우려) 근심하거나 걱정함.

사찰에 가면 해우소가 화장실이래.
근심을 풀어주는 곳
解憂所
화장실 찾았냐?
아니.

의심암귀

243

뛰어날 우

이 한자는 ① '뛰어나다' '넉넉하다' '부드럽다' 와 함께 ② '배우' 라는 뜻도 가지고 있다. 憂(근심)을 뛰어넘은 亻(사람)이라는 뜻일까? 어쨌거나 활용이 많은 한자이니 꼭 알아두어야 한다.

주연상을 받을 '여우'는 누구일까요?

1. 뛰어날 우　優秀(우수)　여럿 가운데 뛰어남.
　　　　　　優等賞(우등상)　우등생, 또는 우등한
　　　　　　　사람에게 주는 상.
　　　　　　優勝(우승)　경기·경주 등에서 최고의
　　　　　　　성적으로 이김.
2. 배우 우　俳優(배우)　영화나 연극 등에서 극중의
　　　　　　　인물로 분(扮)하여 연기하는 사람.

어두울 암

音(음→암)에서 음을 취하고 日(해)가 점점 바다 속으로 들어가면서 사방이 어두워진다는데서 ① '어두울 암' 이 나왔다.

날이 어두워지면 어떠한 일을 몰래 할 수 있었다. 어둠의 자식들처럼... 그래서 ② '몰래 암' 도 나왔는데 활용이 많다.

1. 어두울 암　明暗(명암)　밝음과 어둠.
2. 몰래 암　暗殺(암살)　사람을 몰래 죽임.
　　　　　　暗去來(암거래)　법을 어기면서 물품을 몰래 사고팔고 함. 뒷거래.
　　　　　　暗埋葬(암매장)　남몰래 장사 지냄.

소리 음

처음에는 言(말씀 언)과 같은 모양이었는데 입으로 부는 구멍을 넣어 지금의 모습으로 변했다.

말이라는 뜻보다 피리 같은 관악기를 부는 소리를 뜻하면서 음악과 관련이 많다.

■ 音樂(음악)　인간의 사상이나 감정을 주로 악음을 소재로 하여 나타내는 예술.
■ 音盤(음반)　음성이나 음악 따위를 녹음한 소용돌이 모양의 원반.

그럼 여기서 音(소리 음)을 넣어 만든 한자 두 개를 보자.

心(마음) 속에 音(소리=말)하고자 하는 뜻을 이해한다는
뜻인가 보다.

뜻 **의**

- 意味(의미) 어떤 말이 나타내고 있는 내용. 뜻. 의의.
- 意志(의지) 사물을 깊이 생각하고 선택·판단하여 실행하려는 적극적인 마음가짐.

意(뜻 의)에 이미 心(마음 심)이 있는데 앞에 또 한번 忄
(심방변)을 쓴 것은 무엇을 의미하는 걸까?

생각할 **억**

　마음 속으로 생각하고 또 생각해서 잊지 말고 記憶(기억)하라
는 뜻인가 보다.

　그럼 이렇게 생각하고 또 생각할 만한 것이 뭐가 있을까?

　아하, 지나간 追憶(추억)이 있었구나.

- 追憶(추억) 지나간 일을 돌이켜 생각함.
- 記憶(기억) 지난 일을 잊지 않고 외어 둠.

"鬼, 鬼 귀신이다!"

옛날에는 귀신의 존재란 사람들에게 대단한 것이었다.

　감히 대적할 수도 없고 그렇다고 친
할 수도 없는 존재이면서 인간의 삶
속에서 많은 영향력을 행사했다.

　정말 본 사람이 있는지 모르지만 어
쨌거나 이렇게 그렸다.

귀신 **귀**

날 그려 **봐!**

- 雜鬼(잡귀) 온갖 못된 귀신.
- 餓鬼(아귀) 굶주림에 허덕이는 귀신.

흙덩이 **괴**

土(흙)덩어리에 鬼(귀→괴)를 넣어 음을 취했다.

활용할 한자는 많지 않은데 사람들이 좋아하는 물건에 붙는 한 자라서 1800자에 넣었나 보다.

■ 金塊(금괴) 금덩이.
■ 塊石(괴석) 돌멩이.

부끄러울 **괴**

鬼(귀신)에게 부끄러운 忄(마음)이 생긴다는 뜻은 아니겠지?

孟子(맹자)는 군자에게 삼락(三樂 : 세 가지 즐거움)이 있다고 했는데 그 중 두 번째 즐거움에 보면 이런 말이 있다

仰不愧於天(앙불괴어천) : 하늘을 우러러 한 점 부끄럼없기를 …….

그리고 보니 윤동주의 〈서시(序詩)〉에 나오는 유명한 시구(詩句)이기도 하다.

■ 自愧心(자괴심) 스스로 부끄러워 함.
■ 愧色(괴색) 부끄러워 하는 얼굴빛.

無用之用
없을 **무**　쓸 **용**　~의 **지**　쓸 **용**

20. 무용지용

직역 : 언뜻 보기에 쓸모가 없어 보이지만 실은 쓸모가 있다.

의역 : 무용(無用)해 보이는 것도 알고 보면 유용(有用)하다는 뜻으로 세상 모든 것은 나름대로 유용의 가치가 있다고 장자가 주장한 학설.

혜시(惠施)가 장자(莊子)에게 말했다.

"위왕(魏王)이 나에게 큰 박씨를 주었는데 내가 그것을 심어 길렀더니 다섯 섬이나 들어갈 정도의 열매가 열렸지. 물을 담자니 혼자서는 무거워 들 수 없고, 쪼개 바가지로 쓰자니 평평하고 얕아서 아무것도 담을 수가 없었네. 확실히 크기는 컸지만 아무 쓸모가 없어 부수어 버렸다네."

그러자 장자가 대답했다.

"송(宋)나라에 손이 트지 않는 약을 만들어 대대로 솜 빨래 하는 일을 업(業)으로 하는 사람이 살았네. 어떤 남자가 이 소문을 듣고 백금(百金)을 주고 그 비법을 가르쳐 달라고 했지. 그래서 그 사람은 가족을 모아 놓고 말했다네. 우리가 대대로 솜 빠는 일을 해왔지만 수입은 몇 푼 되지 않았다. 그런데 백금에 팔라 하니 이 얼마나 좋은 기회인가? 당장 팔기로 하자고 말일세.

이렇게 비법을 산 남자는 당장 오왕(吳王)에게 달려가 이 비법을 전쟁에 이용하면 대승하리라 장담했지. 오왕은 그 남자를 장군으로 삼고 한겨울에 원수처럼 지내는 월나라와 수전(水戰)을 벌여 크게 승리하였네. 그 약을 바른 오나라 군사는 동상에 걸리지 않았던 거야.

오왕은 그 남자에게 땅을 주어 공을 치하했지. 손 트는 것을 낫게 하는 것은 똑같은데 누구는 명예와 부를 누리고, 누구는 평생 솜 빨래를 면치 못했다네.

자네에게 다섯 섬들이 박이 있다고 했는데, 어찌 그것을 조각배로 만들어 강이나 호수에 띄울 것을 생각하지 못하고 너무 커서 쓸모가 없다고 부수었단 말인가?'

위의 고사(故事)는 《장자(莊子)》의 '소요유' 편에 나오는 얘기로 장자는 무슨 물건이든 사용법에 따라 쓰임새가 있기 마련이라고 주장하면서 무용(無用)에 대한 의미를 이렇게 풀이했다.

"사람은 모두 유용(有用)의 용(用 : 쓰임)만을 알고 무용(無用)의 용(用)을 모른다."

일화 하나 더

지리소(支離疏)는 지독한 곱사등이로 아래턱이 배꼽을 가리고 두 어깨가 이마보다도 높이 있으며, 머리를 묶은 상투는 하늘을 향해 솟아 있고, 창자는 위쪽에 있는데 두 넓적다리는 옆구리에 닿아 참으로 눈뜨고는 볼 수 없는 추한 모습을 하고 있었다.

그는 남의 바느질과 세탁을 하여 생계를 이어나가고, 다른 사람이 흘린 곡식을 주워서 작은 키에 담아 까불러서 열 명이나 되는 식구의 끼니를 해결했다.

그뿐 아니라 나라에서 군사를 모을 때 징집당할 일이 없어 보란 듯이 팔을 걷어 붙이고 대로를 활보하고, 나라의 큰 공사로 일꾼을 징발할 때도 불치병을 앓는 자라 하여 면제되곤 했다.

이처럼 세상사람들과는 달리 신체가 불구임에도 자신의 생활을 유지하고 태어난 생명력을 보전할 수 있는 것은 무용(無用)의 존재라고 건드리지 않았기 때문이다.

《장자(莊子)》의 '인간세' 편에 나오는 이 고사 역시 '무용(無用)의 용(用)'을 잘 보여주는 일화라 할 수 있다.

有(있을 유)는 𠂇(손)에 月(고기)를 들고 있는 모습이다.

있을 **유**　없을 **무**

여기서 '있다' '가지고 있다'는 뜻이 나왔다. 사실 다른 설도 있는데 이 설이 가장 이해하기가 쉽다.

- 有終之美(유종지미)　시작한 일을 끝까지 잘하여 결과가 좋음.
- 有名無實(유명무실)　이름뿐이고 실상이 없음.
- 有口無言(유구무언)　변명할 말이 없음.
- 有耶無耶(유야무야)　있는 듯 없는 듯 흐지부지함.

손에 술을 들고 춤추는 모습을 그린 한자가 無(무)라는데 현재 쓰고 있는 뜻과는 전혀 무관하다.

- 無所不爲(무소불위)　못할 일이 없음.
- 無用之物(무용지물)　아무짝에도 쓸데없는 물건 또는 사람.
- 無爲自然(무위자연)　사람의 힘이 더해지지 않은 본디 그대로의 자연.
- 無關心(무관심)　관심이 없는 것.

풍속화 속에 덩실덩실 춤추는 사람들의 발 동작이 제각각이다.

이미 '춤추다'는 뜻을 상실하고 음으로 남은 無(무)에서 다

춤출 **무**

리를 생략하고, 그 자리에 舛(어그러질 천)을 넣어 춤춘다는 뜻을 분명히 했다.

김준근/탈춤

그런데 춤추는 사람들 얼굴 표정을 보니 無我之境(무아지경)에 빠져 있다. 그렇다면 無(무)는 나름대로 의미가 있을 듯싶다.

그렇다면 舛(어그러질 천)이 무엇을 뜻하는지 알아야 이해가 쉽겠다.

그러니까 여기저기 찍힌 불규칙한 발자국을 그린 것이다. 춤출 때 사람의 발동작도 이러하다. 그런데 어디서 본 듯한 한자인 것 같다.

아, 바로 이 그림이다. 가죽에 대한 설명에서 잠깐 스치듯 봤던 한자다.

■ 舞踊(무용) 춤.

뛰어날 걸

그럼 여기서 舛(어그러질 천)을 넣어 만든 한자를 보자.
나무 위에 여기저기 찍힌 발자국?
정말 이런 뜻인지 확인해 보자.

나처럼 걸어 봐!

너가 정말 부러워~~~

木(해)위로 닭 舛(발자국)이 어지럽게 찍혔다.
닭처럼 '桀(해) 위를 자유자재로 걷는 재주를 가진
亻(사람)'에서 '뛰어날 걸'이 나왔다!?

사람 + 해 걸 = 뛰어날 걸

桀(홰 걸)에서 음과 뜻을 모두 취하니 좀 우스꽝스럽긴 하다.

이제부터 홰 위를 아슬아슬하게 걸어다니는 닭의 재주를 무시하면 안 될 것 같다.

앞서 배운 豪(호걸 호)를 넣어 만들어진 한자어를 보자.

영웅豪傑이란?

호저 같은 외모에 해 위를 자유롭게 걷는 재주를 가진 사람~~~

호걸의 실체?   豪傑
               호 걸

■ 傑出(걸출) 남보다 훨씬 우뚝 솟아 뛰어난 것.
■ 英雄豪傑(영웅호걸) 보통사람과 다른 지략과 용기가 뛰어난 사람.
■ 傑作(걸작) 매우 뛰어난 작품.

목장의 '울타리'는 없으면 안 되는 것으로 부서지거나 망가지면 쓸모가 없게 된다. 그래서 '튼튼한 울타리'를 보고 만들어진 한자가 '쓸 용'이다. 일설에는 '통나무'라는 설도 있다.

후에 물건의 사용법에 따라 여러 가지로 갈라지게 되었는데 다음 한자어를 잘 구분해야 낭패를 당하지 않는다.

用

쓸 용

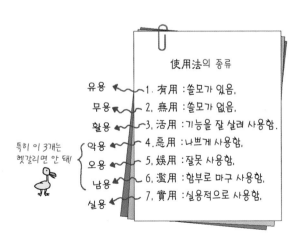

使用法의 종류

유용 ～ 1. 有用 : 쓸모가 있음.
무용 ～ 2. 無用 : 쓸모가 없음.
활용 ～ 3. 活用 : 기능을 잘 살려 사용함.
악용 ～ 4. 惡用 : 나쁘게 사용함.
오용 ～ 5. 誤用 : 잘못 사용함.
남용 ～ 6. 濫用 : 함부로 마구 사용함.
실용 ～ 7. 實用 : 실용적으로 사용함.

특히 이 3개는 헷갈리면 안 돼!

아래 한자어도 함께 알아두자.

■ 用法(용법) (무엇을) 사용하는 방법.
■ 食用(식용) 먹을 것으로 씀. 또는 먹을 것으로 됨.
■ 任用(임용) 어떤 일을 맡아 할 사람을 씀.
■ 引用(인용) (남의 글이나 말 가운데서 필요한 부분만을) 끌어다 씀.
■ 適用(적용) 알맞게 응용함. 맞추어 씀.
■ 採用(채용) 사람을 뽑아 씀.
■ 運用(운용) (돈이나 물건·제도 따위의) 기능을 부리어 씀.

그렇다면 다음 한자도 분명 用(쓸 용)과 관계 있을 것인데 어디 한번 보자.

울타리 위로 봉긋 솟은 꽃봉오리~

아침에 ▽(꽃봉오리)가 用(울타리)
위로 봉~긋 솟아올랐다.
지금은 주로 음으로 나온다.

솟을 용

그럼 여기서 甬(솟을 용)을 넣어 만든 한자들을 보자.

용감할 **용**

울타리 위로 솟아오른 꽃봉오리 甬(甬: 용의 변형) 밑에
力(힘 력)을 넣어 꽃봉오리가 온 힘을 다해 울타리 위로 올라
오는 모습에서 '용감할 용'이 나왔다.

혹 길을 지나가다 담 위로 솟아오른 꽃을 보면 한 마디 해주자.
"고놈 참~ 勇敢(용감)하다."

- **勇敢**(용감) 씩씩하고 겁이 없는 것.
- **蠻勇**(만용) 사리분별 못하고 날뛰는 것.

통할 **통**

울타리에 핀 꽃길 甬(용→통)을 따라 辶(걷는 길)처럼 모
든 일이 순탄하다는 뜻도 포함하고 있는 '통할 통'이다.

하긴 뜻 맞는 사람과 함께 걷는다면 가시밭길일지라도 通
(통)한다!

- **通過**(통과) (일정한 때나 장소를) 통하여 지나감.
- **不通**(불통) 교통이나 통신 따위가 막혀 연락이 되지 않는 것.
- **通話**(통화) 전화로 말을 주고받는 것.
- **通信**(통신) 소식을 전하거나 정보를 교환하는 것.

角(용 → 송)에서 음을, 言(말씀 언)에서 뜻을 취해 만들어
진 '외울 송'은 책에 쓰인 그대로 따라 읽는다는 뜻으로 나왔다.

꽃길을 따라 걸으면서 외우면 잘 외워지나?

■ 暗誦(암송)　적은 것을 보지 않고 입으로 외우는 것.
■ 誦讀(송독)　외어 읽음.

외울 **송**

사실 이 한자는 잘 안 외워지는 한자이다.

그래서 이렇게 외워보면 어떨까 생각해 봤다.

갖출 **비**

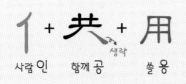

사람 인　함께 공　쏠 용

생략

🌸🌸 내 맘대로 해석 🌸🌸

亻(사람)들이 廾(함께) 모여 用(울타리)
를 만드는 이유는?
　사고가 나기 전에 미리 準備(준비)하기
위해서…

이야말로 有備無患(유비무환)의 정신 아닌가!

< 사실은 이렇습니다 >

亻(사람)이 䇇(화살통)을 갖춰 놓고 바로
뽑아 쏠 수 있게 준비된 모습에서 나왔다.

■ 備忘錄(비망록)　잊었을 때를 대비하여 기록하는 책자.
■ 有備無患(유비무환)　준비한 것이 있으면 근심이 없다.
■ 準備(준비)　미리 마련하여 갖추는 것.

天衣無縫
하늘 천　옷 의　없을 무　꿰맬 봉

21. 천의무봉

직역 : 하늘의 직녀가 입은 옷은 꿰맨 자국이 없다.

의역 : 시나 문장이 매우 자연스러워 조금도 꾸민 데가 없고 흠잡을 데가 없거나 완전무결함.

　　태원(太原)에 사는 곽한(郭翰)은 시문(詩文)과 서예(書藝)에 재능이 뛰어나고 외모가 준수한 청년이었다. 그는 일찍 부모를 여의고 혼자 살고 있었다.

　　그러던 어느 여름날 밤 정원에 누워 있는데 맑은 바람이 불면서 어디선가 향기가 나더니 절세미인이 하늘에서 내려오는 것이 아닌가. 그러더니 곽한에게 절을 하고 이렇게 말했다.

　　"저는 천상(天上)의 직녀(織女)이온대, 남편과 오래 떨어져 있다 보니 울화병이 생겨서 상제(上帝)의 허락을 받고 인간세계로 놀러 왔습니다."

　　말을 마치고 시녀 2명에게 방을 청소하라 명령하더니 곽한의 손을 잡고 방에 들어가 함께 누웠다.

　　잠자리를 마치고 곽한이 전송을 하는데 직녀는 구름을 타고 하늘로 올라갔다.

　　그 후 밤마다 찾아와 함께 지내면서 둘의 사랑은 점점 깊어져 갔다.

　　그런데 칠월 칠석날에 오지 않더니 며칠이 지나서야 나타났다.

　　그래서 곽한이 "견우(牽牛)와 즐거운 시간을 보냈소?" 하고 묻자 이렇게 대답했다.

　　"천상의 사랑은 지상의 사랑과 다릅니다. 마음으로 통하는 것이니 질투는 마십시오."

　　이 말을 들은 곽한이 천천히 그녀의 옷을 살펴보니 바느질한 곳이 전혀 없었다.

이상해서 물으니, "하늘나라의 옷은 원래 바늘이나 실로 꿰매는 것이 아닙니다" 하고 대답했다(徐視其衣竝無縫 翰問之 謂翰曰 天衣本非針線爲也).

그리고 그녀가 벗은 옷은 돌아갈 때면 저절로 가서 그녀의 몸에 입혀졌다.

그로부터 1년이 지난 어느 저녁에 직녀(織女)가 내려와 눈물을 흘리며 이별을 고했다.

"천제께서 정해준 기간이 있사온대 바로 오늘밤이옵니다. 우리는 이제 영원히 헤어져 다시는 만날 수 없습니다."

이렇게 헤어진 뒤로 곽한은 어떤 미인을 봐도 마음이 움직이지 않게 되었다.

집안의 혈통이 끊어질까 두려워 아내를 맞이했지만, 마음에 들지 않고 부부의 사이도 좋지 않아 아들도 얻지 못한 채 죽고 말았다.

이 이야기는 《태평광기(太平廣記)》 '귀괴신기(鬼怪神寄)' 편에 나오는데 칠월칠석의 주인공으로 널리 알려져 있는 직녀와 관련된 또 다른 설화이다. 천의무봉(天衣無縫)은 이야기 중에 나오는 뜻 그대로 바늘이나 실로 꿰맨 자국이 없는 천연 그대로의 완벽한 옷이라는 뜻이지만, 오늘날에는 주로 뛰어난 시(詩)나 문장 또는 성품이 순수한 사람을 비유할 때 인용해 쓰고 있다.

윗옷인 저고리를 펼쳐 놓은 모습이다.

■ 衣冠(의관)　옷과 갓. 옷차림.
■ 脫衣室(탈의실)　옷을 벗거나 갈아입기 위한 방.
■ 衣裳(의상)　저고리와 치마. 의복의 총칭.
■ 雨衣(우의)　비옷.

衣
옷 의

앞서 이미 다룬 적이 있는 이 한자를 다시보자.

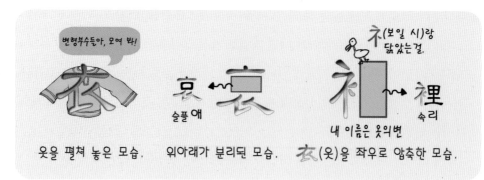

변형부수들아, 모여 봐!

슬플 애

ネ(보일 시)랑 닮았는걸.
내 이름은 옷의변

속리

옷을 펼쳐 놓은 모습.　위아래가 분리된 모습.　衣(옷)을 좌우로 압축한 모습.

옷과 관련 있는 한자 5개를 보자.

처음 초

옷을 만들기 위해서 처음으로 ネ(옷감)에 刀(칼=가위)를 대고 있는 모습에서 '처음 초'가 나왔다.

- 最初(최초)　맨 처음.
- 初志一貫(초지일관)　처음에 세운 뜻을 이루려고 끝까지 밀고 나감.
- 初心(초심)　처음에 먹은 마음.

옷을 만들기 위해 제일 처음 할 일은?　가위질.

의지할 의

사람이 옷에 의지하는 걸까? 옷이 사람에게 의지하는 걸까? 정답은 亻(사람)이 衣(옷)에 의지하는 것이다.

사람은 옷 없이는 아무것도 할 수 없다. 그러니 옷에게 늘 고마워해야 한다. '의지할 의'는 이렇게 만들어졌다.

- 依支(의지)　(다른 것에) 몸을 기댐, 또는 기댈 대상.
- 依賴(의뢰)　남에게 의지함.

입을 피

'어, 어디서 본 듯한 한자가?' 하고 생각했다면 아마 鐵面皮(철면피)에서 皮(가죽 피)가 생각난 것일 게다.

그렇다면 이 한자는 皮(가죽) ネ(옷)?

고대시대에 가장 많이 입었던 소재는 단연 가죽이었다. 뒤에 옷이나 이불을 입고 덮었다는데서 ① '입다' 는 뜻이 나오자 피동의 뜻인 ② '당하다' 는 뜻도 갖게 되었다.

- 被服(피복) 의복.
- 被害(피해) 신체 · 재물 · 정신상의 손해를 입는 일.
- 被告(피고) 민사소송에서, 소송을 당한 쪽의 당사자.
- 被殺(피살) 살해(殺害)를 당함.
- 被動(피동) 자립성이 없이 남의 힘으로 움직임.

여기서 ▭ (입)이야 우는 입이고 衣 (옷 의→애)는 음으로 나왔겠지만 찢어질 듯이 아픈 마음을 찢어진 옷에 비유한 것은 아닐까?

슬플 **애**

- 哀愁(애수) 슬픈 시름.
- 哀痛(애통) 몹시 슬퍼함.
- 喜怒哀樂(희로애락) 기쁨과 노여움과 슬픔과 즐거움.

옷은 오래 입으면 너덜너덜 해진다. 요즘 이렇게 될 때까지 입는 일은 드물지만 불과 20년 전만 해도 이렇게 알뜰하게 입었던 시절이 있었다. ▭ (너덜너덜)해진 모습에 衣 (옷)을 찢어 넣었다.

쇠할 **쇠**

하도 오래 입어 못 입게 된 것을 뜻하는 이 한자는 '세력이 기울거나 약해진다' 는 뜻으로 나온다.

- 衰退(쇠퇴) 기세나 상태가 쇠하여 무너짐.
- 衰弱(쇠약) 쇠퇴하여 약함.
- 興亡盛衰(흥망성쇠) 흥하고 망하고 성하고 쇠하는 일.

쓰는 법이 두 가지.

衰 = 衰

뒤의 한자가 쓰기가 더 편리해 보인다.

자세히 보니 다르긴 하네.

'꿰매다' 는 뜻을 가지고 있는 두 한자를 정리해 보도록 하자.

彌 (꿰맬 미)는 弓(활 궁=바늘)로 터진 곳을 깁고 꿰매는 모습인 爾(너 이→미)에서 음도 취했다.

꿰맬 **미**   꿰맬 **봉**

縫(꿰맬 봉)은 糸(실)로 꿰매는 순간 옷감이 서로 만난다. 逢(만날 봉)는 음과 뜻을 모두 취했다.

이 한자어를 '어떻게 쉽게 외우는 방법은 없을까?' 하고 고민했는데 아래처럼 외우는 것도 좋을 듯하다.

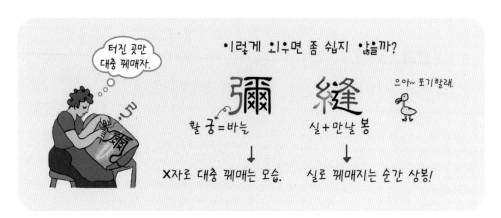

이 한자어는 彌縫策(미봉책)이라 해서 우리에게 익히 알려진 성어인데 보다시피 한자가 복잡해서 잘 외워지지 않는다.

유래도 한자만큼 복잡한지 한번 알아보자.

춘추시대 정(鄭)나라 장공(莊公)은 국력이 점점 강대해지자 주(周)나라가 주재(主宰)하는 회의에 참석하지 않는 오만함을 보였다.

그러자 주나라 환왕(桓王)이 그냥 보고 넘길 수 없어서 각 괵나라, 채(蔡)나라, 진(陣)나라, 위(衛)나라의 군대를 소집하여 정나라를 징벌하도록 명령하고 직접 연합군의 총지휘자가 되었다.

그러자 정나라 공자 원(元)이 장공에게 계책을 말하였다.

"지금 연합군 중에서 국내 문제로 가장 시끄러운 나라는 진(陣)나라입니다. 그러니 먼저 진나라군부터 공격하면 저들은 분명 쉽게 무너질 것이옵니다."

그리하여 진(陣)나라 군대부터 공격하기로 하고 작전을 세웠다.

둥근 형태인 어려(魚麗)의 진을 짜고 편차를 앞머리에 내세우고 보병을 후진에 두어 보병을 전차와 전차 사이의 빈틈을 메워서 彌縫(미봉)하게 하는 작전을 썼다.

진영을 갖춘 장공의 전략이 맞아 떨어져 크게 승리하고 주(周)의 환왕은 어깨에 화살을 맞아 부상을 입은 채 달아났다.

여기에서 유래된 彌縫策(미봉책)이란 말은 군대를 배치할 때 그 사이를 메운다는 뜻이었는데 시간이 지나면서 '모자라는 부분을 때우거나 시급한 일을 대충 눈가림식으로 얼렁뚱땅 처리한다' 는 뜻으로 쓰게 되었다.

그럼 여기서 逢(만날 봉)과 함께 夆(당길 봉)을 음으로 취한 한자들을 알아보자.

만날 **봉**

길을 辶 (가다가) 아는 사람을 만났다는데서 나온 이 한자의 음은 夆 (봉)에서 나왔다.

夆 (봉)이라는 음을 가진 이 한자는 지금 음으로만 활용이 되고 단독으로는 쓰지 않는다.

- 相逢(상봉)　서로 만남.
- 逢着(봉착)　만나서 부닥침.

이번엔 음을 나타내는 夆 (봉)에다 뜻을 나타내는 山 (산)을 넣어 만든 '봉우리 봉' 이다.

봉우리 **봉**

북한산에 봉긋 솟은 노적 峰

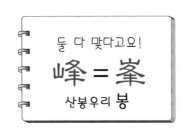

둘 다 맞다고요!

峰 = 峯
산봉우리 **봉**

벌 **봉**

'虫(벌레 충)이 있으니 분명 벌레일 거야' 라고 생각했다면 50%는 이미 뜻에 접근했다고 할 수 있다. 벌레 이름만 모를 뿐이다. 그렇다면 벌레 중에 '봉'이 들어가는 것이 뭐가 있는가 생각해 보니 양봉(養蜂)이란 한자어가 생각났다. 그렇다면 뽀족한 침으로 인간을 위협하는 '벌' 아닌가.

물론 蜂(봉)은 음으로 나왔다.

■ 養蜂(양봉) 벌을 길러서 키움.
■ 蜂起(봉기) 벌떼처럼 일어남.

벌떼처럼 떼 지어 세차게 일어남.

口 尚 乳 臭
입 구　아직도 상　젖 유　냄새 취

22. 구상유취

직역 : 입에서 아직 젖내가 난다.

의역 : 상대가 어리고 경험이 부족하여 말과 행동이 유치함을 얕잡아 일컫는 말.

한(漢)의 유방(劉邦)이 초(楚)의 항우(項羽)와 천하를 걸고 싸우던 때의 일이다.

한때 한나라에 복종했던 위(魏)나라 왕표(王豹)가 부모의 병 간호를 핑계로 평양(平陽)으로 돌아가버렸다.

이보다 앞서 왕표는 유방을 따라 항우의 군사를 팽성(彭城)에서 공격했는데 유방의 군사가 패배하여 형양까지 후퇴했다. 이에 왕표는 한나라의 패색이 짙다고 보고 일신의 안전을 위해 하진(河津)을 차단하고 항우 편에 붙었다. 유방은 신하인 역이기를 시켜 만류했으나 왕표는 뜻을 바꿀 기색이 없었다. 그래서 역이기는 보람 없이 그냥 돌아오고 말았다. 유방은 한신(韓信)을 보내어 왕표를 치라고 명령하였다. 그리고 그쪽 사정을 알고 싶어 역이기에게 물었다.

"왕표 군사의 대장은 누구요?"

"백직(栢直)이라는 자입니다."

"뭐, 백직이라고?!" 유방은 코웃음을 쳤다

"그 녀석은 구상유취(口尚乳臭)야. 백전백승인 우리 한신 장군을 무슨 수로 감당한단 말이냐."

유방이 큰소리쳤듯이 왕표와 백직은 한신의 적수가 못 되었다. 한신은 배를 이어 임진을 건너는 척하면서 군사를 돌려 나무통으로 다리를 만들어 안읍땅을 순식간에 공격하였다. 이리하여 위나라 군사를 무찌르고 왕표를 사로잡아 유방에게 압송했다. 왕표가 머리를 조아리며 말했다.

"한때의 실수였습니다. 앞으로는 결코 배반하지 않겠습니다."

이 말을 들은 유방은 노여움을 거두고 왕표에게 형양의 수비를 맡겼다.

한자 up 그레이드

입 **구**

이 한자는 한자를 처음 배울 때 상형문자의 진수를 보여주는 단골 한자다. 그렇다면 여기서 상형의 원리로 만들어진 얼굴을 감상해 보자.

顔面에 있는 상형문자를 찾아라.

首
耳
目
코는 어찌 된 거야? ?
口

'이 정도 한자들쯤이야' 했을 것인데 코는 어찌 된 걸까.

조금만 기다리면 궁금증을 해결할 수 있다. 우선 다음 한자를 보기로 하자.

이 한자를 알면 줄줄이 한꺼번에 외울 수 있는 한자가 무려 9개
나 된다고 하니 보너스 타는 기분으로 외우자.

이 한자는 (향할 향)과 관계가 있다.

아직도 **상**

함께 묶어서 외우자!

옛날 집들은 창을 북쪽을 향하게 만들었다.
여기서 '**향할 향**'이 나왔다.

이 창문에서 八(기운)이 하늘 위로 올라가
고 있다. 여기서 ①'**숭상할 상**'이 나오고 뒤
에 ②'**아직도 상**'이란 뜻도 나왔다.

우리나라 국군체육부대의 별칭으로 尙武(상무)가 있다.

스포츠를 좋아하는 사람이면 농구, 배구, 축구 등에 尙武(상무)라는 이름을 가진 팀
을 봤을 것이다. 운동선수들이 군대에 가면
尙武(상무)에 소속되어 운동한다고 한다.

尙武(상무)란?

무(武)를 숭상한다는 뜻이니 진정한 군인
정신을 기른다는 뜻이다.

쓰는 법이 두 가지.

尙 = 尙

괜히 헷갈려.

"어? 이상하다. 내가 외운거랑 다르네."
하고 당황하기 쉽상이니 꼭 알아 두자!

- 高尙(고상)　(인품, 학문 따위가) 정도가 높으며 품위가 있음.
- 崇尙(숭상)　높이어 소중하게 여김.

자, 그럼 (숭상할 상)을 음으로 취한 한자 9개 중에서 7개를 먼저 보자.

(숭상할 상→당)에서 음을 취하고 田(밭)에서 뜻이 나
왔다. 이 한자를 보면 조선시대 실학자 정약용이 주장한 정전제
(井田制)가 생각난다.

사실 이 정전제(井田制)는 중국 하은주시대부터 시작된 토지

마땅히 **당**

구상유취

263

제도였다.

여기에서 보이는 田(밭)이 무엇을 의미하는지 잘 새기며 3개의 뜻을 알아두자.

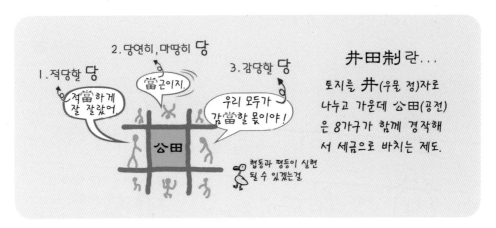

'적당하게' 잘 분배한 이 밭은 우리들 모두 '마땅히' '감당해야' 할 몫이다.

- 不當(부당) 도리에 벗어나서 정당하지 않음.
- 擔當(담당) (일을) 맡음.
- 當時(당시) 그때.
- 相當(상당) 일정한 액수나 수치 따위에 해당함.
- 至當(지당) 이치에 꼭 맞음.

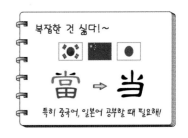

尚(상)에서 음을 취하고 巾(수건 건)은 헝겊 종류로 아래의 치부를 가리는 모습에서 만들어졌다.

이것은 항상 평상시에도 하고 있어야 떳떳하다고 하여 ① '항상' ② '평상' ③ '떳떳하다' 는 뜻이 나왔다.

- 非常(비상) 정상적인 상태가 아닌 일.
- 平常時(평상시) 보통 때. 평소.
- 常識(상식) 보통 사람으로서 으레 가지고 있을 일반적인 지식이나 판단력.
- 常習(상습) (못된 버릇을) 몇 차례고 되풀이하는 일.

항상 아랫도리를 수건 같은 조각으로 가리고 있는 모습이 常(항상 상)이라면

264

치마 **상**

衣(옷 의)를 넣은 이 한자는 '치마' 임을 말해주고 있다. 원시적인 느낌의 巾(수건)보다는 문명화 된 衣(옷)을 넣어 만들었는데 그 뒤에 衣(의)는 '저고리'를, 裳(상)은 '치마'를 가리키게 되면서 오늘날 衣裳(의상)이라는 한자어가 나왔다.

- 同價紅裳(동가홍상) 같은 값이면 붉은 치마. 같은 조건이면 당연히 나에게 유리한 쪽을 택함.

손바닥 **장**

이 한자는 비교적 간단하다.

尙(상→장)에서 음을, 手(손)을 넣어 '손바닥' 을 뜻하는 한자를 만들었다. 활용이 생각보다 꽤 많으니 우습게 보면 안 되겠다.

- 如反掌(여반장) [손바닥을 뒤집는 것 같다는 뜻으로] '아주 쉬운 일' 을 비유하여 이르는 말.
- 拍掌大笑(박장대소) 손뼉을 치며 한바탕 크게 웃음.
- 掌握(장악) 판세나 권력 따위를 휘어잡음.
- 合掌(합장) 두 손바닥을 마주 합침.
- 掌風(장풍) 손바닥으로 일으키는 바람.

상줄 **상**

貝(조개 패)를 넣었으니 돈같이 귀한 물건과 관계되는 뜻일 것이다. 칭찬 받을 행동을 한 사람에게 貝(조개=돈)를 賞(상)으로 주었다는 뜻이다. 받으면 무조건 좋은 거다.

- 賞罰(상벌) 상과 벌.
- 懸賞金(현상금) 현상으로 내건 돈, 또는 그 금액.
- 金賞(금상) 상의 등급을 금·은·동으로 구분하였을 때의 일등 상.
- 賞品(상품) 상(賞)으로 주는 물품.

갚을 **상**

그렇다면 亻(사람)을 넣은 이 한자는 무슨 뜻일까?

賞(상)을 받은 亻(사람)은 응당 다른 사람에게 그만큼 다시 되갚는 것이 사람의 도리요, 세상 사는 이치란 말이다.

이런 뜻으로 만들어진 '갚을 상'이 지금은 남에게 피해를 준 것에 대한 '손해를 갚는다'는 뜻으로 더 많이 나온다.

세상 인심이 이렇게 험악해졌다.

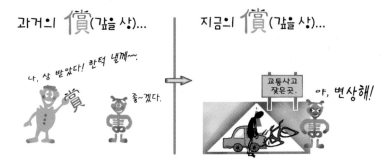

과거의 償(갚을 상)... 나, 상 받았다! 한턱 낼께~. 좋~겠다.

지금의 償(갚을 상)... 교통사고 잦은곳. 야, 변상해!

- 無償(무상) 값을 치르지 않아도 되는 일.
- 補償(보상) 남에게 끼친 재산상의 손해를 금전으로 갚음.
- 賠償(배상) 남에게 입힌 손해를 물어 줌.
- 辨償(변상) 빚을 갚음.

집 **당**

土(흙)을 높이 쌓고 그 위에 커다란 집을 지어 공적인 일을 주관했던 집회소나 관아였다가 뒤에 주거용 집의 본채를 나타내게 되었다. 그래서 이 한자는 威風堂堂(위풍당당)한 집이다.

따라서 뜻도 ① '집 당', ② '당당할 당'이 있다.

- 明堂(명당) 풍수지리에서 이르는, 좋은 묏자리나 집터.
- 聖堂(성당) 가톨릭의 교회당.
- 書堂(서당) 글방.
- 威風堂堂(위풍당당) (남을 압도할 만큼) 풍채가 의젓하고 떳떳함.

그럼 威風堂堂(위풍당당)한 집을 한번 구경해 볼까? 이 집은 다산 정약용이 강진에서 귀양살이 하던 중 1808년부터 10년간 이곳에서 불후(不朽)의 작품인 《목민심서(牧民心書)》 등을 집필한 유명한 '다산초당(茶山

초당이라구요?

草堂)'이다.

"초당(草堂)이라는데 어? 초당이 아니네." 어찌된 일일까?

다산(茶山)이 살았을 당시엔 분명 짚으로 지붕을 인 조촐한 초당이었다.

그런데 1958년에 다산의 일생을 기리기 위해 초당을 복원하는 공사를 하였는데 이때 기와집으로 복원했다고 한다.

졸지에 다산초당(茶山草堂)에서 다산와당(茶山瓦堂)으로 둔갑했다.

다산에 대한 존경심에서 나온 후손들의 지나친 배려에서 이렇게 당당(堂堂)한 와당(瓦堂)으로 변신시켰다고 하니 좀 씁쓸하기도 하다.

허 난설헌과 허 균이 태어난 이 집에서 아버지 초당 허엽이 손수 두부를 만들어 백성의 허기를 채워 주었다고 전한다.

草堂(초당)하면 생각나는 것이 하나 더 있다. 초당두부(草堂豆腐)!

강원도에 가면 여기저기 간판이 즐비하다.

《홍길동전》의 허균과 여류시인으로 요절한 허난설헌의 아버지 허엽의 호가 '초당(草堂)'이다. 당시 명문대가이면서 청백리로 이름이 난 초당 허엽은 백성들이 가난과 영양실조에 시달리는 것을 안타까워 하던 끝에 손수 두부를 만들어 백성들의 민생고를 해결해 주었다고 한다. 그러니까 초당두부의 원조가 허엽인 것이다. 백성을 생각하는 허엽의 정신을 생각하며 강원도에 여행할 기회가 있으면 꼭 한번 맛보시라.

이것으로 尙(숭상할 상)이 들어간 한자의 대단원의 막을 내리고 다음 한자로 넘어가자.

이런 한자는 무조건 외우지 않아도 저절로 외워지는 한자라는데 정말 그러한지 유래를 보자.

젖 유

옛날이나 지금이나 엄마가 아기에게 젖을 물리는 모습은 똑같다.

이런 한자를 아무 생각 없이 무조건 외우면 즐겁지 않다.

- 母乳(모유) 어머니의 젖.
- 粉乳(분유) 가루우유.
- 乳母(유모) 어머니를 대신하여 젖을 먹여 길러 주는 여자.
- 離乳食(이유식) 젖을 뗄 무렵 먹는 젖 이외의 음식.
- 豆乳(두유) 물에 불린 콩을 간 다음, 물을 붓고 끓여 걸러서 만든 우유 같은 액체.

구멍 **공**

乳(젖 유)에서 엄마의 爫(손)이 빠진 이 한자는?

子(자식)이 엄마 乚(젖)을 빨 때 나오는 ① '구멍' 을 나타내는 한자이다. 이 외에 유교의 시조인 공자(孔子)에서 보듯 ② '성 씨' 로도 쓰인다.

1. 구멍 공 瞳孔(동공) 눈동자.
   　　　　 毛孔(모공) 털구멍.
2. 성씨 공 孔孟(공맹) 공자와 맹자.

뜰 **부**　　잠길 **침**

앞에 있는 한자를 乳(젖 유)인가 했겠지만 다시 보면 다르다.

엄마의 乚(젖)이 빠지고 대신 앞에 氵(삼 수)가 들어간 이 한자의 정체는?

268

나 떴다~

나두 잘 뜨는데...

浮
뜰 부

비누 거품 속에 떠 있는 아기!

氵(물) 속에 子(아기)를 엄마가 부드
럽게 爫(손)으로 닦아 주는 모습이다.
그러니 乳(젖 유)와 헷갈리지 말자!

아기들에게 목욕행사가 끝나고 먹는 젖이 최고의 꿀맛이란다. 그런데 홍수에 떠내
려가는 아기를 놀란 엄마가 손으로 끄집어내는 모습이라는 설도 있다.

아기가 떠 있는 상황이 너무 다르다. 요즘 "떴다"는 말에서도 알 수 있듯 '입신출세'
'부귀영화' 란 뜻도 있다는 것을 알아두자.

그럼 이번에는 뒤에 있는 한자 沈(잠길 침)에 대해 알아보자.

중국에는 옛날부터 노예나 소를 목에 멍에를 씌워 물에 던져 제사 지내는 수장(水
葬)의 풍습이 있었다.

우리나라에는 '효녀 심청' 이야기가 있다. 공양미 삼백 석 때문에 인당수에 몸을 던
진 효녀 심청(沈淸)과 이 한자를 연관지어 외워보자.

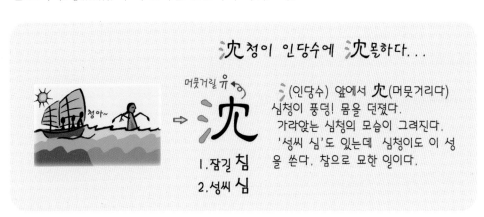

청아~

머뭇거릴 유

沈
1.잠길 침
2.성씨 심

沈청이 인당수에 沈몰하다...

氵(인당수) 앞에서 尢(머뭇거리다)
심청이 풍덩! 몸을 던졌다.
가라앉는 심청의 모습이 그려진다.
'성씨 심'도 있는데 심청이도 이 성
을 쓴다. 참으로 묘한 일이다.

우연의 일치라고 하기엔 너무 잘 들어맞는다.

아, 성씨로 읽을 때 잘못 읽지 않도록 주의해야 한다. 심청을 '침청' 이로 읽으면 낭
패 아닌가.

정리하면 浮沈(부침)이란?

물 위에 떠올랐다 잠겼다는 뜻에서 '성(盛)함과 쇠(衰)함'을 비유하여 이르는 말로 '인생의 기복(起伏)'을 의미한다.

浮沈(부침)이 너무 심한 인생 살이는 멀미 난다.

물에 빠지기 전 머뭇거리는 모습이 연상되는 兂(머뭇거릴 유)가 들어 있는 한자가 하나 더 있다.

베개 **침**

물이 아닌 木(나무)를 넣어 만든 '베개 침'이다.

지금이야 솜을 넣어 폭신폭신하지만 옛날에는 목침(木枕)이라고 하여 나무로 만든 베개를 일반적으로 많이 사용했다. 兂(유)의 모습은 팔다리 편히 하고 누워 있는 사람 같다. 세상 근심없는 모습이다

그래서 만들어진 한자성어가 있다.

■ 高枕而臥(고침이와) 베개를 높이 하고 편안히 누워 안심하고 잠을 잠.

어떻게 하면 이렇게 편히 잘 수 있을까?

빠질 **몰**

인당수에 몸을 던진 심청(沈淸)의 최후를 보여주는 이 한자를 보자.

심청이 氵(물) 속에서 허우적거리는 又(손)인 것 같은데 그럼 손위에 있는 것은 무엇일까?

다음 그림을 보면 이해할 수 있다.

아, 안타까운 순간이야.

又(손)이 勹(소용돌이) 속으로 사라지는 모습에서 '빠지다' '없다' '죽다'는 뜻이 나왔다.

沒
빠질 몰

옛 글자에서는 소용돌이의 모양을 알기 쉽게 그대로 그렸는데 뒤에 모양이 많이 변했다. 잠긴 뒤에 완전히 빠져서 없어진다는 뜻을 가지고 있으니 아래 한자어를 보며 이해하자.

호미곶에 가면...

일출 뿐 아니라
日沒도 장관이래

상생과 화합을 상징하는 기념조형물

1. 빠질 몰 沈沒(침몰) 물에 빠져 가라앉음.
          沒頭(몰두) 한 가지 일에만 온 정신을 기울임.
          沒入(몰입) (어떤 일에) 빠짐.
2. 없을 몰 沒常識(몰상식) 상식에 벗어나고 사리에 어두움.
          沒人情(몰인정) 인정이 전혀 없음.

선거 때만 되면 신문 1면에 등장하는 문구가 있다.

韓國新聞 2005. 12. 1
부동표를 잡아라.
선거
D-1

不動票?
浮動票?

아래 한자어 맞추면 자신감 가져도 돼~~

"부동산에 부동 자금이 몰린다!"
  1   2

1. 不動 2. 浮動

어라? 不動票(부동표)라면 '움직이지 않는 고정표(固定票)'로 해석해야 하는데…
사전을 찾아보니 浮動票(부동표)란다. '여기저기 둥둥 떠다니는 표'란 뜻이다.

그러니까 마음을 정하지 못한 유권자 표를 말하는 것임을 짐작했겠다. 이 浮動票(부동표)가 어디로 흘러 갈지 몰라 노심초사하는 후보들을 생각해 보라. 그래서 한 표라도 내 표로 만들고 싶은 후보의 심정을 그대로 보여주는 이 문구가 신문의 일면을 장

구상유취

271

식하는 것이렷다. 정치판이란 浮沈(부침)이 가장 심한 곳이다. 그렇다 해도 몰염치(沒廉恥), 몰상식(沒常識), 몰인정(沒人情)한 후보들은 沈沒(침몰)당할 각오를 하는 것이 좋을 듯싶다.

마지막으로 정치인들에게 한 마디!

"나에게 부귀(富貴)는 부운(浮雲 : 뜬구름) 같다"고 말한 공자(孔子)의 명언을 깊이 새겼으면 하는 바람이외다.

'냄새, 구린내, 향내' 등의 의미로 널리 쓰이는 이 한자를 뛰어 넘기 위해서는 먼저 다음에 나오는 한자부터 정확히 알아야 한다.

'어디서 본 듯한 아저씨인데……'

아하, 앞에서 안면(顏面) 관련 한자를 다룰 때 한번 등장한 바로 그 아저씨다.

그런데 코에 있는 한자는 초급수준도 다 아는 '스스로 자' 인데 이상하다고 생각했다면 그 의문을 풀어 보자.

고대 중국인들은 자기를 가리킬 때 손으로 코를 가리켰다고 한다.

그래서 코 모양을 한 한자가 나 자신을 가리키는 '스스로 자' 로 굳어졌다.

- 自慢(자만) 자기에게 관계되는 일을 남 앞에서 뽐내고 자랑하며 오만하게 행동함.
- 自信感(자신감) 자신이 있다고 여겨지는 느낌.
- 自作(자작) 손수 만듦.
- 自鳴鐘(자명종) 일정한 시간이 되면 스스로 울려서 시각을 알려 주는 시계.

'스스로 자' 말고 다른 뜻이 하나 더 있으니 다음을 주목해 보자.

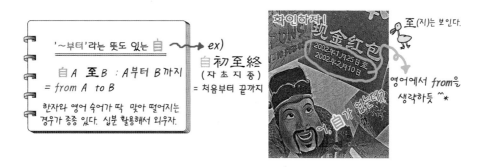

그럼 自(스스로 자)에게 자리를 빼앗긴 코는 어떻게 되었을까?

명맥이라도 유지하기 위해 할 수 없이 自(자) 밑에 음으로 畀(비)를 넣었는데 이 한자 외에는 나오는 곳이 없다 보니 괜히 복잡해지기만 했다.

畀

코 비

한자를 처음 배우기 시작하던 시절 耳(이), 目(목), 口(구)까지는 술술 외워졌는데 鼻(비)를 보는 순간 "헉!" 했던 기억이 있

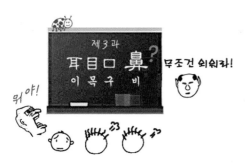

다. '정말 한자는 어려운 거구나'를 실감하면서 말이다.

처음에 배울 때는 쉬운 상형문자들이 줄줄이 나오는데 느닷없이 鼻(비)가 툭 튀어나오니 당황할 수밖에 없다. 틀리게 외울까봐 전전긍긍했던 추억의 한자다.

- 鼻祖(비조) 시조. 창시자.
- 鼻炎(비염) 코의 점막에 생기는 염증.

臭(냄새 취)를 알기 위해 이렇게 먼길을 돌아서 왔다. 이제 결론을 내야 할 때가 왔다.

코 하면 단연 '개코'를 생각 안 할 수 없다.

냄새 맡기의 귀재가 아니던가.

개코란?
1. 냄새의 귀재.
2. '하찮고 보잘것없다'의 속된 말.

그래서 犬(개)와 自(코)를 결합해서 만들었다. 自(자)가 코라는 사실을 알고 있으니 어렵지 않다.

- 香臭(향취)　향냄새.
- 脫臭劑(탈취제)　냄새를 빼는 데 쓰는 약제.
- 惡臭(악취)　불쾌한 냄새.
- 口臭(구취)　입에서 나는 좋지 않은 냄새.
- 體臭(체취)　몸에서 나는 냄새.

숨쉴 식

코 이야기에서 빼놓을 수 없는 한자가 있다.

自(코)와 心(심장)이 결합된 息(숨쉴 식)이다.

물론 허파로 숨을 쉰다고는 하지만 코로 들어간 숨이 심장을 뛰게 하는 원천이 된다고 생각한 고대인의 생각을 이해해 보자.

심장이 뛰는 것은 살아숨쉰다는 증거다.

- 休息(휴식)　쉬는 일.
- 子息(자식)　아들과 딸.
- 安息處(안식처)　편히 쉴 곳.
- 歎息(탄식)　한탄하며 한숨을 쉼.
- 消息(소식)　안부 따위에 대한 기별이나 편지 따위.

가장자리 변

辶(책받침)을 뺀 나머지 한자가 음인데 다른 곳에서는 절대 안 나온다.

臱(변)을 어떻게 외울 것인가 고민하다가 이렇게 생각해 봤다. 自(자기) 宀(구멍=집)의 주변을 方(사방)으로 뺑 돌아 辶(걸어가는) 모습이라고 외우자.

이 한자는 성씨로도 나온다. 변씨는 邊(변)과 卞(변) 두 종류가 있으니 알아두면 유용하다. 어찌 되었거나 邊(변)씨 성을 가진 사람은 꼭 외워야 한다.

- 周邊(주변)　둘레의 언저리.
- 邊方(변방)　변경.
- 身邊(신변)　몸, 또는 몸의 주변.
- 江邊(강변)　강가.
- 邊境(변경)　나라와 나라의 경계가 되는 변두리 지역.

중국에서 쓰는 边(변)은 다른데~

중조... 다음 글자가 뭐야?

中朝边境
BORDER OF CHINA AND KOREA
중국 — 북한

중국에서 쓰는 '변'자야. 여기는 중국과 북한의 '변경' 즉, 국경지대란 뜻이지 앞에 보이는 건물이 북한 땅이야.

黑占 心

찍을 **점**　　마음 **심**

23. 점심

직역 : 마음에 점을 찍듯이.

의역 : 아침과 저녁식사의 중간인 낮에 먹는 끼니.
　　　　 현재 중국에서는 간식, 요깃 거리의 뜻으로 쓰고 있다.

때는 바야흐로 북송(北宋)시대.

양홍옥(梁紅玉)은 무관의 딸로 어려서 아버지에게 무술을 배웠는데 칼 다루는 솜씨
가 뛰어났다.

이 당시 여진족의 침략이 끊이지 않더니 마침내 양홍옥의 마을도 점령당하고 아버
지가 그만 전사하고 말았다. 양홍옥은 어머니와 함께 강남으로 흘러들어 떠돌아다니
면서 수많은 백성들이 전쟁에 시달리며 죽어가는 것을 보게 되었다.

이 참혹한 광경들을 눈으로 목격한 양홍옥은 나라를 위해 목숨을 바칠 것을 결심하
고 밤낮으로 병서(兵書)를 읽었다.

그러나 생활은 점점 궁핍해져 더 이상 버티기 어렵게 되자 기생이 되었다.

당시 황제는 정치에 전혀 관심을 두지 않아 사회, 경제적 위기가 점점 심화되고 있
었는데 설상가상으로 농가의 머슴 출신인 방랍(方臘)이란 자가 반란을 일으켰다. 그
러자 조정에서 동관(童貫)을 앞세워 반란을 진압하는 과정에서 무수한 사람들이 죽
었다.

난이 평정된 뒤 경축 연회에 참석한 양홍옥은 칼춤을 추어 앞에 앉아 있던 장군들의

모골을 송연하게 하였다. 이 자리에서 장교 한세충(韓世忠)은 양홍옥에게 첫눈에 반하게 되고 둘은 결혼을 하였다.

1129년 10월에 금나라가 10만 대군을 이끌고 쳐들어 왔다.

이때 한세충이 단 8,000명의 군사로 금나라와 대적하게 되었는데 이때 아내 양홍옥의 도움은 절대적이었다.

양홍옥은 하루종일 배 위에서 적군의 상황을 내려다보며 북으로 작전 신호를 보내는가 하면 병사들의 사기도 북돋워 주었다. 남편 한세충은 양홍옥이 울리는 북소리에 맞춰 작전을 폈다. 이때 죽거나 부상당한 적군을 헤아릴 수 없을 정도였다.

이렇게 양홍옥은 남편 한세충이 8,000명의 군사로 10만 대군을 무찌르는 큰 공을 세우는 데 앞장섰다.

또한 긴박한 상황 속에서 애쓰는 군사들을 위해 양홍옥은 과자를 구워 전선에 보내 주었다. 그리고 군사들을 위로하며 이렇게 말했다.

"마음에 점을 찍을 정도밖에 되지 않습니다(點點心意)."

이 말을 줄여 병사들이 '點心(점심)'이라고 부르게 되면서 오늘에 이르렀다.

이런 열악한 상황에서 전쟁을 승리로 이끈 양홍옥은 청사(靑史) 속에 빛나는 여걸(女傑) 중 한명으로 이름이 남게 되었다.

점심(點心)에 대한 유래는 다른 곳에서도 보인다.

점심(點心)이라는 말은 본래 일일이식(一日二食)을 했던 중국에서 마음에 점을 찍고 넘기듯이 간단히 하는 요기 즉, 간식(間食)을 이르는 것이었다고도 한다.

우리의 점심(點心)은 아침식사와 저녁식사 사이에 먹는 세 끼니 중의 하나로 가장 배부르게 먹는 식사가 되고 있다.

점심의 유래와 점점 거리가 멀어지고 있는 한국의 점심이다. 유래에 걸맞게 점심을 즐기고 싶다면 떡볶이나 김밥으로 간단히 때워보자.

한자 UP 그레이드

黑(검을 흑)에서 뜻을 占(점칠 점)에서 음을 취해 검은 점을 찍는다는 뜻에서 '점 점' '찍을 점'이 나왔다.

그럼 여기서 黑(검을 흑)과 占(점칠 점) 두 한자가 어떻게 만들어졌는지 알아보자.

먼저 占(점)부터 출발!

찍을 **점**

점칠 점

占 으로 중요한 일을 결정해!?

소뼈나 거북의 배 껍질에 구멍을 낸 뒤 불에 구워 갈라진 모양이 卜(점 복)이다. 이것을 보고 앞날의 길흉을 口(이야기)하고 국가 대사를 결정했다.
그래서 점쟁이의 입은 괜시리 겁난다.

저 거북이 뭐더냐. 은나라 때 점을 치고 나서 버려진 조각 아닌가.

오래 전부터 용골(龍骨)이라 불리며 파상풍에 효과가 있다 하여 한약제로 사용되었던 뼈조각이었다.

1899년 금석학자 왕의영(王懿榮)이 말라리아에 걸려 약을 지었는데 그 속에 갑골(甲骨)의 조각이 들어 있었다. 이때 그의 제자 유철운이 심상치 않게 생각하고 여기저기에서 비싼 값을 주고 사 모아 연구하기 시작했다.

占(점)을 치고 난 후 쓰레기처럼 버려져 묻혀 있던 갑골이 세상밖으로 나와 귀한 유물로 탈바꿈 했다. 占(점)을 칠 때 가장 중요한 것은 해석이다.

꿈보다 해몽이라 하지 않던가. 그렇다면 고대시대에는 점괘의 해석을 누가 했을까?

아무나 했을 리가 없다. 당시 제사장이나 부족장이 그 일을 담당했으며, 그것을 구실로 권력을 행사했다. 이들은 해석을 혼자 독점하였는데 여기서 '차지할 점'이란 뜻도 나왔다.

여기서 卜(점 복)도 덤으로 알아두자.

1. 점칠 점 占星術(점성술) 별의 모양이나 밝기 또는 자리 등을 보아서 나라의 안위와 백성의 길흉 및 천변지이 따위를 점치는 술법.
2. 차지할 점 獨占(독점) 혼자서 모두 차지함.
   占有(점유) 자기 소유로 함.

이제 다시 정리를 하면 黑(검을 흑)에서 뜻을, 占(점칠 점)에서 음을 취해 '찍을 점' '점 점'이 나왔다.

활용이 많은 한자이다.

■ 短點(단점) (여느 것과 비교하여) 모자라거나 흠이 되는 점.
■ 點字(점자) 점으로 이루어진 맹인용의 글자.
■ 點火(점화) 불을 붙임, 또는 불을 켬.

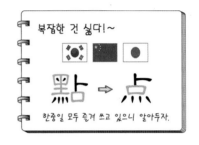

복잡한 건 싫다!~
黑占 ⇒ 点
한중일 모두 즐겨 쓰고 있으니 알아두자.

순박할 **박**

卜(점 복→박)에서 음을, 木(나무)에 뜻을 취해 나무껍질을 뜻하게 되었는데 뒤에 ① '순박하다'는 뜻과 함께 지금은 ② '성씨'로도 사용되고 있다. 그럼 朴씨 성을 가진 사람들은 다 순박한가? 알아봐야겠다.

■ 素朴(소박) 꾸밈이나 거짓이 없이 있는 그대로의 모습.
■ 質朴(질박) 꾸밈이 없이 수수함.

가게 **점**

집을 가리키는 广(집 엄)에서 뜻을, 占(점)에서 음을 취해 '가게 점'이 나왔다. 점을 치는 집이 아니라 물건을 파는 집이다.

■ 商店(상점) 가게, 점포.
■ 店員(점원) 상점에 고용되어 물건을 팔거나 그밖의 일을 맡아서 하는 사람.
■ 代理店(대리점) 대리상의 영업소.

두 번째 한자  (검을 흑)!

이러다 온몸에 문신하겠다.

중국의 형벌 중에 몸과 얼굴에 문신처럼 먹물을 입히는 가벼운(?) 형벌이 있었다. 칼로 상처를 내서 먹물을 입히니 지워질 리 없다. 여기서 '검을 흑'이 나왔다.

까짓것, 점 몇 개 박힌 게 어때서.

인상 험하다.

검을 흑

이 한자는 창문으로 그을린 연기가 피어오르는 모습이라는 설도 있다.

중국 고대에 형벌 중에 묵형(墨刑)이란 것이 있다. 얼굴이나 신체를 찔러 먹물을 입혀서 평생토록 죄값을 치르게 하는 가벼운 형벌이다.

어떻게 가볍다고 말할 수 있을까?

중국의 형벌인 다리 자르기, 코베기, 애꾸눈 만들기, 거세시키기 등에 비하면 먹물 입히는 형벌은 그나마 가벼운 형벌에 들어간다.

이렇게 죄인 냄새가 나는 검은색은 흰색에 비교되어 나쁜 것을 상징한다.

지금도 중국에서는 흑인(黑人)이란 뜻은 ① 흑인종 ② 죄를 지어 숨어사는 사람 ③ 호적에 이름이 등기 되지 않은 사람을 가리킨다.

중국의 거리에는 ③번에 해당되는 흑인(黑人)이 넘쳐나고 있다고 한다.

인구정책에 따라 '한 가구 한 자녀'만 둘 수 있는 중국은 두 번째 아이를 출생하면 사회부양비(벌금)을 내야 할 뿐만 아니라 호적에 올리지 못하며 어떤 혜택도 누릴 수 없는데 이런 사람을 흑인(黑人)이라고 한다.

이렇게 중국에서 둘째 아이를 범죄자라는 뜻인 '흑인(黑人)'으로 부르는 것처럼 흑객(黑客, 중국음 : heike)도 있다. 컴퓨터에 무단 침입하여 파괴를 일삼는 해커(hacker)를 중국어로 음차한 것이 黑客(=heike)이다. '검은 손님'이란 뜻이니 기발한 발상이 아닐 수 없다. 黑(흑)의 유래가 생생하게 살아 있다.

■ 黑心(흑심) 음흉하고 부정한 마음.
■ 暗黑(암흑) 주위 일대가 어둡고 캄캄함.

점심

그럼 黑(흑)을 넣어서 만들어진 한자 3개를 더 알아보자.

먹 **묵**

위에서 보았듯이 글씨를 쓸 때 필요한 먹은 형벌에도 동원이
되었다. 그러니 먹이란 黑(검은) 土(흙)인 것이다.
　黑(흑→묵)은 뜻과 음을 동시에 가지고 있다.

- 水墨畵(수묵화)　화선지에 수묵으로 짙고 연한 효과를 내어 그린 그림.
- 墨刑(묵형)　옛날 중국에서 이마에 자자(刺字)하던 형벌의 한 가지.

말없을 **묵**

문신을 한 죄인 뒤를 아무말도 못하고 졸졸 따라가는 犬(개)
의 모습을 생각해 보라. 우린 웃음이 날지 모르나 개는 잔뜩 움츠
려 있다. 黑(흑→묵)은 음으로도 나왔다.

말없을 묵

열거된 한자어를 보니 활용이 많다.

- 默念(묵념)　말없이 생각에 잠김.
- 默認(묵인)　말 없는 가운데 승인함.
- 沈默(침묵)　아무 말 없이 잠잠히 있음.
- 默過(묵과)　말없이 지나쳐 버림.
- 默默不答(묵묵부답)　입을 다문 채 아무 대답도 하지 않음.
- 默想(묵상)　말없이 조용히 생각함.
- 默秘權(묵비권)　피고나 피의자가 자기에게 불리한 진술을 거부하고 침묵할 수 있는 권리.

함께 **여**　무리 **당**

與黨(여당)이란 무엇인가?
　정권을 잡고 있는 '집권정당' 이 아닌가.
　그렇다면 與(함께 여)에서 뜻을 취했을 것인데 어
디 한번 유래를 살펴보기로 하자.

280

언제 커서
'함께' 새끼줄
꼬냐, 이늠아~

함께 꼬아야 덜 힘들어~

풍속화에서는 $_{J}$(새끼줄)을 밭에 걸고
$_{EX}$ (두 손)으로 꼬는데 이 한자는
다른 사람의 $_{∧}$ (두 손)이다.
너 '와' 내가 '함께' '참여'하고 도움
을 '주다'는 데서 4개의 뜻이 나왔다.

與
함께 여

앞서 배운 한자 중에 어린 학생이 새끼줄 꼬는 것을 배우는 모습에서 나온 學(배울 학)과 모양이 비슷하다.

다만 차이가 있다면 與(함께 여)는 여럿이 함께 새끼줄을 꼬는 공동체 생활을 보여주고 있다. 국민은 국민을 위해 새끼줄 꼴 준비가 된 與黨(여당)을 원한다. 그들의 손발이 맞지 않으면 민생이 편안해질 리 없기 때문이다.

'참여하다, 더불어'란 뜻 외에 하나 더 알아두자.

복잡한 건 싫다!~

與 ➡ 与
함께 여   새끼줄만 있어도 돼~

天与地?

'하늘과 땅'으로
해석하면 돼.
그런데 ' ~와(and)'
일 때는 주로 생략해서
天地로 쓰는 경우가
더 많아.

사실 與黨(여당)에서의 與(여)는 '참여하다'는 뜻으로 나왔다고 보면 가장 무난한 해석이다. 그런데 뭔가 좀 설명이 부족하다는 생각을 하던 중 옛날 중국의 정치철학자 맹자(孟子)가 주장한 왕도정치(王道政治)의 비결은 '與民同樂(여민동락)'에 있다고 말한 문장이 생각났다.

제나라 선왕과의 대담에서 나온 이 내용을 한번 보기로 하자.

국민과 함께 새끼줄 꼬기 싫으면 與黨하지마!

WITH~ 與 民 同 together~ 樂

함께 여   백성 민   같을 동   즐길 락

제선왕이 세속적인 음악을 즐기는 것에 대해 고민하자 맹자가 이렇게 물었다.
"음악을 혼자 즐기시는 것과 여러 사람들과 함께 즐기시는 것 중 어느 것이 더
즐겁습니까?" "그야, 여러 사람과 함께 즐기는 것이 좋지요." 〈중략〉
"그런데 만약 왕께서 종과 북소리를 울리고 생황과 퉁소를 연주하는데 백성들
모두 이맛살을 찌푸리며 원망의 목소리가 점점 커진다면 이는 백성들과 함께 즐
기지 않았기 때문이지요.(不與民同樂也)

'우리와 WITH~
하는 당이 필요해.'

백성과 함께 동고동락(同苦同樂) 한다는 뜻인 與民同樂 (여민동락)에서
與黨 (여당)의 뜻이 나왔다고 생각하면 與黨 (여당)은 국민을 위해 무엇을 해
야 하는지 분명해진다. 단순히 '정권을 잡아 참여(參與)하는 정당' 이란 미온적인 해석
은 국민이 바라는 것이 아니다.

얼마 전 청와대 녹지원 한 켠에 대통령의 집무실이 산뜻하게 들어섰는데 이름이 '與
民館(여민관)' 이란다. 이름에 걸맞는 여민관(與民館)이 된다면 더 바랄 것이 없겠다.

1. 함께, 더불어 여 與民(여민)   백성과 더불어.
2. 줄 여 給與(급여)   급료. 특히, 관공서나 회사 같은 곳에서, 근무자에게 주는 급료나 수당.
   贈與(증여)   남에게 금품을 줌.
   貸與(대여)   빌려 주거나 꾸어 줌.
   授與(수여)   (공식 절차에 의해) 증서·상장·훈장 따위를 줌.
3. 참여할 여 參與(참여)   참가하여 관계함.
4. ~와 여 天與地(천여지)   하늘과 땅.

與黨 (여당)의 與 (여)를 알았으니 野黨 (야당)의 野 (야)를 아니할 수 없다.

予 (나 여→야)에서 음을, 里 (마을 리)에서 뜻을 취해 만들어진 野 (들 야)는 정권을 잡지 못해 조정 밖인 '초야(草野)'에 묻혀 지내는 무리'란 뜻이다. 여기서 野黨 (야당)이 나왔다.

그래서 들판에 핀 야생화마냥 어둠의 자식으로 버려진 野黨 (야당)은 국민의 신임을 얻어야 與黨 (여당)으로 부활할 수 있다. 우여곡절 끝에 與黨 (여당)이 되면 기꺼이 국민을 위해 열심히 새끼줄을 꽈야 한다. 그렇지 않으면 국민들이 가차없이 다시 들판에 내다 버릴지 모르기 때문이다.

들 **야**

- 野生(야생) 동식물이 산이나 들에서 절로 나고 자람.
- 野蠻(야만) 문화의 정도가 낮고 미개함.

그렇다면 黨 (무리 당)은 어떻게 만들어졌을까?

앞서 다룬 尙 (숭상 상→당)에서 음을, 黑 (검을 흑)에서 뜻을 취해 '무리 당'이 나왔다는데 그렇다면 뭐가 검다는 것일까. 얼굴이? 마음이? 혹시 조직폭력배? 어째 분위기가 심상치 않다.

알고 보니 중국 주나라 때 500가구를 1黨(당)이라고 한데서 나왔다는데 지금은 '목적이나 행동을 같이 하는 자들의 집단'이란 뜻으로 쓰인다.

가깝게는 與黨 (여당), 野黨 (야당)이 있으며, 조선시대에는 붕당(朋黨)이 있어 같이 죽고 같이 사는 운명체인 동시에 '당당(堂堂)'하게 살 수 있는 힘이 되어 주었던 黨 (당)은 내 목숨보다 더 중요했다.

지금도 권력을 행사하는 사람들이 모여 나라 걱정(?)을 하고 있다는 黨 (당)의 약자를 보자.

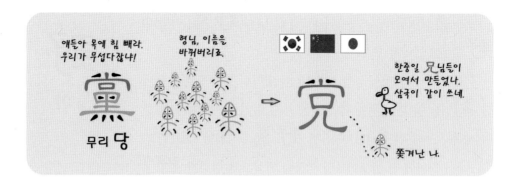

兄(형님)을 넣어서 그런지 더 겁난다. 이제 與(함께 여)를 음으로 취한 한자를 보자.

들 거

與(여→거)에서 음을, 手(손)에서 뜻을 취해 ① '들 거'가 나왔다. ② '모두 거' 도 알아두어야 이해가 되는 한자어가 있다.

1. 들 거 擧手(거수)　찬성의 표시로, 또는 경례의 한 방법으로 손을 위로 듦.
2. 모두 거 擧國的(거국적)　온 국민이 함께 참여하는 것.

기릴 예

與(여→예)에서 음을, 言(말씀 언)을 넣어 새끼줄을 꼬며 훌륭한 인물을 화제에 올려 칭찬한다는 데서 '기릴 예' '명예 예' 가 나왔다고 생각하면 국민의 입이 무섭다.

■ 名譽(명예)　세상에서 훌륭하다고 인정되는 이름이나 자랑. 또는 그런 존엄이나 품위.
■ 榮譽(영예)　빛나는 명예.

일어날 흥

여러 사람이 다 同(같이) 힘을 합쳐 새끼줄을 꼬는 일을 하다 보면 절로 興(흥)이 난다. 同(동→흥)은 음과 함께 뜻으로도 나왔다.

- **興亡**(흥망) 흥하는 일과 망하는 일.
- **興盡悲來**(흥진비래) '세상일이 돌고 돎'을 이르는 말.
- **感興**(감흥) 느끼어 일어나는 흥취.
- **興味**(흥미) (대상에 이끌려) 관심을 가지는 감정.

輿論(여론)이란 '사회 大衆(대중)의 공통된 의견'이다. 輿(수레 여)를 보니 새끼줄 대신에 車(수레)를 넣고 여기에 앞 뒤의 가마꾼들 𦥑(손)을 그려 만들었다.

아낙들이 우물가에서 빨래하면서 세상 돌아가는 이야기로 꽃을 피우듯이 이런 저런 세상 돌아가는 이야기를 하면서 가마를 들어야 힘이 덜 든다. 또한 가마꾼들의 말에서 세상 민심을 읽을 수 있다. 여기서 ① '수레 여' ② '많을 여'가 나왔다.

요즘은 가마 대신 택시를 타면 세상 돌아가는 민심을 들을 수 있다. 국회의원 노릇 제대로 하고 싶다면? 국회의사당에서 나와 택시를 타고 쏟아지는 輿論(여론)을 귀담아 듣고 정책에 반영하면 된다. 물론 대중교통인 버스를 타면 많은 정보를 얻을 수 있다.

論(논할 론)은 言(말할 언)에서 뜻을, 侖(뭉치 륜→론)에서 음과 뜻을 취해 만들어졌다. 여기서 侖(뭉치 륜)에 대해 알아보자.

죽간이 책이었던 시절에...

卌(죽간)을 끈으로 엮어 스(묶은) 모습에서 책 뭉치란 뜻이 나왔다. 지금은 음으로만 알고 있어도 된다.

뭉치 륜

따라서 論(논할 론)은 죽간을 순서대로 배열한 것처럼 우열, 선악을 조리 있게 비평하는 것을 말한다.

- 論評(논평) 어떤 사건이나 작품 등의 내용에 대하여 논하면서 비평함.
- 論理(논리) 의론이나 사고 · 추리 따위를 끌고 나가는 조리.
- 論述(논술) 의견을 논하여 말함, 또는 그 서술.
- 論爭(논쟁) 서로 다른 의견을 가진 사람이, 각각 자기의 설(說)을 주장하며 다툼.
- 異論(이론) 다른 의견.
- 理論(이론) 관념적이고 논리적인 지식.

그럼 여기서 侖(뭉치 륜)을 음으로 취한 한자를 알아보자.

인륜 륜

동양에서 가장 강조한 덕목으로 '인륜(人倫)'이 있다. '인륜을 저버린 놈'은 손가락질을 받거나 심하면 사회에서 매장 당한다.

侖(뭉치 륜)에서 보듯 순서에 맞게 배열해 놓은 죽간처럼 亻(사람) 사이에는 지켜야 할 위계 질서가 있어야 함을 보여주고 있다.

이렇게 사람이 지켜야 할 도리를 倫理(윤리)라고 한다.

조선 500년을 지배해 온 유교에서 강조한 5가지 윤리강령인 오륜(五倫)이 있었다.

부자 사이에 친애가 있어야 하고(父子有親), 군신 사이에 의리가 있어야 하며(君臣有義), 부부 사이에 분별이 있어야 하고(夫婦有別), 어른과 어린 사람 사이에 차례가 있어야 하며(長幼有序), 붕우 사이에 신의가 있어야 함(朋友有信)을 오륜(五倫)이라고 한다.

侖(륜)에서 음을, 車(수레 거)에서 뜻을 취해 '수레바퀴'를 가리킨다. 아래 올림픽 상징(Olympic Symbol)이 그려져 있는 五輪旗(오륜기)에서 그 예를 볼 수 있다.

바퀴 **륜**

올림픽의 상징
五輪旗~

■ 五輪旗(오륜기) 근대 올림픽을 상징하는 기.
■ 二輪(이륜) 두 개의 바퀴.

侖(책 뭉치)와 관계 있는 한자를 알아보기로 하자.

侖(륜)의 아래 모습만 그린 이 한자가 바로 '책'이다. 대나무를 가지런히 놓고 묶은 모습이다.

■ 書册(서책) 책.
■ 册床(책상) 책을 읽거나 글씨를 쓰는 데 쓰는 상.

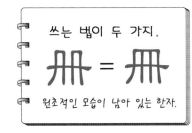

쓰는 법이 두 가지.

册 = 冊

원초적인 모습이 남아 있는 한자.

책 **책**

經典(경전)이란 '영원히 변치 않는 법식과 도리를 적은 서적'이라는 뜻으로 '성인(聖人)의 가르침이나 행실, 또는 종교의 교리들을 적은 책'이라는 뜻이다.

먼저 典(책 전)에 대해 알아보자.

경서 **경**   책 **전**

廾(두 손)으로 冊(책)을 받들고 있는 모습에서 나온 이 한자는 冊(책)보다 품격이 높은 '귀한 책'을 가리킨다. 이 귀한 책 속에 들어 있는 내용은 '불변의 규칙'이며 '모범'을 보이는 내용들이다. 여기서 '법 전'도 나왔다.

■ 出典(출전) (고사 · 성어나 인용문 따위의) 출처가 되는 책.
■ 原典(원전) 기준이 되는 본디의 전거.
■ 古典(고전) 고대의 전적(典籍).
■ 法典(법전) 어떤 종류의 법규를 체계적으로 정리하여 엮은 책.
■ 聖典(성전) 어떤 종교에서, 교의의 근본이 되는 책.
■ 辭典(사전) 여러 가지 사항을 모아 일정한 순서로 배열하여 설명 · 해설한 책.

經(경서 경)은 아주 중요한 한자이다. 우선 한자의 유래를 통해 알아보자.

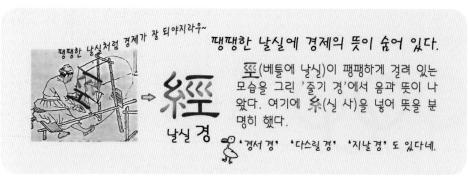

땡땡한 날실처럼 경제가 잘 되야지라우~

땡땡한 날실에 경제의 뜻이 숨어 있다.

巠(베틀에 날실)이 팽팽하게 걸려 있는 모습을 그린 '줄기 경'에서 음과 뜻이 나왔다. 여기에 糸(실 사)을 넣어 뜻을 분명히 했다.

'경서 경' '다스릴 경' '지날 경' 도 있다네.

- 經度(경도) 그리니치 자오선의 자오면과 다른 자오선의 자오면이 이루는 각도로 나타냄.
- 聖經(성경) 각 종교에서, 그 종교의 가르침의 중심이 되는 책.
- 經歷(경력) 이제까지 거쳐온 학업·직업·지위 따위의 내용.
- 經濟(경제) 인간이 공동생활을 하는 데에 필요한 재화(財貨)를 획득·이용하는 활동을 함.
- 經天緯地(경천위지) 온 천하를 다스림.

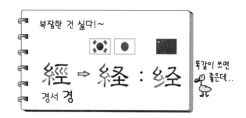

복잡한 건 싫다!~

經 ➡ 経 : 经

경서 경

똑같이 쓰면 좋은데...

베틀에 걸린 팽팽한 날실이 한 줄이라도 늘어지거나 끊어지면 옷감이 되지 않듯이 이 사회도 마찬가지이다. 그래서 팽팽하게 날실을 당기듯이 사회의 기본질서가 잘 서야 국민들이 편안하게 살 수 있다. 그래서 만들어진 한자성어를 보자.

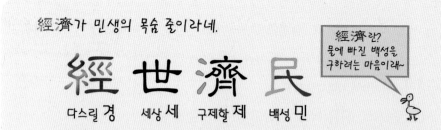

經濟가 민생의 목숨 줄이라네.

經 世 濟 民

다스릴 경   세상 세   구제할 제   백성 민

經濟 란? 물에 빠진 백성을 구하려는 마음이래~

經世(경세)란 베틀의 날실 하나하나를 팽팽히 잘 당겨서 걸어야 하는 것처럼 세상을 조직적으로 잘 다스린다는 뜻이다.
濟民(제민)이란 강물에 빠져 허우적거리는 사람을 꺼내주는 심정으로 백성의 고통을 이해하고 덜어 준다는 뜻이다.
여기서 나온 經世濟民(경세제민)을 줄여 經濟(경제)라고 한다.
따라서 經濟(경제)를 책임지는 위정자의 임무는 참으로 막중했다. 정치와 경제가 분리된 오늘 날에도 정치인은 經濟(경제)에 중요한 영향을 미친다.

날실처럼 원칙이 지켜지는 사회를 經(경)이라 하고, 물에 빠져 허우적거리는 백성을 구해주는 모습이 濟(제)라는 말이다. 따라서 지금 현대사회는 경제 전문가로서 민생을 잘 챙길 줄 아는 능력을 가진 經濟(경제) 정치인이 절실하게 필요하다. 그런데 물에 빠진 백성을 구제하기 위해서는 우선 자신과 집안을 먼저 잘 다스려야 한다. 가화만사성(家和萬事成)이라 하지 않았던가?

수신제가치국평천하(修身齊家治國平天下)의 교훈도 알아두자.

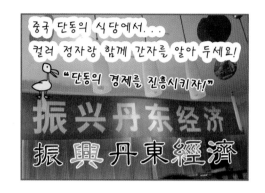

巠(줄기 경)을 음으로 취한 한자를 보자.

'빈 수레가 요란하다'는 우리 속담이 연상되는 이 한자는 巠(경)에서 음을, 車(수레 거)에서 '가볍다'는 뜻이 나왔으니 짐을 다 내려놓은 빈 수레를 말한다.

가벼울 경

- 輕薄(경박) 사람됨이 진중하지 못하고 가벼움.
- 輕視(경시) 대수롭지 않게 여김. 가볍게 봄.
- 輕重(경중) 가벼움과 무거움, 또는 그 정도.
- 輕車(경차) 〈경승용차〉의 준말.

틀과 틀 사이에 팽팽하게 걸려 있는 날실에서 가장 빠른 지름길의 이미지를 뽑았다. 그러니까 巠(경)은 음과 뜻을 모두 포함한 것이다. 彳(두인변)은 길을 '걸어간다'는 뜻이므로 날실을 따라서 지름길로 간다는 뜻이다.

지름길 경

- 半徑(반경) 반지름.
- 直徑(직경) 지름.
- 捷徑(첩경) 지름길.

朝 三 暮 四

아침 **조**　　석 **삼**　　저물 **모**　　녁 **사**

24. 조삼모사

직역 : 아침에 세 개, 저녁에 네 개.

의역 : 1. 간사한 꾀로 남을 속이는 행위.

　　　2. 원숭이처럼 눈앞에 보이는 이익만 알고 결과는 같다는 것을 모르는 어리석은 사람.

중국 송(宋)나라 때 저공(狙公 : 원숭이 기르는 사람)이라는 사람이 있었다.

어느 해 흉년이 들자 그만 양식이 바닥 났다. 그래서 먹이를 줄이려 하는데 원숭이들이 말을 듣지 않을까 걱정이 되어 거짓말로 이렇게 말했다.

"오늘부터는 도토리를 아침에 세 개, 저녁에 네 개를 주겠다."

그러자 원숭이들은 모두 일어나서 소란을 피우며 화를 냈다.

잠시 뒤에 저공이 다시 말했다.

"그렇다면 좋다. 아침에 네 개, 저녁에 세 개를 주기로 하지."

그러자 원숭이들은 모두 기뻐하였다.

조삼모사(朝三暮四)의 우화는 《장자(莊子)》와 《열자(列子)》 두 군데에 나온다. 장자의 해석은 원숭이에게 초점을 맞추어 눈앞의 이익에만 눈이 어두워서 사물의 본질을 꿰뚫어보지 못하는 인간의 어리석음을 비유했고, 열자는 저공에게 초점을 맞추어 똑똑한 성인(聖人)이 지혜라는 무기를 가지고 어리석은 사람들을 농락하는 것이 마치 저공이 많은 원숭이들을 농락하는 것과 같다고 주장했다. 어찌되었건 간에 자칫 잘못하면 바로 눈앞에서 내가 원숭이 꼴이 될 수 있음을 명심해야 한다.

풀숲과 해가 만나면…

早朝(조조)할인 받으면 공짜로 영화 보는 즐거움에 눈이 번쩍 떠진다. 그런데 早朝(조조) 보충을 받는 학생들은 잠이 덜 깬 얼굴로 칠판을 응시한다.

'이른 아침'이란 뜻인 早朝(조조)는 이렇게 두 얼굴을 하고 있다.

일찍 **조**   아침 **조**

早(일찍 조)는 十(풀) 위로 이제 막 얼굴을 내밀고 있는 日(태양)을 그렸다. 그래서 좀 이른 시간이다. 남들보다 조금 일찍 배우느라 早期(조기)교육에 시달리는 아이들 얼굴에는 태양이 없다!

그렇다면 早(일찍 조)가 살짝 보이는 朝(아침 조)는 어떻게 만들어졌을까?

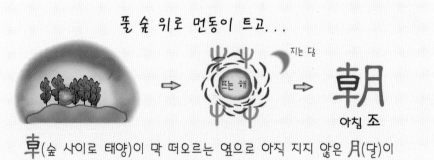

풀 숲 위로 먼동이 트고...

아침 조

卓(숲 사이로 태양)이 막 떠오르는 옆으로 아직 지지 않은 月(달)이 희미하다. 먼동이 터오는 '신선한 아침'이다.

신선한 ① '아침 조'와 함께 임금이 정사를 돌보는 ② '조정 조'란 뜻도 있다.

- 朝夕(조석) 아침과 저녁.
- 朝會(조회) 수업하기 전에 아침에 모여서 나누는 인사.
- 王朝(왕조) 왕이 직접 다스리는 나라.

사당 **묘**

朝(아침)마다 广(집)안의 사당에 가서 조상의 신주 앞에서 인사를 올렸던 옛 풍습을 생각하면 어렵지 않게 외울 수 있다.

■ 宗廟(종묘) 역대 여러 임금의 위패를 모셔 놓은 곳.
■ 家廟(가묘) 개인 집의 사당.

조수 **조**

달과 태양에 의해 밀려들었다가 나가는 바닷물을 보고 만든 한자라서인지 朝(아침 조)가 음으로만 나온 것 같지 않다. 앞에 氵(삼수)를 넣어 해와 달의 인력에 의해서 주기적으로 들어왔다 나갔다 하는 바닷물을 총칭하게 되었다.

■ 潮水(조수) 바닷물. 주기적으로 들어왔다 나갔다 하는 바닷물.
■ 思潮(사조) 어떤 시대나 계층의 사람들 사이에 나타나는 일반적 사상의 경향.
■ 潮流(조류) 밀물과 썰물로 말미암아 일어나는 바닷물의 흐름.

나라이름 **한**

'어디서 많이 본 한자이다.' 생각했더니 국호에 들어 있는 바로 그 한자다. 卓(해가 떠오르는 모습)에 韋(가죽 위)를 결합시켜 만들었단다.

가죽과 관계 있는 뜻이었다는데 지금은 주로 '성씨 한' '나라 이름 한' 으로 사용되고 있다.

고대에 강한 부족국가로 알려진 마한(馬韓), 진한(辰韓), 변한(弁韓)에 들어 있는 韓(한) 앞에 大(대)자를 넣어 1897년 10월 대한제국(大韓帝國)이 탄생하였다. 삼한(三韓)을 능가하는 강한 제국을 만들고 싶은 염원을 담아 만든 우리나라 국호이다.

학교 다닐 때 자기 학교 이름 앞에 大(대)자를 넣어 부르면 괜스레 더 자랑스럽고 어깨가 으쓱해지곤 했던 기억이 있을 것이다. 이렇게 우리는 남에게 지지 않으려는 승부근성과 자부심이 강한 민족이다.

전 세계인을 놀라게 한 2002년 월드컵.

이것을 증명한 大 ~ 사건이 있었으니 2002년 6월은 전국토에 울려퍼진 구호를 다시 외쳐 보자.

비슷하긴 한데…

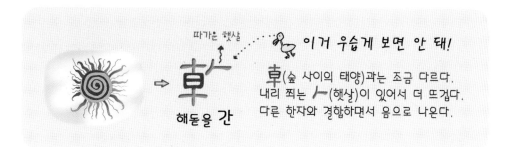

그럼 여기서 卓 (간)을 음으로 넣은 한자 2개를 보자.

乙 (새 을)이라고 알고 있는 이 한자는 백조 같이 생긴 새와 모양이 비슷해서 이름을 이렇게 붙였지만 사실은 이른 봄에 새싹이 구부정하게 올라오는 모습을 그린 거란다.

마를 건

그런데 卓 (따가운 햇살) 때문에 막 올라온 乙 (새싹)이 견디지 못하고 바짝 말라 버렸다. 여기서 '마를 건'이 나왔다.

■ 乾燥(건조) 습기나 물기를 없애는 것.
■ 乾性(건성) 습기가 없어 마르고 기름가가 없는 피부.

그렇다면 포스터에 있는 한자어의 뜻은 무엇일까?

많이 들어본 뮤지컬 제목인데… 아하, '아가씨와 건달들'이란 뮤지컬이구나. 그런데 건달(乾達)도 한자였던가? 그래서 사전을 뒤져보니 '마를 건'과 '도달할 달'이란다.

乾達(건달)이 뭐냐. 일정한 집도 직업도 없이 난봉을 부리고 심지어 떼를 지어 몰려다니는 사람들 아닌가?

그러나 한자상으로는 아무리 해석해 봐도 건달의 뜻이 안 나온다.

이런 경우에는 음을 빌려 표기하는 음차(音借)가 아닐까 생각하자. 인도의 불교가 중국에 들어 올 때 범어(산스크리트어)로 된 불경도 함께 들어왔는데 그 책속의 용어를 한자의 음에 맞추어 번역했다.

우리나라에서 영어 'television'을 그대로 '텔레비전'이라고 읽는 이치와 같다.

인도에 gandharva(간다르바)라는 신이 있는데 중국에서 건달파(乾達婆)로 음차했다. 이 신은 하늘나라의 악사(樂師)로 공중을 떠다니며 연주와 가무를 즐기면서 향을 찾아다닌다. 그래서 노래하고 빈둥거리며 놀기 좋아하는 모습에서 지금의 '건달'이 유래된 것이다. 이렇게 중국 음으로 음차되어 오늘날에 이른 불교용어를 보자.

- Buddha(佛陀 : 불타) 깨달은 자.
- Samadhi(三昧 : 삼매) 마음을 하나로 모아 혼란스럽지 않은 경지. 예) 讀書三昧境(독서삼매경)
- Asura(阿修羅 : 아수라) 싸움만 일삼는 나쁜 귀신. 예) 阿修羅場(아수라장)
- Naraka(奈落 : 나락) 지옥.

줄기 **간**   거느릴 **부**

회사에서 幹部(간부)의 역할이란?

직원들에게 따뜻한 햇빛을 비추어 즐겁게 일할 수 있도록 도와주는 중추 역할을 하는 존재가 幹部(간부)이다. 따라서 幹部(간부)는 어떤 조직이나 회사의 책임자를 가리킨다.

𠦝(간)은 음과 뜻을 나타내고 干(방패)처럼 단단한 줄기에서 '줄기 간' '간부 간'이 나왔다. 이제 회사의 幹部(간부)를 보면 해바라기의 단단한 줄기를 생각하자.

2004년 7월 서울시 교통체계가 확~바뀌었다. 幹線(간선)버스 80개 노선에 支線(지선)버스가 연계되는 방식이다. 줄기 역할을 하는 간선버스와 가지 역할을 하는 지선버스가 제 역할을 해야 소통이 원활하다.

두 개의 한자를 묶어서 외우자.

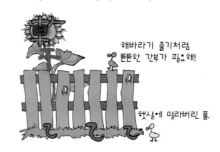

해바라기 줄기처럼 튼튼한 간부가 필요해!

햇살에 말라버린 풀.

部(거느릴 부)는 咅(부)에서 음을, 阝(고을 읍)에서 뜻을 취했는데 지금은 백마 '부대(部隊)', 근무상 나누는 '부서(部署)' 정도의 한자어만 알면 된다.

여기서 干(방패 간)을 음으로 취한 한자들을 보자.

목판에 글자를 파는데 刂(칼)이 필요하다. 목판에 인쇄를 했던 옛날을 생각하면 어렵지 않게 이해할 수 있다. 여기에서 '책을 출판한다' 는 뜻이 나왔다.

- 刊行(간행) (책 따위를) 인쇄하여 펴냄.
- 出刊(출간) 저작물을 책으로 꾸며 세상에 내놓음.
- 發刊(발간) 책이나 신문 등을 박아 펴냄.
- 週刊誌(주간지) 일주일 단위로 발행하는 잡지.
- 廢刊(폐간) 신문·잡지 따위의 정기 간행물의 간행을 폐지함.

刊(간행할 간)과 모양이 비슷한 한자가 있다.

■ 내 맘대로 해석 ■

수절하겠다고 변사또의 수청을 거부한 춘향이 옥에 갇혀 목에 차고 있던 开(나무칼)이라 생각하면 쉽게 이해할 수 있다.
여기에 형벌의 도구인 刂(칼)을 넣어 뜻을 분명히 했다.

- 刑罰(형벌) 국가가 죄를 범한 자에게 제재를 가함.
- 死刑(사형) 범죄인의 생명을 끊는 형벌.

형벌 **형**

开(나무칼)를 차고 있는 춘향의 잘 빗겨진 彡(머리카락)을 생각해 보시라. 햇빛에 반짝이는 '모양' 이 참으로 눈부시다.
부수이름이 彡(터럭삼)인데 머리카락을 그렸다.

- 形態(형태) 사물의 생긴 모양. 생김새.
- 人形(인형) 사람의 형상을 본떠 만든 장난감.

모양 **형**

저물 모

해는 위치에 따라 뜨는 해와 지는 해가 있다는데 이 한자는 해가 두 개가 보이니 참으로 난감하다.

어떻게 만들어진 걸까? 궁금증을 풀기 위해 먼저 莫(없을 막)부터 알아보자.

풀숲과 해가 만나면…

없을 막

앞에서 본 草(숲 사이의 태양)과 같다!? 아니, 오히려 그 반대다. 해는 점점 작아지고 풀은 점점 진해지고 무성해 보인다. 여기서 '없을 막'이 나왔다.

사업을 하다 손해를 많이 본 사람이 이렇게 말한다.

"손해가 莫甚(막심)하다." "莫大(막대)한 손해를 봤다."

그래서 위의 뜻인 '없을 막' 으로 해석을 해보았다.

'막심(莫甚)은 심함이 없다는 뜻이고 막대(莫大)는 큰 것이 없다' 는 뜻이다.

어? 해석이 좀 이상하다 싶어 사전을 뒤져보니 숨은 한자가 있었다.

nothing is greater than this ^^*

막대: 莫大 (於此) : 이것보다 큰 것은 없다.
막심: 莫甚 (於此) : 이것보다 심한 것은 없다.
막강: 莫强 (於此) : 이것보다 강한 것은 없다.
막중: 莫重 (於此) : 이것보다 중한 것은 없다.

비교격 조사:~보다 이것
(than this)

그럼 비교형 중에 최상급이니까
'가장 ~하다'는 뜻이겠구나.

생략된 한자 때문에 해석이 안 된 걸 몰랐구나. 이번 기회에 꼭 알아두자. 아래 한자
어는 해당되지 않는다.

■ 莫上莫下(막상막하) 우열을 가리기 어려울 만큼 서로 차이가 거의 없음.

이제 莫(막)을 알았으니 暮(저물 모)는 어렵지 않다.

日(해)가 점점 莫(없어진다)는 것이니 일몰(日沒)을 그린 거구나. 실은 저무는
해의 모습인 莫(막) 아래에 지는 日(해)를 넣어 뜻을 더욱 분명히 한 거다.

■ 歲暮(세모) 한 해가 저문다는 뜻으로 한 해의 마지막 때를 이름.
■ 朝令暮改(조령모개) 아침에 명령을 내렸는데 저녁때 다시 고쳐서 명령한다는 뜻으로 이랬다 저랬다 일관성이
  없는 것.

氵(물)이 少(적다). 적은 정도가 아니라 아예 莫
(없다)? 말 그대로 沙漠(사막)은 물이 거의 없는 곳
이다. 참으로 쉽게 만들었다. 물이 적으면 모래가 드러
난다고 해서 만들어진 沙(사막 사)는 '모래 사'란 뜻
도 갖고 있다. 낙타를 타고 끝없이 펼쳐진 실크로드를
걸어가는 여행자의 눈에 사막은 아득해 보였
을 것이다. 그래서 漠(사막 막)은 '아득할
막'이란 뜻도 가지고 있다.

사막 **사**　　사막 **막**

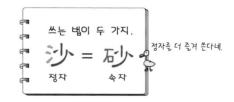

쓰는 법이 두 가지.
沙 = 砂
정자　　　　속자

정자를 더 즐겨 쓴다네.

■ 白沙場(백사장) 모래밭.
■ 沙金(사금) 강바닥이나 해안의 모래에 섞여 있는 금.

조삼모사

297

漠然(막연)한 동경으로 시작한 沙漠 여행은 갈 길이 漠漠(막막)하다!

장막 **막**

巾(수건)으로 가려서 莫(없앤다)? 이것이 무엇일까?

아주 커다란 수건을 무대 앞에 설치하여 가리는 역할을 한다. 그러니까 巾(수건)과 莫(없을 막)이 결합하여 만들어진 한자 가 '장막 막'이다.

어, 막이 열리네.

장막(帳幕)은 무대에만 있는 것이 아니다. 군대에 가면 막사(幕舍)란 것도 있는데 '커다란 천 으로 만들어진 집'이다.

- 天幕(천막) 비바람을 막기 위해 치는 텐트.
- 開幕式(개막식) 연극 등의 막을 올리는 식.
- 幕間(막간) 한 막이 끝나고 다음 막이 시작되기까지의 짧은 시간.
- 幕後人物(막후인물) 표면에 나서지 않고 뒤에서 조종하는 사람.

모을 **모**

莫(막)에는 '모'라는 음도 있다. 이 한자는 '모'를 음으로 취 했는데 뒤에 나오는 2개의 한자들도 마찬가지이다.

있는 힘껏 莫(없던) 力(힘)까지 모아야 한다는 뜻이니 젖 먹던 힘이라도 모아야 한다는 뜻인가?

- 募集(모집) 사람을 뽑아서 모으는 것을 뜻함.
- 公募(공모) 널리 공개하여 뽑는 것.
- 應募(응모) 모집에 응하는 것.

사모할 **모**

思慕(사모)하는 마음이란?

내가 이 지구상에서 莫(없어질 때)까지 마음속 깊이 그리워 하는 心(마음)이다.

- 愛慕(애모) 사랑하고 사모함.
- 思慕(사모) 애틋한 마음으로 그리워하는 마음.
- 追慕(추모) 죽은 사람을 그리워하는 마음.

여기서는 木(나무 목)은 거푸집을 가리키는데 주물을 부으면 모형이 규격에 맞게 그대로 만들어진다는데서 ① '법 모' ② '본뜰 모' 가 나왔다.

본뜰 **모**

활용이 많으니 열심히 외우는 것이 상책이다.

■ 模範生(모범생) 학문과 품행이 우수한 학생.
■ 模型飛行機(모형비행기) 비행기를 본떠서 만든 비행기.
■ 模倣(모방) 남의 것을 그대로 흉내내는 것.
■ 聲帶模寫(성대모사) 다른 사람의 목소리나 동물, 새 등의 목소리를 그대로 흉내내는 것.
■ 模造品(모조품) 본떠서 그대로 만든 물건.

莫(숲속 해 떨어지는 곳)에 土(흙)을 덮어 만든 무덤 앞을 지나가자면 좀 무섭다. 일몰과 무덤은 으스스한 것이 궁합이 잘 맞는다.

무덤 **묘**

해 지는 숲속 높은 곳에 주로 묘지(墓地)를 만드니까 큰비가 와도 떠내려갈 걱정 없다.

문득 말 안 들을까봐 걱정이 되어 물가에 묻어 달라고 유언한 청개구리 엄마의 절박한 심정이 생각난다.

■ 墓地(묘지) 무덤.
■ 省墓(성묘) 조상의 무덤을 찾아가 살피는 것.

墓地에서...

漸 入 佳 境

점점**점**　들**입**　아름다울**가**　지경**경**

25. 점입가경

직역 : 점점 맛있는 부분으로 들어가다.
의역 : 어떤 경치나 문장 또는 일이 진행될수록 더욱 더 볼 만하거나 흥미진진해 지는 현상.

　　고개지(顧愷之)는 동진(東晋)시대 최고의 화가였을 뿐 아니라 문학가이며 서예가이기도 했다.

고개지의 뛰어난 그림 솜씨와 해학

　　고개지가 이웃집 처녀를 좋아하게 되었는데 처녀의 반응이 영 신통치 않았다. 그래서 벽에 실제의 모습과 똑같은 초상화를 그려 놓고 바늘로 심장을 찔러댔다. 얼마 후 처녀가 심장에 통증을 느끼며 고통스러워하자 그 틈을 이용해 처녀에게 접근해 정성으로 치료해 주었다. 드디어 처녀의 마음이 움직이기 시작했다. 고개지가 그제서야 초상화의 심장에 찔렀던 바늘을 빼자 통증이 사라지고 병이 완쾌되었다.

　　고개지의 집과 친구 사첨의 관아가 연결되어 있던 때의 일이다. 어느 날 고개지가 달빛 아래 한껏 시를 읊으며 자아도취에 빠져 선현의 풍취를 터득했다며 자랑하자 사첨은 멀리서 듣고 맞장구를 치며 칭찬해 주었다. 그러자 고개지는 흥이 나서 시 읊기를 계속했다. 얼마 후 사첨은 여종에게 자기를 대신해서 칭찬하라 시키고 잠자리에 들었다. 그런데 고개지는 밤새 칭찬하는 여종의 소리를 조금도 의심하지 않고 아침까지 시를 읊었다.

이 일로 인해 나이 어린 사람들까지 그를 추켜세우며 장난을 치곤 했다.

그러던 어느 날 친구 환현(桓玄)이 고개지에게 잎사귀 한 잎을 주며 말했다.

"이 잎이 바로 선예엽(蟬翳葉)이라네."

"뭐, 선예엽이라구. 정말?"

여기서 잠깐 선예엽에 관해 전해 내려오는 이야기를 살펴보기로 하자.

초나라에 한 가난한 서생이 책을 읽다가 "사마귀가 '매미를 잡을 때 사용하던 잎' 즉 선예엽으로 몸을 가리면 어느 누구도 보지 못한다"고 적혀 있는 것을 보았다. 그날로 서생이 선예엽을 찾아다녔는데 어느날 사마귀가 나뭇잎 뒤에 숨어서 매미를 잡는 것을 발견했다. 서생은 얼른 그 나뭇잎을 땄으나 그만 바닥에 떨어져 수많은 낙엽들과 섞여 버렸다.

서생은 나뭇잎들을 모두 모아 집에 가져와 얼굴에 대고 부인에게 물었다.

"내가 보이오?"

"보여요."

그러자 다른 잎을 들어 계속해서 묻자 짜증난 부인이 이렇게 대답했다.

"안 보여요.!"

그러자 서생은 그 나뭇잎으로 얼굴을 가리고 상점에 가서 물건을 훔쳤다.

기가 막힌 주인이 관가에 고발했다.

그는 자신을 심문하는 관리에게 "나뭇잎으로 눈을 가렸기 때문에 당신의 눈에는 내가 보이지 않을 것이오"라고 말했다.

그러자 관리가 미친 놈이라고 생각하고 집으로 돌려보냈다.

이 잎을 선예엽(蟬翳葉)이라고 불렀는데 후에 고개지는 일엽장목(一葉障目)이란 고사를 남겼다.

一葉障目
한일 잎엽 막을장 눈목

▶ 잎으로 눈을 가림.
▶ 눈앞의 작은 현상에 현혹되어 총체적이고 근본적인 문제를 깨닫지
  못하여 안목이 좁아짐.

친구에게서 선예엽을 받은 고개지는 너무 좋아서 서생처럼 눈 위에 갖다 댔다.

그러자 환현이 일부러 사방으로 찾아다니며 소리소리를 질렀다.

"너 지금 어디 있는 거야? 네가 보이지 않아."

그리고는 정말 안 보이는 것처럼 고개지를 향해 오줌을 쌌다.

그 후로 고개지는 그 잎을 보배처럼 소중하게 다루며 갖고 다녔다.

중국 재래시장에서...

이렇게 어리숙한 고개지가 그의 친구 환온(桓溫)을 따라 강릉으로 부대를 시찰하러 갔는데 강릉의 관리가 특산물인 사탕수수를 보내왔다. 사람들이 먹고는 매우 달다고 떠들어댔다.

이때 고개지는 강의 경치에 푹 빠져 있었다. 이를 눈치챈 환온이 사탕수수의 맛없는 끝 부분을 그의 손가락에 끼워주자 고개지는 쳐다보지도 않고 씹기 시작했다. 환온이 달콤하냐고 묻는 말에 정신이 돌아온 고개지는 자기가 맛없는 사탕수수의 끝을 씹고 있었음을 알았다. 그러자 고개지가 말했다.

"사탕수수는 반드시 끝에서부터 먹어야 한다네. 그래야 먹으면 먹을수록 단맛을 느낄 수 있거든. 이것을 점입가경(漸入佳境)이라 한다네" 하며 능청스럽게 둘러댔다.

고개지의 천성이 남을 웃기기를 좋아해서 그런 것이지 정말 바보스러운 것은 아니었을 것이다.

죄인에게 斬(참수) 당하는 시간이 마치 氵(물)이 조금씩 '점점' 스며 들어와 목까지 차 들어오는 듯한 두려움에서 나온 것은 아닐까?

漸
점점 **점**

■ 漸進(점진)   조금씩 앞으로 나감.

그런데 한자 斬(참)을 잘 모르면 '이거 무슨 귀신이 씻나락 까먹는 소리냐' 할 것이다.

그럼 여기서 斬(벨 참)과 또 하나의 한자를 함께 알아 보자.

斬首 당할 때 흘리는 慙悔의 눈물?

부끄럽소이다.

억울한 죽음도 있더이다.

斬
벨 참

⇒

慙
부끄러울 참

〈 1 〉
머리와 사지를 매달고 車(수레)를 달려 사지를 찢거나 긴 斤(칼)로 목을 베는 車裂刑(거열형)에서 '베어 죽이다'는 뜻이 나왔다.

〈 2 〉
죄인이 斬(참수) 당하기 직전의 心(마음)! 지은 죄가 크면 클수록 후회와 '부끄러운 마음'도 커진다.

얼마나 나쁜 짓을 했으면 이런 형벌을 당할까 생각하겠지만 이런 잔인한 형벌은 고려와 조선시대의 반역죄인들에게도 시행되었다고 한다.

斬(벨 참)이 들어 있는 한자어를 보자.

■ 斬首(참수)   목을 자름.
■ 斬刑(참형)   죄인의 목을 쳐서 죽이던 형벌.

慙(부끄러울 참)을 넣어 만들어진 한자어는 하나면 족하다.

■ 慙悔(참회) 부끄럽게 여겨 뉘우침.

하나만 더 하자.

斬(참수) 당하는 순간 허공의 日(해)를 잠깐 본다는 뜻일까? 어느 영화의 마지막 장면이 생각나는 한자이다.

■ 暫時(잠시) 잠깐 동안. 오래지 않은 짧은 동안.
■ 暫定(잠정) 우선 임시로 정함.

화살이 나무를 뚫고 들어가는 모습을 그렸다.
이 한자는 잘못 쓰면 八(여덟 팔)이나 人(사람 인)이 되므로 주의해야 한다.

■ 入國(입국) 자기 나라로 들어옴.
■ 入學(입학) 학교에 들어가는 것.

원석을 잘 다듬어 만든 王(옥)을 집안으로 入(들여) 놓는다는 뜻으로 잡티가 없는 순수한 옥에서 ① '온통' '온전하다' 는 뜻이 나왔는데 후에 ② '성씨' 로도 쓰게 되었다.

■ 完全(완전) 부족함이나 결점이 없는 것.
■ 全知全能(전지전능) 모든 것을 다 알고 모든 것에 능함.

內(안 내)는 집 같은 冂(구멍)으로 入(들어가는) 모습이다.
外(바깥 외)는 夕(저녁 석)에 卜(점)을 치면 점괘가 잘 안 맞고 틀려서 '바깥' '벗어나다' 는 뜻이 나왔다.

그런데 内(안 내)가 좀 이상하다고 생각했다면 아래 그 해답이 있다.

- 案内(안내) 어떤 내용을 알리거나 소개하는 것.
- 内衣(내의) 속에 입는 옷.

糸(실)을 바늘귀 内(안)으로 넣는 모습이라고 생각해 보면
그리 어렵지 않다.

그런데 요즘은 바늘귀가 은행창구나 공공기관인 국가를 가리
킬 때가 많다. 다음 한자어들을 보자.

넣을 **납**

- 納稅(납세) 세금을 국가에 집어넣는 것.
- 出納(출납) 은행에서 돈이 나가고 들어오는 것.
- 納金(납입금) 납부하는 돈.
- 納期(납기) (세금이나 공과금 따위를) 바치는 시기나 기간.
- 納凉(납량) 여름에 더위를 피하여 서늘함을 맛봄.

糸(실)을 바늘귀 内(안)으로 넣어 봐!
제 때 못 넣으면 연체료 물어야 한다네.

흙을 연거푸 쌓아 올려놓은 모습을 한 圭(홀 규→가)에서 음
을 취했으며, 아름답고 좋다는 뜻은 亻(사람)에서 나왔다.

아름다울 **가**

- 佳作(가작) 좋은 작품.

그런데 圭(홀 규)가 무엇을 말하는지 잘 모르겠다면 아래 그림을 보자.

너에게 내 土(땅)을 주노라!

옥으로 된 좁은 직사각형에 위가 뾰족한데 약간 둥근 것도 있다. 고대시대에 예의와 권위의 상징물이었다.

홀 규

나, 제후야.

잘 다스리지 못한 너, 떠나라!!

  정리하면 천자가 제후를 임명하고 땅을 주는데 이때 약속의 표시로 주던 신표가 홀이다. 그래서 제후가 천자와 조회(朝會)할 때 손에 들고 있어야 하는 물건으로 권위의 상징이자 임명장 같은 역할을 했다. 처음 발령 받았을 때의 초심(初心)을 잊지 말고 백성을 잘 다스려야 한다는 책임과 의무를 상징한 징표라서 천자를 만날 때도 들고 가는 것이었으리라. 그렇다면 우리 정치인들도 모임이나 국회의사당에 출입할 때마다 임명장에 초심(初心)을 써서 들고 다니게 하면 어떨까?

圭(홀 규)를 음으로 취한 한자들을 보자.

거리 가

圭(홀)처럼 반듯하고 흙으로 잘 다져진 넓은 네거리를 行(걸어가는) 모습에서 '거리 가'가 나왔다. 그러니까 꼬불꼬불한 골목길이 아니라 시가지처럼 넓은 길을 가리킨다. 지금은 종로 1街(가), 2街(가)에서 예를 찾아볼 수 있다. 꼬불꼬불한 골목길에 관한 한자로는 巷(거리 항)이 있다.

街(거리 가)란?
사통팔달 종로같이 넓은 길.

行(다닐 행)은 사거리를 그린 한자.

■ 街路樹(가로수) 길가에 심겨진 나무.
■ 街頭放送(가두방송) 길거리에서 하는 방송.

寸(손)으로 圭(흙)을 다져서 높게 쌓아 올려 국경을 만들어서 외부의 침입을 막는 모습이다. 후에 제후에게 작위와 토지를 주어 다스리게 한다는 ① '봉할 봉' 과 밀폐, 봉인하다는 ② '봉할 봉' 이 나왔다. 두 개의 뜻이 다르다.

봉할 **봉**

- 封建制度(봉건제도) 임금이 제후에게 토지를 나누어주어 다스리게 하는 제도.
- 開封(개봉) 밀봉한 것은 떼어 내는 것.
- 封印(봉인) 봉한 자리에 도장을 찍는 것.

木(나무)가 있으니 나무이름일 확률이 높다.

그래서 圭(규 → 계)에서 음을 취해 '계수나무 계' 인데 나무이름이라 활용이 많지는 않은데 1800자에 들어간 것은 태조 이성계(李成桂) 때문일까, 아니면 월계수(月桂樹) 때문일까?

계수나무 **계**

- 月桂冠(월계관) 고대 그리스에서 경기 우승자에게 씌워 주던 월계수 잎으로 만든 관.
- 桂皮(계피) 계수나무 껍질을 벗겨 말린 것.

흙을 높이 쌓은 厓(언덕)아래 氵(강물)이 흐르고 있다.

강의 끝자락에 서 있는 모습은 사람의 긴 일생 중에 황혼이 연상된다.

그래서 그런가? 황혼에 강가에서 나도 모르게 지나온 날을 돌이켜 보게 된다.

이렇게 만들어진 이 한자의 뜻은 '물가 애' '끝 애' 가 있다.

끝 **애**

- 生涯(생애) 살아온 한 평생.
- 無涯(무애) 가이없이 넓음.
- 天涯(천애) 하늘의 끝. 아득히 멀리 떨어진 낯선 곳.

남은 涯(생)이란...
강 언덕에 앉아 과거를 회고 하는 시간

境
지경 **경**

'경계'란 뜻을 만들기 위해 土(흙)에서 뜻을, 竟(마침내 경)
에서 음을 취했다.

■ 國境(국경)　나라와 나라 사이의 경계.
■ 心境告白(심경고백)　마음 속에 감추어 둔 것을 숨김
　없이 말하는 것.
■ 環境(환경)　생물에게 직간접으로 영향을 주는 자연적
　사회적 조건.

竟
마침내 **경**

음으로 나온 竟(마침내 경)은 '끝나다, 다하다, 도리어' 등의
뜻을 지니고 있는데 그냥 외우는 것이 상책이다.

그리 활용이 많지는 않고 독음으로 등장하는 경우가 더 많다.

■ 畢竟(필경)　마침내, 끝내.

金竟
거울 **경**

고대에는 거울은 구리로 만들었기 때문에 金(쇠 금)을 넣고
竟(경)에서 음을 취했다.

■ 鏡臺(경대)　거울을 달아 세운 화장대.
■ 雙眼鏡(쌍안경)　두 개의 망원경이 달려 있어 멀리까지 볼 수 있게 한 인경.

예로부터 거울에 관한 이야기와 글은 많이 전해져 오고 있다. 아마도 거울이 지니는
강한 상징성 때문일지도 모르겠다.

그중에서도 고려시대 이규보 선생의 〈경설(鏡說)〉은 먼지 낀 거울을 보며 얼굴을 가
다듬는 한 거사(居士)의 이야기로서 세상살이에 대한 관조적인 시각을 보여주는 수필
이다. 그 외에 '거울' 하면 빼놓을 수 없는 고사성어가 있다.

깨진 거울도 다시 붙일 수 있네!

정말 헤어진 부부가
다시 만난다는 뜻이야!?

와, 감촉강다.

破鏡重圓

깨뜨릴파 거울경 다시중 둥글원

남북조시대 서덕언은 전쟁으로 아내와 헤어지게 되자 거울을 반으로 쪼개 아내에게 주면서 말했다.
"정월 보름날 시장에 내다 파시오. 내가 살아있다면 반드시 당신을 찾으리다."
그 뒤 양소에게 잡혀 첩이 된 아내는 정월 보름만 되면 노파를 시켜 시장에 거울을 팔게 했다. 몇 년 뒤 노파가 팔고 있는 거울을 자기 거울과 맞추어 보니 딱 맞았다. 기쁨은 잠깐 아내는 이미 남의 첩이 되었다.
슬픔에 빠진 서덕언은 거울 뒷면에 시 한 수를 지어 돌려보냈다.

'거울은 사람과 함께 갔건만 거울만 돌아오고 사람은 돌아오지 않네.'

이 시를 읽은 아내가 식음을 전폐하고 울기만 하자 양소가 이 사실을 알게 되었다. 양소는 이들이 다시 부부가 될 것을 허락하고 첩을 돌려보냈다.

이 고사에서 유래된 破鏡重圓(파경중원)은 '깨진 거울도 다시 둥글게 된다'는 뜻으로 나왔다. 그러니까 헤어진 부부가 다시 만나 결합한다는 긍정적인 의미인 '복원'에 무게를 두고 있다.

그런데 언제부터인가 우리나라에서는 원래의 모습으로 '다시 둥글게 된다'는 重圓(중원)을 잘라버리고 '깨진 거울'이란 뜻인 破鏡(파경)만 남아 더 이상 살 수 없어 '이혼하는 부부'를 말하게 되었다. 원 뜻을 이렇게 왜곡하다니……

알고 보면 破鏡(파경)에는 '지금은 헤어지지만 언젠가는 다시 만날 것을 약속'하는 의미가 더 강하다. 그러니 破鏡(파경) 났다고 너무 슬퍼하지 말자. 언젠가는 다시 만날지 모르는 것이 인생사 아니던가. 破鏡重圓(파경중원)의 고사를 가슴 깊이 새겨보자.

雲雨之情

구름 **운** 비 **우** ~의 **지** 뜻 **정**

26. 운우지정

직역 : 무산(巫山)에서의 운우(雲雨)의 마음.

의역 : 남녀간의 육체적인 사랑.

동의어 : 무산지몽(巫山之夢), 조운모우(朝雲暮雨).

중국 신화 속의 태양신이자 농업의 신으로 알려진 염제(炎帝)에게 요희(瑤姬)라는 어린 딸이 있었다.

그녀는 결혼할 나이가 되었을 때 그만 갑자기 요절하고 말았다.

정열적이었던 그녀가 죽자 영혼은 고요산의 요초(瑤草)가 되었다. 가련한 노란 꽃을 피우는 요초(瑤草) 열매를 따먹은 자는 이성과 사랑에 빠진다고 한다.

얼마 뒤 그녀의 요절을 불쌍히 생각한 천제는 무산(巫山)으로 보내 운우(雲雨)의 신으로 봉했다.

요절한 아가씨의 정열을 이렇게 해서라도 위로해 주고 싶었던 것이다.

그녀는 아침이면 아름다운 구름으로 변해 산과 골짜기를 돌아다니다가 저녁이 되면 비로 변해 내리면서 산과 골짜기를 헤매고 다녔다.

그리고 한참 세월이 흘러 전국시대 말기가 되었다.

초(楚)나라 회왕(懷王)이 어느 날 운몽(雲夢)으로 놀러왔다가 고당(高唐)에 이르러 잠시 머물고 있는데 갑자기 피곤이 몰려와 잠깐 낮잠을 잤다. 이때 꿈속에 아름다운 여인이 나타나 고운 목소리로 말했다.

"소첩(小妾)은 무산에 사는 여인이온대 왕께서 고당에 놀러오셨다는 말을 듣고 왔사옵니다. 원하옵건대 제가 잠자리를 모시겠사옵니다."

회왕은 기꺼이 그 여인과 사랑을 나누었다. 얼마 뒤 여인은 떠나야 한다며 이렇게 말했다.

"소첩은 무산 남쪽에 사는데 아침에는 구름이 되어 산봉우리에 걸려 있다가 저녁에는 비가 되어 내리는데 그게 바로 저랍니다."

말이 끝나자마자 여인이 홀연히 사라지고 잠에서 깨어난 회왕은 좀 전의 꿈이 신기하기도 하고 슬프기도 하였다.

이튿날 아침, 왕이 무산을 바라보니 과연 여인의 말대로 높은 봉우리에는 아침 햇살에 빛나는 아름다운 구름이 걸려 있었다. 왕은 그곳에 사당을 세우고 조운묘(朝雲廟)라고 이름지었다. 그뒤 회왕이 죽고 아들 양왕이 운몽에 놀러왔다가 아버지의 일화를 듣고 사모하는 마음이 생겼는데, 그날 밤 양왕의 꿈속에 그 여인이 나타나 잠자리를 함께 하는 똑같은 꿈을 꾸었다고 한다.

한자 up 그레이드

 (비 우)가 들어가서 만들어진 한자는 (비 우)에서 뜻을 취하고 아래 있는 한자는 거의 음으로 나온다.

이 한자 역시 밑에 (말할 운)이 음으로 나왔음을 눈치 챘을 것이다. 좀더 자세히 알아보자.

구름 운

비와 구름 이야기

비 우

구름 운

一(하늘)에 冖(먹구름)이 몰려
오더니 == (빗방울)이 후두두...

하늘로 올라가는 云(구름)에다가
雨(비)를 추가했다.

그러니까 云(운)자는 원래 수증기와 구름을 그린 거란다. 그런데 겨울이 되면 말할
때마다 우리 입에서 입김이 나오는데 꼭 수증기 같다.

그래서 云(말할 운)이라고 부르게 되자 할 수 없이 雨(비 우)를 추가해서 '구름
운'을 다시 만들었다. 굴러들어온 돌이 박힌 돌을 뽑는다니까.

- 雲集(운집) 사람이 많이 모임.
- 浮雲(부운) 뜬구름.

그럼 여기서 云(운)자를 넣어 만든 한자를 알아보자.

넋 혼   넋 백

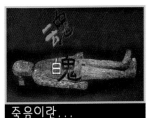

죽음이란...
魂과 魄이 분리되는 현상

우리는 제정신이 아닌 사람을 보면 "넋이 나갔다" "얼
이 빠졌다"고 한다. '넋'을 한자어로 魂魄(혼백)
이라고 한다.

옛날에는 사람이 죽으면 魂(혼)과 魄(백)이 분
리된다고 믿었다. 魂(혼)이 우리 몸속의 陽氣(양기)
에 해당되며 죽으면 云(구름)처럼 천상으로 올라간다.
魄(백)은 陰氣(음기)에 해당되며 죽으면 땅속으로
들어가 白(흰 뼈)만 남는다. 물론 云(운→혼)과 白
(백)은 음으로도 나왔다.

두 한자에 鬼(귀신 귀)가 공통으로 들어간 이유가

여기에 있다.

그래서 云鬼(혼)이 허공으로 날아가고, 白鬼(백)이 땅으로 흩어지는 것을 魂飛魄散(혼비백산)이라고 한다.

너무 놀랐을 때 쓰는 표현인데 이때 정말 정신 못차리면 바로 저승행이다.

일상 속에서는 어떻게 쓰이고 있는지 알아보자.

"아주 云鬼(혼)이 나갔다" "云鬼(혼)이 났다" "云鬼(혼)나고 싶냐!?" 알고 보니 서로 통하는 말이다.

이렇게 하루에 몇 번씩 云鬼(혼)나야 하루가 가는 우리 청소년들은 어쩌누.

그런데 아주 억울한 원한을 풀지 못하고 죽으면 云鬼(혼)이 승천하지 못하고 이승을 배회한다고 하니 조심할지어다.

요즘은 藝術(예술)적인 끼가 많으면 남들의 부러움을 산다. 정말 남들이 부러워할 만한 것일까?

재주 **예**　기술 **술**

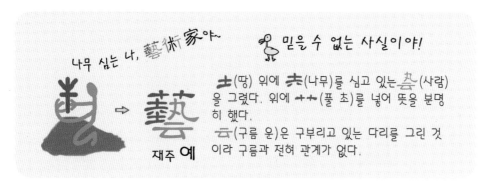

나무 심는 나, 藝術家야~

재주 **예**

믿을 수 없는 사실이야!

土(땅) 위에 夫(나무)를 심고 있는 埶(사람)을 그렸다. 위에 艹(풀 초)를 넣어 뜻을 분명히 했다.

云(구름 운)은 구부리고 있는 다리를 그린 것이라 구름과 전혀 관계가 없다.

옛날에는 '나무를 심고 가꾸는 재주를 가진 사람' 이라는 뜻에서 藝術(예술)이 나왔다. 術(기술 술)은 朮(차조 출→술)에서 음을 彳亍(행)에서 뜻을 취해 네거리를 걷는 모습인데 이것도 기술이 필요한가? 나무 심고 가꾸는 재주 정도는 나도 자신 있다!

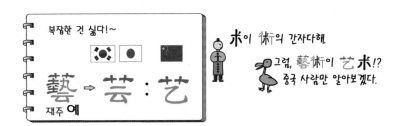

나무 심는 사람이 들어간 한자가 두 개 더 있다.

구부린 다리를 생략하고 나온 埶(예 → 세)에서 음과 함께 나무를 심고 농사를 잘 지어 강력한 나라를 만들어 力(세력)을 넓혀나간다는 뜻에서 '세력 세' '기세 세'가 나왔다. 요즘 사람들도 가질 수만 있다면 수단 방법 가리지 않고 차지하고 싶은 대단히 인기 있는 '권세'를 뜻한다.

그러나 권세(權勢)란 불길 같은 것이라 한번 붙으면 기세가 대단해서 꺼지지 않을 것 같지만 얼마 못 가서 사그러든다는 사실을 알아야 한다. 그래서 권불십년(權不十年), 화무십일홍(花無十日紅)이란 말도 있지 않은가.

- 權勢(권세) 권력과 세력.
- 破竹之勢(파죽지세) 감히 대적할 수 없을 정도로 막힘 없이 무찔러 나아가는 맹렬한 기세.
- 騎虎之勢(기호지세) 도중에서 그만두거나 물러나거나 할 수 없는 형세를 이르는 말.
- 勢力(세력) 남을 누르고 자기가 마음대로 행동할 수 있는 힘.

요즘 매스컴에서 '韓流 熱風(한류 열풍)'이란 말을 심심치 않게 듣는다. 뜨거운 바람이란 뜻을 가진 熱風(열풍)의 한자를 분석해 보자. 熱(더울 열)은 力(힘 력)이 생략된 埶(기세 세)에다 灬(불)을 넣어 만들어진 한자가 아닌가. "너 권력의 뜨거운 맛을 아느냐" 하고 묻는 것 같다.

- 熱氣(열기) 뜨겁게 가열된 기체. 뜨거운 기운.
- 熱量(열량) 열을 에너지의 양으로서 나타낸 것. 단위는 칼로리.
- 以熱治熱(이열치열) 열로 열을 다스림.

그렇다면 風(바람 풍)은 어떻게 만들어졌을까?

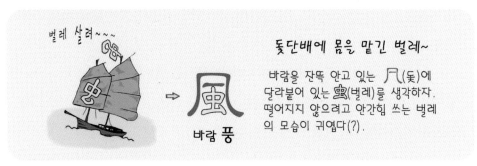

눈에 보이지 않는 '바람'을 문자로 그려내기가 쉽지 않았을 것이다. 이런 추상적 이미지를 사실화로 표현해 내는 인간의 능력이 경이롭다. 중국 문학사에 최고의 시인으로 꼽히는 당나라 낭만파 시인 이태백(李太白)은 궁중생활을 하면서 양귀비에게 인정을 받았으나 자유분방한 성격 때문에 궁궐에서 쫓겨나는 신세가 되었다.

이태백이 어느 날 자신처럼 능력을 인정받지 못하고 우울한 나날을 보내고 있는 왕거일(王去一)의 편지를 받았다. 술을 마시고 달빛에 취해 세상사의 고뇌를 잊기를 당부하는 답장의 시에서 유래한 한자성어를 감상해 보자.

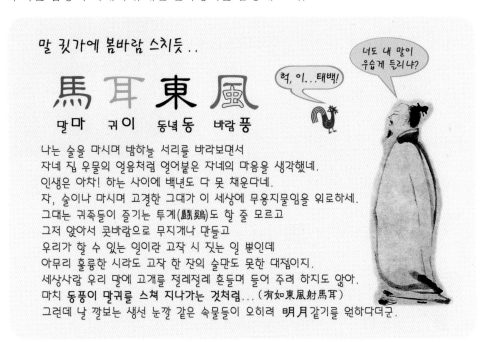

이태백은 '남들이 자기의 말을 귀담아 듣지 않는다' 는 馬耳東風(마이동풍)의 서러움을 술로 달래던 어느 날 강가에 비친 달을 따려다 그만 물에 빠져 죽었다고 전해진다.

요즘 우리 사회 실업자 중에서도 '20대 태반(太半)이 백수(白手)' 라고 한다. 이 말을 줄여서 '이태백(한자로 쓰면 二太白이다)' 이라고 부른다. 그런데 알고 보니 시인 이태백(李太白)이야말로 평생을 '백수(白手)' 로 살았다고 해도 과언이 아니다.

그러나 불우한 삶에서 빚어낸 불후(不朽)의 명시(名詩)가 훗날 인구에 회자(膾炙)되고 최고의 시인으로 불려지고 있으니 '이태백(二太白? 李太白?)' 의 인생이라고 너무 서러워 말고 인생역전의 기회를 잡았다고 생각하자.

- 風雲兒(풍운아) 좋은 기운을 타서 세상에 두각을 나타내는 사람.
- 風前燈火(풍전등화) '존망이 달린 매우 위급한 처지' 를 비유하여 이르는 말.
- 風景(풍경) 자연의 아름다운 모습.
- 風樹之嘆(풍수지탄) '어버이가 돌아가시어 효도하고 싶어도 할 수 없는 슬픔' 을 이르는 말.

다시 앞으로 돌아가서 風(바람 풍)에 보이는 凡(범)을 정리해 보자.

원래는 그림에서 보듯이 '돛' 을 그린 모양인데 문장 맨 앞에서는 ① '무릇 범' 이란 뜻으로, 한자어에서는 ② '평범할 범' 으로 나온다. 그래서 재료인 巾(수건 건)을 앞에 넣어 帆(돛 범)을 다시 만들있다.

일이 순조롭게 잘 되기를 기원하는뜻이다해.

먼 뜻인가요?

순풍에 돛을 올리다~

- 非凡(비범) 뛰어남.
- 平凡(평범) 뛰어나거나 색다른 점이 없이 보통임.

그렇다면 다음 한자를 보시라.

봉황 봉 봉황 황

鳳凰(봉황)은 고대 중국의 상상의 새로 기린(麒麟), 거북(龜), 용(龍)과 함께 영물(靈物)로 꼽히며, 덕망 있는 군자가 천자(天子)의 지위에 오르면 출현한다고 믿었다. 오동나무에 서식하며 대나무 열매를 먹고 신령한

샘물을 마신다고 전해지는데 수컷을 鳳(봉), 암컷을 凰(황)이라고 한다.

우리말에 '어수룩하여 이용해 먹기 좋은 사람'을 만나면 농으로 이렇게 말한다.

"나, 鳳(봉) 잡았다!"

당하는 사람은 기분이 좋을 리 없다. 그래서 볼멘 소리로 이렇게 외친다.

"내가 鳳(봉)이냐!?"

그리고 보니 '鳳(봉)이 鳳(봉) 대접을 못 받는구나. 왜 그럴까?' 하고 생각하다가 한자를 분해를 해보니 이런, 凡(평범한) 鳥(새)가 아닌가. 아니 鳳(봉)의 이미지가 추락하는 순간, 전에 읽었던 일화가 생각났다.

위진남북조시대 죽림칠현으로 유명한 혜강은 여안과 절친하여 매번 생각나면 천리를 마다 않고 달려가 만나곤 했다. 어느 날 여안이 혜강을 만나러 갔는데 출타 중이라 없었다. 그런데 당시 속물로 이름이 난 형 혜희가 문을 열고 반갑게 맞이하자 여안은 들어가지 않고 대문 위에 '鳳(봉)' 자를 써 놓고 가버렸다. 혜희는 너무 기분이 좋았다. 그러나 여안이 써 놓은 鳳(봉)자의 뜻은 '보통 새(凡鳥)'란 뜻이었다.

鳳(봉)을 어떻게 대접해야 할지 좀 난감하게 됐다. 그래서 '극(極)과 극(極)은 통한다'는 명언이 있나 보다.

그렇다면 암컷인 凰(황새 황)은 어떻게 만들어진 걸까?

鳳(봉새)의 흔적인 凡(궤)에다 皇(임금 황)에서 음을 취해 만들었다.

그럼 여기서 한자어 皇帝(황제)를 보자.

皇(임금 황)은 王(왕)자 위에 白(왕관)을 쓰고 있는 모습이라고 한다.

帝(임금 제)는 하늘에 제사지내는 제사상이라고 하니 그냥 외우는 것도 좋을 듯하다.

皇帝(황제)란 호칭은 왕을 초월하는 개념으로

皇 임금 황   帝 임금 제

통일왕국을 이룬 진(秦)나라 왕 정(政)이 처음으로 皇帝(황제)라 칭하였다. 재위 중에는 다만 皇帝(황제)로 불리다 죽은 뒤에 시황제(始皇帝)라는 시호를 붙여 진시황이라 하였다.

皇帝(황제)란 호칭을 처음으로 만든 장본인은 바로 진시황(秦始皇)이었다.

그럼 다시 구름 이야기로 돌아와 구름의 다른 모양을 보기로 하자.

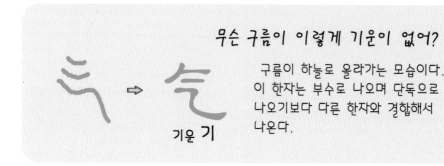

무슨 구름이 이렇게 기운이 없어?

기운 기

구름이 하늘로 올라가는 모습이다. 이 한자는 부수로 나오며 단독으로 나오기보다 다른 한자와 결합해서 나온다.

기운 氣

흔히 쓰는 표현 중에 '밥 힘으로 산다'는 말이 있다. 그 말을 증명해 주는 한자가 바로 이것! 기운을 내려면 밥을 먹어야 한다.

그래서 气(기운 기)에 米(쌀 미)를 넣어 만들었다.

오천 년 전 사람이나 지금의 우리나 밥을 먹어야 힘이 나는 건 똑같은 모양이다.

- 氣運(기운) 대세(大勢)가 어떤 방향으로 향하려는 움직임.
- 活氣(활기) 활발한 기운이나 기개.

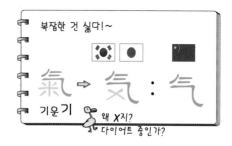

복잡한 건 싫다!~

氣 ➡ 気 : 气

기운기

왜 X지?
다이어트 중인가?

물끓는김 氣

气(기운 기)에 氵(삼 수)가 붙었다.

구름처럼 공중으로 올라가는 물?

318

아하, 주전자에 물 끓일 때 위로 올라가는 수증기를 말하는 거구나.

수증기 하니까 증기기관(蒸氣機關)에 의해 달리던 기차(汽車)가 떠오른다.

시대가 변해 지금은 칙칙폭폭 소리내며 달리는 기차(汽車)는 고전적인 옛 영화에서 나 볼 수 있다. 그런데 지금 중국에서는 기차(汽車)가 기차(汽車)가 아니란다.

중국에 가면 거리에 자전거도 많지만 경제가 날로 성장하면서 汽車(기차=자동차)를 가진 사람들도 많이 생겼다.

그래서 길 여기저기에 汽車(자동차)와 公共汽車(공공기차=버스)를 쉽게 볼 수 있다. 아, Bus를 음차해서 巴士(파사)로 쓰기도 한다.

气(기)? 뭔가 비슷한 것 같은데 다르다. 가운데 한 획이 빠졌다. 잘 보지 않으면 헷갈리기 쉽다. 그럴 수밖에 없는 것이 이 한자도 气(기운 기)와 같은 유래를 가졌는데 여기저기 유리걸식하여 다니는 거지를 가리키는 한자로 바뀌었다. 하긴 정처없이 떠돌아다니는 폼이 구름이랑 비슷하긴 하다.

구걸할 **걸**

■ 乞人(걸인) 거지.
■ 門前乞食(문전걸식) 이 집 저 집 돌아다니며 빌어먹음.

자, 그럼 雨(비 우)가 들어간 한자들을 모아보자.

서리 **상**

雨(비 우)에서 뜻을 相(서로 상)에서 음을 취해 만들었다.
相(서로 상) 아래 心(마음 심)을 넣은 想(생각 상)도
함께 알아두자.

■ 雪上加霜(설상가상) '어려운 일이 연거푸 일어남'을 비유하여 이르는 말.

번개 **전**

과학문명이 발달하면서 우리와 뗄래야 뗄 수 없는 것이 있으니
그건 바로 電氣(전기)다. 이 한자가 나오면 전자제품과 관련 있다.
그럼 유래를 보자.

번개 조심 ! 전기 조심 !

빗속에서 번쩍이는 電(번갯불)만 그렸
다가 후에 雨(비)를 추가했다.
지금은 전기라는 뜻으로 활용되고 있으
니 꼬~옥 알아두자.
자매품 천둥은 어떤 모습일지 궁금하다.

■ 電子(전자) 원자를 이루는 기본적 소립자의 한 가지.
■ 電氣(전기) 전자의 이동으로 생기는 에너지의 한 형태.

자매품 '천둥소리'를 어떻게 표현했을까 봤더니 電(번개 전)과
비슷하다.

천둥 **뢰**

천둥 **뢰**

꼬리 짤린 번개가 천둥인가?

보이지 않는 천둥소리는 어떻게 그렸을까?
번개 주위에 ⊕(천둥소리)을 여러 개 그렸
는데 뒤에 하나만 남았다.
추상화도 거뜬히 그리는 인간의 위대함!

電(번개 전)자와 비슷하게 생겼다고 혼동해서 쓰면 낭패 당하기 쉽다.

- 地雷(지뢰) 땅속에 묻어 밟으면 터지도록 장치한 폭약.
- 附和雷同(부화뇌동) 아무런 주견이 없이 남의 의견이나 행동에 덩달아 따름.

조선 세종대왕 때 명재상 황희는 비만 오면 방안에 떨어지는
빗물을 감당할 수 없어 우산을 쓰고 있어야 했다. 이런 방 안에서
우산 없는 백성들은 어찌하고 있나 걱정했다고 한다.

이렇게 옛날엔 비가 오면 방 안 여기저기에서 떨어지는 빗물을
받기 위해 큰 그릇을 두는 집들이 많았다. 이 한자가 바로 그 모
습을 그렸다.

샐 **루**

여기서 주의 할 것은 尸(시체 시)가 屋(집 옥)에서 일부를 생략한 모습이란 것
을 알아야 한다. 尸(집안)에 雨(빗물)이 뚝뚝 떨어지는 모습에 氵(삼수)를 앞에 넣
어 빗물을 강조했다. 요즘은 천장 같은 데서 생기는 누수(漏水)현상보다 정권말기에
생기는 '권력누수(漏水)현상'이 더 위험하다.

- 漏水(누수) 물이 샘, 또는 새는 그 물.
- 漏電(누전) 절연이 불완전하여 전류의 일부가 전선 밖으로 새어 나가는 일.
- 漏落(누락) 기록에서 빠짐, 또는 기록에서 빠뜨림.

귀신 **신**   신령 **령**

앞에서 示(보일 시)가 제단을 그린 것이라고 설명한 바 있다.

양이 피 흘리고 누워 있는 示(제단)을 보니 분명 귀신과 관계 있는 한자인데 그럼 뒤에 있는 申(신)은 무엇일까?

어라? 나랑 생김새가 똑같네.

내말 좀 들어 봐!

우르릉 콰! 콰!

⇒ 아뢸 **신**

꼬부라진 電(번개)만 있는 것이 아니라 申(내리 꽂는 번개)도 있다. 여기서 자기의 생각을 진술하거나 '알리다'는 뜻이 나왔다. 이렇게 電(번개 전)과 차별화하면서 독립했다.

번갯불을 보고 만든 한자가 또 있었구나.

申(번갯불)이 번쩍거리고 비가 억수로 퍼붓는 示(제단) 앞에 서 있는 神(신)이라고 생각하니 무섭다! 申(신)은 음으로도 나왔다.

변화무쌍하고 신령스러움의 대상이기도 한 '귀신 신'은 이렇게 만들어졌다.

그럼 다음 한자어에 申(아뢸 신)과 神(귀신 신)을 구별할 수 있나 확인해 보자.

입 모양 잘 보면 답이 보인다!

1. ( )告 : 신고

2. ( )話 : 신화

3. ( )請 : 신청

4. 鬼( ) : 귀신

5. ( )出鬼沒 : 신출귀몰

이것으로 끝이 아니다. 🔠(아뢸 신)을 음으로 취한 한자가 두 개 더 있다.

🔠(아뢸 신) 앞에 𝗜(사람 인)을 넣어 번개처럼 몸을 꼿꼿하게 '펴다'는 뜻을 만들었다.

펼 **신**

- 伸張(신장) 길고 넓게 늘임.
- 伸縮性(신축성) 늘고 주는 성질.

土(땅) 속으로 내리 꽂는 🔠(번개) 아닌가!

물론 🔠(신→곤)에서 음도 나왔다. 한자 좀 안다 싶은 사람들은 "아, 건곤감리(乾坤坎離)에서 봤다"고 말할 것이다. 태극기 안에 있는 4괘 정도는 대한민국 국민이라면 알고 있어야 하는 거 아닌가?

땅 **곤**

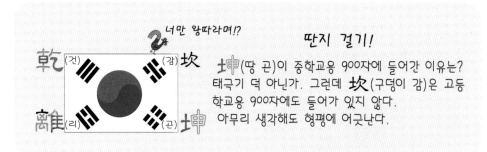

너만 왕따라며!?

딴지 걸기!

土(땅 곤)이 중학교용 900자에 들어간 이유는? 태극기 덕 아닌가. 그런데 坎(구덩이 감)은 고등 학교용 900자에도 들어가 있지 않다. 아무리 생각해도 형평에 어긋난다.

설마 아래 한자성어 때문에 土🔠(땅 곤)이 중학교용 900자에 들어간 건 아니겠지?

- 乾坤一擲(건곤일척) 하늘과 땅(운명과 흥망)을 한번 던져 승부를 겨룸.

🔠(귀신 신)에서 시작된 🔠(번갯불) 이야기는 여기서 끝내고 뒤에 있던 한자 靈(신령 령)에 대해 알아보자.

고대시대에는 비가 오지 않으면 인간들의 속은 새까맣게 타 들어간다. 그래서 사람과 신(神)을 연결해 주는 巫堂(무당)이 기우제를 지냈다.

巫(무당)의 호소를 들은 하늘의 신이 잠시 뒤에 우박 같은 霝(비)를 뿌려준다.

그래서 霝(비내릴 령)은 자연적인 비가 아니라 '신적인 힘에 의해 내리는 비'인데 지금은 이 한자만 따로 나오지 않는다.

이렇게 만들어진 靈(신령 령)은 '선(善), 귀신(鬼神), 기이(奇異)'하다는 이미지를 갖게 되었다.

그런데 정말 신이 무당(巫堂)의 말을 듣고 비를 내려준 걸까? 궁금하다.

靈적인 힘이란?

빗방울이야 우박이야?
무당의 power!

不神 이시여!
비를 내려 주소서!

우와~ 비 온다!

- 靈魂(영혼)　육체에 깃들어 인간의 활동을 지배하며, 죽어서도 육체를 떠나 존재하는 것으로 여겨지는 정신적 실체.
- 神靈(신령)　신앙의 대상이 되는 초자연적인 정령.
- 靈感(영감)　신의 계시를 받은 것같이 머리에 번득이는 신묘한 생각.

마른 하늘에서 비를 내리게 하는 재주를 가진 巫(무당 무)는 어떻게 만들어졌을까?

이제 슬슬 나, 巫의 정체를 밝혀 볼까.

내 맘대로 해석

一(하늘)과 一(땅) 사이에 人人(인간들)을 신과 丨(연결)시켜 주는 중개인이며 신적인 존재 '무당'이라고 해.
　그런데 뒤에 만들어진 한자 좀 봐!
巫(무당)은 없는 사실을 있는 것처럼 言(말)을 꾸민다하여 '誣(속일 무)'를 만들었어.
연암 박지원도 <호질문>에서 그랬다지.

巫 誣也 무당은 속이는 자이다.

졸지에 惑世誣民(혹세무민)의 주범이 돼버렸어.

巫女 말에 속지마슈.

신윤복/ 巫女神舞(무녀신무)

- 巫俗(무속)　무당들의 풍속이나 습속.
- 巫堂(무당)　귀신을 섬기면서 길흉(吉凶)을 점치고 굿을 하는 여자.
- 惑世誣民(혹세무민)　세상 사람을 속여 미혹하게 하고 세상을 어지럽힘.

324

佳人薄命

아름다울 **가** 사람 **인** 얇을 **박** 목숨 **명**

27. 가인박명

직역 : 아름다운 사람은 운명이 박복함.

의역 : 미인은 수명이 짧거나 기구한 인생행로로 불행해짐.

〈적벽부〉로 유명한 소식(蘇軾 : 1036~1101 소동파라고도 부름)이 1073년 38세에 항주의 지방관으로 있으면서 많은 승려들과 왕성한 교류를 했다.

그 승려들 중 나이 삼십이 이미 넘었다는 예쁜 비구니가 있었는데, 그녀의 모습을 보고 젊은 시절에 많은 사연이 있었음을 상상하며 시 〈박명가인(薄命佳人)〉을 지었다 (일설에는 1080년 45세 때 황주에서 썼다고도 한다).

두 볼은 우유 빛, 머리는 옻칠한 듯
주렴 사이로 비치는 눈빛, 구슬처럼 빛나고
흰 비단으로 선녀 옷 지어 입고서
깨끗한 얼굴 더럽힐까 붉은 연지 바르지 않았네.
오나라 말소리는 애교스럽고 앳되기만 한데
그녀의 끝없는 슬픔은 다 알기가 어렵네.
예로부터 예쁜 여인의 운명은 기박하다 하더니
문 닫고 봄이 끝나니 버들 꽃잎 떨어지네.

항주의 서호에 서 있는 蘇軾(소식)

雙頰凝酥髮抹漆　眼光入簾珠的皪
故將白練作仙衣　不許紅膏汚天質
吳音嬌軟帶兒癡　無限閒愁總未知
自古佳人多命薄　閉門春盡楊花落

우리나라에서는 미인박명(美人薄命)을 더 즐겨 쓴다.

한자 UP 그레이드

사람 **인**

사람이 혼자 서 있는 모습이라는데 그보다 아래의 모습이 더
인간답지 않을까?

人이란...

힘들지?
괜찮아.

서로 버팀목이 되어 의지하는 것.

그럼 위 그림을 표현한 한자는 없을까? 사전을 뒤적였더니 아래 한자가 튀어나왔다.

어질 **인**

亻(사람)이 二(두 명)이라……

혼자가 아닌 둘, 여러 사람이 사이좋게 어울린다는 뜻으로 만
들어졌다. 그래서 많은 사람을 사랑한다는 박애(博愛) 정신을 보
여주고 있다.

그런데 어디서 많이 본 듯한 한자인데 아, 공자(孔子)의 仁(인)사상!
학문적으로 접근하면 어렵지만 아래 그림으로 보면 그리 어렵지 않다.

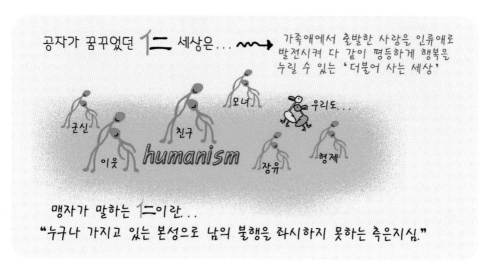

알고 보면 공자(孔子)는 휴머니스트였다.
이제 사람에 대한 정의를 내릴 시간이 왔다. 人 (사람 인)자 5개로 풀어 보자.

장난 같아 보이지만 완벽한 해석이다. 사람 뒤에 '답다' 가 들어가야 완벽한 사람의
모습을 갖추게 된다는 뜻 아닌가. 쉽지 않다.

사실 이런 한자는 즐겁게 외울 수가 없다.
그래도 외워야 한다면 먼저 이 한자의 포인트부터 알아야겠다.

薄
얇을 **박**

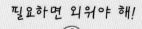

尃
펼 부

얕은 논바닥을 고르게 펴서 2~3cm
깊이로 모를 심는 모습이다. 다른 한자
와 결합하여 음이 '박'과 '부'로 난다.

專
오로지 전

비슷하게 생겼다고 생각하겠지만
전혀 관계없다.
궁금해도 조금만 기다리시라.

모내기 할 때 논바닥을 그린 尃(박)에다 촉촉하게 적신 氵(물) 위로 삐죽 올라온 ++(벼)를 넣어 '얇을 박'을 만들었다.

꽤 복잡하게 생긴 것이 외울 마음도 안 나게 생긴 한자지만 그래도 이렇게라도 외워 두면 다른 한자들과 비교도 되기 때문에 헷갈리지 않는다. 그러니 포기하지 말자. 활 용도 많다.

- 薄利多賣(박리다매) 상품의 이익을 적게 보고 많이 팔아 이윤을 올리는 일.
- 薄福(박복) 복이 없음. 팔자가 사나움.
- 薄氷(박빙) 살얼음. 근소한 차이.
- 薄俸(박봉) 많지 않은 봉급.

厚
두터울 후

이것도 알아두자.

"사람 인심 한번 薄(박)하네"라는 말은 듣기 싫지만, "거, 인 심 참 厚(후)~하다" 하면 기분까지 좋아진다.

厂(언덕)아래 음식 혹은 물질을 가열하는 昌(도가니)를 그려 '묵직하고 두껍다'는 뜻이 나왔다.

- 重厚(중후) 몸가짐이 정중하고 견실함.
- 厚顔無恥(후안무치) 얼굴이 두껍고 뻔뻔스러워 부끄러움을 모름.

모내기 하던 농부가 허리를 펴면서 논을 바라보며 하는 첫마디는? "와, 넓~다!"

넓을 **박**

尃(박) 앞에 큰 숫자 十(열 십)을 넣어 '넓을 박'을 만들었더니 薄(얇을 박)과 반대의 뜻이 돼버렸다. 발밑에는 '얇은 물' 눈앞에는 '넓은 논'을 생각하면서 외우자.

- 博愛(박애) 뭇사람을 차별 없이 두루 사랑함.
- 博士(박사) 대학에서 수여하는 가장 높은 학위. 또는 그 학위를 딴 사람.

대나무를 쪼개서 글을 썼던 시절이 있었다.

薄(부)에서 음을, 竹(대 죽)에서 뜻을 취해 만들었다.

- 帳簿(장부) 금품의 수입과 지출을 기록하는 일. 또는 그 책.
- 家計簿(가계부) 집안 살림의 수입과 지출을 적는 장부.

문서 **부**

자, 이제부터 尃(부)와 모양이 비슷하게 생긴 專(오로지 전)에 대해 알아보자.

난 길쌈질의 專門家!

寸(손)에 叀(북)을 들고 길쌈질 할 때 모습! '오로지' 이 일에만 매달려야 하니 전문가가 되는 건 시간문제다.
앞에 나온 尃(부)와 꼭 구별하자.

21세기는 專門家(전문가)를 요구하는 시대이다. 활용이 많으니 꼭 알아두자.

- 專攻(전공) (어느 일정한 부문에 대하여) 전문적으로 연구함.
- 專門家(전문가) 한 가지 분야에 전문적인 지식이나 기술을 가진 사람.
- 專用(전용) 혼자서만 씀.

전할 전

이렇게 익힌 전공(專攻)을 다른 **亻**(사람)에게 '전수', '전달'
한다는 뜻이다. 물론 **專**(전)은 음으로도 나왔다.

- 傳達(전달) (상대에게 무엇을) 전하여 이르게 함.
- 傳統(전통) 어떤 집단이나 공동체에서 예부터 이어 내려오는 관습, 행동 따위의
양식.

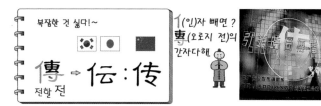

구를 전

車(수레)를 넣어 굴러간다는 뜻이다 **專**(전)은 물론 음으로
나왔다.

- 移轉(이전) (처소나 주소 따위를) 다른 데로 옮김.
- 轉禍爲福(전화위복) 화(禍)가 바뀌어 오히려 복(福)이 됨.
- 回轉(회전) 빙빙 돎.

둥글 단

專(전 → 단)에서 음을 취하고 사람들이 **□**(원)을 그리며
둥글게 모여 있는 모습이다. 시간이 흐르면서 상형문자가 문자화
되면서 동그라미가 이렇게 네모로 변했다. 한자에는 동그라미가
없다.

- 團體(단체) 같은 목적으로 모인 두 사람 이상의 모임.
- 團合(단합) 함께 화합함.

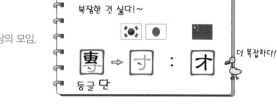

은혜 혜

베틀에 앉아 **叀**(북)을 쥐고 열심히 길쌈질하는 어머니의
心(마음)을 자식들은 헤아릴 수 있을까?
자식들을 굶기거나 헐벗게 하지 않으려고 낮에는 밭일로 밤에
는 잠을 쫓아가며 길쌈질을 하면서 고단한 삶을 보냈던 우리의

330

어머니들.

그래서 '어머니의 은혜'는 하늘보다 높고 바다보다 깊은 것이리라.

- 恩惠(은혜)　자연이나 남에게서 받는 고마운 혜택.
- 惠澤(혜택)　은혜와 덕택.

이 두 한자는 비슷한 점이 많다.

우선 (명령할 령)부터 보기로 하겠다.

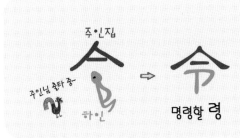

令生令死의 운명!

주인 △(집)에서 卩(무릎 꿇고)앉아
'명령'을 기다리고 있다.
그래서 '존경과 경칭'의 뜻도 있다.
아, 今(지금 금)과 헷갈리지 말자~

그러니까 '명령'이라는 뜻 외에 '경칭'의 뜻도 있다는 말인데…….

아하, 바로 이거다. 아래 한자어를 보자.

- 令夫人(영부인)　님의 부인을 높여 부르는 말.
- 令愛(영애)　남의 딸을 높여 부르는 말.
- 令息(영식)　남의 아들을 높여 부르는 말.

1970년대 육영수 여사를 영부인이라고 불렀다.

그때 어린 나이에 난 '대통령(大統領)의 부인(夫人)'이라 '領夫人'으로 쓰는 줄 알았다. 알고 보니 '令夫人'으로 쓰는 것 아닌가?

'왜 이렇게 쓰지?' 하고 의문만 남긴 채 많은 시간이 흐른 뒤에서야 알았다.

令(령)의 뜻에 상대방의 가족이나 친지를 높여 부르는 '경칭'이 있다는 것을. 따라서 영부인(令夫人)은 명령하는 남편을 둔 부인도 명령하는 부인도 아닌 대통령의 부인에 대한 '경칭'이었다.

여기서 하나 더 알아두자. 令(명령)하는 頁(우두머리)에서 領(거느릴 령)이 나왔다. 이래서 大統領(대통령)의 책임은 막중하다. 최고의 지휘자가 아니던가.

자, 그럼 命(명령할 명)은 주인도 그려 넣었다는데 한번 보자.

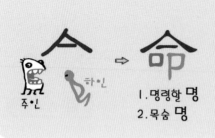

주인님 命令에 내 命이 달렸다!

令(명령 령)에다 윗사람이 호령하는 口(입)을 추가해서 만들었다.

令(령)보다 훨씬 강력하고 구속력이 있다.

아, 주인의 命에 하인의 命이 바람에 지는 꽃처럼 애처롭다.

1. 명령할 명
2. 목숨 명

주인 앞에 무릎 꿇고 앉아 있는 하인의 표정은 분명 '목숨만 살려 줍쇼' 이다.

그래서 하인 목숨은 호랑이 주인의 밥인 것이다. 그러나 윗사람이라고 아랫사람에

민초들 우습게 보지 마!

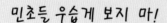

易 姓 革 命

바꿀역 성씨성 바꿀혁 명령명

백성들이 내 姓을 바꾸려고 해~

하늘의 뜻이야!

孟子(맹자)가 말하길...

"공자께서 백성은 풀이요, 군주는 바람이라 하셨다. 바람이 부는 대로 움직이는 힘 없는 잡초 말이다. 그런데 군주가 포악한 정치를 하면 하늘은 가차 없이 그 지위를 빼앗아 타성(他姓)의 덕망 있는 자에게 주라고 민초들에게 명령을 내린다.

그럼 민초는 벌 떼처럼 일어나 군주를 갈아 치운다.

이처럼 성을 갈아 치우고 천명을 새롭게 하는 것을 易姓革命이라 한다."

게 함부로 했다가는 큰코다치는 일이 생긴다. 다음 한자성어를 보자.

맹자(孟子)가 주장한 易姓革命(역성혁명)은 군주에게는 참으로 위협적인 발언이다. 맹자가 군주에게 하고 싶은 말은 한 마디로 이것이 아닐까?

"당신 똑바로 해!"

4

말을 이해하는 꽃이여, 그대는 누구인가

28 춘 래 불 사 춘 春 來 不 似 春
29 추　　　선 秋　　　扇
30 해 어 화 解 語 花
31 비익조연리지 比 翼 鳥 連 理 枝
32 경 국 지 색 傾 國 之 色
33 구 우 일 모 九 牛 一 毛
34 인 생 여 조 로 人 生 如 朝 露
35 가 정 맹 어 호 苛 政 猛 於 虎
36 와 신 상 담 臥 薪 嘗 膽

春 來 不 似 春

봄**춘** 을**래** 아니**불** 같을**사** 봄**춘**

28. 춘래불사춘

직역 : 봄은 왔으나 봄 같지가 않다.

의역 : 따뜻한 봄이 와도 즐길 여유가 없음. 주변 상황은 좋아졌으나 자신은 별로 나아진 것이 없을 때, 혹은 정치적으로 상황이 암울할 때를 비유함.

중국 역사상 한족에게 가장 귀찮은 존재로 끝없이 피해를 준 변방 이민족 중 하나가 흉노족이다.

한나라를 건국한 고조(유방)는 32만 대군을 이끌고 40만 흉노족을 공격했다가 도리어 포위 당하는 수모를 겪은 뒤 화친조약을 체결하는데 주요 내용을 보면 다음과 같다.

● 한나라의 적장공주(嫡長公主)를 선우(單于 : 흉노족의 추장)의 아내로 보낼 것.
● 해마다 피륙과 곡식, 술, 음식 등을 조공으로 보낼 것.

그 후 세월이 흘러 원제(元帝) 때의 일이다.

전국 각지의 미인 수천 명을 선발해서 후궁으로 채우는데 당시 방년(芳年) 17세인 왕소군(王昭君)도 궁으로 들어가게 되었다.

원제는 수많은 궁녀들을 일일이 볼 수 없으므로 화공(畵工)에게 초상화를 그려오게 하여 그 화첩을 뒤적여 보고 마음에 드는 궁녀를 불러들이곤 했다.

그러자 후궁들이 너나 할 것 없이 실물보다 더 잘 그려 달라고 화공에게 뇌물을 바쳤으나 자존심이 강한 왕소군만 뇌물을 바치지 않았다. 그러자 화공 모연수(毛延壽)는 괘씸죄를 적용하여 못생기게 그려주었다.

漢宮春曉/仇英/國立故宮博物院

그런 연유로 왕소군이 황제에게 부름을 받지 못한 지 5년의 세월이 흘렀다.

그러던 어느 날 흉노의 선우 호한야(呼韓邪)가 모피와 준마를 공물로 가지고 장안(長安)에 도착했다. 연회 자리에서 호한야가 말하길,

"한(漢)나라의 사위가 되고 싶습니다."

이 말을 들은 원제는 조정의 아름다운 궁녀들을 먼저 보여 선우를 놀라게 해주고 싶어 자기와 만난 적이 없는 후궁들을 소집케 했다.

후궁들은 황제를 직접 만나 마음을 사로잡을 수 있는 절호의 기회라고 생각하고 한껏 치장을 하고 들어갔다. 궁녀들을 둘러본 호한야가 원제에게 말했다.

"뭐, 꼭 공주를 요구하는 건 아닙니다. 저 후궁들 중에 한 명이라도 괜찮겠습니다."

원제도 공주를 주는 것보다 더 좋다 싶어 이렇게 대답했다.

"선우께서 보고 맘에 드는 미인을 골라 데려 가시지요."

그러자 호한야는 너무 기쁜 나머지 큰소리로 외쳤다.

"바로 저 궁녀입니다."

원제는 호한야가 가리킨 궁녀를 보고 그만 깜짝 놀라고 말았다.

'아니, 어떻게 저런 미인을 내가 몰랐을까?'

그렇다고 이제 와서 뒤집을 수는 없었다.

원제는 정신 없이 궁으로 돌아와 화첩을 뒤져본 뒤 화공 모연수를 향한 분노로 화가 치밀어 올랐다.

원제는 모연수의 뇌물 수수 사실을 알게 되었고 황제를 기만했다는 죄목으로 저잣거리에서 그를 참수시켰다.

삼일 뒤 장안 백성들의 이별의 눈물을 뒤로 한 채 왕소군은 비파(琵琶)를 연주하면

서 흉노땅으로 떠났다.

왕소군은 흉노땅을 밟은 2년 뒤에 아들을 낳았는데 호한야가 그만 세상을 떠나고 말았다.

호한야의 뒤를 이은 장자가 선우가 되자 왕소군은 흉노의 풍속에 따라 새로운 선우의 부인이 되었으며 뒤에 딸 둘을 낳고 35세에 세상을 떠났다.

황량한 허허벌판에 버려진 한나라의 도도한 후궁, 왕소군. 낯선 흉노땅에 살면서 얼마나 고국을 그리워했을까?

후대 당나라 시인 동방규(東方虯)가 왕소군의 심정을 대변하는 시를 지었다.

비파를 연주하며 쓸쓸히 흉노 땅으로 떠나는 모습을 그린 왕소군. 지금은 관광기념품점에서 쉽게 만나 볼 수 있다.

오랑캐 땅에는 꽃도 풀도 없으니	胡地無花草
봄이 와도 봄 같지 않구나	春來不似春
자연히 옷 띠가 느슨해지니	自然衣帶緩
허리를 날씬하게 하려는 것이 아니로다.	非是爲腰身

봄이 와도 진정 봄을 느낄 수 없는 왕소군의 마음을 묘사한 이 시에서 春來不似春(춘래불사춘)이 나왔다. 이 시구는 한때 우리들이 애용(?)한 때가 있었다.

민주화 운동으로 최루탄이 하늘을 덮었던 우울한 1980년대 어느 봄날.

"아, 따뜻한 봄은 왔는데 우리들 마음은 왜 봄 같지 않지!? 春來不似春이야."

또는 주식시장은 폭등했다는데 내가 보유한 주식만 오르지 않을 때도 탄식 한 마디!

"아… 春來不似春!"

昭君墓(소군묘)/ 내몽고자치구

만물이 생동하는 봄이 되면 따뜻한 日 (태양) 아래 파릇파릇

夫 (새싹)이 돋아난다.

사람으로 치면 '젊은 시절'이요

한 해로 본다면 '새해'를 의미한다.

春

봄 **춘**

- 思春期(사춘기) 이성(異性)에 관심을 가지게 되는 젊은 시절.
- 靑春(청춘) '스무 살 안팎의 젊은 나이'를 비유하여 이르는 말.
- 新春(신춘) 새봄.
- 春困症(춘곤증) 봄철에 느끼는 노곤한 기운.

그런데 아래에 보이는 한자 4개는 봄과 전혀 관계 없이 모양만 비슷하다. 유래로 외우면 좋으련만 변형이 심해 여의치가 않다.

이럴 때 가장 좋은 방법은? 헷갈리는 한자들을 묶어서 열심히 외우는 것이다.

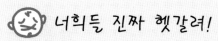

너희들 진짜 헷갈려!

이 한자는 앞에 서 봤다!

奉   奏   秦   泰

1. 받들 봉   2. 연주할 주   3. 진나라 진   4. 클 태

ex) 奉仕(봉사)   演奏(연주)   秦始皇帝(진시황제)   泰山(태산)

위에 나온 한자어 때문에 목숨이 붙어 있다고 봐도 과언이 아니다. 활용할 만한 다른 한자어가 거의 없으니 위의 한자어로 묶어서 외우자.

봄 이야기가 나왔으니 나머지 계절도 한번 둘러보자.

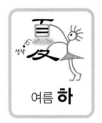

여름 하

뜨거운 태양 아래 한 사람이 느릿느릿 걸어가고 있다. 작열하는 태양이 頁(머리) 위로 쏟아지는 어느 더운 날, 비 오듯 쏟아지는 땀을 닦으며 夂(천천히 걸어가는) 사람을 생각하자.

■ 立夏(입하) 곡우와 소만 사이로, 5월 6일경. 이 무렵에 여름이 시작된다고 함.

가을 추

가을을 뜻하는 한자답게 논에는 禾(벼)가 익고 들판에는 火(울긋불긋) 단풍 물든 풍경화를 생각하면 그럴 듯하지만 실은 아니다.

천고마비(天高馬肥)의 계절에 흉노족의 침입을 걱정해야 했던 중국에는 또 하나의 무단 침입자가 있었으니 지금도 골치 아픈 메뚜기떼의 출현이다.

그야말로 설상가상(雪上加霜), 속수무책(束手無策)이었다.

따라서 禾(벼 화)로 보이는 이 한자는 메뚜기의 형상으로 메뚜기를 잡아 火(불)에 태워 죽이는 모습을 그린 것이다. 옛날의 가을은 지금처럼 단풍의 계절, 행락의 계절이 아니었다.

메뚜기 구워먹는 계절.

■ 秋風落葉(추풍낙엽) 가을바람에 떨어지는 잎.

가을은 남자의 계절이라고 했다. 버버리코트 깃을 세우고 낙엽 떨어진 벤치에 앉아 있는 가을남자의 뒷모습에서 哀愁(애수)가 느껴진다.

秋(가을)이 되면 고독감에 빠지게 되는 남자의 心(마음)이라고 생각하자.

근심 **수**

■ 哀愁(애수)   마음을 서글프게 하는 슬픈 근심.

앗, 위에 있는 夂(뒤처져올 치)라고 하는 이 한자는 '여름 하'에서 보았던 夊(천천히 걸을 쇠)와 모양이 거의 같다!

처음에는 구분했는데 지금은 '걷는다'는 뜻으로 구분 없이 같이 쓴다. 그렇다면 이렇게 외워보는 건 어떨까?

겨울 **동**

■ 🌿 내 맘대로 해석 🌿 ■

꽁꽁 언 🧊(빙판)을 걸을 때에는 미끄러지지 않도록 천천히 夂(걸어야) 한다.

산천이 꽁꽁 얼어버린 한겨울에 산사(山寺)로 걸어가는 스님의 뒷 모습을 생각해 보자.

빙벽을 탈 때는 천천히 발을 떼야해.

빙판길은 천천히!

■ 冬將軍(동장군)   '겨울의 매운 추위'를 이르는 말.

冬(겨울)은 음과 함께 계절의 끝이라는 뜻도 포함한다. 여기에 매듭을 짓는다는 糸(실 사)를 넣어 뜻을 분명히 했다.

마칠 **종**

■ 終末(종말)   (계속되어 온 일이나 현상의) 끝판. 맨 끝.
■ 終禮(종례)   그날의 일과를 마치고 담임선생과 학생이 한곳에 모여 나누는 인사.
■ 終講(종강)   강의를 끝마침. 또는 그 강의.
■ 終身(종신)   일생을 마칠 때까지.

이 한자의 유래가 다소 엉뚱하게 보일 수 있다.

올 래

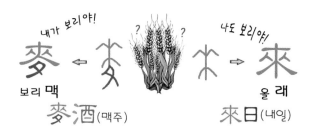

내가 보리야!

보리 맥

麥酒(맥주)

나도 보리야!

올 래

來日(내일)

원래는 보리를 그린 한자가 來(올 래)인데 지금은 보리와 상관없이 '오다' 는 뜻으로 쓰고 있다. 그래서 뿌리를 추가해서 만든 한자가 麥(보리 맥)이다. 생긴 것도 비슷하게 생겼다. 여기서 麥(보리 맥)을 넣어 만든 한자성어를 보자.

보리만 보면 눈물이 나.

보리 맥   이삭 수   ~의 지   탄식할 탄

은나라 주왕이 주색에 빠져 폭정을 일삼자 이를 간한 신하 비간은 가슴을 찢기는 극형을 받아 죽고 미자와 기자는 망명을 했다.
은나라가 망한 뒤 기자가 은나라의 옛 도읍지를 지나게 되었는데 번화한 모습은 간데없고 궁궐터에 보리와 기장만이 무성하자 울컥한 마음에 시 한 수를 읊었다.

보리 이삭은 무럭무럭 자라나고   [麥秀漸漸兮]
벼와 기장도 윤기가 흐르는구나.   [禾黍油油兮]
교활한 저 철부지[=주왕]가   [波狡童兮]
내 충간을 듣지 않아 슬프도다!   [不與我好兮]

여기서 유래된 麥秀之嘆은 '고국의 멸망을 탄식'한다는 뜻이다.

망한 뒤에 탄식이 무슨 소용이 있을까?

밀가루 면

麥(보리)를 가루로 만들어서 만든 밀가루 음식이라는 뜻에다가 面(얼굴 면)을 음으로 취해 만들었다. 오늘날 밀가루로 만든 다양한 음식이 만들어지면서 '麵生麵死(면생면사)' 하는 마니아들이 많이 생겼다. 면발이 생명인 시대가 온 것이다.

麵生麵死

쫄깃쫄깃한
麵빨~~~

중국의 간체자로 쓰면?

面生面死

쓰는 법이 두 가지.

麥丏 = 麵
정자   속자

정자는 거의 쓰지 않고 속자를 주로 쓴다.

우리 중국에서는 面(면)
으로 쓰고 있다해.

참나, '얼굴에 살고
얼굴에 죽는다.' 로
해석했잖아!

'아니다' '못하다' 는 뜻을 가지고 있는 대표 한자의 유래를
보자.

不

아니 **불**

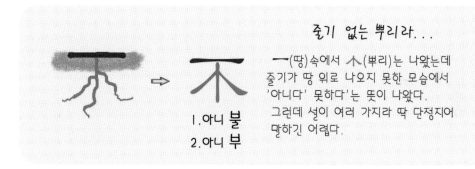

줄기 없는 뿌리라...

一(땅)속에서 ㅅ(뿌리)는 나왔는데
줄기가 땅 위로 나오지 못한 모습에서
'아니다 못하다'는 뜻이 나왔다.
그런데 설이 여러 가지라 딱 단정지어
말하기 어렵다.

1.아니 불
2.아니 부

이 한자의 음은 '불' 인데 '부' 로 읽어야 하는 경우가 있다. 뒷 글자의 초성이 〈ㄷ〉이
나 〈ㅈ〉일 때 '부' 로 읽어야 한다. 학교시험에 단골손님으로 등장한다.

그럼 다음 한자어들을 읽어 보시라.

不正   不信   不買   不當   不動産   不滿足
○정   ○신   ○매   ○당   ○동산   ○만족

•예외는 •언제나 •있는 법!

不實工事
○실공사

秋 扇
가을 추　부채 선

29. 추선

직역 : 가을 부채
의역 : 남자에게 버림받은 여자.

　앞에서 다룬 왕소군의 춘래불사춘(春來不似春)이 한나라 원제 때 만들어진 고사
(故事)라면 원제 뒤를 이은 아들 성제(成帝)때 만들어진 고사로는 추선(秋扇)이 있다.

　그런데 왕소군은 명분상 나라를 위한 희생물이었다면 이번 주인공은 어두운 뒷방에
서 쓸쓸한 삶을 보낸 수많은 후궁들을 대표한다.

　성제의 후궁들 중에 라이벌 관계였던 반첩여(班婕妤)와 조비연(趙飛燕)이 있었다.
반첩여는 학식과 미모를 겸비한 후궁으로 문학가이며 사학가였다. 입궁한 지 얼마 안
되어 소사(小使)에서 첩여(婕妤)로 봉해졌으며 성제는 오랜 친구처럼 대우했다.

　어느 날 성제가 후원에서 노닐 때 첩여에게 연(輦)을 함께 타기를 원했다.

성제에게 충고하는 반첩여/열녀전 삽화

　그러자 반첩여가 이렇게 말했다.

"고대의 성군들 옆에는 충신들이 있사옵고, 하·은·주시대의 마지막 폭군들 옆에는 애첩들이 있어 결국 나라를 망치고 말았다고 하옵니다. 만약 제가 황제와 함께 같은 수레를 타고 다닌다면 폭군 옆에 앉은 애첩과 같지 않겠습니까?"

말이 끝나자 성제가 고개를 끄덕였다.

그러나 얼마 뒤 조비연 자매가 입궁하자 성제는 전혀 다른 사람으로 변했다.

조비연 그녀는 누구인가?

비연은 바람을 맞으면 휘익 날아갈 것처럼 몸이 가냘퍼 사람들이 '비연(飛燕)'이라는 별명을 지어 주었다.

조비연 자매는 일찍이 부모를 여의고 양아(陽阿)공주(성제의 누나) 집에서 노래와 춤을 배웠다. 어느 날 성제가 미행(微行) 나갔다가 비연을 보고 마음에 들어 궁으로 불러들였다. 그리고 얼마 뒤에 조비연을 첩여로 동생을 소의(昭儀)로 삼았다.

그 후 성제의 반첩여에 대한 총애는 시들해졌다.

이런 비참한 심정은 반첩여뿐 아니라 허황후도 마찬가지였다.

견디다 못한 허황후는 침소에 신단을 설치해 놓고 황제의 만수무강을 비는 척하면서 조비연 자매를 저주했다. 이를 알게 된 조비연 자매는 성제에게 고했고 황후는 소태궁(昭台宮)으로 쫓겨났다. 그러나 두 자매는 이번 기회에 반첩여까지 내쫓아 버릴 간계를 꾸몄다. 조비연 자매의 집요한 모함에 결국 성제가 반첩여를 끌어내 심문하자 이렇게 말했다.

"제가 듣자오니 사생유명(死生有命)이요, 부귀재천(富貴在天)이라 했사옵니다. 착한 일을 해도 복을 받기 어려운 것이 세상 이치인데 사악한 짓을 한다면 무엇을 바라겠나이까? 만약 귀신이 이런 사실을 알고 있다면 입에 발린 저주를 들어주지도 않았을 것이요, 모르고 있다면 아무리 저주한들 또 무슨 소용이 있겠습니까?"

성제는 미안하고 부끄러워 황금 100근을 하사하는 것으로 대신했다.

그 후 반첩여 스스로 장신궁(長信宮)의 태후(太后 : 황제의 친어머니)를 모시겠노라고 자청했다. 얼마 뒤 조비연은 마침내 첩여에서 황후의 자리에 올랐다.

장신궁에 버려진 지 몇 년, 찬바람이 부는 어느 가을에 반첩여가 들고 있던 부채를 보고 지은 것이 〈원가행(怨歌行)〉이다.

가을 부채를 들고 있는 그림은 버림 받은 여자의 마음을 대변하는 소재로 등장한다.

瑤宮秋扇圖/任熊/南京博物館藏

새로 끊은 맑고 깨끗한 비단은	新裂齊紈素
마치 서리와 눈처럼 희구나.	皎潔如霜雪
금슬 좋으라고 합환 부채를 만드니	裁爲合歡扇
둥글둥글한 것이 마치 밝은 달 같구나	團團似明月
님의 품과 소매를 살포시 드나들며	出入君懷袖
살랑살랑 바람을 일으키는데	動搖微風發
항상 두렵나니, 가을이 와서	常恐秋節至
서늘한 바람이 여름의 더위를 빼앗아 가면	凉風奪炎熱
애지중지했던 부채는 상자 안에 던져지고	棄捐篋笥中
사랑도 중간에 끊어져 버리게 되나니	恩情中道絶

가을의 부채꼴이라 생각하니 너무나 초라하다.

이렇게 옛날의 사랑을 그리워하고 있을 때 성제는 비연과 호수에서 선상연(船上宴 : 배 위에서 연회)을 즐기고 있었다. 비연의 춤추는 모습을 감상하던 중 갑자기 강풍이 불자 휘청거리며 물 속으로 떨어지려 하지 않는가? 깜짝 놀란 성제가 그녀의 한쪽 발목을 붙잡았는데 춤의 삼매경(三昧境)에 빠진 비연은 멈추지 않고 성제의 손바닥 위에서 계속 춤을 추었다. 이 일로 인해 조비연에 대한 총애는 하늘 높은 줄 모르게 올라갔다.

그러나 이런 즐거움도 잠깐 10년이 지나고 성제가 죽자 바로 비연은 여러 신하에게 탄핵을 받게 되고 결국은 음산한 별궁으로 쫓겨나 그곳에서 생을 마감했다.

尸(집)안에 새의 羽(깃털)로 만든 것이 뭐가 있더라? 잘 생각이 나지 않는다. 왜냐하면 지금은 선풍기나 에어컨이 있기 때문이다. 옛날에는 집집마다 새의 깃털로 부채를 만들어 더위를 이겼다고 한다.

扇
부채 **선**

그럼 여기서 잠깐 羽(깃 우)에 대해서 알아보자.

깃 우

새의 낱개를 편 모양이 非(아닐 비)라면 이 한자는 낱개의 깃털을 그린 한자이다. 이제 한자 속에 羽(깃 우)가 보이면? '새와 관련 있는 한자다'라고 생각하자.

'아니, 火(불)난 집에 扇(부채)질을 하다니!' 우리 속담에만 있는 줄 알았더니 한자에도 있었구나. '사람들의 감정을 부추겨서 원하는 목적을 달성' 한다는 뜻을 가진 한자어에 나온다. 다음 2개의 한자어만 알면 되는데 즐겨 쓰지 않도록 하자.

火 扇
부채질할 **선**

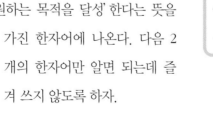

煽情的인
Marilyn Monroe~
이런 부채질은 나빠여~

■ 煽動(선동) 남을 부추겨 일을 일으키는 것.
■ 煽情(선정) 사람의 욕정을 북돋아 불러일으키는 것.

익힐 **習**

날마다 白(태양)이 뜨면 어린 새 새끼는 羽(날개)를 퍼덕이며 나르는 연습을 한다. '익힐 습' 은 이렇게 만들어졌다.

어, 그런데 뭐가 좀 이상하다. '태양' 이 아니고 왜 '흰 백' 이지? 언제부터인가 위에 점을 찍어서 지금까지 쓰고 있다니 어쩌겠는가. 이미 굳어진 걸. 習慣(습관)은 이래서 무서워!

- 習慣(습관) 버릇.
- 練習(연습) 학문이나 기예 따위를 되풀이하여 익힘.
- 慣習(관습) 오래 지켜 내려와 일반적으로 인정되고 습관화되어온 질서나 규칙.

새의 날개에 대해 알았으니 이제 새에 대해 알아보기로 하자.

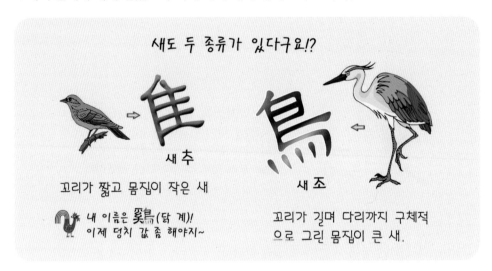

새도 두 종류가 있다구요!?

隹
새 추
꼬리가 짧고 몸집이 작은 새

내 이름은 鷄(닭 계)!
이제 덩치 값 좀 해야지~

鳥
새 조
꼬리가 길며 다리까지 구체적으로 그린 몸집이 큰 새.

새의 크기에 따라 두 가지로 나누었는데 반드시 꼭 구별해서 쓰지는 않는다.

둘 다 새와 관계 있는 한자라는 것이 더 중요하다.

헷갈리지 말자!

隹 **住**
새 추 살 주

이런 거 헷갈리면 한자가 싫어진다!

그럼 여기서 隹(새 추)와 羽(깃 우)가 만난 한자를 보기로 하자.

꼬리가 길어도 보다시피 隹(새 추)를 쓰는 일이 종종 있다.
위에 羽(깃 우)를 넣어 '꿩 적'을 만들었다. 단독으로는 거의 활용되지 않으니 다른 한자와 결합해서 만들어진 한자를 보기로 하자.

隹(새)의 羽(날개)가 日(햇빛)을 받아 반짝반짝거리며 빛나는 모습을 표현했다. 복잡해 보이기만 했던 이 한자가 참 예쁜 뜻을 가지고 있었다. 우리에게는 7개의 보석처럼 빛나는 것이 있다. 바로 일주일의 날짜를 나타내는 '요일(曜日)'이다.
이제 일곱 개의 요일을 새털처럼 빛나게 살아보자.

빛날 **요**

■ 曜日(요일) 한 주일의 각 날을 이르는 말.

隹(새)가 羽(날개) 짓을 하며 足(다리)를 힘차게 움직이며 뛰어가는 모습이다. 이 한자는 翟(꿩)보다는 보폭이 큰 타조가 뛰어가는 모습이 더 잘 어울린다. 翟(적 → 약)에서 음이 나왔다.

뛸 **약**

■ 跳躍(도약) (몸을 날려) 위로 뛰어오름.
■ 躍進(약진) 힘차게 나아감.

'깨끗하게 빨래하는 것'을 洗濯(세탁)이라 한다.
洗(씻을 세)는 先(먼저 선 → 세)에서 음을, 氵(물)에서 뜻을 취했다.
濯(씻을 탁)은 氵(물)에서 隹(새)가 羽(날개) 짓을 하는 모습이 멀리서 보면 목욕하는 것처럼 보였다

씻을 **세**   씻을 **탁**

고 한다. 翟(적→탁)에서 음도 나왔다.

그렇다면 여기서 先(먼저 선)을 넣어 만들어진 한자들을 보기로 하자.

맞을 협　도울 찬

十(열) 사람이 劦(힘)을 모아 도우면 못할 일이 없다. 한자어 협동(協同)에서 十匙一飯(십시일반)의 이미지가 강하다.

도움을 주려는 사람은 도움이 될 만한 선물이나 貝(돈) 따위를 들고 남들보다 先(먼저) 더~ 先(먼저) 달려가야 한다. 贊(도울 찬)은 이렇게 만들어졌다.

따라서 協贊(협찬)이란 '여러 사람이 도와준다'는 뜻인데 화려한 연예인에게 協贊(협찬)하는 것보다 어려운 이웃들에게 먼저 달려가서 도와주는 것이 어떨까 생각해봤다.

기릴 찬

이렇게 앞다투어 도와주는 사람을 칭찬하지 않을 수 없다.

그래서 言(말씀 언)에서 뜻을 贊(도울 찬)에서 음과 뜻을 취해 '칭찬하다'는 뜻이 나왔다.

- 讚頌(찬송)　훌륭한 덕을 기림.
- 自畵自讚(자화자찬)　자기가 한 일을 자기 스스로 자랑함.
- 讚美(찬미)　아름다운 덕을 기림.

解語花
풀 **해** 말씀 **어** 꽃 **화**

30. 해어화

직역 : 말을 이해하는 꽃.

의역 : 절세미인 양귀비. 때로는 화류계(花柳界)에 종사하는 기생을 지칭.

양귀비와 현종의 사랑

절세미인을 말하는 데 양귀비(楊貴妃 : 719~756)를 빼놓고 말한다면? 이는 '앙꼬 없는 찐빵이요, 오아시스 없는 사막'이다. 양귀비는 중국 역사를 통털어서 황제의 사랑을 가장 오래 독차지하였으며 귀비(貴妃) 자리에서 황후의 대접을 받으며 온 일가 친척들까지 부귀영화를 누렸다.

지금도 사람들의 부러움을 받으며 입에 자주 오르내리는 해어화(解語花)의 주인공, 양귀비에 대한 긴 여행을 해보기로 하겠다.

당 현종의 황후 왕씨는 자식이 없었기 때문에 폐위(廢位)될까 전전긍긍(戰戰兢兢) 하다가 그만 미신(迷信)에 빠지게 되었다. 그래서 황후 왕씨는 제사를 지내고 벼락맞은 나무에 글씨를 써넣어 항상 몸에 차고 다니면 자식이 생길 뿐 아니라, 훗날에는 측천무후처럼 천하를 지배할 수 있다는 무속인의 꾐에 빠져 있다가 그만 발각되고 말았다.

이 사건의 진상이 알려지자 현종은 황후 왕씨를 폐서인 시켰다.

당시 현종에게는 총애하는 무혜비(武惠妃)가 있었기 때문에 별로 아쉬울 것도 없었다.

그러나 무혜비는 양귀비의 남편이 되는 수왕(壽王)을 낳고 나이 40세에 그만 세상을 떠났다. 미인(美人)은 박명(薄命)이라 했던가.

현종은 상실감에 오랫동안 어느 누구도 눈에 들어오지 않았다. 그러던 어느 날 환관 고력사가 "수왕(壽王)의 비(妃)가 가무도 아주 뛰어나고 절세미인이랍니다" 하고 귀띔해 주었다.

호기심이 발동한 현종이 양귀비를 불러 자기가 작곡한 악보를 보여 주자 양귀비는 그 자리에서 일어나 악보에 맞춰 날아갈 듯 춤을 추었다. 이 첫 만남이 두 사람의 로맨스의 시작을 알리는 신호탄이 되었다. 이때 현종의 나이 56세였고 양귀비의 나이는 22세였다.

양귀비는 어렸을 때 부모를 잃고 숙부집에서 살다가 17세 때 현종의 18번째 왕자 수왕(壽王)의 비(妃)가 되었으니까 양귀비는 현종의 며느리인 셈이다.

다 늙은 시아버지를 얼마나 좋아했는지 알 수 없지만 세인(世人)의 눈을 피해가며 현종과 만나다가 27세 때 귀비(貴妃)의 자리에 올랐다.

당나라 미인도

그럼 양귀비는 정말 상상할 수 없을 만큼 천하절색일까? 당시 당나라의 수도 장안(長安)은 아시아 각국은 물론 멀리 페르시아에서도 상인들이 몰려올 정도로 국제적인 도시였다. 그래서 서구적인 얼굴에 통통한 몸매의 소유자가 당시 미인상이었는데 양귀비가 이 기준에 딱 맞았다고 한다.

현종과 양귀비가 사랑을 나누며 산책을 나간 어느 날.

가을 8월에 태액지(太液池)에 천 송이의 흰 연꽃이 피었다. 황제는 양귀비와 더불어 연꽃 감상을 하고 있었다.

주변 사람들이 연꽃의 화려함에 탄성을 질렀다. 이때 현종이 양귀비를 가리키며 궁녀들에게 이렇게 말했다.

"이 연꽃들은 내 말을 이해하는 꽃과 견줄만 하구나(爭如我解語花)."

그 자리에 있던 궁녀들은 어떤 얼굴 표정을 지었을까?

양귀비가 즐겨먹은 과일 여지

중국의 남방지역인 복건성에는 여지, 용안, 감귤 같은 열대성 과일이 많이 열린다. 당나라 시인 백거이(白居易)는 여지에 대해 이렇게 말했다.

"나무에서 떨어진 지 하루가 지나면 색이 변하고, 이틀이 지나면 향이 변하고, 사흘이 지나면 맛이 변한다. 그리고 사, 오일이 지나면 색, 향, 맛이 모두 변해 버린다."

이런 여지(荔枝)를 양귀비가 유난히 좋아하자 현종은 파발을 달려 매일 아침 이슬 머금은 여지를 양비귀가 먹을 수 있게 했다.

그럼 장안에서 복건성까지 거리는? 무려 800리(里)!

박명가인(薄命佳人)의 시를 지은 소식(蘇軾)이 남긴 시 한 수를 감상해 보자.

여지탄(荔枝歎)

십리(十里)마다 역을 설치하고 흙먼지 날려가며

오리(五里)마다 푯말 세우고 횃불들고 달려가네.

골짜기에 굴러 떨어져 죽은 시체가 겹겹이 쌓이는 건

여지(荔枝)와 용안(龍眼)을 나르다가 죽은 시체라네.

수레로 산을 넘고 배로 바다를 건너 나르니,

이슬 먹은 여지는 이제 막 따온 듯하구나.

궁궐의 양귀비는 여지를 보고 좋아라 웃겠지만

말발굽에 놀란 먼지와 피는 천년을 두고

흐른다네.

(중략)

바라 옵건대, 하늘은 이 백성들을 불쌍히 생각하시어,

여지 같이 특이한 물건들을 만들어 백성들을 괴롭히지 마시오.

그저 비나 제때 내리고 바람 알맞게 불어

龍眼(용안)과 荔枝(여지)
중국어로 '룽안' '리쯔'로 불리며 요즘엔 시중에 판매되고 있다.
중국 요리의 디저트로도 나오는데 이슬 먹은 여지는 아니지만 양귀비가 왜 그토록 즐겨 먹었는지 이해가 될 만큼 달콤하다.

사람 목숨과 바꾼 과일~

모든 곡식 잘 여물게 해서,

　백성들이 굶주리고 헐벗지 않게 하는 것이 가장 좋은 선물이거늘... (이하 생략)

한자 Up 그레이드

풀 해　　꿈 몽

　'꿈보다 (해몽)' 이라는 말이 있다.

　꿈 풀이가 더 중요하다는 뜻이니 악몽(惡夢), 흉몽(凶夢)에 너무 스트레스 받지 말자. 먼저 解(풀 해)가 어떻게 만들어졌나 봤더니 牛(소)의 角(뿔)을 刀(칼)로 자르는 도살행위에서 유래했단다.

　그러니까 소를 분해하는 작업을 3개의 한자로 조합한 것이다. 복잡해 보이지만 알고 보면 간단하다. 이 한자는 활용이 많다.

- 和解(화해)　싸우다가 서로 마음을 푸는 것.
- 解散(해산)　모였던 사람들이 흩어지는 것.
- 解産(해산)　산모가 아기를 낳음.
- 解說(해설)　풀어서 설명함.
- 解法(해법)　푸는 방법이 적혀 있는 것.

　사람들은 밤이 되면 잠을 자다가 꿈을 꾸는데 그렇다면 夢(꿈 몽)을 어떻게 만들었을까?

내가 나비인지 나비가 나인지~

꿈 몽

⌒(이불) 위로 내민 ﬦﬦ(눈썹과 눈)이 졸음에 겨워 게슴츠레하다. 여기에 시간을 나타내는 夕(저녁 석)을 넣었다.

각자 자신의 자는 모습을 그려 보자. 꿈에 관한 고사성어는 대부분 '인생무상(人生無常), 부귀영화의 덧없음'을 주제로 하고 있다.

우리의 인생이 한바탕 봄날의 꿈처럼 허무하고 덧없다는 '일장춘몽(一場春夢)'을 보여주는 유명한 한자성어를 감상해 보자.

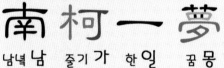

부귀영화가 이리 덧없는 것을...

南 柯 一 夢
남녘남 줄기가 한일 꿈몽

우리 인생이 非夢似夢이야~

어느 날 순우분이 술에 취해 집 앞의 큰 홰나무 밑에서 잠이 들었는데 남색 관복을 입은 두 사신이 나타나 엎드리며 말했다.
"저희는 괴안국 왕의 명을 받고 당신을 모시러 왔습니다."
순우분이 사신을 따라 홰나무 구멍 속으로 들어가 국왕을 만나서 공주와 결혼하고 남가군(南柯郡)의 태수로 부임하여 다스린 지 20년, 그 사이에 5남2녀를 두고 부귀를 누렸으나 얼마 뒤 단라국군에게 참패당하고 아내까지 병으로 죽자 관직을 버리고 상경했다. 얼마 후 국왕은 순우분을 고향으로 돌아가라고 명령하였다.
이때 잠에서 깨어난 순우분은 꿈이 하도 이상해서 홰나무 뿌리 부분을 살펴보았다. 구멍을 더듬어 나가자 넓은 공간에 개미들이 두 마리의 왕 개미를 둘러싸고 있는데 여기가 괴안국이었다. 그날 밤 큰 비가 내리더니 이튿날 개미는 흔적 없이 사라졌다.

'천지(天地)란 만물의 여관'이라고 이태백(李太白)이 말하지 않았던가. 만물의 여관에 잠깐 머물다 가는 우리는 나그네일 뿐이다. 인생이 이리 덧없다는 사실을 깨달았다면 아등바등 살지 않아도 될 테인데……

■ 胡蝶之夢(호접지몽) 장자의 나비꿈.
■ 邯鄲之夢(한단지몽) '인생의 부귀영화가 덧없음'을 비유하는 말.
■ 夢遊病(몽유병) 잠을 자다가 자신도 모르게 일어나 어떤 행동을 하다가 잠을 자는 병적인 증세.

말씀 **어**

우리 입에서 나오는 말과 관계 있는 한자에는 어김없이 言(말씀 언)이 들어 있다.

이 한자 역시 言(말씀 언)에서 뜻을, 吾(나 오→어)에서 음을 취했다.

그럼 여기서 言(말씀 언)의 유래를 보기로 하자.

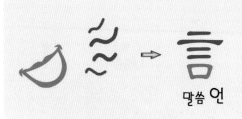

말씀 언

뭐 어렵게 생각할 것 있나…
말할 때 口(입)에서 나오는 言(소리)와 혀를 그렸다.

■ 言語道斷(언어도단) 어이가 없어 말로써 나타낼 수가 없음.
■ 語不成說(어불성설) 말이 조금도 사리에 맞지 않음.
■ 言行一致(언행일치) 말과 행동이 똑같음.

믿을 **신**

亻(사람)은 言(말)할 때나 행동할 때 '믿음'이 있어야 한다는 뜻이다. 예나 지금이나 사회생활에 신용(信用)이 없으면 발붙이고 살기가 어렵다. 요즘은 떨어진 사람과 의사소통을 위한 일정한 부호나 손짓이란 뜻인 '신호'로 한자어에 종종 등장한다.

- 信用(신용) 언행이나 약속이 틀림이 없을 것으로 믿음.
- 朋友有信(붕우유신) 오륜(五倫)의 하나. 벗 사이의 도리는 믿음에 있음.
- 通信(통신) 우편이나 전신·전화 따위로) 서로 소식이나 정보를 교환·연락하는 일.
- 電信(전신) 전류나 전파를 이용한 통신.

이 한자를 모르지는 않겠지만……

우선 化(될 화)가 어떻게 만들어졌는지 보자.

꽃 **화**

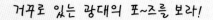

될 **화**

옛날 광대들이 공중에서 몸을 돌리며 재주 부리는 장면이다.
거꾸로 서 있는 사람을 받쳐 들고 있는 모습을 순간 포착해서 그렸다.

그래서 한자어 뒤에 化(될 화)가 있으면 모양이나 성질이 바뀌었음을 나타내는 '접미사' 기능을 한다.

예를 들면 민주화(民主化)란 과거의 독재시대에서 민주주의로 '변화' 되었다는 뜻 이니 'A→B로의 변화'를 의미한다.

- 進化(진화) 생물이 오랜 동안에 걸쳐 조금씩 변화하여 보다 복잡하고 우수한 종으로 되어 가는 일.
- 分化(분화) 하나의 것이 발달하여 복잡해짐에 따라 이질적인 부분으로 갈라지는 일.
- 固體化(고체화) 액상의 물질이 고체로 변함. 또는 변하게 함.
- 開化(개화) 사람들의 지식이 깨어 문화가 진보함.
- 工業化(공업화) 농업국에 근대 공업이 일어나게 하는 일.

그렇다면 化(될 화)가 있는 이 한자어를 그냥 지나칠 수 없다.

변할 **변**　　될 **화**

變化(변화)란 삶의 활력소 아닌가.

變(변할 변) 같은 한자는 그냥 열심히 외웠다. 알고 보니 綠(련→변)에서 음을, 攵(칠 복)에서 뜻이 나왔다. 變化(변화)를 위해서는 '때리고 두드리는' 고통이 동반된다는 뜻이 숨어 있었다.

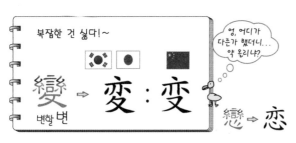

복잡한 건 싫다!~

變 ⇒ 変 : 変
변할 변

엉, 어디가 다른가 했더니... 약 올리냐?

戀 ⇒ 恋

가끔은 變化가 필요해!

- 變更(변경)　바꾸어 고침.
- 異變(이변)　괴이한 변고. 상례에서 벗어나는 변화.
- 變革(변혁)　(사회나 제도 등을) 근본적으로 바꾸어 아주 달라지게 함.

綠(련)을 음으로 취한 한자 한 개를 더 보자.

■ 내 맘대로 해석 ■

그리워할 **련**

變(변)과 비슷해 보이지만 攵(칠 복)자리에 心(마음 심)이 들어 있다. 그렇다면 혹시 變心(변심)을 줄여서 만든 한자가 아닐까? 그렇다면 變心(변심)한 戀人(연인)을 '그리워한다'는 뜻인가? 지금은 사랑하는 사람을 사모하고 그리워한다는 '연애(戀愛)' 뜻이 강하다.

- 悲戀(비련)　이루어지지 못하고 비극으로 끝난 연애.
- 失戀(실연)　사랑이 이루어지지 않음.

그러나 알아두시게!
戀人은 쉽게 變心한다는 사실을~

다시 처음으로 돌아와서 花(꽃 화)에 대해 말해 보자.

음을 나타내는 化(화)에다 ++(풀)을 넣어 만든 것이 '꽃 화' 이다.

앞에서 이미 말했듯이 원래는 꽃이 핀 모양을 그린 華(빛날 화)가 있었는데 쉽게 쓰기 위해 다시 이 한자를 만들었다.

- 花草(화초)　꽃이 피는 풀과 나무.
- 開花(개화)　꽃이 핌.
- 造花(조화)　종이나 헝겊 따위로 만든 꽃.
- 弔花(조화)　조상(弔喪)하는 뜻으로 바치는 꽃.
- 花郎(화랑)　신라 때, 민간 수양 단체로 조직되었던 청소년의 집단.
- 花容月態(화용월태)　'미인의 모습' 을 꽃과 달에 형용하여 이르는 말.

사실 이 한자는 1800자에 들어가지 않지만 알아두면 좋다.

革(가죽)으로 만들어진 신발이란 뜻에 化(화)는 음으로 나왔다. 따라서 이 한자가 들어가면 가죽신발이거나 명사 뒤에 신발임을 나타낸다.

가죽신 **화**

- 製靴(제화)　구두를 만듦.
- 手製靴(수제화)　수작업으로 만든 구두.
- 長靴(장화)　목이 무릎까지 올라오도록 만든 가죽신이나 고무신.
- 登山靴(등산화)　등산하는 데 편리하도록 만든 신.

比翼鳥連理枝

견줄**비** 날개**익** 새**조** 이을**련** 이치**리** 가지**지**

31. 비익조연리지

직역 : 눈과 날개가 한쪽에만 있어 암수가 좌우 일체가 되어야 날 수 있다는 새와 뿌리와 가지가 한데 엉기어 붙은 두 나무.

의역 : 다정한 연인, 부부의 애정이 지극히 깊음을 나타내는 말.

중국 전설에 동쪽의 바다에는 비목어(比目魚)가 살고, 남쪽의 땅에 비익조(比翼鳥)가 산다고 한다. 비목어는 눈이 한쪽에 하나밖에 없기 때문에 두 마리가 좌우로 달라붙어야 비로소 헤엄을 칠 수가 있고, 비익조는 눈과 날개가 한쪽에만 있어 암수 한 몸이 되어야 비로소 날 수 있다고 한다.

연리지(連理枝)는 서로 다른 두 나무의 뿌리와 가지가 합쳐져 하나가 된 나무로 희귀하지만 오늘날에도 볼 수 있다.

그 유래에서 알 수 있듯이 '비익조(比翼鳥)'와 '연리지(連理枝)'는 예로부터 부부간의 깊은 애정

자금성 안의 연리지(連理枝)

이나 남녀간의 떨어질 수 없는 사랑을 비유할 때 많이 인용되곤 했다.

당나라 시인인 백거이(白居易)는 당 현종과 양귀비의 사랑을 주제로 한 장편시《장한가(長恨歌)》를 지었는데 중국과 우리나라의 선비들이 앞다투어 애송했다고 한다.

해어화(解語花)에 이어서 현종과 양귀비의 사랑과 일생을 그린 이 시를 감상해 보자.

황제 색을 즐겨 경국지색 찾았으나	漢皇重色思傾國
오랜 세월이 지나도 얻을 수 없었네	御宇多年求不得
양씨 가문에 이제 막 성숙한 딸이 있어	楊家有女初長成
규방 깊은 곳에 자라 누구도 알지 못했네	養在深閨人未識
타고난 아름다운 자태 그대로 버리기 아깝더니	天生麗質難自棄
하루아침에 뽑혀 황제 곁에 있게 됐네	一朝選在君王側
한번 눈웃음치면 온갖 애교 다 나오니	回眸一笑百媚生
단장한 궁궐 미녀들의 얼굴빛이 무색하네.	六宮粉黛無顔色
이른 봄 화청지(華淸池)에서 목욕하니	春寒賜浴華淸池
온천물이 부드럽게 매끄러운 흰 살결을 씻겨 주네 (중략)	溫泉水滑洗凝脂

해어화(解語花)에서 다룬 두 사람의 만남에서부터 가장 화려한 시절을 그린 내용이
다. 둘이 온천을 즐기며 사랑을 나누었다는 온천 별궁인 화청지(華淸池)는 지금 관광
지로 개발되어 사람들 발길이 끊이지 않고 있다.

宋 /李公麟/ 畵麗人行
양귀비가 언니들과 봄나들이 가는 장면.

화청지는 높이 솟아 구름 속에 들어 있고	驪宮高處入靑雲
선녀의 풍악소리 바람 타고 들려오네	仙樂風飄處處聞
느린 노래 나른한 춤 여운 긴 가락에	緩歌慢舞凝絲竹
황제는 하루 종일 넋 잃고 바라보네	盡日君王看不足

돌연 어양에서 전쟁을 알리는 북소리에	漁陽鼙鼓動地來
예상우의곡도 놀라 멈추고 말았네	驚破霓裳羽衣曲
구중궁궐에 뿌연 흙먼지 날리고	九重城闕煙塵生
수만 명의 군사들은 서남쪽으로 달아나네	千乘萬騎西南行
천자의 깃발은 가다 서고 가다 서고	翠華搖搖行復止
도성문 서쪽 백여리 마외역에 이르르자	西出都門百餘里
양귀비를 죽이라고 외치는 소리	六軍不發無奈何
아리따운 양귀비는 군사 앞에서 죽음을 당했네	宛轉蛾眉馬前死
황제는 얼굴을 가릴 뿐 목숨 하나 구해주지 못하고	君王掩面救不得
가던 길 멈추고 뒤돌아보고 피눈물만 흘리네 (중략)	回看血淚相和流

755년에 '안록산의 난'이 일어났다. 이 난으로 인해 양귀비의 화려한 삶은 종지부를 찍게 된다.

안록산은 돌궐족의 혼혈인으로 몸무게가 200kg 이 다 되어 배가 무릎을 덮을 정도로 뚱뚱보였다. 아부에도 천부적인 기질이 있어 어느 날 현종이 불룩한 배를 가리켜 농담으로 "도대체 자네 배 안에

화청지 안에 서 있는 양귀비

는 무엇이 들어 있는가?" 하고 묻자, "오직 폐하를 향한 일편단심(一片丹心)으로 가득 차 있습니다"라고 대답하였다.

이런 감언이설(甘言利說)로 현종과 양귀비의 환심을 사게 되었고, 심지어 10살이나 아래인 양귀비에게 수양아들을 자청하면서 아기 흉내를 내며 재롱을 떨었다. 그러나 양귀비의 처소에 들어가면 한밤중이 지나도 나오지 않은 날이 많았다. 점점 그들의 추문(醜聞)이 퍼졌음에도 현종은 그럴리가 없다며 추호의 의심도 하지 않았다. 그런데 얼마 뒤 그 안록산이 반란을 일으켰다.

두 사람은 도저히 이 사실을 믿을 수가 없었다. 뒤늦게 사태의 심각성을 파악한 현종과 양귀비는 사천 땅으로 피난을 가게 되었다. 그런데 도주하던 중 마외역(馬嵬驛)

에서 불만이 폭발한 군사들이 나라를 망친 양귀비를 처벌하라고 데모를 했다.

"양귀비를 처단하라!"고 외치며 한 발자국도 물러나지 않았다. 이때 두 사람의 사랑에 다리 역할을 했던 고력사가 귀에 대고 속삭였다. "폐하, 양귀비를 죽여야 목숨을 부지할 수 있습니다." '양귀비를 죽여야 내 목숨이 안전하다?! 그래 그럴지도 몰라. 잘못하면 내 목숨이 위태롭지…….' 이렇게 생각이 미치자 현종은 살려 달라는 양귀비의 절규를 외면하고 끌어내라는 명령을 내렸다. 그러자 군사들이 길가의 사당으로 끌고 가서 목을 매어 죽이니 이때 양귀비의 나이 38세였다.

양귀비를 처단하라!　　　귀비여, 안녕히...　　　아, 내 삶이 이렇게 끝나다니.

천하 정세 변하여 궁으로 돌아오는 길에　　　　　天旋地轉回龍馭
마외역에 이르자 발걸음이 굳어져 버렸네.　　　　到此躊躇不能去
양귀비 쓰러져 죽은 진흙더미 속에는　　　　　　馬嵬坡下泥土中
고운 얼굴 어디 가고 죽은 자리만 남아　　　　　不見玉顔空死處
황제와 신하 서로 눈물로 옷깃을 적시네.　　　　君臣相顧盡沾衣
(중략)

두 사람이 속삭인 맹세의 말 있었으니　　　　　　詞中有誓兩心知
칠월 칠석날 장생전을 거닐다가　　　　　　　　　七月七日長生殿
깊은 밤 아무도 없는 곳에서 둘이 속삭였다네.　　夜半無人私語時
"우리 하늘에서는 비익조가 되고　　　　　　　　在天願作比翼鳥
땅에서는 연리지가 되자."　　　　　　　　　　　在地願爲連理枝
천지가 영원하다 해도 언젠가는 다할 때가 있겠지만　天長地久有時盡
한스런 이 슬픈 사랑은 끊어질 날이 없으리라.　　此恨綿綿無絕期

그 뒤에 안록산의 난이 진정 되어 궁궐로 돌아오는 길에 마외역을 들러 관곽(棺槨)을 짜서 장례를 치루어 주었다. 관에 넣으려고 자주색 깔개를 열자 시체는 썩고 있는데 늘상 차고 다니던 향주머니는 여전히 향기를 뿜어내고 있었다. 그 향주머니를 받아든 현종은 양귀비 생각에 눈물을 줄줄 흘렸다. '비익조연리지(比翼鳥連理枝)가 되자던 맹세는 다 어디로 갔는가. 내가 양귀비를 지켜주지 못했구나. 아, 불쌍한 귀비여!' 하고 울부짖으며 자책감에 시달리다 78세의 나이로 쓸쓸히 삶을 마감했다.

이 여지를 제단에 올리거라. 비익조연리지가 되자 했거늘... 유품만이 날 위로하네.

뒷이야기

양귀비는 죽고 나서도 미인의 값을 톡톡히 치렀다. 양귀비 무덤의 흙을 갖다가 얼굴에 바르면 피부가 부드럽고 하얗게 변한다는 소문에 너도나도 흙을 퍼 가서 발랐다. 그래서 이 무덤의 흙을 귀비분(貴妃粉)이라고 부르게 되었는데 그 뒤로 흙이 점점 깎여 나가자 할 수 없이 푸른 벽돌로 덮어 버려 지금의 모습이 되었다.

미인(美人)은 죽어서도 미인(美人)인 모양이다.

벽돌로 된 무덤 난 처음 본다!

유명세에 시달린 양귀비 묘.
"제발 그만 퍼 가요!"하고 외치는 소리가 들리는 듯하다.

362

등 돌리고 있는 北(북녘 북)과 달리 나란히 같은 방향을 보고 있는 사람을 그렸다. 北(북녘 북)과 무슨 차이가 있을까?

比
견줄 **비**

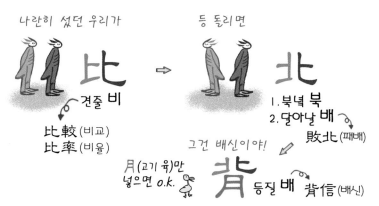

나란히 섰던 우리가 → 등 돌리면

比 견줄 비
比較(비교)
比率(비율)

1. 북녘 북
2. 달아날 배
敗北(패배)

그건 배신이야!

月(고기 육)만
넣으면 o.k.

背 등질 배
背信(배신)

나란히 놓고 비교한다는 뜻을 가지고 있는 比(견줄 비)와 등 돌리고 달아나는 모습을 하고 있는 北(북녘 북)은 알고 보니 자세가 다른 거였다.

그런데 北(북녘 북)으로 알고 있는 이 한자가 어떻게 '달아난다' 는 뜻을 가지고 있을까?

한자를 자세히 보면 등지고 달아나는 모습이 보인다.

실은 그래서 '달아나다' 는 뜻이 먼저 나왔다.

겨울 찬바람을 막기 위해 남향으로 집을 지었는데 그러다 보니 집의 등 쪽이 자연적으로 북쪽이 되는 것이 아닌가. 그러니까 남향집에서 보면 등은 북쪽인 것이다.

그래서 ① '(등지고) 달아날 배' 와 ② '북녘 북' 이 나온 것이다. 어쨌거나 이 한자 때문에 신체의 일부인 '등' 과 '등지다' 는 뜻을 만들기는 참으로 쉬워졌다.

北(달아날 배)에다 月(고기 육)의 변형부수를 넣기만 하면 되는 거다. 여기서 '물을 등지고 진을 친다' 는 고사성어를 보자.

이딴사딴 더 이상 물러설 곳이 없다!

背水陣
등질 배   물 수   진칠 진

한(漢)나라 한신(韓信)이 위나라를 격파하고 조나라로 진격해 갔을 때 조나라는 2만 대군을 동원해 튼튼한 진지를 구축하고 있었다.

그러자 한신은 먼저 기마병 2천 명을 매복시켜 두고 1만 명의 군사에게 강을 등지고 진을 치게 했다. 한신의 군사는 더 이상 물러설 곳이 없었기 때문에 죽기를 각오하고 싸워 조나라 군사를 대패시켰다.

이렇게 물을 등지고 싸우는 背水陣은 '죽음을 각오하고 승부 한다'라는 뜻이다.

背(등질 배)의 활용을 더 보자.

- 背恩忘德(배은망덕) 입은 은덕을 저버리고 배반함.
- 背後(배후) 등 뒤. 뒤쪽.
- 背景(배경) 뒤쪽의 경치. 작품의 시대적·역사적인 환경.
- 違背(위배) (약속이나 명령 따위를) 어기거나 지키지 아니함.

그럼 여기서 比(나란히 비)가 들어 있는 한자 3개를 보자.

비평할 비

비교해야 할 대상을 比(나란히) 세워 놓고 扌(손가락)으로 가리켜 가며 평가한다는 뜻인가 보다. 이렇게 비교 당하면 기분이 좋을 것 같지는 않다. 괜시리 손가락이 겁난다.

- 批評(비평) 사물의 좋고 나쁨, 옳고 그름 따위를 평가함.
- 批判(비판) 비평하여 판단함.

모두 개

사람들이 比(나란히) 줄지어 와서 모두 한목소리로 白(알리는) 모습에서 나왔다. 참, 白(흰 백)에 '알리다' 는 뜻이 있다.

- 皆勤賞(개근상) 개근한 사람에게 주는 상.

β(언덕)을 내려오기 쉽게 만든 계단이란 뜻에다 皆(개→계)
가 음으로 나왔다.

섬돌 **계**

조선의 백성이라면 누구나 ...

階級사회 = 차별사회

갖고 태어났던 모태 4β皆級(계급)

- 階級(계급) 지위나 관직 등의 등급.
- 階段(계단) 층계.
- 階梯(계제) 사닥다리.

새의 날개란 뜻을 만들기 위해 ㅋㅋ(깃 우)에서 뜻을, 異(다
를 이→익)에서 음을 취했다.

우리나라에도 '좌익(左翼)이 옳다, 우익(右翼)이 옳다' 고 주장
하며 대립하고 싸웠던 시절이 있었다.

새는 좌우의 날개로 난다는데……

- 右翼(우익) 보수적이고 점진적인 당파, 또는 거기에 딸린 사람.
- 左翼(좌익) 사회주의나 공산주의적인 과격한 혁신 사상 또는 그러한 사상에 물들어 있는 사람.

날개 **익**

덩치가 크고 꼬리가 긴 새, 그야말로 폼(?) 나는 새를 그린 상형
문자라고 알려져 있는 이 한자는 앞에서 이미 다루었다.

이제 鳥(새 조)를 넣어 만든 한자를 알아보자.

새 **조**

鳥(새 조)와 口(입 구)를 결합한 이 한자에 무슨 설명이 더
필요하랴. 새가 입으로 소리를 내며 운다는 것이렷다.

- 自鳴鐘(자명종) 일정 시간이 되면 스스로 울려서 시각을 알려 주는 시계.
- 耳鳴(이명) 귀의 질환이나 정신 흥분 등으로 청신경에 병적 자극이 생겨 어떤
  소리가 잇달아 울리는 것처럼 느껴지는 일.

울 **명**

섬 **도**

넘실대는 바다 위에 떠 있는 山(산) 위에 鳥(새)들이 앉아 있는 이곳은 '섬' 이다.

섬에서 멀리 떨어져 바라보면 새의 다리는 잘 보이지 않는다. 다리를 생략하면 쓰기도 간단하니 일석이조(一石二鳥)가 아닌가.

물 속에 비친 한자 읽어 봐~

- 三多島(삼다도) '제주도'를 달리 이르는 말.
- 群島(군도) 무리를 이룬 많은 섬.
- 半島(반도) 대륙에서 바다쪽으로 길게 뻗어나와 3면이 바다인 큰 육지.

이을 **련**

전쟁에서 가장 중요한 운반 수단은 전차(戰車)이다. 車(전차)가 줄지어 辶(행군)하는 모습이 '이을 련' 이다.

- 連結(연결) 서로 이어서 맺음.
- 連續(연속) 끊이지 않고 죽 이어지거나 지속함.

그럼 여기에서 車(수레 거)에 대해 알아보자.

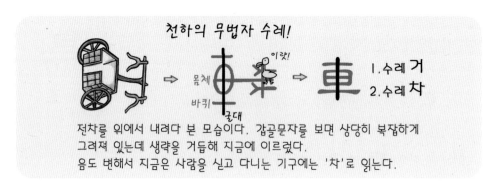

천하의 무법자 수레!

몸체
바퀴
굴대

이럇!

1. 수레 거
2. 수레 차

전차를 위에서 내려다 본 모습이다. 갑골문자를 보면 상당히 복잡하게 그려져 있는데 생략을 거듭해 지금에 이르렀다.
음도 변해서 지금은 사람을 싣고 다니는 기구에는 '차'로 읽는다.

육지에서 가장 중요한 운송수단인 수레가 전쟁에 동원되면서 더욱 위력을 발휘하였다.

그러나 수레가 사라지고 대신 車(차)가 등장하면서 음도 따라 변했다.

연꽃을 뜻하는 한자는 連(이을 련)에서 음을, ⁺⁺(풀 초)에서 뜻을 취해 만들었다.

연꽃은 진흙 속에서 피어나되 진흙에 물들지 않고 청정하게 피어 오른다. 그래서 육신은 속세에서 살지만 정신만은 번뇌에서 해탈(解脫)하여 청정한 열반(涅槃)의 경지를 지향하고자 하는 불교의 이상에 비유되어 불교를 상징하는 꽃이 되었다.

■ 蓮花臺(연화대) 연꽃 모양으로 만든 불상의 자리.

연꽃 **련**

广(집)에 車(차)가 들어 있는 곳은? 바로 '차고'가 아닌가.
물론 옛날에는 수레와 여러 가지 물건을 보관하던 창고였다.

■ 車庫(차고) 차를 넣어 두는 곳.
■ 倉庫(창고) 물건이나 자재를 저장하거나 보관하는 건물.

곳집 **고**

車(수레 거)를 넣은 한자 중에 가장 활용이 많은 한자다.
軍(군사 군)과 함께 묶어서 외우면 좋은 한자가 있다.
다음 그림을 보자.

군사 **군**

車(전차)를 끌고 가는 ⌢(군인)의 모습인데 너무 간단하게 그려 군인 같지가 않다.
軍隊(군대)

軍(군인)이 전차를 辶(운전)하는 모습이다. 운전하다 보면 운 나쁘게 사고가 나기도 한다. 여기서 '운수 운'이 나왔다.
運行(운행) 運送(운송) 運命(운명)

휘두를 **휘**

무엇을 휘두른다는 걸까?

두 개의 한자를 한꺼번에 외울 수 있는 아래 그림을 보자.

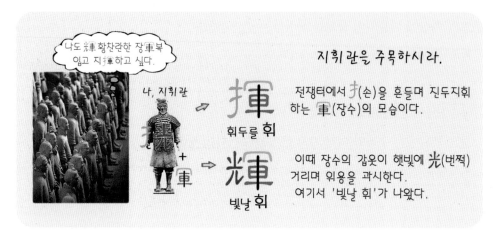

나도 輝황찬란한 장軍복
입고 지揮하고 싶다.

나, 지휘관

지휘관을 주목하시라.

揮
휘두를 휘

전쟁터에서 扌(손)을 흔들며 진두지휘
하는 軍(장수)의 모습이다.

+
軍

輝
빛날 휘

이때 장수의 갑옷이 햇빛에 光(번쩍)
거리며 위용을 과시한다.
여기서 '빛날 휘'가 나왔다.

지휘관 모습에서 두 개의 한자를 찾을 수 있다.

그런데 지금은 전쟁터보다 오케스트라의 指揮者(지휘자) 모습에서 더 쉽게 찾아볼

수 있다.

- 指揮者(지휘자) 음악에서, 합창이나 합주를 지휘하는 사람.
- 揮帳(휘장) 직무나 신분·명예를 나타내기 위하여 옷이나 모자 따위에 붙이는 표.

빛날 **휘**

위에서 보듯이 지위가 높은 軍(장군)의 갑옷이 光(번쩍)거

리는데서 위용을 과시하는 모습임을 짐작할 수 있겠다.

그런데 활용할 한자어는 별로 없다.

- 光輝(광휘) 환하게 빛남.
- 輝煌燦爛(휘황찬란) 광채가 눈부시게 빛남.

이 한자 속에 있는 支(지탱할 지)부터 알아보자.

가지 **지**

지탱할 **지**

나를 지탱시켜 주는 십자가~~

ㅎㅎ 내 맘대로 해석 ㅋㅋ

又(손)에 十(가지 = 십자가)를 꼭 쥐고 힘든 상황
을 극복할 수 있게 해달라고 기도하는 모습 같다.
십자가의 모습에서 '갈라지다'라는 뜻도 연상하자.

연상작용을 이용한 암기법일 뿐이다. 중국 고대사회에 십자가가 있을 리가 있겠는
가. 그러나 활용이 많은 한자라 꼭 알고 있어야 한다.

- 支部(지부)　본부에서 갈라져 나가 그 지역의 업무를 맡아보는 곳.
- 支援(지원)　지지하며 도와주는 것.
- 支出(지출)　어떤 목적을 위하여 돈이나 물건을 치러줌.
- 支持(지지)　(어떤 개인이나 단체의 의견·주의·정책 따위에) 찬동하여 원조함.

이 支(지탱할 지) 앞에 木(나무 목)을 넣어 '가지 지'가 나왔다.

- 枝葉(지엽)　가지와 잎. 본체에서 갈라져나간 중요하지 않은 부분.

앞에 扌(손)을 다시 추가한 것을 보면 손의 기능을 강조한 것이
틀림없다. 支(손에 나뭇가지)처럼 생긴 도구를 들고 '손재주'를
발휘하는 모습이다. 물론 支(지 → 기)에서 음도 나왔다.

재주 **기**

- 技術(기술)　어떤 일을 정확하고 능률적으로 해내는 솜씨.
- 妙技(묘기)　절묘한 재주, 또는 절묘한 기술.
- 技能(기능)　기술적인 능력이나 재능.
- 技藝(기예)　미술·공예 따위에 관한 기술.

傾 國 之 色
기울 **경**　　나라 **국**　　~의 **지**　　얼굴 **색**

32. 경국지색

직역 : 나라를 기울게 하는 절세미인.

의역 : 임금이 그 미색에 빠져 국정을 게을리하여 나라를 위태롭게 할 정도로 뛰어난 미녀.

중국 한나라 때 가장 위대한 황제로 단연 한무제(漢武帝)를 꼽는다.

한무제는 일찍이 남쪽의 월(越)지역을 평정했고, 장건(張騫)으로 하여금 서역(西域)과 교통로를 개척토록 하여 실크로드를 탄생시켰으며, 또한 8차례에 이르는 대대적인 흉노족 정벌은 국가의 모든 재원과 인력을 동원했던 엄청난 전쟁으로 역사의 한 획을 그은 업적을 이루었다.

이리하여 정치, 경제, 문화의 모든 면에서 황금시대를 열었으니 한자(漢字), 한문(漢文)이란 용어가 한(漢)나라 국명에서 나와 중국을 대표하게 되었다.

문학과 음악에도 뛰어난 재능을 발휘한 낭만적인 황제였던 한무제에게 이연년(李延年)이라는 궁중악사가 있었다. 그는 가수생활로 생계를 꾸려나가다 죄를 지어 궁형을 당하고 한무제의 개를 기르는 일을 하다가 타고난 노래 실력을 인정 받아 황제의 기분을 풀어주는 궁중의 악사가 되었다.

어느 날 이연년이 악사와 무희를 거느리고 신곡 〈가인가(佳人歌)〉를 발표하였다.

북방에 가인(=미인)이 사는데	北方有佳人
이 세상에서 뛰어나 홀로 서 있네.	絶世而獨立

이 미인이 한 번 뒤돌아 보면 도성을 기울게 하고,	一顧傾人城
두 번 뒤돌아 보면 나라를 기울게 하네.	再顧傾人國
어찌 미인이 나라 망치는 것을 모르랴	寧不知傾城與傾國
그러나 미인은 두 번 다시 얻기 어려운 걸.	佳人難再得

평생에 한 번 만나기도 어려운 것이 가인(佳人)이니 기회가 생긴다면 꼭 만나 봐야 한다는 가사를 담은 이 노래에서 고사성어 경국지색(傾國之色)과 절세가인(絕世佳人)이 나왔다. 이 노래가 끝나자 한무제는 자기도 모르게 감탄하며 말했다.

"아, 좋다! 그런데 세상에 이런 미인이 정말 있을까?"

그러자 옆에 같이 있던 평양공주(平陽公主)가 이렇게 대답했다.

"오라버니, 저 이연년의 여동생이 천하미인이라고 소문이 자자하던데요."

이리하여 바로 궁궐로 불러들여 노래와 춤을 본 한무제는 매혹적인 자태와 미모에 이성을 잃고 사랑에 빠져들었다. 어려서부터 창녀 생활을 하던 이부인(李夫人)은 무제를 만나 일약 후궁 자리에 올라 무제의 말년에 가장 총애를 받았다.

어느 날 이부인에게 옥비녀를 만들어 주었는데 궁녀들이 보고 너도 나도 옥비녀를 꽂자 당시 옥 값이 2배 이상으로 뛰어올랐다는 일화를 남기기도 했다.

그러나 화무십일홍(花無十日紅)이라 하지 않던가.

이부인(李夫人)은 1남1녀를 낳고 얼마 뒤 불치병에 걸렸다.

이부인은 병색이 완연한 얼굴을 한무제에게 보여 주고 싶지 않았다. 딱 한 번만이라도 얼굴을 보여 주면 천금을 주겠노라고 애원하고 또 애원했지만 끝내 이불로 얼굴을 가려야만 했던 이부인은 행여나 황제가 실망할까 두려웠던 것이다.

얼마 뒤에 이부인이 죽자 황후(皇后)의 예를 갖추어 장례를 치루어 주었지만 그래도 찢어지는 슬픔을 달랠 길이 없었다.

이부인의 초상화를 감천궁에 걸어 놓고 날마다 바라보며 사무치게 이부인을 그리워했다.

천하를 호령하던 한무제도 세월 앞에서는 초라한 한 노인이었다.

게다가 사람을 믿지 못하고 미신에 깊이 빠지면서 신선(神仙)의 힘을 빌려서라도 다시 이부인을 만나고 싶은 마음뿐이었다.

그러던 어느 날 방사(方士 : 신선의 술법을 닦는 사람) 소옹이란 자가 자신은 죽은 자의 혼을 불러 만나게 해주는 능력을 가졌다고 소문을 냈다.

소문을 들은 한무제가 이부인의 혼을 불러 달라고 청하였다.

소옹은 이부인(李夫人)이 생전에 입었던 옷을 가져오게 하고, 방 하나를 깨끗하게 비우더니 등불을 밝히고, 장막을 치고, 술과 고기로 제사상을 차리고 한무제에게는 장막 밖에 앉아 기다리게 했다. 소옹은 장막 안으로 들어가 물을 뿌리며 주문을 외우고 법술을 펼쳤다. 얼마 시간이 지났을까 한무제 눈앞에 어슴푸레하게 한 여인이 장막 안에서 앉았다 일어났다 하면서 천천히 걸어다니는데 보면 볼수록 이부인이었다.

그 순간 만나보고 싶은 충동에 벌떡 일어나 장막으로 다가가 얼굴을 보려 하자, 소옹이 장막에서 나와 앞을 가로 막았다.

다시 눈을 돌려 보니 장막 안에는 아무도 없었다. 이 일이 있고 난 뒤 한무제는 이부인이 더욱 그리워 견딜 수가 없었다. 그래서 애끓는 심정을 한 편의 시에 담아 이렇게 토해 냈다.

그대인가요, 아닌가요?
먼 곳에 서서 그대를 바라보고 있는데,
그대는 왜 그리도 천천히 오는가요!
(是邪 非邪 立而望之, 偏何姍姍其來遲)

결국 이별의 슬픔을 견디지 못한 한무제는 이부인이 세상을 떠난 지 4년 뒤에 그 뒤를 따라갔다. 이승에서 못 다한 사랑 저승에서 과연 풀었을까?

이 한자를 알려면 우선 頃(잠깐 경)의 유래를 알아야 한다.

傾
기울 **경**

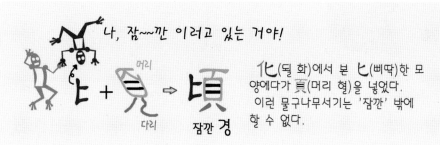

나, 잠~~깐 이러고 있는 거야!

匕(머리) + 頁(다리) ⇒ 頃 잠깐 **경**

化(될 화)에서 본 匕(삐딱)한 모양에다가 頁(머리 혈)을 넣었다. 이런 물구나무서기는 '잠깐' 밖에 할 수 없다.

우리가 쓰는 표현 중에 명재경각(命在頃刻)을 풀면 '목숨이 경각(頃刻 : 짧은 시간)에 달렸다' 는 뜻이다. 거의 죽게 되어서 숨이 곧 넘어갈 지경에 이르렀다는 말인데 얼마나 짧은 시간인가 했더니 곡예사가 몸을 거꾸로 세우는 짧은 순간이란다. 한자의 유래를 알면 이렇게 명쾌하게 이해할 수 있다.

그럼 다시 본론으로 들어와서 傾(기울 경)을 보니 亻(사람)이 頃(잠깐 경) 한 쪽으로 기울었다는 뜻이다.

■ 傾向(경향) 어떤 방향으로 기울어 쏠림, 또는 그런 방향.
■ 傾聽(경청) 귀를 기울여 주의해 들음.

國(나라 국)자를 보는 순간 '이 정도 한자쯤이야 기본이지' 하며 의기양양한 표정을 하고 있겠지만 口(큰 입구)와 或(혹시 혹)이 결합해서 만들어졌다는 것을

國 會
나라 **국** 모일 **회**

경국지색

373

아는 사람은 많지 않다. 나라가 무엇인가? 나의 조상이 살았고 내가 살고 있고 또한 내 후손이 길이 살아야 할 귀한 땅 아닌가. 자칫 잘못하면 다른 민족에게 강탈당할 수도 있다. 그래서 국경을 지키는 병사가 의심스런 사람이 지나가면? '혹시 적이 아닐까?' 경계하며 물어본다. 이렇게 만들어진 한자 或(혹시 혹)을 정리해 보자.

내 땅은 내가 지킨다!

병사가 戈(창)을 들고 ─(왔다 갔다) 하며 보초를 서는데 의심스런 사람이 지나가면 '혹시나'싶어 경계의 口(목소리)로 이렇게 묻는다.
"너, 누구냐?"
여기서 '혹시 혹'이 나왔다.
或者(혹자): 어떤 사람
或是(혹시): 만일에, 어떤 경우에

그러니까 이 한자는 영토를 지키는 용감한 병사를 생각하면 된다.

口(입)은 '국경'을 뜻한다고도 하니 편할 대로 생각하자. 이렇게 만들어진 或(혹→국)에다 口(국경)을 추가한 한자가 '나라 국'이다. 위 그림에 보이는 지도를 추가하면 國(나라 국)자가 그려진다는 말이다.

■ 國防(국방)　(외적에 대한) 국가의 방비.
■ 國家(국가)　나라.

會(모일 회) 역시 많이 알고 있을 터, 만들어진 유래를 잠깐 보자.

옛날 ⌒⌒(쌀)과 콩을 會(시루)에 넣어 뚜껑을 꼭 닫고 떡을 찌고 있는 모습이다. 어렸을 적에 집에서 고사떡을 하는 날이 되면 언제 먹을 수 있을까 목을 빼고 기다렸다. 잠시 뒤 김이 모락모락 나는 떡시루 앞에 온 식구가 모여 꿀보다 더 달게 먹었던 기억이 있다. 그러니까 이 한자는 떡이 되기를 기다리며 떡시루 앞에 모여 있는 모습에서 '모일 회'가 나왔다. 國會(국회)란 '국민이 선출한 의원(議員)으로 구성되는 합의체의 입법기관'이다. 그런데 나라를 지키기 위해 국회의사당에 모인 국회의원들이 '떡고물'에만 관심이 있다면 나라가 어찌 될지 자명한 일이다.

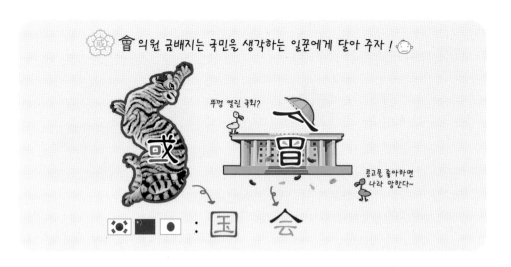

떡고물 좋아하는 國會(국회)의원이 많은 나라일수록 국민들은 물로 배를 채운다.

아쉽긴 아쉬웠던 모양이다. 土(흙 토)를 넣어 영향이 미치는 범위나 영역을 뜻하는 또 하나의 한자를 만든 것을 보면 말이다.

좀 다른 점이 있다면 나라의 국경보다 좁은 영역을 표시할 때 주로 사용된다. 或(혹→역)은 음으로도 나왔다.

지경 역

■ 區域(구역) 갈라놓은 지역.
■ 領域(영역) 국가의 주권이 미치는 범위.

국경을 지키는 군인들의 心(마음)은 늘 불안하다. '혹시 적군은 아닌가' 늘 의심의 눈초리로 사람을 감시함에도 불구하고 적군을 발견 못하는 경우가 더러 있다.

그래서 귀신 같은 것에 홀려 정신이 나가고 헷갈리는 상태를 가리키는 '미혹할 혹'을 만들었다.

정신 똑바로 차리고 살지 않으면 당한다는 경고성 한자이다.

그렇다면 惑(혹)하지 않는 나이가 있을까?

미혹할 혹

惑하지 않는 나이, 마흔!

不 惑
아니 불   미혹할 혹

공자(孔子)가 말하길,
"40세가 되어서는 미혹하지 않았다. (四十而不惑)
：세상일에 갈팡질팡하거나 어떤 유혹에도 흔들리지 않는 나이.

不惑 = 不動心 = 마흔이야.

맹자(孟子)가 말하길,
"나는 마흔에 마음을 움직이지 않게 되었다. (我四十不動心)"
：어떤 충동에도 흔들리지 않는 나이.

학문과 인격이 완성되어 어떤 유혹에도 넘어가지 않는 나이 마흔을 '不惑(불혹)'과 '不動心(부동심)' 이라 한다. 내 나이 마흔 살 되기 전에 알아두자.

■ 誘惑(유혹) 남의 마음을 현혹되게 하여 꾐.　　　　■ 疑惑(의혹) 의심하여 수상히 여김.

빛 색

이 한자가 나오면 대부분 '빛 색' 이라고 말한다.
그럼 아래 유래를 통해 알아보자.

우리는 지금 사랑 중...

남자와 여자가 서로 사랑하는 장면을 사실적으로 그린 한자이다.
사랑하면서 발그레해진 여자의 '얼굴 빛'을 살피는 모습에서 '얼굴 색', '빛 색' 이 나왔다.

아, 그랬구나. 이런 유래 때문에 '빛깔' 이란 뜻 외에 '얼굴' '욕정' 이란 뜻도 있었구나.

예를 들어 볼까. "저런, 색마(色魔)같은 놈!" "여색(女色)을 밝히는 놈."

"주색(酒色)에 빠지더니 나라 망쳤네."

思索이 길어질수록 밖에서 死色되고 있는 나~
생각 사 찾을 색   죽을 사 빛색

그러니까 빨간 色 노란 色 에 나오는 色 만 있는 것이 아니다.

二人二色~

우짤꼬~

- 色情(색정) 남녀간의 성적 욕망.
- 酒色(주색) 술과 여자.

이 한자는 色 (색)과 모양만 비슷하다.

이 한자는 변형부수인 阝(우부방)이 더 많이 나오는데 '언덕부' 의 변형부수와 위치만 다르고 모양은 같아서 헷갈리기 쉽다. 마음 단단히 먹고 아래 두 한자를 구별하자.

邑

고을 **읍**

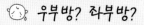

🙂 우부방? 좌부방?

'뱀 파' 가 아니야.

邑 ➡ 阝

고을 읍   변형부수 : 우부방

口(울타리)아래 巴(구부리고 있는 사람)을 겹합해 '동네' '나라'란 뜻으로 나온다.

邦(나라 방) 都(도읍 도) 郭(성곽 곽)

지방행정구역의 하나인 邑(읍)도 알아두자.

阜 ➡ 阝

언덕 부   변형부수 : 좌부방

산의 가파른 벼랑을 그렸는데 단독으로는 보기 어렵고 阝(일부분)이 더 많이 보인다.

追(쫓을 추) 師(스승 사) 歸(돌아갈 귀)

변형부수인 좌부방도 알아두자.

끊을 **절**

色(색)과 같아 보이지만 위를 자세히 보면 刀(칼 도)이다. 그러니까 巴(구부리고 앉은 사람)이 刀(칼)로 糸(실)을 자르는 모습에서 유래된 한자이다. 그런데 㔾을 色(색)으로 혼동해서 쓰다 보니 지금은 구별하지 않고 함께 쓰고 있다.

■ 絶交(절교)　서로 교제를 끊음.
■ 拒絶(거절)　(남의 제의나 요구 따위를) 받아들이지 아니하고 물리침.

이 한자는 '뛰어날 절' 도 있는데 아래 한자어를 보자.

■ 松都三絶(송도삼절)　조선시대에 서화담, 황진이, 박연폭포를 개성의 뛰어난 세 명물로 이르던 말.
■ 絶景(절경)　더할 나위 없이 아름다운 경치.
■ 絶世(절세)　세상에 비길 것이 없을 만큼 썩 빼어남.

그럼 여기서 絶(끊을 절)을 넣어 만들어진 유명한 고사성어를 보자.

아, 나의 친구가 죽다니 . .

伯牙絶絃

맏백 어금니아 끊을절 줄현

난 누굴 위해 연주하지?

제가 知音이 되어 드릴게요

춘추 시대 거문고의 명수로 이름 높은 백아(伯牙)에게는 그 소리를 누구보다 잘 감상해 주는 친구 종자기(鍾子期)가 있었다.
백아가 거문고로 높은 산과 큰 강의 분위기를 표현하면 종자기의 입에서는 탄성이 터져 나왔다.
"아, 멋지다! 하늘 높이 우뚝 솟은 그 느낌은 마치 태산 같군"
"음, 훌륭해! 넘칠 듯이 흘러가는 그 느낌은 마치 황하 같군"
이렇게 두 사람은 마음이 잘 통하는 연주자였고 청취자였다. 그러나 얼마 뒤 종자기가 병으로 죽자 백아는 거문고의 줄을 끊고 다시는 연주하지 않았다.

이 고사를 '지음(知音 : 음을 알아주다)' 이라고도 하며 지기지우(知己之友 : 나를 알아주는 친구)와 뜻이 통한다. 종자기 같은 친구 즉, 나를 알아주는 친구가 옆에 있다면 행복한 인생을 살고 있다고 자부해도 좋다. 이 고사성어는 '친구의 죽음을 애도한다' 는 뜻도 있다.

九 牛 一 毛

아홉 **구**   소 **우**   하나 **일**   털 **모**

33. 구우일모

직역 : 소 아홉 마리 속에 털 한 가닥.

의역 : 많은 가운데 가장 적음. 극소수. 아무것도 아닌 하찮은 일.

유사어 : 조족지혈(鳥足之血) - 새발의 피.

경국지색, 절세가인의 고사 주인공인 이부인(李夫人)은 남은 가족들이 무제에게 버림받을까봐 병든 얼굴을 보여주지 않았다는데 과연 그 뜻을 이루었을까?

이부인이 죽자 한무제는 보상이라도 하듯 두 오빠 중 이연년(李延年)에게는 궁중악사의 최고지위인 협률도위라는 벼슬을 내리고, 이광리(李廣利)에게는 군사 최고지휘 자리인 이사장군을 주었다. 흉노족과 화친을 깨고 전쟁을 택한 무제에게 흉노족과의 전쟁은 국가의 존망이 달린 것으로 이광리의 임무는 특히 막중했다.

그러나 이광리는 여동생 이부인의 후광으로 앉은 자리이다 보니 주변의 시선도 곱지 않았으며 능력 또한 부족했다. 그럼에도 한무제가 이광리를 끝까지 신임한 이유는 죽은 이부인과의 못다한 사랑을 보상해 주고 싶었기 때문이었다.

B.C. 99년에 이광리는 3만 명이라는 대부대를 이끌고 흉노를 공격하는데 한무제가 보급품의 수송을 젊은 이릉 장수에게 맡겼다.

집안 대대로 무장출신의 명문가에 병법에 정통한 이릉은 전투에 직접 참가하고 싶었다.

이런 사실을 안 한무제가 말했다. "그대에게 줄 기병이 없느니라."

그러자 이릉이 이렇게 대답했다. "그렇다면 보병이라도 주십시오."

이리하여 무제는 마지못해 5,000명의 보병을 주고 출격명령을 내렸다.

3만의 기병을 앞세운 이광리는 1만의 흉노를 무찌르고 의기양양해서 돌아오는 길에 흉노의 대군에 포위되었다가 겨우 탈출하였는데 그만 60% 이상의 병사가 전사하고 말았다.

한편 5,000명의 보병만 거느린 이릉은 어떻게 되었을까? 이릉의 군대는 흉노 3만 명의 기병을 맞아 8일간의 사투 끝에 패배하고 이릉은 포로가 되었다.

이 소식을 전해들은 무제는 이릉의 모친과 처자를 잡아 몰살시키라고 명령하고 이릉의 죄를 논하게 되었다.

평소 이릉의 능력을 시기했던 군신들은 이구동성(異口同聲)으로 이릉의 죄를 성토할 때 사마천(史馬遷)이 홀로 이릉을 변호했다.

"이릉은 부모에게 효도하고 신의가 있으며, 국가의 위급한 일에 몸을 바쳐 싸우는 용장이온대 그의 죄를 논하다니 진실로 통탄스럽습니다. 이릉은 불과 5,000의 보병으로 8일간 사투를 벌였으나 화살은 떨어지고 길이 막히자 병졸과 함께 맨주먹으로 대항하였습니다. 그가 죽지 않고 항복한 것은 적당한 기회를 이용해 한나라에 보답하기 위한 것임이 분명합니다."

무제는 이런 직언을 서슴지 않고 토해내는 사마천에게 황제를 무고(誣告)했다는 죄명으로 사형선고를 내렸다. 죽음과 삶의 기로에서 사마천은 《사기(史記)》를 완성하라"는 부친의 유언(遺言)을 따르기 위해 사형보다 못한 궁형(宮刑)을 자청하여 환관(宦官)이 되었다.

3년 뒤 옥중에서 석방된 사마천은 환관이 되어 사대부들의 온갖 멸시를 받았다.

《사기》가 거의 완성될 무렵 그의 나이 55세 되던 해 옛 친구인 임안(任安)이 난에 연루되어 사마천에게 선처를 호소하는 편지를 보내왔다.

사마천은 이 편지에 답장을 이렇게 써내려 갔다.

"옛날 나는 이릉(李陵)과 함께 문하시중으로 있었지만 별로 친밀하지는 않았네. 취향이 각기 달라서 함께 술을 마신 적도 없고 친밀한 교제의 즐거움을 나눈 적도 없었지. 그러나 내가 그 사람됨을 살펴보니 재물에 대해서는 청렴(淸廉)하고 상하의 분별함에 있어서는 공손하고 검약(儉約)한 선비더군.

그런 그가 패했다는 이유로 신하들이 서로 그의 잘못을 꾸며내어 모해(謀害)하는 꼴을 보고 이릉의 공적을 알려서 다른 신하들의 비방(誹謗)을 막아보고자 했네. 그러나 황제께서는 내가 이광리 장군을 비방하고 이릉을 변호한다고 여기셨던 거지. 결국 나는 하옥되었네. 집은 가난해서 재물을 바쳐 형벌을 면할 수도 없었고 게다가 벗들은 하나 둘 내곁을 떠나버렸지.

그래서 난 어쩔수 없이 궁형을 택했고 이로 인해 세상의 웃음거리가 되었다네.

만약 내가 그때 사형을 받았다면 나는 '아홉 마리의 소 중에서 털 하나 없어지는 것(假令僕伏法受誅若九牛亡一毛)' 밖에 안 되는 땅강아지 같은 존재가 되었을 것이네. 심지어 쓸데없이 변호하다가 어리석게 죽었다고 오히려 손가락질 당했을 것이 분명하네.

내가 치욕을 참고 구차하게 목숨을 부지하여 더러운 똥 속에 처박히는 생활을 마다하지 않은 까닭은 억울한 누명을 쓰고 죽으면 나의 문채(文采)가 후세에 드러나지 않을까봐 그랬던 걸세. 이 책이 후세에 전하여진다면, 전날의 욕된 빚을 보상받게 되는 것이니 비록 만 번 죽임을 당한다 한들 무슨 후회가 있겠는가?

다만 내가 부모의 무덤을 찾아 뵐 낯이 없어 하루에도 창자가 9번 뒤틀리고, 잠자리에 들면 등에서 식은땀이 줄줄 흘러 옷을 적시지 않은 날이 없다네.

친구여, 사람은 죽고 난 뒤라야 그 사람의 옳고 그름을 평가할 수 있다네."

이 긴 편지 속에 구우일모(九牛一毛)가 유래되었다. 이렇게 사마천이 치욕을 참으며 《사기(史記)》의 저작에 혼신의 힘을 기울이고 있는 동안 이광리는 무리한 전쟁을 다시 일으켜 대패하고 포로로 잡혀갔다. 그리고 흉노 땅에서 선우의 딸과 결혼하여 행복하게 살던 어느 날 이를 시기하던 자의 모함으로 죽음을 당하고 흉노신의 제물로 바쳐졌다. 얼마 안 가서 이부인의 집안은 멸문(滅門)의 화(禍)를 당했다.

九
아홉 **구**

아홉이란 숫자는 '많다' 는 뜻도 가지고 있다.

- 九死一生(구사일생) 여러 차례 죽을 고비를 겪고 겨우 살아남.
- 九折羊腸(구절양장) '산길 따위가 몹시 험하게 꼬불꼬불한 것' 을 이르는 말.

究
궁구할 **구**

'궁구' 라는 말은 '끝까지 연구한다' 는 뜻인데 지금은 '연구' 라는 말을 더 많이 사용하고 있다.

九(아홉 구)에서 음을, **穴**(구멍 혈)에서 뜻을 취했을 것이다.

옛날 원시인들이 구절양장(九折羊腸)처럼 꾸불꾸불한 동굴을 발견하면 끝까지 들어가서 탐사하고 연구하지 않았을까? 우리 부족이 살 만한 곳인지 아닌지 말이다.

- 研究(연구) 사물을 깊이 생각하거나 자세히 조사하거나 하여 어떤 이치나 사실을 밝혀냄.
- 探究(탐구) (진리나 법칙 따위를) 더듬어 깊이 연구함.

軌
수레길 **궤**

車(수레)가 **九**(여러 번) 반복하고 또 반복해서 지나가면 자국이 남는다.

이 한자는 수레바퀴가 '지나간 자국' 이란 뜻과 수레의 왼쪽 바퀴와 오른쪽 바퀴와의 사이의 '폭' 을 나타낸다.

九(구→궤)는 음으로도 나왔다.

- 軌道(궤도) 수레가 지나간 바퀴 자국. 천체가 공전하는 일정한 길

염색을 하려면 木(나무)나 풀에서 식물성 염료를 채취하여 氵(물) 속에 九(아홉)번 정도 넣다 뺐다를 반복하며 염색을 한다.

여기서 '염색하다'는 뜻이 나왔다.

담그는 횟수가 많을수록 색채는 점점 짙어진다.

물들일 **염**

- 染色(염색)　염료를 써서 천 따위에 물을 들임.
- 感染(감염)　병원체가 몸에 옮음.

'正露丸(정로환)'에서 볼 수 있는 이 한자는 모양이 작고 동그란 총알 모양을 하고 있다. 九(구)와 ヽ(점) 모두 관계없이 모양이 많이 변했다.

丸(환)을 보면 지레 겁부터 내는 아이들이 많다.

알 **환**

- 丸藥(환약)　약재를 빻아 반죽하여 작고 둥글게 만든 약. 알약.
- 彈丸(탄환)　총포에 재어서 쏘면 폭발하여 그 힘으로 탄알이 튀어 나가게 된 물건.

인류와 동고동락(同苦同樂)하며 가장 친근하고 희생을 마다하지 않는 가축인 소의 뿔을 그려 만들었다.

아, 牛(소 우)와 비슷하게 생긴 한자 午(낮 오)가 있다. 낮 12시 전을 오전(午前), 정각 12시를 정오(正午), 낮 12시 이후를 오후(午後)라 한다. 기왕이면 許(허락할 허)도 알아두자.

소 **우**

- 牛耳讀經(우이독경)　'아무리 가르치고 일러주어도 알아듣지 못함'을 이르는 말.

옛날에 물건이라 하면 '소'를 가리키는 것을 당연시했나 보다. 두 한자의 공통 분모가 牛(소 우)인 걸 보니 말이다. 勿(말라 물)에서 음을 취한 '물건 물'은 여러 설이 있다. 亻(사람=백정)을 넣어 만든 '물건 건'은 백정이 소를 잡아서 여러 사람에게 나누어 주는 모습이다.

어렵게 생각할 것이 뭐 있을까.

물건 **물**　　물건 **건**

物件(물건)이란, 좋은 소를 잡아 여러 사람이 나눠 갖는 것으로 혼자 독점하지 말라는 뜻으로 이해하면 되지 않을까?

칠 **목**   아이 **동**

들판에 牛(소)를 풀어놓고 막대기로 攵(때리면서) 몰고 가는 모습이 牧(칠 목)이다. 童(아이 동)은 원래 죄를 지은 남자의 모습에서 유래하였는데 지금은 '15세 전후의 남녀'를 가리킨다.

여기는 牧場
牧童

- 放牧(방목) 소나 말·양 따위의 가축을 놓아 기름.
- 牧童(목동) (풀을 뜯기며) 마소나 양을 치는 아이.
- 牧場(목장) 마소·양 따위를 치거나 놓아기르는 시설을 갖추어 놓은 일정 구역의 땅.

늦을 **지**   시각 **각**

소리에 놀라지 않는 사자와 같이
그물에 걸리지 않는 바람과 같이
흙탕물에 더럽히지 않는 연꽃과 같이
무소의 뿔처럼 혼자서 가라.

– 숫타니파타경 중에서

遲(늦을 지)는 느릿 느릿 걸어가는 무소를 그리면 된다.

내가 좀 느리긴 해.

책받침   무소 서

무소의 뿔처럼 천천히 가라!?
牛(소)와 犀(꼬리 미→서)가 합쳐진 '무소 서'에다 느릿느릿 걸어간다는 뜻인 辶(책받침)을 넣어 '늦을 지'가 나왔다.
바쁜 아침에 무소처럼 걸어가면?

당연히 遲刻(지각)이다! 그런데 외워서 쓸 일이 있을까?

■ 遲遲不進(지지부진)　몹시 더디어서 잘 나아가지 않음.
■ 遲滯不自由(지체부자유)　팔다리나 몸을 제대로 움직일 수 없음.

刻(시각 각)은 십이지에서 본 亥(돼지 해→각)에서 음을 취하고 옛날 물시계에서 시간을 보기 위해 눈금을 새기는 데 사용되었던 刂(칼 도)에서 뜻이 나왔다. 여기서 ① '시각 각'과 ② '새길 각'이 나왔다.

1. 시각 각　時刻(시각)　시간의 어느 한 시점.
2. 새길 각　彫刻(조각)　글자나 어떤 형상을 새기는 일.
　　　　　刻舟求劍(각주구검)　배에서 떨어뜨린 칼을 찾는데, 배가 움직이는 것은 생각하지 않고 칼을 떨어뜨린 뱃전에다 표를 하고서 찾으려 했다는 중국 고사에서 나온 말로 '사리에 어둡고 어리석음'을 비유하는 말.

刻(시각 각)이 들어 있는 아래 한자성어를 정확하게 해석해 보자.

애타게 기다리거나 사모하는 마음이 간절할 때

一 刻 如 三 秋

한일　시각각　같을여　석삼　때추 ↘ = 年(해 년)

: 15분이 3년 같다.　'千秋(천추)의 恨(한)'에서도 그 예를 볼 수 있지.

三刻 (45분)　一刻 (15분)　중국어 공부할 때 나와~

牛(소 우)의 또 다른 이야기를 보자.

반으로 나누는 모양인 ✓ ✓ (팔)에다 牛(소 우)를 넣어 소를 둘로 가른다는 뜻으로 나왔다.

그런데 소의 뿔에 해당되는 첫번째 획이 탈락하게 되었다.

■ 半信半疑(반신반의)　반쯤은 믿고 반쯤은 의심함.
■ 半額(반액)　정해진 금액의 절반 값.

반으로 나눈 모습.

위를 두 가지로 쓴다. 알아두자.

탈락　牛

반 半

구우일모

판단할 **판**

リ(칼)로 半(반)을 딱 나누듯이 어떠한 일을 분명하게 판단하고 매듭지어 판결한다는 뜻이다.

- 判斷(판단) 전후 사정을 종합하여 사물에 대한 자기의 생각을 마음속으로 정함.
- 判決(판결) 일의 옳고 그름을 판단하여 결정함.
- 判明(판명) 사실이나 진실 따위를 명백히 밝힘.

짝 **반**

亻(사람)들은 결혼을 함으로써 완전한 인간이 된다고 믿었다. 나의 半(반쪽)을 찾기 위해 돈과 시간을 투자해서 내짝을 찾으면 축복 속에 결혼을 한다. 인간이란 불완전한 존재이기에 자기의 반쪽을 찾아야 비로소 완전한 인간이 되는 것이다. 그리고 평생 함께 하기 위해 노력한다.

- 伴侶者(반려자) 반려가 되는 사람.
- 同伴者(동반자) 짝이 되어 함께 가는 사람.

배반할 **반**   거스를 **역**

叛(배반할 반)은 半(반)에다가 뒤집는다는 뜻을 가진 反(반대, 거꾸로)를 넣어 남을 배신한다는 뜻이 되었다. 逆(거스를 역)은 발을 屰(거꾸로)하고 辶(걸어가는) 모습이란다. 그래서 이 한자는 '도리에 어긋나는 행위' '순종하지 않음' '순조롭게 일이 되지 않는다' 는 뜻으로 나온다.

- 背叛(배반) 신의를 저버리고 돌아섬.
- 叛亂(반란) = 反亂 정부나 지배자에게 반항하여 내란을 일으킴.

- 叛逆(반역) = 反逆 배반하여 돌아섬.
- 逆風(역풍) 맞바람.
- 逆行(역행) 거슬러 올라감.

털 **모**

동물의 털 혹은 사람의 머리털을 보고 그려서 만들었다.

- 不毛地(불모지) 식물이 자라지 않는 거칠고 메마른 땅.
- 毛髮(모발) 사람의 몸에 난 터럭을 통틀어 이르는 말.
- 毛皮(모피) 털가죽.
- 羊毛(양모) 양의 털.

人生如朝露

사람**인**　살**생**　같을**여**　아침**조**　이슬**로**

34. 인생여조로

직역 : 인생은 아침이슬과 같음.
의역 : 인생의 덧없음.

한무제 때 화친을 깨고 전쟁을 치루면서 지칠 대로 지쳐 있던 중 흉노의 선우(單于 : 흉노족의 추장)가 죽자 뒤를 이은 선우가 거짓 화친을 원하면서 그동안 억류했던 한나라 사신을 석방하여 돌려 보냈다.

그러자 무제가 이를 믿고 포로로 붙잡혀 있던 흉노와 후한 예물까지 챙겨서 소무(蘇武)와 함께 100여 명을 포로 교환 사절단으로 보냈다.

소무가 임무를 무사히 마치고 막 귀환하려던 중에 그만 일이 터졌다. 전에 흉노에 투항했던 장군 위율(衛律)이란 자가 있었는데 그의 부하 우상(虞常)이 위율을 죽이려다 실패한 사건이 발생한 것이다. 여기에 그만 연루(連累)되어 꼼짝없이 죽게 되었을 때 선우가 소무를 불러 이렇게 말했다.

"한나라 사신이 사람을 죽이려 했다면 마땅히 사형을 당해야 하겠지만 당신이 만약 투항한다면 목숨만은 살려주겠다."

이때부터 선우는 함께 갔던 사신들을 한 명씩 한 명씩 죽이면서 갖은 회유와 협박을 가해왔다. 하지만 소무는 단호하게 거절했다.

그러자 화가 난 선우는 땅을 파서 큰 소굴을 만들어 소무를 가두고는 음식을 주지 않았다. 살을 에이는 추위와 굶주림이 뼈에 사무쳐 왔지만 내리는 눈을 먹고 담요의 천을 뜯어먹으며 죽지 않고 버텼다.

그러자 더욱 화가 난 선우가 북해의 기슭(지금의 바이칼 호)으로 보내면서 이렇게 말했다.

"만약 숫양이 새끼를 낳으면 고국으로 보내 주겠다."

숫양이 새끼를 낳을 때라니 이 말은 평생 그곳에서 살다 죽으라는 소리가 아닌가. 북해에 도착한 소무는 인적도 연기도 나지 않는 곳에서 들쥐가 먹다 남긴 열매를 주워 먹으며 근근이 연명하였다.

끝없는 하늘, 넓고 넓은 호수, 사람의 그림자라고는 찾아볼 수 없는 북해에 어느 날 한 손님이 찾아왔다. 그는 다름 아닌 이릉 장수였다.

5,000명의 보병만을 데리고 악전고투 끝에 패배했던 젊은 장수 이릉.

흉노에 항복하면서 기회를 노렸지만 뜻대로 되지 않던 중 노모와 처자가 모두 몰살되었다는 소식을 듣자 마음을 접고 선우의 딸과 결혼하였다.

그러던 어느 날 선우가 소무를 찾아가 투항을 설득해보라고 명령했다.

옛날 절친했던 친구 소무가 북해에 있다는 말에 이릉은 천리길도 멀다 않고 음식을 마련해서 달려갔다. 이릉은 소무를 위로하면서 이렇게 말했다.

"자네 식구들이 어찌 되었나 알고 있기는 한가? 자네 형과 아우는 황제에 대한 불경죄를 저질렀다며 자살하고, 노모는 이미 세상을 떠났으며 아내도 다른 남자와 재혼했다고 하네. 선우는 자네가 내 친구라는 것을 알고 이번에 설득해서 꼭 데려오라고 하셨네. 자네도 이만큼 고생했으면 됐네. 그러니 나와 함께 가도록 하세. 인생은 아침 이슬과 같다는데(人生如朝露) 이 말이 맞다 싶네. 이 친구야."

그러나 소무는 이를 악물고 눈물을 삼키며 이렇게 말했다.

"신하가 임금을 섬기는 것은 자식이 부모를 섬기는 것과 같다네. 자식은 부모를 위해 죽기도 하니 다시는 이런 말씀 하지 마시게. 그리고 나는 이미 죽은 지 오래 되었다네."

그의 결연한 모습을 본 이릉을 더 이상 말을 잊지 못하고 눈물을 흘리며 헤어졌다.

雁 書
기러기 **안**　　편지 **서**

▶ 철따라 이동하는 기러기가 먼 곳의 소식을 전해 줌. 편지, 소식

그리고 19년의 세월이 흘렀다.

세상이 변해 전쟁이 멈추고 화친(和親)의 시대가 왔다.

한무제가 죽고 선제가 즉위하였으며 선우도 죽고 그의 아들이 선우가 되었다.

화친의 사절단이 흉노땅에 도착하자마자 소식이 두절된 소무의 귀국을 요청했다.

그러나 선우는 소무가 죽고 없다고 대답했다.

그날 밤 소무와 함께 사절단으로 왔었던 자가 몰래 사신을 찾아와 귓속말을 하고 돌아갔다. 날이 밝자 한나라 사신이 선우에게 말했다.

"우리 태자가 상림원에서 사냥을 하다가 기러기 한 마리를 쏘아 떨어뜨렸지요.

그런데 그 기러기 발에 헝겊조각이 달려 있기에 풀어 보니 이렇게 쓰여 있더랍니다. '소무가 북쪽 끝 어느 호수에 살아 있다.' 그러니 소무가 살아 있는 것이 분명합니다."

이 말을 들은 선우는 사실대로 말하고 소무를 귀국하도록 허락하였다.

蘇武牧羊 / 任伯年

북해로 달려가 보니, 소무는 머리와 수염은 이미 백발이 되었고 모피는 다 해져 너덜거렸지만 사절단의 표시였던 부절(符節)만은 애지중지 보관하여 다 닳아 없어질 정도가 되어 있었다.

이리하여 19년 만인 나이 60이 되어서야 다시 고국 땅을 밟은 소무는 20년 뒤에 세상을 떠났다.

사람 **인**

인간(人間)을 그린 이 한자는 앞에서 이미 다루었다.

여기서 人 (사람 인)을 두 개 겹쳐 쓴 한자들을 보기로 하자.

따를 **종**

人人 (여러 사람)이 止 (발) 맞춰 彳(행군)하며 뒤따라가는

모습에서 '따를 종'이 나왔다.

- 服從(복종)　남의 명령 · 요구 · 의지 등에 그대로 따름.
- 從軍記者(종군기자)　종군하여 전황을 보도하는 신문 · 방송 · 잡지의 기자.
- 盲從(맹종)　(옳고 그름을 가리지 아니하고) 남이 시키는 대로 무턱대고 따름.

세로 **종**　　가로 **횡**

복종하며 따르는 사람을 뜻하는 從(종) 앞에 糸(실

사)를 넣었다.

從 (따를 종)에서 이미 복종의 뉘앙스와 서열의 등급

을 예고하는데 여기에 길게 늘어진 '실'을 넣어서 '세

로'의 모습을 만들었다.

이 한자는 ① '세로 종' 외에 ② '제멋대로 종'도 있다.

- 縱斷(종단)　남북의 방향으로 건너 가거나 건너옴. ≠ 횡단
- 放縱(방종)　제멋대로 행동함.

그렇다면 橫 (가로 횡)은 어떻게 만들어진 걸까?

나무로 된 木(빗장)에 黃 (황→횡)을 음으로 삼아 만들었다는데 외우기 쉬운 방

법 중 하나로 횡단(橫斷)보도를 떠올려 보자.

차도에 가로질러 있어 사람들이 안전하게 건너도록 만들어져 있어 한자 橫(가로

횡)을 넣었다.

그럼 여기서 지구본을 보면서 한자성어를 하나 알아보자.

1. 가로 횡 橫斷(횡단) 가로 지나감.
    橫的(횡적) 어떤 사물에 횡(橫)으로 관계하는 것.

그런데 도로에서 無斷橫斷(무단횡단)하면 자칫 橫死(횡사)할 수 있다. 그래서 그런 가? ① '가로 횡' 과 함께 ② '갑자기 횡' 도 있다. 요즘은 이 뜻으로 더 많이 나온다.

그림 속에 한자어를 보자.

알고 보면 橫財(횡재)는 불길한 징조이다.

2. 갑자기 횡 橫材(횡재) 뜻밖에 재물을 얻음.
    非命橫死(비명횡사) 뜻밖의 재난이나 사고 따위로 죽음.

그럼 여기서 黃(누를 황)에 대해 자세히 알아보기로 하자.

귀하신 몸 나가신다~~

신분이 높은 黃(지배층)이 허리에 찼던 누런색의 田(패옥)을 그렸다. 사람의 모습이 많이 변했다.
어쨌거나 黃(황)씨 성을 가진 사람들은 기분 좋겠다.

우리가 황인종(黃人種)이란 사실에 절로 자부심이 생긴다.

쓰는 법이 두 가지.

黃 = 黄

정자   속자

- 黃色(황색) 누른빛.
- 黃沙(황사) 누런 모래, 사막의 땅.
- 黃泉(황천) 저승. 땅 밑의 샘.
- 黃金萬能(황금만능) 돈을 무엇보다 귀중히 여김.

넓을 광

广(집 엄)이 보이면 넓은 집과 관련이 있다. 黃(황→광)에서 음과 뜻을 취해 넓은 집에 귀한 신분이 살고 있다는데서 '넓을 광'이 나왔다.

- 廣野(광야) 아득하게 너른 벌판. 광원.
- 廣告(광고) 상품 등의 상업 선전, 또는 그것을 위한 글이나 그림.
- 廣場(광장) 넓은 마당.

쇳돌 광

金(쇠 금)을 넣어 광석이란 뜻인 '쇳돌 광'을 만들었다.

- 鑛石(광석) 유용한 금속이 많이 섞여 있는 광물.
- 鑛山(광산) 광석을 캐내는 곳
- 鑛物(광물) 암석 · 토양 중에 함유된 천연의 무기물.
- 鑛泉(광천) 광물질을 다량으로 함유한 샘이나 온천.

어쩌다 음이 이렇게 변했을까?

廣(넓히기) 위해 扌(손)으로 벌리고 있는 모습이다.

넓힐 **확**

- 擴張(확장) (범위나 세력 따위를) 늘려서 넓힘. (확장공사 대체)
- 擴大(확대) 늘여서 크게 함.

종합병원에 가면 영안실과 신생아실이 함께 공존하고
있다. 죽고 사는 것이 내 뜻대로 되는 것은 아니지만 살아
있는 자들에게는 매우 절실한 문제인 것만은 사실이다.

삶과 죽음에 관한 한자를 보자.

죽을 **사**   살 **생**

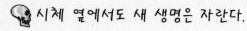
☠ 시체 옆에서도 새 생명은 자란다.

死 죽을 사   生 날 생

죽은 시체의 앙상한 歹(뼈)를
쳐다보고 있는 匕(사람)을 넣어
만들어서 덩 외로워 보인다.

一(땅)을 뚫고 나온 牛(풀)의 강인한
생명력을 보여 주는 한자이다.
여기서 '날 생'과 '살 생'이 나왔다.

역시 살아 있는 생명이 아름답다.

- 死生有命(사생유명) 생과 사는 운명에 달려 있음.
- 生活(생활) 살아서 활동함. 생계를 유지하여 살아감.
- 適者生存(적자생존) 생존경쟁의 세계에서, 외계의 상태나 변화에 적합하거나 잘 적응하는 것만이 살아남고,
  그렇지 못한 것은 멸망하는 일.
- 見物生心(견물생심) 물건을 보면 그것을 가지고 싶은 욕심이 생김.

生(날 생)을 넣어 만든 한자들을 알아보자.

성씨 **성**

　　내 자식이 아닐 거라는 추측 때문에 첫아이를 죽였던 고대사회는 이미 남자의 권한이 강해진 부계사회임을 짐작할 수 있다.

　　그 이전의 모계사회에서는 여성의 다산(多産)이 더 중요했으며, 여성의 사회적 역할이 남성의 그것보다 상대적으로 더 중요한 위치에 있었다.

그때는 자식을 낳아도 아버지가 누구인지 알기가 어려웠다.

　　여자인 女(어머니)가 生(낳아서) 어머니 姓(성)을 따랐다는 데서 만들어진 한자라고 알려져 있다. 물론 生(생→성)에서 음도 취했다.

　　우리가 지금까지 姓(성)이라면 당연히 아버지의 姓(성)을 따라야 한다고 믿고 있었던 고정관념을 단숨에 깨주는 한자이기도 하다. 그 뒤 부계사회로 접어들면서 남성의 역할이 강해지자 姓(성)이 힘을 쓰지 못하고 등장한 것이 남성을 상징하는 氏(씨)가 나왔다. 그러니까 姓(성)은 여자의 성을, 氏(씨)는 남자의 성을 뜻한다는 말이다. 시간이 지나면서 지금은 구분하지 않고 사용되고 있다. 요즘 우리 사회는 姓(성)에 대한 정의와 개념에 대한 새로운 해석이 내려지고 있다.

■ 姓氏(성씨) 성을 높여 부르는 말. 　　■ 姓名(성명) 성과 이름.

성품 **성**

　　忄(마음)에서 生(나오는) 감정을 성질, 성품이라고 한다.

　　사람들은 태어날 때 갖고 태어나는 본성(本性)이 있는데 맹자는 성선설(性善說)을 순자는 성악설(性惡說)을 주장하였다.

■ 性質(성질) 날 때부터 가지고 있는 기질.
■ 性品(성품) 성질과 됨됨이.

별 **성**

　　별을 가리키는 한자에 왜 日(해)가 들어가 있을까?

　　生(생→성)이야 음으로 나온 것 같은데 조금 이상하다.

오래전부터 갖고 있던 의문을 풀어보자.

반짝반짝 작은 별~

星 ← ✦ → 晶

별 성   빛날 정

밤하늘에 빛나는 별 세 개를 그렸
는데 후에 日(별) 한 개만 남았다.
日(해)와 모양이 똑같아 별이 좀
섭섭하겠다.

그래서 맑고 투명한 보석인 수정으로
옷을 갈아입고 다시 복귀했다.
'빛날 정' '수정 정'이란 뜻 때문인지
특히 여성들의 이름에 많이 등장한다.

그럼 그렇지 해가 아니었구나.

형제 같은 두 한자를 같이 알아두면 반짝거리는 별이 보인다.

주의할 것은 晶(빛날 정)에서 日(별)하나 빠지면 昌(창성할 창)이 된다. 조
심하자. 이 기회에 唱(노래 창)도 알아두자.

- 人工衛星(인공위성) 지구에서 사람이 쏘아 올려 지구 둘레를 공전하고 있는 물체.
- 星火(성화) ① 별똥별. 별똥별이 떨어질 때의 불빛. ② 매우 급하게 사람을 조르는 것.

女(여자)의 口(입)에서 나오는 소리는 다 똑같다!?

같을 여

남존여비 시대에 아버지의 가르침을 받고 남편의 명령에 복종
할 수밖에 없었던 여자가 할 수 있는 대답은 "예" "아니요" "알겠
사옵니다"이다. 전통사회에서 여자들 입에서 나오는 대답은 이렇
게 너무나 뻔했던 것이다.

- 如意珠(여의주) 모든 소원을 뜻대로 이루어지게 해 준다는 신기한 구슬.
- 如反掌(여반장) '손바닥을 뒤집는 것 같이 아주 쉬운 일'을 비유하여 이르는 말.

그럼 여기서 남자와 여자가 어떻게 만들어졌나 보자.

사내 **남**　계집 **녀**

짐작대로 田(밭)에서 열심히 力(힘써) 일하는 모습에서 '사나이의 힘'이 물씬 풍긴다.

그럼 여자는?

얌전하게 무릎

男 과 女

꿇고 복종하는 모습을 그렸다는데 지금 21세기 여성의 다리는 뛰어다니는 타조처럼 분주하고 바쁘다. 다소곳이 앉아 있을 시간이 없다.

용서할 **서**

어떻게 해야 용서(容恕)가 될까?

내가 저 사람과 如(같은) 心(마음)이 되어야 용서가 된다.

그러기 위해서는 저 사람의 마음을 이해해야 하는데 이때 가장 좋은 방법으로 역지사지(易地思之)가 있다.

역지사지(易地思之)하면 용서 못할 일이 없지 않을까.

■ 忠恕(충서)　스스로 정성을 다하며 남의 사정을 헤아릴 줄 앎.

너 **여**　종결사 **의**

사실 汝(너 여)는 물 이름으로 나왔다가 뒤에 2인칭 대명사로 사용하게 되었다.

한문에서나 볼 수 있는 이 한자는 지금 한자어에서는 보기 어렵다.

矣(종결사 의)는 사전을 보면 뜻이 '어조사' 라고 쓰여 있는데 문장 뒤에 와서 문장이 끝났음을 알리는 '마침표' 에 해당되는 종결사다.

따라서 矣(종결사 의)는 也(종결사 야)와 함께 '~이다' 라는 뜻을 가지고 있다.

그럼 이 한자어는 무엇이란 말인가.

뒤에 島(섬 도)를 넣으면 바로 汝矣島(여의도)라는 지명이 나온다.

'너의 것이다' 란 이름을 가진 섬 이름의 유래를 알아보자.

汝矣島란 이름은 어떻게 만들어졌을까?
너여 ~이다의 섬도

예로부터 汝矣島는 버려진 쓸모없는 모래밭이었다. 어느 날 땅 주인이 첩의 아들에게 유산으로 좋은 땅을 상속하기가 아까워 준 땅이 汝矣島였다. 아버지가 아들에게 이렇게 말했다. "옜다, 이거 너나 가져라. 너 꺼다." 그래서 '汝矣島'란 이름이 붙었다는 믿거나 말거나 이야기가 전해 내려오고 있다.

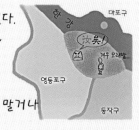

누군가가 말장난으로 꾸며냈다고 하기엔 한자가 기가 막히게 맞아떨어진다.

여의도의 본래 이름인 '너벌섬'에서 '너들섬'으로 '넛섬'으로 이것을 '여의도(汝矣島)'로 쓰게 된 것이 정설이라고도 한다. 어쨌거나 해석하면 "너 꺼다"이다.

종살이 하는 女(여자)의 又(손)은 하루종이 쉴새없이 움직여야 한다.

평생 이런 종살이나 하고 살아야 하는 고단함이 보이는 이 한자는 여자 종에서 후에 남자 종도 가리키게 되었다.

종 노

■ 奴婢(노비) 사내종과 계집종을 아울러 이르는 말.

종살이로 평생을 살아야 하는 奴(노비)의 心(마음)이라늘 분노를 마음에 담고 살지 않을까? 주인 앞에서 기가 죽어 사는 노비의 마음을 생각해 보자.

성낼 노

■ 憤怒(분노) 분하여 몹시 성을 냄.

힘쓸 노

奴(노비)처럼 죽을 力(힘)을 다해 일하는 모습에서 나온 한자구나.

이 한자는 아래 한자어만 알면 끝이다.

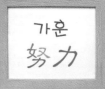

가훈
努力

- 努力(노력) (어떤 일을 이루기 위해서) 힘을 다하여 애씀.

간사할 간

이 한자로 인해 여자의 이미지가 더 나빠진 건 사실이다.

"여자 셋이 모인건데 왜 간사해요?"하고 질문이 나오면 할 말이 없다.

한자를 가만히 보고 있으면 확실히 여자를 보는 시각이 왜곡되어 있음을 알 수 있다.

지금 한자를 만든다면 이렇게 만들 리가 없겠지만 남자의 힘이 절대적으로 필요했던 고대사회를 아량(?)으로 이해할 수밖에 없다.

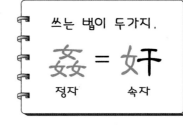

쓰는 법이 두가지.

姦 = 奸
정자   속자

- 姦臣(간신) 간사한 신하.
- 奸邪(간사) 성질이 능갈치고 행실이 바르지 못함.
- 姦通(간통) 배우자가 있는 사람이 배우자 이외의 이성과 성적 관계를 가지는 일.
- 姦淫(간음) 부부가 아닌 남녀가 서로 성적 관계를 맺는 일.

위엄 위   엄할 엄

'威嚴(위엄)있게 행동한다'고 하면 일반적으로 근엄한 할아버지를 생각하게 된다. 그런데 威(위엄위)자를 보니 女(계집 녀)가 보인다. 어찌 된 일일까?

女(여자)를 戊(창)으로 위협하고 있는 모습을 그린 한자라 그렇단다. 이 대목에서도 여자들은 발끈한다. 정말 이렇게밖에 설명할 수 없는 거야!? 그건 아니다.

女(여자)가 戊(창)을 들고 전투에 임하는 모습으로 해석하는 학자도 있다. 이런 경우 여성의 힘이 남자들보다 상대적으로 강했던 모계사회에 만들어졌기 때문이라는데 충분히 가능한 해석이다. 고대의 여성은 전투가 벌어지면 열심히 창 들고 나가 싸웠으며 더구나 남성들이 절대 할 수 없는 아기를 잉태하는 막중한 일까지 해냈다.

여기서 '위엄' '권위' 라는 뜻이 나왔다고 하면 좀전에 가졌던 섭섭함이 씻어질려나.

- 威勢(위세) 위엄이 있는 기세.
- 權威(권위) 절대적인 것으로서 남을 복종시키는 힘.

嚴(엄할 엄)을 알기 위해서는 우선 아래 한자를 알아야 한다.

앞에 한자는 모양이 많이 변했다는데 '귀' 는 남아 있다. 그리고 막대기를 들고 攵(때리는) 모습이다. 아, 심하면 耳(귀싸대기)를 올리면서 이렇게 말한다.

"敢(감)히 나에게 도전을 해!"

敢
감히 **감**

- 敢行(감행) (어려움을 무릅쓰고) 과감하게 실행함.
- 勇敢(용감) 씩씩하고 겁이 없음.
- 果敢(과감) 과단성이 있고 용감함.

그렇다면 嚴(엄할 엄)은 어떻게 만들어졌을까?

■ 내 맘대로 해석 ■

厂(언덕) 위에서 ㅁㅁ(두 눈)을 부릅뜨고 서서 "이놈들이 敢(감)히~" 하고 있는 모습에서 嚴(엄할 엄)이 나왔다고 생각해 보자. 과거엔 자모(慈母 : 자애로운 어머니)가 많았는데 요즘은 자식공부에 열심인 엄모(嚴母)가 더 많다.

嚴母가 아니라도 화난다!

嚴(엄→암)에서 음을 山(산)에서 뜻을 취해 '바위 암' 을 만들었다. 음으로 나온 한자를 안다면 그리 어려운 한자는 아니다.

복잡한 건 싫다!~

嚴 ⇒ 岩
바위 **암**

山
嚴
바위 **암**

- 巖石(암석) 바위.
- 巖盤(암반) 암석으로 이루어진 지반.

露
이슬 로

足各(길)가의 풀 위에 雨(빗방울)처럼 이슬이 맺혀 있는 모습을 생각하면 어렵지 않게 이해할 수 있다. 足各(길 로)는 음으로도 나왔으니 일석이조(一石二鳥)다.

- 初露(초로) 중년을 갓 지난 나이의 노인.
- 朝露(조로) 아침이슬. 인생의 덧없음.

이 한자는 단순히 '이슬'이란 뜻뿐 아니라 '인생의 덧없음'에 대한 이미지가 더 강하다.

그런데 이슬을 맞으며 잔다는 것은 위를 가리지 않아 한데서 생활하여 하늘이 다 보인다는 말이다. 이런 뜻으로 나온 한자어를 보자.

중국의 露店商
足各(길 로)자 쓰는 줄 알았어.

- 露宿者(노숙자) 길이나 공원 등지에서 한뎃잠을 자는 사람.
- 露店商(노점상) 길가에 물건을 벌여 놓고 하는 장사, 또는 장사하는 사람.
- 露天劇場(노천극장) 한데에 무대를 마련한 극장. 야외극장.

이 외에 숨긴 일이 알려진다는 '드러낼 로'가 있음을 알아야 아래 한자어를 이해할 수 있다.

암울한 露出의 계절
露宿은 안돼요~

- 露骨的(노골적) 뼈를 땅위에 드러내듯이 조금도 숨김 없이 드러냄.
- 露出(노출) 겉으로 드러남, 또는 드러냄.
- 暴露(폭로) 부정이나 음모·비밀 따위를 들추어냄.

줄줄이 사탕처럼 나온 위의 한자어들을 꼭 알아두자.

苟 政 猛 於 虎

가혹할 **가**　정사 **정**　사나울 **맹**　~보다 **어**　범 **호**

35. 가정맹어호

직역 : 가혹한 정치는 호랑이보다 무섭다.

의역 : 세금을 많이 걷는 정치는 백성들이 호랑이보다 더 무서워한다는 뜻.

유사어 : 가렴주구(苛斂誅求) - 세금을 가혹하게 거두고 무리하게 백성의 재물을 빼앗음.

　춘추시대(春秋時代) 말엽, 공자가 살던 노(魯)나라에서는 조정의 실세인 대부(大夫) 계손자(季孫子)의 가렴주구(苛斂誅求)로 백성들이 몹시 시달리고 있었다.

　어느 날, 공자가 수레를 타고 제자들과 태산(泰山) 기슭을 지나가고 있을 때 한 부인의 곡소리가 들려 왔다. 일행이 발길을 멈추고 살펴보니 길가의 풀숲 무덤 앞에서 울고 있었다. 공자의 제자인 자로(子路)가 부인에게 다가가서 물었다.

　"부인, 어인 일로 이렇게 슬피 우십니까?" "여기는 아주 무서운 곳이랍니다. 수년 전에 저희 시아버님이 호환(虎患)을 당하시더니 얼마 뒤에는 남편이 그리고 이번에는 아들까지 호랑이한테 당했습니다."

　이상하게 생각한 자로가 물었다. "그러면, 왜 이곳을 떠나지 않으셨습니까?"

　그러자 부인은 이렇게 말했다. "그래도 이 마을은 세금을 혹독하게 징수하거나 탐관오리에게 재물을 빼앗기는 그런 끔찍한 일은 당하지 않는답니다."

　자로에게 이 말을 전해들은 공자는 제자들에게 이렇게 말했다. "제자들아, 잘 기억해 두어라. '가혹한 정치는 호랑이보다 더 무섭다[苛政猛於虎]'는 것을……."

　이 공자의 일화와 유사한 유종원의 〈포사자설(捕蛇者說)〉을 감상하면서 苛斂誅求

(가렴주구)의 폐해를 다시 한 번 음미해 보자.

영주(永州)지방에서 특이한 뱀이 나오는데, 검은 바탕에 흰 무늬가 있으며, 풀과 나무에 닿기만 하면 모두 말라 버리고, 사람이 물리면 치료할 방법이 없었다. 그러나 이것을 잡아 포를 떠서 약으로 쓰면 중풍, 팔다리가 굽는 병, 악성종양을 낫게 할 수 있으며, 죽은 살을 제거하고 기생충을 죽이기도 한다. 그래서 국가에서 이 뱀을 1년에 두 마리를 잡아 바치는 자는 세금을 면제시켜 주었는데 장씨(蔣氏)는 3대에 길쳐 이 일을 독점하였다. 그러나 장씨의 얼굴은 언제나 슬퍼 보여 그 이유를 묻자, "제 할아버지도 그 뱀 때문에 죽었고, 제 아버지도 그 뱀 때문에 죽었으며, 제가 이어서 뱀을 잡은 지 12년이 되었는데, 저도 몇 번이나 죽을 뻔했지요" 라고 대답하였다.

내가 불쌍히 여겨 말했다. "그대가 이렇게 고통스러워 하니, 내가 관리에게 말하여 차라리 세금을 내고 목숨을 부지할 수 있게 해주겠네."

그러자 장씨(蔣氏)는 왈칵 눈물을 쏟으면서 말하기를, "어르신, 그래도 뱀 잡는 일이 세금 내는 일보다 낫습지요. 제가 이 일을 하지 않았다면 오래전에 이미 죽었을 겁니다. 요즘 세금이 너무 무거워 이웃집들은 나날이 궁핍해져 여기저기 떠돌다가 굶주려 쓰러지거나, 비바람과 추위에 얼어죽거나 아니면 전염병에 걸려 죽어나가는 자가 줄을 이었답니다. 게다가 무시무시한 관리들이 옆집에 와서 시끄럽게 소란을 피우는 날이면 닭과 개도 잔뜩 놀라 목을 움츠리고 눈치를 본답니다.

그럴 때마다 느긋하게 일어나서 항아리 속을 보고 뱀이 아직 남아 있으면 편히 자리에 눕지요. 한 해에 죽을 고비가 두 번이요, 그 나머지는 편안히 보낼 수 있으니, 어찌 저의 이웃이 아침마다 관리들의 등쌀에 시달리는 것과 비교가 되겠습니까?

지금 비록 여기서 죽더라도 제 이웃의 죽음에 비하면 늦게 죽는 것이니, 이 삶이 어찌 고통스럽다 하겠습니까?" 하였다.

일찍이 공자께서 말씀하시기를, '가혹한 정치가 호랑이보다 무섭다(苛政猛於虎也)'고 하셨는데, 나는 예전에 이 말을 의심했었다. 지금 장씨를 살펴보니, 이제 믿을 수 있겠도다. 그러므로 나는 이 일을 이야기로 적노니 벼슬아치들이 깨닫기를 바라노라.

한자 up 그레이드

艹(풀 초)에서 뜻을, **可**(좋을 가)에서 음을 취해 낫으로 한 치의 여유도 없이 풀을 싹싹 베어 내는 모습에서 잔인하고 가혹하다는 뜻이 나왔다. 가렴주구(苛斂誅求)에서도 이 한자가 보이는 걸 보면 어떻게 세금을 거두어들이는지 짐작할 수 있겠다.

苛
가혹할 **가**

그럼 여기서 **可**(좋을 가)의 유래를 알아보기로 하자.

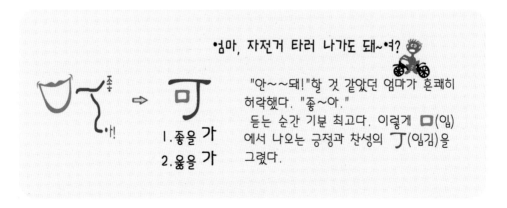

•엄마, 자전거 타러 나가도 돼~여?

"안~~돼!"할 것 같았던 엄마가 흔쾌히 허락했다. "좋~아."
듣는 순간 기분 최고다. 이렇게 口(입)에서 나오는 긍정과 찬성의 丁(입김)을 그렸다.

1. 좋을 가
2. 옳을 가

지금은 '좋다' '옳다' 는 뜻보다 '~할 수 있다' 는 뜻으로 더 많이 활용되고 있다.

십 년 전만 해도 영화관 앞에 가면 '미성년자 입장 可' '不可'를 매표소 옆에 써놓았다. 不可라고 써진 영화관 앞을 기웃거리다 슬쩍 들어가려는 순간 덜미가 잡히면 어쩔 수 없이 발길을 돌려야 했던 그때 알았다. "可(가)는 좋은 거구나!"

'가히 ~할 수 있다'는 뜻은 영어의 'can'이라고 생각하면 된다.

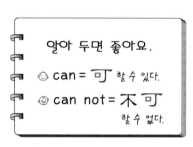

- 可能(가능) 할(될) 수 있음.
- 可望(가망) 될성부른 희망.
- 不可(불가) 옳지 않음. 할 수 없다.
- 認可(인가) (어떤 일을) 인정하여 허락함.

可(가)를 음으로 취한 한자들을 보자.

可(가→하)에서 음을, 氵(물)에서 뜻을 취했다.

- 河川(하천) 시내, 강.
- 山河(산하) 산과 강.
- 氷河(빙하) 육상에 퇴적한 거대한 얼음덩어리가 중력에 의하여 강처럼 흐르는 것.
- 銀河水(은하수) 은하를 강물에 비유하여 이르는 말.
- 百年河淸(백년하청) '백년이 지나도 황하(黃河)의 물은 맑아지기가 어렵다'는 뜻에서 '아무리 바라고 기다려도 실현될 가망이 없음'을 이르는 말.

亻(사람)과 可(가)의 결합인데 유래가 많이 변했다.

지금은 '어찌, 무엇, 무슨, 어느'라는 의문사로 사용되므로 문장에서 많이 나오고 한자어에는 거의 나오지 않는다.

- 幾何(기하) 얼마. 기하학의 준말.
- 何處(하처) 어디. 어느 곳.

艹(풀)을 어깨에 잔뜩 짊어지고 가는 모습에 何(하)에서 음을 취해 '멜 하'를 만들었다.

- 荷重(하중) 짐.
- 出荷(출하) 화물을 실어 냄.
- 入荷(입하) 물건이 들어옴.
- 手荷物(수하물) 여객이 손수 나를 수 있는 작은 짐.

歌(노래)가는 可(가)를 두 번 겹쳐 쓴 哥(형 가)에서 음을 취했는데 중국에서 형을 이렇게 부른다.

哥 哥
(gē　ge)

歌 謠
노래 **가**　노래 **요**

친형뿐 아니라 손윗사람을 친밀하게 부를 때도 쓴다니 혹 중국 영화를 볼 기회가 있다면 대화를 잘 들어 보라. 한편 哥(형 가) 뒤에 欠(하품 흠)을 넣어 '노래'를 부른다는 뜻이 나왔다.

가수(歌手)라 하면 관객들에게 "좋아(可), 좋아(可)" 소리를 들을 정도로 歌唱力(가창력)을 갖추어야 '진정한 歌手(가수)'가 아닐까?

- 祝歌(축가)　축하하는 뜻으로 부르는 노래.
- 歌謠(가요)　민요 · 동요 · 속요 · 유행가 따위를 통틀어 이르는 말.
- 歌曲(가곡)　시가(詩歌) 등을 가사로 한 성악곡.
- 歌舞(가무)　노래와 춤.
- 擊壤歌(격양가)　'세월이 태평함'을 기리는 노래.

< 복습할까요 >
마릴린 먼로의 하~품~~~

하~~~~~품

벌린 입
欠
혀

하품 흠

혀가 너무 길어!

그렇다면 謠(노래 요)는 어떻게 만들어졌나 알기 위해서는 寶石(보석)에서 봤던 缶(장군 부)의 용도를 알아야 이해가 쉽다.

재료 넣고 흔들면 딱이야.

缶
장군 부

장구처럼 두드렸단 말이지~

배가 불룩하고 그 가운데에 목이 좁은 아가리가 있어 술이나 장을 담는데 사용한 질그릇이다.

秦(진)나라 사람들은 악기처럼 양쪽을 두드리며 장단을 맞추기도 했다.

그러니까 질그릇인 缶(장군)에다 夕(고기)를 넣고 흔들면서 노래를 부른다는 뜻이다.

그래서 만들어진 䍃(질그릇 요)에서 음과 뜻을 취하고 '노래부르다'는 뜻으로 言(말씀 언)을 넣어 '노래 요'를 만들었다.

옛날 노동(勞動)하는 곳에서 흔히 볼 수 있는 장면이다.

요즘 歌謠(가요)시장이 불황이란다.

2008년 베이징 올림픽 개막식을 알리는 缶(부). 시대와 용도에 따라 형태가 다양하다.

■ 勞動謠(노동요)　힘든 노동을 보다 즐겁고 능률적으로 하기 위하여 부르는 노래.
■ 民謠(민요)　민중의 생활 감정이 소박하게 담긴 노래를 통틀어 이르는 말.

그럼 여기서 䍃(질그릇 요)를 음으로 취한 한자 두 개를 보자.

흔들 요　움직일 동

어떤 것이 심하게 흔들리거나 움직일 때 '搖動(요동)을 친다'고 말한다

搖(흔들 요)는 䍃(질그릇)을 扌(손)으로 열심히 흔들고 있다. 그러나 어떤 것은 아무리 흔들어도 꼼짝하지 않는 搖之不動(요지부동)도 있다.

動(움직일 동)은 重(무거울 중→동)에서 음을, 力(힘)에서 뜻을 취해 힘을 써서 '움직인다'는 뜻이 나왔다.

멀 요　멀 원

'앞길이 아득하고 멀다'는 뜻으로 '遙遠(요원)하다'고 말한다.

음으로 나온 䍃(질그릇 요)에다 '먼 길을 가다'는 뜻인 辶(책받침)을 넣어 만든 한자가 遙(멀 요)이다.

遠(멀 원)은 袁(원)에서 음을, 辶(책받침)에서 뜻을 취했다. 갈 길이 멀다!

아, 遠(멀 원)의 반의어로 斤(도끼 근)에서 음을 취한 近(가까울 근)이 있다.

기왕 缶(장군 부)가 나왔으니 이 한자를 넣어 만든 중요한 한자 하나 더 보자.

인류가 불을 사용하면서 도기(陶器)를 굽기 시작했다. 처음에는 진흙으로만 만들다가 도안도 그려 넣었다. 그러다 유약을 발라 견고하게 만들고 두드리면 맑은 소리가 나는 청자, 백자 등으로 발전했다.

질그릇 **도**

직립보행을 한 인간이 손으로 빚어낸 도기(陶器)는 인류의 발전에 일조를 했다. 이 한자를 어떻게 만들었는지 알아보자.

陶器 빚을 때마다 自我陶醉에 빠지는 나~

질그릇 도

가마터가 있는 阝(언덕) 아래에서 도공이 허리를 勹(구부리고) 앉아서 缶(질그릇)을 빚고 있다.
도공의 몰두하는 모습에서 '기뻐할 도'도 나왔다.

- 陶磁器(도자기) 질흙으로 빚어서 비교적 높은 온도로 구워낸 그릇이나 건축 재료를 아울러 이르는 말.
- 陶工(도공) 옹기장이.
- 陶醉(도취) 무엇에 홀린 듯이 열중하거나 기분이 좋아짐.

옛날 힘없는 백성들은 위정자(爲政者) 앞에서 주눅이 들어 굽신거리고 관가 앞을 지날 때면 잔뜩 겁먹은 표정을 지었다.

정사 **정**

金允輔(19세기)/개인소장

왜 그랬을까?

부정(不正)한 사람을 攵(매질)해서 正(바로잡는) 역할을 맡았기 때문이다. 그렇다고 아무때나 攵(매질)을 해대는 일은 없어야 한다. 힘없는 백성들이 억울하게 맞으면 하소연할 곳도 없다. 그래서 서럽다.

- **政治(정치)** 국가 권력을 획득하고 유지하며 행사하기 위하여 벌이는 여러 가지 활동.
- **政事(정사)** 정치, 행정에 관한 일.

그럼 여기서 듣기만 해도 기분 좋은 한자 正(바를 정)에 대해 알아보자.

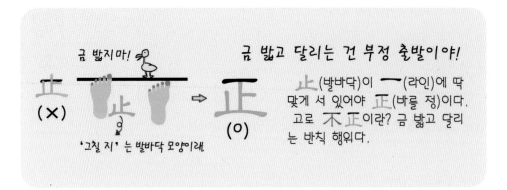

어렸을 적에 금 밟으면 죽는 놀이가 많았다. 그래서 금 밟았느니 안 밟았느니 시비(是非)가 붙어 싸운 적도 많았다.

不正(부정) 출발하면 안 되는 곳이 어디 스포츠뿐이겠는가?

- **正直(정직)** (거짓이나 꾸밈이 없이) 마음이 바르고 곧음.
- **不正(부정)** 바르지 않음. 바르지 못한 일.
- **正常(정상)** 바른 상태. 이상한 데가 없는 보통의 상태.
- **正午(정오)** 낮 열두 시.
- **正誤(정오)** 잘못된 글자나 문구 따위를 바로잡음.

칠 **정**

彳(두인변)이라고 부르는 이 한자는 걸어가는 모습을 나타낸 것으로 行(갈 행)의 반쪽만 그린 것이라 했다.

그래서 이 한자는 무도(無道)함을 正(바로잡기)위해 직접 彳(가서) 공격하겠다는 다분히 호전적이고 적극적인 뜻을 가지고 있다.

- **征伐(정벌)** 무력을 써서 적이나 죄 있는 무리를 치는 일.
- **征服(정복)** ① (어떤 나라나 민족 따위의 집단을) 정벌하여 복종시킴.
  ② 어려운 일을 이겨 내어 뜻한 바를 이룸.
- **遠征(원정)** 멀리까지 가서 적을 치는 것.

'골치 아픈 한자를 이렇게 만들기도 하는구나!'

不正(부정)을 한 글자로 압축해서 만든 이 한자의 기발한 아이디어에 감탄만 할 수 없는 현실이 조금 아쉽다. 우리나라 역사가 일본인들에게 농락당할 때마다 신문 지면을 장식하는 단골 한자이기 때문이다.

바르지않을 **왜**

■ 歪曲(왜곡) 사실과 다르게 해석하거나 거짓되게 바꾸거나 고치는 것.

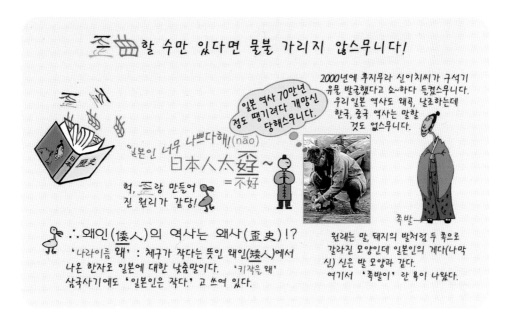

그런데 꼭 알고 있어야 할 이 중요한 한자가 왜 기초한자 1800자에 못 들어갔을까?

뭐 이런 한자가 있을까 하겠지만 엄연히 1800자에 들어 있다.

밑에 새의  (몸통)은 보이는데 지금은 새와 전혀 관계없이 '어찌 언'으로 문장 속에 가끔씩 등장한다. 그렇다고 활용이 많은 것도 아니다. 아래 한자어 하나만 알고 있으면 만사형통!

어찌 **언**

■ 焉敢生心(언감생심) 어찌 감히 그런 마음을 먹겠는가? 감히 그런 마음을 품을 수도 없으며 가당치도 않은 일이라는 뜻.

정돈할 **정**

이렇게 생긴 한자를 보는 순간 외면하고 싶은 마음뿐이다.

그러나 가만히 뜯어보면 3개의 한자가 결합된 것임을 금방 알 수 있다.

그럼 束(묶을 속)부터 알아보기로 하자.

볏단은 꽁꽁 묶어야 해!
木(나무), 배추, 벼, 뭐든 좋다.
풀리지 않게 단단히 꽉 □(묶어야)
일을 두 번 하지 않는다.

- 拘束(구속) 행동에 제약을 받는 것.
- 約束(약속) 어떤 일에 대하여 미리 정해 놓고 서로 어기지 않을 것을 다짐함.
- 束手無策(속수무책) 손을 묶어 놓은 것처럼 어찌할 도리가 없어 꼼짝 못함.

그럼 아래 한자는 무엇인가?

빠를 **속**

나무 단을 단단히 束(묶어) 지게에 짊어지고 부지런히 辶(걷는) 모습으로 농경사회에서 흔히 볼 수 있었다. 요즘은 차(車)의 速度(속도)가 무섭다.

- 速度(속도) (자동차 · 기차 · 항공기 따위의) 빠르기.
- 過速(과속) 너무 지나치게 빠른 것.

그럼 본론으로 돌아와서 整(정돈할 정)은 어떻게 만들어진 것인지 정리해 보자.

꽁꽁 束(묶은 나뭇단) 따위를 고르게 하기 위해 攵(두드려서) 正(바르게) 정리 정돈하는 모습에서 '정돈할 정' 이 나왔다.

병원 진료과목을 보니 '정형외과' 와 '성형외과' 가 있던데 무슨 차이일까?

정형외과를 한자로 해석해 보자.

410

■ 整形外科(정형외과)　뼈, 관절 등이 기형, 외상 등에 의한 후천성 변형을 치료해 주는 외과.

　그래서 정형(整形)외과는 틀어
진 뼈 등을 맞추기 위해 두드려서
정상적인 모습으로 정돈해주는
곳이다.
　그렇다면 성형외과(成形外科)
는? 미관상 보기 흉한 부분을 예
쁘게 보이기 위한 미용이 목적이
다. 그러니까 예쁘게 오리고 꿰매면 된다.

이 그림 안에 3개의 한자가 다 있다!

음과 뜻도 알면 perfect!

速
整
束

　그러나 모양을 완성한다는 성형(成形)에만 너무 집착하면 인조(人造)인간이 된다.
한자로 풀어보니 두 외과의 성질이 전혀 다르다.

■ 整理(정리)　어수선한 물건을 제자리에 두거나 없애는 것.

　원래는 까마귀의 모습을 보고 그렸다는데 훗날 전치사(어조사
라고도 함)로 쓰이게 되었다. 한문은 어미변화가 없기 때문에 순
서가 중요하다.
　특히 이 한자는 문장 속에서 영어의 전치사 기능을 담당하고
있어 해석의 실마리를 풀어주는 역할을 한다.
　해석은 '~에서, ~에게, ~로부터, ~보다'로 다양하여 영어의 'in, at, to, for, from,
than'의 많은 뜻을 갖고 있다.
　그래서 문장 속에 이 於(어)가 보이면 해석에 능통한 사람도 당황할 때가 있다. 많
은 뜻을 혼자 독점하고 있는 것은 좋은 현상이 아니다.

於
어조사 어

■ 於異阿異(어이아이)　어 다르고 아 다르다. 같은 말이라도 표현하는데 따라서 그 느낌이 다른 것.

범 **호**

조용한 숲속에 얼룩덜룩한 虍(무늬)가 움직이는 걸 보니 먹 잇감을 발견했나 보다. 걷던 儿(발)걸음을 멈췄다. 虎(호랑이 무늬)는 모든 동물들에게 공포의 상징이다.

- 猛虎(맹호)   몹시 사나운 범.
- 虎皮(호피)   호랑이 가죽.

부르짖을 **호**

앞서 朽木糞牆(후목분장)에서 입을 벌리고 있는 한 자(丂, 号)에 대해 다룬 적이 있다.

호랑이가 입을 벌리고 있는 한자가 号(부르짖을 호)이다.

虎(호랑이)가 号(입을 벌리고) "어흥~"하고 소리 지르면 산천초목이 덜덜 떤다. 그

복잡한 건 싫다!~

號 ➡ 号

부르짖을 **호**

래서 산중호걸이라 하지 않던가. 호랑이의 위용 있는 입 모양을 생각하자. 이외에 순서나 차례를 나타낼 때 쓰는데 아파트 101 號(호)에서 그 예를 볼 수 있다. 그리고 본명 외에 허물 없이 쓰기 위해 지은 이름으로 예컨대 정약용의 號가 다산이다.

- 口號(구호)   대중 집회나 시위 등에서, 어떤 요구나 주장 따위를 나타내는 짤막한 호소.
- 國號(국호)   나라의 이름.

빌 **허**

초원 위에 屮屮(풀밭)을 그린 모습이라는 것을 알아야 이해할 수 있다. 虍(호→허)에서 음과 뜻을 취했다.

虎(호랑이)가 屮屮(초원)에 나타나면? "걸음아 날 살려라" 도망가기 바쁘다. 호랑이가 뜨면 주변이 갑자기 텅 비고 공허(空虛)해진다.

그래서 '호랑이 노는 풀밭에 동물들아 가지 마라' 는 메시지가 보인다.

이렇게 생각하고 보니 호랑이는 불쌍하게도 왕따 당하는 꼴이다.

그런데 가끔씩 우리도 마음이, 뱃속이 虛(허)할 때가 있다.

- 虛無(허무) 아무것도 없이 텅 빔.
- 虛禮虛飾(허례허식) (예절이나 법식 따위를) 겉으로만 꾸며 실속이나 정성이 없음.

虍(호랑이)가 夂(어슬렁)거리다가 几(그루터기)가 보이면 발길을 멈추고 자리를 정한다 하여 '곳 처'가 나왔다. 물론 虍(호→처)는 음으로도 나왔다.

곳 처

복잡한 건 싫다!~

處 ⇒ 处 : 処

곳 처

엉? 다르네.

내 居處는 늘 虛해.

놀려와~

- 處世術(처세술) 처세하는 방법과 수단.
- 處方(처방) 증세에 따라 약을 짓는 방법.
- 處理(처리) (사무나 사건을) 정리하여 치우거나 마무리를 지음.

'민간인 虐殺(학살)', '유태인 虐殺(학살)' 등등 듣기만 해도 온몸에 소름이 돋게 끔찍한 장면이 떠오른다.

모질 학   죽일 살

虐(모질 학)은 虍(호랑이)가 ヒ(발톱)을 세우고 사람을 잔인하게 물어뜯는 모습이다. 急(급할 급)에서 본 적이 있는 크(손)은 무엇인가를 잡고 있는 모양이라면 虐(모질 학)의 ヒ(발톱)은 상대방을 해치려고 '발톱을 세우고 있는 모습'이다. 섬뜩한 이 발톱은 이 한자 외에는 나오지 않으니 참으로 다행이다.

요즘 우리 사회에서 일어나는 끔찍한 '아동 虐待(학대)' 뉴스를 대할 때면 어린이의 고통이 상상된다. 있을 수 없는 일이다. 이 한자는 1800자에 들어가지 않지만 자주 입에 오르내리니 알아두자.

내가 널 虐殺할 것처럼 보이니?

虎돌아, 處신 똑바로 해!
친구들한테 함부로 號령하고 虐대하면
하나 둘 다 떠난다구. 숲 속에 혼자
남아 봐! 마음만 虛해지지.

虐
모질 학

그럼. 너 발톱만 봐도 다리가 후들거려.

- 虐待(학대)   심하게 괴롭힘.
- 殘虐(잔학)   잔인하고 포악함.
- 虐政(학정)   (국민을) 괴롭히는 정치. 포악한 정치.

그렇다면 殺(죽일 살)은 어떻게 만들어졌을까? 먼저 앞에 나온 적이 있는 攵(칠복)과 함께 支와 殳(몽둥이 수)를 비교해 보자.

3개를 잘 구별하면 한자가 만만해 보여...

보건데 기억이 안나~

함부로 휘두르면 사망~~

攵=攴 1.칠 복
연장으로 잘못된 곳을
두드리며 고치는 모습.

2.지탱할 지
손에 십자가를 꼭
쥐고 의지하는 모습.

3.몽둥이 수
위가 둥근 몽둥이라면
야구방망이가 아닌가.
맞으면? 죽을 수도 있다!

손에 들고 있는 도구가 무엇이냐에 따라 이렇게 3가지로 나온다. 가장 겁나게 생긴 殳(몽둥이 수)를 넣어 '때려죽인다'는 殺(죽일 살)이 나왔다. 그렇다면 호랑이 정도는 때려죽여야 폼나게 죽였다고 할 수 있겠는데 어디 한번 보자.

산산이 부서진 그대 이름은? 지네~

殳(몽둥이)로 맞아 죽은 杀(지네)!
잘려져 나간 ▬(다리)까지 놓치지 않고
그렸는데 지금은 생략해서 쓰기도 한다.
지네를 죽이는 최선의 방법은?
몽둥이찜질~

죽어라 죽어~

너도 걸리면 맞아 죽어~

殺
죽일 살

겨우 지네라니... 뭐 몽둥이로 때려죽인다고 해서 호랑이쯤 되지 않을까 했더니 겨우(?) 지네란다. 하긴 인간이 본능적으로 두려워하는 대상이 다리가 없거나 반대로 많은 벌레라니 그럴 수도 있겠다. 그래도 몽둥이로 맞아 죽은 모습은 지네뿐 아니라 어떤 생명체이든 불쌍하다는 생각이 들지 않을 수 없다. 하물며 인간이 인간을 이렇게 죽인다면 이보다 더 끔찍하고 참담한 광경이 없을 것이다.

虐殺(학살)에서처럼 호랑이 ⻁(발톱)으로 할퀴고 몽둥이로 때려죽이는 잔학성(殘虐性)을 생각해보자. 아동이나 무고한 양민을 虐殺(학살)하는 주범이 역사에 더러운 이름으로 영원히 남는 이유가 여기에 있는 것이다.

그런데 殺(죽일 살)이 들어 있다고 해서 다 잔인하고 끔찍한 뜻만 있는 것은 아니다. 자기의 몸을 희생하여 옳은 도리인 인(仁)을 완성한다는 '살신성인(殺身成仁)'도 있으니 알아두자.

■ 殺菌(살균) 병균을 죽임.　　　　　　　　■ 殺傷(살상) 죽임과 부상을 입힘.

그럼 몽둥이 이야기가 나왔으니 殳(몽둥이 수)를 넣어 만든 한자들을 알아보자.

고대 중국 은(殷)나라 때 이미 있었다고 알려진 악기 '편경'은 맑고 아름다운 소리를 낸다. 이 한자는 옥돌 16개를 ㄱ자 모양으로 다듬어 경가(磬架)에 매달아 놓고 각퇴(뿔망치)로 쳐 소리를 내는 편경에서 유래되었다고 한다.

聲
소리 성

편경을 잘 봐~

편경소리가 기가 막혀~

악사가 声(편경)을 殳(각퇴)로 치면서 그 소리를 耳(귀)로 듣고 있다. 声(편경)을 그린 한자만 알면 어렵지 않게 이해할 수 있다.

聲 소리 성

복잡하다고 투덜대며 외우면 더 안 외워지는 것이 한자이다. 그러니 유래로 외울 수 있으면 확실하게 활용해야 뒤돌아서 잊어버리지 않는다.

복잡한 건 싫다!~

聲 → 声

편경만 남았네.

특히 중국어, 일본어 공부할 때 필요해!

■ 聲東擊西(성동격서) 적을 유인하여 이쪽을 공격하는 체하다가 그 반대쪽을 치는 전술을 이르는 말.

던질 投   재물 資

'어디 投資(투자)할 데 없나.'

요즘 돈 좀 있다 싶으면 누구나 이런 즐거운 고민(?)에 빠진다.

投(던질 투)는 扌(손)에 들고 있는 殳(몽둥이)를 던져 동물을 사냥하는 원시적인 모습을 하고 있다. 그런데 야구장에서 投手(투수)는 공을 던지지 방망이를 던지지는 않는다.

■ 投稿(투고) (신문사·잡지사 따위에) 원고를 보냄.
■ 投票(투표) 선거를 하거나 가부를 결정할 때에 투표 용지에 의사를 표시하여 일정한 곳에 내는 일.
■ 投身(투신) (어떤 일에) 몸을 던짐. 전력을 다함.

資(재물 자)는 次(버금 차→자)에서 음을, 貝(조개 패)에서 뜻을 취해 만들었는데 현대인들이 가장 갖고 싶은 것 1순위로 '돈'을 꼽았다는 조사가 있다.

그런데 돈은 절대 최우선이 될 수 없다는 진리를 현대에 사는 우리들에게 말해주고 있지 않은가. '다음'이란 뜻을 가진 次(버금 차)가 어디 음으로만 나왔겠는가. 그러니 돈은 두 번째는 될 수 있어도 첫 번째는 될 수 없는 것이다.

416

그리고 혹 내가 한 '投資(투자)'가 '投機(투기)'는 아닌지 잘 생각해 보자.

자신의 미래에 대한 設計(설계)는 어떻게 잘 세우고 있는지 궁금하다.

設(베풀 설)은 殳(몽둥이)를 들고 명령을 내리면서 일을 시키고 있는 모습에서 물건을 진열하고 '설치'한다는 뜻으로 나왔다.

- 設立(설립)　(학교 · 회사 따위의 단체나 기관을) 새로 세움.
- 設置(설치)　기계나 설비 따위를 마련하여 둠.
- 建設(건설)　건물이나 그 밖의 시설물을 만들어 세움.

옛날부터 숫자를 셀 때 10개의 숫자 0, 1, 2, …, 9를 사용해서 10씩 묶어 윗자리로 올려가는 방법인 십진법이 일반적으로 통용 되었다.

그래서 計(셀 계)는 言(말씀 언)에 十(열 십)을 넣어 '계산하다'는 뜻과 '계획하다'는 뜻도 함께 갖고 있다.

그러나 十(열 십)이 있다고 해서 다 숫자를 의미하는 것은 아니다

針(바늘 침)에서 十(십)은 바늘의 뾰족한 모양을 본뜬 것이다. 그래서 주사바늘이나 針(침)을 보고 벌벌 떨며 우는 아이들이 많다.

■ 計算(계산) 수량을 셈.
■ 計劃(계획) 앞으로 할 일의 절차, 방법, 규모 따위를 미리 헤아려 작정함.

부릴 **역**   나눌 **할**

사람들은 각자의 위치에서 제 役割(역할)을 다해야 사회가 건강하게 잘 돌아간다.

役 (부릴 역)은 殳(몽둥이)를 들고 彳(왔다갔다)하면서 경비를 서거나 강제노동을 하는 모습이다.

여기에서 ① '일꾼 역' 이 나왔다. 그리고 뒤에 몽둥이를 들고 일꾼에게 일을 시킨다는 ② '부릴 역' 이 나왔다.

그래서인지 役(역)의 役割(역할)이 한순간에 뒤바뀌는 일이 생기기도 한다

한문 해석이 어려운 이유 중에 하나가 이렇게 정반대인 뜻을 함께 갖고 있는 한자가 의외로 많다는 것이다. 그러다 보니 엉뚱하게 해석을 해서 낭패를 보는 일이 종종 있다. 필자 역시 한문 해석을 할 때 가장 어려운 점이 바로 이런 문제였다. 그래서 오랜 시간을 통해 꾸준히 고서를 탐독해야 저절로 해석이 되는 경지에 이른다.

이것을 '문리(文理 : 글의 뜻을 깨달아 아는 힘)가 트인다' 고 한다.

한문시간에 해석을 받아 적기도 버거운 학창시절을 보낸 입장에서 보면 결코 쉽지 않은 일이다.

그런데 요즘에는 兵役(병역)같이 백성을 강제로 동원한다는 뜻인 ③ '일 역' 과 연극, 영화에서 배우가 맡아서 하는 役(역)이란 뜻이 대부분이다.

- 賦役(부역)　국민이 지는 공역(公役)의 의무.
- 兵役(병역)　국민의 의무로서 일정한 기간 군에 복무하는 일.
- 服役(복역)　나라에서 의무로 지운 일, 곧 병역이나 부역을 치름.
- 主役(주역)　주되는 구실, 또는 주되는 구실을 하는 사람.

割(나눌 할)은 害(해칠 해)와 刂(칼 도)가 결합하여 나왔으니 '나누다' 는 뜻임을 어느 정도 짐작할 수 있겠다. 이 기회에 害(해칠 해)도 알아두자.

사무라이, 割腹하면 役割이 끝나므니이다.

'끝 단'
端役은 슬퍼~

할~인한다는데 나랑 쇼핑이나 가요!

30% 割引

割引 좋아~

- 割腹(할복)　배를 가름. 배를 갈라 죽음.
- 割引(할인)　(일정한 값에서) 얼마를 싸게 함.
- 割當(할당)　몫을 갈라 나눔, 또는 그 나눈 몫.
- 分割(분할)　둘 또는 그 이상으로 나눔.
- 割愛(할애)　(아깝게 여기는 것을) 선뜻 내어 놓거나 버림.

臥 薪 嘗 膽
누울 **와**   섶나무 **신**   맛볼 **상**   쓸개 **담**

36. 와신상담

직역 : 땔나무에 눕고, 쓸개를 맛본다는 뜻.

의역 : 당했던 치욕을 잊지 않고 언젠가는 원수를 갚으리라는 복수심에 지금의 고통을 참고 견딤.

    춘추시대는 주(周)왕실의 세력이 점점 약해지면서 강력한 제후들이 서로 패권을 다투던 시기였다.

    이때 장강의 남쪽에 반짝 혜성처럼 떠오르다 사라진 오(吳)나라와 월(越)나라가 있었다. 이 두 나라는 앙숙관계로 나라의 존망을 건 치열한 전쟁을 치르면서 臥薪嘗膽(와신상담)의 고사를 탄생시키는데 그 두 주인공은 오왕 합려(闔閭)의 아들 부차(夫差)와 월왕 구천(句踐)이다.

    오왕 합려는 오자서와 백비, 그《손자병법》으로 유명한 손무, 이렇게 3총사를 자기 휘하에 거느리고 기세 등등하게 국상(國喪)을 당한 월나라를 공격했다. 그러나 손가락에 독화살을 맞는 순간 온몸에 독이 퍼지면서 그만 죽고 말았다(B.C.496).

    합려는 죽으면서 태자 부차에게 이렇게 유언을 했다.

    "아들아! 나의 원수를 꼭 갚아다오."

    그후 아들 부차는 아버지의 원수를 갚기 위해 유언을 씹고 또 씹으면서 가시가 돋힌 섶나무 위에서 잠을 잤다(臥薪).

    아버지의 한을 풀어주기 위해 편안한 잠자리를 마다하고 따가운 섶나무 위에서 잠을 잔 지 어언 3년이 지났다.

그동안 완벽하게 전쟁을 준비한 부차가 드디어 전쟁을 일으켰다. 그리고 회계산에 월왕 구천을 가두는 대승리를 거두었다. 그러자 꼼짝없이 죽게 된 월왕 구천은 빌면서 목숨을 구걸했다.

"저는 오왕의 신하가 되고 제 아내는 오왕의 첩으로 바치겠나이다."

이때 구천의 신하 범려는 뒤로 부차의 신하 백비에게 뇌물을 바치면서 구천을 살려 달라고 매달렸다.

뇌물을 좋아하는 백비가 항복을 받아주자는 의견을 주장하자 승리에 도취된 부차는 구천의 항복을 받아 주었다.

항주의 호구탑(虎丘塔)
부차가 아버지 합려의 무덤을 만든 자리에 1500년의 세월이 흐른 961년에 한 스님이 합려의 무덤인지 모르고 바로 위에 호구탑을 지어 완성하였다. 월왕 구천이 이곳에서 3년간 묘지기를 했다.

그리하여 기사회생(起死回生)한 구천은 아내와 함께 오나라로 들어가 손가락 부상으로 세상을 떠난 부차의 아버지 합려의 묘소 옆 석실(石室)에 살면서 묘 주변을 청소하며 온갖 수모를 받았다. 부차는 이렇게 해서 아버지의 원수를 통쾌하게 갚아 자식의 도리를 다하는 듯했다.

한편 구천은 오로지 고국으로 돌아갈 생각에 갖은 모욕을 참고 견디며 하루하루를 버텼다. 그러던 어느 날 오왕 부차가 중병에 걸려 3개월이 지나도 잘 낫지 않는다는 소문을 듣고는 문병을 가서 이렇게 말했다.

"제가 옛날에 의술을 좀 배운 적이 있는데 변을 보면 병의 상태를 알 수 있답니다" 하더니 옆에 시녀가 들고 있던 변기 속에 변을 손가락으로 찍어 맛을 보고는 기뻐하며 이렇게 말했다.

"대왕님의 병이 점점 좋아지고 있습니다. 이레만 기다리시면 완쾌할 겁니다."

이레 뒤에 구천의 말대로 자리를 털고 일어나자 부차는 구천을 불러서 주연을 베풀었다. 기분이 들뜬 부차는 구천에게 본국으로 돌아가도 좋다는 명령을 내렸다. 이리하여 구천은 3년 만에 고국으로 돌아올 수 있었다.

구천은 회계산에서의 항복과 오나라에서의 수치를 잊을 수가 없었다.

그래서 쓰디 쓴 쓸개를 혀로 핥으며(嘗膽) 이렇게 외쳤다.

"너는 회계산에서의 치욕을 잊었느냐?"

3년 동안 구천 대신에 나라를 다스렸던 충신 범려는 오왕 부차가 여자를 밝힌다는 것을 이용하여 미인계(美人計)를 쓰기로 했다.

방방곡곡을 찾아 헤매던 어느 날 저라산 시냇가에서 빨래를 하고 있는 나무장수의 딸 서시(西施)를 발견했다.

범려가 우국지정(憂國之情)에서 나온 미인계의 작전을 설명하자 서시는 흔쾌히 허락하였다. 학문과 예절교육을 철저히 훈련을 받은 지 어언 3년이 지났다.

범려는 서시를 데리고 오나라로 들어가 부차에게 바치자 부차는 서시의 미모에 넋이 나갔다.

뱃놀이가 하고 싶다는 서시의 말이 끝나기가 무섭게 부차는 대운하 공사의 명령을 내리는 등 실정(失政)을 거듭하면서 오나라 국력은 점점 기울어 갔다.

서시를 이용한 미인계를 쓴 지 어언 10여 년의 세월이 흘렀다. 구천은 마침내 복수의 전쟁을 일으켜 대승리를 거두었다. 월왕 구천은 무릎으로 기면서 살려 달라고 애원하는 오왕 부차를 칼로 자결하게 하고 드디어 오나라를 멸망시켰다(B.C. 473).

3년 간 땔나무에 누워 복수심을 불태운 오왕 부차와 10여 년 동안 쓸개를 핥으며 복수의 칼날을 갈았던 월왕 구천 간의 싸움은 월나라의 승리로 막을 내렸다.

그러나 얼마 뒤 월나라도 이웃나라인 초나라에게 멸망당했다.

臣(신하 신)과 人(사람 인)이 결합된 이 한자에서 '눕다' 는 뜻을 연상하기가 쉽지 않다. 臣(신하 신)의 유래를 찾아보면 답이 나올지 모른다.

누울 **와**

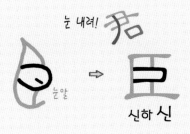

눈 내려! 君

⇒ 臣

신하 신

눈알

신하는 무조건 절대 복종!

눈은 아래를 보고 복종의 표시로 고개를 숙이고 있는 이 사람은? 신하다.
눈을 내리 깔고 있어야 목숨을 부지할 수 있는 신하!

만약 임금 앞에서 신하(臣下)가 눈 치켜 뜨고 복종하지 않는 얼굴 표정을 보이면 당장 목이 날아갈지 모른다.

군신(君臣)의 관계는 이렇게 시작된 것이다.

그럼 본론으로 들어가서 臥(누울 와)가 어떻게 만들어졌나 알아보자.

⇒ 臥 = 卧 속자

졸린 듯 눈을 내리고 편안하게 누워 있는 모습이다.
臥佛(와불)에서 이 한자가 보인다.

와신상담

423

눈을 내리고 있는 臣(신하 신)을 알면 쉽게 이해가 되는 한자였다.

- 臥佛(와불) 누워 있는 부처.
- 臥病(와병) 병으로 자리에 눕게 된 것.
- 臥龍(와룡) 엎드려 있는 용으로 초야에 묻혀 아직 세상에 알려지지 않은 큰 인물.

그럼 눈을 내리깔고 있으면 다 복종하는 모습일까?

신하들이야 임금 앞에서 복종하는 모습을 보여야 했겠지만 일반 백성들이야 오히려 눈을 아래로 깔고 열심히 일하느라 정신이 없다. 그럼 아래 한자를 보자.

나, 졸고 있는 거 아니야!

눈떠!

臤
?

굳을 견

열심히 공부하는 학생의 눈과 손을 그려 봐!

臤(눈)은 又(손)에 있는 뭔가를 보면서 열중하는 모습이다. 지금은 밑에 다른 한자를 넣어 뜻과 음으로 나온다.
又(손)이 들어가면?
"눈이 초~롱 초~롱해진다!"

눈을 내리 깔고 있는 臣(신)이 있다고 해서 다 졸고 있는 것은 아니다.

열심히 눈을 굴리면서 뭔가를 열심히 한다는 뜻일 때는 한자 속에 손을 뜻하는 又(또 우)가 들어 있다.

그럼 아래 4개의 한자를 보자.

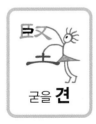

臤
土

굳을 견

알았다!

손으로 土(흙)을 두드리며 다지고 굳히는 모습이구나.

벽돌 쌓는 아저씨의 눈과 손이 바쁘다.

- 堅固(견고) 굳고 튼튼함.
- 堅實(견실) 미덥고 확실함.
- 堅果類(견과류) 껍데기가 굳고 단단하여 열매가 익어도 벌어지지 않는 과실류. 밤, 호도 따위.

어질 **현**

신장 **신**

팽팽할 **긴**

貝(조개=돈)를 臤(단단히) 쥐고 있는 사람이 현명한 사람이다? 아니다. 臤(눈 내리깔고 열심히 공부)해 능력을 키우면 저절로 貝(돈)이 굴러들어온다. 물론 臤(견 → 현)에서 음도 취했다.

현자(賢者)는 남을 부리고 우자(愚者)는 노예살이로 삶을 마감한다고 한다.

우리가 알고 있는 賢明(현명)하다는 뜻은 '사리가 분명한 정신을 가진 사람' 으로 알고 있는데 한자를 보니 貝(돈)도 굴러들어온다!

- 賢明(현명)   어질고 사리에 밝음.
- 賢母良妻(현모양처)   자식에게는 어진 어머니이고, 남편에게는 착한 아내임.

月(고기 육)의 변형부수가 있으니 신체와 관계가 있나 보다.

우리 몸에서 오줌을 배설하는 기관인 신장을 가리키는 한자이다. 물론 臤(견→신)에서 음이 나왔다.

- 腎臟(신장)   콩팥. 척추동물의 오줌 배설기관.
- 腎腸(신장)   콩팥과 창자.

臣(눈)은 이미 又(손)으로 당기고 있는 糸(실)을 응시하고 있다.

언제 끊어질까 긴장 반 두려움 반으로 쳐다보는 당사자는 차라리 눈을 감고 싶은 심정일 것이다. 고무줄을 잡아당길 때의 긴장감을 상상하면서 표정을 지어보라.

- 緊張(긴장)   마음을 다잡아 정신을 바짝 차리거나 몸이 굳어질 정도로 켕기는 일.
- 緊急(긴급)   일이 아주 중대하고도 급함.

섶나무 **신**

新(새 신)위에 艹(풀 초)를 넣어 만든 이 한자는 이 고사성어 외에는 거의 나오지 않는다.

대신 新(새 신)에 대해 알아보기로 하자.

보이는 한자를 분해하면 立(설 립) 木(나무 목) 斤(도끼 근) 이렇게 3개의 한자가 결합된 듯하다.

여기서 우리는 立(립)처럼 보이는 이 한자를 주목할 필요가 있다.

죄수를 울리던 칼이 지금은 사나이를 울리네!

매울 **신**

너희가 문신의 매운 맛을 알아!?

죄수의 뺨에 칼집을 내서 먹물을 입히는 묵형을 시행할 때 쓰던 칼이다.
지금까지 칼의 모양이 생생하다.
묵형의 고통을 맛으로 비유하면?
"고추, 마늘처럼 맵다!"
여기서 '맵다' '고생'이란 뜻이 나왔다.

갑자기 辛(신)자가 왜 튀어나왔는지 궁금하겠다.

새 **신**

立(설 립)은 알고 보니 立(설 립)이 아니었다. 아래 부분이 생략되어 이렇게 보였을 뿐이다. 원래 모습은 辛(매울 신)으로 여기서는 음으로 나왔다. 그러니까 음이 살짝 숨어 있었던 것이다. 木(나무)를 斤(도끼)로 자르면 나이테와 함께 깨끗한 속살이 드러난다. '새롭다' 는 뜻은 이렇게 만들어진 것이다.

그런데 도끼로 맞는 나무 입장에서는 인간이 당하는 묵형의 고통보다 더 아프지 않았을까? 그러고 보니 辛(신)은 음으로만 나온 것 같지 않다.

새로운 것을 창조한다는 것은 고통이 따르는 법!

■ 日日新又日新(일일신우일신) 나날이 새롭게 하고 또 날로 새롭게 하라.
■ 新舊(신구) 새것과 헌것.

아니, 이 한자도 모양새가 비슷하다 했더니...

斤(도끼 근) 대신 見(볼 견)을 넣어 나무를 벌목하고 난 뒤에 가까이 가서 본다는데서 '가깝다' '친하다' 는 뜻이 나오고 뒤에 '어버이' 까지 나온 것으로 봐서 '부모님은 가까운 존재' 였나 보다.

친할 **친**

- 親熟(친숙)   친밀하고 흉허물이 없음.
- 兩親(양친)   아버지와 어머니.
- 親庭(친정)   시집간 여자의 본집.
- 親密(친밀)   지내는 사이가 아주 친하고 가까움.

辛(매울 신)을 알면서 다음 한자와 헷갈리면 큰~일 난다.

한 획이 더 추가 됐을 뿐이지만 늘 우리 주변을 맴돌고 있는 이 한자를 보라.

幸 과 不幸

다행 **행**

우리는 죽는 순간까지 이 두 개의 명제 앞에 노예가 되다시피 한다.

도대체 어떻게 만들어진 한자인지 한번 구경이나 해보자.

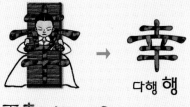

"내가 여기서 살아 나간다면 그건 天幸일 꺼야."

불幸한 춘향아~

다행 행

했던 춘향이가...
"살아 나갔다!~"
사형감인 중죄인에게 幸(널반지)에 칼을 씌웠는데 多幸히 죽지 않고 살아났다.
이보다 더 큰 幸運이 또 있을까?
춘향이가 대표적인 幸運의 주인공이다.

· 天幸(천행) · 多幸(다행) · 幸運(행운)

幸福(행복)의 뜻을 가진 한자치고는 유래가 좀 무시무시한 편인데 옛날 사람들과 지금 사람들의 幸福觀(행복관)이 다른 모양이다.

우리는 로또 복권에 당첨되는 행운이나 일이 뜻대로 잘 풀려야 幸福(행복)하다고 생각하는데 옛날 사람들은 죄에 걸려 죽지 않고 목숨만 연명해도 幸福(행복)하다고 생각했나 보다.

- 幸福(행복)   복된 운수.
- 幸運(행운)   좋은 운수.
- 多幸(다행)   일이 잘 펴지게 되어 좋음.
- 天幸(천행)   하늘이 준 은혜나 다행.

그런데 춘향이의 저 모습은 앞에서 본 적이 있다.

아하! 이제 3개의 한자 辛(매울 신), 幸(다행 행), 刑(형벌 형)을 한꺼번에 헷갈리지 않고 외울 수 있겠다.

형벌 **형**

그럼 여기서 幸(다행 행)을 넣어 만든 한자 두 개를 보자.

잡을 **집**

어디서 들려오는 소리 "幸運(행운)을 잡으세요!" 귀가 솔깃해질 수밖에 없다. 이 한자가 행운을 잡고 있는 모습을 하고 있다. 幸(다행 행)이야 앞에서 했으니 알겠는데 뒤에 있는 한자는 잘 모르겠다면 기억을 더듬어 보자.

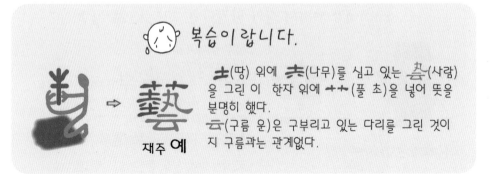

복습이랍니다.

재주 **예**

土(땅) 위에 夫(나무)를 심고 있는 亐(사람)을 그린 이 한자 위에 艹(풀 초)을 넣어 뜻을 분명히 했다.
云(구름 운)은 구부리고 있는 다리를 그린 것이지 구름과는 관계없다.

丸(알 환)처럼 보이는 이 한자가 허리를 구부리고 묘목을 잡고 있는 모습이다. 그 렇다면 이제 답이 나왔다. '幸運(행운)을 손으로 꽉 잡고 있다!' 한 번 잡으면 절대 놓 치지 말자. 그런데 幸(행)자가 목에 차고 있는 칼이라 생각하니 자칫 불행(不幸)을 잡을 수도 있겠다.

- 固執(고집) 자신의 생각이나 의견만 내세워 굽히지 않음.
- 執着(집착) 어떤 일에만 마음이 쏠려 떠나지 아니함.
- 執行(집행) (정해진 일을) 실제로 행함.

幸運(행운) 이야기가 나왔으니 기왕이면 幸運(행운)을 알리는 이 한자도 함께 알아두자. 服(옷 복)에서도 음으로 나오는 卩(복 → 보)에서 음을 취하고 幸(다행 행)에서 뜻을 취했다. 이 한자 역시 幸運(행운)을 알린다는 뜻과 목에 칼을 차게 된 불행(不幸) 한 소식을 알린다는 두 가지 해석이 가능하다. 그런데 이 한자는

알릴 **보**

① '알릴 보'와 함께 ② '갚을 보'가 있다. 내 목에 칼을 채운 상대방에 대한 앙갚음도 있지만 죽어서도 잊지 않고 은혜를 갚는 結草報恩(결초보은)도 있다.

은혜를 입었으면 반드시 갚자~

은혜를 원수로 갚기도 하나 봐! 인간도 아냐!

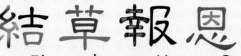

結草報恩
맺을 결   풀 초   갚을 보   은혜 은

춘추시대 진(晉)나라 위무자가 병이 들자 아들 과를 불러 이렇게 유언했다.
"내가 죽으면 서모를 개가시켜라." 그 뒤 병세가 위독해지자 다시 유언했다.
"내가 죽으면 순장(殉葬:남편과 함께 관 속에 묻힘) 시켜라."
위무자가 죽자 아들은 "나는 맑은 정신일 때 하신 유언을 따르겠다." 하더니 서모를 개가시켰다.
그 후 진환공이 침략하자 위과는 장수 두회와 격전을 벌이다 패하여 도망을 쳤다. 그 때 앞에서 한 노인이 풀을 엮어(結草) 뒤쫓아 오는 두회를 넘어지게 해서 사로잡게 도와주었다. 그날 밤 꿈에 그 노인이 나타나 이렇게 말했다.
"나는 당신 서모의 애비 되는 사람이오. 그대가 내 딸을 순장시키지 않고 개가 시켜 목숨을 부지 할 수 있었소. 나는 그 은혜에 보답(報恩)하고자 한 것이오."

백골난망(白骨難忘)이라 하지 않던가. 딸에 대한 애틋함이 느껴지는 노인의 마음이 보인다.

1. 알릴 보 日報(일보) 날마다의 보고.
           朗報(낭보) 기쁜 소식.
           報告(보고) 주어진 임무에 대해 그 결과나 내용을 말이나 글로 알림.
2. 갚을 보 報答(보답) 남의 은혜나 호의를 갚음.

執(잡을 집)과 報(알릴 보)에 공통으로 들어 있는 幸(다행 행)의 의미를 다시 새겨보자.

다시 앞으로 돌아와서 辛(매울 신)에 대한 이야기를 좀더 해보자.
얼굴에 칼집을 낼 때 썼던 형벌의 도구인 辛(신)이 女(여자)와 결합한 한자가 있다는데 알아보자.

첩 妾

위에서처럼 辛(신)의 생략된 모습에 女(계집 녀)를 넣었으니 묵형을 당한 여자가 아닌가. 여자가 무슨 큰 죄를 지었을까? 알아보니 집안의 아버지나 남편 혹은 아들이 반역죄를 지었거나 전쟁에 패하면 남은 식구들은 끌려가 노예 신세가 되었다. 특히 여성은 힘 있는 자의 성적 노리개가 되었으니 여기서 '정식 혼례를 치르지 않고 데리고 사는 여자'가 나왔다. 그런데 전통사회에서나 나오는 이런 한자는 지금 쓸 일이 별로 없다. 그렇다면 아래 한자는?

사귈 접 붙을 착

接着(접착)이란 '착 달라붙는다'는 뜻인데 잘 붙는 접착제(接着劑)를 사용해야 낭패(狼狽)를 당하지 않는다.
죄인 취급을 받았던 첩을 노리개로 취급했던 고대시대에 妾(첩)을 잡아끄는 扌(손)을 그린 이 한자는 '붙

430

이다' '가까이 하다' '사귀다'는 뜻이다. 妾(첩→접)에서 음도 나왔다.

'뽀뽀뽀'를 한자로 "接接接 ~"으로 개사해서 부르는 것이 유행인 때가 있었다.

- 接續(접속) (서로 맞닿게) 이음.
- 接觸(접촉) 다가가서 닿음. 서로 닿음.
- 接待(접대) 손님을 맞이하여 시중을 듦.

着(붙을 착)은 著(지을 저)의 속자로 만들어졌는데 뒤에 구별하여 쓰고 있다. 두 한자 모두 중학교 900자에 들어 있을 만큼 활용도 많으니 꼭 알아두자.

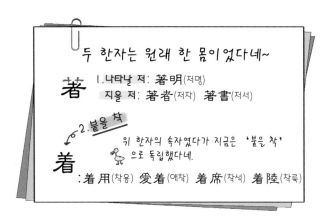

두 한자는 원래 한 몸이었다네~

著
1. 나타날 저: 著明(저명)
지을 저: 著者(저자) 著書(저서)

2. 붙을 착

著
위 한자의 속자였다가 지금은 '붙을 착'으로 독립했다네.
: 着用(착용) 愛着(애착) 着席(착석) 着陸(착륙)

그렇다면 정식으로 혼례를 치른 여인에 관한 한자도 알아봐야겠다.

긴 머리카락을 빗어 十(비녀)를 꽂아주는 시녀의 彐(손)을 그린 모습 아래 女(귀부인)이 앉아 있는 모습에서 '아내 처'가 나왔다.

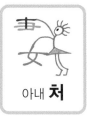
아내 처

아내 입장에서는 대접을 받는 이 기분이 꽤 좋을 듯하다. 전통 사회에서뿐 아니라 현대사회에서도 현모양처(賢母良妻)를 이상적인 아내상으로 꼽는 남자들이 많다.

여기서 糟糠之妻(조강지처)의 유래를 들여다보자.

조강지처 버리면 천벌 받아~

내 남편 멋져~

糟 糠 之 妻
술지게미 조 쌀겨 강 ~의 지 아내 처

아줌마 부럽당.

어느 날 광무제는 미망인이 된 누나 호양공주가 당당한 풍채와 덕을 지닌 송홍에게 호감을 갖고 있는 사실을 알고 불러 이야기 끝에 이런 질문을 했다.

"고귀해지면 친구를 바꾸고, 부유해지면 아내를 버리는 것이 인지상정 아닌가?"

"폐하, 빈천할 때의 친구는 잊지 말아야 하며 술찌끼와 쌀겨로 끼니 때우며 함께 고생한 아내는 내쫓지 않아야 한다고 생각하옵니다."
→ 糟糠之妻 不下堂 (조강지처 불하당)

병풍 뒤에 숨어서 엿듣고 있던 호양공주는 크게 실망하고 말았다.

어느 날 아내가 "술 담그고 남은 찌꺼기로 허기진 배를 채우며 고생했던 시절이 난 더 행복했어"라고 말한다면!?

맛볼 상

嘗(숭상할 상)에서 음을 旨(맛 지)에서 뜻을 취해 '맛볼 상'이 되었다. 이 한자는 별로 활용할 곳이 없다. 旨(맛 지)는 뒤에 나올 指鹿爲馬(지록위마)에서 다루기로 하겠다.

곰 웅   쓸개 담

단군신화에서 곰은 호랑이보다도 인내심이 강한 동물로 등장하면서 모신(母神)의 이미지를 가지고 있다.

그런데 우리나라 속담에서 곰은 덩치는 산만한 놈이 미련한 행동을 일삼는 동물로 등장시켜 웃음거리로 만들곤 한다.

곰을 웃음거리로 만들면 안 되는 이유를 유래를 통해 알아보자.

히딩크가 미련 곰탱이야?

能
능할 능

당신의 能力을 보여 주세요!

곰의 ㅿ(얼굴), 月(몸통), ヒヒ(다리)를 그렸다. 곰은 힘이 장사일 뿐 아니라 못하는 것이 없는 萬能으로 能小能大한 能力까지 가졌다. 여기서 '능하다' '능력'이란 뜻이 나왔다.

- 能小能大(능소능대)　모든 일에 두루 능함.
- 萬能(만능)　온갖 일에 두루 능통함.
- 能力(능력)　어떤 일을 해낼 수 있는 힘.
- 無能(무능)　재능이 없음.
- 能通(능통)　어떤 일에 환히 통달함.
- 全知全能(전지전능)　모든 것을 다 알고, 모든 것에 능함.
- 能書不擇筆(능서불택필)　글씨를 잘 쓰는 사람은 붓을 가리지 않는다.

보다시피 곰은 能力(능력)이 넘치는 동물임을 분명히 보여주고 있다.

어찌되었든 能(능할 능)이 곰의 모습을 그린 거라니 곰은 어쩔 수 없이 분가를 해야 할 상황이다. 그래도 자존심이 있지 어디 곰이 보통 동물이던가.

그래서 곰의 날카로운 ノ丶丶(발톱 : 불로 보는 설도 있다)을 아래에 붙여 용맹한 곰을 탄생시켰다.

정리하면 '능력' '능히 ~할 수 있다' 는 뜻인 能(능)에서 보듯 곰은 전지전능(全知全能)한 동물이다.

인내심이 강하다 보니 어리석은 중생들 눈에 미련해 보였을지 모르지만 절대 미련 곰탱이가 아니란 말이다. 단군신화에서 熊女(웅녀)의 인내심을 상기해보자.

곰이 어떤 마음을 먹느냐에 따라 태도가 달라진다는 건가.

아하, 하고자 마음먹은 일을 能(능히 할 수 있다)고 心(마음)먹으면 그것이 태도로 나온다 하여 '태도' '모양' '자태' 란 뜻이 나왔다고 한다.

態
心

모양 태

- 事態(사태)　일의 되어 가는 형편이나 상태.
- 態度(태도)　몸을 가지는 모양이나 맵시.
- 姿態(자태)　몸가짐과 맵시.

한자랑 영어랑 통하는 것이 있다니까...

熊 곰 웅

bear [bɛər] *n. (pl. ~s, (집합적)bear)* 1 곰 (▶암 곰은 she-bear, 새끼곰은 cub, whelp) : the black [the brown] ~ 검은 곰 [불곰] / the polar ~ 흰곰, 북극곰 / be (as) cross as a ~ [= (ㅁ) be like a ~ with a sore head] 몹시 불쾌하다 / sell the skin before one has killed the ~ 잡기도 전에 곰의 가죽을 팔다, 독장수 셈을 하다, 김칫국부터 마시다. 2 곰 비슷한 동물 ; 장난감 곰 (teddy bear):

態 모양 태

bear·ing [bɛ́(:)əriŋ] *n.* 1 ⓤⓒ몸가짐, 거동, 자세 (carriage) ; 태도, 행동(거지), 거동(behavior) : an upright ~ 꼿꼿한 자세 / a haughty [a polite, a slovenly] ~ 건방진[공손한, 단정하지 못한] 태도 / his ~ toward women 여성에 대한 그의 태도. 2 ⓤ결실 (능력), 결실기 ; 출산 (능력) ; ⓤⓒ수확. 3 ⓤ참음, 견딤, 인내 (endurance): Your conduct is beyond [past] (all) ~. 너의 행동에는 정말 참을 수가 없다.

罒(그물)에 熊(곰)이 걸려들었으니 사냥이 '끝났음'을 말하는 것이리라. 그물에서 꺼내고 나서 다음 코스는 쇠창살로 만든 감옥(?)으로 직행하는데 그 다음엔 어떤 순서가 기다리고 있는지는 생략!

그래서인지 그물이 그물로 안 보이고 쇠창살로 보인다.

罷 그만둘 **파**

- 罷業(파업) 하던 일을 중지함.
- 罷免(파면) 공무원의 신분을 박탈하는 일.

이렇게 긴 곰 이야기 뒤에 있는 膽(쓸개 담)에 대해 알아보기로 하자.

月(고기)에서 뜻을, 詹(소곤거릴 첨→담)에서 음을 취했다.

한의학에서 쓸개는 좌우로 치우치지 않는 기개와 결단성을 관장하는 곳으로 용기를 맡고 있는 기관이다. 그래서 용기도 없고 비겁하고 겁 많은 사람을 보면 "야, 이 쓸개 빠진 놈아!" 하고 욕한다. 그런데 요즘 쓸개 빠진 사람보다 더 못한 사람들이 있단다.

곰 사냥이 罷한 뒤...

판다야, 어떤 熊도를 보여야 인간들이 풀어 줄까?

곰과에서 분가한 판다

熊女야, 인간들이 제일 좋아하는 음식이 곰 발바닥 이랑 熊膽이라더라.

엄마, 熊女가 불쌍해.

곰쓸개로 몸 보신 하면 곰처럼 膽力(담력)이 생길 거라고 믿는다면 정말 미련한 사람이다.

- 膽大(담대) 겁 없고 용감함.
- 膽力(담력) 겁이 없고 용기가 나도록 하는 힘.
- 熊膽(웅담) 바람에 말린 곰의 쓸개.
- 膽石(담석) 쓸개 속에 생긴 돌.

"負擔(부담)스럽다." 어떤 사연이든 간에 상관없이 말하는 사람이나 듣는 사람이나 負擔(부담)스럽다.

뒤에 있는 擔(멜 담)을 보면 앞에서 본 詹(첨 → 담)이 음으로 나오고 앞에 扌(손)을 넣어 짐을 '메다'는 뜻이 나왔다.

질**부**　　멜**담**

詹(소곤거릴 첨)은 이렇게 두 개의 한자 속에 음이 '담'으로 변했으니 외우기도 좋다.

- 負擔(부담) 어깨에 짐을 잔뜩 짊어져서 마음과 몸이 무거움.
- 全擔(전담) 일을 혼자서 전부 맡아서 함.
- 擔任(담임) 학급의 아이들을 어깨에 잔뜩 짊어지고 교육을 담당하는 선생님.
- 分擔(분담) 나누어서 맡음.
- 擔當(담당) (사람이 어떤 일을) 책임을 지고 맡는 것.

앞에 있는 負(질 부)는 '등에 짐을 지다'와 '싸움에서 지다'는 두 가지 뜻을 다 가지고 있다. 그럼 貝(조개 패) 위에 있는 한자가 무시 못할 뜻을 가지고 있다. 뒤에서도 계속 나오니 알아두자.

(사람)을 貝(조개=돈자루)보다 더 작게 그린 모습에서 '부담' 스런 이미지가 역력하다. 돈자루를 어깨에 짊어진 사람의 얼굴 표정은 '부담스럽다' 이다.

엄마가 공부하고 있는 내 등 뒤에서 하시는 말씀... "난 널 믿는다." 듣는 순간 어깨에 돈자루를 맨 것처럼 負擔(부담)' 스러워진다.

어깨에 잔뜩 '빚' 을 '짊어진 기분' 이다. 그래도 믿을 건 나 자신밖에 없다.

그래서 負(질 부)의 뜻이 여러 개이니 잘 정리해 두자.

깡통을 차도 자부심은 못 버려!

지면 남는 건 빚뿐이야.

1.(등에) 질 부: 負擔(부담)
2.(싸움에) 질 부: 勝負(승부)
3.믿을 부 : 自負心(자부심)
4.빚 부 : 負債(부채)

貝(조개)라고 해서 우리가 갖고 싶은 '돈' 만 있는 것이 아니다. 갚아야 할 '빚' 도 돈이다. 나에 대한 自負心(자부심)이 패배의 負擔(부담)에서 벗어날 수 있는 힘이 된다. 이 한자의 뜻이 많은 것은 다 이유가 있다.

참, 分擔 허기도 어렵네그랴.

애는 지가 擔當허니 負擔 갖지 마시유.

김홍도/행상

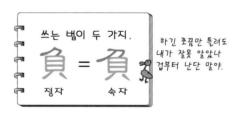

쓰는 법이 두 가지.

負 = 負
정자   속자

하긴 조끔만 틀려도 내가 잘못 알았나 겁부터 난단 말야.

끝으로 負(질 부)와 비슷하게 생긴 貞(곧을 정)과 員(인원 원), 責(꾸짖을 책)도 함께 알아두자.

436

5

스타 무조건 따라 하면 추녀 된다

37 서시빈목 西施嚬目
38 양상군자 梁上君子
39 오월동주 吳越同舟
40 청출어람 靑出於籃
41 형설지공 螢雪之功
42 오리무중 五里霧中
43 정문입설 程門立雪
44 단　　장 斷　腸
45 반포지효 反哺之孝

西 施 嚬 目
서녘 서   베풀 시   찡그릴 빈   눈 목

37. 서시빈목

직역 : 서시가 눈을 찡그리다.

의역 : 영문도 모르고 무조건 남을 흉내내는 어리석음.

동의어 : 효빈(效嚬) – 찡그리는 것을 흉내냄.

중국 고대 4대미인으로 서시(西施), 양귀비(楊貴妃), 왕소군(王昭君), 초선(貂蟬)을 꼽는다.

앞서 다룬 와신상담(臥薪嘗膽)에서 월왕(越王) 구천이 미인계로 쓸 미인을 찾아 방방곡곡 헤매던 중 저라산(苧羅山) 시냇가에서 빨래를 하고 있던 서시를 발견했다고 했다. 그런데 이 절세의 미인 서시는 심장병을 앓고 있어 걸을 때면 가슴이 아파서 미간을 찌푸리고 다녔다. 마침 같은 마을에 추녀 동시(東施)가 살고 있었다.

어느 날 동시가 서시의 찡그리고 걷는 모습을 보게 되었는데 그 모습이 너무 예뻐 보였다. 그래서 자기도 서시처럼 가슴에 손을 대고 미간을 찡그리며 마을을 돌아다녔다.

그러자 그 마을의 부자(富者)는 동시의 모습을 보고 대문을 굳게 잠그고 나오지 않았으며, 가난한 사람은 처자를 이끌고 마을에서 도망쳤다. 이 추녀 동시는 미간을 찡그린 모습이 아름답다는 것만 생각했지 왜 아름다운지 그 이유는 생각하지 못했던 것이다.

미인계(美人計)에 동원되어 오나라를 멸망시키는 데 자신의 한몸을 바친 애국자 서시는 그 뒤 어떻게 되었을까? 기록에는 자세히 남아 있지 않지만 범려와 월나라를 떠나 장사를 하여 큰 부자가 되었다고도 하고, 오나라 멸망 때 강에 빠져 죽었다는 설도 있다. 서시빈목(西施嚬目)은 요즘 연예인들이 멋진 장식품을 달고 나오면 그대로 흉내내면서 자신이 마치 그 연예인이 된 듯 착각에 빠져 있는 사람을 비웃을 때 인용한다. 자기도 모르게 추녀 동시(東施) 신세가 될지 모르니 조심하자.

한자 Up 그레이드

방향을 나타내는 한자로 동서남북(東西南北)이 있다.

西녘 서

東(동)은 해가 나무에 걸려 올라오는 모습으로 알고 있지만 실은 자루 모양이다.

西(서)는 일반적으로 새가 둥지에 앉아 있는 모습이라고 알려져 왔다.

南(남)은 남방 지방 사람들이 들고 있는 악기로 소리가 맑고 깨끗하다고 한다.

北(북)은 서로 등 돌리고 있는 모습에서 나왔다.

알아두자!

北 북녘 북
西 서녘 서
東 동녘 동
南 남녘 남

- 東家食西家宿(동가식서가숙) 떠돌아다니며 이 집 저 집에서 얻어먹고 지냄.
- 東問西答(동문서답) 묻는 말에 대하여 아주 딴판인 엉뚱한 대답.
- 西方極樂(서방극락) 서쪽 십만억토(十萬億土)를 지나서 있다는 아미타불의 세계. 서방 정토(淨土)
- 南半球(남반구) 적도를 경계로 지구를 둘로 나눈 경우의 남쪽 부분.

그럼 여기서 東(동)을 음으로 취한 한자들을 보자.

찰 랭   얼 동

冷凍(냉동)식품은 冷凍庫(냉동고)에 보관해야 부패가 되지 않는다.

공통으로 들어 있는 冫(이수변)은 얼음이란 뜻이니 차거나 얼었다는 뜻에다가 나머지 令(령 → 랭)과 東(동)에서 음을 취했다.

그런데 두음법칙을 적용하지 않고 '랭동' 으로 읽으면 북한말이 된다.

- 冷麵(냉면) 찬국이나 동치밋국 같은 것에 말아서 먹는 국수.
- 冷情(냉정) 감정에 좌우되지 않고 차분함.

- 凍結(동결) 얼어붙음.
- 凍傷(동상) 추위에 살가죽이 얼거나 터짐.

늘어놓을 진

阝(언덕)에 물건을 늘어놓는다는 뜻에 東(동→진)에서 음을 취했다는 것이 좀 연결이 되지 않으나 어쩌랴 이런 경우도 있는 걸. 이 한자는 ① '늘어놓을 진' 외에 ② '묵을 진' 도 있으니 알아 두자.

1. 늘어놓을 진 陳列(진열) 물건을 죽 벌여 놓음.
   陳情書(진정서) 관청 등에 내려고 사정을 밝혀 적은 서면.
2. 묵을 진 新陳代謝(신진대사) 생물체가 필요한 것을 섭취하고 낡은 물질을 배설하는 일을 통틀어 이르는 말.

베풀 시

이 한자를 알려면 먼저 나부끼는 方(깃발)을 알아야 한다. 方(깃발이 펄럭)이는 전쟁터에 也(어조사 야 → 시)를 넣었다. 뒤에 다루겠지만 也(야)는 여성의 음문을 그린 한자로 여성을 가리킨다. 그러니까 전쟁이 끝난 뒤에 잡힌 여자 포로를 상으로 나눠준다는 뜻에서 '베풀다' '시행하다' 는 뜻이 나왔다.

- 施賞式(시상식) 상을 주는 식.
- 施行(시행) 實施(실시) 실행에 옮기는 것.
- 施設(시설) 장치, 설비가 차려져 있는 것.

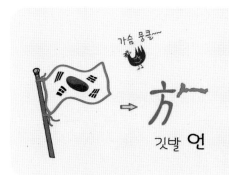

태극기가 바람에 펄~럭입니다.

병사들이 깃발 아래로 모였다.
그리고 方(깃대)에 ┏━(펄럭이는 깃발)을
보며 승리할 것을 외친다.
"이겨서 돌아가리라!"
方(방향 방)과 유래가 전혀 다르다.

깃발 **언**

스포츠 생중계할 때 애국가 소리와 함께 펄럭이는 태극기 앞에서 선수들의 결의에 찬 모습을 생각해보자.

그럼 여기서 方(펄럭이는 깃발)이 들어간 한자들을 알아보자.

펄럭이는 方(깃발)을 한자로 쓰기에 불완전해 보였나보다. 아래에 음으로 其(그 기)를 넣어 '깃발 기'를 만들었다.

■ 太極旗(태극기) 태극무늬가 그려져 있는 우리나라 국기.
■ 萬國旗(만국기) 세계 각 국의 국기.

깃발 **기**

민족을 상징하는 '깃발'은 목숨처럼 소중하게 다루었다.

깃발은 전쟁할 때 앞세워 나간다. 그래서 뒤에 나오는 한자들이 전쟁과 관련 있다.

도대체 方(깃발) 아래 있는 한자가 무엇을 말하는지 알기 어려울 뿐 아니라 폼 나게 잘 써지지도 않는다.

알고 보니 '병사들'이란다. 그러니까 병사들이 깃발 앞으로 모인 모습이다.

그래서 처음에는 ① '군대' '군사'란 뜻이었다가 뒤에 ② '여행' '나그네'라는 뜻이 추가됐다. 지금은 후자가 더 많이 활용되고 있다.

나그네 **려**

다시 말하면 $\overline{E}$ (병사들)이 '여행객들' 로 바뀌었다는 말이다.

전쟁을 여행으로 생각하고 이런 뜻을 넣었다면 전쟁은 참으로 낭만적(?)이다.

1. 군사 려 旅團長(여단장)   여단의 최고 지휘관.
2. 여행할 려 旅行(여행)   나그네가 되어 돌아다니는 것.
          旅券(여권)   국가가 외국에 여행하는 사람의 국적이나 신분을 증명하고, 상대국에 그 보호를 의뢰
               하는 공문서.
          旅程(여정)   여행의 노정(路程).
          旅費(여비)   여행에 드는 비용.
          旅館(여관)   일정한 돈을 받고 여행객을 묵게 하는 집. 유사어) 旅人宿(여인숙)

겨레 **족**

민족의 깃발 앞에 모인 '병사들'에게 초점을 맞춘 한자가 旅
(려)라면 병사들이 들고 있는 $\overline{矢}$ (화살)에 초점을 맞춘 한자는
'겨레 족'이다.

따라서 민족을 위해
기꺼이 화살을 메고 전
쟁터로 향하는 살신성인(殺身成仁)의 정신
을 잘 보여 주고 있다. 오직 겨레를 위해, 민
족을 위해, 국가를 위해……

■ 同族相殘(동족상잔)   동족끼리 싸워 생긴 비극.
■ 家族(가족)   부부를 중심으로 한 가정을 이룬 것.

그렇다면 이 한자는?

앞에서 이미 다룬 적이 있는 疋(발 족)과 같은 의미인 疋(발 소)가 들어갔다. 누구의 발이겠는가. 당연히 병사들의 발이겠지.

돌 **선**

따라서 전쟁터 깃발 아래에서 병사들이 왔다갔다 하면서 분주하게 움직이며 돌아다니는 모습에서 나왔다.

요즘은 미팅이나 선을 주선(周旋)하는 사람의 발걸음이 바쁘다.

- 周旋(주선) 일이 잘 되도록 왔다갔다 하며 애쓰는 것.
- 旋風的(선풍적) 회오리바람 불 듯 사회에 강한 영향을 미침.
- 旋回(선회) 항공기가 진로를 바꿈.

㫃(깃발 아래 자식)이 辶(돌아다니며) 놀고 있는 이 모습은 전쟁터라기보다는 운동회를 생각하는 것이 더 빠르겠다.

놀 **유**

그래서인지 이 한자는 돌아다니며 노는 뜻을 가진 한자어에 등장한다. 듣기만 해도 좋은 한자어들이다.

- 遊覽船(유람선) 관광이나 유람용으로 사용되는 여객선.
- 遊戱(유희) 즐겁게 놂, 또는 노는 일.

나부끼는 㫃(깃발)과 혼동하기 쉬운 한자로 方(방향 방)이 있다.

方
방향 **방**

농기구의 일종인 쟁기를 본뜬 것인데 뒤에 '방향' '네모' '방법' 등의 뜻이 나왔다. 이런 경우는 유래가 별 의미가 없다.

- 方向(방향) 향하거나 나아가는 쪽.
- 方正(방정) 말이나 행동이 바르고 점잖음.
- 方式(방식) 어떤 일정한 형식이나 방법.

方(방향 방)을 음으로 취한 한자가 8개나 있다.

찾을 **방**

言(말씀 언)을 넣어 직접 '찾아가 물어본다' 는 뜻에다가 方(방)에서 음을 취했다.

- 訪問(방문)　어떤 사람이나 장소를 찾아가서 만나거나 봄.
- 探訪(탐방)　어떤 사람이나 장소를 탐문하여 찾아봄.

막을 **방**

阝(언덕)을 높게 쌓아 물이나 바람 따위를 막을 수 있게 한다는 뜻에서 '막을 방' '둑 방' 이 나왔다.

- 防毒面(방독면)　독가스나 연기 따위로부터 호흡기나 눈 등을 보호하기 위하여 얼굴에 쓰는 마스크.
- 防風林(방풍림)　바람을 막기 위하여 가꾼 숲.
- 防止(방지)　어떤 일이 일어나지 않도록 막음.
- 消防(소방)　불을 미리 막고, 불이 났을 때 불을 끄는 일.

방해할 **방**

한자를 만드는 과정에 남존여비 사상이 들어 있다는 증거는 女(계집 녀) 부수에서 찾을 수 있다.

女(계집 녀)가 들어간 한자를 보면 좋은 뜻을 찾아보기가 어렵다. 이 한자 역시 벗어나지 않는다.

方(방)에서 음을, 女(계집 녀)에서 뜻을 취했으니 여자가 일을 방해한다는 뜻 아닌가. 무슨 일을 어떻게 방해했다는 건지 알 수 없지만 여성의 입장에서 보면 참으로 불쾌하다.

- 妨害(방해)　남의 일에 훼방을 놓아 못하게 함.
- 無妨(무방)　① 괜찮음. ② 거리낄 것이 없음.

방 **방**

尸(집) 안에 보면 방이란 것이 있는데 네모나게 생겼다. 方(방)은 음과 함께 '네모' 란 뜻도 함께 나온 것이 아닐까.

- 獨房(독방)　혼자서 쓰는 방.
- 冷房(냉방)　방 안의 온도를 외기의 온도보다 낮추는 일.
- 新房(신방)　신랑과 신부가 첫날밤을 치르도록 새로 꾸민 방.

444

++ (풀)이나 꽃의 향기가 方(사방)으로 퍼져나간다는 뜻에서 '꽃다울 방'이 나왔는데 꽃처럼 아름다운 '명예'를 가리키면서 타인의 사물을 '경칭'할 때도 나온다.

꽃다울 **방**

결혼식장이나 장례식장 혹은 전시장 같은 곳에 가면 볼 수 있는 방명록(芳名錄)은 손님에 대한 경칭의 뜻을 나타낸 것이다.

■ 芳名錄(방명록) 특별히 기념하기 위하여, 남의 성명을 기록해 두는 책.
■ 芳年(방년) 여자의 스무 살 안팎의 꽃다운 나이.
■ 流芳百世(유방백세) 꽃다운 이름이 후세에 길이 전함.
　　　　　　　반의어 : 遺臭萬年(유취만년) 더러운 이름을 오래도록 남김.

1(사람 인) 옆에 있는 한자가 旁(곁 방)인데 1(사람 인)을 앞에 넣어 같은 뜻을 다시 만들었다.

곁 **방**

■ 傍若無人(방약무인) 곁에 아무도 없는 것같이 거리낌 없이 함부로 행동하는 태도.
■ 傍觀者(방관자) 방관하는 사람.
■ 傍系(방계) 직계에서 갈려서 나온 계통.

손에 막대기를 들고 攵(때려서) '추방하다'는 뜻으로 나왔다가 뒤에 '석방하다' '멋대로 하다'는 뜻도 갖게 되었다.

놓을 **방**

放學(방학)이란 '하고 있던 공부를 잠깐 풀어주고 심신을 수련하는 기간'이라 할 수 있다.

그런데 요즘엔 放學(방학)기간에 공부에 放心(방심)했다가 인생이 끝장날지 모른다는 생각에 더 열을 올리면서 공부한다. 아무래도 放學(방학)을 勉學(면학)으로 이름을 고쳐 불러야 하지 않을까.

■ 放心(방심) 마음을 다잡지 아니하고 놓아 버림.
■ 放浪(방랑) 정처 없이 이곳저곳 떠돌아다님.
■ 放縱(방종) 아무 거리낌 없이 함부로 행동함.
■ 放置(방치) 그대로 버려 둠.
■ 放免(방면) 육체적 · 정신적으로 얽매인 상태에 있던 것을 풀어 줌.
■ 放出(방출) 널리 내놓음.

본뜰 방

다른 亻(사람)을 흉내낸다는 뜻으로 나왔다. 물론 放(방)에서 음을 취했다. 아래 한자어밖에 없다.

- 模倣(모방) 본뜸. 흉내 냄.

方(방향 방)을 넣어 만든 한자는 여기까지이다.

찡그릴 빈 찡그릴 축

만약 이 한자어를 이미 알고 있다면 대단한 한자실력을 가졌다고 자부해도 좋다.

서시가 이맛살을 찌푸리고 다닌 것을 흉내낸 동시의 행동이 嚬蹙(빈축)을 살 만한 것이었듯이 요즘 스타를 무조건 따라하는 풍토 역시 嚬蹙(빈축)을 살 만한 행위들이 아닌가 싶다. 아무튼 '눈살을 찌푸리고 얼굴을 찡그린다'는 뜻을 가진 이 한자어는 눈으로만 보고 넘어가도 좋다.

눈 목

이 한자는 앞에서 이미 다루었다.

대신 눈과 관련 있는 한자어들을 몇 개 보기로 하자.

- 目禮(목례) 눈짓으로 인사함.
- 目的(목적) 일을 이루려 하는 목표.
- 目前(목전) 눈 앞. 당장.

볼 간

目(눈) 위로 手(손)을 올리고 자세히 살펴보는 모습에서 나왔다.

목적지를 찾기 위해 길거리 看板(간판)을 볼 때나 看護師(간호사)가 환자를 볼 때 이렇게 꼼꼼히 들여다 봐야 한다.

- 看板(간판) 상점·영업소 따위에서, 상호·상품명 따위를 써서 밖에 내건 표지.
- 看護師(간호사) 의사의 진료 보조와 환자의 간호에 종사하는 사람.
- 看做(간주) 그렇다고 봄. 그렇게 여김.
- 看破(간파) (상대편의 속내를) 꿰뚫어 보아 알아차림.

相(서로 상)은 木(나무)에 올라가서 먼 곳을 직접 目(눈)으로 보고 있는 모습이다.

여기에서 ① '서로 상' '마주볼 상' 이 나왔으며 이외에 ② '재상 상' 도 있다.

對(마주볼 대)는 丵(타악기 : 촛불이란 설도 있음)를 寸(손)으로 치기 위해 '마주보고 있는 모습' 에서 나왔다는데 丵(타악기)인지 뭔지 모르고 무조건 외우는 한자 중의 하나이다.

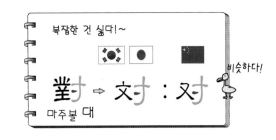

복잡한 건 싫다!~

對(마주볼 대) ⇒ 対 : 对

비슷하다!

① '마주볼 대' 외에 ② '대답할 대' 도 있다. 우리말에 '相對(상대)가 되지 않는다' 는 말이 있다.

실력 차이가 너무 나서 경쟁상대가 아니라는 말인데 어느 날 갑자기 나와 相對(상대)가 될 만큼 아니 오히려 나보다 더 훌륭해져서 나타나 놀라게 하는 경우가 있다.

■ 刮目相對(괄목상대)　눈비비고 다시 봐야 할 만큼 성장함.

白(흰 백)은 이미 알고 있는 한자일 터인데 유래가 구구하다. 그냥 외우자. 眉(눈썹 미)는 目(눈 목)위에 있는 한자가 尸(눈썹)이다. 따라서 이 한자는 보이는 눈썹을 그대로 그린 상형문자인 것이다. 우리 생활 속에서 흔히 들을 수 있는 고사성어 白眉(백미)를

흰 백　눈썹 미

직역하면 '흰 눈썹' 이라는데 물론 지금은 이런 뜻으로 쓰지 않는다. 이런 경우에는 유래를 정확히 알아야 이해할 수 있다.

중국 삼국시대 촉나라의 유비를 섬긴 마량(馬良)은 문무(文武)를 겸비한 훌륭한 인물이다. 마량은 '읍참마속' 으로 유명한 마속을 비롯해서 오형제 모두가 재주가 뛰어

났는데 그 중에서도 마량이 가장 뛰어났다. 그
는 태어날 때부터 흰 눈썹이 있었기 때문에 동
네사람들이 이렇게 말했다.

"마씨 오형제 중에 白眉(백미)가 가장
뛰어나다."

여기서 유래한 白眉(백미)는 '같은 부류 중에서 가장 뛰어난 것 또는 예술작품
중에 가장 뛰어난 것'을 가리킨다.

■ 🐧🐧 내 맘대로 해석 🐧🐧 ■

곧을 **직**

一(머리카락) 곤두세우고 目(눈) 부릅뜨고 ∟(턱)을 곧
게 세우고 하늘을 우러러 한 점 부끄러움 없는 표정을 지어보자.
지금 짓고 있는 당신의 거침없는 표정이 바로 이 한자이다.
이 한자와 모양이 비슷한 眞(참 진)도 함께 알아두자.

■ 正直(정직)　(거짓이나 꾸밈이 없이) 마음이 바르고 곧음.
■ 曲直(곡직)　굽음과 곧음. 사리의 옳고 그름.
■ 直接(직접)　중간에 제삼자나 매개물 따위를 두지 않고 바로 접촉되는 관계.

심을 **식**

木(나무)를 땅에 直(곧게) 세워 심어야 잘 자란다.

■ 植民地(식민지)　본국의 밖에 있으면서 본국의 특수한 지배를 받는 지역.
■ 植樹(식수)　나무를 심음.
■ 植木(식목)　나무를 심음.

둘 **치**

罒(그물)을 直(똑바로) 설치하지 않으면 물고기도 새도
다 도망간다. 그래서 제대로 잘 설치해야 한다는 뜻에서 '둘 치'
가 나왔다.

■ 安置(안치)　불상·위패·시신 따위를 잘 모시어 둠.
■ 設置(설치)　기계나 설비 따위를 마련하여 둠.
■ 位置(위치)　자리나 처소. 사회적인 자리.
■ 留置(유치)　설비 등을 갖추어 두고 권하여 오게 함.

價(값 가)에서 賈(장사 고)는 언뜻 보면 買(살 매)같기도 하고 賣(팔 매)같기도 하나 엄연히 다른 한 자이다. 팔아야 할 물건을 가리개로 西(덮을 아 : 덮어)놓고 亻(손님)에게 값을 흥정하고 있는 모습이 '값 가'이다.

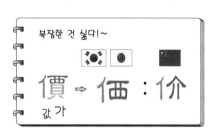
값 **가**   값 **치**

가격(價格)을 흥정하는 모습은 예나 지금이나 같다.

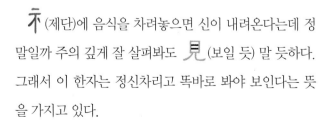
복잡한 건 싫다!~
價 ➡ 価 : 价
값 가

値(값 치)는 어떻게 만들어졌을까 한자를 보면서 생각해 봤다.

直(곧은) 마음과 행동을 행하면 행할수록 亻(사람)의 '가치'는 올라간다는 뜻에서 만들어진 한자가 아닐까?

물건만 명품이 있는 것이 아니다. 올바른 생각을 하는 사람은 명품 이상이다.

그러니 價値(가치)있게 행동하자.

뭔가가 王(구슬)처럼 반짝거리며 '나타난다'는 뜻이라고 하니 혹시 UFO를 보고 만든 건 아닐까?

見(견→현)에서 음도 취했다.

나타날 **현**

■ 出現(출현) (없던 것이나 숨겨져 있던 것이) 나타남.
■ 現在(현재) 이제. 지금.
■ 現職(현직) 현재 종사하는 직업이나 직임.

示(제단)에 음식을 차려놓으면 신이 내려온다는데 정말일까 주의 깊게 잘 살펴봐도 見(보일 듯) 말 듯하다. 그래서 이 한자는 정신차리고 똑바로 봐야 보인다는 뜻을 가지고 있다.

볼 **시**   들을 **청**

聽(들을 청)은 耳(귀)가 뜻인 것 같은데 그럼 뒤에 있는 한자는 뭐란 말이냐?

앞에 나온 直(= 直 '곧을 직'의 변형)된 모양에다 아래에 心(마음 심)을 넣어 '곧은 마음'이란 뜻을 만들었다. 곧은 마음으로 귀를 열고 들어야 할 사람은 누구일까? 王(왕)이다. 이렇게 내맘대로 해석하고 보니 悳(덕)있는 王(임금)이 나타나 백성들의 소리를 耳(귀)담아 들었으면 하는 바람이 있다.

그렇다면 視聽(시청)이란? '눈 똑바로 뜨고 사물을 보며 귀 쫑긋 세우고 듣는다'는 뜻이다. 그러니까 TV프로를 만드는 사람들은 시청률도 중요하겠지만 視聽(시청)하는 사람들의 눈과 귀도 무서워해야 할 것이다. 우리 시청자들도 게슴츠레한 눈으로 TV 視聽(시청)은 금물이다.

덕 **덕**

聽(들을 청) 뒤에 있는 '곧은 마음'이 들어 있는 한자를 보자. 悳(곧은 마음)을 彳(행동)으로 옮기는 사람을 '德(덕)을 갖춘 큰 사람'이라고 정의한다. 따라서 德(덕)을 추상적인 한자라고 생각했다면 한자를 다시 보라.

■ 道德(도덕) 사람으로서 마땅히 지켜야 할 도리.

관청 **청**

廳(관청 청)이란 德(덕)을 갖춘 사람이 들어가서 공무를 집행하는 아주 큰 广(집)으로 백성의 소리를 귀담아 듣고 민원을 처리하는 곳이다. 그러니까 德(덕)이 부족한 사람은 자리차지하고 있으면 안 되는 곳이다. 이제 시청(市廳), 구청(區廳), 도청(道廳)에 들어가는 우리들의 발걸음이 가벼웠으면 좋겠다.

■ 廳舍(청사) '관청의 건물'을 두루 이르는 말.
■ 國稅廳(국세청) 내국세의 부과·감면 및 징수에 관한 사무를 맡아봄.

450

梁上君子

들보 **량**　위 **상**　임금 **군**　아들 **자**

38. 양상군자

직역 : 들보 위의 군자.

의역 : 도둑을 가리킴. 들보 위를 돌아다니는 쥐를 뜻하기도 함.

후한(後漢) 말에 진식(陳寔)은 가난한 선비출신으로 지방의 하급관리로 있다가 현령을 지낸 데 불과하지만 높은 학식과 덕행으로 세상에 알려져 난형난제(難兄難弟)의 주인공인 그의 두 아들과 함께 사람들의 존경을 받았다.

진식이 태구현(太丘縣)의 현령으로 있을 때 어느날 밤 도둑이 몰래 들어와 천장 들보 위에 웅크리고 앉아 기회를 엿보고 있었다.

그것을 눈치챈 진식은 곧 의관을 정제하고 아들과 손자들을 불러들여 훈계를 시작하였다. "사람이란 누구나 자기 스스로 노력하지 않으면 아무것도 이룰 수 없는 법이다. 나쁜 짓을 하는 사람도 처음부터 나빠서 그런 것이 아니다. 평소에 잘 배우지 않고 자신을 제어하지 못해 나쁜 행동이 반복되다가 점차 습관으로 굳어져서 나쁜 일을 하게 되는 것이다. 저 들보 위의 군자(梁上君子)가 바로 그러한 사람이다."

이 말에 깜짝 놀란 도둑이 얼른 들보 위에서 뛰어내려와 이마를 조아리며 사죄하였다. 진식은 그를 조용히 타이르고 비단 두 필을 주어 돌려 보냈다. 그후부터 태구현에는 도둑질하는 사람이 없게 되었다고 한다.

일화 두 개 더

진식이 태구현의 현령으로 있을 때 당시의 어떤 관리가 어머니의 병을 사칭하여 휴가를 요구했다. 진식이 이 사실을 알고 곧 그를 잡아들여 사형 명령을 내리면서 말했다.

"상전을 속였으니 불충(不忠)한 것이요, 어머니를 거짓 병들었다 했으니 불효(不孝)한 것이다. 불충불효(不忠不孝)는 죄 중에서 가장 큰 것이다. 다른 간악한 죄를 다 뒤져봐도 어찌 이보다 더 심한 죄가 있겠는가?"

어느날 강도가 주인을 죽이고 재물을 훔쳐 도망갔다. 관원이 그를 현장에서 잡았다. 진식이 그 일을 처리하러 가는 도중 어떤 집의 아낙이 아이를 낳았는데 그 자리에서 그 아이를 죽였다는 보고가 들어 왔다.

진식은 아이가 죽은 곳으로 수레를 돌렸다.

그러자 관리가 "살인강도가 더 큰 일이니 마땅히 그 일부터 처리해야 하지 않았겠습니까?"라고 묻자 진식이 대답했다.

"강도가 주인을 죽이고 재물을 빼앗는 것이 어찌 골육상잔(骨肉相殘)보다 급한 일이겠느냐?"

한자 up 그레이드

1994년 성수대교가 붕괴되는 끔찍한 사건이 있었다. 橋梁(교량)을 부실하게 지은 대가를 온 국민이 함께 목격하며 치렀던 기억이 아직도 생생하다.

橋(다리 교)는 木(나무)에서 뜻을, 喬(높을 교)에서 음과 뜻을 취했다. '나무로 만들어진 높은 다리' 라는 뜻이다. 喬(교)를 쓸 때 자칫 高(높을 고)로 쓰기 쉬운데 이 한자는 夭(일찍 죽을 요)와 위가 생략된 呙(높을 고)가 결합된 것이니 헷갈리지 말자. 높고 큰 대교(大橋)는 무조건 튼튼하게 지어야 한다. 梁(들보 량)은 氵(물) 위에 걸쳐놓은 木(나무)로 만든 '다리' 를 가리키는 한자였다. 나머지 刅(상처 창→량)은 음과 함께 다리를 놓을 때 나무를 刀(칼)로 깎고 다듬으면서 떨어져 나간 丶(조각)을 그린 것이다. 이렇게 해서 만들어진 ① '다리 량' 은 집의 구조에서 가장 중요한 ② '들보' 를 뜻할 때가 있다. 바로 梁上君子(양상군자)가 좋은 예이다. 대청 마루 위를 가로지르는 들보는 가장 굵고 큰 나무를 쓰기 때문에 '훌륭한 신하나 인재' 를 비유하기도 한다.

다리 **교**   들보 **량**

밤섬을 관통하는 橋梁

자신이 집안의 대들보라고 생각하는 사람들은 어렵다 생각하지 말고 외우자!

■ 棟梁之材(동량지재) 용마루나 들보처럼 한 나라나 한 집안을 다스릴 만한 인재.

그럼 여기서 喬(높을 교)를 음으로 취한 한자 하나를 더 보자. 喬(교)에서 음을, 구부러진 矢(화살)을 편다는 데서 뜻을 취해 잘못된 부분을 교정한다는 뜻이다.

요즘 치아를 矯正(교정)하는 사람들이 많다.

바로잡을 **교**

■ 矯正(교정) 좋지 않은 버릇이나 결점 따위를 바로잡아 고침.
■ 矯角殺牛(교각살우) 소의 뿔을 바로잡으려다가 소를 죽인다는 뜻.
　　　　　　　　　　　조그만 결점을 고치려다 도리어 망침.

이 한자는 설명이 필요할까 싶다. 추상적인 뜻을 문자로 표시할 수 있는 인간의 능력! 글자 모양대로 '위 상' 이 ━(지면)의 卜(위)를 나타내고 '아래 하' 는 지면의 아래를 가리킨다.

위 **상**   아래 **하**

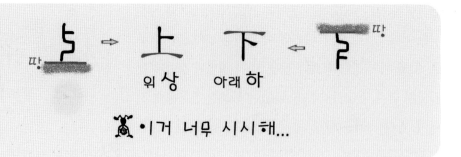

그렇다면 다음 한자는 무슨 자일까?

card 가

上下(상하)를 위 아래로 붙여서 만든 이런 한자도 있었나 하는 사람들이 많다. 우리나라에서는 보기 어렵고 중국을 여행하다 보면 심심치 않게 보게 된다.

도대체 저것이 무엇일까 사전을 뒤져봤더니 '기침할 가'인데 중국어 발음으로 'ka'라고 읽는다!? 아하, 영어 'card'를 음차한 거구나. 여기에 '조각'이란 뜻인 片(조각 편)을 넣어 카드를 卡片(ka pian)이라고 읽는다.

중국 사이트를 여행하다 보면 카드메일 홈페이지가 많은데 들어가서 메일을 써보는 것도 독특한 재미가 있다.

그런데 卡(ka)자만 보고 들어갔다가 자칫 신용카드회사로 들어갈 수 있으니 주의하자.

card 홈페이지에 가면...

贺卡 ← 축하카드

情人卡 祝福卡 生日卡

생일 card가 필요해~

新年卡 星座卡 友情卡

카드 메일을 보내고 싶으면 클릭하면 돼! ^^

임금 군

크(손)에 丿(지휘봉, 몽둥이)을 들고 아랫사람들을 호령하는 口(입)을 넣어 권력의 막강함을 느끼게 하는 한자 '임금 군'이다. 그러나 후에 王(왕)보다 '하위의 군왕 혹은 왕자, 제후, 남의 존칭'으로 다양하게 사용되었다.

- 君主(군주)   임금.
- 大院君(대원군)   대통을 이은 임금의 아버지.
- 君子(군자)   유가에서 학식과 덕행이 높은 사람.

호령하는 □(입)만 생략 되었지 뜻은 그대로 살아 있는 이 한자는 현재 성씨 외에는 거의 나오지 않는다.

설마 尹(윤)씨의 조상이 모두 임금은 아니겠지.

그런데 尹氏(윤씨)하면 왜 폐비 윤씨가 생각나는 것일까?

성씨 **윤**

각 고을의 경계를 나타내는 阝(언덕 부)에 君(군)에서 음을 취해 만들었다.

- 郡守(군수)   한 군의 행정을 맡아보는 최고 책임자.
- 郡縣制度(군현제도)   제후를 폐하고 영토를 군과 현으로 나누어 중앙정부에서 관리를 임명 파견하여 정치상의 일체의 권력을 중앙정부에 집중시키는 제도.

고을 **군**

'여러 사람이 모여 있는 무리'를 群衆(군중)이라고 한다.

먼저 群(무리 군)이 만들어진 유래를 보자.

君(군)에서 음을 취하고 떼지어 다니는 羊(양)에서 뜻을 취했다. 양처럼 순한 백성들 위에서 임금이 채찍을 휘두르며 군림하는 모습이 연상된다.

무리 **군**   무리 **중**

그렇다면 衆(무리 중)은 어떻게 만들었을까?

앞서 다룬 旅(나그네 려)가 두 사람을 그렸다면 이 한자는 㐺(세 명)을 그렸는데 백성을 압축해서 표현한 한자이다. 그 위에 血(피 혈)은 원래 日(해 일)이었는데 변한 거란다.

왜 하필이면 血(피 혈)로 바뀐 걸까?

뜨거운 태양 아래서 호미, 낫 등을 들고 허리 한번 못 펴고 일하는 백성들의 손바닥에는 피가 흐른다. 이렇게 피땀 흘려 농사를 지어 놓으면 위정자들은 세금으로 강탈하다시피 뜯어간다. 그러고 보니 血(피 혈)로 바뀐 것은 분명 이유가 있는 듯하다. 아래 그림을 보며 이해하자.

- 大衆(대중) 사회의 다수를 차지하고 있는 사람들.
- 民衆(민중) 피지배 계급으로서의 일반 대중을 말함.
- 出衆(출중) 많은 사람들 중에서 가장 뛰어난 사람.

여기서 확실하게 정리합시다.

저런 뜻이 있었네. 근데 잘 안 써져.

〈 위 한자에 대한 나쁜 추억 〉
'한자에 뭐 별 뜻 있겠어? 까짓꺼 그냥 외워버려~' 했는데...
뒤만 돌아서면 까먹고 또 까먹자 나도 모르게 소리를 질렀어.
"왜 자꾸 까먹는 거야! 정말 미~치겠다!!!"
그 후로 한자만 보면 아무 말도 아무것도... 숨조차 쉬기 힘들다.

설명이 필요 있을까? 두 손을 꼭 쥐고 있는 이 한자는 '아들' 외에도 '자식' '자손' 그리고 '남자의 존칭' 으로 나온다.

- 子女(자녀) 아들과 딸.
- 孔子(공자) 춘추시대 유교의 시조.
- 諸子百家(제자백가) 춘추전국시대에 배출된 여러 분야의 사상가.

456

子(자)를 쓰다가 만 것 같은 이 한자는 子(자)에서 손을 뺀 모습으로 '차렷' 자세를 하고 있다.

어떠한 일을 끝마쳤다는 뜻으로 '완료'의 의미를 나타낸다.

내가 양손을 소매 속에 넣으면...

수행 준비

完了(완료)?
終了(종료)?
修了(수료)?

마칠 **료**

- 完了(완료) 완전히 끝이 나는 것.
- 修了(수료) 일정한 학과를 다 배워 마치는 것.

女(엄마)가 子(자식)을 안고 좋아하는 모습이라는데 남자와 여자가 안고 있는 모습이라 해도 뭐 틀릴 것 같지는 않다.

좋아할 **호**

- 好感(호감) 좋은 감정.
- 同好會(동호회) 취미나 기호를 같이하는 사람끼리의 모임.
- 好奇心(호기심) 신기한 것에 끌리는 마음.

宀(집)안의 子(아들)은 글자를 가르쳐야 한다는 뜻으로 의도성이야 없었겠지만 좀 수상(?)한 건 사실이다.

인류의 역사를 다 들춰내지 않아도 가까운 조선시대 여자들에게 글자를 가르치지 않았던 예가 있기에 더욱 그러하다.

뒤에 나오는 安(안)과 비교해 보자.

글자 **자**

- 文字(문자) 글자.

治(다스릴 치)는 氵(물)에서 뜻을, 台(별이름 태 → 치)에서 음을 취해 원래는 강이름이었는데 지금은 '잘 다스린다'는 뜻으로 쓰인다.

'못 다스리는 것'이 아니라 '잘 다스린다'는 뜻이다. 따라서 정치인(政治人)들이 나라를 잘 다스리는 것은 당연한 임무이다.

다스릴 **치** 편안할 **안**

政治(정치) 상황에 따라 우리 국민이 일희일비(一喜一悲)하는 것이 현실인데 治安(치안)이 불안해서 국민들이 편히 다리 뻗고 잠을 잘 수가 없다면 누가 책임을 져야 하는지 명백해졌다.

安(편안할 안)은 宀(집)안에 女(여자)가 있어야 편안하다는 뜻인가?

음... 물론 여자가 있어야 음식, 청소, 빨래를 도맡아 할 터이니 없으면 불편할 것이다. 그러나 꼭 부정적으로 볼 것만은 아니다. 어릴 적 집에 들어가서 엄마가 안 계시면 마음이 울적해지는 경험을 누구나 해봤을 것이다. 기왕이면 긍정적으로 보는 것이 좋지 않을까.

- 安全(안전) 탈이 없는 것.
- 不安(불안) 평안하지 않는 것.
- 安心(안심) 마음을 놓는 것.
- 安寧(안녕) 헤어질 때 인사말.

木(나무)가 추가된 案(책상 안)도 알아두자. 호텔에 가면 안내(案內)란 한자가 심심치 않게 보인다.

그럼 여기서 台(별이름 태)를 음으로 취한 한자를 보자.

위태할 태

台(태)에서 음을 취하고 자칫 歹(죽음)을 맞이할 수 있다는 뜻으로 '위태할 태'가 나왔다. 그런데 활용할 한자가 별로 없다.

- 危殆(위태) 형세(형편)가 어려운 지경.

게으를 태

내 心(마음)이 게으른 것이다. 누구를 탓하랴.

- 怠慢(태만) 게으르고 느림.
- 倦怠(권태) 게으름이나 싫증. 심신이 피로하여 나른함.
- 怠業(태업) 맡은 일을 게을리 함.

'始作(시작)이 반이다'는 말이 있다.

그런데 始(처음 시)가 女(계집 녀)랑 무슨 관계가 있지? 아, 태아가 女(엄마) 뱃속에서 이제 막 삶을 시작한다는 뜻이라 그렇구나. 물론 台(태→시)는 음으로 나온 거다. 그래서 엄마 뱃속의 아기를 胎(태아 태)라고 한다. 女(녀)에서 月(육)으로 바꾸기만 하면 된다.

처음 **시**   지을 **작**

■ 始初(시초) 맨 처음.
■ 原始人(원시인) 현재의 인류 이전의 고대 인류.

作(지을 작)은 亻(사람)이 손에 乍(연장)을 들고 물건을 만드는 모습이라는 설과 '옷깃을 꿰매는 모습'이란 두 가지 설이 있다. 연장이 날카로워 보이는데 쓰려면 폼 나게 잘 안 써진다. 활용이 많은 한자라 꼭 알아두자. 日(해)를 넣어 만든 昨(어제 작)도 이 기회에 알아두자.

작업(作業)이 어려운 것은 작금(昨今)의 일이 아니다.

■ 作動(작동) 기계의 운동 부분이 움직임, 또는 그 부분을 움직이게 함.
■ 傑作(걸작) 매우 뛰어난 작품.
■ 豊作(풍작) 풍년이 들어 잘된 농사.

吳 越 同 舟
오나라 오　월나라 월　같을 동　배 주

39. 오월동주

직역 : 오나라 사람과 월나라 사람이 같은 배를 탐.

의역 : ① 아무리 원수지간이라도 같이 어려운 처지에 놓이게 되면 서로 협력해야 함.

　　　　② 서로 적의(敵意)를 품은 사람이 한자리에서 만남 = 원수는 외나무다리에서 만난다.

유사어 : 견원지간(犬猿之間) – 개와 원숭이처럼 사이가 나쁨.

　　　　빙탄지간(氷炭之間) – 얼음과 숯처럼 화합할 수 없는 사이.

춘추시대 오나라의 손무(孫武)는 병법에 통달한 명장으로 유명한《손자병법(孫子兵法)》을 남겼다.《손자병법》의 〈구지편(九地篇)〉에 다음과 같은 대목이 있다.

오나라와 월나라 사람들은 예로부터 서로 미워하며 살았다. 하지만 오나라와 월나라 사람이 같은 배를 타고(吳越同舟) 강을 건넌다고 하자. 도중에 큰 바람을 만나 배가 뒤집히려고 한다면 두 사람은 평소의 적개심(敵愾心)을 버리고 서로 왼손과 오른손이 되어 도울 것이다.

이처럼 전차의 말들을 붙들어매고 전차바퀴를 땅에 파묻어 방비를 튼튼히 하는 것도 중요하지만 무엇보다 도움이 되는 것은 필사적으로 뭉친 군사들의 마음이다.

不俱戴天之讐
아니 **불** 함께 **구** 이을 **대** 하늘 **천** ~의 **지** 원수 **수**

▶ 반드시 죽여야만 하는 철천지원수를 비유.

《예기(禮記)》에는 다음과 같은 글이 실려 있다.

아버지의 원수와는 함께 하늘을 이고 살 수 없고	父之讐弗與共戴天
형제의 원수를 보고 무기를 가지러 가면 늦으며	兄弟之讐不反兵
친구의 원수와는 나라를 같이해서는 안 된다.	交遊之讐不同國

그러니까 아버지의 원수와는 함께 한 하늘을 이고 살 수 없으니 반드시 죽여야 하고, 형제의 원수를 만났을 때 집으로 무기를 가지러 갔다가는 놓치기 십상이니 항상 무기를 갖고 다니다가 보는 즉시 죽여야 하며, 친구의 원수와는 한 나라에서 같이 살 수 없으니 나라 밖으로 쫓아내던가 아니면 역시 죽여야 한다는 것이 이 내용의 요지이다.

원수에 대한 복수가 너무 엄청나고 극단적이라는 생각이 들겠지만 수천 년에 걸쳐 동양인의 의식구조에 영향을 준 《예기》라는 책에 있는 내용이다.

만약 용서하거나 원수 갚을 생각을 안 한다면 오히려 도리를 모르는 배은망덕한 놈이라고 지탄을 받았다. 가장 용서할 수 없는 자는 부모의 원수임은 말할 것도 없다.

그래서 와신상담(臥薪嘗膽) 고사에서 보듯 부차는 전사한 아버지의 원수를 갚기 위해 땔나무에 누워 고통을 참고 견딘 것이었다.

한자 **up** 그레이드

오나라 오

고개를 뒤로 젖히고 껄껄 웃는 모습을 그린 이 한자는 와신상담의 주인공 부차의 나라이름에서 시작된 한자이다.

아마 오나라 사람들이 웃고 떠들며 즐기기를 좋아하는 민족이었나 보다. 후에 삼국지에서 손권이 세운 吳(오)

맘껏 웃어 보자구! 인생은 즐거운 거야!

나라에서도 한번 더 등장하는 이 한자는 지금 성씨에서 볼 수 있다. 1800자에 들어가지 않아도 요긴하게 활용할 수 있는 한자니 알아두자.

즐거울 오

유흥을 즐기는 자리에 흥을 돋구는 일은 예나 지금이나 주로 여성들이 담당한다. 큰소리로 웃어대는 吳(오)에서 음과 뜻을 동시에 취하고 앞에 女(여자)를 넣어 만들었으니 참으로 기발한 아이디어라 하겠다. 그런데 활용할 만한 한자어는 娛樂(오락)밖에 없다.

신윤복/聽琴賞蓮(청금상련)

- 娛樂(오락) 피로나 긴장을 풀기 위하여 게임·노래·춤 따위로 즐겁게 노는 일.

잘못 오

목을 뒤로 젖히고 웃고 吳(떠들면서) 말하다 보면 言(말실수)하는 일이 생기기 쉽다. 그러나 어쩌랴. 이미 엎어진 물인 걸.

- 誤解(오해) 잘못 이해함. 잘못 해석함.
- 誤答(오답) 틀린 답.
- 誤認(오인) 잘못 보거나 잘못 생각함.

戊(도끼 월)를 들고 走_(달려가서) 국경을 넘어 이웃나라를 자주 침입하는 사람이라 생각하면 무시무시하다. 월나라 사람들은 호전적인 민족이라 이름을 이렇게 지었다. 이름만으로 보면 吳(오)나라와 越(월)나라는 게임이 안 된다. 웃고 놀기 좋아하는 吳(오)나라와 도끼 들고 뛰어다니는 越(월)나라가 어떻게 게임이 되겠는가. 越(월)에는 '넘을 월'도 있는데 요즘 한자어에서 자주 보인다. 예컨대 월남(越南)은 국명인 '베트남(Vietnam)'과 38선을 넘어 '남쪽으로 내려온다'는 뜻 두 가지가 있다.

越권(월권)
：자기 권한 밖의 일을 함.

■ 越權(월권) 자기 권한 밖의 일을 함.
■ 越班(월반) 학생의 학습 능력이 높아서 학년의 차례를 걸러서 상급반으로 오르는 일.
■ 越北(월북) 어떤 경계선을 넘어 북쪽으로 가거나 옴.
■ 超越(초월) 어떤 한계나 표준을 뛰어넘음.

同(같을 동)은 丌(대나무)에 口(구멍)을 내서 불면 똑같은 소리를 낸다 하여 '같을 동'이 되었다는 등 설이 여러 가지가 있는데 이미 알고 있는 한자라면 그것으로 만족하자.

■ 同時(동시) 같은 때. 같은 시간.
■ 合同(합동) (둘 이상이) 모여 하나가 되거나, 모아서 하나로 함.

窓(창 창)은 穴(동굴) 같은 곳에 구멍을 만든 것이 유리창의 시작일 것이다.

그런데 ㅅ(유리창)의 모습이 너무 간단하게 변해서 알아보기가 어렵다.

얼마 뒤에 心(마음 심)이 들어간 것을 보면 유리창에 자신의 마음을 비추어 본다는 뜻을 넣은 것이 아닐까.

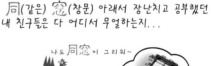

同(같은) 窓(창문) 아래서 장난치고 공부했던 내 친구들은 다 어디서 무얼하는지...

나도 同窓이 그리워~

■ 同窓(동창) 같은 학교나 같은 스승 밑에서 공부한 관계. 동문.
■ 窓門(창문) 채광이나 통풍을 위하여 벽에 낸 작은 문.
■ 琉璃窓(유리창) 유리판을 낀 창문.

구리 동

참 쉽게 만들었다. 金(쇠 금)에서 뜻을, 同(동)에서 음을 취했다.

- 銅版畫(동판화) 동판에 새긴 그림, 또는 동판으로 인쇄한 그림.
- 銅錢(동전) 구리나 구리의 합금으로 만든 주화.

동네 동

氵(물)이 흐르는 곳에 동네사람이 모여 同(같이) 빨래하고 수다도 떤다. 게다가 우물을 파서 같이 쓰고 마시며 살다 보면 동네가 만들어지고…. 그래서 지금 우리나라에서는 행정구역의 하나로 '○○구 ○○동' 할 때 이 한자를 쓴다.

한 우물을 공동으로 쓰며 살았던 옛 사람들의 동네문화 속에 동고동락(同苦同樂)의 정신도 보인다.

이 한자는 ① '동네 동' 외에 ② '통할 통'도 있는데 아래 한자어 하나만 알면 된다.

- 洞察力(통찰력) (사물을) 환히 꿰뚫어 보는 능력.

중국 인터넷 속 상암경기장 주소 읽기.

漢城世界杯賽場 Seoul World Cup Stadium

所在地 : 漢城市 麻浦區 上岩洞 515 番地 一帶
한성시 마포구 상◦암동 오백십오번지◦일대

제법◦인데.

배 주

정말 조그만 배처럼 생겼다.

이 배는 몇 사람만 타도 꼭 차는 그런 작은 배라 지금은 별로 쓰지 않는다.

지금은 많은 사람을 실어 나르는 큰 배가 다니기 때문에 다음에 나오는 한자가 더 활용이 많다.

- 一葉片舟(일엽편주) 한 척의 조각배.

舟(배)에서 뜻을, 㕣(늪 연 → 선)에서 음을 취해 만든 이 배는 규모가 큰 것을 가리킨다.

배 **선**

- 遊覽船(유람선) 관광이나 유람용으로 사용되는 여객선.
- 船長(선장) 배에 탄 승무원의 우두머리.
- 遠洋漁船(원양어선) 먼 대양까지 나아가 어업을 할 수 있는 배.

압록강을 가르는 遊覽船

다음 두 한자는 㕣(늪 연)을 음으로 취한 한자들이다.

위에 銅(구리 동)처럼 金(쇠 금)에서 뜻을 취하고, 㕣(연)에서 음을 취해서 만들었다. 독성이 있어서 주의를 요하는 중금속이다.

납 **연**

- 鉛筆(연필) 흑연 가루와 점토를 섞어 개어, 가늘고 길게 만들어서 굳힌 심을 가는 나뭇대에 박은 것.
- 黑鉛(흑연) 순수한 탄소로만 이루어진 광물의 한 가지. 금속광택이 있고 검은빛임.

氵(물길)을 따라 내려간다는 뜻에서 해안이나 도로에서 사용한다.

물길을 따라 내려가듯 사람이나 사물이 변천해 온 내력을 나타내는 한자어에 쓰기도 한다.

물따라흐를 **연**

- 沿岸(연안) 바닷가 · 강가 · 호숫가의 육지.
- 沿革(연혁) 사물의 변천, 또는 변천해 온 내력.

青 出 於 藍

푸를**청** 날**출** ~에서**어** 쪽풀**람**

40. 청출어람

직역 : 푸른 색은 쪽풀에서 나오지만 쪽풀보다 더 푸르다.

의역 : 스승에게서 배운 제자가 훗날 더 훌륭해지는 것을 비유.

전국시대 맹자(孟子)의 성선설(性善說)과 대립되는 순자(荀子)의 성악설(性惡說)이 있다. 순자는 인간은 태어날 때 악한 성품을 갖고 태어나기 때문에 꾸준히 노력하고 스승을 쫓아 열심히 학문을 갈고 닦아야 선한 사람이 될 수 있다고 주장했다.

즉 순자는 인간의 본성을 착하다고 한 맹자의 주장을 사람이 타고난 본성과 후천적인 의지에 의한 노력을 구분하지 못한 것이라고 보았다.

순자는 사람의 성품과 지능, 그리고 이기적인 욕심은 누구나 똑같지만 소인은 본성이 이끄는 대로 따라가고 군자는 예와 교육을 통해 본성을 제어할 수 있다고 믿었다.

그의 사상이 담긴《荀子(순자)》에서 학문의 중요성을 이렇게 비유했다.

學不可以已(학불가이이)

학문은 중간에 그만둬서는 안 된다.

靑取之於藍而靑於藍(청취지어람이청어람)

푸른색은 쪽풀에서 취했지만 쪽풀보다 더 푸르고

氷水爲之而寒於水(빙수위지이한어수)

얼음은 물에서 만들어졌지만 물보다도 더 차다.

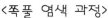

<쪽풀 염색 과정>

<동신대 산업디자인학과>

제자는 훌륭한 스승을 모시고 열심히 노력하면 지금의 스승보다도 더 훌륭한 사람이 될 수 있다는 것을 쪽풀에 비유한 것이다.

《북사(北史)》에 이런 기록이 있다.

이밀(李謐)은 어렸을 적에 소학박사(小學博士) 공번(孔 璠)을 스승으로 모셨다.

그는 총명했을 뿐 아니라 열심히 공부하여 몇 년 뒤에 스승인 공번을 뛰어넘는 실력을 갖게 되었다. 그러자 스승인 공번이 이밀에게 와서 수업을 받기를 청하였다.

주변의 친구들은 이 일을 가리켜 청출어람(靑出於藍)이라며 칭송하였다.

이야기가 나온 김에 사제지간의 가르침과 배움에 관한 성어 2개 더 살펴보자.

教 學 相 長

가르칠 **교**   배울 **학**   서로 **상**   길 **장**

▶ 사제지간은 서로 가르치고 배우다 보면 저절로 학문이 발전함.

스승은 모든 지식과 진리를 다 알아야만 제자들을 가르칠 자격이 있는 것일까?

이것에 대한 해답은 《예기》라는 책에 나와 있다.

배우고 난 후에 자신의 지식이 부족한 것을 알게 되고, 가르쳐 보고 난 뒤에라야 자신의 지식이 빈곤한 것을 알게 된다.

이렇게 서로 부족한 것을 알아야 더욱 열심히 공부하고 연구하게 된다. 이것을 교학상장(敎學相長)이라 한다.

後生可畏
뒤 **후**   날 **생**   가히 **가**   두려울 **외**

▶ (스승은) 제자들이 두렵다.

어느 날 공자가 이런 말을 했다.

"제자들이 두렵다(後生可畏). 훗날 제자들이 지금의 나를 따라오지 못하리라고 누가 장담할 수 있겠는가? 그러나 제자가 40세, 50세가 되었음에도 불구하고 세상에 이름이 나지 않는다면 두려워할 것이 못되느니라."

스승은 제자들을 우습게 보고 그들보다 먼저 배운 학문을 과시하지 말라는 경계의 뜻과 패기 만만한 제자도 학문의 완성기라는 불혹(不惑)의 나이에 특별히 이루어 놓은 것이 없다면 두려워할 가치가 없다고 일침을 놓는 것도 잊지 않았다. 역시 공자답다.

丹(붉은 주사가 반짝이는 구덩이) 주변에 파릇파릇 돋아나는 圭(새싹)을 그려서 만들었다. 그럼 여기서 丹(붉을 단)의 유래를 알아보자.

靑

푸를 **청**

수은 먹으면 오래 살아요?

丹(구덩이)에서 광석 중에 최고로 치는 ●(주사)가 반짝거리고 있다.

도가에서는 주사를 이용해 단약(丹藥)을 만드는데 열을 올렸다.

단약을 먹으면 불로장생한다나.

丹(구덩이)에서 井(우물 정)이 나왔다.

붉을 단

天工開物 / 장생불사약을 만드는 중.

단약(丹藥)은 장생불사(長生不死)의 특효약으로 알려져 있어 불로장생을 꿈꾸었던 진시황도 먹고 싶어 했으나 결국은 성공하지 못하고 나이 50에 죽었다.

그런데 주사(朱砂)란 것이 수은과 유황의 화합물이라 하니 단약(丹藥)이란 알고 보면 요절약(夭折藥) 아닌가?

이렇게 중국에서 주사(朱砂)가 장생약의 원료로서 귀한 대접을 받고 있을 때 우리나라에서는 정몽주의 〈단심가(丹心歌)〉가 뭇 백성들의 감동을 자아냈다.

"이 몸이 죽고 죽어 일백 번 고쳐 죽어..." 임금을 향한 한 조각 붉은 마음은 절대로 변치 않는다는 절개를 선죽교에서 붉은 피로 보여 주었다.

중국과 우리나라의 丹(붉을 단)은 이렇게 달랐다.

광물질인 붉은 주사에서 나온 舟(붉을 단)은 '순수하고 깨끗함'을 상징한다.

■ 一片丹心(일편단심) 한 조각 붉은 마음. 한결같은 참된 정성.

이 舟(단)에다 푸른 圭(새싹)을 넣어 만든 青(푸를 청)도 이래서 맑고 깨끗한 이미지가 강하다.

■ 青天霹靂(청천벽력) 맑게 갠 하늘에서 치는 벼락이란 뜻으로 '뜻밖의 큰 변'을 비유하여 이르는 말.
■ 青天白日(청천백일) 환하게 밝은 대낮.

아래 青(푸를 청)을 음으로 취한 한자 5개가 다 순수하고 깨끗하다.

맑을 청

青(푸른빛)을 띤 氵(물)이 햇빛에 반짝거리고 있다. 이 역시 맑고 깨끗하다.

■ 清貧(청빈) 성정이 청렴하여 살림이 구차함.
■ 清凉(청량) 맑고 서늘함.
■ 清掃(청소) 깨끗이 쓸고 닦음.
■ 清算(청산) 서로 채권·채무 관계를 셈하여 깨끗이 주고받음.
■ 清淨(청정) 맑고 깨끗함.

맑은 물~

갤 청

비가 그치고 구름이 걷히면서 日(해)가 나오는 모습이다.

그런데 중학교 900자에 들어갈 만큼 중요한 한자어가 많은가?

■ 快晴(쾌청) 하늘이 활짝 개어 맑음.
■ 晴天(청천) 맑게 갠 하늘.

뜻 정

青(청→정)에서 음을 취하고, 忄(마음)을 넣어 '뜻, 마음, 정성, 사정'이라는 뜻을 만들었다.

푸르고 깨끗한 마음을 뜻하는 이 한자는 우리 민족과 잘 어울리는 한자다. 그래서 CF에서도 떴다!

초코파이 情

情 많은 우리 민족의 정서를 잘 그려낸 것이 대중들에게 먹힌 것이다.

- **多情**(다정)　정이 많음. 매우 정다움.
- **純情**(순정)　순수하고 사심이 없는 감정.
- **感情**(감정)　느끼어 일어나는 심정.
- **事情**(사정)　일의 형편이나 그렇게 된 까닭.
- **心情**(심정)　마음에 품은 생각과 감정.

米(쌀)이 방앗간의 기계 속으로 들어가서 빻아지는 순간 깨끗한 입자가 쏟아져 내린다.

깨끗하다는 **靑**(청 → 정)에서 음과 뜻을 취해 만든 이 한자는 '정밀하다' 는 뜻과 함께 '정신' '혼' 이라는 뜻이 있다.

정밀할 **정**

- **精米所**(정미소)　방앗간.
- **精密**(정밀)　가늘고 촘촘함. 아주 잘고 자세함.
- **精讀**(정독)　(여러모로 살피어) 자세히 읽음.
- **精神**(정신)　사고나 감정의 작용을 다스리는 인간의 마음.
- **精氣**(정기)　만물에 갖추어져 있는 순수한 기운.
- **精誠**(정성)　온갖 성의를 다하려는 참되고 거짓이 없는 마음.

請願(청원)이란 '문제가 발생했을 때 어떤 기관에다 해결해 주기를 요구하는 것' 을 말한다.

請(청할 청)은 **言**(말씀 언)에서 뜻을, **靑**(청)에서 음을 취했는데 '부르다' 는 뜻도 있다.

청할 **청**　바랄 **원**

- **請求**(청구)　(무엇을 공식적으로) 내놓거나 주기를 요구함.
- **申請**(신청)　어떤 일을 해주거나 어떤 물건을 내줄 것을 청구하는 일.
- **請託**(청탁)　청하며 부탁함, 또는 그 부탁.

願(바랄 원)은 언덕에서 물줄기가 흘러나오는 모습을 하고 있는 **原**(근원 원)에서 음을 취했다. 그렇다면 **頁**(머리 혈)에서 뜻이 나왔을 텐데 머리 속엔 온통 '바라는 것' 뿐이었나? 하긴 대학을 가기 위해 수험생들이 願書(원서)를 쓴다. 머리 속에는 온통 대학 합격을 간절히 **願**(원)하면서... 그런데 쉽지가 않다.

- **所願(소원)** 원하는 바.
- **訴願(소원)** 호소하여 청원함.
- **願書(원서)** 지원하거나 청원하는 뜻을 적은 서류.
- **祈願(기원)** 소원이 이루어지기를 빎.

쪽풀 **람**

'우와, 너무 복잡해! 그냥 넘어가자' 하고 생각했다면 한자 실력은 늘 제자리가 될 수밖에 없다.

영어단어 중에 굉장히 길어보이는 것들이 있다.

congratulation, university, mountain, birthday...

만약 동생이 "이런 단어는 너무 길어서 어려워"라고 한다면 뭐라고 대답할 것인가? 긴 것과 짧은 것, 단순한 것과 복잡한 것은 중요한 것이 아니다. 그 단어가 얼마나 활용되고 있는가가 더 중요한 거다. 그럼 마음을 단단히 먹고 출발!

우선 이 한자는 분해를 잘 해야 한다. ＋＋(풀)에서 뜻을 監(감→람)에서 음을 취해 식물이름 '쪽풀'을 만들었다. 그런데 음으로 나온 한자를 잘 보자.

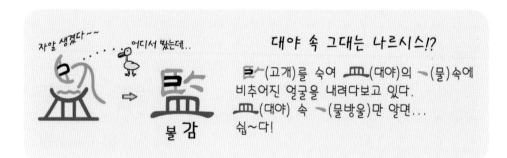

대야 속 그대는 나르시스!?

𦣻(고개)를 숙여 皿(대야)의 ￣(물)속에 비추어진 얼굴을 내려다보고 있다. 皿(대야) 속 ￣(물방울)만 알면... 쉽~다!

臥(누울 와)를 앞에서 이미 다루었는데 여기서는 고개를 숙인 모습이다.

그렇다면 별로 어려울 것이 없다. 대야에 물을 담고 그 속에 비친 자신의 얼굴을 들여다보고 있는 이 한자는 동양의 나르시스다. 그리스신화의 나르시스가 봤다면 울고 갈지 모른다.

이렇게 얼굴을 비춰본다는 뜻이었는데 시대가 지나면서 다음과 같이 변했다.

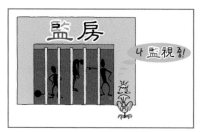

자기 얼굴을 '비추어 보다'가 남을 '감시'하는 뜻으로 변하다니...

아래 한자어를 보면 '감시'의 뜻이 분명히 드러난다. 물론 당하는 사람은 별로 기분이 좋지 않다.

- 監督(감독) 보살피고 지도 · 단속함, 또는 그렇게 하는 사람.
- 監視(감시) 경계하며 지켜봄.
- 監査(감사) 공공 단체의 서무(庶務)를 맡아보는 직책, 또는 그 직책의 사람.
- 監房(감방) 교도소에서 죄수를 가두어 두는 방.
- 監禁(감금) 가두어서 신체의 자유를 속박함.
- 監察(감찰) 감시하여 살핌.
- 收監(수감) 감방에 가둠.

그럼 여기서 監(볼 감)을 넣어 만들어진 한자어를 보자.

분쟁이 생겨서 시시비비를 가리다 보면 목소리가 커지고 급기야 개 짖는 소리처럼 시끄럽다. 그러다 죄가 드러나면 監獄(감옥)행이다.

볼 **감**   감옥 **옥**

獄(감옥 옥) 양쪽에 犭犬(개)는 원고와 피고인데 가운데 言(말씀 언)은 시비가 붙은 모습이다. "너희들, 개처럼 싸우다 監獄(감옥) 간다"는 경고라고 생각하니 기발한 아이디어가 아닐 수 없다. 그런데 억울하게 죄를 뒤집어 쓰고 監獄(감옥)에 갇혀 개 같은 인간들과 지내야 하는 獄(옥)살이도 있다. 영화 〈쇼생크 탈출〉이 생각난다.

- 地獄(지옥) 이승에서 악행을 한 사람이 죽어서 간다는 고통으로 가득찬 세계.
- 脫獄(탈옥) 죄수가 교도소를 빠져나와 도망함.
- 獄苦(옥고) 감옥살이 하는 고통.

그럼 감옥 이야기가 나왔으니 이 한자도 여기서 알고 넘어가자.

범할 범

犭(개)는 알겠는데 구부정한 저 한자는 어디서 본듯하다.

절벽 끝에 서 있던 이 아이가...   사라졌다!

위태할 위   무서워.   재앙 액

아, 저 그림에서 봤구나. 부수에 가면 '병부 절' 이라고 나오는데 '무릎 꿇고 있는 사람' 의 모습에서 나왔다.

그렇다면 이 한자는 죄를 지어 犭(개)처럼 卩(무릎 꿇고 있는 사람)을 그린 것이구나. 그런데 개보다 더 무서운 개 같은 사람들이 있단다. 강간범(强姦犯), 살인범(殺人犯), 절도범(竊盜犯), 전범(戰犯) 등등이다.

그래서 이들을 한곳에 모아 다른 사람들과 격리시켜야 한다. 그 곳을 우린 앞서 다른 監獄(감옥)이라고 부른다.

오늘도 監獄 안에서는 개 짓는 소리가 끊이지 않았다.

獄中日記

犯法者들이다!

멍, 개 소리 하지 마!

내 눈에는 멍멍이들로 보여~

아저씨 빠삐용 아시죠?
監視(감시) 소홀하면 脫獄(탈옥)
할 지 몰라요~

474

그럼 여기서 무릎 꿇고 있는 (병부 절)에 대해 정리해 보자.

빵 훔쳐 먹은 犯人?   roll cake 속에 巴(절)이 숨어 있다~

정리하면, '무릎 꿇고 있는 사람'이거나 롤 케이크처럼 '돌돌 말린 모습'이란 말이지.

그럼 다음 한자를 이해할 수 있겠다.

책 권

옛날에는 책(册)이 대나무 쪽을 잘라서 가죽끈으로 엮은 대나무책(竹簡)이었다. 그래서 두루마리처럼 둘둘 말아서 보관했다. 이 한자는 책이 둘둘 말린 모습인 巴(병부 절)에서 뜻을, 龹(권)에서 음을 취해 만들어졌다. 지금은 한 卷(권), 두 卷(권)할 때 '책을 세는 단위'로 나온다. 龹(권)을 음으로 취한 券(문서 권)과 拳(주먹 권)도 함께 알아두면 헷갈리지 않는다.

그럼 여기서 卷(책 권)이 들어 있는 한자어를 보자.

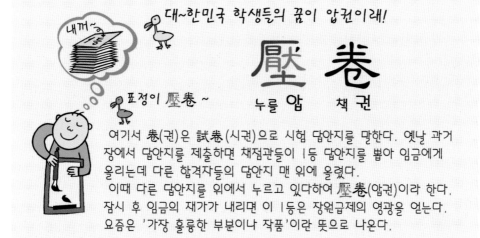

대~한민국 학생들의 꿈이 압권이래!

壓 卷
누를 압 책 권

표정이 壓卷~

여기서 卷(권)은 試卷(시권)으로 시험 답안지를 말한다. 옛날 과거장에서 답안지를 제출하면 채점관들이 1등 답안지를 뽑아 임금에게 올리는데 다른 합격자들의 답안지 맨 위에 올렸다.
이때 다른 답안지를 위에서 누르고 있다하여 壓卷(압권)이라 한다. 잠시 후 임금의 재가가 내리면 이 1등은 장원급제의 영광을 얻는다. 요즘은 '가장 훌륭한 부분이나 작품'이란 뜻으로 나온다.

거울 감

그럼 다시 監(볼 감)을 넣어 만든 한자들을 알아보자.

처음엔 대야에 얼굴을 비추어 보았는데 얼마 뒤 청동 거울이 만들어지자 監(감) 앞에 金(쇠 금)을 넣어 '거울에 비추어 보다, 거울로 삼다, 비추어 식별하다'는 뜻을 만들었다.

監(볼 감)이 '감시'의 의미가 강하다면 이 한자는 '비추어 구별하다'는 의미가 강하다. 아래 한자어를 보면 분명한 차이를 느낄 수 있다.

쓰는 법이 두 가지.

鑑 = 鑒

맘대로 골라 쓰자.

- 龜鑑(귀감) 본받을 만한 모범. 본보기.
- 鑑賞(감상) 감동하여 칭찬함.
- 鑑別(감별) 잘 살펴보고 값어치, 참과 거짓 등을 판단하여 구별함.
- 鑑識(감식) (사물의 가치나 진위 등을) 감정하여 식별함.
- 鑑定(감정) 사물의 값어치, 좋고 나쁨, 진짜와 가짜 등을 살펴서 판정함.

볼 람

'어? 監(감)이 이상하다'고 생각했다면 자세히 보시라.

見(볼 견)을 밑에 넣다 보니 監(감→람)의 모양이 달라 보이지만 자세히 보면 변한 건 아니다.

위의 한자 鑒(거울 감)과 헷갈릴 수 있으니 주의해야 한다.

이 한자는 보긴 보되 '두루 자세히 본다'는 뜻이다. 여자들이 거울 앞에서 자기 얼굴을 꼼꼼히 살피듯 박물관에 가면 유물을 꼼꼼히 살펴보자.

주마간산(走馬看山)식 觀覽(관람)은 진정한 관람이 아니다.

- 觀覽(관람) 연극, 영화, 운동경기 같은 것을 구경함.
- 閱覽(열람) (도서관 등에서) 책이나 신문 등을 죽 훑어봄.
- 一覽表(일람표) 많은 사항을 한눈에 죽 훑어보아 알 수 있게 꾸며 놓은 표.
- 回覽(회람) 차례로 돌려 가며 봄. 또는 돌려 가며 보는 그 글.
- 博覽會(박람회) 일정한 기간 동안 여러 사람에게 보이는 모임.
- 遊覽(유람) 구경하며 돌아다님.

넘칠 람

監(세수 대야, 감→람)에 氵(물)이 철철 넘치고 있다.

만약 세면대에 물을 넘치게 받으면? 당장 엄마의 호된 꾸지람과 잔소리(?)가 직격탄으로 날아온다. 어디 엄마한테만 혼나겠는가.

주변 사람들에게도 좋은 인상을 심어줄 리 없다.

사치와 허영의 시작은 대야에 넘치는 물을 우습게 보는 낭비에서 시작된다. 뭐 비약이 너무 심한 것 아니냐고? 그렇다면 다음 고사성어를 보자.

첫 단추!? 아주 중요해!

濫觴
넘칠 **람** 술잔 **상**

이 물로도 한강 된다는 공자 말씀!

공자의 제자 자로가 화려한 옷을 입고 나타나자 공자가 말하기를,

"자로야, 저 거대한 양쯔강은 사천 땅 오지의 민산에서 발원하는데 처음엔 물줄기가 겨우 술잔에 넘칠 정도밖에 안 된단다. (源可以濫觴) 그러나 그 물이 하류로 내려오면서 물줄기가 불어나고 흐름도 빨라져 배를 타지 않고서는 건널 수 없단다. 지금 너의 옷은 화려하고 얼굴은 기쁨으로 들떠 있구나. 누가 너의 잘못을 고치라고 말해줄꼬?"

이 말을 들은 자로가 당장 옷을 갈아입었다.

양자강이 대야도 아닌 술잔에 넘칠 정도의 양에서 출발하듯 사치(奢侈)의 시작도 마찬가지라는 공자의 충고에서 유래된 濫觴(남상)은 '효시(嚆矢), 일의 시초'라는 뜻으로 쓰고 있다. 따라서 濫(넘칠 람)이 들어간 한자어는 '넘치다, 지나치다, 낭비'의 뜻이니 좋을 것이 없다.

- 濫用(남용) 함부로 씀. 마구 씀.
- 濫發(남발) (화폐나 어음·증명서 따위를) 함부로 발행함.
- 氾濫(범람) 물이 차서 넘쳐흐름.

이 한자가 소금이라니 너무 엄청나게 생겼다.

監(감 → 염)에서 음을 취하고 옆구리에 아래 한자를 넣었기 때문이란다.

  한자가 맞긴 한 거야?

소금 **염**

그림처럼 보이는 이 한자가 궁금하다면?!

이 세상에 빛과 ❋이 되리라.

⬚(염전)에 쌓아 놓은 ❋(소금)을 그렸다.
인간에게 없어서는 안 될 중요한 소금은 이렇게
원시적인 모습으로 꿋꿋하게 수천 년을 살았다.
외모가 뭐 그리 중요한가!

소금 로

⬚(소금 로)가 단독으로 나오는 경우는 거의 없고 음으로 나온 ⬚(감 → 염)을 넣어 만든 ⬚(소금 염)이 주로 나온다.

어찌 되었거나 ⬚(감) 때문에 복잡해진 건 사실이지만 실체를 알고 나니 이제 두려울 것이 없다. ⬚(감)을 정확히 알면 앞에 나온 5개의 한자 모두를 거뜬히 외울 수 있기 때문이다.

- 鹽田(염전)   바닷물에서 식염을 채취하기 위해 논처럼 시설한 곳.
- 鹽分(염분)   물질 속에 함유되어 있는 소금의 양.
- 食鹽水(식염수)   식염을 탄 물. 소금물.
- 鹽度(염도)   소금기의 정도. 짠 정도.

우리의 생필품인 소금이 이렇게 복잡해서야 어디 편히 쓰겠나.

도저히 이대로 그냥 쓸 수 없다!

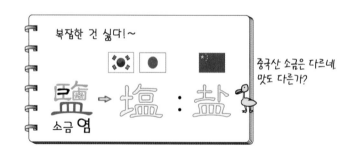

내가 쓰는 죽염(竹鹽) 치약은 어떤 걸로 써 있더라? 확인해 봐야겠다.

螢 雪 之 功
개똥벌레 형   눈 설   ~의 지   공로 공

41. 형설지공

직역 : 반딧불과 눈을 비추어서 공부함.

의역 : 가난한 환경 속에서 굴하지 않고 열심히 공부함. 고학(苦學).

반딧불을 비추어 공부한 주인공

동진시대 차윤(車胤)은 어려서부터 태도가 공손하고 부지런하여 온갖 책을 많이 읽었다. 그러나 집안이 가난하여 독서할 때 등불에 기름 없는 날이 많았다. 그래서 여름이 되면 깨끗한 비단 주머니에 수십 마리의 개똥벌레(螢)를 잡아넣어 밤이 되면 이것으로 책을 비추어 가며 읽기를 계속했다. 그 후 성장하여 벼슬이 상서랑(尙書郎 : 황제의 측근에서 조서를 맡음)에 이르렀다.

눈빛을 비추어 공부한 주인공

또 같은 시대에 손강(孫康)이라는 사람이 있었다. 역시 집안 형편이 어려워 등불을 밝힐 기름이 없었다. 그래서 겨울이면 눈(雪)에 비추어서 책을 부지런히 읽었다. 그 뒤에 벼슬이 어사대부(御史大夫 : 대사헌)에 이르렀다.

이 두 일화에서 螢雪之功(형설지공)이 유래했다.

懸 頭 刺 股

매달 **현**　머리 **두**　찌를 **자**　넓적다리 **고**

▶ 상투를 들보에 매달고 넓적다리를 송곳으로 찔러가며 공부에 매진함.

　　전국시대의 유명한 인물인 소진(蘇秦)은 귀곡선생 밑에서 공부를 하고 진(秦)나라에서 벼슬을 구하려 했으나 뜻대로 되지 않자 집으로 돌아오는데 그 행색은 그야말로 거지꼴이었다. 이 행색을 본 아내는 방에서 나오지 않고, 형수는 밥도 주려 하지 않았으며, 부모는 함께 말하기도 싫어했다.

　　그러자 소진이 탄식하며 말했다. "아내는 나를 남편으로 대하지 않고, 형수도 나를 시동생으로 대하지 않고, 부모도 나를 자식으로 대하지 않으니 이는 나의 죄로다."

　　소진은 그 날부터 두문불출하고 공부하는데 졸음이 쏟아지면 어금니를 깨물고 송곳으로 자신의 넓적다리를 찔러 피가 다리까지 줄줄 흐르곤 했다(引錐自刺其股, 血流至足). 그 뒤에 합종책(6국이 힘을 합쳐 강한 진나라를

열악한 환경 속에서도 꽃은 핀다.

대항해야 한다는 당시 외교정책)의 우두머리가 되어 6국의 재상이 되었다. 어느 날 소진의 가마 행렬이 지나갈 때 소진의 아내와 형수는 뱀처럼 바닥에 납작 엎드려 머리를 조아리며 쳐다보지도 못했다. 이런 모습을 본 소진이 웃으며 형수에게 말했다.

　　"형수님, 전에는 그렇게 거만하시더니 오늘은 왜 이리 공손하십니까?"

　　그러자 형수는 엎드려 얼굴을 땅에 대고 사과하며 말했다.

　　"시아우님께서 지위가 높아지고 부자가 되었으니 그러지요."

　　소진이 탄식하며 말했다.

　　"아, 사람이 궁색하면 부모도 자식으로 여기지 않고 부귀해지면 친척들도 두려워하니 권력과 부귀를 어찌 소홀히 할 수 있겠는가?"

개똥벌레(반딧불이)를 뜻하는 한자이니 (벌레 충)이 들어가는 것은 당연하다고 할 수 있다.

그럼 그 위에 있는 것은 뭘까?

개똥벌레 **형**

꽃피는 지금이 가장 화려한 시절이야~~

햇불이라는 설도 있다네.

冖(나무) 위에 활짝 핀 火火(꽃)처럼 반짝이는 모습과 함께 잉생에서 가장 화려한 시기를 나타낸다.
아래에 어떤 한자가 오느냐에 따라 완전한 모습을 갖추게 된다.
음은 주로 '형'과 '영'으로 난다.

개똥벌레는 여름 저녁에 꽁무니에서 반짝거리는 발광물질을 발산하면서 날아다닌다. 바로 이 火火(반짝반짝) 빛을 발하는 한자에다 虫(벌레 충)을 넣었다. 개똥벌레의 특징을 제대로 잡아서 만들었다.

■ 螢光燈(형광등) 진공 유리관 안쪽에 형광 물질을 칠하여 수은의 방전으로 생긴 자외선을 눈으로 볼 수 있는 광선으로 바꾼 조명 장치.

火火(형, 영)을 넣어 만든 한자 3개가 더 있다.

木(나무 목)을 넣어 꽃이 활짝 핀 화려한 나무를 그린 것이 분명하다. 그래서 이 한자는 사람의 일생 중에 가장 화려한 '전성기'를 의미한다.

■ 富貴榮華(부귀영화) 재산이 많고 지위가 높으며 영화로움.
■ 虛榮心(허영심) 허영에 들뜬 마음.
■ 榮光(영광) 빛나는 영예. 광영.

영화로울 **영**

경영할 **영**

이것은 무엇인가.

우선 **呂**(려)가 무엇을 뜻하는지 알아야 이해가 쉽겠다.

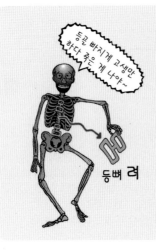

부모님 등골 빼먹지 말자!

등골 빠지게 고생만 하다 죽은 게 나아~

인체의 뼈 중에 마디와 마디 사이가 체인처럼 연결
되어 있는 '등뼈'를 그렸다.
우리 몸속에서 아주 중요한 기관이다.
이 한자를 보면? 체인처럼 연결된 고리를 생각하자.
요즘 가게는 체인점이 많던데...

등뼈 려

등골 빠진 엄마?!
등골 오~~싹...

이 한자에서 **呂**(등뼈 려)는 등골뼈처럼 즐비하게 늘어서 있는 막사를 가리킨다. 막사를 지키는 병사들이 밤에 **火火**(불)을 밝히고 보초를 서고 있는 모습이다. 그 옛날 환하게 불을 밝히는 곳이 군대 말고 또 어디가 있더라?

아하, 큰 시장에 가면 줄줄이 늘어선 가게들이 있다. 지금도 시장에 가면 가게들이 환하게 불을 밝히고 있다. 그래서 군대의 막사를 뜻하는 '진영'에서 가게를 '경영하다'는 뜻이 나왔다.

요즘은 등뼈처럼 줄줄이 연결되어 있는 체인점이 성행하고 있다.

- **軍營**(군영) 군대가 주둔하고 있는 곳.
- **野營**(야영) 야외에 천막을 치고 잠.
- **經營**(경영) 계획, 연구하여 사업을 해 나감.
- **營業**(영업) 영리(營利)를 목적으로 하는 사업.
- **營農**(영농) 농업을 경영함.

呂(등뼈 려)가 들어 있는 한자 하나 더!

宀(지붕)이 보이니 집인 모양인데 呂(등골)처럼 방들이 즐비하게 늘어서 있는 집이다.

방 하나에 오골오골 온 가족이 다 함께 자는 백성의 집과는 규모가 다르다.

이 한자는 임금이 거처하는 커다란 宮殿(궁전)을 가리킨다.

궁전(宮殿)의 웅장함을 보여주기 위해 등골을 넣었는데 어째 백성의 등골을 뽑아다가 만든 집이란 생각이 드는 건 왜 일까?

- 宮闕(궁궐)　임금이 거처하는 집.
- 宮殿(궁전)　궁궐.
- 迷宮(미궁)　한번 들어가면 쉽게 빠져나올 길을 찾을 수 없게 된 곳.

신문기사에 등장하는 勞使(노사) 관계를 보면 둘 사이가 별로 친한 것 같지 않다.

친할 수 없는 이유를 한자로 통해서 알아보자.

勞(일할 로)의 한자 속에 力(힘 력)을 보니 분명 힘쓰는 것일텐데…. 𤇾(머리 위에 불)이 날 만큼 力(힘쓴다)는 뜻이거나 밤새 불 밝히고 일하는 모습일 거다.

노동자(勞動者) 중에 정신노동자와 육체노동자가 있는데 둘 다 해당된다고 볼 수 있다. 그런데 육체와 정신을 한꺼번에 쓰면 過勞死(과로사)의 원인이 될 수 있다. 그러니 疲勞(피로)는 적당히 풀어 주면서 일하자.

- 勞動(노동)　몸을 움직여 일을 함.
- 功勞(공로)　어떤 일에 이바지한 공적.
- 勞苦(노고)　심신을 괴롭히며 애쓰는 일.
- 過勞(과로)　지나치게 일하여 지침.

이제 열심히 일하는 勞動者(노동자)를 부리는 관리자란 뜻인 使(시킬 사)를 알아야 겠는데 3단계를 거쳐야 한다.

자 그럼 시작해 보자.

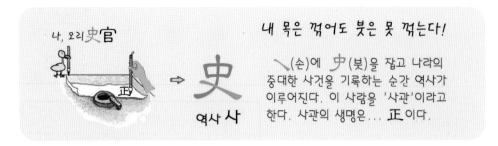

나, 오리 史官

내 목은 꺾어도 붓은 못 꺾는다!

史
역사 사

丶(손)에 史(붓)을 잡고 나라의 중대한 사건을 기록하는 순간 역사가 이루어진다. 이 사람을 '사관'이라고 한다. 사관의 생명은... 正 이다.

그래서 바르게 기록하지 않은 歷史(역사)는 이미 歷史(역사)의 기능과 가치를 상실한다는 것쯤은 삼척동자도 다 안다.

- 歷史(역사)　인간사회가 거쳐온 변천의 모습, 또는 그 기록.
- 正史(정사)　정확한 사실을 바탕으로 하여 편찬한 역사.
- 野史(야사)　민간에서 사사로이 기록한 역사. 정사에 기록되지 않은 역사상의 사실.

이 史(역사 사)에 한 획 더 그은 一(일)을 주목하자!

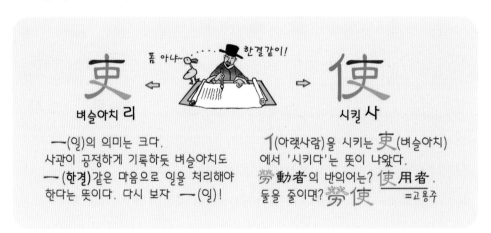

吏
벼슬아치 리

좀 아냐~
......한결같이!

使
시킬 사

一(일)의 의미는 크다. 사관이 공정하게 기록하듯 벼슬아치도 一(한결)같은 마음으로 일을 처리해야 한다는 뜻이다. 다시 보자 一(일)!

亻(아랫사람)을 시키는 吏(벼슬아치)에서 '시키다'는 뜻이 나왔다.
勞動者의 반의어는? 使用者.
둘을 줄이면? 勞使 =고용주

3개의 한자를 연결시켜 외우면 그 깊은 의미도 이해할 수 있다.

관복을 입고 머리위에 쓰는 관(冠)의 양쪽에 달린 각(脚)이 한결같이 공평하게 일을 처리하라는 뜻에서 붙인 것으로 생각하면 너무 비약일까?

머리에 불이 나게 일하는 (노)와 노동자를 부리는 관리자 使(사)는 서로 상반된 위치에 서 있다. 이렇게 입장이 서로 다르다 보니 말로는 해결하기가 어려운가 보다.

그래도 勞動者(노동자)와 使用者(사용자) 모두 역지사지(易地思之)하면 해결의 실마리가 보인다.

이제 3개의 한자를 다시 정리하자.

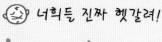

😊 너희들 진짜 헷갈려!

史 吏 使 事 한 개 더 추가~

1. 역사 사   2. 벼슬아치 리   3. 시킬 사   4. 일 사

만들어진 유래를 찬찬히 생각하면서 외우면 도움이 되지 않을까?

일 사

이 한자는 吏(벼슬아치 리)에다 (손)을 추가하여 바쁘게 움직이면서 '일하는 손'을 강조하여 만들었다.

'일' '사고'라는 뜻 외에 '섬기다'는 뜻도 있다.

- 事故(사고)   뜻밖에 일어난 사건이나 탈.
- 事大主義(사대주의)   사대사상에 따라 자신의 존립만을 유지하려는 주의.
- 工事(공사)   토목이나 건축 등에 관한 일.

이렇게 이웃사촌지간인 4개의 한자를 함께 외우면 덜 헷갈린다.

雨(비 우)가 있으니 기상과 관계 있을 것이고 밑에는 주로 음이 나오는데 이 한자에는 (손)이 보인다.

(손)이 눈과 무슨 관계가 있을까?

눈 설

빗자루 들고 나와라. 함께 쓸자!

온 세상이 하얗게 물든 날이면 ⺕(손)에 丰丰(빗자루) 들고 골목길의 雨(눈)을 쓸어야 한다.
뒤에 丰丰(빗자루)는 생략 되고 ⺕(손)만 남았다.

눈 설

- 降雪(강설) 눈이 내림, 또는 내린 눈.
- 雪上加霜(설상가상) 내린 눈 위에 서리까지 내림. '어려운 일이 연거푸 일어남'을 비유하여 이르는 말.

⺕(손)에 들고 있는 丰丰(빗자루)가 회화적으로 그려져 있었구나.

생략되지 않고 지금까지 그대로 썼더라면 복잡해서 미운털 박힐 뻔했다. 앞에 이미 다룬 帚(빗자루 추)가 생각난다.

그럼 여기서 잠깐 丰丰(빗자루) 이야기를 좀더 해보자.

꼬리별 혜

⺕(손)에 丰丰(빗자루)를 잡고 하늘을 날아다닌다?

빗자루 타고 날아다니는 마녀가 생각나는 이 한자는 '빗자루 혜' '꼬리별 혜' 이다.

동서양이 통하는 것이 있긴 있나 보다.

태양을 중심으로 긴 꼬리를 타원이나 포물선 또는 쌍곡선의 궤도를 그리며 운동하는 별의 모양이 빗자루처럼 생겼다 하여 붙인 이름이 그래서 '彗星(혜성)' 아닌가.

슬기로울 혜

설마 彗(빗자루)타고 날아다니는 마녀 같은 心(마음)이 지혜롭다는 뜻은 아닐 게다. 심술맞은 마녀가 슬기, 지혜 이런 단어와는 거리가 멀어 보이지 않는가. 물론 彗(빗자루 혜)는 음으로 나오긴 했지만 말이다.

아무튼 여자이름에 많이 나오므로 알아두어야

여자 앞에서 망신 안 당한다.

- 智慧(지혜) 사물의 도리나 선악 따위를 잘 분별하는 마음의 작용.
- 慧眼(혜안) 날카로운 눈. 사물의 본질이나 이면을 꿰뚫어 보는 눈.

고대에 목수가 들고 다니던 사각 자처럼 생긴 공구를 그린 한

자가 工(장인 공)이다. 여기서 '장인(匠人)'이란 '물건 만드는

일을 직업으로 가진 사람'이란 뜻이다.

功
공로 공

- 木工(목공) 나무로 물건을 만드는 일.
- 工場(공장) 물건을 가공·제조하거나 수리·정비하는 건물.
- 士農工商(사농공상) 선비·농부·장인(匠人)·상인의 네 가지 신분을 이르는 말.

물건을 만들기 위해 工(장인)이 공구를 들고 力(힘써) 작업을 한 결과를 가리켜

'공로' '업적' '성과'란 뜻이 나왔다.

- 功績(공적) 쌓은 공로. 공로의 실적.
- 功名心(공명심) 공을 세워 이름을 떨치려는 데 급급한 마음.
- 論功行賞(논공행상) 논공에 의하여 거기에 알맞은 상을 내림.
- 功勞(공로) 일에 애쓴 공적.
- 武功(무공) 군사상의 공적.
- 徒勞無功(도로무공) 헛되이 애만 쓰고 공들인 보람이 없음.

이제 工(장인 공)이 들어 있는 한자 7개를 알아보자.

丂(교)는 어디서 본 듯하다 했더니 아, 맞다!

나무가 썩어서 떨어져 나간 모습에서

유래한 '썩을 후'에서 봤다.

그럼 여기에서도 '썩은 모

양'일까?

⇒ 朽

공교할 교

능숙한 솜씨로 곡선을 그리자.

匠人(장인)이 들고 있는 자에서 나온
한자가 工(장인 공)이라 했다.
여기에 고난도의 기술인 丂(굽은) 모양
을 넣어 '훌륭한 솜씨' '꾸미다'는 뜻이
나왔다.

모양이 같다고 똑같은 뜻을 갖고 있는 것은 아니다.

朽(썩을 후)와 巧(공교할 교) 두 개의 한자를 비교하면서 외우는 것도 좋은 방법

이겠다.

■ 技巧(기교) 기술이나 솜씨가 아주 교묘함. 또는 그런 기술이나 솜씨.
■ 精巧(정교) 아주 세세한 부분까지 정밀하게 잘 되어 있음.
■ 巧妙(교묘) 솜씨나 재치가 있고 약삭빠름.

'공교하다' 란 말은 '훌륭한 솜씨' 를 뜻한다. 그러나 '겉으로 번드르하게 꾸미는 말솜

씨' 란 부정적인 뜻도 있다. 다음 한자성어 巧言令色(교언영색)이 대표적이다.

말 솜씨와 얼굴 표정에 속지 말자!

여기에서 巧(교)와 令(령)
은 '번드르르하게 꾸미다'
는 뜻으로 해석해야 돼.

巧言令色

공교할 교 말씀 언 아름다울 령 얼굴 색

공자가 말씀하셨다.
"말과 얼굴을 번드르르하게 보기 좋게 꾸미는 사람 중에 어진 사람은 드물다."
남에게 아첨하기 위해 말과 얼굴을 꾸미는 사람은 진실성이 없다는 뜻이다.

누가 모르랴. 그런데 세상 살면서 매번 옥석(玉石)을 가리기란 쉽지가 않다.

텅 빈 공간을 뜻하는 穴(구멍 혈)에 工(공)을 음으로 취해 '텅 비다'는 뜻이 나왔으며 여기에 '하늘'과 '헛되다'뜻이 추가되었다.

그럼 여기서 穴(구멍 혈)의 원형을 찾아보자.

빌 **공**

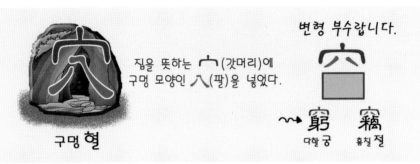

집을 뜻하는 宀(갓머리)에 구멍 모양인 八(팔)을 넣었다.

구멍 혈

변형 부수랍니다.

⟶ 窮 竊
　　대학 궁　훔칠 절

■ 空間(공간)　빈곳.
■ 空虛感(공허감)　텅 빈 듯한 느낌.
■ 空手來空手去(공수래공수거)　빈손으로 왔다가 빈손으로 간다는 뜻으로 사람이 이 세상에 태어났다가 허무하게 죽음.

攻(칠 공)은 손에 무기를 들고 적군을 攵(때리는)데서 뜻을 工(공)에서 음을 취해 전쟁에서 적극적인 방법인 공격을 뜻한다.

그렇다면 소극적인 방법인 守(지킬 수)는 어떻게 만들었을까? 자기편의 성문이나 宀(집)을 寸(손)으로 단단히 막고 있는 모습이다. 그래서 골문을 지키는 골키퍼의 장갑 낀 손이 유독 크다. 두 한자 모두 활용이 많으니 꼭 알아두자.

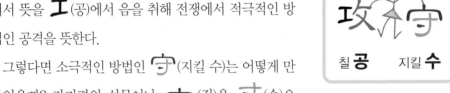

칠 **공**　지킬 **수**

■ 遠交近攻(원교근공)　먼 나라와 친교를 맺고 이웃나라를 공격하는 외교정책으로 전국시대 범저가 주장함.
■ 專攻(전공)　어떤 학문을 전문적으로 연구함.

이번에는 貝(조개 패)가 들어간 한자이다.

이 한자는 돈이 될 만한 물건이나 화폐 따위를 '윗분에게 바친다'는 뜻이다. 지금 21세기에 어울리지 않는 한자이다.

바칠 **공**

■ 貢物(공물) 궁중이나 나라에 바치는 물건.
■ 朝貢(조공) 종주국에다 속국이 때맞춰서 예물로 물건을 바치는 일.

아하, '강물'이란 한자가 이렇게 만들어진 거구나.

氵(삼 수)의 뒤에 음인 工(공)을 넣었는데 음이 '강'으로 변한 거네. 만약 원래 음이 살아 있다면 '한공' '낙동공' '압록공'이라고 읽었을지 모른다.

■ 江河(강하) 강과 하천.
■ 漢江投石(한강투석) 한강에 돌 던지기.

더운 여름이 되면 전 세계 영화관은 恐怖(공포) 영화물로 넘쳐난다. 스크린 속에 귀신을 보는 순간 온몸에 공포가 엄습하면서 체온이 떨어지게 되어 잠깐이나마 더위를 잊는다니 납량(納凉)의 소재로 恐怖(공포)물이 최고다!

恐(두려울 공)은 처음에는 음으로 工(공)을 썼다가 뒤에 巩(공)으로 바뀌었다니 어쩌랴. 그냥 외울 수밖에 없다.

아래 心(마음 심)을 넣은 것은 '무섭다'는 감정을 표현했다.

怖(두려울 포) 역시 忄(심방변)에서 뜻을 취하고, 음으로 布(베 포)를 넣었다.

이 기회에 布(베 포)에 대해 알아보자. ① '삼베'인 직물을 나타내기 위해 巾(수건 건)를 넣었다. 삼베를 바닥에 쫙 펴서 마름질하는 모습에서 ② '펴다'는 뜻도 나왔다. 널리 알린다는 뜻이니 宣布(선포), 布敎(포교)에서 그 예를 볼 수 있다.

그런데 이 한자와 비슷하게 생긴 한자가 위에 ✕(엑스) 모양이 있는 希(바랄 희)가 있다. 희망(希望)을 주는 한자에 왜 ✕(엑스)가 들어 있는지...

유래와 상관없이 눈으로 보이는 ✕(엑스)는 참으로 난감하게 한다. 그러나 안 된다는 생각을 하면 할수록, 실패하면 할수록 希望(희망)을 갖고 도전하라는 메시지가 아닐런지. 그러다 보면 어느 순간 希望(희망)이 코 앞에 있다!

"먼저 따뜻한 紅茶(홍차) 한 잔 드시고 시작할까요? 홍차는 붉은색에 향이 독특하지요."

- 紅葉(홍엽) 붉은 잎. 붉게 물든 단풍잎.
- 紅潮(홍조) 부끄럽거나 취하여 얼굴이 붉어짐.

紅 붉을 홍   茶 차 차

紅(붉을 홍)은 붉은 염색을 한 糸(실)에서 뜻을, 工(공→강)에서 음을 취했다. 붉은색을 뜻하는 한자 赤(붉을 적)과 朱(붉을 주)도 함께 알아두자.

茶(차 다)는 음이 두 개이다. 첫 음절로 나올 때는 '다'로 읽고 독립 음절 혹은 마지막 음절로 나올 때는 '차'로 읽어 주는 것이 관례라고 한다.

그럼 한자어로 확인해 볼까.

- 茶道(다도) 차 달여서 손님에게 권하거나 마실 때의 예법.
- 茶菓(다과) 차와 과자.
- 茶禮(차례, 다례) 명절날 아침에 간단히 지내는 제사.
- 綠茶(녹차) 푸른빛이 나게 말린 찻잎.

중국에서는 '차(cha)'라고 발음하는데 유럽의 상인들이 중국의 茶(차)를 사들이면서 18세기부터 영어 '티(tee)'로 읽다가 오늘날에 이르러 '티(tea)'가 되었단다.

요즘은 "茶(차) 한 잔 하시지요" 하면서 커피를 내놓는 경우가 보통이다.

그렇다면 茶(차)란 한자의 유래는 어떠할까? ++(풀)이 보이니 분명 뜻일 것이다. 그렇다면 余(아래 한자)가 음이란 말인데...

어디에서도 본 적 없는 이 한자의 정체는 바로 余(나 여)인데 모양이 변해서 알아보

와우~ 보성 綠茶 밭~

기 어렵고 게다가 '차' '다' 로 음도 변했다.

그러나 余(나 여)를 본 적 없다고 무시하지 말라. 중학교 900자에 당당하게 입성한 한자이시다. 한문에 '일인칭 대명사' 로 아주 가끔 나오는데도 중학교 900자에 들어 있으니 이야말로 행운 아닌가. 지금 중국에서는 파자(破字)의 원리를 이용해서 ++ (풀 초) 아래 한자를 八十八(88)로 풀어 차 마시면 오래 산다고 선전한다. 그만큼 몸에 좋다는 뜻일 게다. 그럼 余(나 여)를 음으로 취한 한자를 보면서 마무리 하자.

남을 **여**   겨를 **가**

시간에 쫓기며 사는 사람 입장에서는 餘暇(여가)시간에 마시는 茶(차)한 잔의 여유가 부러울 때가 있다. 요즘이야 시간이 남는 것이 좋겠지만 옛날 농경사회에서는 배불리 먹고 남은 밥을 바라보고 있는 것이 가장 행복한 일이다. 그래서 餘(남을 여)는 余(나 여)에서 음을, 食(먹을 식)에서 뜻을 취했다.

- 餘裕(여유) 넉넉하고 남음.
- 餘分(여분) 나머지.

농경사회에서 여름은 봄이나 가을만큼 바쁘지 않고 한가(閑暇)하다. 그저 제때 비나 내려 알아서 곡식이 잘 자라주길 바랄 뿐이다. 그래서 暇(겨를 가)는 여름의 따가운 日(햇빛)에서 뜻을 취하고, 叚(빌릴 가)에서 음을 취했다. 지금은 叚(빌릴 가)는 쓰지 않고 亻(사람 인)을 앞에 넣은 假(빌릴 가)가 나온다. 그런데 사람이 들어가서인지 ① '빌리다' 는 뜻보다 ② '거짓' 이란 뜻으로 더 많이 활용되고 있다. 인간이 봐도 인간들의 행동은 예나 지금이나 거짓투성이였나 보다. 알아두면 좋은 한자다.

- 假名(가명) 거짓으로 쓰는 이름.
- 假面(가면) 거짓으로 꾸민 얼굴.
- 假飾(가식) 언행을 거짓으로 꾸밈.
- 假聲(가성) 일부러 지어내는 목소리.
- 假髮(가발) 머리털로 머리 모양을 만들어 치장으로 쓰는 물건.

假짜 같은 眞~짜!

餘暇시간에 극라 茶 한 잔~

五里霧中

다섯 **오**   마을 **리**   안개 **무**   가운데 **중**

42. 오리무중

직역 : 사방 오리가 온통 안개 속.

의역 : 사물의 행방을 알 수 없거나, 문제가 생겼지만 해결 방법을 찾지 못해 이러지도 저러지도
못하고 마음의 갈피를 잡지 못하는 상태.

환관과 황실의 외척이 세도를 부리던 후한(後漢) 중엽에 이름난 학자 장패(張覇)는 그의 명성을 듣고 사귀기를 원하는 권문세가의 요청을 마다하고 고고(孤高)하게 살았다. 그러다 세상 사람들의 비웃음 속에 나이 70세에 세상을 떴다.

장패의 아들 장해(張楷) 역시 아버지를 닮아 학문이 뛰어났다. 이런 명성 때문에 조정의 환관과 외척들은 장해와 교분을 맺고자 온갖 노력을 다했다.

그러나 장해는 아버지와 마찬가지로 환관들이 권력을 휘두르며 날뛰는 모습에 혐오감을 갖고 있었고, 관직을 갖지 말라는 아버지의 유언을 받들어 사양하고 또 사양하다 지쳐서 홍녹산 깊은 골짜기로 은거해 버렸다.

안제가 죽고 즉위한 순제는 하남의 장관에게 특별 조서를 내리며 이렇게 말했다.

"옛날 장릉의 수령 장해는 덕행이 훌륭하고 절개에 있어 백이숙제(伯夷叔齊)를 본받았다. 부귀명예를 가볍게 여기고 안빈낙도(安貧樂道)를 실천하여 산속에 은거하고 있지만, 그의 고귀한 뜻은 세속인과 다르다. 이전에도 여러 번 그를 불렀으나 사양했었다. 선왕(先王)들이 어진 자를 사모하는 마음이 부족하여 그처럼 나오기 어려웠던

가. 군의 태수는 예의를 갖추어 모셔오도록 하라."

그러나 장해는 다시 병을 핑계 대고 올라가지 않았다.

장해는 도술(道術)을 좋아하여 능히 오리(五里 : 2km)나 되는 거리를 안개로 자욱하게 만드는 재주가 뛰어났다. 당시 삼리(三里)에 안개를 일으킬 줄 아는 배우(裵優)라는 자가 소문을 듣고 제자가 되고자 원했으나, 장해는 안개를 일으키며 자취를 감추고 만나주지 않았다. 5리나 되는 거리를 안개로 덮어 갈피를 잡을 수 없게 만든 것이다(五里霧中).

얼마 후 배우가 안개를 일으켜 나쁜 짓을 저지르다 잡혔는데 장해에게 도술을 배웠다고 거짓 자백을 했다. 장해는 억울하게 2년 동안 옥살이를 해야 했다.

환제(桓帝) 때에 다시 초빙되었으나 역시 출사하지 않고 나이 70세에 세상을 떠났다.

한자 UP 그레이드

| 五 다섯 오 | '다섯'을 가리키는 이 한자를 모르지는 않을 것이다. 본질적으로 큰 차이가 없다는 대동소이(大同小異)와 같은 뜻을 가진 (오십보백보)의 유래를 보자. |

내가 보기엔 둘 다 똑같아!

五十步百步
다섯 오 열십 걸음 보 일백백 걸음 보

양혜왕이 맹자에게 물었다.
"백성을 생각하라는 선생의 인의(仁義)정치를 평소부터 힘써 베풀어 왔소. 예컨대
하내 지방에 흉년이 들면 젊은이들을 하동 지방으로 옮기고, 노인과 아이들에게는
하동에서 곡식을 가져다가 나누어주도록 하고 있소. 그런데 백성들은 과인을 사모
하여 모여드는 것 같지 않소. 대체 어찌 된 일이오?"
"전하께서는 전쟁을 좋아하시니, 전쟁에 비유해서 아뢰겠습니다.
전쟁터에서 겁이 난 두 병사가 도망쳤는데 오십 보를 도망친 병사가 백 보를 도망
친 병사를 보고 '비겁한 놈'이라며 비웃었다면 전하께서는 어떻게 생각하겠습니까?"
"오십 보든 백 보든 도망치기는 마찬가지가 아니오?"
"제가 보건데 백성을 도우려는 전하의 목적은 이웃 왕과 별로 다르지 않습니다."

백성들에게 인기를 얻기 위한 눈속임 작전은 통하지 않는다는 맹자의 따끔한 충고
에서 유래했다. 지금도 진정으로 백성을 생각하는 정책인 것처럼 보여주는 쇼맨십은
통하지 않는다. 그럼 五(다섯 오)를 음으로 취한 한자를 보자.

고등학교 교과서에 나오는 〈기미독립선언서(己未獨立宣言
書)〉의 맨 앞은 이렇게 시작한다.
'오등(吾等)은 자(玆)에 아(我) 조선(朝鮮)의 독립국(獨立國)
임과 조선인(朝鮮人)의 자주민(自主民)임을 선언(宣言)하노라.'

나 오

맨 앞에 나온 한자어 오등(吾等)을 '우리'라고 해석한다. 1인칭대명사인 吾(나
오)에다 복수를 만들어 주는 접미사 等(무리 등)을 붙여서 '우리'란 뜻이 되었다.
이야기가 너무 길어졌다. 口(입)이 누구 입인가 했더니 나 자신의 입이란다.
그런데 활용할 곳은 거의 없다.
지금 중국에서는 일인칭대명사로 我(나 아)를 쓴다.

오리무중

깨달을 **오**

'깨달음'이란 吾(내) 忄(마음)에서 나오는 것이 아닌가.
그러니 覺悟(각오)해라!

- 大悟覺醒(대오각성) 크게 깨달음.
- 覺悟(각오) (앞으로 닥칠 일에 대비하여) 마음의 준비를 함.

마을 **리**

田(밭)이 있는 土(땅)에는 사람이 살고 사람이 살면 마을
이 생긴다. 당연한 거 아닌가. 유래가 이러해도 쓸 때는 가운데
획은 한번에 긋는다. 또한 '거리의 단위'로도 사용되는데
五里霧中(오리무중)이 바로 그 예이다.

5리는 오늘날의 미터법으로 환산하면 약 2km 정도 되는 거리
라고 한다. 우리의 민요 〈아리랑〉에 보면 "나를 버리고 가시는 님은 十里(십리)도 못
가서 발병 난다"라는 가사가 있는데, 十里는 4km 정도 되는 거리인 셈이다.

- 里長(이장) 행정구역인 里(리)에서 사무를 맡아보는 사람.
- 里程標(이정표) 도로나 선로의 가장자리에 里(리)의 단위로 기록한 푯말.

里(마을 리)가 보이는 한자 무려 5개!

묻을 **매**

里(마을)마다 土(흙)을 쌓아 놓은 봉분(封墳)이 보이는데 죽
은 자의 무덤이다.

지금도 서울에서 조금만 벗어나면 무덤을 쉽게 볼 수 있다.

- 埋葬(매장) 시체를 땅에 묻거나 어떤 자를 사회에 활동하지 못하게 하거나 버림
  받게 하는 것.
- 埋沒(매몰) 땅속으로 파묻히는 것.

헤아릴 **량**

이 한자는 모양이 많이 변해서 유래를 알아봐야 크게 도움이
되지 않는다. 이럴 때는 그냥 외우는 것이 상책이다.

- 計量器(계량기) 양을 재는 기계.
- 分量(분량) 무게 · 부피 · 수량 등의 많고 적음과 크고 작은 정도.
- 測量(측량) 기기를 써서 물건의 높이 · 크기 · 위치 · 거리 · 방향 따위를 잼.
- 質量(질량) 물체가 갖는 물질의 양.

보다시피 量(량)을 음으로 하고 양식 중에 가장 대표격인 米(쌀 미)를 넣었다.

양식 **량**

숟가락 놓고 죽는 순간까지 양식(糧食)을 포기할 수 없듯이 이 한자도 포기하지 말자.

- 食糧(식량) 먹는 양식.
- 軍糧米(군량미) 군인들이 먹는 양식.

옛날 원시인들은 동물 가죽을 잘라 털이 있는 쪽을 겉옷으로 입었다.

그래서 土 = 毛(털 모의 변형)에다 衣(옷)을 넣었다.

겉 **표**   속 **리**

- 表記(표기) 문자를 언어로 표시하는 것.
- 表面(표면) 거죽으로 드러나는 면.
- 發表(발표) 널리 드러내 알리는 것.

그럼 裏(속 리)는 어떻게 만들어졌을까?

위 아래로 벌린 衣(옷)의 안에 里(리)를 넣어 음을 취했다.

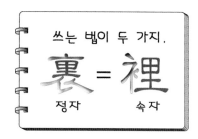
쓰는 법이 두 가지.
裏 = 裡
정자   속자

- 裏面(이면) 表面(표면)의 반대.
- 腦裏(뇌리) 머리 속.
- 表裏不同(표리부동) 겉과 속이 같지 않음.

里(마을 리)가 음으로 나왔을 것이니 앞에 있는 王(왕)이 뜻이겠다.

그런데 한자를 좀 안다 싶은 사람들은 헷갈린다.

'王(구슬 옥)이야? 王(임금 왕)이야?'

그래서 이참에 정리해 보기로 했다.

다스릴 **리**

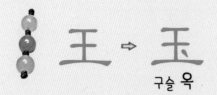

玉에도 티가 있다는데...

옥에 실을 꿰어 만든 모양에서 나왔다.
그런데 유래가 전혀 다른 王(임금 왕)과
공교롭게 모양이 같아 할 수 없이 丶(점)을
찍어 차별화 시켰다.
그러나 다른 한자와 결합할 때는 丶(점)을
찍지 않아 王(왕)과 구별하기 어렵다.

王 → 玉
구슬 옥

정리하면 점이 빠진 王(옥)이 뜻으로 나올 때는 대부분 '동글동글' 하거나 '보석' 종류를 가리킨다. 오히려 王(왕)이란 뜻으로 나오는 경우는 드물다.

그렇다면 理(다스릴 리)는?

다듬어지지 않은 옥 덩어리를 세공방식에 따라 갈고 닦아 반짝반짝 윤을 낸다는 뜻이다.

여기서 ① '이치 리' ② '다스릴 리' 가 나왔다.

예로부터 옥은 귀한 신분만이 지니고 다닌 보석이라 함부로 취급하지 않았다.

그러니까 왕은 백성을 귀한 옥 다루듯 바른 '이치'로 '다스리라' 는 의미에서 나온 것은 아닌지 생각해 봤다.

- 道理(도리) 마땅히 행해야 할 바른 길.
- 料理(요리) 입에 맞도록 조리하는 것.
- 理髮所(이발소) 머리털을 깎고 다듬는 곳.

이제 王(옥)을 넣어 만든 한자에 대해 알아보자.

나눌 반

옛날에는 丿(칼)을 이용해 귀한 王王(옥)을 반으로 쪼개 신표로 나누어 가졌다는데 여기서 만들어진 한자가 '나눌 반' 이다.

신학기가 되면 학생들은 친구들과 헤어지면서 내가 몇 班(반)이 되었으며, 담임선생님은 어떤 분인지에 온 촉각을 곤두세

498

운다. 일년 동안 내가 어떻게 생활해야 하는지 밑그림을 그리면서 희비의 쌍곡선 속에 야단법석(?)을 떤다.

■ 兩班(양반) 지체나 신분이 높은 상류 계급 사람, 곧 사대부 계층을 이르던 말.

求(구할 구)에서 음을 王(구슬 옥)에서 뜻을 취해 만든 '공구'이다. 21세기 스포츠에서 빼놓을 수 없는 구기(球技) 종목은 참으로 많다. 농구(籠球), 배구(排球), 야구(野球), 축구(蹴球), 탁구(卓球) 등 공을 가지고 운동하는 스포츠 용어 뒤에 붙는 球(공 구)는 구슬처럼 동그랗다.

공구

■ 地球(지구) 인류가 살고 있는 천체. 태양계에 딸린 행성의 하나.

戲(희롱할 희)는 虛(허 → 희)에서 음을, 戈(창)에서 뜻을 취해 창을 가지고 논다는 '유희'의 뜻과 정도를 벗어나 '가지고 논다'는 뜻도 있다.

弄(희롱할 롱)은 廾(양손)에 王(구슬)을 들고 만지작거리고 있는 모습이다. 그렇다면 戲弄(희롱)의 뜻은 분명해졌다. 남의 손 안에서 구슬을 만지작거리고 있는 듯한 취급을 당하는 기분이 들었다면 이는 분명한 戲弄(희롱)이다. 말도 많고 탈도 많은 戲弄(희롱)의 정의를 이 기회에 알아두자.

희롱할 **희** 희롱할 **롱**

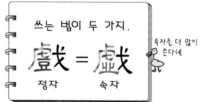

쓰는 법이 두 가지.

虗戈 = 虛戲
정자 　 속자

속자를 더 많이 쓴다네.

雨(비 우)에서 뜻을, 務(힘쓸 무)에서 음을 취했다.

■ 霧散(무산) 안개가 걷혀 없어지듯 흩어지는 것.
■ 煙霧(연무) 연기와 안개.

안개 **무**

힘쓸 **무**

그럼 여기서 務(힘쓸 무)를 알아보자.

아래 그림을 보면 이 한자가 만들어진 유래를 알 수 있다.

우리 사회는 지금...

矛(창, 칼)을 들고 상대를 향해 力(힘껏) 내리 攵(치며)

상대방을 제압하려고 모습이 바로 務(힘쓸 무)이다.

총칼만 안 들었다 뿐이지 지금 우리 사회 여기저기에서 벌어지고 있는 치열한 생존 경쟁의 모습이다. 적자생존(適者生存)의 법칙이 사라지지 않는 한 언제 어디서나 우리 주변을 맴돌 것이 분명하다.

- 業務(업무) 날마다 하는 공무나 일.
- 職務(직무) 직업적으로 맡아서 하는 일.
- 事務(사무) 관공서나 기업체에서 문서를 다루는 일.

그럼 여기서 위에서 본 矛(창 모)에 대해 알아보기로 하자.

창 **모**   방패 **순**

전쟁에서 없어서는 안 될 중요한 무기인 창과 방패는 '말이나 행동의 앞뒤가 서로 맞지 않을 때' 라는 뜻을 가진 한자성어로 더 유명하다. 유래는 이러하다.

초나라 때 한 장사꾼이 창과 방패를 팔고 있었다. 그 장사꾼은 먼저 창을 높이 들고 이렇게 외쳤다.

"이 창은 어찌나 날카로운지 뚫지 못하는 것이 없습니다." 그리고 바로 방패를 들고 이렇게 말했다. "이 방패는 어찌나 견고한지 어떤 것도 막을 수 있습니다." 이 말을 들은 구경꾼이 물었다.

"그럼, 그 창으로 그 방패를 찌르면 어떻게 되는 거요?"

장사꾼은 아무 대답도 못하고 서둘러 그 자리를 떠났다.

이미 다 아는 내용이라 시시했겠다. 그럼 두 한자의 유래를 살펴보자.

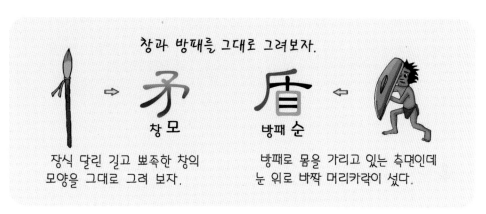

창과 방패를 그대로 그려보자.

창 모

방패 순

장식 달린 길고 뾰족한 창의
모양을 그대로 그려 보자.

방패로 몸을 가리고 있는 측면인데
눈 위로 바짝 머리카락이 섰다.

그럼 여기서 矛(창 모)를 음으로 취한 한자 하나를 보자.

矛(창 모)에서 음을, 木(나무)를 불에 쬐서 부드럽게 만
들어 굽혔다 폈다 한데서 뜻을 취했다.

부드러울 유

그런데 나무라 하면 딱딱한 느낌이 들어 부드러운 이미지를 생
각하기가 쉽지 않다. 이럴 때는 柔軟(유연)하게 대처할 수밖에
없다.

■ 柔軟(유연) 부드럽고 연함.
■ 內剛外柔(내강외유) 겉으로는 부드럽고 순하게 보이나 마음속은 단단하고 굳셈.
■ 柔順(유순) 성질이 부드럽고 순함.
■ 溫柔(온유) 마음씨가 따뜻하고 부드러움.

中(가운데 중)은 앞에서 이미 다루었다.

사방의 가장 중심을 中央(중앙)이라고 한다.
央(가운데 앙)의 유래를 夬(터놓을 쾌)와 어떻게 다
른지 비교하자.

가운데 중 가운데 앙

두 한자의 차이를 알아보세~

혼자서는 안 나와.

央

가운데 **앙**

양쪽 끝에 물동이를 매단 冂(긴 막대기)의 한 가운데를 어깨에 걸고 걸어가는 大(사람)을 그렸다. 여기서 '가운데'란 뜻이 나왔다.

夬

터놓을 **쾌**

물동이가 그만 중심을 잃고 땅바닥으로 굴러 깨져 버렸다. 여기서 '터지다' '결함'이란 뜻이 나왔으며 음은 '쾌'와 '결'로 난다.

그럼 먼저 央(앙)이 들어 있는 한자부터 보자.

꽃부리 **영**

央(앙 → 영)에서 음을, ++(풀 초)에서 뜻을 취해 '꽃부리' 가 나왔는데 이보다 더 중요한 것은 '빼어나다' '뛰어나다' 는 뜻도 있다는 것이다.

우리 사회에서 중요한 외국어로 단연 英語(영어)를 꼽는다. 그런데 왜 英語라고 할까? 영국의 언어니까! 그럼 왜 英國이지? 그해답은 앞서 다룬 음차의 원리를 이용한 것이다.

英國을 영어로 England(잉글랜드)라고 하는 건 다 아는 사실.

중국에서 바로 이 'En' 이라고 발음하는 한자를 찾았는데 여기서 英이 뽑힌 것이다. 역시 좋은 뜻을 가진 한자로 음차한다. 같은 값이면 다홍치마라고 하지 않던가. 英 뒤에 나라란 뜻인 '國' 을 넣어 국명이 완성되었다. 英(영)자가 들어가면 무조건 좋다.

- 英才(영재) 뛰어난 재능이나 지능, 또는 그런 지능을 가진 사람.
- 英雄(영웅) 재지와 담력과 무용(武勇)이 특별히 뛰어난 인물.

하늘 央(가운데)에서 日(태양)이 내리비추고 있다. 필름을 영사기로 스크린 가운데를 비추어 영상을 재현하는 映畵(영화)를 생각해 보자.

비출 **영**

- 映畵(영화) 연속 촬영한 필름을 연속으로 영사막에 비추어, 물건의 모습이나 움직임을 실제와 같이 재현하여 보이는 것.
- 反映(반영) 어떤 영향이 다른 것에 미쳐 나타남.
- 映像(영상) 광선의 굴절이나 반사에 따라 비추어지는 물체의 모습.

인간이 살면서 느끼는 가장 큰 공포는 하늘이 怒(노)해서 내리는 '災殃(재앙)'이다.

재앙 **재**   재앙 **앙**

災(재앙 재)는 수재(水災)인 巜(내 천)과 화재(水災)인 火(불 화)가 결합하여 인간의 힘으로 막을 수 없는 천재지변(天災地變)을 말한다. 지구 곳곳에서는 天災(천재)보다 人災(인재)가 더 많이 발생하고 있다.

災殃을 말한다!

이건 天災가 아니고 人災야.

人材가 아냐?

殃(재앙 앙)은 하늘이 내리는 歹(죽음)의 한 央(가운데) 있다는 말이니 피하기 쉽지 않다.

- 天災(천재) 자연현상으로 일어나는 재난.
- 人災(인재) 사람의 잘못으로 일어나는 재난.
- 災難(재난) 뜻밖의 불행한 일.
- 災害(재해) 재앙으로 말미암은 피해.

그럼 이제 央(앙)과 반드시 구분해야 할 夬(터놓을 쾌)를 음으로 취한 한자들을 보자. 앞서 말한 대로 음이 '결'과 '쾌'가 있다.

이지러질 **결**

缶(장군 부)는 술, 장 등을 담는 항아리라 했다. 그렇다면 夬(결)은 음으로만 나온 것이 아니다. 어깨에 메고 가던 물 缶(항아리)가 기울면서 夬(깨진 것)이다. 그래서 한쪽이 떨어져 나가 모자라고 부족하다는 뜻이다. 사람은 누구나 다 缺點(결점)이 있다. 남의 缺點(결점)만 보지 말고 자신의 缺點(결점)도 살펴 보자.

- 缺乏(결핍) 있어야 할 것이 없거나 모자라거나 함.
- 缺點(결점) 잘못되거나 완전하지 못한 점.
- 缺禮(결례) 예의범절에 벗어남.
- 完全無缺(완전무결) 완전하여 아무런 결점이 없음.

상쾌할 **쾌**

항아리를 메고 가다 깨져 바닥에 나뒹굴면 주인은 난감한 표정이겠지만 구경꾼 입장은 좀 다르다. 안 되긴 했지만 이 정도의 낭패(狼狽)스런 일 정도는 보고 즐기는 경향이 더 강하다. 이것이 구경꾼의 솔직한 忄(마음)이다. 그래서 아이러니하게도 옆구리가 떨어져나간 夬(쾌)에서 볼 수 있는 일탈행위에서 우린 快感(쾌감)을 느낀다. 이 정도 옆구리 터지게 웃을 일이 있을 때 실컷 웃어 보자.

- 愉快(유쾌) 마음이 즐겁고 상쾌함.
- 爽快(상쾌) 기분이 아주 시원하고 거뜬함.
- 痛快(통쾌) 몹시 유쾌함.
- 快樂(쾌락) 욕망을 만족시키는 즐거움.

위에 나온 그림을 보니 決(결정할 결)은 바닥에 깨진 양동이 속에 있는 氵(물)을 가리킨 한자이다. 그런데 본뜻인 ① '터지다' 는 뜻보다 뒤에 나온 ② '결정하다' 는 뜻의 활용이 더 많다.

결정할 **결** 이길 **승**

1. 터질 결 決裂(결렬) 교섭이나 회담에서 의견이 맞지 않아 서로 그간의 관계를 끊고 갈라짐.
2. 결정할 결 決定(결정) 결단을 내려 확정함.
　　　　　　判決(판결) 일의 옳고 그름을 판단하여 결정함.
　　　　　　決鬪(결투) 서로 목숨을 내걸고 하는 싸움.
　　　　　　決死(결사) 죽음을 각오함.
　　　　　　決心(결심) 마음을 굳게 작정함.

　진시황은 자신의 권위를 높이기 위해 일부 글자를 독점하여 사용하였는데 '나' 란 뜻인 朕(짐)이 그 중 하나이다. 황제 이외에는 감히 누구도 사용하지 못했던 이 한자의 유래는 변형이 심해 알기가 어려운데 이 朕(짐 → 승)에서 음을 力(힘 력)에서 뜻을 취해 勝(이길 승)이 나왔다. 음이 너무 많이 변해 알아보기가 어렵다.

　누가 이길 것인지 결판을 낸다는 決勝(결승)전은 언제 봐도 손에 땀을 쥐게 한다.

　勝利(승리)를 하고 돌아오는 개선장군의 위풍당당한 모습을 생각해 보라. 개선장군을 태운 말 역시 그 승리의 기세가 대단하다. 勝(이길 승)에서 力(힘 력)을 생략하고 그 자리에 馬(말)을 넣어 기세가 한껏 오른 말이란 뜻에서 '오를 등' 이 나왔다.

오를 **등**

　그러나 오른다고 무조건 다 좋은 것이 아니다. 내 주식이 폭등(暴騰)한다면이야 물론 좋은 일이지만, 물가가 기세등등(氣勢騰騰)하게 오른다면 가계에 주름살이 늘어난다. 이렇게 되면 사회 분위기도 살기등등(殺氣騰騰)해진다.

■ 暴騰(폭등) 물건 값이나 주가가 갑자기 뛰어오름.
■ 騰落(등락) 값이 오르고 내림.

程 門 立 雪
길정 문문 설립 눈설

43. 정문입설

직역 : 정이선생 문 앞에 서서 눈을 맞고 기다림.
의역 : 스승에 대한 존경의 마음.

송나라 때 정호(程顥 : 1032~1085), 정이(程頤 : 1033~1107) 형제, 그리고 주희(朱熹 : 1130~1200)는 모두 대유학자로서 그들의 이론을 '정주학(程朱學)'이라 부른다.

당시 양시(楊時)와 유작(游酢) 두 사람은 스승 정호 선생이 그만 세상을 떠나자 정호의 동생 정이 선생을 스승으로 모시고 학문을 계속하였다.

날씨는 매우 춥고 곧 큰 눈이 내릴 것만 같은 어느날, 양시는 모르는 문제가 있어 선생님께 문의하고자 친구 유작과 함께 추운 날씨를 무릅쓰고 스승 댁으로 갔다.

문을 두드리려다 창문으로 보니 정이 선생이 잠깐 잠이 드셨다. 그러자 양시와 유작은 공손하게 한쪽에 비켜서서 스승이 눈 뜨기만을 기다리고 있었다.

반나절을 기다리는 동안 밖에는 계속해서 눈이 내리고 있었다. 얼마 후 정이가 눈을 떴을 때 문 밖에는 이미 눈이 한 자가 넘게 쌓여 있었다. 정이는 두 사람이 그대로 기다리고 서 있는 것을 보고 놀라 물었다.

"아니, 그대들은 아직 돌아가지 않고 이렇게 서 있었단 말이냐?"

두 사람은 추위에 입과 발이 꽁꽁 얼어 감각이 없었지만 스승님께 웃음 띤 얼굴로 공손히 인사를 드렸다.

정문입설의 현장

啐啄同時

지껄일 **줄**　쪼을 **탁**　같을 **동**　때 **시**

▶ 병아리와 닭의 힘이 동시에 알껍질에 작용해야 비로소 생명체로
　세상에 태어날 수 있다.
▶ 스승이 제자를 지도하여 깨달음으로 인도하는 것에 비유.

닭이 알은 품은 지 3주일이 되면 병아리가 알에서 나오기 시작한다. 이때 알 속의 병아리가 바깥으로 나오려고 소리를 내면서 여리고 약한 부리로 온힘을 다해 안에서 껍질을 쪼면 어미는 감(感)을 잡아 바깥쪽에서 억센 부리로 껍질을 쫀다. 이때 병아리와 어미의 호흡이 일치(一致)해야 한다.

그 이유는 만약 어미가 너무 늦게 쪼면 병아리는 알 속에서 질식사하고, 너무 일찍 쪼면 덜 된 병아리가 생명을 잃게 되기 때문이다. 그러므로 알 속의 병아리와 밖의 어미가 호흡을 맞춰 동시에 쪼아야 한다.

이때 알 속의 병아리가 밖으로 나오고 싶다고 소리를 내는 것을 줄(啐)이라 하고, 밖에서 이 소리를 듣고 병아리를 도와 열심히 껍질을 깨는 소리를 탁(啄)이라 한다. 병아리가 알 속에서 내는 신호를 육감으로 느껴서 동시에 쪼아대는 어미의 힘이 위대하다.

불교에서 유래된 이 성어는 스승이 제자를 깨달음으로 인도하는 것을 어미닭이 밖에서 껍질을 쪼아 나올 수 있도록 도와주는 데에 비유한 것이다. 지금은 불교에만 국한하지 않고 서로 학문을 정진하도록 돕는 사제지간을 뜻할 때도 쓴다.

어느 학생이 선생님에게 이렇게 말한다면 귀엽지 않을까?

"선생님, 제가 줄줄(啐啐)하면, 탁탁(啄啄)해 주실 거죠?"

한자 UP 그레이드

程
길 **정**

위의 고사성어에서 성리학자 정호와 정이의 성씨로 나왔으니
얼굴 구경 한번 해보기로 하자.

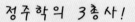

정주학의 3총사!

정호   정이   주희

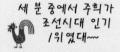

세 분 중에서 주희가
조선시대 인기
1위였대~~

시대가 변해서 지금은
별 관심 없어.

정호, 정이 형제 + 주희 = 정주학

주희를 포함한 세 사람의 유학자가 조선왕조 500년 동안의 정치, 경제, 사회, 문화를
지배한 주인공들이다. 특히 성리학을 집대성한 주희는 주자학(朱子學)으로 불리면서
조선의 사대부라면 주희의 광팬(狂fan) 아닌 사람이 없었으며, 주자의 이론과 조금만
달라도 사문난적(斯文亂賊 : 교리에 어긋나는 언동으로 유교를 어지럽히는 사람)으로
몰아 배척하였다. 이로 인해 우리 사회에 부정적인 영향을 미치기도 했다.

그건 그렇고 성씨로 나온 程(길 정)에 대해 좀더 자세히 알아보자.

禾(벼 화)에서 뜻을 呈(바칠 정)에서 음을 취해 '한도' '길' '표준'의 뜻으로도 나
온다는데 유래로 알기 어려우니 그냥 열~심히 외워버리자.

■ 里程標(이정표) 거리를 적어 세운 푯말이나 표식.
■ 旅程(여정) 여행의 길. 나그넷 길.

그런데 挺身而出(정신이출)에서 잠깐 다루기를 한자 속에 있는 壬(임)과 壬(정)은 모양이 비슷해서 지금은 꼭 구분하지 않고 함께 쓴다고 했다.

이런 것을 미리 염두해 두고 앞에서 음으로 나온 呈(드릴 정)을 보기로 하자.

그럼 다음 한자를 보자.

'聖(성)스럽다' 이 얼마나 중요한 한자던가.

사람으로 태어나 한 번쯤 도전해 보다 제풀에 꺾여 포기해버리는 '성인(聖人)'을 뜻하는 한자 아닌가. 동양에서 예로부터 성인(聖人)의 호칭을 듣고 있는 분으로 공자(孔子)가 있다. 맹자는 아성(亞聖 : 성인 다음가는 사람)으로 불린다.

성스러울 **성**

도대체 성인(聖人)이 뭐길래 이리 어렵단 말인가?

呈(드릴 정→성)에서 음을 취했다는데 그렇다면 耳(귀)가 뜻인데……

아하, 하늘에 있는 신(神)의 계시를 잘 耳(귀) 담아듣고 인간(人間)들에게 전달해 주는 사람이란 뜻이구나.

따라서 성인(聖人)이란, 인간이 오를 수 있는 최고의 경지로 신(神)에 가까운 사람을 지칭한다. 귀가 큰 사람은 한 번쯤 도전(?)해 볼 만하다.

- 聖經(성경) 각 종교에서, 그 종교의 가르침의 중심이 되는 책.
- 聖火(성화) 신에게 바치는 신성한 불.
- 神聖(신성) 신과 같이 성스러움.

그럼 여기서 壬(임)이 들어간 한자들도 알아보자.

맡길 **임**

壬(임)에서 음을 亻(사람)을 넣어 인간이라면 마땅히 해야 할 임무를 이행해야 한다는 뜻에서 ① '맡기다' 가 나왔다. 그런데 임무를 수행하는 사람 중에 제멋대로 하는 일이 많았는지 ② '마음대로 하다' 는 뜻도 만들어졌다.

활용이 많은 한자이니 꼭 알아두자.

1. 맡길 임 任務(임무) 맡은 일.
　　　　　專任(전임) 오로지 맡기거나 맡거나 함.
2. 마음대로할 임 放任(방임) 간섭하지 아니하고 내버려 둠.
　　　　　任意(임의) 자기 뜻대로 하는 일.

음란할 **음** 어지러울 **란**

淫(음란할 음)의 유래는 그리 속 시원히 밝혀진 것이 없다.

壬(임→음)에서 음을 취했을 것이고 남은 건 爪(손)과 氵(물)이다.

허신의 《설문해자》에는 '정당하지 못한 남녀 관계로 임신을 하게 된 경우' 라고 설명한 것을 보면 분명 이유가 있을 법한데 구체적으로 밝히지 않아 설이 구구하다.

- 淫蕩(음탕) 주색(酒色)에 마음을 빼앗기어 행실이 온당하지 못함.
- 淫談悖說(음담패설) 음탕하고 상스러운 이야기.
- 淫行(음행) 음란한 짓을 함. 또는 그런 행실.

이에 비해 亂(어지러울 란)은 상당히 복잡해도 유래는 분명하다.

휴, 더 엉키네. 어지럽다~

너 때문에 한자가 싫어!

어지러울 란

冂(실패)에 엉켜 있는 乙(실)을 爰(양손)으로 푸느라 반나절은 乚(앉아) 있었다. 그런데 점점 더 엉키고 있어 난감하다. 그러니 어여삐 여기며 외우자! 그나마 한중일 모두 간략화시킨 한자가 활용되고 있어 다행이다.

이 한자만 보면 머리가 지끈거린다.

그런데 만들어진 유래를 보니 실이란 엉키면 풀기가 쉽지 않다는 것을 보여주고 있다. 잘 풀어보려고 하면 오히려 점점 더 엉키는 일이 더 많지 않던가. 우리가 사는 사회도 이러하다. 정말 어지럽다.

- 亂動(난동)   질서를 어지럽히며 함부로 행동함.
- 亂暴(난폭)   (행동이) 몹시 거칠고 사나움.
- 亂雜(난잡)   어수선하고 혼잡함.

이렇게 爰(엉킨 실타래)를 넣은 한자가 하나 더 있다.

죄를 지은 사람이 받는 형벌 중에 얼굴에 먹물을 입히는 묵형에 대해 앞에서 다룬 적이 있다. 먹물 입히는 칼을 辛(매울 신)이라 했다. 그렇다면 이 한자는 무엇인가?

말씀 사

말이 爰(엉킨 실)처럼 꼬여 송사가 붙은 거다. 그러니 어쩌랴. 재판관 앞에 나가서 잘잘못을 가려야 한다. 그리고 잘못이 밝혀지면 묵형 같은 辛(벌)을 받아야 한다. 여기서 '말씀' '사퇴하다' '사양하다'는 뜻이 나왔다. 辛(신)을 보니 겁난다. 말조심해야 할 것 같다.

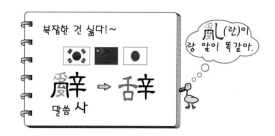

- 祝辭(축사) 축하하는 뜻을 나타내는 말을 하거나 글을 씀.
- 辭典(사전) 낱말을 모아 일정한 순서로 배열하여 발음·뜻·어원 등을 해설한 책.
- 辭退(사퇴) 사양하여 받아들이지 않음.
- 辭職(사직) 직무를 그만두고 물러남.
- 美辭麗句(미사여구) (듣기에 좋게) 아름답게 꾸민 말과 글귀.

땅위에서 팔다리를 쫙 펴고 당당하게 서 보자. 이렇게 서 있다는 사실만으로도 가슴 벅찬 한자가 여기 있다.

- 立場(입장) 처지.
- 設立(설립) (학교·회사 따위의 단체나 기관을) 새로 세움.
- 確立(확립) 확고하게 섬. 확고하게 세움.

亻(사람)이 立(서) 있는 바로 그 '자리' 라는 뜻이다.

- 地位(지위) 사회적 신분에 따라 개인이 차지하는 자리나 계급.
- 順位(순위) 어떤 기준에 의한 순번에 따라 정해진 위치나 지위.
- 位置(위치) 자리나 처소. 사회적인 지위.
- 位相(위상) 어떤 사물이 다른 사물과의 관계에서 가지는 위치나 상태.

이 한자를 보면 읍참마속(泣斬馬謖)의 고사를 말하지 않을 수 없다.

제갈량이 가장 아끼던 젊은 장수 마속(馬謖)이 가정(街亭)의 전투에서 패배하자 약속대로 형장으로 끌어내 사형시켰다는 유명한 고사 말이다. 일벌백계(一罰百戒), 신상필벌(信賞必罰)의 원칙을 몸소 보여준 제갈량은 마속을 참수시키면서 눈물을 줄줄 흘렸단다.

氵(눈물)이 방울방울 세로로 立(서서 립→읍) 줄줄 떨어지고 있다. 활용할 한자어가 이 고사 말고 별로 없는데 중학교 900자에 들어 있다. 이 한자보다 우는 강도가 심한 한자가 뒤에 있다.

口口(입들)을 크게 벌리고 꺼이 꺼이 목놓아 우느라 몰골이 犬(개)처럼 보여야 할 때가 있다. 언제일까?

울 곡

부모님상 당할 때란다. 그래서 哭(곡)소리가 적으면 불효자식(不孝子息)이라고 손가락질 받는다. '열 사람에게 손가락질 당하면 병 없어도 죽는다'는 옛말이 있다. 요즘은 어찌된 일이지 병원 영안실에서 哭(곡)소리 듣기가 쉽지 않다.

그럼 哭(곡)소리 나는 곳을 찾아가 보자.

어릴 때 짚신과 노란 등이 걸린 집 앞을 지나갈 때 누가 죽었나 보다 생각하면 괜히 무서워지곤 했었다.

죽을 상

이 노란 등에 까만 붓글씨체로 喪(죽을 상)이 써 있기도 하다. 요즘은 병원에서 喪(상)을 치르는 일이 많아서 이젠 보기 어렵다. 그런데 가만히 보니 哭(울 곡)과 비슷해 보인다. 알고 보니 哭(곡)과 亡(죽을 망)의 결합으로 만들어졌단다. 그러니까 죽은 자(亡者)를 위하여 운다는 뜻이다. 哭(곡)과 喪(상)이 비슷한 이유가 여기에 있었다.

서 있는 사람 이야기를 좀더 해 보자.

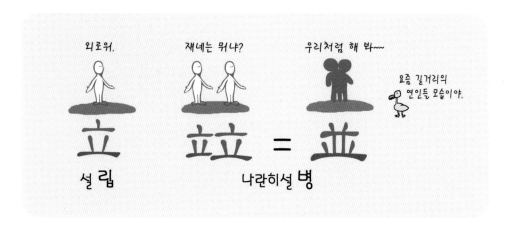

나란히 서 있는 모습을 어렵지 않게 만들었다. 쓰는 법 두 가지를 모두 알아두자.

그럼 竝(나란히설 병)이 들어 있는 한자를 보자.

널리 **보**

서 있는 많은 竝(사람들)을 日(태양)이 골고루 '널리' 비추어 주고 있다. 태양은 이렇게 인간에게 공평하다.

- 普通(보통) 특별하거나 드물거나 하지 않고 예사로움.
- 普及(보급) 널리 펴서 알리거나 사용하게 함.
- 普施(보시) 은혜를 널리 베풂.

족보 **보**

필요한 내용을 순서, 계통에 따라 普(두루) 빠짐없이 차례대로 言(기록)한다는 뜻이다.

그래서 순서가 바뀌거나 누락되면 큰일 날 것 같은 한자어들이 뒤에 있다.

- 族譜(족보) 한 가문의 대대의 혈통 관계를 기록한 책.
- 系譜(계보) 사람의 혈연 관계나 학문·사상 등의 계통 또는 순서의 내용을 나타낸 기록.
- 樂譜(악보) 음악의 곡조를 일정한 부호를 써서 나타낸 것.

다툴 **경**

竝竝(나란히) 서서 兄兄(형들) 뭐 하는 거야?

모양이 兄兄(형들)처럼 생겼지만 실은 싸우는 口(입)과 儿(다리)를 그린 거란다. 그러니 이 한자는 길거리에 서서 한 판 붙은 모습이다. 그래서 競(다툴 경)은 목숨이 왔다갔다 할 만큼 치열한 싸움을 뜻하기도 한다. 兢(조심할 긍)과 헷갈리지 말라. 무한 競爭(경쟁)시대에 너무 戰戰兢兢(전전긍긍)해도 발전이 없다.

- 競爭(경쟁) 이기려고 싸우는 것.
- 競馬場(경마장) 말을 타고 경주하는 곳.
- 競賣(경매) 싸게 사겠다는 사람을 경쟁시켜 물건을 파는 것.
- 競選(경선) 둘 이상의 후보가 경쟁하는 것.

斷 腸
끊을 **단**   창자 **장**

44. 단장

직역 : 창자가 끊어짐.

의역 : 부모와 자식 혹은 친구간의 슬픈 이별로 창자가 끊어질 듯한 슬픔.

진(晉)나라 환온(桓溫)이 촉(蜀)을 정벌하기 위해 여러 척의 배에 군사를 나누어 싣고 가는 도중 양쯔강 중류의 협곡인 삼협(三峽)이라는 곳을 지나게 되었다. 이곳을 지나던 중 한 병사가 새끼원숭이 한 마리를 붙잡아서 배에 실었다. 어미원숭이가 뒤따라 왔으나 강의 물살 때문에 배에 오르지 못하고 강가에서 슬피 울부짖었다. 이윽고 배가 출발하자 어미원숭이는 병풍처럼 펼쳐진 절벽도 아랑곳하지 않고 있는 힘을 다하여 필사적으로 배를 쫓아 왔다.

배는 100여 리쯤 나아간 뒤 강기슭에 닿았다. 이때를 놓치지 않고 어미원숭이는 몸을 날려 배에 뛰어들었으나 그만 그대로 죽고 말았다. 배에 있던 병사들이 죽은 어미원숭이의 배를 갈라 보니 창자가 토막토막 끊어져 있었다. 배 안의 사람들은 모두 놀랐으며 이 일을 안 환온은 새끼원숭이를 풀어주고 새끼원숭이를 잡아왔던 병사를 매질한 다음 내쫓아버렸다.

유행가 제목에 〈단장(斷腸)의 미아리 고개〉가 있다. 한국전쟁 당시 남편이 철사 줄에 꽁꽁 묶여 미아리 고개를 넘어갈 때의 애타는 심정을 담은 노래이다. 斷腸(단장)의 슬픔이 녹아 있는 가사를 음미해 보시라.

한자 up 그레이드

창자 **장**

우선 昜(양)의 유래를 알아보자.

햇살 **양**

둥근 해가 떴습니다~~

日(태양)이 ㅡ(산) 위로 떠오르는 한자 旦(아침 단)에 사방으로 퍼져 나가는 따스한 勿(햇살)을 넣었다. 한자 속에서 '양' '장' '탕'이란 음으로 나온다.
昜(바꿀 역)과 전혀 다르다~

그렇다면 腸(창자 장)은 어떻게 만들어진 걸까 했더니 昜(양 → 장)에서 음을 취하고 앞에 月(고기 육)의 변형부수를 넣었다.

현대인들의 나쁜 식습관 때문에 腸(장)이 탈이 나고 특히 변비로 고생하는 사람들이 많아지자 腸(장)을 다스리는 제품들이 광고에 등장하면서 이 한자도 광고 문구에 자주 보인다. 그러니까 알아두면 유용하다.

- ■ 大腸(대장)　소장 끝에서 항문에 이르는 소화기관.
- ■ 小腸(소장)　위와 대장 중간에 있는 소화기관.

위의 한자에서 보았듯이 昜(햇살 양)은 한자 속에서 음으로 나온다.
다음에 나오는 한자들을 보라.

516

많이 들어 본 한자어일 뿐 아니라 이미 외워서 쓸 줄
아는 사람도 많다.

그럼 두 한자의 유래를 보기로 하자.

먼저 陰(그늘 음)을 보니 앞에서 구름을 그린 모습이라고 했던 云(말할 운)이
여기에서도 '구름'이었다. 구름이 끼어 날이 어둡고 그늘이 지는 모습을 뜻하는 이 한
자는 역학적으로 풀면 소극적이고 어두운 뜻을 가지고 있다. 그래서 땅(地), 아래(下),
여자(女), 밤(夜), 가을겨울(秋冬), 약(弱)의 이미지를 가지고 있다. 그래서인지 ① '그
늘 음' 외에 ② '몰래 음'도 있다.

1. 그늘 음 陰性(음성) (본질이나 현상이) 음(陰)에 속하는 성질.
2. 몰래 음 陰德(음덕) 남 앞에 드러내지 않고 베푼 덕행.
　　　　　陰害(음해) 남을 넌지시 해침.

그렇다면 陽(햇볕 양)은 어떤가.

따스한 햇살이 쏟아지는 한자의 유래에서 보듯이 역학상에서도 적극적이고 밝은 뜻
을 가지고 있다. 그래서 하늘(天), 위(上), 남자(男), 낮(晝), 봄여름(春夏), 강(强)의
이미지를 가지고 있다.

따라서 陰陽(음양)이란 사물(事物)의 현상을 표현하는 하나의 기호(記號)라

고 할 수 있다. 그러다보니 陰(음)과 陽(양)의 두 기호에다 모든 사물을 귀속시켜서 설명하고 있다.

그래서 전통사회에서는 철저한 이분법적으로 우열의 관점으로 해석을 했다는데 현대사회에서는 陰陽(음양)의 조화에 무게를 두고 있다.

아무리 태양이 좋다 해도 일년 내내 내리쬔다고 상상해 보자.

지옥같지 않겠는가. 아직도 陰陽(음양)을 우열 관계로 봐야 한다고 생각한다면 조선시대로 돌아가서 살면 된다.

- 陽地(양지) 볕이 바로 드는 곳.
- 夕陽(석양) 저녁 해.
- 陽氣(양기) 만물이 생성하고 움직이려고 하는 기운.
- 陽性(양성) (본질이나 현상이) 양에 속하는 성질.

날릴 **양**

陽(양)에서 음을 취한 이 한자는 扌(재방변)을 넣어 손을 위로 들어 올리는 모습에서 '바람에 날리다' '이름을 날리다' 는 뜻이 나왔다.

- 立身揚名(입신양명) 입신하여 이름을 세상에 드날림.
- 讚揚(찬양) 훌륭함을 기리어 드러냄.
- 國威宣揚(국위선양) 나라의 권위를 외국에 나가 널리 드날림.
- 意氣揚揚(의기양양) (바라던 대로 되어) 아주 자랑스럽게 행동하는 모양.

버들 **양**

옛 선비가 바람에 흩날리는 버드나무 가지를 보고 이렇게 표현했다.

"미친 여자가 머리 풀어헤치고 널뛰는 모습 같구나."

바로 이 '버드나무'를 陽(양)에서 음을 취하고 뜻으로 木(나무)를 넣어 만들었는데 활용할 만한 한자어가 별로 없다. 성씨로 사용하기도 하지만 양(梁)을 쓰는 성씨도 있으니 양씨라고 해서 다 '이 한자겠거니' 하고 생각하면 낭패(狼狽)를 당할 수 있다. 그런데 1800자에 당당하게 입성했으니 설마 양귀비(楊貴妃) 덕은 아니겠지……

'버드나무'를 뜻하는 한자로 柳(버들 류)가 있다. 木(나무)에서 뜻을 卯(넷째 지지 묘→류)에서 음을 취했다.

이 한자 역시 성씨로도 나온다.

우리 민족이 이렇게 버드나무를 좋아했단 말인가? 아니면 성씨로 나와서 1800자에 넣어준 것인가?

그렇다면 오(吳)씨 성을 가진 사람들이 볼멘 소리로 이렇게 반문하지 않을까?

柳下人物/김홍도/국립중앙박물관

"오(吳)는 왜 1800자에 못 들어 간 거야? 이유를 말해 봐!"

따스한 昜(햇볕, 양→장)이 비추는 넓은 마당에 土(흙)을 쌓아 신을 모시는 제단을 만들었다.

마당 장

여기서 신에게 제사를 지냈는데 많은 사람이 자연스럽게 모이자 후에 '장터', '과거시험장' '운동장' 등 넓은 장소를 가리키게 되었다.

- 場所(장소) 무엇이 있거나 무슨 일이 벌어지거나 하는 곳.
- 場面(장면) 어떤 장소에서 벌어진 광경.
- 市場(시장) 여러 가지 상품을 팔고 사는 장소.
- 現場(현장) 사건이 일어난 곳, 또는 그 장면.
- 工場(공장) 물건을 가공·제조하거나 수리·정비하는 시설, 또는 그 건물.
- 入場(입장) 회장이나 식장, 경기장 따위의 장내에 들어감.

우리 민족은 팔팔 끓인 음식 湯(탕)만 좋아하는 것이 아니다. 湯(탕)속에 들어가서 목욕하는 것도 좋아한다.

昜(햇살 양→탕)을 넣어 태양열 같이 뜨거운 불을 지펴 氵(물)을 펄펄 끓이는 모습에서 '끓일 탕'이 나왔다. 길거리 간판에 유독 많이 보이는 湯(탕)을 찾아보시라.

끓일 탕

- 설렁湯(탕)　소의 머리·발 따위를 푹 고아서 만든 국.
- 沐浴湯(목욕탕)　목욕할 수 있도록 설비를 갖추어 놓은 곳.
- 熱湯(열탕)　끓는 물, 또는 끓는 국.
- 湯藥(탕약)　달여서 먹는 한약.

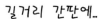

길거리 간판에...

목욕湯
한의원
湯藥 냄새.
설렁湯
우리나라는 湯의 천국!
삼계湯

펼 **창**

🔲(전기 전)과 모양이 조금 다른 🔲(알릴 신)은 번개가 땅 속으로 내리 꽂는 모습이라고 앞에서 다루었다.

그래서 昜(양 → 창)에서 음과 함께 햇살이 사방으로 퍼져나 간다는 뜻을 🔲(번개)가 땅에 꽂히는 모습에 비유한 것이다.

그래서 막힘 없이 일이 술술 잘 풀리거나 날씨가 맑고 화창하 다는 뜻을 가지고 있다.

- 和暢(화창)　(날씨 따위가) 온화하고 맑음.
- 流暢(유창)　글을 읽거나, 하는 말이 거침이 없음.
- 暢達(창달)　구김살 없이 펴거나 자람.

상처 **상**

🔲(병사)가 🔲(화살)을 맞아 부상을 당한 모습에다 昜(양 → 상)을 음으로 넣었다.

전쟁이 많았던 고대시대에 여기저기 피 흘리고 쓰러져 있는 부 상자(負傷者)들을 그린 한자이다.

- 傷心(상심)　마음 아파함.
- 傷處(상처)　몸의 다친 자리.
- 負傷(부상)　몸에 상처를 입음.
- 重傷(중상)　몹시 다침.
- 輕傷(경상)　조금 다침, 또는 가벼운 상처.
- 死傷者(사상자)　죽은 사람과 다친 사람.

反哺之孝

반대로 **반**　먹일 **포**　~의 **지**　효도 **효**

45. 반포지효

직역 : 까마귀 새끼가 늙은 어미 새에게 먹이를 물어다 주며 효를 행함.
의역 : 부모님을 극진히 봉양하는 자식의 효성스런 모습.

남조시대에 양무제는 아무리 추운 겨울이라도 새벽 2시에 일어나 서류를 결재하고 공무를 처리하느라 종종 손발이 터졌다.

또한 그의 생활은 너무 검소하여 세 끼 식사가 모두 조식(粗食)이었으며 이불은 2년, 모자는 3년을 썼다.

이중섭 〈달과 까마귀〉

노년에는 제위에서 물러나 불교에 귀의하겠다고 네 차례나 동태사(同泰寺)로 들어갔다. 그때마다 군신들이 몰려가 1억만 전이라는 거액을 주고 황제를 도로 모셔오는 웃지 못할 일화를 남긴 후 양무제는 '황제보살'이라는 별명이 따라다녔다.

달마대사가 인도에서 건너온 것도 바로 양무제 때의 일이다.

이 양무제가 쓴 〈효사부(孝思賦)〉에서 반포(反哺)가 유래되었다.

시간은 문틈으로 흰 망아지가 달려가는 것을 보듯 휙 지나가 버려
흘러가는 물 막을 수 없는 이치와 같아 슬프구나.

서리를 밟고 서 있으면 슬픔이 밀려오고

밥 먹을 때는 눈물이 또르르 구르네.

중유(仲由)가 말린 생선을 보고 부모를 그리워하듯

부모 무덤에 서서 풍수지탄(風樹之嘆)을 생각하노라.(중략)

뱀은 상처를 치료해준 은혜를 구슬로 보답하고

까마귀는 반포(反哺)로 부모님의 은혜를 갚았다는데

이런 미물도 오히려 이러하거늘

하물며 천지간에 만물의 영장이라는 인간은 말할 필요도 없네.

황제보살다운 작품이다.

기록에 의하면 까마귀뿐 아니라 양의 새끼도 허기진 어미 앞에서 무릎을 꿇고 젖을 먹인다고 한다.

명(明)나라 박물학자 이시진(李時珍)의 《본초강목(本草綱目)》에 까마귀 습성에 대한 내용이 다음과 같이 실려 있다.

까마귀는 부화한 지 60일 동안은 어미가 새끼에게 먹이를 물어다 준다. 먹이를 먹고 건강하게 자란 새끼는 먹이 사냥에 힘이 부친 어미에게 자기에게 했던 것과 똑같이 60일 동안 먹이를 물어다 어미 입에 넣어 준다. 여기에서 새끼가 어미에게 먹이를 물어다 주는 습성을 가리켜 반포(反哺)라고 한다.

이리하여 까마귀는 자오(慈烏 : 인자한 까마귀) 또는 반포조(反哺鳥), 효조(孝鳥)라는 별칭을 갖게 되었다.

까마귀를 효조(孝鳥)라고 부른다는데 그럼 불효조(不孝鳥)도 있을까?

뱀 중에는 살모사(殺母蛇)가 있다.

살모사는 새끼를 낳고 힘들어서 새끼 뱀 주위에 늘어져 있는데 이 모습이 마치 새끼가 어미를 잡아먹으려고 모여 있는 것처럼 보인다.

그래서 사람들이 제멋대로 붙여 불효뱀 살모사(殺母蛇)란 오명을 얻게 되었다니 좀 억울하겠다. 그렇다면 살모조(殺母鳥)란 이름을 붙일 만한 새가 있을까?

정답은 "있다."

그 새는 바로 '올빼미'다.

올빼미는 새끼를 낳으면 100일 동안 열심히 먹이를 물어다 사랑으로 길러준다. 100일이 지난 어느 날 날개가 생기면 어미는 새끼를 데리고 먹이 사냥을 나간다. 그런데 사냥감을 찾던 새끼가 갑자기 어미에게 덤벼 잡아먹는다. 그리고 혼자서 유유히 둥지로 날아 돌아온다. 불효조(不孝鳥) 올빼미는 살모사처럼 억울하게 붙은 이름이 결코 아니다.

그래서 옛날 사람들은 지나가다 올빼미를 보면 잡아 죽여서 나무에 매달았다.

'부모님 제대로 안 모시면 너도 이런 꼴 당한다'는 경각심을 심어주기 위해서다. 그렇다면 올빼미를 한자로 어떻게 만들었을까?

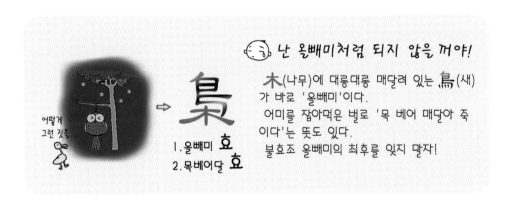

(🦉) 난 올빼미처럼 되지 않을 꺼야!

木(나무)에 대롱대롱 매달려 있는 鳥(새)가 바로 '올빼미'이다.
어미를 잡아먹은 벌로 '목 베어 매달아 죽이다'는 뜻도 있다.
불효조 올빼미의 최후를 잊지 말자!

梟
1. 올빼미 효
2. 목베어달 효

이 세상에서 제일 소중한 나의 어머니, 아버지가 병들고 늙었다는 이유로 제대로 모시지 않으면 올빼미꼴 된다. 그래서 불효자(不孝子)에게 내릴 형벌은? 효수(梟首)가 제격이다.

■ 梟首(효수) 죄인의 목을 베어 죽인 후 경고의 메시지로 저잣거리에 목을 걸어 놓고 까마귀밥을 만든 가장 무거운 형벌.

신금수회의록 - 까마귀의 억울함을 호소함

인간들은 우리를 싫어해. 왜 싫어하는 거야?

목소리가 기분 나쁘다구?

우리가 울어주는 건 불길한 징조를 예고해 주는 건데, 미련한 인간이 예방도 못하고 당하면 우리의 울음소리 때문이라고 뒤집어 씌우니 정말 억울해.

온몸이 시커먼 색이라 기분 나쁘다구?

알록달록하지 않아서 좀 덜 예뻐 보이긴 하지만 혐오감을 준다고는 생각하지 않아.

그래서 한자도 쉽게 만들었잖아. 鳥(새 조)에서 눈을 빼고 만들었으니 얼마나 외우기도 좋은가 말이야.

우리가 모인 모습을 보고 만든 한자성어도 있다면서?

뭐 오합지졸(烏合之卒)이라던가.

까마귀 떼는 뭉칠 줄 모르고 우왕좌왕(右往左往)하며 다투기만 한다고 '보잘 것 없는 어중이 떠중이 병사'라는 뜻이라며?

평소에는 무리를 지어 잘 어울리다가도 먹이를 보면 서로 먹기 위해 싸우는 모습을 보고 만들었다고 하던데 그럼 먹이 앞에서 안 싸우는 새들도 있던가?

우릴 기분 나쁘게 하는 한자성어야.

그리고 우리가 시체를 좀 즐겨 먹기는 해. 그렇지만 산 사람을 잡아먹는 것도 아니고 죽은 시체를 깨끗이 청소해 주는 건데 오히려 고마워해야 하는 것 아냐?

참, 우리와 한 식구였던 까치 소리는 듣기 좋다고 한다며!

아침에 들으면 반가운 손님이 온다구 누가 그래?

알고 보면 까치두 우리와 같은 한식구야. 왜냐하면 그들도 까마귀과거든. 몰랐지?

그런데 이놈들이 인간에게 잘 보이려고 야비하게 흰털 몇 개를 만들어 심더니 그만 가출해 버린 거야. 뭐, 그렇다구 까마귀과에서 벗어날 순 없지.

사실 까치 이야기가 나와서 말인데, 그놈들이야말로 아주 잔인하고 탐욕스러워 차라리 흉조(凶兆)에 가깝다고 할 수 있지. 과수원의 과일을 맛나게 쪼아 먹는 이놈들이 야말로 농촌의 조폭들이라니깐.

서양의 조류학자 〈삐이루〉가 1874년에 2,258마리의 까마귀의 배를 갈라 해부하고 말하길, "까마귀는 곡식을 해(害)치지 아니하고 곡식에 해(害)가 되는 버러지를 잡아 먹는다"고 하였는 걸.

이러나 저러나 우리 까마귀는 까치와 예전처럼 사이좋게 지내고 싶어.

견우와 직녀가 일년에 한 번 만나는 칠월 칠석날 우리들이 힘을 합쳐 오작교(烏鵲橋)를 만들어준 추억은 잊을 수 없단 말야. 우리가 흉조라면 이런 성스런 행사에 감히 참여나 할 수 있었겠어? 그때 그 시절이 그립다구.

참, 까치보다 우리를 더 비참하게 만드는 놈은 백로(白鷺)야.

어떻게 몸이 하얗다는 이유로 인간들에게 사랑을 받는지……

그래서 이런 시조가 나왔다며?

"까마귀 싸우는 골에 백로야 가지 마라." 그럼 겉이 하얀 것들은 속도 하얗다는 건가?

인간이 만든 한자성어 중에 표리부동(表裏不同)이 있던데 알아서 해석해 봐.

허긴 이들을 탓해야 무슨 소용이 있겠어. 다 인간들이 제멋대로 만들어 놓은 잣대에 우리들이 일희일비(一喜一悲)한 것을. 내가 좋아하는 시조 한번 들어 볼래?

"뉘라셔 가마귀를 검고 흉(凶)타 하돗던고
반포보은(反哺報恩)이 긔 아니 아름다온가
사람이 저 새만 못함을 못내 슬허하노라."

우리 까마귀는 누가 뭐래도 반포지효(反哺之孝)의 주인공이라구.

아침에 일찍 해뜨기 전에 집을 떠나서 사방으로 날아다니며 먹을 것을 구하여 부모 봉양도 하고, 나뭇가지를 물어다가 집도 짓고, 곡식에 해 되는 벌레도 잡아 인산을 도와주지. 저녁이 되면 반드시 집으로 돌아가, 나가고 들어올 때에 일정한 시간을 어기는 법이 없지. 그런데 인간들 중에는 점심때까지 자빠져서 잠을 자며, 한번 집을 나가면 협잡질하고, 계집을 쫓아다니거나 노름에 빠져 시간 가는 줄 모르지. 그러니 자기

부모가 진지를 잡수었는지 처자가 기다리는지 모르고 쏘다니는 인간들이 어찌 우리를 미워할 자격이나 있을까?

자식이 부모에게 당연히 해야 할 일을 하지 않으니 오히려 까마귀만도 못한 인간들이 너무 많아. 그러니 인간들은 이제부터라도 반성하고 우리를 업신여기지 말고 본받으라구. 잘못하면 불효조인 올빼미꼴 된다는 거 꼭 명심하구!

한자 up 그레이드

반대로 **반**

'반대로' '거꾸로' 라는 뜻을 가지고 있는 이 한자의 유래를 한 번 볼까.

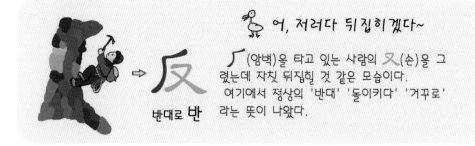

어, 저러다 뒤집히겠다~

厂(암벽)을 타고 있는 사람의 又(손)을 그렸는데 자칫 뒤집힐 것 같은 모습이다.
여기에서 정상의 '반대' '돌이키다' '거꾸로' 라는 뜻이 나왔다.

반대로 **반**

암벽에 아슬아슬하게 매달려 있는 사람을 보니 금방이라도 뒤집어질 것 같아 불안한데 이 모습이 (반대로 반)이라니 그럴듯하다.

■ 反語法(반어법) 표현하려는 본뜻과는 반대되는 말을 함으로써 문장의 변화 효과를 한결 높이려는 표현 방법.
■ 反目(반목) 서로 맞서서 미워함.

- 反射(반사) 빛이나 전파 따위가 어떤 물체의 표면에 부딪혀 되돌아오는 현상.
- 反感(반감) 상대편의 말이나 태도 등을 불쾌하게 생각하여 반발하거나 반항하는 감정.
- 反則(반칙) 규칙을 어김, 또는 규칙에 어긋남.
- 違反(위반) (약속이나 명령 따위를) 어기거나 지키지 아니함.
- 背反(배반) 신의를 저버리고 돌아섬.

反(반대로 반)을 넣어 만든 한자 5개를 알아보자.

'도로 돌려주다' 는 뜻으로 返還(반환)이 있다. 返(돌아올 반)은 가던 길을 다시 反(거꾸로) 辶(되돌아온다)는 뜻이다. 물론 反(반)에서 음도 취했다.

돌아올 **반**　돌아올 **환**

- 返送(반송) 도로 돌려보냄.
- 返納(반납) (꾸거나 빌린 것을) 도로 돌려줌.
- 返品(반품) 사들인 물품 따위를 도로 돌려보냄.

還(돌아올 환)은 辶(책받침)에서 뜻을 睘(환)에서 음을 취해서 만들었는데 遠(멀 원)과 비슷하게 생겼다. 단독으로 거의 나오지 않는 한자를 음으로 취할 때는 묶어서 외우면 덜 헷갈린다. 지금은 袁(원)과 睘(환) 이 음으로만 보이는데 이 한자들을 묶어서 외우자.

모아 모아 머리 속에 쏘~옥 넣자.

袁(원)을 음으로 취한 한자.

- 遠(멀 원) :　遠近　遠大
　　　　　　　원 근　　원 대
- 園(동산 원) :　庭園　學園
　　　　　　　　정 원　　학 원

睘(환)을 음으로 취한 한자.

- 還(돌아올 환) :　還元
　　　　　　　　　환 원
- 環(고리 환) :　環境
　　　　　　　　환 경

反(반) 앞에 食(먹을 식)을 넣어 '밥 반' 을 만들었다.

- 飯店(반점) '음식점' 을 중국식으로 이르는 말.
- 茶飯事(다반사) 차나 밥 먹듯이 늘 있는 일. 예사로운 일.

밥 **반**

反(반) 앞에 貝(조개)를 넣어 돈을 받고 물건을 판다는 뜻인 '팔 판' 을 만들었다.

- 販賣(판매) 상품을 팖.
- 販促行事(판촉행사) 판매를 올리기 위해 벌이는 다양한 일.
- 街販(가판) 가두판매의 준말. 길거리에서 물건을 파는 일.

팔 **판**

두 개의 한자는 구별하기가 어려운데…….

反(반→판)에서 음을 취한 것은 같다.

앞에 한자는 木(나무 목)을 넣고, 뒤의 한자는 片(조각 편)을 넣어 만들었다. 다 같은 나무인데 어떻게 다른 것일까?

우선 '나무 조각'을 가리키는 한자 爿(조각 장)과 片(조각 편)이 있다는 것을 알아야 한다. 나무를 반으로 갈랐을 때의 모양을 그린 두 한자는 방향만 다를 뿐 평평하고 얇으며 납작한 나무 조각을 가리킨다.

그리고 음으로도 나오는데 아래 그림을 보라.

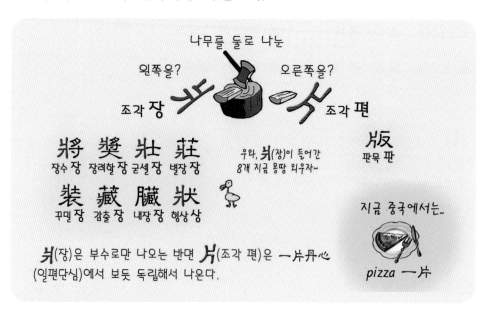

설명이 너무 장황해졌다.

片(조각 편)에 대해서 이제 이해가 되었다면 두 개의 한자를 구별해 보자.

板(널빤지 판)은 통나무를 잘라 널뛰기 할 때 쓰는 널빤지나 간판처럼 생긴 것을 말한다면, 版(판목 판)은 간판보다 더 작고 얇게 자른 조각으로 출판, 인쇄에 관련된 한자어에 주로 나온다. 다음 한자어를 보면서 이해해 보자.

板(널빤지 판) : 칠판(漆板), 간판(看板), 현판식(懸板式), 판자촌(板子村)

版(판목 판) : 출판(出版), 판화(版畫), 판권(版權), 복사판(複寫版)

이런 한자들을 정확하게 이해할 수 있어야 한자가 즐거워진다.

음으로 나온 甫(겨우 보)는 佳人薄命(가인박명)의 薄(얇을 박) 속에 들어 있는 한자인데 별로 활용할 곳이 없다.

다음 한자들을 위해 음만 알고 있어도 된다.

이 한자에서는 甫(보→포)의 앞에 口(입 구)를 넣어 입 안에 먹을 것을 넣어 준다는 '먹일 포'를 만들었다.

먹일 **포**

- 哺乳動物(포유동물)　어미가 제 젖으로 새끼를 먹여 기르는 동물.

甫(보→포)에서 음을 앞에 氵(삼 수)를 넣어 물이 드나들던 곳이란 뜻인 '물가 포' '개펄 포'를 만들었다.

이 한자를 넣어 만든 지명은 옛날부터 배가 드나들며 물자를 나르던 포구(浦口)였음을 알 수 있다.

개펄 **포**

- 浦口(포구)　배가 드나드는 개의 어귀.
- 麻浦(마포)　서울에 있는 지명.
- 木浦(목포)　전남에 있는 항구도시.

甫(보→포)의 앞에 扌(손)을 넣어 손으로 꽉 잡는다는 '사로잡을 포'를 만들었다.

사로잡을 **포**

- 生捕(생포)　산채로 잡음.
- 捕縛(포박)　잡아서 밧줄로 묶음.
- 捕獲(포획)　적병이나 짐승, 물고기를 잡음.

해지거나 뜯어진 衤(옷)을 조각을 대고 꿰맨다는 뜻에서 모자라는 것을 '채워주다' '고치다' '보충하다' 는 뜻을 가지게 되었다.

활용이 많은 한자이다. 알아두자.

도울 **보**

- 補充(보충)   모자란 것을 채움.
- 補強(보강)   (모자라는 부분을) 보태고 채워서 튼튼하게 함.
- 補助(보조)   모자라거나 넉넉지 못한 것을 보태어 돕는 일.
- 瑕疵補修(하자보수)   상했거나 부서진 부분을 손질하여 고침.
- 增補(증보)   (책이나 글의 내용을) 더 보태고 다듬어서 채움.

이 한자는 동양, 특히 우리 사회의 질서를 잡는 구심점으로 중요한 역할을 하였다.

이 한자를 알기 전에 먼저 알아야 할 한자가 있다.

효도 **효**

어느덧 머리에 서리가 내리고 ...

耂(백발)의 노인이 匕(지팡이)에 몸을 의지하고 있는 모습이다.

황혼을 맞이한 인간의 모습이다.

늙을 **로**

백발이 성글게 남아 헝클어진 모습이라니 늙고 병든 노인의 모습을 생각하면 되겠다. 이런 노인에게 지팡이는 필수 아니던가.

그러나 늙고 병들고 기운도 없어 보이는 이 한자에 '노련할 로' 가 있다.

살아온 시간이 긴 만큼 일의 노련함은 젊은 사람들이 감히 흉내낼 수 없다.

- 敬老(경로)   노인을 공경함.
- 老鍊(노련)   많은 경험을 쌓아 그 일에 아주 익숙하고 능란함.

이렇게 만들어진 老(늙을 로)에서 匕(지팡이)를 없애고 그 자리에 子(자식)이 늙은 부모를 부축하며 걸어가는 모습을 그린 한자가 '효도 효' 이다.

물질적으로 잘해 드리는 것만이 꼭 孝(효)가 아니라는 말씀이다.

■ 孝道(효도) 어버이를 잘 섬기는 자식된 도리.

상고할 **고** 생각할 **려**

"考慮(고려)해 볼 게"하고 대답한다면 '곰곰이 생각해 본다' 는 뜻 아닌가.

考(상고할 고)의 모양을 보아 하니 이 한자도 노인과 관련이 있을 듯하다.

老(늙을 로)와 다른 점은 이 匕(지팡이)가 좀더 꾸불꾸불해졌다는 사실이다.

이것은 노인의 허리가 더 굽었음을 보여주는 것인데 허리가 굽은 노인이 지팡이를 짚고 뭔가 '깊이 생각하다' 는 데서 ① '상고할 고' 가 나왔다. ② '돌아가신 아버지' 라는 뜻도 있으니 알아두자. 제문에서 많이 보인다. 곰곰이 잘 생각해서 답을 작성해야 하는 ③ '시험 고' 도 있으니 활용이 많은 한자이다.

1. 상고할 고 再考(재고) (한 번 정한 일을) 다시 한 번 생각함.
    考察(고찰) 깊이 생각하여 살핌.
2. 돌아가신아버지 고 先考(선고) 돌아가신 아버지 = 先親(선친)
3. 시험 고 考試(고시) (공무원 따위의) 지원자의 학력이나 자격을 검사하여 그 합격 여부를 판정하는 일.

慮(생각할 려)는 어디서 본 듯한 한자다.

아하, 苛政猛於虎(가정맹어호)에서 다룬 적이 있는 虍(범 호 → 려)의 생략형에다가 思(생각 사)를 넣었구나. 思慮(사려)깊은 동물이 누군가 했더니 호랑이였다. 사냥하기 전에 어떤 놈을 먹을지 깊이 생각하는 모습에서 나오지 않았을까. 믿거나 말거나. 그보다 먹잇감을 보면 配慮(배려)하는 정신을 보이는 호랑이가 되길……

■ 配慮(배려) 여러 모로 자상하게 마음을 씀.

6

제 분수를 알고 처신하는 것이 세상을 사는 지혜

46 혼전신성 昏定晨省
47 당랑거철 螳螂拒轍
48 주지육림 酒池肉林
49 구밀복검 口蜜腹劍
50 호연지기 浩然之氣
51 고황지질 膏肓之疾
52 도불습유 道不拾遺
53 기화가거 奇貨可居
54 분서갱유 焚書坑儒

昏 定 晨 省

어두울 혼   정할 정   새벽 신   살필 성

46. 혼정신성

직역 : 날이 어두워지면 잠자리를 깔아 드리고, 새벽이 되면 편히 주무셨나 살펴 드림.

의역 : 아침 저녁으로 부모를 봉양하는 효성.

동양사상에서 가장 중요한 뿌리는 충(忠)과 효(孝)이다.

특히 효(孝)는 모든 행동의 근본이 된다고 할 만큼 중요한 덕목의 하나였다.

그렇다고 효를 실행하는 실천 규범이 대단하거나 어려운 것은 아니었다. 오히려 소박하기까지 하다.

즉 부모님 살아계시는 동안《예기(禮記)》에 나오는 다음과 같은 내용을 실천하는 것이야말로 진정한 효(孝)라고 생각했다.

무릇 사람의 자식 된 자의 예(禮)는 겨울에는 추위에 떠시지 않게 따뜻하게 해드리고, 여름에는 더위를 타시지 않게 시원하게 해드리며, 날이 어두워지면 잠자리를 깔아 드리고, 새벽이 되면 편히 주무셨나를 살피는 것이다.

(凡 爲 人 子 之 禮 冬 溫 而 夏 淸 昏 定 而 晨 省).

여기서 유래한 혼정신성(昏定晨省)과 동온하정(冬溫夏淸)은 자식이라면 누구나 당연히 해야 할 일이었다.

만약 부모님 살아계실 때 자식의 도리를 다 하지 못하면 두고두고 후회하게 된다고 하였다. 다음 사자성어를 보자.

부모님 돌아가신 뒤 제사상 잘 차려봐야 소용없다

風 樹 之 嘆
바람 **풍** 나무 **수** ~의 **지** 탄식할 **탄**

▶ 부모님이 돌아가셔서 효도할 기회를 잃을 것에 대한 후회와 탄식.

공자가 길을 가는데 어디선가 너무도 애절하게 곡(哭)하는 소리가 들렸다.

공자가 그 소리를 듣더니 말했다.

"빨리 가자! 앞에 어진 사람이 있구나."

제자들이 달려가 보니 고어(皐魚)라는 사람이 베옷을 입은 채 낫을 들고 길가에서 곡소리를 내고 있었다.

공자가 말하길, "그대는 상(喪)을 당한 것도 아닌데 어찌하여 곡소리가 그리 슬픈가?"

그러자 고어가 말했다.

"저는 어려서는 열심히 공부하느라고, 장성해서는 제후들에게 벼슬을 구하느라고 부모님을 등한시하여 제대로 모시지 못했습니다.

나무는 가만히 있고자 하나 바람이 그치질 않고, 자식은 봉양하려 하나 부모님께서는 기다려 주지 않습니다(樹欲靜而風不止 子欲養而親不待).

한번 돌아가시면 다시는 뵐 수 없는 분이 부모님이십니다."

공자가 말하길, "제자들아, 너희들도 경계하고 알아두어야 하느니라."

효자 앞에서는 하늘도 감동한다

雙 鯉 躍 出

쌍 쌍   잉어 리   뛸 약   날 출

▶ 부모님에 대한 효가 지극하면 하늘도 돕는다.

왕상(王祥)은 어려서 어머니를 여의고 계모 주씨 밑에서 자랐다. 왕상을 미워한 계모는 남편에게 고자질하여 아버지의 사랑마저 잃게 했다. 그리고 날마다 소 외양간을 청소하는 등 궂은 일을 도맡아 하면서도 왕상은 부모를 공경하였다.

추운 겨울 날 계모가 살아있는 생선이 먹고 싶다고 하자 왕상은 강가로 나갔다. 그리고 옷을 벗고 얼음을 깨뜨리려고 하였다. 이때 갑자기 얼음이 저절로 갈라지면서 잉어 두 마리가 튀어나왔다(雙鯉躍出). 어느날 어머니는 또 갑자기 구운 참새고기가 먹고 싶다고 하였다. 그러자 참새 수십 마리가 저절로 왕상의 집으로 날아들었다. 어머니가 돌아가시자 왕상은 3년 동안 어머니 무덤을 지키며 시묘살이를 하였는데 너무 슬퍼한 나머지 병이 나서 지팡이를 짚고 일어나야 했다.

이것을 본 동네 사람들이 효자라며 칭찬을 아끼지 않았다. 참된 孝(효)란 이렇듯 지극한 정성에서 비롯된 것이다.

《소학(小學)》에 이런 문장이 있다.

身體髮膚受之父母 不敢毀傷 孝之始也(신체발부수지부모 불감훼상 효지시야)
몸은 부모에게 물려받아서 감히 훼손해서는 안 되는 것이니 이것이 효의 시작이다.

立身揚名 以顯父母 孝之終也(입신양명 이현부모 효지종야)
몸을 세워 이름을 날려서 부모를 빛내는 것이 효의 마지막이다.

한자 up 그레이드

한자에서 ☐(해 일)은 시간을 가리키거나 밝다는 뜻으로 나온다.

그런데 시간 중에서 해가 뜨는 시간과 해가 지는 시간이 있는데 이것을 구별하기는 쉽다. ☐(해)의 위치가 위에 있으면 '뜨는 해'이고 아래에 있으면 '지는 해'라고 생각하자.

그렇다면 이 한자는? '지는 해'이다. 그렇다면 氏(성씨 씨)는 무슨 뜻일까?

어두울 **혼**

여기서는 '사람'을 뜻하는데 서 있는 氏(사람)이 김씨(氏)인지 이씨(氏)인지 모르겠지만 발 아래로 ☐(해)가 떨어지는 모습이니 이는 황혼녘 아닌가. 서해 바닷가에 가면 우리 발 아래로 천천히 떨어지는 해를 볼 수 있다.

昏 의 모습이 되려는 찰라!

■ 黃昏(황혼) 해가 지고 어둑어둑할 때.

여기서 함께 알아두면 좋은 한자가 있다. 점점 떨어지는 해를 간단히 ━(선)으로 표시한 氐(낮을 저)가 있다. 그런데 이 한자는 지금 거의 쓰지 않고 앞에 亻(사람 인)을 붙인 低(낮을 저)와 广(집 엄)을 붙인 底(아래 저)가 주로 나온다. 일반적으로 低(낮을 저)는 형용사로 底(아래 저)는 명사로 나온다.

아래 한자어를 보며 이해하자.

1. 낮을 저 低質(저질) 품질이 떨어짐.
   　　　　　低價(저가) 헐한 값.
2. 아래 저 海底(해저) 바다 밑.
   　　　　　基底(기저) 기초가 되는 밑바닥.
   　　　　　井底之蛙(정저지와) 우물안 개구리. 견문이 좁은 사람.

氏(씨)를 음으로 취한 한자 중에 紙(종이 지)가 있다. 음이 변한 것만 주의하면 된다. 이 기회에 알아두자.

이제 昏(어두울 혼)을 넣어 만든 한자를 보자.

맺을 **결** 혼인할 **혼**

吉(길할 길 → 결 : 좋은) 날을 잡아 糸(청실홍실) 엮어서 동심결(同心結)을 맺고 나서야 정식으로 부부의 인연이 맺어진다고 믿었던 우리의 전통 혼례에서 結(맺을 결)을 찾아 볼 수 있다.

중국에서도 남자 쪽에서 구혼하고 여자 쪽에서 허락하는 납채(納采)가 성사되면 여자는 머리를 묶고 비단 끈으로 묶어 올렸다가 초야에 신랑이 손수 풀어 주었다. 당나라 이후에는 남녀가 각자의 머리카락을 조금씩 잘라 함께 묶었다고 하니 부부의 인연을 실이나 머리카락으로 묶음으로써 서로의 마음을 확인하는 절차는 같다. 한번 묶은 실 풀어지지 않게 단단히 묶자.

- 結束(결속) 뜻이 같은 사람끼리 하나로 뭉침.
- 結合(결합) 둘 이상의 것이 서로 관계를 맺고 합쳐서 하나로 됨.
- 連結(연결) 서로 이어서 맺음.

인륜대사 婚(혼인할 혼)은 좋은 날을 잡아 치뤘는데 그렇다면 몇 시쯤에 거행했을까? 오늘날에는 낮에 결혼식을 거행하는 것이 일반적이라면 전통 결혼식은 해가 저무는 시간인 昏(황혼) 때 거행했다.

女(여자)야 당연히 이 날의 주인공 신부를 가리킨다.

昏(어두울 혼)이 결혼을 거행하는 시간이다.

結婚(결혼)이란 남자와 여자가 만나 부부가 되는 행사이므로 음과 양이 교차하는 해저무는 시간에 거행하는 것이 합당하다고 믿었다.

또 다른 설로는 우리나라에서는 악귀들이 신부의 화려한 옷차림을 보면 시샘을 내서 나쁜 장난을 친다고 믿었다. 그러다 자칫 액운을 당할 수 있기 때문에 예방 차원에서 어두워지기를 기다렸다고 전해진다. 호사다마(好事多魔)라고 하지 않았던가.

우리나라에서는 전통적으로 혼인(婚姻)이란 용어를 써왔는데 시대가 변해서 지금은 '학술용어 혹은 법률용어'로 쓴다. 이에 반하여 結婚(결혼)은 '남녀가 부부관계를 맺는 것, 또는 부부생활'이란 뜻으로 구분해 쓰고 있다.

宀(집) 안의 물건을 정리 정돈하고 제자리에 正＝疋(바르게) 둔다는 데서 나왔다. 활용이 많은 한자라 꼭 알아두자.

■ 定期(정기)　일정한 기간 또는 기한.
■ 定價(정가)　(상품의) 정한 값.
■ 未定(미정)　아직 결정하지 못함.

아, ① '정할 정' 외에 ② '반드시 정'도 있는데 중국어 기초편에 보면 一定(yi ding)은 '일정하다'는 뜻 외에 '반드시, 꼭'이란 뜻이 있다고 배운다.

중국어뿐 아니라 다음 한자성어에서도 볼 수 있다.

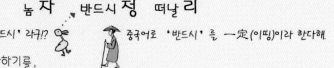

우리도 언젠가는 헤어지겠지.

會 者 定 離
모일 회　놈 자　반드시 정　떠날 리

있을 때 잘해!

엉? '반드시'라구!?　　중국어로 '반드시'를 一定(이띵)이라 한다해.

불교에서 말하기를,

生者必滅 會者定離 (생자필멸 회자정리)

'살아 있는 것은 반드시 죽고 만나면 반드시 헤어진다.'는 말로 모든 사람은 짧거나 길게 사는 삶의 시간적 차이는 있겠으나 본질적으로 생명은 영원불멸할 수는 없다는 인생무상(人生無常)이 담겨 있는 말씀이다.

日(해 일)이 위에 있는 것을 보니 '해가 뜨는 시각'이겠다.
먼저 辰(별 진)의 유래를 보기로 하자.

조개도 조개 나름이야~

이 한자도 조개라구요?

큰 辰(조개)를 별 모양으로 날카롭게 갈아서 풀 베는 도구로 사용하였다.
그런데 용에 해당되는 '다섯째지지'로 배당 받더니 뒤에 '별 진' '때 신'이 추가되자 조개의 모습은 자취를 감추고 말았다.

辰
1. 다섯째지지 진
2. 별 진 3. 때 신

조개라도 貝(조개 패)는 귀한 물건이나 돈을 상징한다면 辰(진)은 조개 끝을 갈아 농기구로 썼기 때문에 돈과는 관계가 없다.

조개라고 다 귀한 것이 아니다.

그런데 충무공 탄신일(誕辰日), 석가 탄신일(誕辰日), 부모님 생신(生辰)에서 보듯이 생일(生日)의 존칭으로 辰(날 신)을 쓴다.

그럼 본론으로 와서 晨(새벽 신)을 알아보자.

日(해)와 辰(별)이 함께 하늘에 떠 있다?! 바로 '새벽' 아닌가!

기초한자 1800자에 들어 있는데 활용할 한자어는 별로 없다.

■ 晨星(신성) 샛별, 새벽별

진동할 **진**

辰(진)에서 음을 취하고 雨(비 우)를 넣어 '천둥소리 진', '진동할 진'을 만들었다. 2004년 12월 26일 동남아시아는 강도 8.9의 해일로 인한 대참사에 속수무책으로 당했다.

그때 우린 알았다. 地震(지진) 뒤에 오는 餘震(여진)이 더 무섭다는 사실을……

■ 地震(지진) 지각(地殼) 내부의 급격한 변화로 지면이 일정 기간 동안 진동하는 현상.
■ 餘震(여진) 큰 지진이 있은 뒤에 이어서 일어나는 작은 지진.

月(고기 육)의 변형부수를 보니 신체와 관련 있다.

辰(진→순)에서 음을 취해 '입술 순'을 만들었다.

옛날에는 미인의 기준이 앵두 같은 입술이 아니라 조개 같은 입술이었나? 그럴 리가?!

우리 속담에 '이 없으면 잇몸으로 산다'는 말이 있다. 반면 한 자성어로는 '입술이 없으면 이가 시리다'가 있다니 무슨 뜻인지 유래를 통해 알아보자.

입술 **순**

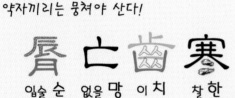

약자끼리는 뭉쳐야 산다!

脣 亡 齒 寒
입술 순 없을 망 이 치 찰 한

서로 의지하며 살다 한 쪽이 망하면, 다른 한 쪽도 따라 위험해진다는 뜻이래.

우리처럼?

춘추시대 약소국인 우국과 괵국은 위험에 처하면 서로 도와주었다. 강대국인 진(晉)헌공이 괵국을 공격하려는데 우국이 걱정이 되었다. 그래서 우공의 탐욕스러운 점을 이용해 천리마와 귀한 옥을 바치며 길을 빌려달라고 부탁했다. 우공이 제의를 수락하려 하자 중신 궁지기가 결사반대하며 말했다. "전하, 괵국과 우리나라는 한 몸과 같아 괵나라가 망하면 우리도 망합니다. 옛 속담에 '입술이 없어지면 이가 시리다[脣亡齒寒]'고 하지 않습니까?" "경은 오해하고 있구료. 진과 우리는 모두 주나라 황실에서 갈라져 나온 형제의 나라인데 설마 피해를 줄 리가 있겠소?" 재물에 눈이 먼 우공은 결국 진에게 길을 빌려주고 말았다. 그 해 12월, 괵국을 멸망시키고 돌아가던 진은 우국도 공격하여 멸망시켰다.

나무젓가락도 한 개는 쉽게 부러지지만 여러 개 묶인 것은 잘 부러지지 않는다. 약자의 설움이 느껴지긴 하지만 그럴수록 약자끼리는 뭉쳐야 산다!

扌(손)에 辰(조개)를 날카롭게 잘라 만든 연장을 들고 밭에 나가서 일을 하는데 사기를 북돋워 주기 위해 흥겹게 노래를 부른다. 물론 辰(진)에서 음도 나왔다.

떨칠 **진**

- 振動(진동) 흔들려 움직임.
- 振興(진흥) (학술이나 산업 따위가) 떨쳐 일어남.

부끄러울 **치** 욕될 **욕**

耳辱(치욕)스럽다' 이런 말은 되도록 안 쓰는 것이 좋은 말 중에 하나이다. **耳**(부끄러울 치)와 함께 연결해서 알아두면 좋은 한자가 있다.

👶 귀의 수난 시대

취할 **취** 取

패배한 적군의 왼쪽 耳(귀)를 又(손)으로 당겨 잘라 갖는 모습에서 '취하다'가 나왔다.

耳心 부끄러울 **치**

적군에게 耳(귀)가 잘려져 나갈 때의 부끄러운 心(마음)을 무슨 말로 표현할 수 있겠는가.

임진왜란과 정유재란 때 일본은 조선을 침략하여 우리 민족을 잔인하게 학살한 후 그 실적을 증명하기 위하여 코와 귀를 잘라 소금에 절여서 가져갔다. 그리고 그것을 귀무덤 즉, 이총(耳塚)이라 이름 붙이고 탑을 쌓아 도요토미 히데요시 묘지 앞에다 만들어 놓고 오늘날까지 큰 자랑거리로 삼고 있다.

耳塚 / 日本 京都市

위 한자와 관련 있는 가슴 아픈 귀무덤은 분명 우리 조상이다. 살육당한 것도 서러운데 신체의 일부마저 잘려나간 수많은 원혼들은 지금도 구천을 헤매고 있을지 모른다.

우리 후손이 해야 할 일은? 한시라도 빨리 고국 땅으로 모셔 와서 원혼을 달래는 일이다. 일본은 인도주의(人道主義)적 결자해지(結者解之) 정신으로 이 슬픈 역사를 풀어나가야 한다.

아무튼 일본사람들 취미(趣味)가 참으로 고약하다. 원시시대나 고대시대에나 행해졌을 것 같은 귀를 잘라가는 짓을 하다니 말이다. 이 기회에 다음 한자도 알아두자.

죽어 넘어져 있는 병사들의 귀를 하나라도 더 取(취)하기 위해 혈안이 되어서 정신없이 走 (달려가는) 모습이 연상된다. 물론 取(취할 취)에서 음도 나왔다. 그런데 이런 모습이 멋있어 보였나? ① '달릴 취' 외에 ② '풍치 취' ③ '멋 취'가 나왔으니 좀 엽기스럽다.

달릴 **취**

- 風趣(풍취) 풍경의 아취.
- 情趣(정취) 좋은 감정을 자아내는 흥취.
- 趣味(취미) 좋아서 하고 있는 일.
- 趣旨(취지) 근본이 되는 종요로운 뜻.
- 趣向(취향) 하고 싶은 마음이 쏠리는 방향.

이제 분위기를 바꾸어서 耻(부끄러울 치)와 짝으로 나온 辱(욕될 욕)에 대해 알아보자.

어라, 위에서 振(떨칠 진)에서도 扌(손)이 보이는데 이번 한자에도 손을 뜻하는 寸(마디 촌)이 보인다.

두 한자의 다른 점을 따지면 振(떨칠 진)은 힘차게 일하도록 손을 흔들며 용기를 주는 분위기 메이커라면 辱(욕될 욕)은 노예로 끌려와 온갖 모욕을 받으며 寸 (손)에 연장인 辰(조개)를 들고 밤낮으로 일만 하느라 지쳐 있는 모습이다. 게다가 여자는 강간 같은 耻辱(치욕)도 겪어야 했다.

그래서 우리 말 표현 중에 곤란한 일을 겪거나 수고를 한 사람에게 건네는 인사말이 있다.

"자네 辱 봤네."

무슨 辱 을 봤다는 걸까?

그리고 마지막으로 한 마디 더!

"辱 좀 하지 맙시다!"

- 侮辱(모욕) 깔보고 욕보임.
- 辱說(욕설) 남을 저주하는 말.

가장 최

☰(햇빛) 아래서 取(취)하는 것이 기분 최고(最高)란 뜻은 아닐 것이다. 모양이 변해서 ☰(해)처럼 쓰는 것뿐이니 그냥 열심히 외우자.

- 最高(최고) 가장 높음.
- 最上(최상) 맨 위.

살필 성

우선 少(적을 소)를 알아야 이해할 수 있다.

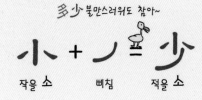

多少 불만스러워도 참아~

닢에 점 찍으면 남이 되듯이...

처음에는 小(소)가 '작다'와 '적다'는 뜻을 다 갖고 있다가 ノ(삐침)을 넣어 분가시켰다.
양이 적거나 나이가 어리다는 뜻이다.

小 + ノ = 少
작을 소   삐침   적을 소

- 多少(다소) 1. 많음과 적음. 2. 조금. 약간. 어느 정도.

눈 크게 뜨면 안되여~

나 反省하고 있어.

그렇다면 省(살필 성)은 어떻게 만들어졌을까? ☰(눈)을 少(가늘게) 뜨고 있다?

이런 눈길을 받으면 기분이 좀 나쁘다. 그러나 상대방을 주의 깊게 살피는데 눈을 크게 뜨면 금방 들키기 때문에 가늘게 떠야 한다.

그렇다고 꼭 다른 사람만 이렇게 보는 것이 아니라 나 스스로를 돌이켜 보고 反省(반성)한다는 뜻도 있다.

한자어를 보면 자신을 반성하는 뜻이 더 많아 보인다.

- 反省(반성) 자기의 언행·생각 따위의 잘잘못을 깨닫기 위해 스스로를 돌이켜 살핌.
- 自省(자성) 스스로 반성함.
- 省察(성찰) 자신이 한 일을 돌이켜 보고 깊이 생각함.

나이가 少(어린) 女(여자)는 妙(묘)하다!

나이가 스물이 안 된 여자아이의 아리따운 모습을 나타내는 한 자라서인지 '젊다' '훌륭하다' 는 뜻 외에 '불가사의하고 신비하다' 는 뜻도 있다.

묘할 **묘**

- 妙齡(묘령) 젊은 나이. 스물 안팎의 꽃다운 나이의 여자.
- 妙技(묘기) 기묘한 재주.
- 絶妙(절묘) 뛰어나고 기묘함.
- 奇妙(기묘) 생김새 따위가 기이하고 묘함.
- 妙藥(묘약) 신통하게 잘 듣는 약.

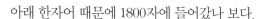

少(소 → 초)에서 음을 취하고 扌(손)을 넣어 손으로 중요한 것을 베낀다는 뜻으로 인쇄술이 발달되기 전에는 뭐든지 중요한 내용은 손수 베껴서 써 놓곤 하였다.

아래 한자어 때문에 1800자에 들어갔나 보다.

베낄 **초**

- (주민등록)抄本(초본) 중요한 부분만 추려서 베낀 문서.

禾(벼 화)를 넣었으면 곡식과 관련이 있어야 하는데 지금은 시간의 단위에 해당되는 시분초(時分秒)에서 '초' 로 사용하고 있다. 살다보면 秒(초)를 다투는 일도 있고 마라톤 경주에서는 일 秒(초)라도 줄이기 위해 안간힘을 쓴다. 그러나 꼭 한자로 알아야 하는가에 대해서는 좀 생각해 봐야 할 것 같다.

초 **초**

남보다 力(힘)이 少(부족하다)는 것 아닌가? 남보다 뒤쳐진다는 뜻인 역부족(力不足)을 한 글자로 이렇게 간단하게 만들었다.

별로 좋은 뜻이 아닌 것 같으니 자주 애용하지 말자.

못할 **렬**

- 劣等感(열등감) 자기가 다른 사람보다 뒤떨어져 있다는 느낌.
- 優劣(우열) 우수함과 열등함.
- 拙劣(졸렬) 서투르고 보잘것없음. 정도가 낮고 나쁨.

螳 螂 拒 轍

사마귀 **당**　　사마귀 **랑**　　막을 **거**　　바퀴자국 **철**

47. 당랑거철

직역 : 사마귀가 앞발을 들고 수레바퀴를 가로막고 있음.
의역 : 제 분수도 모르고 강자에게 덤비는 무모한 행동.

춘추전국시대 제(齊)나라 장공(莊公)이 수레를 타고 사냥터로 가던 도중 웬 벌레 한 마리가 도끼를 휘두르듯 앞발을 높이 치켜들고 수레바퀴를 칠 듯이 덤벼드는 것을 보았다.

"허, 맹랑한 놈이군. 저건 무슨 벌레인고?"

장공이 묻자 수레를 몰던 신하가 대답했다.

"사마귀라는 벌레이옵니다. 앞으로 나아갈 줄만 알지 물러설 줄은 모르는 놈이지요. 제 힘도 생각지 않고 강적에게 마구 덤벼드는 버릇이 있사옵니다."

장공은 고개를 끄덕이고 이렇게 말했다.

"저 벌레가 인간이라면 틀림없이 천하무적의 용사가 되었을 것이다. 비록 미물이지만 그 용기가 가상하니 수레를 돌려 피해가도록 하라."

螳螂捕蟬

사마귀 **당**　사마귀 **랑**　잡을 **포**　매미 **선**

▶ 눈앞의 욕심에만 눈이 어두워 덤비다가 결국 큰 해를 입게 됨.

　　춘추전국시대 오(吳)나라 왕이 강대한 병력을 믿고 초(楚)나라를 침략하려고 준비하자 신하들은 말렸다. 그러자 오왕이 추상같은 명령을 내렸다.

　　"누구도 초나라 침공을 반대하는 자는 모두 사형에 처할 것이다."

　　이때 신하 소유자(少儒子)에게 좋은 묘안이 하나 떠올랐다. 그는 매일 아침 일찍 활과 화살을 들고 왕궁 후원에 나가 아침 이슬로 옷을 흠뻑 적셨다. 사흘째 되는 날 이상히 여긴 오왕이 물었다. "그대는 무슨 일로 아침 일찍부터 옷을 적시고 다니는가?"

　　그러자 기다렸다는 듯이 이렇게 대답했다.

　　"신이 조금 전에 후원을 돌면서 참새를 잡아 활솜씨를 좀 시험해 볼까 했지요. 그런데 나무 위를 보니 매미 한 마리가 유유히 노래를 부르면서 아침이슬을 먹고 있더이다. 그런데 그 바로 뒤에 사마귀가 두 팔을 벌리고 막 매미를 덮치려고 노려보고 있는 것이 아니겠습니까? 그런데 그 사마귀 옆에는 참새 한 마리가 사마

매미에 정신이 팔린 사마귀

귀를 자기 밥이라 생각하고 사마귀를 막 쪼려 했습니다. 그러나 참새 역시 나무 아래에서 신이 활을 조준하는 것을 몰랐습니다. 이 세 마리 모두 눈앞의 이익에 급급하여 뒤에 재앙이 닥쳐오는 것을 전혀 눈치채지 못하니 참으로 안타깝고 슬픈 일 아닙니까?"

　　오왕이 듣고는 무언가 한참 깊이 생각하더니 초나라를 침공할 계획을 포기하였다.

한자 Up 그레이드

사마귀 **당** 사마귀 **랑**

사마귀를 한자어로 螳螂(당랑)이라고 한다.

앞에 虫(벌레 충)에서 뜻을 뒤에 堂(집 당)과 郎 (사내 랑)에서 음을 취했다.

풀숲을 지나다가 사마귀와 마주치면 사마귀는 앞발을 치켜들고는 당랑권법(螳螂拳法)의 자세로 "나는 천하무적 사마귀다. 어디 한번 덤벼 봐!" 하고 소리치는 것처럼 보인다.

그러나 이 한자성어에서처럼 상대를 생각하지 않고 무조건 덤비는 일명 '무데뽀 정신'으로는 살아남기 어렵다는 교훈을 새길 필요가 있다.

물론 전쟁터에서는 이런 정신을 가진 병사가 필요할지 모르지만 말이다.

그럼 여기서 良(좋을 량)에 대해 알아보기로 하자.

둘이 걸으면 더 좋아요!

회랑처럼 길게 이어진 길을 거닐면 절로 나오는 감탄사, "와, 좋다!" 그런데 모습이 많이 변해서 알아보기가 어렵다.

좋을 **량**

- 良好(양호)　매우 좋음.
- 不良品(불량품)　품질이 좋지 않은 물건.
- 改良(개량)　고치어 좋게 함.
- 優良(우량)　여럿 가운데서 뛰어나게 좋음.

이것도 알아 두세요.

良 ➡ 良□

변의 자리에 올 때는 약자로 쓴다.

良(좋을 량)은 한자 속에 들어가 음을 나타내는데 다음 4개의 한자를 보자.

물결, 파도라는 뜻을 나타내기 위해 氵(물)에서 뜻을, 良(량 → 랑)에서 음을 취해 만들었다. 파도라고 다 좋은 것은 아니다. 성난 파도는 도시도 덮어 버린다. 그래서 ① '물결 랑' 외에 ② '함부로, 마구'란 뜻이 있는데 浪費(낭비)가 여기에 속한다.

물결 **랑**

- 風浪(풍랑)　바람과 물결.
- 流浪(유랑)　정처 없이 떠돌아다님.
- 放浪(방랑)　정처 없이 이곳저곳 떠돌아다님.
- 浪費(낭비)　(돈 · 물건 · 시간 · 노력 따위를) 헛되이 씀.

良(좋은) 女(여자)가 누군가 했더니 결혼하지 않은 '아가씨'라네.

스포츠에서 여자 선수들이 선전하여 이길 때 나오는 칭찬의 소리가 있다.

"우리의 娘子軍(낭자군)이 해냈다!"

아가씨 **낭**

- 娘子軍(낭자군)　여자들만으로 조직된 선수단이나 단체.

설마 阝(고을)에 돌아다니는 良(좋은) 사람은 다 남자라는 뜻은 아니겠지⋯⋯.

위에 나온 娘(아가씨 낭)과 함께 알아두자.

사내 **랑**

- 郎君(낭군)　'남편'을 정답게 일컫는 말.
- 花郎(화랑)　신라 때, 민간 수양 단체로 조직되었던 청소년의 집단, 또는 그 중심 인물.
- 新郎(신랑)　갓 결혼한 남자.

이리 **랑**　　이리 **패**

어떤 일이 잘 풀리지 않아 딱하게 되었을 때 "狼狽(낭패)를 당했다"고 말한다.

여기서 狼(낭)과 狽(패)는 전설상의 동물로 이리처럼 생겼다고 전한다.

狼(낭)이라는 동물은 앞다리가 길고 뒷다리가 짧아 혼자서는 걸을 수 없다. 반면 狽(패)라는 동물은 앞다리가 짧고 뒷다리가 길어 혼자서는 걷지 못한다.

그래서 狼(낭)이 狽(패)를 등에 태우고 걸어야 겨우 걸음을 옮길 수 있다. 그런데 두 놈이 의견이 맞지 않으면 '이러지도 저러지도 못하는 상황'이 발생하여 넘어지기 일쑤다.

여기서 狼狽(낭패)라는 성어가 나왔다.

우린 호흡이 중요해!

일상적으로 즐겨 쓰는 한자성어이니 알아두면 좋다.

집 **사**　　복도 **랑**

우리에게 널리 알려진 〈사랑방(舍廊房) 손님과 어머니〉라는 소설이 있다.

주요섭 원작의 이 소설의 줄거리는 남편 없이 딸과 함께 살아가는 여인이 사랑방(舍廊房)에 죽은 남편의 친구를 하숙 치면서 서로 사모하는 사이가 되었지만 시어머니로 인해 헤어진다는 내용이다.

딸 옥희의 눈에 비친 어른들의 절제된 감정이 긴 여운을 남겼던 수채화처럼 아름다운 문학작품이다.

舍廊(사랑)이란 바깥주인이 거처하면서 손님을 접대하는 곳이다.

舍(집 사)는 𠆢(지붕) 아래 舌(혀 설)을 넣었으니 재잘거리는 아이들의 웃음소리가 들리는 '집'이 연상된다.

중학교 한자 900자에 들어가는 한자이기는 하지만 요즘 시대에 사용빈도가 그다지 높은 것은 아니다.

- 舍宅(사택)　관사(官舍) 또는 사택(社宅)을 흔히 이르는 말.
- 校舍(교사)　학교의 건물.
- 客舍(객사)　객지에서 묵는 집.
- 官舍(관사)　관리가 살도록 관에서 지은 집.

廊(복도 랑)은 넓은 집의 몸체 옆에 딴 행랑을 가리키기 위해 '집'을 뜻하는 广(집 엄)에 郎(사내 랑)을 넣었다.

그런데 한옥 구조에서 舍廊(사랑)이 남자의 전유물인 것을 생각하면 廊(랑) 속에 郎(사내 랑)은 뜻도 포함하고 있는 것이 아닐까?

- 畵廊(화랑)　그림 등 미술품을 전시하는 시설.
- 回廊(회랑)　양옥의 어떤 방을 둘러싸고 나 있는 마루.
- 行廊(행랑)　대문 양쪽으로 있는 방.

舍(집 사)와 함께 알면 좋은 한자가 있다.

舍(집 사)에서 음을, 扌(손)에서 뜻을 취해 만든 捨(버릴 사)를 알아두자.

'버리다'의 반대는 전쟁에서 죽인 적의 왼쪽귀를 잘라 전리품으로 취한다는 유래를 지닌 取(취할 취)이다.

취할 **취**　버릴 **사**

우리는 살면서 순간순간 取捨(취사)할 일이 많다. 무엇을 취하고 버릴 것인지 잘 선택해야만 나중에 후회가 없다.

여기서 잠깐…….

良(좋을 량)과 비슷하게 생긴 한자가 있다는데 한번 볼까.

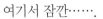

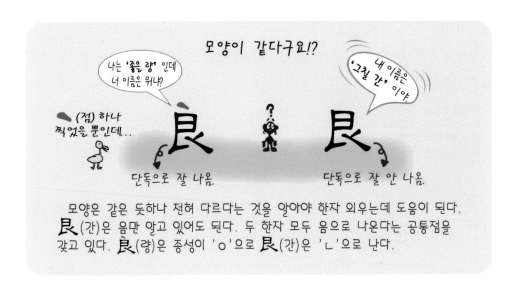

모양이 같은 듯하나 전혀 다르다는 것을 알아야 한자 외우는데 도움이 된다. 艮(간)은 음만 알고 있어도 된다. 두 한자 모두 음으로 나온다는 공통점을 갖고 있다. 良(량)은 종성이 'ㅇ'으로 艮(간)은 'ㄴ'으로 난다.

모양이 비슷하다 해서 두리뭉실 넘어가면 머리에서 뒤죽박죽 엉켜 버리기 일쑤이다. 良(량)이 들어간 한자는 이미 앞에서 다루었다. 이번엔 艮(간)이 들어간 한자를 보기로 하자. 종성이 'ㄴ'으로 난다는데 한자를 통해 확인해 보자.

어디서 본 듯한 한자다 했더니 금은방(金銀房) 앞을 지나갈 때 종종 보던 한자였다.

金(쇠 금)에서 뜻을 취하고 뒤에 艮(간→은)에서 음을 취해 만들었다. 위에 점 하나 살짝 찍으면 '금은동'이 아니라 '금량동'으로 읽어야 할지 모르니 조심하자.

■ 銀婚式(은혼식) 결혼 후 25년 만에 올리는 부부의 축하식.
■ 銀粧刀(은장도) 은으로 만든 칼.
■ 銀河水(은하수) 남북으로 길게 보이는 은하계를 강으로 보고 하는 말.

目(눈 목)에서 뜻을 뒤에 艮(간→안)에서 음을 취했다.
요즘은 금은방(金銀房)보다 안경점(眼鏡店)이 더 많다.

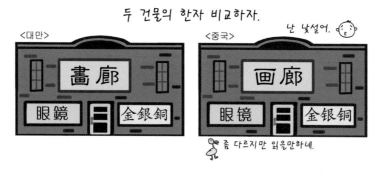

두 건물의 한자 비교하자.

<대만> 畫廊 眼鏡 金銀銅

<중국> 画廊 眼镜 金银铜

난 낯설어.

좀 다르지만 읽을만하네.

- 千里眼(천리안)　먼 곳의 일까지도 잘 꿰뚫어 알고 있음을 가리키는 말.
- 眼鏡(안경)　근시 원시 등 불완전한 시력을 보완하기 위해 눈에 쓰는 기구.

β(언덕)이 앞을 가로막아 더 이상 나가지 못한다는 뜻에다 艮(간→한)에서 음을 취했다.

- 無限(무한)　한이 없음.
- 限定(한정)　제한하여 정함.
- 限界(한계)　사물의 정하여진 범위.

한계 **한**

나무의 뿌리를 뜻하는 이 한자 역시 木(나무)에서 뜻을 艮(간→근)에서 음을 취했다.

- 根本(근본)　사물이 생겨나는 데 바탕이 되는 것.
- 拔本塞源(발본색원)　나무를 뿌리째 뽑고 물의 근원을 없앤다는 뜻으로, 폐단의 근본 원인을 모조리 없앤다는 말.

뿌리 **근**

지난 일이 못내 분하고 억울해서 마음속에 깊이 맺힌 감정이 怨恨(원한)이다.

어두운 夕(저녁)만 되면 억울함에 새우처럼 巳(웅크리고) 누워 이리 뒤척 저리 뒤척하며 恨(한)을 품고 있는 모양이 夗(누워뒹굴 원)이다.

怨(원망할 원)은 夗(누워뒹굴 원)에서 음과 뜻을 모두 취하고 心(마음 심)을 넣어 강조했다.

"恨(한) 많은 이 세상~" 이렇게 시작하는 노래도 있듯이 우리 민족의 정서에 빼

원망할 **원**　　한할 **한**

놓을 수 없는 감정 중에 하나가 恨(한)이다.

마음에서 나오는 감정이라 忄(마음 심)의 변형부수를 넣고 艮(간 → 한)에서 음이 나왔다고 생각하면 맞다.

'여자가 恨(한)을 품으면 오뉴월에 서리 내린다' 고 하지 않던가. 그러니 조심할지어다. 그런데 요즘은 남자가 恨(한)을 품어도 오뉴월에 서리 내린다.

- 恨歎(한탄) (원통하거나 뉘우쳐) 한숨을 지음.

물러날 **퇴**

'아니 어떻게 음이 전혀 다르게 변할 수 있을까' 하고 의아했는데 설이 여러 가지라 딱히 결론을 내기가 어렵다.

어디나 예외는 있는 법이라 생각하고 알아두자.

- 後退(후퇴) 뒤로 물러감.
- 退出(퇴출) 물러나서 나감.

막을 **거**

손을 휘저으며 완강하게 거부한다는 뜻을 나타내기 위해 扌(손)에다 巨(클 거)에서 음과 뜻을 취했다.

- 拒絕(거절) (남의 요구 따위를) 받아들이지 아니하고 물리침.
- 拒否(거부) 승낙하지 않음. 동의하지 아니하고 물리침.

그럼 여기서 巨(클 거)의 유래를 보자.

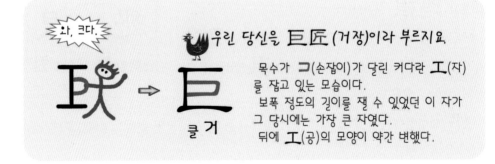

와, 크다.

우린 당신을 巨匠 (거장)이라 부르지요

목수가 ㄱ(손잡이)가 달린 커다란 工(자)를 잡고 있는 모습이다.
보폭 정도의 길이를 잴 수 있었던 이 자가 그 당시에는 가장 큰 자였다.
뒤에 工(공)의 모양이 약간 변했다.

클 거

큰 자와 칼을 들고 능숙하게 손을 놀려 남들이 못하는 작품을 척척 만들어내는 뛰어난 사람을 우리는 거장(巨匠)이라고 부른다.

巨(클 거)에서 위대한 장인이 숨어 있었다.

■ 巨富(거부) 아주 대단한 부자.
■ 巨大(거대) 엄청나게 큼.

이번엔 손이 아니라 발이다.

足(발)의 보폭만큼 떨어진 '거리'를 뜻한다고 외우면 좀 쉬울까? 활용할 한자는 하나뿐!

■ 距離(거리) 서로 떨어져 있는 두 곳 사이의 길이.

떨어질 거

'이런 걸 꼭 외워야 하나?' 하고 고민에 빠져 본 적이 한두 번이 아니다. 결론은 필요하면 외워야 한다는 거였다.

보아하니 車(수레 거)가 뜻이겠다. 敎(철)에서 음으로 나왔는데 단독으로 활용이 되지 않아 그냥 외우는 편이 낫다.

이 한자는 1800에 들어가지 않지만 아래 한자어만큼은 꼭 알고 있어야 한다.

轍

바퀴자국 철

앞사람의 실패를 거울삼아라!

前 轍

앞 전   바퀴자국 철

電鐵은 타도 되는데
前轍은 밟지마!

전한 문제 때 명신 가의(賈誼)가 상주한 글에 이런 구절이 있다.
"속담에 '앞 수레의 엎어진 바퀴 자국[前車覆轍]은 뒤 수레를 위한 교훈'이란 말이 있사옵니다. 엎어진 바퀴자국은 따라가 봤자 또 엎어집니다. 앞 수레가 넘어졌는데 뒤 수레가 경계하지 않으면 또 엎어지는 일이 발생한다는 교훈이옵니다. 전 왕조인 진(秦)나라가 일찍 멸망한 이유를 잘 생각해 보소서."
문제는 이 충언을 받아들여 태평성대를 이루었다.

우리도 같은 前轍(전철)을 밟지 않도록 조심 또 조심하자. 徹(철)을 음으로 한 한자 중에 1800자에 들어가는 한자가 있을까 찾아보니 하나 있다.

뚫을 **철**

彳(두인변)을 넣었으니 네거리를 걸어가는 모습이다.

걸어가는 앞길이 막힘 없이 뻥 뚫려 어디든 통해 있다는데서 '뚫을 철' 이 나왔다.

- 徹夜(철야) 자지 않고 밤을 새움.
- 徹頭徹尾(철두철미) 처음부터 끝까지 철저하게.

거둘 **철**   거둘 **수**

기왕 할 바에야 徹(철)을 넣어 만든 한자 徹頭徹尾(철두철미)하게 한 개 더 알아두자.

1800자에 들어가지 않지만 앞서 했던 한자와 활용면에서 비교하면 결코 뒤지지 않는다.

扌(손)으로 거두어들이는 모습에다 음으로 徹(철)을 넣었다. 다음 한자어를 보면 이해가 쉽다.

- 撤收(철수) 거두어들이거나 걷어치움.
- 撤去(철거) 건물이나 시설 따위를 걷어치워 버림.

가을은 收穫(수확)의 계절이라 농부의 손이 바쁘다.

농작물을 거두는 부지런한 攵(손)에다 포도 넝쿨(🌿)이 변한 丩(넝쿨 구→수)에서 음과 뜻을 취해 收(거둘 수)를 만들었다. 별것 아닌 것처럼 보이는 丩(넝쿨) 같은 한자에서 숨은 뜻을 찾기란 참으로 어렵다.

어쨌거나 많이 거두어들일수록 收入(수입)도 높다.

撤收(철수)는 '있던 곳에서 장비나 시설을 거두어들이다' 는 뜻으로 1980년대에 미군 撤收(철수)를 요구하는 구호에서 많이 등장했다.

포도 농사 收入이 괜찮아~

거둘 **수**

- 收穫(수확) 농작물을 거두어들임. 어떤 일에 대한 성과.
- 收斂(수렴) 곡식 등을 거두어들임.

酒池肉林

술 **주**   연못 **지**   고기 **육**   수풀 **림**

48. 주지육림

직역 : 연못을 술로 채우고 고기로 숲을 이룸.

의역 : 극히 호사스럽고 방탕한 술잔치.

은나라 마지막 군주인 주왕(紂王)은 맨손으로 맹수를 때려잡을 만큼 천하장사였다. 게다가 거침없는 달변가였던 그가 점점 오만함이 극에 달했다.

때마침 주왕이 정벌한 오랑캐의 유소씨국(有蘇氏國)에서 공물로 희대의 요부인 달기를 바쳤다. 달기의 요설에 빠진 주왕은 수천 명의 백성들을 동원해 7년에 걸쳐 초호화 녹대(鹿臺)를 완성한 뒤, 녹대에 오르자 비와 구름이 발아래에서 보였다고 한다.

달기와 酒池(주지)와 肉林(육림) /열녀전 삽화

그리고 주왕은 술로 연못을 만들고 나무마다 고깃덩이를 걸어 놓았다(以酒爲池縣肉爲林). 또 낮에도 장막을 드리운 방에서 촛불을 밝히고 벌이는 광연(狂宴)이 120일간이나 계속되자 사람들이 이를 '장야지음(長夜之飮)' 이라 부르며 탄식했다.

보다 못한 신하가 충간을 하자 이들을 위해 만든 형벌이 '포락지형(炮烙之刑)'이다. 이 형벌은 숯불 위에 가로 놓인 구리기둥에다 기름을 바르고 죄인을 맨발로 그 위를 걷게 했다. 떨어지지 않으려고 발버둥치는 죄인은 여지없이 숯불 아래로 떨어졌다. 사람 타는 냄새가 코를 찌르면 달기는 숨넘어갈 듯이 깔깔거리고 웃었다.

어느날 새벽 주왕이 녹대에서 놀다가 멀리 기수(淇水)가에 한 노인이 강을 건너는 모습을 보았다. 노인은 물살이 너무 세어서 주저하며 머뭇거리고 있었다.

주왕이 왜 저러냐고 묻자 옆에 시중이 대답했다.

"늙으면 죽어야지요. 늙은 놈의 뼈다귀는 골수가 시원찮아서 새벽 날씨에도 발이 시려 저렇게 쩔쩔매고 있는 것이옵니다."

호기심이 발동한 주왕은 즉시 노인을 잡아와 다짜고짜 노인의 발목을 도끼로 찍어 뼈를 들여다 보았다. 자신이 직접 확인해 보고 싶었던 것이다.

또 구후(九侯)의 미모의 딸을 눈독 들이고 있었으나 별로 좋아하는 기색이 없자 화가 치밀어 올라 부녀(父女)를 모두 죽여 젓갈을 담가 버렸다.

그때 현장에 있던 악후(鄂侯)가 극구 말리자 그마저 죽여 살을 발라 건육(乾肉)을 만들어 버렸다.

이 소문을 들은 서백창(西伯昌 : 훗날 周文王)이 탄식을 하자 간신 숭후호(崇侯虎)가 주왕에게 고해 바쳤다.

"서백창 그놈을 조심하십시오. 많은 제후들이 그를 따르고 있습니다."

주왕은 즉시 서백창을 잡아오게 하여 가장 끔찍한 감옥으로 꼽히는 유리(羑里)에 가두어 버렸다. 그리고 그의 장자 백읍고를 인질로 잡고 자신의 수레를 몰게 했다.

그러던 어느 날 갑자기 장자 백읍고를 부르더니 끓는 솥에 넣어 삶아 죽이고 말았다.

그리고 육탕(肉湯)을 만들어 서백창에게 갖다 주

유리에 갇힌 문왕은 아들의 육탕을 마시는 곤혹을 겪었다 /버지니아대 소장

558

라 명하고 비웃듯이 말했다.

"저놈이 성인(聖人)이라면 자기 아들의 육탕은 마시지 않을 테지."

그러나 사자가 돌아와 말하길,

"서백창은 자기 아들의 육탕을 조금도 주저하지 않고 마셨습니다."

이 말에 주왕은 너무 기뻐 어쩔줄 모르며 이렇게 말했다.

"에잇 더러운 놈. 어떤 놈이 서백창을 성인(聖人)이라 했느냐?"

이 사건이 있고 나서 얼마 뒤에 서백창은 풀려났다.

그후 서백창의 꿈에 웬 노인이 나타나서 미소를 짓곤 하였다.

얼마 후 서백창은 사냥하던 도중에 위수가 숲속에 낚싯대만 응시하고 있는 한 노인을 만났는데 서백창은 깜짝 놀랐다. 꿈 속에서 봤던 바로 그 노인이었다.

이 사람이 유명한 강태공으로 서백창은 이 노인을 국사(國師 : 천자의 스승)로 추대했다. 서백창은 주나라가 대업을 달성하기 전에 그만 세상을 떠나고 아들 발(發 : 훗날 周武王)이 뒤를 이어 은나라 주왕의 토벌에 나섰다. 출정하기 전에 점을 쳤는데 그만 대흉(大凶)으로 나오자 강태공은 점 쳤던 거북이 껍질을 마구 짓밟으며 큰소리로 말했다.

"말라 빠진 거북이 껍질이 무슨 놈의 길흉을 판단한단 말인가? 얼른 출병하시오."

정의의 군대인 무왕의 군대는 진군을 계속하여 목야(牧野)에서 전투가 시작되었는데 주왕의 군사들은 화살을 거꾸로 들고 싸울 의사가 없음을 표시하며 무왕의 군대를 환영하였다.

주왕은 녹대에 올라가 보석으로 장식된 옷을 입고 스스로 불 속에 뛰어들어 죽고 달기는 주지육림(酒池肉林)을 즐겼던 숲속에서 목매달아 죽었다.

이렇게 은나라는 멸망하고 주나라가 건국되었다.

우리 민족만큼 술을 즐기는 민족이 또 있을까?

먼저 酉(닭 유)라고 알고 있는 이 한자에 대해 알아보자.

술꾼이 좋아하는 한자~

酉(술병)에 술이 ―(찰랑)거리고 있다.
뒤에 십이지지 중 열 번째인 닭을 뜻하게 되자
'닭 유'로 읽게 되었다.
이제 이 한자를 보면 이렇게 외치자.
"야, 술~이다!"
아, ―(찰랑)이 빠지면 西(서녘 서)다. 조심!

혹 읽으면서 입맛을 다셨다면 말이 필요 없는 술꾼이다.

酉(닭 유)자가 닭과 관계 있는 한자는 없다. 이제부터 무조건 술독이라는 사실을
잊어서는 안 된다.

하긴 열두 개의 띠 중에 닭이 술 안주감으로 최고다!

그렇다면 酉(술병) 속에 들어 있는 氵(술)을 잔에 따르고 있는 모습!

더 이상 어떠한 설명도 필요 없을 만큼 두 한자는 절묘한 조화를 이루고 있다.

- 淸酒(청주) 일본식 양조법으로 빚은 맑은 술.
- 濁酒(탁주) 막걸리.

그럼 여기서 酉(닭 유)가 들어가 만들어진 술 이야기를 풀어보자.

적당히 마시지 않고 좀 지나치게 마셨다 하면 醉(취)하기 일쑤다. 마지막 酉

(술병)을 卒(마칠) 쯤이면 여기저기 醉(취)한 사람이 보인다.

여기서 卒(마칠 졸)은 술독을 다 '비우다', 술판이 '끝났다' 는 뜻이다. 醉(취)하지 않으려면 술판이 끝나기 전에 일어나자.

그럼 여기서 卒(마칠 졸)에 대해 알아보자.

취할 **취**

나를 卒로 보지마!

兵兵? 兵卒?

처음에는 가죽 조각을 엉성하게 꿰매 입은 모습이었다가 뒤에 복장을 갖춰 입었다.

이런 하급 '졸병'은 전쟁터에서 '죽을 때'까지 싸워야 했다.

여기서 '병사 졸' '마칠 졸'이 나왔다.

병사 병

兯(손)에 斤(도끼, 창)을 들고 있는 병사의 모습에서 '병사 병' '무기 병'이 나왔다.

병사 졸

卒 맞는데.

두 개의 한자를 한꺼번에 알아두자.

■ 兵卒(병졸) ① 군사. ② 사병.
■ 卒業(졸업) 학교에서, 정해진 교과 과정을 모두 마침.
■ 卒倒(졸도) 갑자기 정신을 잃고 쓰러짐.

술만 마셨다 하면 개가 되는 사람이 있다. 술에 취해 주정하는 모습을 딱 한마디로 표현하면!

'醜하다!'

술 醉(취)해서 고성방가(高聲放歌)에 노상방뇨(路上放尿)까지 해대는 취객을 보면 사람이 아니다. 멀쩡한 사람도 술통에 빠져 醉(취)하면 醜(추)해지는 건 시간문제다. 이렇게 醜(추)한 모습을 어떻게 만들까 궁금했는데 酉(술통)에 빠진 鬼(귀신)이란다.

추할 **추**

■ 善惡美醜(선악미추) 착함과 악함. 아름다움과 추함.
■ 醜聞(추문) 좋지 못한 소문.
■ 醜惡(추악) (마음씨·용모·행실 따위가) 보기 흉하고 추함.

잔돌릴 **수**　따를 **작**

누가 엉큼한 속셈이나 속보이는 짓을 하면 이렇게 말한다.

"허튼 酬酌(수작) 부리지마!"

어, 수작이 뭐지?

酬(잔돌릴 수)는 酉(술독)에서 뜻을, 州(고을 주→수)에서 음을 취해 '주인이 손님에게 술을 따라 준다'는 뜻이다.

酌(따를 작)은 勺(국자 작)에서 음과 뜻을 취해 국사로 술을 퍼서 따르는 모습이다. 주인의 잔을 받았으면 응답의 의미로 '손님이 따라주는 술'이다.

그런데 술잔을 주거니 받거니 酬酌(수작)을 하다 보면 술이 올라 엉큼한 짓을하려는 남자들이 많았나 보다. 그래서 엉큼하거나 속보이는 짓을 한다는 酬酌(수작)이 듣기 안 좋은 이유가 여기에 있었다.

낮술에 醉한 양반들 酒池肉林에 빠지다.

여기서 잠깐!

국자 **작**

주모의 국자를 주목하시라..

주모가 들고 있는 勺(국자) 안에 ─(술)이 찰랑거리고 있는데 어디 술뿐이겠는가.
이 한자는 주로 음으로 나오는데 約(약속 약), 的(과녁 적)에서 볼 수 있다.

그럼 여기서 勺(국자 작)이 들어 있는 한자들을 보자.

맹세할 **맹**　약속 **약**

낮에는 日(해)가 밤에는 月(달)이 밝다 하여 明(밝을 명)이 만들어졌다고 하는 이 한자 아래 皿(그릇)을 넣었다.

이 그릇 안에 무엇이 있었을까?

희생된 짐승의 피가 담겨 있었다. 이 피를 서로 돌려가며 마시는 의식을 행하는 것은 결속력을 다지기 위해서다. 서로 배반하지 않겠다는 다짐과 함께 말이다.

따라서 盟(맹세할 맹)은 皿(그릇)에서 뜻을, 明(밝을 명)에서 음과 뜻을 모두 취해 일월성신(日月星辰) 앞에서의 약속을 뜻한다.

約(약속 약)은 勺(작→약)에서 음을, 糸(실)에서 뜻을 취해 단단히 '묶다'는 뜻에서 ① '약속 약'이 나왔다. 이 외에 ② '검소할 약'도 있으니 알아두자.

'맹세하며 맺은 굳은 약속(約束)'이라는 뜻을 가지고 있는 盟約(맹약)의 의식은 요즘 시대엔 사라지고 없다.

- 約婚(약혼) 결혼을 약속함.
- 節約(절약) 아껴 씀.

標(표할 표)는 票(쪽지 표)에서 음을, 木(나무)에서 뜻을 취해 '큰 나무의 꼭대기'를 가리키는 뜻이었다. 여기서 '목표' '표적' '표시'란 뜻이 나왔다.

따라서 목표(目標)는 내 눈높이보다 좀더 높게 세워야 할 것 같다.

표할 **표**　　과녁 **적**

여기서 票(쪽지 표)도 알아두자. 기차를 탈 때나 영화를 볼 때 없어서는 안 될 票(쪽지 표)는 유래와 상관없이 모양이 많이 변해 그냥 외우는 것이 낫다.

- 投票(투표) 선거 또는 어떤 일을 의결할 때, 자기가 뽑고 싶은 사람의 이름이나 찬반의 의견 따위를 기입하여 지정된 함 따위에 넣음.
- 暗票(암표) 정상적인 유통 과정을 거치지 않은 암거래표.

- 標準(표준) 사물의 정도를 정하는 기준이나 목표.
- 標識(표지) 어떤 사물을 표시하기 위한 기록.

的(과녁 적)은 勺(작 → 적)에서 음을 白(흰 백)에서 뜻을 취했는데 정확한 정설이 없다. 활을 쏠 때 과녁이 밝아야 눈에 잘 들어온다 해서 白(흰 백)을 넣었다는 설이 있긴 하다. '과녁'에서 '목표', '표준'이라는 뜻이 나왔으며 명사 뒤에 붙어 '~적인'의 뜻도 갖고 있다.

- 目的(목적) 이룩하거나 도달하려고 하는 목표나 방향.
- 美的(미적) 미를 느끼는 것.
- 民主的(민주적) 민주주의에 따르거나 민주 정신에 맞는 것.

'○○○만을 노린 標的(표적)수사'

신문에서 이런 기사를 보면 '어떤 특정한 사람을 지목하여 불법을 저지른 모든 죄를 낱낱이 파헤쳐서 올가미를 씌울 때' 쓰는 용어로 주로 등장한다. 당하는 사람 입장에서는 '억울하겠구나' 싶을 때도 있겠지만 국민들은 어안이 벙벙하다.

연못 **지**

氵(삼수)가 있으니 당연히 물과 관계가 있고 뒤에 있는 也(어조사 야 → 지)에서 음이 나왔다.

그럼 也(어조사 야)의 유래를 보자.

也 ⇒ 也

어조사 **야**

문자학의 대가인 허신은 여자의 음문을 그렸다고 했다.
지금은 문장 맨 뒤에서 종결사 '~이다.'로 해석하는데 한자어에서는 보기가 어렵다.

여자의 음문이라고 하니 그런 것 같기도 하다. 그럼 남자의 음경을 그린 한자도 있을까? 물론 있다. 조금 뒤로 가면 나오니 기다리시라.

也(야)를 넣어 만들어진 대표 한자다.

별로 어렵지 않게 외워지는 이 한자에 여성의 음문이 들어 있는 이유는?

펄벅의 소설《대지》에서 대지(大地)는 만물을 자라게 하는 생명체의 어머니이며 안식처로 묘사되고 있다. 또한 예로부터 땅을 여성에 비유하곤 했다. 土(흙)과 也(야→지)의 결합은 예사롭지가 않다.

① '땅' 이란 뜻 외에 ② '처지', '위치' 라는 뜻으로도 종종 나온다.

땅 **지**

1. 땅 지 大地(대지) 대자연의 넓고 큰 땅.
     陽地(양지) 볕이 바로 드는 곳.
2. 처지 지 易地思之(역지사지) 처지를 바꾸어 생각함.

다른 사람을 가리키기 위해 亻(사람)을 뜻으로, 也(야→타)에서 음을 취해서 만들었다.

■ 他鄕(타향) (자기 고향이 아닌) 다른 고장.
■ 他人(타인) 다른 사람.

다를 **타**

다음에 나오는 한자성어 정도는 대부분 알고 있겠다.

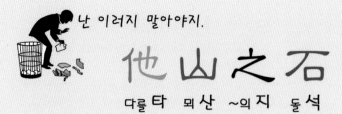

난 이러지 말아야지.

他山之石
다를타 뫼산 ~의지 돌석

시경(詩經)에 이런 시구가 있다.
'다른 산의 돌이라도 [他山之石] 나의 옥을 갈 수 있네. [可以攻玉]'
남의 산에 있는 돌도 나의 구슬을 다듬는 데 쓰이듯 다른 사람의 하찮은 언행일지
라도 자기의 지덕(知德)을 연마하는 데에 도움이 된다는 말이다.

빽빽할 **삼** 수풀 **림**

두 그루의 木(나무)가 서 있는 이 한자는 林(숲)이
고 세 그루는 숲이 森(빽빽하다)는 뜻이구나.

설마 이런 한자를 어렵다고 생각하진 않겠지?

- 森羅萬象(삼라만상) 우주 속에 존재하는 온갖 사물과 모든 현상.
- 山林浴(산림욕) 맑은 공기를 쐬고 정신적인 편안을 얻기 위하여 숲
  속에 들어가 숲 기운을 쐬는 일.

林(수풀 림)을 넣어 만든 한자를 알아보자.

금할 **금** 담배 **연**

林(숲속)에 示(제단)이 있다!?

그래서 禁(금할 금)은 빽빽한 깊은 숲속에 제단을
세워놓고 귀신을 모시는 곳이라 좀 꺼려지고 함부로 들
어갈 수 없다. 여기서 '꺼리어 피하다'는 뜻과 '금지하
다'는 뜻이 나왔다. 煙(담배 연)은 垔(막힐 인 →
연)에서 음을 火(불 화)에서 뜻을 취해 물건이 탈 때 일어나는 기체인 '연기'를 뜻하
였는데 1616년 광해군 8년에 일본을 거쳐 들어온 담배(tabacco)를 '연기나는 풀'이란
뜻인 연초(煙草)로 쓰다가 뒤에 煙(연)자로 줄여 쓰게 된 것이다.

요즘은 담배의 해로움과 함께 禁煙(금연)구역이 늘어나면서 애연가(愛煙家)
들의 설 자리가 점점 없어지고 있다.

广(집)안에서 林(마 줄기)를 삶아서 걸어놓은 모습을 그린 이 한자는 여름이면 시원하게 입을 수 있는 옷감으로 인기가 높다. 대나무처럼 곧은 麻(마밭)에서 자란 쑥도 자연스럽게 곧게 자랄 수 있다는 한자성어로 蓬生麻中(봉생마중)이 있다.

삼 **마**

맹모가 세 번이나 이사한 이유~

蓬 生 麻 中 不 扶 自 直
쑥 **봉** 날 **생** 삼 **마** 가운데 **중** 아니 **불** 도울 **부** 저절로 **자** 곧을 **직**

'쑥이 마 밭에 나면 도와주지 않아도 저절로 꼿꼿해진다.'

아래 성어는 나도 알아~

近朱者赤 近墨者黑
근 주 자 적 근 묵 자 흑

'주사(朱砂)를 가까이 하면 붉어지고, 먹을 가까이 하면 검게 된다.'

마 밭에 있었더니~   환경이 중요해!

'좋은 환경에서 감화를 받아 자연히 품행이 바르고 곧게 된다'는 뜻으로 마중지봉(麻中之蓬)이라고도 한다. 환경의 중요성을 강조한 孟母三遷(맹모삼천)에 밀려 잘 알려지지 않았지만 음미해볼 만한 내용이다.

麻(마)에서 음을 취하고 石(돌)에서 뜻을 취해 옥 따위를 갈아 윤을 낸다는 뜻으로 학문이나 덕행을 갈고 닦는 데 비유하기도 한다.

갈 **마**

■ 切磋琢磨(절차탁마) 옥 따위를 자르고 갈고 쪼고 닦아 빛을 낸다는데서 '학문이나 덕행 등을 배우고 닦음'을 이르는 말.

도끼를 갈아 바늘을 만들 수 있는 것처럼 인내심을 갖고 열심히 공부하면 언젠가는 성공한다는 磨斧作針(마부작침)에서 磨(갈 마)의 의미를 되새겨 보자.

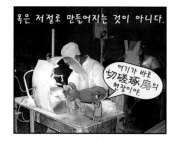

옥은 저절로 만들어지는 것이 아니다.

여기가 바로 切磋琢磨의 현장이야.

주지육림

567

磨斧作針

갈 마 도끼 부 지을 작 바늘 침

갈고 갈고 또 갈다보면...

하면 되는구나!

그럼, 불가능이란 없지~

와 우~

당나라의 시인 이태백은 어렸을 때 공부보다 놀기를 좋아했다. 하루는 냇가를 지나가다 한 노파가 돌 위에다 도끼를 갈고 있는 신기한 광경을 보게 되었다.
"할머니, 지금 뭘 하고 계세요?"
"도끼를 갈아 바늘을 만들고 있는 중이지.(磨斧作針)"
"그렇게 큰 도끼를 간다고 바늘이 될까요?"
"그럼, 되고말고. 중도에 그만두지만 않는다면 말이다."

인내심이 부족한 나도 가능할까?

계란으로는 바위를 쳐봐야 소용없지만 '물방울은 바위를 뚫는다' 고 하지 않던가!

마귀 **마**

살다보면 魔(마)가 끼었는지 손대는 일마다 실패 할 때가 있다. 참으로 난감하고 절망스럽다. 도대체 魔(마)가 뭐길래 했더니 鬼(귀신 귀)가 보인다. 어째 기분이 별로 좋지 않다.

魔(마)의 정체를 알아봤더니 '불가사의한 힘을 가지고 나쁜 일을 행하며 착한 사람의 일을 방해하고 괴롭히는 귀신' 이란다.

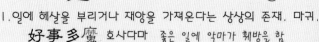

魔의 뜻 3가지 알아두자.

내가 떴다하면 벌벌 떨어~

1. 일에 헤살을 부리거나 재앙을 가져온다는 상상의 존재. 마귀.
   好事多魔 호사다마 좋은 일에 악마가 훼방을 함
2. 궂은 일이 자주 일어나는 때나 장소.
   魔의 금요일 밤 정류장에서...
3. 극복하기 어려운 장벽.
   마라톤에서 魔의 2시간 2분 벽을 깨고 세계 신기록을 수립!

가까이 해봐야 좋을 것이 없는 귀신이이라서 그런가? 활용은 많은데 1800자에 들어가지 못했네. 그래도 요즘은 귀여운 마녀(魔女)도 등장하고 환상적인 마술(魔術)쇼도 볼 만하다. 너무 미워하지 말자.

口 蜜 腹 劍
입구 꿀밀 배복 칼검

49. 구밀복검

직역 : 입에는 꿀, 뱃속에는 칼.

의역 : 겉으로는 달콤한 말을 하지만, 속으로는 해칠 생각을 품다.

유사어 : 인면수심(人面獸心), 교언영색(巧言令色), 면종복배(面從腹背)

당나라 현종은 재위 초기에는 정치를 잘해서 칭송을 받았으나 후에 양귀비에 빠져 정사(政事)를 멀리했다.

당시 이임보(李林甫)라는 간신이 재상(宰相)으로 있었는데 그는 글씨와 그림에 능하고 다른 재주도 많았지만, 현명한 사람을 미워하고 능력 있는 사람을 질투하여 자기보다 나은 사람을 해치려는 음험한 성격의 소유자였다.

그러나 얼굴 표정은 늘 온유하고 남을 배려하며 걱정해 주는 것처럼 보였다.

어느 날 이임보는 절친한 동료 이적지(李適之)에게 이렇게 말했다.

"화산(華山)은 황금이 대량으로 생산되는 곳이니 만약 가서 캐낼 수만 있다면 국가를 크게 부강하게 만들 수 있을텐데 안타깝게도 황제는 이 사실을 모른다네. 그런데 내가 요즘 너무 바쁘니 자네가 가서 의논해 보는 것이 어떤가?"

강직한 성격을 가진 이적지는 바로 현종에게 가서 주청(奏請)했다.

얼마 뒤에 현종이 이임보에게 의향을 묻자 이렇게 대답했다.

"화산(華山)은 제왕의 기운이 서려 있는 신령스런 곳이옵니다. 그런 땅에서 황금을 캔다면 이는 황제에게 크게 해로운 일이니 전 결코 찬성할 수 없사옵니다. 실은 이미 알고 있었사온대 누가 황제를 음해하려고 꾸민 짓이라 감히 입을 열지 못하고 있었사옵니다."

현종은 이 일로 인해 충성스런 신하라고 믿었던 이적지를 멀리 내쫓아 버렸다.

또 어느 날 현종이 이임보에게 묻기를,

"엄정지(嚴挺之)는 어디 있는가? 다시 중용할까 하는데……."

'아니, 엄정지를 다시 중용한다고?'

자신이 지방으로 추방시킨 강직한 인물 엄정지를 다시 중용한다니 있을 수 없는 일이었다.

이임보는 즉각 엄정지의 아우 엄손지를 불러 이렇게 말했다.

"황제께서 당신의 형님을 몹시 그리워하고 계시네. 황제를 한번 배알하는 것이 좋겠네. 우선 병을 치료하기 위해 서울에 이미 돌아왔다고 상소문을 올리게."

엄손지는 고맙게 생각하고 시키는 대로 했다.

그러자 이임보는 현종에게 이렇게 말했다.

"엄정지가 자신은 이미 늙고 또 중풍을 치료 중이라고 상소를 올렸습니다. 그러니 한직(閑職)이나 하나 주는 것이 좋을 듯하옵니다."

현종이 그렇게 하라고 명을 내렸다.

나중에 이 사실을 안 엄정지는 화병(火病)에 걸려 그만 죽고 말았다.

이렇게 해서 제거된 사람이 재상 장구령(張九齡)을 비롯해 수백 명이 넘었다.

이임보의 집에는 반달처럼 생긴 방이 하나 있었는데 유독 그 방을 좋아해서 자신의 호를 월당(月堂)으로 지었다.

그런데 이임보가 월당에 들어갔다가 한참만에 기분 좋은 표정으로 나오면 얼마 뒤에 반드시 사람이 무고하게 죽음을 당하는 일이 생겼다고 한다.

겉모습이 늘 우호적이어서 잘 몰랐던 사람들이 나중에서야 그의 위선적인 모습을 발견하고 경계하며 이렇게 수군댔다.

"이임보는 입으로는 달콤한 말을 하지만 뱃속에는 칼이 들어 있다(世爲李林甫口有蜜, 腹有劍)."

이렇게 정권을 잡아 재상의 자리에 있은 지 19년이 흐른 뒤에 이임보가 죽었다.

죽자마자 그는 작위를 빼앗겼을 뿐만 아니라 관을 부수고 시체를 꺼내 다시 죽이는 부관참시를 당했다.

세월이 흘러 송나라 때 일이다. 한 창녀가 벼락을 맞아 그 자리에서 죽고 말았는데 그녀의 몸에 붉은 글씨로 이렇게 써 있었다.

'이임보는 신하로서 불충(不忠)하고 남을 음해하고 죽이기를 밥먹듯 하였으니 삼대(三代)는 창녀가 되고 칠대(七代)는 소가 되어 죽도록 일해서 지은 죗값을 치룬 후 영원히 물속의 벌레가 되어 살게 되리라.'

이 한자는 앞에서 한 번 나왔다.

- 口頭(구두) 직접 입으로 하는 말.
- 口令(구령) 단체 행동에 동작을 지휘하여 부르는 호령.
- 口辯(구변) 말솜씨. 언변.
- 口尚乳臭(구상유취) 입에 아직 젖내가 난다는 뜻으로 나이가 어리고 경험이 없어 언행이 유치함을 비웃어 하는 말.
- 口臭(구취) 입에서 나오는 악취.

입 **구**

입을 벌리고 있는 다음 한자를 알아보자.

달 감

입을 벌려 廿 (혀)를 쑥 내밀고 ━(단 것)을 맛보고 있는 모습이다.

아이들이 사탕을 먹고 있는 모습을 생각하자.

- 藥房甘草(약방감초) 매사에 끼어들기 좋아하는 사람을 한약 조제시 거의 빠지지 않는 약재인 감초에 비유하여 일컬음.
- 甘言利說(감언이설) 남의 비위를 맞추는 달콤한 말과 이로운 조건만 들어 그럴듯하게 꾸미는 말.

혀 설

口 (입)을 벌리고 千 (혀)를 쑥 내밀고 있는 모습을 그린 이 한자는 절대미감을 자랑하는 혀이다. 그런데 보기엔 별로 좋지 않다. 그래서 혀를 입안에 살짝 감춘 모양이 '말하다' 는 뜻을 가진 '曰(가로 왈)' 이다. 물론 日(해 일)이랑 구별해야 한다.

- 口舌數(구설수) 구설을 들을 운수.
- 舌戰(설전) 말다툼.

말할 화

舌 (혀)가 보이게 言 (말하면) 좀 시끄럽겠다.

- 談話文(담화문) 어떤 일에 대한 견해를 특별한 격식을 차리지 아니하고 밝힌 글.
- 神話(신화) 국가의 기원이나 신의 사적 등의 신성한 이야기로, 민족적인 범위에서 전승되는 것이 특징임.
- 童話(동화) 어린이에게 들려주거나 읽히기 위하여 지은 이야기.
- 秘話(비화) 세상에 알려지지 않은 숨은 이야기.

살 **활**

죽을 것처럼 목이 타들어갈 때 누가 내 舌(혀)에다 氵(물)을 똑똑 떨어뜨려 준다면 이것이야말로 생명수(生命水)가 아니겠는가!

목을 적시고 난 후 이렇게 말한다.

"아, 살 것 같다!"

한 모금의 물만 있어도 이렇게 살 것 같은데... 따라서 사는 그날까지 이런 극한 상황을 헤쳐나가는 것이 '삶'의 정의가 아닐까? '삶'이란 이런 거다.

■ 生活(생활) 생계를 유지하여 살아감.
■ 死活(사활) 죽음과 삶. 죽느냐 사느냐의 갈림.
■ 活動(활동) 어떤 일의 성과를 거두기 위하여 애씀.

권력이 좀 있다 싶은 사람들이 문제를 일으키면 검찰에서 召喚(소환)한다. 그런데 불러도 오지 않는다고 TV 뉴스에 기사화 될 때가 있다.

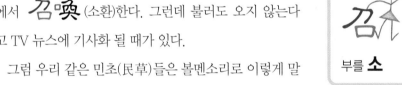

부를 **소**   부를 **환**

그럼 우리 같은 민초(民草)들은 볼멘소리로 이렇게 말한다.

"召喚(소환)을 했다는데 왜 안 가는 거야?"

불러서 물어보겠다고 하면 가서 자신의 결백을 주장할 수 있는 절호의 기회인데 미적거리면 오히려 오해만 더 살 뿐이다.

권력 있고 돈 있는 사람들이 제일 싫어하는 말 중에 하나가 召喚(소환)이겠다.

'난 召喚(소환)당할 일이 없다'고 생각하는 당신은? 민초(民草)다!

召(부를 소)는 불러대는 윗사람의 口(입)에 刀(칼)이라... 윽, 칼 들고 부른다고 생각하니 좀 무섭다. 게다가 윗사람의 부름이니 다리까지 후들거린다.

■ 召集(소집) 불러 모음.

喚(부를 환)은 奐(빛날 환)에서 음을, 口(입)에서 뜻을 취했다. 奐(환)을 넣어 만든 한자 중에 활용이 많은 換(바꿀 환)도 있으니 알아두자.

■ 換骨奪胎(환골탈태)　남의 글을 지어 본떴으나 더욱 아름답고 새롭게 됨.
■ 交換(교환)　서로 바꿈.
■ 換錢(환전)　서로 종류가 다른 화폐를 교환함.

부를 초　부를 빙

그럼 이제부터 높으신 분들 잘못해서 불러낼 때는 召喚(소환) 대신 "招聘 (초빙)합니다"란 말을 써 주는 것이 어떨까? 그럼 슬거운 마음으로 달려갈까?

초대(招待)와 초청(招請)이란 말보다 훨씬 정중하게 '예의를 갖추어 부른다' 는 뜻이니 안 올 수 없겠다.

招(부를 초)가 召(부를 소)와 다른 점은 扌(손)이 추가 되었다는 점이다.

저 멀리서 손을 흔들면서 다정하게 부르는 모습이 연상된다.

그러니까 윗사람이 부른다는 뜻을 가진 召(부를 소)와 분명히 다르다.

聘 (부를 빙)은 부르는 소리가 들린다는 데서 耳(귀 이)에서 뜻을, 甹(빙)은 음으로 나왔는데 다른 곳에서는 볼 수 없다. 이 한자는 ① '부를 빙' 외에 ② '장가들 빙' 도 있다. 주위에 보면 장인(丈人)과 같은 뜻으로 빙부(聘父)라는 호칭을 쓰는 경우를 보는데 '장가들어서 생긴 아버지' 를 말한다. 뜻을 알고 나니 빙부(聘父), 빙모(聘母)란 호칭이 예쁘다. 이제 招聘 (초빙)한다는 카드를 받게 되면 기분 좋게 응하자.

넘을 초

超一流國家(초일류 국가)! 超大型(초대형)! 超高速 (초고속)!

요즘은 super, ultra로 해석할 수 있는 이 한자를 맨 앞에 넣어 막강한 힘을 널리 과시한다.

召(부를 소→초)에서 음을 走 (달릴 주)에서 뜻을 취했다.

남들 걸을 때 종횡무진(縱橫無盡) 부지런히 뛰어다닌다면 남보다 앞서는 것은 당연한 일 아닌가.

무한경쟁시대에 살아남기 위해서는 뛰어다녀야 한다.

- **超越**(초월)　어떤 한계나 표준을 뛰어넘음.
- **超人**(초인)　보통 사람보다 훨씬 뛰어난 능력을 가진 사람.
- **超過**(초과)　일정한 정도를 지나침.

요즘이야 사탕 같이 단 음식들이 즐비하니 꿀이 얼마나 달고 맛있는지 잘 모른다. 옛날 서당의 훈장도 학동들 몰래 벽장에 꿀단지를 숨겨 놓고 혼자서 먹을 정도로 꿀단지 앞에서는 예의고 염치고 없었다.

꿀 **밀**

꿀이라 하면 벌을 생각하지 않을 수 없다.

벌들이 모은 꿀이니 虫 (벌레=벌)가 뜻으로 宓 (밀)이 음으로 나왔다.

宓 (밀)은 지금 활용이 되지 않고 있으니 그냥 음만 알고 있으면 된다.

그럼 이야기를 좀 바꿔 보자.

간혹 영어와 한자어의 뜻이 신기하게도 딱 맞아떨어질 때가 있다. 동양과 서양의 정서와 문화면에서 별로 통하지 않는데 말이다.

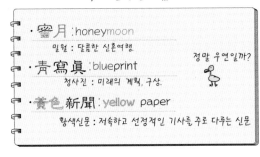

- **蜜月** :honeymoon
  밀월 : 달콤한 신혼여행.
- **靑寫眞** :blueprint
  청사진 : 미래의 계획, 구상.
- **黃色新聞** :yellow paper
  황색신문 : 저속하고 선정적인 기사를 주로 다루는 신문

•아니, 이런 우•연도 •있나!?

정말 우연일까?

그렇다면 왜 이런 현상이 생긴 것일까?

그 정답은 영어를 의역했기 때문이다.

쏟아져 들어오는 영어의 풀이 방법에는 두 가지가 있는데, 하나는 익히 알고 있는 한자의 음을 빌려 표기하는 음역(音譯)방법과 한자의 뜻을 취해서 한자로 옮기는 의역(意譯)방법이다.

중국 거리에서 본 커피숍 스타벅스 (starbucks)의 표기 같은 경우는 의역과 음역을 조화시켜서 이름을 지었다.

이제 의역을 이해했다면 honeymoon을 밀월(蜜月), blueprint를 청사진(靑寫眞)이라고 한 이유를 쉽게 이해할 수 있겠다.

그럼 여기서 yellow paper의 유래를 알아보자. 1889년에 J.퓰리처가 《뉴욕 월드》에 황색 옷을 입은 소년 '옐로 키드 (yellow kid)' 만화를 게재하였는데, 이를 흉내낸 W. R.허스트의 《모닝 저널》과 치열한 경쟁이 벌어졌다. 그래서 내용이 점점 선정주의(煽情主義 : sensationalism)로 흐르게 되었다.

퓰리처는 내 yellow card를 받아라!

Joseph Pulitzer

이때부터 괴기적(怪奇的), 선정적(煽情的) 기사를 게재하는 신문을 '옐로 프레스 (yellow press)' 또는 '옐로 페이퍼(yellow paper)' 라 부르게 되었는데 이 용어를 황색 신문(黃色新聞)이라고 의역해 쓰고 있다.

언어는 흐르는 시간 속에서 다른 나라의 언어와 부딪치면서 치열한 경쟁과 변신을 거듭하면서 살아 남는다. 인간세상의 적자생존의 법칙은 언어세계에서도 똑같이 적용된다.

한자도 이런 경쟁 속에서 살아남기 위해 오늘도 다른 언어와 부딪치며 생존의 몸부림을 치고 있다.

蜜 (밀)이 들어간 한자 하나 더 보자.

"다른 사람에게 말하면 안 돼. (비밀)이야. 반드시 꼭! 꼭! 지켜야 해."

이렇게 당부하고 또 당부한다. 그래서 秘密(비밀)이란 한자어에 必(반드시 필)이 반복해서 들어가 있나?

먼저 秘(숨길 비)를 보자.

示(보일 시)에서 뜻을 必(필→비)에서 음을 취했는데 뜻으로 나왔다고 생각하는 것이 더 좋을 것 같다. 제단에 보일 듯 말 듯 숨어 있는 귀신의 모습에서 나왔다.

이런 이미지를 가장 잘 표현하고 있는 한자어가 바로 이것!

■ 神秘(신비) 불가사의하고 영묘한 비밀.

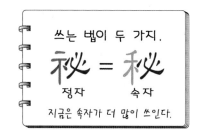

密(빽빽할 밀)은 密(밀)에서 음을, 山(산)에서 뜻을 취했다.

사람의 손길이 닿지 않는 빽빽한 깊은 숲속에서 '몰래' '조용하다' '은밀하다'는 뜻이 나왔다. 은밀하게 거래하는 밀수는 주로 山(산)에서 이루어진다!?

■ 隱密(은밀) (생각이나 행동 따위를) 숨겨서 행적이 드러나지 아니함.
■ 密林(밀림) 큰 나무들이 빽빽하게 들어선 수풀.
■ 密輸(밀수) 법을 어기고 몰래 하는 수출이나 수입.

秘密은 남에게 秘密이라고 말하는 순간 이미 秘密이 아니다.

"必(필) 必(필) 必(필)"해봐야 소용없다.

다음 고사성어가 증명하고 있다.

정말 아무도 모를 거라고 생각하는가?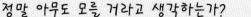

중국 휴대폰 문자 메시지를 고전적으로
해석했다간 오해하기 십상이다.

秘密은
없~다!

"우리의 비밀은 하늘이 알고~~~"   뭐라구!?

四   知
녁 사   알 지

天知
地知   ‥‥‥ ♨ ◦◦◦◦
☆ ( )见( )
☆ (有) ☆
★ (你) ★   你知
我知

우리의 사랑은... '하늘이 알고~~~'

후한시대 청렴결백한 양진이 창읍에서 묵게 되었는데 저녁 늦게 이 고을 현령인
왕밀이 찾아와 소매 속에서 황금 열 근을 꺼내 바치자 양진이 말했다.
"나는 옛 지인으로 자녀를 기억하는데 자녜는 나를 잊은 것 같군."
"아닙니다. 이건 뇌물이 아니라 은혜에 보답하려는 것 뿐입니다. 지금은 밤중이고,
방안에는 태수님과 저뿐입니다." 그러자 양진이 이렇게 말했다.
"하늘이 알고, 땅이 알고, 자녜가 알고, 내가 알지 않는가!(天知 地知 子知 我知)"

我愛你~   2인칭인 子(자) 대신 지금
워 아이 니   중국은 你(ni)를 쓴다네.

必 須
반드시 필 모름지기 수

'반드시 꼭 있어야 하는 것'을 必須(필수)라고
한다. 살다 보면 必須(필수)로 갖춰야 할 것이 있
다고 한다.

秘密(비밀)에서 공통으로 나온 必(필)은 유
래가 분분하다.

그러니 그냥 외우는 것이 상책이다.

■ 必勝(필승) 꼭 이김.
■ 必然(필연) 반드시 그리 되는 수밖에 다른 도리가 없음.

須(모름지기 수)는 頁(머리 혈)과 머리카락을 가리키는 彡(터럭 삼)이 만나
'턱수염'을 가리켰는데 지금은 '반드시' '모름지기'란 뜻으로만 쓰이고 있다.
활용할 한자어도 必須(필수)밖에 없는데 중학교 900자 들어 있다. 워낙 많이
나오는 한자어라 그런가보다 생각하고 必須(필수)로 외워두자.

月(고기)에서 뜻을, 复(복)에서 음을 취해 만들었다.

复(갈 복)은 풀무를 그린 것이라는 등 설이 분분한데 음만 알고 있어도 된다.

그런데 신체기관 중에 '복' 이라는 음을 가진 곳이 어디더라.

아하, 배 아픈 것을 '복통' 이라 하는데 그럼 '배 복' 인가 보다.

이렇게 한자의 음과 뜻을 유추해낼 수 있다면 미궁 속에서 얼마든지 빠져 나올 수 있다.

- 腹痛(복통) 배가 아픈 증세.
- 空腹(공복) 빈속.
- 遺腹子(유복자) 어머니의 배 속에 있을 때 아버지를 여의고 태어난 자식.

腹
배 복

回(돌 회)는 수레바퀴가 뱅글뱅글 도는 것을 보고 그린 한자인데 동그라미에서 네모로 변했다. 돌아갈 것 같지 않게 말이다.

- 回轉(회전) 한 물체가 어떤 점이나 다른 물체의 둘레를 일정하게 움직임.

回 復
돌 회 회복할 복

復(회복할 복)은 간다는 뜻을 가진 彳(두인변)에서 뜻을 复(복)에서 음을 취해 원래의 상태로 '다시' '회복하다' 란 뜻이 나왔다.

주의할 점은 '다시' 라는 뜻 일 때는 음이 '부' 로 바뀐다.

음이 두 개인데다 일일이 나열하기가 어려울 정도로 활용이 많으니 꼭 알아두자.

만약 학교 수업시간에 이 한자를 배웠다면 시험문제에 꼭 나올 거라고 생각하고 만반의 준비를 해야 안 틀린다.

① '다시 부' 와 ② '회복할 복' 을 명심하자.

1. 다시 부 復活(부활) 죽었다가 되살아남.
　　　　　復興(부흥) 쇠(衰)하였던 것이 다시 일어남.
2. 회복할 복 反復(반복) 되풀이함.
　　　　　復習(복습) 배운 것을 되풀이하여 익힘.
　　　　　復職(복직) 한때 그 직(職)을 그만두었던 사람이 다시 본디의 자리로 돌아옴.

산다는 것은...

날마다 復活

한 모금의 물만 있어도...

겹칠 **복** 베낄 **사**

마름질할 때 보면 여러 겹 겹쳐 놓은 옷감을 베고 자른다. 그래서 겹쳐진 衤(옷감)에서 뜻을 취해 '겹칠 복'을 만들었다. 똑같은 것을 찍어내는 複寫機(복사기)에서 이 한자를 볼 수 있다.

이렇게 똑같은 것을 여러 개 찍어내는 것이 또 있다.

똑같은 인간을 여러 명 찍어낸다고 해서 지구촌을 떠들썩하게 했던 한자어 '複製(복제)'에서도 볼 수 있다.

- 複雜(복잡) (여러 가지 사물이나 사정 등이) 겹치고 뒤섞여 어수선함.
- 複線(복선) 겹줄.
- 複製(복제) 본디의 것과 똑같이 만듦.

여기에 寫(베낄 사)도 같이 알아두자.

뜻이 많이 변해서 유래는 중요하지 않으니, 이럴 땐? 열심히 외우는 거라 했다. 한자어 寫眞(사진)도 알아두면 더욱 좋다.

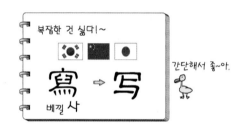

음이 너무 많이 변했다.

전우의 尸(시체)를 밟고 또 다시 밟고 간다 하여 만들어진 '신발 리', '밟을 리'는 설마 아닐 테지.

밟을 **리**

- 履歷書(이력서) 지금까지 거쳐온 학력, 직업 등의 내력을 적은 문서.
- 如履薄氷(여리박빙) 살얼음판을 밟는 것처럼 '아슬아슬하고 불안한 지경'을 비유하여 이르는 말.

활용이 많은 다음 한자성어도 함께 알아두자.

烏飛梨落 이라 하지 않던가.

瓜田不納履

오이 과 밭 전 아니 불 들일 납 신발 리

의심받을 짓은 아예 하지 말라 는 말씀!

제나라 위왕 때 간신 주파호가 국정을 제멋대로 휘두르자 후궁 우희가 간했다.
"전하, 주파호를 내치시고 북곽 선생과 같은 어진 선비를 등용하소서."
그러자 주파호가 우희와 북곽 선생은 서로 좋아하는 사이라고 모함하자 위왕이
우희를 불러 묻자 이렇게 대답했다.
"전하, 만약 신첩에게 죄가 있다면 옛 맘씀에 '오이 밭에서 신을 고쳐 신지 말고
[瓜田不納履], 오얏나무 아래서 갓을 고쳐 쓰지 말라[李下不整冠]'고 했듯이
남에게 의심받을 일을 피하지 못했다는 점과 변명해 주는 사람 하나 없는 신첩
의 부덕한 점이옵니다. 이제 신첩에게 죽음을 내려도 좋으나 주파호와 같은 간신
만은 내쳐 주시 오소서." 위왕은 주파호를 불러 그 자리에서 삶아 죽였다.

'까마귀 날자 배 떨어진다'는 뜻을 가진 속담 오비이락(烏飛梨落)과 함께 알아두자.

부수에 잠깐 보이는 ⻃(덮을 아)는 식탁 위에 반찬을 덮은
상보를 생각하면 이해가 쉽다.

그래서 이 한사가 보이면 뭔가를 '덮고 가린다'는 뜻으로, 여기
에 復(복)을 음으로 취해 ① '덮을 부'와 ② '뒤집어엎을 복' 이
렇게 두 개의 음과 뜻이 나왔다. 그런데 이 한자를 넣어 음을 제
멋대로 읽고 있는 한자어들이 있다.

엎을 복

■ 覆面强盗(복면강도) ⇒ (부면강도) 얼굴을 가리고 범행을 저지르는 강도.
■ 覆蓋工事(복개공사) ⇒ (부개공사) 덮개를 덮는 공사.

'덮는다'는 뜻은 '부'로 읽어야 하므로 원래는 복면강도(覆面强盗)가 아니라 '부면
강도'로 읽어야 한다. 그렇다고 관행을 무시하고 혼자만 원래 음으로 읽는 것도 이상
할 테니 난감하다.

그럼 '뒤집어엎다'는 뜻으로 쓰인 한자어로 뭐가 있을까?

찾아보니 '요강을 뒤엎는 열매' 라는 뜻에서 나온 '복분자(覆盆子)' 가 있었다.

복분자(覆盆子)를 많이 먹으면 사기요강을 엎을 정도로 양기가 드세어진다는 뜻에서 복분자라고 쓰게 되었다니 흔한 말로 정력이 세어진다는 의미란다. 그래서 요즘엔 복분자로 만든 술이 시중에 많이 판매되고 있다.

■ 飜覆(번복) 이리저리 뒤집어서 고침.

이제 고사성어로 마무리하자.

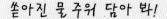

쏟아진 물 주워 담아 봐!

覆 水 難 收
엎을 복   물 수   어려울 난   거둘 수

위수 가에서 낚시질하던 강태공이 젊었을 때 글만 읽고 살림을 돌보지 않았다. 그래서 부인 마씨가 화를 내며 집을 나가 버렸다.

그 뒤 주나라 건국의 일등공신이 되어 제왕(齊王)으로 봉해져 가는 길 한복판에서 전처 마씨가 무릎을 꿇고 울면서 빌었다.

"옛날에는 너무 가난해서 떠났지만 지금 다시 부부의 인연을 맺고 싶습니다." 그러자 강태공은 물 한 대야를 땅에 쏟아 버리며 이렇게 말했다.

"한번 엎지른 물은 다시 그릇에 담을 수 없고(覆水難收) 한번 떠난 아내는 다시 돌아올 수 없는 것이오."

'한번 엎질러진 물은 다시 주워 담을 수 없다' 는 말이 여기서 나왔다.

칼 **검**

刂(칼)에서 뜻을 僉(모두 첨→검)에서 음을 취했다.

■ 劍道(검도) 죽도로 상대편의 머리, 허리를 차거나 찔러서 승부를 겨루는 기술.
■ 劍客(검객) 검술에 능한 사람.
■ 劍舞(검무) 칼춤.

그런데 칼에는 劍(검)만 있는 것이 아니다.

칼 도

주방용 칼을 그린 이 한자는 주로 작은 칼을 나타낸다. 햇빛을 받아 번쩍이는 刃(칼날 인)은 이미 다루었다. 이 한자의 변형부수도 꼭 알아두자.

칼 검

주로 전쟁용이나 의장용으로 쓰며 긴 모양을 하고 있다.
모기 보고 劍(검) 뽑으면 웃음거리 되니 필히 용도에 맞게 사용해야 한다.

그러니까 식도(食刀), 과도(果刀)는 있어도 식검(食劍), 과검(果劍)은 없다.

僉(모두 첨)은 지금 단독으로는 거의 나오지 않고 한자 속에 음으로 나오는데 '검' '험' '렴' 으로 발음된다. 5개의 한자를 보자.

1 (사람)들 僉(모두)가 꼭 지켜야 할 덕목은?

검소할 **검** 바탕 **소**

우리들 누구나 어려서부터 학교에서, 집에서 늘상 이 말을 들으며 자랐다.

그럼 素(바탕 소)는 어떻게 만들어졌을까?

누에고치에서 (하얀) 빛깔의 糸(명주실)을 뽑아내고 있는 모습이다.

여기서 '원래' '본바탕' '희다' 는 뜻으로 나오게 되었다.

따라서 염색하기 전에 본래 타고난 흰 빛은 화려함과는 거리가 멀다.

그래서 소박한 이미지를 갖고 있다.

- 素朴(소박) 꾸밈이나 거짓이 없이 있는 그대로.
- 素服(소복) 상중에 입는 흰옷.
- 元素(원소) 화학에서 가장 구조가 간단한 성분.
- 素質(소질) 본디 갖추고 있는 성질.

그러나 소복(素服) 입는다고 검소(儉素)한 사람이 되는 것은 아니다.

儉素 (검소)를 알았다면 다음 한자어의 음을 맞춰보자.

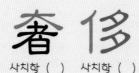

奢 侈
사치할 ( )   사치할 ( )

우리를 싫어하면 저렇게 돼.

인간이 만든 *luxury*한 한자 명품이야.

퀴즈〉'者(사람)이면서 작은 것보다 大(큰 것)만 좋아하고
亻(사람)이면서 적은 것보다 多(많은 것)만 좋아한다'
인간 누구에게나 생길 수 있는 허영심에서 발병하는 이 한자어는 무엇일까요?

정답 : 사치

奢侈 (사치)의 기준을 다시 한 번 새겨보자.

檢索
검사할 검   찾을 색

옛날 중요한 문서를 木(나무)에 기록한 뒤 나무상자에 넣는다. 그 위에 세 군데 칼로 새기고 끈으로 묶은 후 진흙을 발라 완전히 밀봉하고 겉 표지에다 검인(檢印)을 찍었다. 이렇게 보관해야 할 만큼 중요한 문서의 내용은 무엇일까?

아마 중요한 사건을 조사하고 檢索(검색), 검문(檢問)한 내용이거나 위정자들의 비리(非理)와 학정(虐政)을 사실대로 기록한 내용일 것이다. 그래서인지 檢(검)자가 들어간 한자어들이 겁나게 생겼다.

■ 檢印(검인)   검사한 표로 찍는 도장.
■ 檢事(검사)   형사 사건의 공소를 제기하여 법률의 적용을 청구하고 형벌의 집행을 감독하는 사법관.
■ 檢問(검문)   (범법자인가 아닌가를) 검사하고 물음.
■ 檢察(검찰)   범죄를 수사하여 증거를 수집함.
■ 檢擧(검거)   죄상을 조사하려고 용의자를 경찰에서 잡아감.

이렇게 檢(검사할 검)은 木(나무)에 내용을 기록한다는 데서 뜻을 僉(첨 → 검)

에서 음을 취했다. 索(찾을 색)은 모양이 많이 변한 宀(풀)에다 糸(실)을 넣어 새끼를 꼬는 모양에서 ① '노끈 삭' 이 나왔지만 활용이 거의 없다. 지금은 뭔가를 찾기 위해 뒤진다는 ② '찾을 색' 으로 더 많이 나온다.

- 索出(색출) 뒤져서 찾아냄.
- 索引(색인) 책의 내용이나 사항 등을 찾아 보기 쉽게 꾸며 놓은 목록.
- 探索(탐색) 실상을 더듬어 찾음.
- 暗中摸索(암중모색) 어두운 가운데에서 더듬어 찾음.

출국하기 위해 인천 국제공항에 가면 檢索(검색)을 받기 위해 줄을 서는데 별로 기분이 좋지는 않다. 내가 이상한 물건을 소지한 것도 아닌데 말이다.

우리 주변에는 늘 위험(危險)이 도사리고 있지만 일부러 이런 위험한 일에 뛰어들어 冒險(모험)하기를 좋아하는 사람도 있다.

그럼 冒(무릅쓸 모)는 어떻게 만들어졌는지 보기로 하자.

무릅쓸 **모**　험할 **험**

무릅쓸 모

冒險家의 필수품은 모자야.

전쟁터에서 冃(투구)를 쿡 눌러 쓰고 目(눈)만 보이는 모습이다.
투구만 있으면 적군의 화살도 겁나지 않는다 하여 '무릅쓰다'는 뜻이 나왔다.
요즘 우리가 쓰는 '帽子(모자)'에는 헝겊을 뜻하는 巾(수건 건)을 넣었다.

전쟁터에서 투구를 눌러 쓰고 화살을 맞아 가며 싸우는 용감한 군인의 모습이었다.

險(험할 험)은 오르기 힘든 阝(언덕)을 넣었다. 僉(모두 첨→험)에서 음을 취했다. 그러니까 冒險(모험)이란 위험을 무릅쓰고 험한 언덕 같은 곳을 과감하게 올라간다는 뜻이겠다.

- 險惡(험악) 험하고 사나움.

거둘 **렴**

僉(첨→렴)에서 음을 취한데다가 攴(칠 복)을 넣어 곡식을 타작해서 거두어들이는 모습이다.

그런데 곡식을 타작하는 것이 아니라 백성을 타작해서 원하는 것을 몽땅 가져가는 일도 있다.

- 苛斂誅求(가렴주구) 조세 따위를 가혹하게 거두어들여 백성을 못살게 들볶음.
- 收斂(수렴) 곡물 등을 거두어 들임.

시험 **시** 시험 **험**

사람과 가까운 동물 중 하나인 馬(말)은 길들이기가 쉽지 않다. 그래서 옛날에는 말의 성질을 알아서 길들여야 하기 때문에 試驗(시험)삼아 타보고 결정했다고 한다. 여기서 만들어진 한자가 驗(시험 험)이다.

그럼 試(시험 시)는 어떻게 만들어진 걸까?

式(법 식→시)에서 음을 言(말)에서 뜻을 취했다.

옛날에는 마땅한 필기도구가 없어서 구술시험으로 관리자를 뽑았다.

이렇게 만들어진 試驗(시험)은 지금까지 우리를 괴롭히고(?) 있다.

요즘 試驗(시험)을 볼 때마다 아이들은 이렇게 기도한다. '제발 제 시험지에 비 오지 않게 하시고 오직, 송이송이 눈송이만 내리게 해 주세요.'

- 入試(입시) 입학시험의 준말.
- 試食(시식) (맛이나 요리 솜씨를 보기 위해서) 시험 삼아 먹어 봄.
- 試飮(시음) (술이나 음료수 따위를) 맛보기 위하여 시험 삼아 마셔 봄.

그럼 여기서 式(법 식)에 대해 알아보기로 하자.

법 **식**

이 한자를 쓰다가 弋(주살 익)을 나도 모르게 戈(창 과)로 썼던 기억이 있다. 더구나 '창' 과 '주살' 은 동물을 잡는 무기이니 구분하기도 어렵고 모양도 비슷하다.

弋

주살 **익**

오늬에 줄을 매어 쏘는 화살을
그려서 만들었다.
戈(창 과)와 비슷하게 생겼다
고 헷갈리면 안 된다.

弋자에 삐침 하나 더 찍으면?

누나야, 이건
'창 과' 야.

弋(주살 익 → 식)에서 음을 사각자 같은 공구인 工(공)에서 뜻을 취해 자로 잰
듯이 '기존의 법에 맞춰서 행하는 의식' 이란 뜻이다.

그래서 지금도 정해진 식순(式順)에 의해 여기저기에서 式(식)이 거행되고 있다.
그렇다면 기존의 형식에서 벗어난 式(식)은 式(식)이 아니란 말이네.

- 格式(격식) 격에 어울리는 일정한 법식.
- 儀式(의식) 의례를 갖추어 베푸는 행사.
- 結婚式(결혼식) 남녀가 부부 관계를 맺는 서약을 하는 의식.

야구경기 중에 代打(대타)가 나와서 홈런을 치
는 일도 가끔 벌어지곤 한다.

代打(대타)란 야구에서 '정식 타자를 대신해서
치는 것' 을 뜻한다는 것쯤은 다 안다.

代(대신 대)는 弋(주살 익 → 대)에서 음을 취했
다는데 너무 많이 변했다. 앞에 亻(사람)을 넣어 교
대한다는 뜻이 나왔다니 열심히 외우는 방법이 좋
을 듯하다.

그러나 잘못 쓰면 伐(칠 벌)이 되니 주의해야
한다.

代打

대신 **대**   칠 **타**

代자에 삐침 하나 더 찍으면?

누나야, 또 틀렸다.
이건 '칠 벌' 이야.

- 時代(시대) 시간을 역사적으로 구분한 오랜 기간.
- 代表(대표) 개인이나 단체를 대신해서 나타냄.

打(칠 타)는 丁(장정 정)으로 알고 있는데 실은 '뾰족한 못'을 그린 한자이다.
扌(손)에 丁(못)을 들고 벽에 치는 모습을 연상해 보자.

요즘 打(칠 타)는 몽둥이 따위를 들고 때린다는 뜻이 강하다.

- 打者(타자) 야구에서 배트로 공을 치는 공격선수.
- 打擊(타격) ① 때리어 침. ② 손해 손실.
- 强打(강타) 세게 침.

丁(장정 정)을 음으로 취한 한자를 정리해 보자.

> 모아 모아 머리 속에 쏘~옥 넣자.
>
> • 貯(쌓을 저) : 貯蓄 貯藏
>   　　　　　　 저축 　저장
>
> • 訂(바로잡을 정) : 訂正 改訂
>   　　　　　　　　 정정 　개정
>
> • 亭(정자 정) : 亭子
>   　　　　　　　정자
>
> • 停(머무를 정) : 停車場 停止
>   　　　　　　　 정거장 　정지
>
> • 頂(정수리 정) : 頂上
>   　　　　　　　　정상
>
> • 寧(편안할 녕) : 安寧
>   　　　　　　　　 안녕

품삯 임　　빌릴 대

상가가 많아지면서 많이 듣는 한자어 중에 賃貸 (임대)가 있다. '돈을 받고 자기 물건을 상대방에게 사용하도록 빌려준'다는 뜻이다.

그러니까 貝(돈)을 공통으로 넣고 여기에 任(맡길 임)과 代(대신할 대)를 음과 함께 뜻도 포함시켰다. '貝(돈)을 받고 남에게 代(대신) 任(맡긴다)'

이렇게 외우면 모두 5개의 한자를 외울 수 있다.

- 運賃(운임) 운반이나 운송·운수한 보수로 받거나 무는 삯
- 賃金(임금) 노동의 대가로 받는 보수.
- 貸出(대출) 돈이나 물건 따위를 빚으로 꾸어 주거나 빌려 줌.

그런데 任(임)의 뜻이 ① '임무, 맡길 임' ② '마음대로할 임'이 있다 보니 임금(賃金)에 대한 생각이 제각각이다.

賃金의 정의를 맞춰 봐!

게임하다 오늘도 지각~

1. 내 任(맘대로)
   일하고 받는 돈.

몇 장 안 남았다.

2. 나의 任(임무)를
   다하고 받는 돈.

미운 놈은 보너스 없어~

3. 고용주 任(맘대로)
   계산해서 주는 돈.

정답: 2

임금을 주는 사람과 받는 사람의 입장이 다르다 보니 임금협상 과정에서 진통을 겪는 일이 벌어지곤 한다.

이 기회에 임금(賃金)에 있는 任 (임)에 대해서 곰곰이 생각해 보자.

浩然之氣

넓을 **호**　　그럴 **연**　　~의 **지**　　기운 **기**

50. 호연지기

직역 : 인격의 이상적 기상(氣像). 굽히지 않고 흔들리지 않는 바르고 큰 마음.

의역 : ① 하늘과 땅 사이에 가득 찬 넓고도 큰 원기(元氣).
② 공명정대하여 조금도 부끄러움이 없는 용기.

맹자가 제자인 공손추와 이런저런 이야기를 나누던 중에 공손추가 물었다.

"선생님의 장점이 무엇입니까?"

"나는 호연지기(浩然之氣)를 잘 기르네."

"무엇을 호연지기(浩然之氣)라고 합니까?"

"말로 설명하긴 힘드네. 기(氣)는 지극히 크고 지극히 굳센데 여기에 의(義)를 모아 잘 길러서 해로움이 없으면 하늘과 땅 사이에 꽉 차게 되지. 이렇게 만들어진 호연지기는 정도(正道)와 정의(正義)가 합쳐지고 쌓여서 만물에 활기를 불어넣고 성실하고 강인하게 자라도록 이끄는 힘이 되지.

자네는 반드시 의로운 일이 있으면 그만두지 말고, 마음을 망령되게 갖지 말며, 억지로 잘 되게 하려고 하지 말게.

예를 들면 송(宋)나라의 농부처럼 무슨 일을 무리하게 조장(助長)하려고 해서는 안 된단 말일세."

助 長
도울 **조**　길 **장**

▶ 자연의 순리를 어기고 억지로 일을 진행시킨다는 뜻으로 지금은
부정적인 개념으로 '부추기다, 선동하다' 는 의미로 사용.

맹자는 계속 이어서 말했다.

"송나라의 어떤 농부가 자기 논의 모가 좀처럼 잘 자라지 않자 어떻게 하면 빨리 자라게 할까 하고 궁리한 끝에 손으로 모를 하나씩 뽑아서 늘여주었지. 그 많은 모를 하나 하나 뽑아 늘이자니 얼마나 힘이 들었겠는가. 녹초가 된 농부는 집으로 돌아와 식구들에게 이렇게 말했지.

"아, 피곤해. 내가 모가 자라나는 것을 도와주고(助長) 왔지."

아들이 놀라 논으로 뛰어가 봤더니 모가 이미 말라죽어 있었다네.

그러니까 결론은 처음부터 기(氣)를 기르는 것은 쓸데없는 것이라고 내버려두는 것도, 그렇다고 기(氣)를 무리하게 길러 그 성장을 조장하는 것도 모두 좋지 않다는 말일세."

맹자는 호연지기(浩然之氣)란 억지로 조장(助長)한다고 해서 되는 것이 아님을 밝히고 있다.

浩 넓을 **호**

告(알릴 고 → 호)에서 음을 氵(삼수)에서 뜻을 취해 넓다는 뜻인데 浩然之氣(호연지기) 외에 별로 활용할 곳이 없다. 그럼 여기서 告(알릴 고)에 대해 알아보자.

알릴 **고**

牛(소)를 제단에 바치면서 신에게 口(알려서) 도와주길 바라는 마음을 넣어서 만들었다.

그래서 이 한자는 지금도 '윗사람에게 고하거나 억울함을 알리려는 뜻'이 강하다.

- 告白(고백) 마음속에 숨기고 있던 것을 털어놓음.
- 報告(보고) 주어진 임무에 대하여 그 결과나 내용을 말이나 글로 알림.
- 告訴(고소) 범죄의 피해자나 법정 대리인이 수사기관에 범죄 사실을 신고하여 수사 및 범인의 소추를 요구함.
- 申告(신고) 기관이나 조직체의 구성원이 윗사람에게 어떤 사실을 보고하거나 알리는 일.

創 비롯할 **창**   **造** 지을 **조**

'조물주(造物主)가 우주만물을 創造(창조)하시다.' '새 역사를 創造(창조)하자!' 한 번쯤 들어본 말들이다. 요즘은 자녀교육에 '새로운 것을 생각해서 만들어내는 힘'이란 뜻을 가진 創意力(창의력)을 개발하느라 대한민국이 들썩거린다.

創(비롯할 창)은 倉(곳집 창)에서 음을, 刂(칼 도)에서 뜻을 취해 '상처'란 뜻으로 나왔는데 지금은 최초로 창조한다는 '비롯할 창'으로 나온다. 그러니까 뜻으로 나온 刂(칼 도)는 아무런 의미가 없게 된 것이다.

곡식, 물건 따위를 넣어두는 창고를 그렸다는 倉(곳집 창)도 알아두면 좋다.

- 創製(창제) 처음으로 만듦.
- 獨創(독창) 혼자의 힘만으로 생각해 내거나 만들어 냄.
- 創始者(창시자) 일을 맨 처음 시작한 사람.

위에 ⺿(풀 초)를 넣은 蒼(푸를 창)이 1800자에 들어 있는데 활용할 한자어가 蒼天(창천), 蒼空(창공) 정도면 만사형통이다.

造(지을 조)는 辶(책받침)을 넣어 신전 앞으로 가서 告(고)한다는 뜻이었는데 후에 '만들다' 는 뜻이 나왔다니 외울 수밖에 없다. 중국에서는 성형미인(成形美人)을 人造美女(인조미녀)라고 하는데 어감이 참 다르다.

- 人造(인조) 인공으로 만듦.
- 造作(조작) 일부러 무엇과 비슷하게 만듦.
- 改造(개조) 고쳐 다시 만듦.
- 創造(창조) 처음으로 만듦.
- 造成(조성) 만들어서 이룸.

동양에서 개고기는 단백질을 공급하는 중요한 음식으로 닭, 돼지와 함께 가축에 들어갔다. 그러니까 역사가 오래 된 음식임에는 분명하다.

然
그럴 **연**

먼저 이 한자를 셋으로 분리할 수 있다는데 아래 그림을 보자.

나 지금 타고 있니? 그렇다니까.

然
그럴 연

말도 많고 탈도 많은 개고기.

犬(개)의 夕(살)이 灬(불)에 지글지글 타고 있다.
그래서 '불탈 연'이었는데 시간이 흐르면서 '그러하다' 와 어미에 붙어 형용해 주는 '접미사' 로 쓰게 되었다.

옛부터 즐겨 먹던 개고기를 태우는 모습에서 나온 然(그럴 연)이 원래의 뜻을 잃어버리고 말았다.

- 天然(천연) 사람이 손대거나 달리 만들지 아니한, 자연 그대로의 상태.
- 當然(당연) 일의 전후 사정을 놓고 볼 때에 마땅히 그러함.
- 泰然(태연) (태도나 기색이) 아무렇지 않고 예사로움.

불탈 **연**

졸지에 원 뜻을 빼앗긴 然(그럴 연)이 불쌍했나 보다. 그래서 火(불 화)를 앞에 추가해서 다시 만들었다.

그래서 불이 중복해서 군더더기처럼 들어가게 된 것이다.

- 燃燒(연소) 물질이 공기 속의 산소와 화합하여 빛과 열을 내는 현상.
- 燃燈(연등) 〈연등절〉의 준말.
- 燃料(연료) 열·빛·동력 따위를 얻기 위하여 태우는 물질을 통틀어 이르는 말.

그런데 궁금하다. 옛날에 개고기를 즐겨 먹었다는 근거가 정말 있을까. 궁금해 하던 차에 아래 한자를 발견했다.

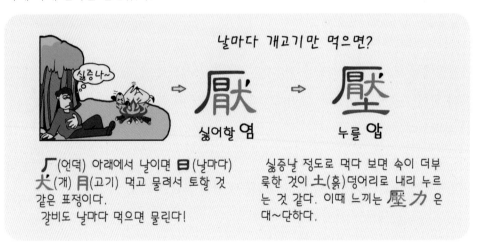

날마다 개고기만 먹으면?

싫증나~

厭 싫어할 염 ➡ 壓 누를 압

厂(언덕) 아래에서 날이면 日(날마다) 犬(개) 月(고기) 먹고 물려서 토할 것 같은 표정이다.
갈비도 날마다 먹으면 물린다!

싫증날 정도로 먹다 보면 속이 더부룩한 것이 土(흙)덩어리로 내리 누르는 것 같다. 이때 느끼는 壓力은 대~단하다.

개고기를 날마다 먹을 정도로 자주 먹었구나. 똑같은 일을 반복하면 아무리 좋아도 싫증나는 건 당연하다는 교훈 아닌가?!

이렇게 만들어진 厭(싫어할 염)을 넣어 만든 한자어를 보자.

- 厭世主義(염세주의) 세상이나 인생에 실망하여 이를 싫어하는 생각.
- 厭症(염증) 싫증.

厭(염)에다 土(흙 토)만 추가하면 이렇게 또 다른 자매품을 외울 수 있다.
壓(누를 압)은 활용이 많으니 꼭 알아두자.

- 壓力(압력) 어떤 물체가 다른 물체를 누르는 힘.
- 壓倒(압도) 월등한 힘으로 상대편을 누름.
- 氣壓(기압) 대기의 압력.
- 壓卷(압권) 여럿 중에서 가장 뛰어난 것.
- 鎭壓(진압) 억눌러서 가라앉힘.

개 이야기가 나온 김에 하나만 더 알아보자.

亻(주인) 앞에 납작 엎드려 꼬리를 흔들고 있는 犬(개)를 생각하면 伏(엎드릴 복)은 쉽게 이해가 간다.

- 伏地不動(복지부동) '마땅히 해야 할 일을 하지 않고 몸을 사림'을 비유.

항복할 **항** 엎드릴 **복**

그런데 앞에 있는 降(항복할 항)은 '내릴 강'으로도 널리 쓰이는데 그 유래를 살펴보자.

백기 들면 개 같은 내 인생이 되는 거야!

降伏

백기를 든 병사들이 阝(언덕) 아래로 夊(걸어) 내려오는데 牛(비틀)거린다. 여기에서 '내릴 강'과 '항복할 항'이 나왔다.

항복해서 포로 신세가 되면 亻(적군) 앞에서 犬(개)취급 당한다.
주인 앞에서 꼬리 흔드는 개는 오히려 행복하다.

그러고 보니 늘어지게 걷는 夊(천천히걸을 쇠)와 어지러운 발자국을 그린 牛(어그러질 천)일부에서 降伏(항복)한 병사들이 보인다. 힘없이 축 처져 내려오는 모습을 연상하면 훨씬 쉽게

나는야~~ 무사안일, 책임회피, 伏地不動 ~

아저씨 개야?

외울 수 있다.

1. 내릴 강 下降(하강) 높은 데서 낮은 데로 내려옴.
　　　降雨量(강우량) (일정한 곳에, 일정한 동안) 내린 비의 분량.
2. 항복할 항 降服(항복) 자신이 진 것을 인정하고 상대편에게 굴복함.
　　　投降(투항) 적에게 항복함.

그릇 기

중학교 때 이 한자를 처음 보았는데 참 이상하다고 생각했다.

'그릇인데 왜 개가 들어가 있는 거야? 혹시 개밥그릇?'

물론 아무도 가르쳐 주지 않았다. 무조건 공책에 줄 맞춰서 쓰기 바빴던 시절이었으니까.

그릇은 나, 멍멍이가 지킨다!

옛날에는 보석만큼 진귀하고 값진
口(그릇)이 있었다.
이 그릇 옆에서 보초를 섰던 동물이
犬(맹견)이다.
보통 그릇이 아닌 모양이다.

그래서 器(그릇 기)는 '도구, 연장, 기구'의 총칭이면서 귀한 그릇이란 뜻에서 '인재'를 비유하기도 한다.

- 武器(무기) 적을 치거나 막는 데 쓰이는 온갖 도구.
- 器具(기구) 세간·그릇·연장 따위를 통틀어 이르는 말.
- 大器晩成(대기만성) 큰 그릇은 늦게 만들어진다는 뜻. 곧 ① 크게 될 사람은 늦게 이루어짐의 비유. ② 만년(晩年)이 되어 성공하는 일.

개가 그릇을 지키기 위해 보초를 섰다는데 정말일까?

그렇다면 호시탐탐 그릇에 눈독을 들인 사람이 있었다는 말인데…….

누구겠는가? 그건 바로 '도둑'이란 뜻인 盜賊(도적)이다.

盜 (훔칠 도)를 알기 전에 먼저 次 (침 연)부터 알아야 이해가 쉽다. 입 벌리고 있는 欠 (하품 흠)은 이미 앞에서 다루었다. 벌린 입에서 침 두 방울이 튄 모습은? 次 (다음 차)이다. 줄 지어 서 있는 병사들을 한 명씩 불러 세울 때 이렇게 외친다. "다음!" 이렇게 외칠 때

盜 훔칠 도   賊 도둑 적

마다 침 두 방울이 튀나? 자칫 冫(얼음 빙)으로 착각하기 쉬운데 '침 두 방울'이라니 주의하자. 그렇다면 침 세 방울은? 침 두 방울보다 더 많이 흐르는 모양새가 품격과는 거리가 멀다. 맛있는 음식 앞에서 입을 벌리고 침 흘리는 표정에서 나온 次 (침 연)인데 독립해서 거의 나오지 않는다. 그렇다면 盜 (훔칠 도)는? 皿 (그릇) 안에 있는 맛난 음식을 보고 次 (침을 질질) 흘리는 모습이다. 그런데 어디 음식뿐이겠는가. 음식을 담은 비싼 그릇도 탐이 난다. 그래서 훔치고 싶다!

우리 속담에 '바늘 도둑이 소 도둑 된다'는 말이 있듯이 밥그릇을 훔친 도둑이 훗날 도자기, 귀금속 따위를 훔치는 대도(大盜)로 발전(?)하기도 한다.

그런데 盜 (훔칠 도)를 침 두 방울을 넣은 盜 (훔칠 도)로 쓰기도 한다. 이제 아무데서나 침 흘리지 말자!

- 竊盜(절도) 남의 재물을 훔침.
- 盜癖(도벽) 남의 물건을 훔치는 버릇.
- 盜用(도용) 훔쳐 씀.
- 强盜(강도) 폭행, 협박 등의 수단으로 남의 재물을 뺏는 도둑.
- 掩耳盜鈴(엄이도령) 귀를 가리고 남의 물건을 훔침. 다 드러난 것을 얕은 수법으로 속이고자 함.

賊 (도둑 적)은 먹고 싶고 갖고 싶어 침 흘리는 것과는 좀 차원이 다르다.

貝 (조개 패=돈)와 戎 (오랑캐 융)을 결합했다. 재물을 빼앗는 흉악한 오랑캐를 뜻하니 무서운 도둑이다. 생각해 보니 盜 (도)에서 시작했다가 점점 간이 부어 賊 (적)이 되는 것이 아닐런지.

아무튼 盜賊 (도적) 걱정 안 하고 살았으면 좋겠다!

- 賊反荷杖(적반하장) 도둑이 도리어 몽둥이를 듦. 잘못한 사람이 도리어 잘한 사람을 나무람.

도울 조

농경시대에는 남자의 힘이 절대적으로 필요했다.

그래서 이 한자는 '且(남자)의 力(힘)'을 상징한다.

且(또 차→조)는 음으로도 나왔다.

그런데 且(또 차)로 알고 있는 이 한자를 왜 '남자'로 해석했는지 궁금하다면 아래 유래를 한번 보자.

또 차

자손은 계속 이어져야 한다!

남자의 남근을 그대로 그렸다는 설이 가장 설득력이 있다.

예나 지금이나 자식 번식의 근원지가 아닌가. 그래서 자손이 자자손손 이어지기를 바라는 뜻에서 '또 차'라고 한다.

그런데 가만히 보면 신위(神位)와도 모양이 닮았다.

앞에서 여자의 음문을 뜻하는 한자인 也(어조사 야)를 다룬 적이 있었다.

여자의 음문 즉, 자궁과 남자의 음경이 한자리에 모여 있는 곳이 있다는데…….

정말 많이 닮았네
엄마의 자궁 속으로!

인간은 죽으면 자기가 처음 잉태한 곳을 영원한 안식처로 여겨 다시 돌아간다고 믿었다.

그래서 무덤은 엄마의 자궁을, 비석은 남근을 형상화 했다는 설이 있는데 정말인지 눈으로 확인해 보시라.

조상 조

且(또 차) 앞에 示(제단)을 넣어 '조상 조'를 만들었다.

이 두 한자의 결합에서도 남자의 느낌이 강하게 풍긴다.

- 祖父(조부) 할아버지.
- 祖上(조상) 같은 혈통으로 된 할아버지 이상의 대대의 어른.
- 祖國(조국) 조상 때부터 살아온 나라. 자기가 태어난 나라.

宀(집) 안에 且(남자)가 있어야 떳떳하고 '마땅한 일' 이라 생각했다. 심지어 이미 돌아가신 조상의 신위라도 모셔야 마땅하다. 그래서 지금도 '마땅히' 아들을 낳아야 하고 그것이 '마땅히' 해야 할 일이라고 생각하는 사람들이 간혹 있다.

마땅할 의

■ 宜當(의당) 마땅히. 으레.
■ 便宜(편의) 사용하거나 이용하는 데 편리함.

且(차→조)에서 음을, 禾(벼 화)에서 뜻을 취해 만들어진 이 한자 역시 벼를 수확한 뒤 세금을 내는데 그 주체가 남자임을 나타내기 위함이 아닐까?

세금 조

■ 租稅(조세) 국가나 지방 자치 단체가 필요한 경비를 마련하기 위하여 국민으로부터 강제로 거두어들이는 돈.

組織(조직)이라 하면 '여러 요소를 모아 얽어서 만든 것' 을 말하는데 왜 組織(조직)暴力輩(폭력배)가 제일 먼저 생각나는지……

짤 조   짤 직

組(짤 조)는 糸(실)처럼 질서정연하게 조직적으로 짜 놓은 모습을 뜻하는 한자로 且(차 → 조)에서 음을 취했다.

■ 組閣(조각) 내각을 조직함.

織(짤 직) 역시 糸(실)에서 뜻을 취하고, 戠(진흙 시→직)에서 음을 취했다.

■ 織物(직물) 씨와 날을 직기에 걸어 짠 천.

그런데 戠(진흙 시)는 독립해서 나오지 않고 음으로만 나오니 두 개의 한자를 더 알아두자.

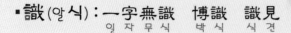

모아 모아 머리 속에 쏘~옥 넣자.

• 職(벼슬 직) : 職業 就職 職場
　　　　　　　　직업　취직　직장

• 識(알 식) : 一字無識 博識 識見
　　　　　　　일자무식　박식　식견

'직'과 '식' 음이 2개야!

識

활용이 많은 한자이니 반드시 알아두자.

且(또 차)가 들어 있는 마지막 한자어를 보자.

찾을 **탐**　　조사할 **사**

探(찾을 탐)을 알기 전에 먼저 深(깊을 심)을 알아야 한다.

氵(물)속을 손으로 罙(더듬거리며) 찾는 모습인데 모양이 많이 변해서 알아보기가 어렵다. 여기서 深(깊을 심)이 나왔다. 探(찾을 탐)은 氵(물)를 생략하고 그 자리에 扌(손)을 넣어 더듬거리면서 찾는다는 '찾을 탐'이 나왔다. 주의할 것은 음이 '심'에서 '탐'으로 변했다.

■ 探究(탐구)　진리나 법칙 등을 더듬어 깊이 연구함.
■ 探險(탐험)　위험을 무릅쓰고 현지를 탐험함.

査(조사할 사)는 정확한 정설이 없다. 且(차 → 조)에서 음을 취한 것은 분명하니 조사(調査)한 것을 木(나무)에 기록했다는 뜻이 아닐까? 지금이야 종이에 기록을 남기지만 말이다.

■ 調査(조사)　사물의 내용을 자세히 살펴 봄.
■ 監査(감사)　감독하고 검사함.

探査(탐사)란 깊은 물 속을 손으로 더듬는 것처럼 조사하는 것을 말한다.

長(길 장)은 머리가 허옇게 센 노인들이 머리를 풀고 다니는 모습을 그렸다. 머리 허연 노인은 그 마을에서 가장 연장자로 회의를 주관하고 결정을 내리는 역할을 한다. 여기서 '이른 장' '우두머리 상'도 나왔다. 엄지손가락을 들면서 "짱이야!" 하는데 '짱'의 한자가 바로 "長"이란 설이 있다.

길 **장** 목숨 **수**

壽(목숨 수)는 유래가 불분명한데다 너무 복잡하다. 오래 산

萬壽無疆을 기원하는 찻잔이네.
끝 강

복잡한 건 싫다!~

壽 ⇒ 寿
목숨 **수**

사람들의 복잡한 인생을 말하기라도 하듯 말이다. 그래도 '목숨이 길어 오래 산다'는 뜻이니 즐겁게 외우자. 壽(목숨 수)의 약자는 일식집 간판에서 많이 보인다.

- 班長(반장) 반(班)이라는 이름을 붙인 집단의 통솔자 또는 책임자.
- 長蛇陣(장사진) 많은 사람들이 줄을 지어 길게 늘어서 있는 모양.
- 長壽(장수) 목숨이 긺. 오래 삶.

長(길 장)이 풀어 헤친 허연 머리라면 꼭꼭 딴 긴 머리는 어떻게 만들었을까?

터럭 **발**

長(장의 생략형 : 긴) 머릿결을 야무지게 彡(땋은) 머릿결을 그렸다. 여기에 음을 犮(달릴 발)에서 취했는데 생김새가 좀 이상(?)해서 友(벗 우)로 잘못 쓰기 쉽다.

犬(개)가 ノ(꼬리 흔들며) 달리는 모습이라니 잘 보자.

- 毛髮(모발) 사람의 몸에 난 터럭을 통틀어 이르는 말.
- 斷髮令(단발령) 1895년(고종 32) 백성들에게 머리를 깎게 한 명령.

여기서 잠깐 犮(발)을 넣어 만든 한자 하나만 더 보기로 하자.

뽑을 선 뽑을 발

攵(발)을 음으로 하고 扌(손)을 넣어 '잡아 뽑다' 는 뜻을 만들었다. 이렇게 攵(발)에서 음을 취한 두 개의 한자만 알면 만사형통이다.

그런데 앞에 있는 한자는 무엇인고?

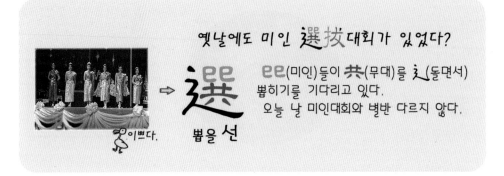

옛날에도 미인 選拔대회가 있었다?

巳巳(미인)들이 共(무대)를 辶(돌면서) 뽑히기를 기다리고 있다.
오늘 날 미인대회와 별반 다르지 않다.

巳巳(뱀 사) 두 개는 무릎꿇고 앉아 있는 미인들을 그린 것이다. 마치 뱀이 따리를 틀고 있는 것처럼 보였던 모양이다.

상당히 복잡해 보인다 했더니 무대에 오른 미인들을 생각하면 어렵지 않구나.

이렇게 해서 뽑힌 미인은 흉노땅으로 보내거나 제단의 희생양으로 바쳐지기도 했다고 하니 옛날에는 미인으로 選拔(선발)되는 것이 꼭 좋은 것만은 아니었겠다.

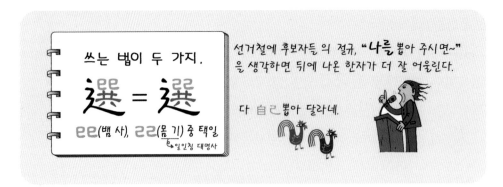

쓰는 법이 두 가지.

選 = 選

巳巳(뱀 사), 己己(몸 기) 중 택일
→ 일인칭 대명사

선거철에 후보자들 의 절규, "나를 뽑아 주시면~" 을 생각하면 뒤에 나온 한자가 더 잘 어울린다.

다 自己 뽑아 달라네.

다시 長(길 장)을 넣어 만든 한자 2개를 더 보자.

602

천을 가리키는 巾(수건 건)을 長(길게) 펴서 늘어뜨린 장막을 가리킨다.

휘장 **장**

- 揮帳(휘장) 여러 폭의 피륙을 이어서 만든, 둘러치는 막.
- 帳簿(장부) 금품의 수입과 지출을 기록하는 일.
- 帳幕(장막) 사람이 들어가 볕이나 비를 피할 수 있도록 한데에 둘러치는 막.

更(고칠 경)은 아주 중요한 한자이다.

음과 뜻이 두 개가 있는데 ① '다시 갱' 과 ② '고칠 경'이 있다. 둘 다 알고 있어야 하는데 유래는 생략하겠다.

경신(更新)과 갱신(更新)의 차이를 알아두자.

고칠 **경**   베풀 **장**

- 更新(경신) 기록 경기 따위에서 종전의 기록을 고쳐 새롭게 함.
- 更新(갱신) 계약기간이 만료되어 그 기간을 다시 연장하는 일.
- 更生(갱생) (죄악의 구렁에서 벗어나) 바른 삶을 되찾음.

張(장)은 弓(활)에 화살을 대어 長(길게) 잡아당기는 모습에서 '당길 장' '베풀 장' 이 나왔다. 지금은 '성씨' 로 많이 나온다.

그렇다면 '다시 팽팽하게 당긴다' 는 뜻인 更張(경장)을 자세히 알아보자.

조화를 잘 이루는 두 개의 거문고인 금(琴)과 슬(瑟)의 소리가 조화롭지 않으면 줄을 풀어서 팽팽하게 조여야 한다. 여기서 유래된 更張(경장)은 '정치·사회적으로 해이(解弛)해지거나 낡은 제도를 고쳐 새롭게 한다' 는 뜻이다. 예를 들어, 1894년 (고종 31) 갑오개혁(甲午改革)으로 봉건적 문물제도를 근대적 국가 형태로 고친 일을 갑오경장(甲午更張)이라고 한다.

便
편할 **편**

亻(사람)의 편리에 맞게 更(고친다)하여 ① '편할 편' 이 나왔는데 이외에도 ② '똥오줌 변' 이 있다.

두 개의 음을 가지고 있는 이 한자는 둘 다 알고 있어야 낭패를 당하지 않는다.

1. 편할 편 便利(편리) 어떤 일을 하는 데 편하고 이용하기 쉬움.
          便安(편안) 몸이나 마음이 편하고 좋음.
2. 똥오줌 변 大便(대변) 사람의 똥≠소변.

石更
굳을 **경**

更(경)에서 음을 딱딱한 石(돌)에서 뜻을 취해 만들었다.
便(변)이 石(돌)처럼 딱딱하게 굳어지면 살기가 싫어진다.

■ 硬直(경직) 굳어서 꼿꼿해짐.
■ 硬水(경수) 센물. 반의어 – 軟水(연수) 단물.
■ 强硬(강경) 굳세게 버티어 굽히지 아니함.

604

膏肓之疾
심장밑 **고** 명치 **황** ~의 **지** 질병 **질**

51. 고황지질

직역 : 병이 약의 효력이 미치지 못하는 고황(심장아래 횡경막 위)으로 들어감.

의역 : 병이 불치의 상태에 이르러 치유 가망이 전혀 없는 상태이거나 사상이나 생각이 몸에 배어 불치 상황에 이르름을 비유.

동의어 : 병입고황(病入膏肓)

춘추시대(春秋時代) 진(晋)나라 경공(景公)의 꿈에 긴 머리를 땅까지 늘어뜨린 귀신이 가슴을 치면서 날뛰더니 이렇게 소리쳤다. "내 자손을 죽인 놈아! 내 염라대왕께 말씀드려서 이제 널 데려가야겠다!" 그리고는 궁전의 문들을 부수면서 경공에게 달려들었다. 경공은 깜짝 놀라 방 안으로 도망쳤으나 귀신도 방문을 부수면서 따라 들어왔는데 그 순간 잠이 깨고 말았다. 하도 이상한 꿈이라 경공은 무당을 불러 해몽을 하게 했다.

"올해 햇보리를 드시기 전에 왕께서는 목숨을 보존하기 어렵겠사옵니다."

이날 이후 경공은 앓아 눕게 되었다. 경공은 진(秦)나라의 명의 고완(高緩)을 불렀다. 그런데 고완이 도착하기 전에 경공은 또 꿈을 꾸었다. 꿈속에서 병(病)이 두 아이가 되어 서로 얘기하고 있었다. "고완은 명의라서 우리가 죽게 될지도 몰라. 어디로 도망가야 할까?" 그러자 한 아이가 말하길 "심장 아래, 횡경막(명치) 위로 도망치면 될 거야." 이윽고 고완이 와서 왕을 진맥하고는 이렇게 말했다.

"병이 심장 아래 횡경막 위로 들어가 더 이상 손을 쓸 수가 없습니다."

이 말을 들고 경공은 그의 정확한 진단에 탄복하여 후하게 예물을 주어 돌려보냈다.

이윽고 6월이 되어 햇보리가 나오게 되자 경공은 햇보리로 밥을 짓게 하고는 무당을 불러다 자신이 햇보리를 먹기 전에 죽을 것이라고 거짓말을 한 죄목으로 목을 베었다. 그런데 경공이 막 수저를 들자마자 배가 아프기 시작하여 변소로 갔는데 그만 거기서 떨어져 죽고 말았다.

한자 up 그레이드

膏 심장밑 **고**

高(높을 고)에서 음을 밑에 月(고기 육)의 변형부수를 넣어 만든 한자의 뜻이 ① '심장의 밑'이다.

그런데 이 한자에 ② '기름 고'라는 뜻이 있다.

'백성의 고혈(膏血)을 짜는 탐관오리들……'

고혈(膏血)이 무엇인가? 기름과 피 아닌가. 고혈(膏血)을 짜고 나면 앙상한 뼈다귀만 남는다. 굶주리고 고통받는 백성들의 참혹한 모습이 보인다.

아, 이것도 있다. 이명래 고약(膏藥).

1970년대까지 피부 종기에 특효인 양 애용했던 고약은 한약제를 가루내어 돼지기름이나 참기름을 넣고 졸여서 시커멓고 끈적거리는 덩어리로 만든 약이었다. 이것을 종기가 난 몸 여기저기 붙이고 다녔다. 고약은 고약한 상처에 바르는 약으로 효과 만땅이었으나 기분은 고약했다고 한다.

백성의 膏血을 짜다.

이 한자 역시 月(고기)에서 뜻을 亡(망→황)에서 음을 취해서 '명치 황'을 만들었는데 사람의 급소를 가리킨다.

별로 활용할 곳이 없다.

그럼 여기서 亡(망할 망)의 유래를 보자.

명치 **황**

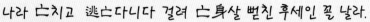

나라 亡치고 逃亡다니다 걸려 亡身살 뻗친 후세인 꼴 날라.

망할 **망**

亠(사람)이 乚(담)밑으로 몸을 숨기고 있다.

걸리면 죽음을 당하고 전쟁 중에 도망가면 나라가 망한다.

여기서 '망할 망' '죽을 망' '달아날 망'이 나왔다.

쉽게 생긴 한자가 뜻은 다양하다. 아래 한자어를 보면서 이해하자.

- 逃亡(도망) 몰래 피해 달아남.
- 亡國之音(망국지음) 망한 나라의 음악. 음란하고 애상적인 음악.
- 敗家亡身(패가망신) 가산을 다 써서 없애고 몸을 망침.
- 亡命(망명) 정치적인 이유 등으로 남의 나라로 몸을 피하는 일.
- 亡羊之歎(망양지탄) 달아난 양을 찾는데 갈림길이 너무 많아 찾지 못했다는 뜻으로 학문의 길이 다양해서 진리를 깨닫기가 어려움을 비유.
- 亡者(망자) 죽은 사람.

亡(망)을 음으로 취한 한자들을 보자.

心(마음)이 어디로 亡(도망)가 버렸다.

차분히 잘 생각하면 생각이 날지 몰라. 그러나 아무리 생각을 되짚어 봐도 까마귀 고기 먹은 것처럼 기억이 잘 나지 않는다.

이런 증세를 健忘症(건망증)이라고 한다. 그런데 왜 健(건강할 건)을 썼을까. 아무리 사전을 뒤져도 해결이 안 된다. 그래서 중국어사전을 뒤졌더니 이런 뜻이 있다.

'~를 잘하다'

잊을 **망**

이런 뜻이 중국어에 있었다니... 이제야 해석이 정확히 되었다.

건망증(健忘症)이란? '잊기를 잘하는 증세!'

■ 忘却(망각)　잊어버림.
■ 背恩忘德(배은망덕)　입은 은덕을 저버리고 배반함.

바쁠 **망**

어, 이것도 忄(마음)이 들어 있네.

忘(잊을 망)과 헷갈리지 않아야 한다. 정신없이 바쁘다 보면 깜박 잘 잊어버린다.

■ 忙中閑(망중한)　바쁜 가운데의 한가한 때.
■ 公私多忙(공사다망)　공적 사적인 일로 매우 바쁨을 이르는 말.

장님 **맹**

目(눈)이 亡(없다)! 무슨 뜻일까 고민할 것도 없다. 장님을 말하는 것일 게다. 장님을 맹인(盲人)이라고 하지 않던가.

■ 盲人摸象(맹인모상)　맹인이 코끼리 더듬는 격. 식견이 좁은 우물안 개구리.
■ 盲信(맹신)　옳고 그름의 분별이 없이 덮어놓고 믿음.
■ 色盲(색맹)　빛깔을 가려내지 못하는 상태.

망령될 **망**

亡(망할) 女(여자)!?

어디 예의범절 모르고 거짓말과 진실이 아닌 말을 하고 다니는 짓을 여자만 하고 다닌다더냐. 아무리 女(계집 녀)를 넣어서 만든 한자 중에 좋은 뜻이 없다는 건 알고 있지만 그래도 이 한자는 기분이 언짢다.

예로부터 여자가 남자보다 수명이 길다 보니 치매에 걸린 할머니들이 많았다. 그래서 女(계집 녀)를 넣어 '정신나간 여자'를 만들었다니 위로가 되고 덜 서운하다.

그런데 妄言(망언)과 妄發(망발)에 老妄(노망)난 행동을 하는 나라가 있다.

妄靈(망령)은 고치기 어렵다는데 걱정이다.

- 妄想(망상) 있지도 않은 사실을 상상하여 마치 사실인 양 굳게 믿는 일.
- 妄言(망언) 망령되게 말함.
- 妄發(망발) 말이나 행동을 그릇되게 하여 자신이나 조상을 욕되게 함.
- 妄靈(망령) 늙거나 정신이 흐리어 말이나 행동이 정상적인 상태가 아님.
- 妖妄(요망) 요사하고 망령됨.
- 老妄(노망) 늙어서 망령을 부림.

누구나 한번쯤 소망(所望)을 빌어본 적이 있을 것이다.

이때 가장 흔한 방법이 ☽(달)을 바라보며 소망(所望)을 비는 것이다.

앞에서 ⺷(정)은 壬(임)과 통용되고 있다고 하였는데 '허리를 약간 숙이고 서 있는 모습'이다. 가만히 들여다보면 그런 것도 같다.

바랄 **망**

설마 亡하게 해달라는 絕望의 절규는 아니겠지.

제 所望안 들어 주면 失望!

애인이 생겼으면...

⇒ 望

1. 바랄 망
2. 바라볼 망

王(고개를 들고) 夕(달)을 향해 간절히 소망을 빌고 있다. 亡(망)에서 음을 취했다. 여기서 '바라다' '바라 본다'는 뜻이 나왔다.

활용되는 한자가 너무 많다.

1. 바랄 망　所望(소망)　바람. 희망.
　　　　　　絕望(절망)　모든 희망이 끊어짐.
　　　　　　希望(희망)　(어떤 일을) 이루거나 얻고자 기대하고 바람.
　　　　　　可望(가망)　될성부른 희망.
　　　　　　野望(야망)　크게 무엇을 이루어 보겠다는 희망.
　　　　　　渴望(갈망)　간절히 바람. 열망.
　　　　　　失望(실망)　희망을 잃음. 일이 뜻대로 되지 않음.
2. 바라볼 망　望遠鏡(망원경)　먼 곳의 물체를 확대하여 보는 광학 기계.
　　　　　　望夫石(망부석)　남편을 기다리다가 그대로 죽어서 되었다는 돌.
　　　　　　望雲之情(망운지정)　객지에서 구름을 바라보며 고향에 계신 부모님을 그리워함.

없을 망

그물 모양을 하고 있는 罒(망)에다 음인 亡(망)을 넣었다.

그런데 그물에 대한 한자를 이미 앞에서 다루었는데 이 한자와 함께 다시 정리해 보자.

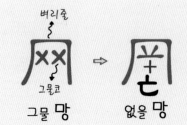

벼리줄

그물코

그물 망　⇒　없을 망

변형된 罒(그물)에다 亡(망)을 넣어 음과 뜻을 취했다. 山(산)이 들어 있는 岡(산등성이 강)과 헷갈리지 않아야 鋼(강철 강), 剛(굳셀 강), 綱(벼리 강)을 쉽게 외울 수 있다.

그런데 망극(罔極)하옵게도 활용 한자어가 하나밖에 없네.

610

罔(없을 망) 앞에 糸(실)을 넣어 만든 網(그물 망)은 활용이 많은 편이다. 엄마가 網(망)에다 양말을 넣어 세탁을 하기도 하고 배구시합할 때 網(망)에 걸리지 않아야 승리할 수 있다.

그물 **망**

가끔 고래나 상어가 어부가 쳐 놓은 網(망)에 걸려 뉴스에 나오기도 한다. 그런데 왜 이처럼 사용 빈도 높은 한자가 1800자에 들어가지 못한 것일까? 컴퓨터가 보급되자 더 바빠진 한자가 網(망)이다. 하루에 얼마나 많은 網(망)이 생기는지 알 수 없어 다 찾아가 볼 수 없는 지경에 이르른지 오래되었다. 그럼 아래 그림을 보며 정리해 보자.

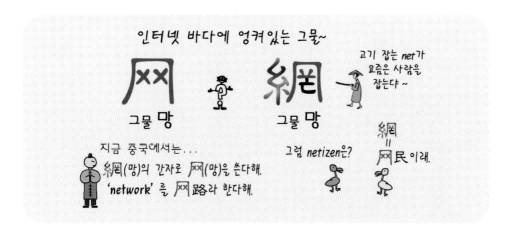

무인도에 혼자 떨어진 인간이 ++(나무) 아래에서 바라본 氵(바다)는 絶望(절망)스럽다. 여기서 '아득하다' '멍하다'는 뜻이 나왔다.

아득할 **망**

아무것도 보이지 않는 참담한 심정을 亡(없을 망)을 넣어 음과 뜻을 취했다. 무인도에 떨어진 것처럼 삶이 茫漠(망막)하다고 茫然自失(망연자실)하지 말자. 絶望(절망) 속에 希望(희망)이 있다고 하지 않던가.

■ 茫茫大海(망망대해)　아득히 넓고 끝없이 펼쳐진 바다.
■ 茫然自失(망연자실)　멍하니 정신을 잃음.
■ 茫漠(망막)　그지없이 넓고 아득함.

늘 우리 주변을 맴돌며 호시탐탐 기회를 엿보고 있는 미운 놈들이다.

　두 한자에 공통으로 들어 있는 疒(병들어누울 녁)이 왜 미운 놈인지 유래를 보자.

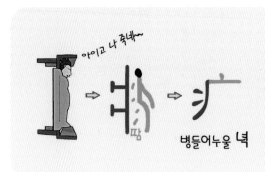

아프면... 서럽다!
一(환자)가 爿(침대)에 누워서 땀까지 흘리며 아파하는 모습이다.
침대가 서 있는 이유는?
앞에서 본 魚(어)처럼 가느다란 목간에 글씨를 쓰다보니 이렇게 서 버렸다.

병들어누울 녁

이 한자는 부수로 나오는데 신체적으로 병이 들었을 때 꼭 등장한다.

그래서 가까이 하고 싶지 않은 한자이다.

다시 본론으로 돌아가 보자.

　疾(질병 질)은 矢(화살 시)를 넣어 전쟁 중에 화살을 맞아 그 부상으로 생긴 병을 가리켰는데 후에 모든 病(병)을 지칭하게 되었다.

病(질병 병)은 음을 뜻하는 丙(병)을 넣어 만들어서 이 한자만 안다면 읽는데 어려움은 없다.

〈문제〉 疾(질병 질)을 넣어 만들어진 다음 한자를 아시나요?

嫉 妒
시기할 ( )   시기할 ( )

내 남편이랑 커피도 마시지마!
아줌마 좀 심해요

🤔 내 맘대로 해석 🤔

퀴즈〉 '女(여자)가 시기하면 疾(병)이 생기고
女(여자)가 시기하면 石(돌) 맞아 죽는다.'
전통 사회에서 여자는 이 감정을 자유롭게 표현할 수 없어 가슴앓이만 했다.
요즘은 남자들도 만만치 않다는데 이 한자어의 독음은 무엇일까요?
정답 : 늦른

정답이 너무 쉬웠다고 자만하지 말고 疒(병들어누울 녁)을 넣어 만든 다른 한자들을 알아보자.

甬(용 → 통)에서 음을 疒(병들어누울 녁)에서 뜻을 취했다.

■ 頭痛(두통) 머리가 아픈 것.
■ 哀痛(애통) 애달프고 슬픈 일.

아플 **통**

正(정 → 증)에서 음을 취했다.

병을 앓을 때 나타나는 여러 현상인 症勢(증세)를 '바르게' 알아야 쉽게 빨리 치료할 수 있다.

■ 痛症(통증) 아픈 증세.
■ 炎症(염증) 세균 침입 등으로 몸에 일어나는 발열, 통증.
■ 後遺症(후유증) 병이나 일을 치르고 난 뒤 생긴 부작용.
■ 重症(중증) 매우 위독한 병세.

증세 **증**

피곤할 **피** 피곤할 **곤**

疲(피곤할 피)는 피로가 쌓이고 또 쌓이면 疒(병)이 되고 몸이 야위어서 皮(가죽)만 남게 된다는 뜻으로 만들었다.

물론 皮(피)는 음으로도 나왔다.

- 疲乏(피핍)　피로함.
- 疲弊(피폐)　지치고 쇠약해짐.

그럼 困(피곤할 곤)은 어떻게 만들었을까?

■ 🎋 내 맘대로 해석 🎋 ■

□(입) 안에 木(나무)껍질만 들어간다면?

찢어지게 가난하다는 뜻이겠지. 여기서 '피곤하다' '가난하다' 는 뜻을 뽑아낼 수 있다.

- 貧困(빈곤)　살림살이가 어려움.
- 困難(곤란)　처리하기 어려움.
- 春困症(춘곤증)　봄철에 느끼는 노곤한 기운.

전염병 **역**

한번 퍼지면 걷잡을 수 없을 정도로 무서운 유행성 급성전염병을 가리킨다. 이렇게 무서운 질병을 막겠다고 殳(몽둥이 수)로 때리면 전염이 안 되나? 아니면 殳(몽둥이)로 맞아 죽을 것처럼 끔찍하고 고통스럽다는 건가?

이러나 저러나 疒(병)과 殳(몽둥이)를 결합해서 만든 이 한 자는 무서운 '전염병' 이다. 지금은 '일반적인 병' 을 나타내기도 한다.

- 紅疫(홍역)　여과성 병원체에 의하여 발병하는 급성의 발진 전염병. 봄철에 유아에 전염되며 평생 면역이 됨.
- 疫疾(역질)　열이 나고 두통이 나며 온몸에 발진(發疹)이 생겨서 자칫하면 얼굴이 얽게 되는 전염병. 천연두.
- 防疫(방역)　전염병의 발생·침입·전염 따위를 막음.
- 免疫(면역)　사람이나 동물의 몸 안에 들어온 항원에 대하여 항체가 만들어져, 같은 항원에 대해서는 발병하지 않는 현상.
- 疫學(역학)　질병을 집단 현상으로서 파악, 질병의 원인, 유행 지역, 식생활 등의 특징에서 법칙성을 찾아내어 공통 인자를 이끌어내려는 학문.

지금까지 병과 관련 있는 한자를 했는데 이런 병들을 치료해 주는 곳을 빼놓을 수 없다.

醫院(의원)은 환자 20명 미만을 수용하는 곳이고 병원(病院)은 20명 이상을 수용하는 곳이란다. 지금은 두리뭉실 병원을 더 즐겨 쓴다. 그럼 병을 치료해 주는 고마운 의사란 뜻인 醫(의원 의)를 먼저 보기로 하자.

상당히 복잡해 보이지만 의사가 들고 다니는 치료도구를 생각하면 답이 나온다.

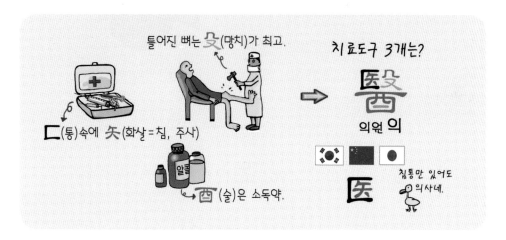

아하, 의사의 왕진가방 속을 살짝 들여다 본 듯한 느낌이다.

그러나 이 바쁜 시대에 이 한자를 다 쓸 필요가 있나. 이 3개의 치료도구 중에 가장 중요한 医(침통)으로 간단히 줄였다. 지금은 이 한자가 한중일을 누비고 다닌다.

■ 醫師(의사) 병을 고치는 직업.
■ 醫院(의원) 병자 20명 이하를 수용하는 곳으로 病院(병원)보다 규모가 작은 곳.

院(집 원)은 阝(언덕)위에 지은 '커다란 집'으로 完(완전할 완→원)에서 음을 취했다. 기왕이면 完(완전할 완)과 元(으뜸 원)도 함께 알아두자.

■ 學院(학원) 학교의 명칭을 붙일 수 있는 조건을 갖추지 못한 사립교육기관.
■ 寺院(사원) 절. 사찰.
■ 法院(법원) 사법권, 곧 재판하는 권한을 가진 국가 기관. 재판소.

암 암

요즘 우리가 가장 무서워하는 질병 중에 하나가 癌(암)이다. 그렇다면 癌(암)이란 한자는 어떻게 만들었을까?

疒(병들어누울 녁)이 들어 있는 것은 이해가 되는데 그럼 음이면서 뜻도 포함하고 있는 嵒(바위 암)은 왜 넣었을까?

혁, 癌 고구마 줄기같다!

癌(암)이란 놈은 몸 속에서 서서히 활동하면서 퍼져나가는데 시간이 지나면서 점점 嵒(고구마 줄기처럼 퍼져나가 돌멩이)처럼 딱딱해지는데 이 한자와 모양이 비슷하자 음도 취했다.

만들어진 역사가 채 100년도 안 되는 애송이 한자가 우리를 위협하고 있다.

- 胃癌(위암) 위 속에 생긴 암.
- 肺癌(폐암) 폐장에 생긴 암.

그럼 여기서 嵒(암덩어리)에서 보이는 品(물건 품)에 대해 알아보자.

이름 명   물건 품

불도 없는 깜깜한 夕(저녁)이 되면 口(입)으로 소리를 내서 자기를 알렸다고 한다.

여기서 '이름'이라는 뜻이 나왔다. 이름에도 유명(有名)과 무명(無名)이 있다는데 상품(商品)에도

名品(명품)이라는 것이 있다.

品(물건 품)은 물건을 팔기 위해 쌓아 놓은 모습이다.

물론 名品(명품)이라고 다 문제가 되는 것은 아니나 名品(명품)만을 지나치게 선호하다 보면 나도 모르게 내가 들고 있

名品癌 말기 환자~

名品아냐? 그럼, 싫어~~

는 名品(명품)이 내 정신을 갉아먹는 癌(암)적인 존재가 될지 모른다. 심하면 치료가 불가능해진다.

내가 들고 다니는 물건을 매일 이름을 불러주며 아끼고 소중하게 관리하자. 그럼 저절로 名品(명품) 된다.

名(이름)을 金(청동그릇) 따위에 칼로 새겨 넣으면 영원히 지워지지 않는다.

새길 명

요즘은 마음에 새겨 넣을 일이 더 많다.

특히 꾸지람 들을 때 하는 말, "너, 銘心(명심)해!"

이보다 우리 인생에서 빼놓을 수 없는 한자성어 하나를 알아보자.

당신 자리의 오른쪽에는 무엇이 놓여 있습니까?

座 右 銘
자리 좌 오른쪽 우 새길 명

넘치지도 모자라지도 않도록!

아하!

공자가 노환공의 묘당을 거닐다가 이상한 물건이 눈에 들어 왔다.
"저것이 무엇에 쓰는 물건인고?" 그러자 묘당지기가 대답하길,
"저 물건은 宥坐之器(유좌지기)라고 합니다."

오른쪽 宥   자리 오른쪽에 이 물건을 놓고 자만심을 경계했다는데서
               훗날 '좌우명' 이 유래했다는군.

그러자 공자가 "아, 텅 비면 기울고, 물이 반쯤 차면 바로 서고, 가득 차면 엎어진다는 바로 그 그릇이구나!" 하더니 제자들을 시켜 시험하니 사실이었다.

평생 넘치지도 모자라지도 않는 중용(中庸)의 정신으로 산다는 것은 참으로 어려운 일이다.

그럼 여기서 品(물건 품)이 들어간 한자어 하나를 더 보자.

지경 **구**   나눌 **별**

區(지경 구)는 匚(상자) 속에 品(물건)을 나누어 정리해서 넣어두는 모습이다. 뒤에 은평區, 강남區에서 보듯 마을을 정비해서 나눈 '행정구획단위'로 나온다. 名品(명품) 선호도에 따라 區別(구별)해서 나누는 것은 절대 아니다.

- 地域區(지역구) 시·군·구 따위의 일정한 지역을 한 단위로 하여 설정한 선거구.
- 區間(구간) 어떤 지점과 다른 지점과의 사이.
- 區域(구역) 갈라놓은 지역.
- 地區(지구) 어떤 일정한 구역.

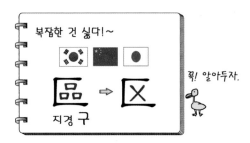

복잡한 건 싫다!~

區 ➡ 区
지경 구

꼭! 알아두자.

지금으로부터 2000년 전에는...

여기는 무슨 區?

別(나눌 별)은 앞에서 다룬 삐뚤어진 뼈를 그린 呂(와)의 변형 모습을 하고 있는 另(뼈)에 붙어 있는 살을 刂(칼)로 분리시키고 있다. '등심' '안심' '갈비살' 등으로 분리한데서 '나누다' '다르다' 는 뜻이 나왔다.

- 死別(사별) 죽어서 이별함.
- 別册(별책) 따로 엮은 책.
- 送別(송별) 멀리 떠나는 이를 이별하여 보냄.
- 判別(판별) 명확히 구별함.

사람들은 누구나 다른 사람과 區別(구별)되는 그런 세상에서 살고 싶어한다. 좀 다른 세상... 그래서 만들어진 한자성어가 있다.

여기 물 좋~은데, 별천지야!

別天地
따로별 하늘천 땅지

山中問答

객이 물었다. "그대는 왜 푸른 산에 사는가?"
대답 않고 웃기만 하는데 마음은 절로 한가롭네.
복사꽃 아득히 흘러가는 이 산 속이야말로
따로 천지가 있으니 인간 세상이 아니로세.

問余何事棲碧山
笑而不答心自閑
桃花流水杳然去
別有天地非人間

　　낭만주의자 이태백(李太白)의 시 〈산중문답(山中問答)〉에서 나온 '별유천지비인간(別有天地非人間)'에서 別天地(별천지)가 유래 되었다. 속세를 벗어나 자연 속에 묻혀 한가롭게 삶을 즐기는 모습이다.

　　요즘 우리가 말하는 別天地(별천지)는 속세에서 화려한 삶을 즐길 때 쓰는 경우가 더 많으니 이를 어쩌랴. 이럴 때 필요한 것이 바로 정신 번쩍 들게 하는 자기만의 座右銘(좌우명)이다!

道 不 拾 遺
길 **도**　아니 **불**　주울 **습**　떨어질 **유**

52. 도불습유

직역 : 길바닥에 떨어진 물건은 줍지 않는다.

의역 : ① 법이 잘 지켜져 나라가 태평하고 평화로움.　② 형벌이 엄해서 백성들이 법을 어기지 않음.

길거리에 떨어진 물건을 보고 내 물건이 아니라고 주워 가지 않는 세상이 있다면 이 야말로 우리 인간이 꿈꾸는 세상이 아닌가.

그런데 다음 두 일화를 보면 떨어진 물건을 줍지 않는 이유가 좀 다르다.

일화 하나

각 국이 목숨 건 전쟁으로 나라를 지켜야 했던 춘추시대, 노(魯)나라에 56세가 된 공자는 대사구(大司寇 : 지금의 법무부장관)가 되어 법을 집행하는 일을 맡아 하였다. 3개월이 지나자 그의 덕화 정책이 노나라의 구석구석에까지 미쳐 물건을 사고팔 때 속이는 행위가 없어지고, 남녀간에 음란한 일이 사라졌으며, 길에 떨어진 물건을 줍지 않아(道不拾遺) 외국 여행자가 노나라에 이르면 관가에 가지 않고도 잃은 물건을 쉽게 찾을 수 있었다.

인(仁)의 사상을 주장한 공자가 법을 집행하는 자리에 있은 지 3개월 만에 도불습유 (道不拾遺)의 시대를 열었다.

다음 두 번째 주인공은 공자와 무엇이 다른가 보자.

일화 둘

　전국시대의 칠웅(七雄) 중에서 진(秦)나라가 정치, 경제, 문화 각 방면에 걸쳐 가장 낙후된 나라였다. 진나라와 이웃하고 있는 위나라에 귀족출신인 상앙(商鞅, B.C. 390~B.C. 338)이 진효공을 만나서 자신의 법치주의를 바탕으로 한 부국강병책(富國強兵策)을 주장하여 신임을 얻게 되었다. 상앙은 오호(五戶), 십호(十戶)마다 연대 책임을 묻는 제도와 연좌제(連坐制)와 신상필벌(信賞必罰)의 법률을 제정해 놓고 즉시 공포하지 못했다. 백성들이 믿어 줄 것 같지 않아 상앙은 남문에 길이 3장(三丈 : 약 9m)에 이르는 나무를 세워 놓고 이렇게 써 붙였다.

　"이 나무를 북문으로 옮겨 놓는 사람에게는 십금(十金)을 주겠노라."

　그러나 아무도 옮기려 하는 사람이 없어 오십금(五十金)을 주겠다고 써 붙이자 옮기는 사람이 있었다. 상앙은 즉시 약속대로 오십금을 준 뒤 법령을 공포하였다. 일년 뒤 백성들이 법이 너무 엄격해서 불편하다고 불만을 터뜨리던 차에 태자가 그만 법을 어기는 일이 발생했다. 그러자 태자의 스승인 공자건(公子虔)을 처형하고 공손가(公孫賈)는 묵형(墨刑)으로 다스렸다.

　법 앞에는 귀족도 서민도 없다는 점을 분명히 하자 백성들이 그제서야 법을 잘 지키게 되었다. 10년이 지나자 길에 떨어진 것을 줍는 자가 없고, 산에 도적이 없으며, 전쟁이 나면 모두 용감하게 싸웠다.

　그러나 효공이 죽고 태자가 혜문왕으로 즉위하자 상황이 급변하였다.

　태자 대신 형을 받고 죽은 공자건을 따르는 무리들이 상앙이 반란을 일으키려 한다고 고발했다. 그래서 국외로 도망을 치려 하였으나 여행권 없는 자의 유숙을 금지한 자기가 만든 법에 걸려 국경을 넘지 못하였다. 결국 붙잡힌 상앙은 거열형(車裂刑 : 죄인의 사지를 수레에 묶어서 찢어버리는 형벌)에 처해져 52년의 생을 마감했다.

　공자가 만든 도불습유(道不拾遺)는 덕으로 다스린 결과 밤에 문을 닫지 않고도 편히 잠자는 무릉도원의 이상적인 사회 모습이라면 상앙이 만든 도불습유(道不拾遺)는 눈만 돌리면 법망에 걸려드는 법 제일주의인 사회 모습이다.

　공자가 다스리는 세상과 상앙이 다스리는 세상은 분명 차이가 있다.

道
길 **도**

首(머리)들이 여기 저기 辵 (걸어다니는) 모습에서 ① '길 도' 가 만들어졌다.

훗날 인간이 걸어다니는 길처럼 '사람이 마땅히 걸어야 할 길' 이라는 추상적이고 도덕적인 ② '도덕 도' 를 추가했다.

- 道路(도로) 사람이나 차들이 다니는 비교적 큰 길.
- 街道(가도) 도시의 큰 도로.
- 鐵道(철도) 기찻길.
- 人道(인도) 사람이 다니는 길. 보도(步道).
- 車道(차도) 자동차가 다니는 길.
- 道德(도덕) 사람으로서 마땅히 지켜야 할 도리 및 그것을 자각하여 실천하는 행위의 총체.
- 道術(도술) 도사 또는 도가의 방술.
- 報道(보도) (신문이나 방송으로) 새 소식을 널리 알림.

| 머리 이야기 하나 |

앞에서 잠깐 다룬 적이 있는 한자이다.

머리 수

복습합시다~

머리카락과 눈을 강조해서 만들어진 이 한자는
'머리' 외에 '우두머리' '첫째'라는 뜻도 있다.

이 한자가 들어간 한자어는 사람들이 누구나가 다 선호한다.

- 首都(수도) 한 나라의 중앙 정부가 있는 도시.
- 首領(수령) 한 당파나 무리의 우두머리.
- 首相(수상) 내각의 우두머리.
- 首席(수석) 제1위. 수좌.
- 國家元首(국가원수) 한 나라의 최고 통치권을 가진 사람.

이끌 **도**

(손)으로 (길)을 가리키고 있는 모습에서 '이끌 도'가 만들어졌다. 특히 위인들이 손으로 가리키고 있는 곳이 어디인지 잘 보면 내 삶의 이정표가 보인다.

- 引導(인도)　가르쳐 일깨움. 길을 안내함.
- 指導(지도)　어떤 목적이나 방향에 따라 가르치어 이끎. 가르침.
- 矯導所(교도소)　징역형이나 금고형 등을 받은 수형자를 수용하는 행형(行刑) 기관.
- 導火線(도화선)　폭약이 터지도록 불을 댕기는 심지.

| 머리 이야기 둘 |

머리의 속에는 뇌가 있다.

온몸의 신경을 지배하는 중추적인 기관인 뇌를 옛날 사람들은 어떻게 그렸을까?

원시인, 뇌를 그리다!

〰〰〰(머리카락), ⊓ (정수리), 그리고 ✖(골)을 그렸다.
그런데 중요한 골을 ✖로 그리다니...

그러나 이 한자는 단독으로 나오지 않고 다른 한자와 결합해서 나온다.

다음 2개의 한자를 보자.

뇌 **뇌**

(뇌) 모양에다 신체를 가리키는 月(고기)만 추가하면 신체 기관 중에서 가장 중요한 腦(뇌)가 만들어진다.

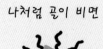

나처럼 골이 비면

무腦兒되는 거야.

중국에서는 컴퓨터를...

电脑
dian nao
간체자

電腦
전 뇌

전기(電氣)가 통하는 영리한 뇌(腦)란 뜻이 라네요.

腦(뇌)가 텅 빈 것도 문제지만 관리 소홀하면 큰일난다.

■ 大腦(대뇌) 뇌의 대부분을 차지하여 좌우 한 쌍을 이룬 반구상의 덩어리.
■ 腦死(뇌사) 뇌의 기능이 완전히 멈추어져 본디 상태로 되돌아가지 않는 상태.
■ 腦出血(뇌출혈) 고혈압이나 동맥경화 등으로 뇌 속에 출혈을 일으키는 병.
■ 腦性痲痺(뇌성마비) 신경이나 근육이 정상적인 기능을 잃어 몸의 일부나 전부가 감각이 없어지는 상태.
■ 腦卒中(뇌졸중) 뇌의 급격한 혈액 순환 장애로 일어나는 증상.

괴로워할 번 괴로워할 뇌

사람은 고민을 하다보면 頁(머리)에 火(불)이 나고 가슴이 답답해지는 현상이 생긴다. 그래서 만들어진 한자가 煩(괴로워할 번)이다.

그럼 惱(괴로워할 뇌)는 어떻게 만들었을까?

巛(뇌)에다 忄(마음 심)의 변형부수를 넣었다.

巛(뇌) 속에 괴로운 생각이 忄(마음)을 어지럽힌다.

煩惱(번뇌)란 '인간이 욕정(欲情)으로 인해 심신이 시달림을 받아 괴로워하는 것'을 말한다.

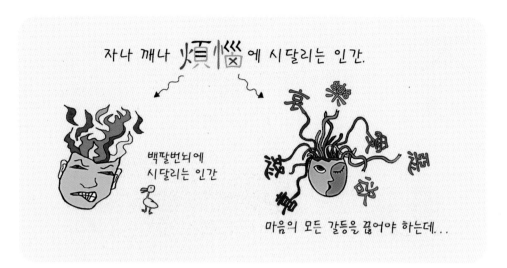

자나 깨나 煩惱에 시달리는 인간.

백팔번뇌에
시달리는 인간

마음의 모든 갈등을 끊어야 하는데...

■ 百八煩惱(백팔번뇌)　온갖 번뇌와 근심.
■ 苦惱(고뇌)　괴로워하고 번뇌함.

처음 이 한자를 보고 이렇게 생각했다.

田(밭)에 앉아서 뭔가를 골똘히 생각한다고 해서 이렇게 만

들었나 보다. 그런데 그게 아니었다.

원래는 図(뇌)를 그렸는데 뒤에 田(밭)처럼 간단하게 모양

이 변한 거였다.

생각할 **사**

■ 思惟(사유)　논리적으로 생각함.
■ 思想(사상)　사고 작용의 결과로 얻어진 체계적 의식 내용.

田(뇌) 속의 핏줄과 세포가 糸(실)처럼 미세하다는 것은 어

떻게 알았을까?

가늘 **세**

■ 細胞(세포)　생물체를 구성하는 최소 단위로서의 원형질.
■ 細密(세밀)　자세하고 빈틈없음.
■ 細菌(세균)　식물에 속하는 미세한 단세포 생물을 두루 이르는 말.

不
아니 **불**

이 한자는 이미 앞에서 다루었다.

여기서는 不(아니 불)과 음뜻이 같은 한자 弗(아니 불)에 대해 알아보려 한다.

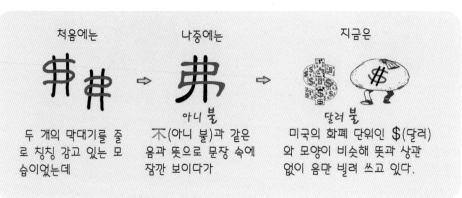

처음에는	나중에는	지금은
두 개의 막대기를 줄로 칭칭 감고 있는 모습이었는데	아니 불 不(아니 불)과 같은 음과 뜻으로 문장 속에 잠깐 보이다가	달러 불 미국의 화폐 단위인 $(달러)와 모양이 비슷해 뜻과 상관없이 음만 빌려 쓰고 있다.

처음 만들어진 뜻과 관계없이 이렇게 변신하는 한자가 가끔 있다. 지금은 달러(dollar) 표시와 모양이 비슷하다는 이유로 원뜻을 버리고 살아남았으니 참으로 질긴 문자의 생명력이다.

亻弗
부처 **불**

김삿갓의 시 가운데 이런 표현이 있다.

"부처는 亻(사람)이 弗(아니야)."

그럼 짐승이란 말인가?

그럴 리가 있나.

이 한자는 범어로 '깨달은 자'란 뜻을 가지고 있는 Buddha를 佛陀(불타)로 음역하면서 불교와 질긴 인연을 맺게 되었다.

따라서 앞의 글자 佛(불)이 불교를 대표하는 한자가 된 것이다.

- 佛敎(불교) 세계 3대 종교의 하나. 기원전 5세기 초엽에 인도의 석가모니가 설법한 가르침.
- 佛供(불공) 부처 앞에 공양하는 일.
- 佛經(불경) 불교의 가르침을 적은 경전.

그럼 불란서(佛蘭西)도 부처와 관계가 있을까?

물론 아니다. 유럽에 있는 프랑스를 중국어로 음역한 것인데 우리 한자음으로 읽으면 아무래도 음이 다르게 날 수밖에 없다. 獨逸(독일)도 마찬가지다.

중국어의 발음과 한자의 음은 같은 듯하지만 다르기 때문이다.

아니, 위아래 한자가 다 '돈'과 관계가 있네.

사실 弗(불 → 비)은 음으로 나온 것이긴 하지만 돈과 관계 있다는 사실을 이미 알고 있지 않은가.

貝(조개) 역시 돈!

쓸 비

돈이란 세상 구석구석에 골고루 돌고 돌아야 제구실을 제대로 수행한다 할 수 있다. 따라서 장롱 속에 꼭꼭 숨겨두지 말고 열심히 소비해야 한다는 뜻이다. 그러나 지나친 消費(소비)가 浪費(낭비)가 되어 화를 부르니 '절제의 미덕'이 필요하다.

- 過消費(과소비) 분에 넘치게 소비함. 씀씀이가 지나치게 헤픔.
- 費用(비용) 무엇을 사거나 어떤 일을 하는 데 드는 돈.
- 浪費(낭비) (돈·물건·시간·노력 따위를) 헛되이 씀.

자기가 생각하기에 이건 弗(아니다) 싶을 때는 한시라도 빨리 扌(손)으로 털어버리는 것이 상책이라는 뜻으로 만들어진 이 한자는 아래 두 개의 한자어 외에 활용할 곳은 별로 없다.

털 불

- 支拂(지불) 값을 치름.
- 拂拭(불식) 말끔하게 씻어 없앰.

才(손)으로 떨어진 것을 주워 合(모으고, 합→습) 있는 모습에서 ① '주울 습' 이 나왔다. 이 한자는 숫자로 ② '열 십' 이란 뜻도 있다.

- 拾得物(습득물) 습득한 물건.
- 收拾(수습) 어수선하게 흩어진 물건들을 거두어들임.

증서나 계약서에 숫자를 기록할 때 위조를 방지하기 위해 복잡한 한자로 바꾸었다는데 어디 구경이나 해보자. 참고로 參(석 삼)은 '참여할 참' 으로도 널리 쓰이는 한자이다.

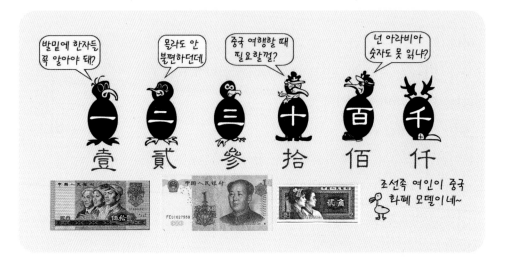

숫자 한번 읽어 봤을 테니 이제 合(합)에 대하여 알아보자.

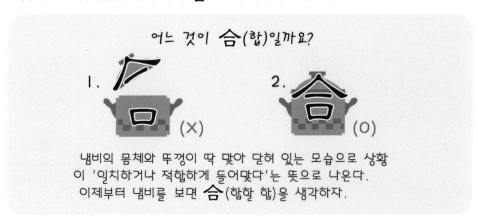

냄비의 몸체와 뚜껑이 딱 맞아 닫혀 있는 모습으로 상황이 '일치하거나 적합하게 들어맞다'는 뜻으로 나온다. 이제부터 냄비를 보면 合(합할 합)을 생각하자.

- 結合(결합) 둘 이상의 것이 서로 관계를 맺고 합쳐서 하나로 됨.
- 合成(합성) 둘 이상이 합하여 하나가 되거나 하나를 만듦.
- 合金(합금) 한 가지 금속에 한 가지 이상의 원소를 첨가하여 새로운 성질의 금속을 만듦.
- 合法(합법) 법령이나 규칙에 맞음.
- 競合(경합) 맞서 겨룸.
- 合格(합격) (채용이나 자격 시험 따위에) 붙음.
- 合唱(합창) 여러 사람이 이부·삼부·사부 따위로 나뉘어 서로 화성을 이루면서 각각 다른 선율로 노래함.
- 合意(합의) 서로의 의지나 의견이 일치하는 일, 또는 일치된 의견.
- 適合(적합) 꼭 알맞음.

合(합)을 음으로 취한 한자 3개를 보자.

반으로 쪼개진 ⺮⺮(대나무)를 다시 合(합치면, 합→답) 딱 맞는다.

그러니까 대답도 상대방의 질문에 딱 맞게 대답해야 한다는 심오한 철학(?)이 담겨 있다. 그렇다면 오답(誤答)은 진정 答(답)이 아니라는 말인가? 하긴 소나기 答(답)은 누구나 싫어한다.

대답할 **답**

- 對答(대답) 묻는 말에 자기의 뜻을 나타냄, 또는 나타내는 그 말.
- 正答(정답) 옳은 답. 맞는 답.
- 誤答(오답) 틀린 답.
- 解答(해답) (어려운 일이나 문제를) 풀어서 밝히거나 답함.
- 回答(회답) (물음에 대하여) 대답함.
- 答禮(답례) 남의 인사에 답하여 인사를 함.
- 應答(응답) 물음이나 부름에 응하여 대답함.

合(합→급)에서 음을 취하고 糸(실)을 넣어 '넉넉하다' '주다'는 뜻이 나왔는데 그냥 외우는 것이 상책이다.

줄 **급**

- 月給(월급) (일한 데 대한 삯으로) 다달이 받는 일정한 돈.
- 給料(급료) 일한 데에 대한 보수.
- 供給(공급) 요구나 필요에 따라 물품 따위를 제공함.
- 需給(수급) 수입과 지급.
- 給與(급여) 급료. 특히 관공서나 회사 같은 곳에서, 근무자에게 주는 급료나 수당.

시간이 오래 흐르면 흐를수록 塔(탑) 위에는 풀과 이끼가 앉게 되어 있다.

이렇게 이끼가 낀 塔(탑)은 어떻게 만들어졌을까.

탑 **탑**

塔은 이끼로 세월의 흔적을 말한다.

탑 모양을 하고 있는 合(합→탑) 위에 艹(풀 초)는?
이끼란다. 그렇다면 土(흙 토)는 탑의 재료다.
그런데 자꾸 무너지고 흘러내려 돌로 바꿔었다고 한다.

수천 년의 세월 속에 의연히 서 있는 塔(탑) 위에 이끼를 넣어 시간의 유구함까지 생각한 발상이 참으로 대단하다.

- 佛塔(불탑) 절의 탑.
- 象牙塔(상아탑) 대학 또는 대학의 연구실 따위를 달리 이르는 말.

떨어질 유

길을 辶(가다가) 그만 貴(귀한, 귀 → 유) 물건을 잃어 버렸다. 그래서 '잃어버리다'는 뜻에서 뒤에 '남기다' '버리다' '떨어뜨리다'는 뜻도 나왔다. 요즘엔 잃어버린 건지 버린 건지 구분이 되지 않는 遺棄犬(유기견)이 많다고 한다.

- 遺棄(유기) 내버리고 돌아보지 않음.
- 遺物(유물) (죽은 이가) 남겨 놓은 물건.
- 遺失(유실) 잃어버림. 떨어뜨림.
- 遺業(유업) 선대(先代)로부터 물려받은 사업.
- 遺言(유언) 죽음에 이르러서 부탁하여 남기는 말.
- 遺骨(유골) 죽은 사람의 뼈.
- 遺産(유산) 죽은 이가 남겨 놓은 재산.

보낼 견

어, 遺(유)와 같은 한자가 아니다. 虫(바구니)에 㠯(흙)이나 물건을 담아 辶(보내는) 모습에서 나온 이 한자는 반드시 잘 구별해서 외우도록 하자.
다음 한자어밖에 없다.

만리장성으로 派遣된 사람들

흙이나 나르라고
날 보내다니.

- 派遣(파견) 어떤 일이나 임무를 맡겨, 어느 곳에 보냄.

貝(조개) 이야기를 좀더 해보자.

옛날에는 貝(조개)를 주거니 받거니 하며 물건을 사고팔았다고 하는데 한자에서 그 흔적을 찾아볼 수 있다.

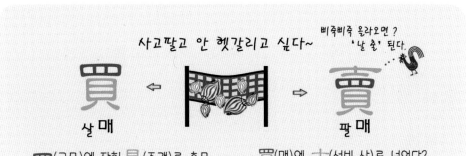

사고팔고 안 헷갈리고 싶다~

삐죽삐죽 올라오면? '날 출' 된다.

살 매 ← → **팔 매**

⽹(그물)에 잡힌 貝(조개)를 흐뭇하게 쳐다보며 생각한다.
'내가 사고 싶은 물건 사야지.'
조개를 돈처럼 취급했던 시절 이야기다.

買(매)에 士(선비 사)를 넣었다?
선비는 상인이 아닌데 이상하다 싶어 갑골을 보니 出(날 출)이었다.
세월이 지나면서 모양이 변했단다.

위 한자들은 음은 같고 모양은 조금 다를 뿐이라서 무조건 외우다 보면 헷갈리고, 헷갈리면 화가 난다.

이럴 땐 요령이 필요한데 가장 눈여겨볼 부분은 士(선비 사)처럼 보이는 한자이다. 원래 모양이 出(출)이었다니 점 4개를 찍어 보자. 그럼 물건을 '내다 판다'는 뜻이 나온다. 이렇게 외우면 헷갈림을 방지할 수 있다.

- 買入(매입)　사들임.
- 發賣(발매)　상품을 팖, 또는 팔기 시작함.
- 買占賣惜(매점매석)　값이 오를 것을 예상, 어떤 상품을 한꺼번에 많이 사 두고 되도록 팔지 않으려 하는 일.
- 小賣(소매)　(생산자나 도매상에게서 사들인 상품을 소비자에게) 낱개로 파는 일.

책을 讀(읽을 때)에는 장사꾼이 물건을 賣(팔 때) 소리지르는 것처럼 큰 소리로 낭랑하게 읽어야 한다는 뜻에서 이렇게 만들어진 것이 아닐까?

사실 賣(팔 매 → 독)는 음으로 나온 거라는데 너무 변했다.

읽을 **독**

이 한자는 ① '읽을 독' 외에 읽기 편하게 구절에 점을 찍는 ② '구두 두' 도 있다.

1. 읽을 독 讀書三昧境(독서삼매경) 오직 책읽기에 골몰함.
　　　　　讀書百遍義自見(독서백편의자현) 책을 백 번 읽으면 뜻이 저절로 나타난다. 여러 번 반복하다 보면
　　　　　　　　　　　　　　　　　　　　　내용이 저절로 이해가 됨. (見 : 나타날 현)
2. 구두 두 句讀法(구두법) 구두점의 사용법, 또는 사용법에 대한 규칙.

이을 **속**

糸(실)로 끊어진 것을 잇는다는 뜻에 賣(매 → 속)에서 음을
취했다. 역시 음이 너무 변했다.

- 繼續(계속) 끊이지 아니하고 잇대어 나아감.
- 連續(연속) 끊이지 않고 죽 이어지거나 지속함.

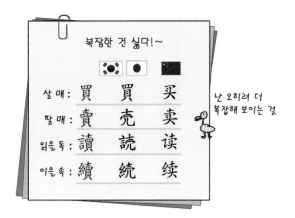

자주 나오는 한자들을 이렇게 서로 다르게 쓰다니…….

　정자를 외우고도 제대로 활용할 수 없으니 참으로 난감하다. 허나 어쩌랴! 나에게
필요하다고 생각된다면 외울 수밖에 없지 않은가.

奇貨可居

기이할 **기**　재화 **화**　가히 **가**　살 **거**

53. 기화가거

직역 : 기이한 물건(좋은 물건)은 미리 사서 저장해둘 만하다.
의역 : 진기한 물건이나 사람은 당장 쓸 곳이 없다 해도 훗날을 위해 잘 간직해 둠.

　전국시대 말, 한(韓)나라에 여불위(呂不韋)라는 큰 장사꾼이 있었다. 그는 조(趙)나라의 도읍 한단(邯鄲)에 갔다가 우연히 진(秦)나라 소양왕(昭襄王)의 손자인 자초(子楚)가 볼모로 와서 이곳에 살고 있다는 것을 알았다.

　그런데 진나라가 여러 번 공격을 해오자 자초의 체면이 말이 아니었고 이로 말미암아 푸대접을 받고 있어 사는 꼴이 형편없었다.

　행색이 초라한 자초를 본 장사꾼의 머리에는 기발한 영감이 번쩍 떠올랐다.

　'이 사람이야말로 기화(奇貨)로다. 사두면 훗날 분명히 큰 이익을 얻게 될 거야.'

　이런 생각을 한 여불위는 귀국하여 아버지에게 물었다.

　"아버님, 농사는 몇 배의 이익을 볼까요?"

　"뭐 대략 열 배는 되겠지."

　"그럼 금은 보석장사는 몇 배의 이익을 볼까요?"

　"음, 백 배는 되지 않겠냐?"

　"그렇다면 아버님, 임금을 세워 나라를 건국하면 몇 배의 이익을 볼까요?"

　"얘야, 너는 헛된 생각을 하고 있구나! 허나 만약 그렇게 될 수만 있다면 그 이익은 도저히 계산할 수 없을 게다."

그러자 여불위가 생각하길. '그래 결심했어. 임금을 세워 나라를 건국해서 그 이름을 후세에 남기는 거야.'

여불위는 자초의 초가집을 찾아가 진나라의 상황 등을 말하며 자신의 재력(財力)을 이용하여 태자에 오를 수 있게 돕겠다고 약속하였다.

"공의 부군이신 안국군께서는 곧 소양왕의 뒤를 이어 왕위에 오르실 것입니다. 그런데 안국군께서는 화양부인(華陽夫人)을 총애하시지만 슬하에 아들이 없습니다. 공께서는 20명의 형제 중에, 중간 서열에다 총애도 받지 못해 태자의 지위에 오르기 어렵사옵니다. 제가 비록 가난하지만 천금(千金)으로 우선 안국군과 화양부인의 환심을 사서 공을 후사(後嗣)로 삼아주도록 힘을 써보겠습니다."

자초는 머리를 숙여 절하며 여불위에게 말했다.

"만약 그대의 계책이 실현된다면 그대와 함께 진나라를 다스리도록 하겠소."

여불위는 오백금을 자초에게 주며 빈객들과 교제하게 하고, 자신은 오백금으로 귀한 물품을 사 가지고 진나라로 가서 화양부인에게 바치며 자초에 대한 칭찬과 화양부인에 대한 칭송을 하였다.

마침내 여불위는 온갖 재력과 능변(能辯)으로 자초를 태자로 세우는 데 성공했다.

여불위에게는 자기 자식을 임신한 애첩 조희(趙姬)가 있었다. 어느 날 집으로 자초를 불러 술자리에서 애첩을 보여주었다. 자초가 애첩을 좋아하는 눈치를 보이자 양보하는 척하며 애첩을 바쳤다. 그리고 몇 달 뒤 뱃속의 아기가 태어났는데 이 아이가 훗날 진시황이다.

진시황이 9세 되던 해 아버지(?) 자초는 안국군의 뒤를 이어 장양왕(莊襄王)이 되고 여불위는 승상에 임명되었다. 그러나 3년 후 장양왕이 죽었다.

기원전 246년에 열세 살밖에 안 된 진시황이 드디어 왕위에 올랐다. 여불위 애첩의 아이가 왕이 되었으니 여불위는 왕의 친아버지인 동시에 무소불위(無所不爲)의 권력까지 거머쥐게 되었다.

여불위의 아이디어로 만들어진 기화가거(奇貨可居)는 계산할 수 없는 천문학적인 재산이 되어 돌아왔다.

특이하고 새로운 것을 좋아하는 마음을 우리는 호기심(好奇心)이라고 한다.

호기심(好奇心) 천국(天國)은 미래가 밝은 나라!

그러나 '호기심(好奇心)이 지나쳐 괴상망측한 것만을 쫓아다니며 수집하는 것'을 우린 獵奇(엽기)라고 한다.

그럼 獵(사냥 렵)은 어떻게 만들어졌는지 알아보자.

사냥 **렵**　기이할 **기**

사냥개가 먹이를 발견하면?

〈〈〈(머리털)과 귀를 발딱 세우고 ◁◁(코)를 쿵쿵거리면서 ㅌㅌ(발톱)과 ㄴ(꼬리)를 바짝 들고 긴장한다.
여기에 犭(개)를 넣어 뜻을 분명하게 했다.

만들어진 유래가 獵奇(엽기)적이다. 부수에 있는 鼠(쥐 서)랑 아래 모양이 같다. 그렇다고 '쥐'와 '개'를 사촌지간쯤으로 보면 곤란하다.

- 獵銃(엽총)　사냥에 쓰는 총.
- 密獵(밀렵)　허가를 받지 않고 몰래 사냥함.
- 狩獵(수렵)　사냥.

사실 獵奇(엽기)라는 말이 유행해서 그렇지 알고 보면 좀 섬뜩한 말이다.

'괴이(怪異), 기이(奇異), 특이(特異)한 것에 흥미를 갖고 사냥해서 수집'한다는 뜻이니 비정상적인 느낌이 강하다.

요즘 유행하는 獵奇(엽기)는 엽기망측, 엽기괴상에서 엽기발랄한 뜻으로 사용하니 그나마 다행이라 하겠다.

사냥개의 전신을 그린 것이 獵(렵)이라면 사냥개의 얼굴을 구체적으로 그린 한자가 있다니 어디 한번 보자.

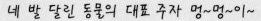

네 발 달린 동물의 대표 주자 멍~멍~이~

잘 그려 봐!

눈
코
수염
입

짐승 수

내 맘대로 해석

개의 얼굴을 천천히 그대로 그려 보자.
입까지 다 그렸으면 뒤에 犬(개 견)만 넣으면 완성이다!
네 발 달린 동물 중에 개가 대표로 뽑혔는데 잔인한 사람을 비유하기도 한다.

이제 "짐승같은 놈!"의 얼굴 위에 '개' 얼굴을 포개면 딱 맞겠다. 그런데 개 같은 얼굴을 살짝 숨기고 온유한 낯빛으로 다가오면 좀 헷갈린다.

'누가 내 🐑 같은 성격을 알겠어? 아무도 모를 걸.'

헉, 人面獸心

■ 人面獸心(인면수심) '사람의 도리를 지키지 못하고 배은 망덕하거나 행동이 흉악하고 음탕한 사람'을 이르는 말.
■ 猛獸(맹수) 사나운 짐승.
■ 怪獸(괴수) 괴상하게 생긴 짐승.
■ 獸醫師(수의사) 가축의 질병 치료를 전공으로 하는 의사.

그렇다고 獸醫師(수의사)를 짐승같은 의사로 해석하면 곤란하다!
들짐승의 대표로 개를 내세웠다면 날짐승은 어떻게 그렸을까 궁금해졌다.
다음 그림에서 올무나 덫에 걸려 발버둥치는 새의 모습인 禽(날짐승 금)에서 인간의 잔인함을 보자.

- 禽獸(금수) ① 날짐승과 들짐승. ② 무례하고 추잡한 행동을 하는 사람.
- 家禽(가금) 닭·오리 등 집에서 기르는 날짐승.

이렇게 끔찍한 광경을 눈앞에서 목격한 새들은 1초라도 빨리 떠나고 싶은 마음뿐 일

거다. 여기서 離(떠날 리)도 함께 외울 수 있는 좋은(?) 기회 아닌가.

- 離婚(이혼) 부부가 서로의 합의나 재판상의 청구에 따라 부부 관계를 끊는 일.
- 離脫(이탈) 떨어져 나가거나 떨어져 나옴.
- 分離(분리) 따로 나누어 떨어짐.
- 離陸(이륙) 비행기가 날기 위해서 땅에서 떠오름.
- 離散家族(이산가족) 분단 등의 사정으로 헤어져 흩어져서 서로 소식을 모르는 가족.

이렇게 떠난 새들은 어니로 갔을까? 궁금해서 따라가 봤더니 이곳에 다 모여 있었

다. 나무에 옹기종기 모여 있는 새를 그린 集(모일 집)은 활용이 많은 한자다.

- 集合(집합) 한군데로 모임.
- 集大成(집대성) (낱낱으로 된) 여럿을 많이 모아 하나의 정리된 것으로 완성함.
- 集結(집결) 한곳으로 모임.
- 募集(모집) 조건에 맞는 사람이나 사물을 모음.
- 詩集(시집) 여러 편의 시를 모아 엮은 책.
- 集中力(집중력) 정신을 집중시키는 힘이나 집중시킬 수 있는 힘.
- 集會(집회) 많은 사람이 일정한 때에 일정한 자리에 모임.
- 群集(군집) (사람이나 동물 등이) 한곳에 떼를 지어 모임.
- 集團(집단) 많은 사람이나 동물, 또는 물건이 모여서 무리를 이룬 상태.
- 離合集散(이합집산) 헤어짐과 모임.
- 集魚燈(집어등) 밤에 불빛을 보고 모여드는 어족을 잡기 위하여 켜는 등불.

알록달록한 새들이 나무에 앉아 있는 雜(섞일 잡)은 어수선한 한자어들이 많다.

- 亂雜(난잡) 어수선하고 혼잡함.
- 雜念(잡념) 여러 가지 쓸데없는 생각.
- 雜務(잡무) 갖가지 자질구레한 일.

그런데 우리 입을 즐겁게 하는 雜(잡)이 있단다.

섞일 잡　나물 채

그 이름은 바로 雜菜(잡채)!

여러 가지 나물에 쇠고기, 돼지고기를 한데 섞은 뒤 갖은 양념을 한 음식인데 여기에 당면을 넣어야 제대로 된 알록달록 맛있는 雜菜(잡채)를 즐길 수 있다.

이리하여 雜(섞일 잡)은 이 요리에서 오명(?)을 말끔히 씻었다.

그렇다면 菜(나물 채)는 어떻게 만들어졌을까?

艹(풀)에서 뜻을 采(캘 채)에서 음과 뜻을 취했다.

- 野菜(야채) 채소. 들나물.
- 菜食(채식) 푸성귀로 만든 반찬.

나물 하니까 봄 처녀들이 이 산 저 산에서 나물 캐는 모습이 생각난다. 봄 처녀의 고운 爫(손)으로 木(나무)의 싹이나 진달래, 쑥 따위를 캐고 있는 한자가 采(캘 채)인데 지금은 이 한자보다 앞에 扌(손)을 추가한 採(캘 채)를 주로 쓴다. 봄 처녀

나물 캐는 손이 바쁘듯이 회사들도 봄맞이 신입사원 採用(채용)하느라 바쁘다.

■ 採用(채용)　사람을 뽑아 씀.
■ 採擇(채택)　골라서 씀.

여기에 彡(터럭 삼)을 넣은 彩(무늬 채)도 알아
두면 완벽하다.

■ 光彩(광채)　찬란한 빛. 정기 어린 밝은 빛.

獵(사냥할 렵)에서 어찌하다 보니 彩(무늬 채)까지 왔다.

그럼 다시 獵奇(엽기)로 돌아와서 이번엔 奇(기이할 기)의 유래를 알아
보자.

옛날에는 야채나 과일이 인분을 먹고 자라서 크기가 올망졸망 비슷비슷하다. 그래
서 혼자 너무 크면 괴이한 놈이라고 구경거리가 되곤 했다.

여기서 可(가 → 기)에서 음을 취하고
大(크다)에서 뜻을 취해 '특이하다' '이
상하다' '괴이하다'는 뜻이 나왔다.

그럼 이제 奇(기이할 기)를 음으로 취한 한자들을 알아보자.

奇(기이하게) 생긴 놈들이 宀(집)안 여기저기에서 빌붙
어 영양분을 빨아먹고 살아가고 있다. 집안에 奇異(기이)한 놈들
이 누군가 했더니 바퀴벌레, 이, 벼룩, 빈대, 진드기 등등.

그래서 우린 이런 벌레를 寄生蟲(기생충)이라 부른다. 이외에
② '맡길 기' ③ '부칠 기'도 있으니 알아두자. 寄生蟲(기생충)은
우리 사회에서 퇴치1호이지만 寄附(기부)문화는 사회의 햇빛이다!

붙어있을 **기**

- 寄宿舍(기숙사)   학교나 회사에서 학생이나 사원을 위하여 마련한 공동 숙사.
- 寄贈(기증)   (물품 따위를) 선물로 보내 줌.
- 寄託(기탁)   금품을 남에게 맡겨 그 처리를 부탁함.
- 寄稿(기고)   신문·잡지 등에 싣기 위하여 원고를 써서 보냄.
- 寄附(기부)   자선 사업이나 공공사업을 도울 목적으로 재물을 내어 놓음.
- 寄與(기여)   남에게 이바지함.

馬奇

말탈 **기**

奇(기)에서 음을 馬(말)에서 뜻을 취해 만들었다.

- 騎馬兵(기마병)   말을 타고 싸우는 병사.
- 騎虎之勢(기호지세)   범 등에 올라 탄 형세로 도중 그만두거나 물러나거나 할 수 없는 내친 형세를 이르는 말.

貨幣

재화 **화**   비단 **폐**

돈이란 끊임없이 돌고 돌면서 변신을 거듭한다.

그래서 주인이 자주 바뀌며 물건을 구입할 때 꼭 필요한 존재 아닌가. 이렇게 化(변화)를 갖는 貝(돈)이란 뜻이 貨(재화 화)이다.

사회에 유통되는 금화·은화·지폐 등의 돈을 貨幣(화폐)라고 하는데 옛날에는 비단도 돈의 기능을 하는 물건이었다.

그래서 幣(비단 폐)를 넣어 貨幣(화폐)라고 한다.

그럼 여기서 巾(수건 건)이 빠진 敝(폐)의 유래를 알아보자.

敝 = 敝

해진옷 **폐**

방망이질로 화풀이 하면...

巾(수건 = 빨래)를 攴(방망이)로 너무 많이 때리면 ⋮(너덜너덜) 해진다.
敝(폐)를 알면 幣(비단 폐), 弊(폐단 폐), 蔽(가릴 폐) 3개를 한꺼번에 외울 수 있다.

그럼 敝(너덜너덜)해진 巾(천 조각)이 돈이란 말인가?

하긴 여기저기 돌아다니다 너덜너덜해지는 貨幣(화폐)를 생각하면 아주 일리가 없지도 않다.

敝(폐)를 넣어 만든 두 번째 한자어를 보자.

이 弊(폐단 폐)는 幣(비단 폐)와 다른 점은 廾이다.

공교롭게도 廾은 원래 犬(개 견)이었단다. 개가

폐단 폐   실마리 단

비단을 입에 물고 질질 끌고 다녀서 이리 찢기고 저리 찢겨 너덜너덜해지고 더러워져 완전히 못쓰게 만들었다는데서 '폐단' 이란 뜻이 나왔다. 그런데 모양이 변해서 알아보기 어렵게 된 것이다.

- 弊害(폐해) 폐단과 손해.
- 弊習(폐습) 나쁜 풍습.

端(실마리 단)은 땅 속에서 뿌리가 생기고 이어서 새싹이 땅 속에서 나오는 모습인 耑(끝 단)에다 직립(直立)의 뜻으로 立(설 립)을 넣었다.

그런데 이 한자는 처음을 뜻하는 ① '실마리' 라는 뜻과 함께 ② '끝' 이라는 상반된 뜻 두 기지를 동시에 가지고 있다. 동양사상에 극과 극은 통한다고 했던가. 졸업이 또 다른 시작을 의미하듯이 말이다.

1. 실마리 단 端緖(단서) (어떤 사건이나 문제를 푸는) 실마리.
2. 끝 단 末端(말단) 물건의 맨 끄트머리.

사람들 마음에 가지고 있는 '4가지 실마리' 즉 사단(四端)이란 것이 있는데 이것이 인(仁), 의(義), 예(禮), 지(智)라는 4가지 덕(四德)으로 발전하게 된다고 맹자(孟子)가 주장하였다.

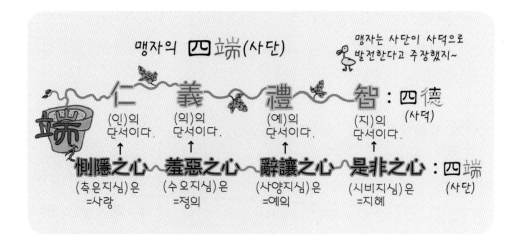

맹자의 四端(사단)

맹자는 사단이 사덕으로 발전한다고 주장했지~

仁 (인)의 단서이다.
義 (의)의 단서이다.
禮 (예)의 단서이다.
智 (지)의 단서이다. : 四德(사덕)

↑
惻隱之心 (측은지심)은 =사랑
羞惡之心 (수오지심)은 =정의
辭讓之心 (사양지심)은 =예의
是非之心 (시비지심)은 =지혜 : 四端(사단)

결론은 뭐냐. 타고난 착한 본성인 사단(四端)을 잘 기르고 발전시키라는 말씀이다. 고등학교 때 배운 기억이 가물가물하다.

숨길 은   가릴 폐

누구나 다 한자 隱(숨길 은)을 보는 순간 경악한다.
'무슨 한자를 이렇게 만든 거야!'
그렇다고 隱蔽(은폐) 할 수도 없는 일.
오기가 나서 유래를 찾아봤더니…….

남들 눈에 띄지 않는 阝(언덕) 아래에 어떤 ユ(물건)을 彐(양손)으로 숨기고 있는 모습인데 여기에 숨기고 싶은 심리적인 心(마음)을 추가한 거란다.

세상에나!

다시 한 번 읽어보니 언덕 아래에 땅을 파서 장물 숨기는 모습이다. 외워야 할 상황이라면 이렇게 연상해서 외워야 덜 밉다.

속 터진 일은 빨래 방망이로 푼다~
김홍도/빨래터

■ 隱匿(은닉) (남의 물건이나 범인 등을) 몰래 감추어 둠.
■ 隱密(은밀) 숨겨서 형적이 드러나지 아니함.
■ 隱語(은어) 특수한 집단이나 계층사회에서 자기네끼리만 쓰는 말.

여기에 비해 蔽(가릴 폐)는 차라리 쉽다.

敝(폐)에서 음을 취하고 ++(풀)로 가린다는 뜻이니 말이다.

앞서 나온 한자어만 알면 되겠다.

可(좋을 가)에 대한 설명은 앞에서 이미 다루었다.

그런데 이 한자가 요즘 학생들 사이에서 수난을 당하고 있다.

성적통지표에 可(가)가 있으면 하늘이 노랗게 보인단다.

그럼 여기서 한자로 써진 성적표를 구경해 보자.

가히 **가**

2006학년도 성적통지표

과목	윤리	국어	수학	사회	과학	영어	음악	미술	체육	한문
배점	98	75	85	82	65	76	91	63	84	47
성취도	秀	美	優	優	良	美	秀	良	優	可

빼어날 **수**　　뛰어날 **우**　　아름다울 **미**　　좋을 **량(양)**　　좋을 **가**

야호, 다~ 좋은 뜻이야.

그렇구나. 우린 지금까지 수우미양가(秀優美良可) 때문에 일희일비(一喜一悲)했는데 알고 보니 다 좋은 뜻이다. 이제 괜히 성적표 앞에 놓고 기죽지 말아야지.

'낙엽이 '優秀秀' 하든 '良可' 집 규수이든 간에 뭐 그리 중요할까.'

이렇게 단단히 맘먹고 성적표를 펴는 순간 현실은 그렇지가 않으니 이를 어쩌랴.

요즘은 等級(등급)으로 바뀌었다니 이제 추억이 되어버렸다.

살 거

이 한자를 배우기에 앞서 우선 尸(주검 시)부터 알아보자.

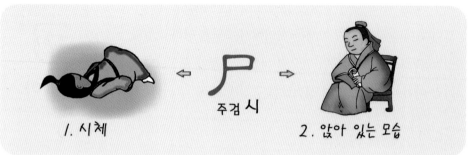

1. 시체 ← 주검 시 → 2. 앉아 있는 모습

이렇게 ① '시체' 와 ② '앉아 있는 모습' 두 가지가 있다.

居(살 거)는 尸(앉아서) 뭔가를 하는 모습에서 '살다' 는 뜻을 古(고 → 거)에서 음을 취했다. 그런데 奇貨可居(기화가거)에서는 '저장하다' 는 뜻으로 해석되니 주의해야 하다.

- 住居(주거) 어떤 곳에 자리 잡고 삶.
- 居住地(거주지) 사람이 자리를 잡아 살고 있는 곳.
- 居處(거처) 한 군데 자리 잡고 삶.
- 居安思危(거안사위) 편안할 때도 위태로울 때의 일을 생각하라는 뜻.

그럼 여기서 尸(주검 시)를 넣어 만들어진 한자 7개를 알아보자.

오줌 뇨

앞에서 변(便), 분(糞)과 함께 잠깐 다룬 적이 있다.

尸(쭈그리고 앉아) 있는데 뒤 꽁무니에서 水(물)이 나온다?

오줌 누는 모습 아닌가.

나는 지금...

放尿중~

- 路上放尿(노상방뇨) 길거리 아무데서나 소변을 봄.
- 尿道(요도) 방광에 괸 오줌을 몸 밖으로 내보내는 관.

전쟁에서 패한 자가 승자 앞에서 屈服(굴복)하는 모습은 비굴해 보인다.

屈(굽힐 굴)은 백기를 들고 허리를 尸(굽히고) 出(나오는) 모습이다. 出(출→굴)은 음으로도 나왔다. 비굴(卑屈)한 모습이다.

굽힐 **굴**　옷 **복**

服(옷 복)은 유래가 복잡하게 변했지만 육안으로 月(고기 육)의 변형부수가 보인다. 그러니까 우리 몸을 덮어주는 ① '옷' 이라고 생각하자. 우리는 옷을 입지 않고 살 수 없으니 여기서 ② '복종하다' 는 뜻도 있음을 알아두자. 그럼 옆에 있는 反(복)이 음으로 나왔음을 짐작했겠다. 服(옷 복)과 비슷한 한자 報(알릴 보)도 잊지 말자.

- 卑屈(비굴)　용기가 없고 비겁함.
- 屈曲(굴곡)　이리저리 굽어 꺾여 있음.
- 屈折(굴절)　휘어서 꺾임.
- 屈辱(굴욕)　억눌리어 업신여김을 받는 모욕.

- 服務(복무)　직무에 힘씀.
- 服用(복용)　약을 먹음.
- 制服(제복)　학교, 관청 등에서 규정에 따라 정한 옷.
- 服飾(복식)　옷의 장식.

판 **국**

쭈그리고 尸(앉아서) 뭘 하고 있는 걸까?

딴이 잘 안 보여.　핑계 대지 마슈.

바둑알

판 **국**

도끼자루 썩는 줄 모른다네!

윤철용 내 맘대로 해석 취화용

몇 시간째 쭈그리고 尸(앉아서) 口(바둑판)에서 눈을 떼지 못하고 바둑삼매경에 푹 빠져 있는 모습이라고 생각하자.

그러니까 바둑을 두고 있는 모습에서 '바둑판' 이란 뜻이 나왔다고 생각하면 되겠다.

예나 지금이나 바둑에 대한 애호가들의 애정은 여전하다.

그래서 마주보고 앉아서 바둑이나 장기를 두는 것을 對局(대국)이라고 한다.

① '바둑판'에서 뒤에 ② '어떤 사태나 정황'을 가리키는 뜻이 나왔다.

"요즘 政局(정국)은 어떻게 잘 돌아가고 있나?"

"時局(시국)이 불안하다!"

요즘 바둑판을 내려다보듯 정치판을 한눈에 내려다보는 사람이 많다. 大局的(대국적)인 안목이 필요한 시대다!

- 政局(정국)　정치의 국면. 정치계의 동향.
- 時局(시국)　나라와 사회의 안팎 사정.
- 當局(당국)　어떤 일을 담당하여 주재하는 기관.
- 大局的(대국적)　넓은 견지에서 사실을 판단하거나 대처하는 것.

제비 **연**　꼬리 **미**

쭈그리고 尸(앉은) 뒤꽁무니에 毛(털)이 달렸다는 뜻이라면? 아하, '꼬리'를 가리키는구나.

- 九尾狐(구미호)　꼬리 아홉 개 달린 여우.
- 尾蔘(미삼)　인삼의 잔뿌리.
- 尾行(미행)　남의 뒤를 몰래 따라 감.
- 交尾(교미)　동물의 암수가 교접하는 일.
- 大尾(대미)　맨 끝. 대단원.

이번엔 앞에 '제비'라는 이름은 가진 저 한자를 그림으로 보자.

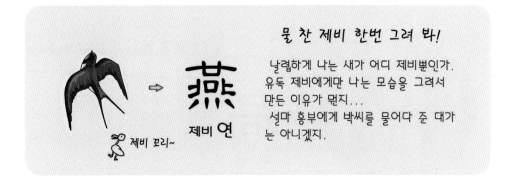

물 찬 제비 한번 그려 봐!

날렵하게 나는 새가 어디 제비뿐인가.
유독 제비에게만 나는 모습을 그려서
만든 이유가 멀지...
설마 흥부에게 박씨를 물어다 준 대가
는 아니겠지.

제비 **연**

제비 꼬리~

제비는 음력 9월 9일에 강남 갔다가 3월 3일 삼짇날에 돌아오는데, 수가 겹치는 날에 갔다가 수가 겹치는 날에 돌아오는 새라고 해서 길조(吉鳥)로 여겨졌다.

燕尾服

tail coat

연미(燕尾)라 하면 '제비 꼬리'란 뜻이다. 그런데 남자의 예복 중에 저고리 뒤 아래쪽이 제비꼬리처럼 갈라진 옷이 있단다.

■ 燕尾服(연미복)　검은 모직물로 지은 남자용 서양식 예복.

죽은 尸(주검 시)에다 死(죽을 사)를 넣어 뜻을 분명히 하고 있다.

■ 屍體(시체)　죽은 사람의 몸뚱이.
■ 屍身(시신)　송장.

시체 **시**

쭈그리고 尸(앉아서) 㠭(옷)을 펴고 있는 모습일까? 아니면 죽은 尸(시체)의 헝클어진 㠭(옷)을 펴고 있는 것일까? 㠭(옷)의 모양이 변했다는 것을 알아야 이해할 수 있다.

원 모습인 衣(옷)과 비교해 보라.

■ 展示(전시)　(물품 따위를) 늘어놓아 보임.
■ 展示會(전시회)　전시품을 진열해 놓고 일반인에 보이는 모임.

펼 **전**

전쟁터의 尸(시체)들이 겹겹이 포개진데서 뜻을 曾(증→층)에서 음을 취했다.

지금은 지붕이 여러 겹으로 된 높은 건물이나 계급, 그리고 층계를 나타낸다.

■ 階層(계층)　사회를 형성하는 여러 층.
■ 上層(상층)　위의 층. 위의 계급.
■ 高層(고층)　여러 층으로 높이 겹쳐 있는 것.

층 **층**

음으로 나온 曾(일찍 증)은 앞에 나온 會(모일 회)에서 한 획이 빠진 모습이다.

두 한자의 차이점을 찾아볼까

曾 → 曾 會 ← 會
일찍 증   모일 회

솥에서 김이 모락모락 나는 모습을 그렸다. 한자 속에서 주로 음으로 나온다.

뚜껑을 덮은 솥을 그려 음식이 다 만들어지면 주변으로 사람이 모여 든다. 여기서 '모일 회'가 나왔다.

會(모일 회)를 음으로 취한 한자로는 우리가 즐겨 먹는 얇게 저민 날고기인 膾(회 회)가 있다. 반드시 구별해야 할 曾(일찍 증)이 들어 있는 한자들을 보자.

님과 남이 엄연히 틀리듯이 曾(증)과 會(회)도 전혀 다르므로 정확히 구별해서 외우자. 그러다 보면 어느새 한자 실력이 쑥 자라 있을 것이다.

내친 김에 두 한자를 자세히 알아보자

모아 모아 머리 속에 쏘~옥 넣자.

▪曾(일찍 증) : 未曾有
　　　　　　　미증유

▪贈(줄 증) : 贈與　寄贈
　　　　　　증여　기증

▪增(더할 증) : 增加　急增
　　　　　　　증가　급증

▪僧(중 승) : 高僧　修道僧
　　　　　　고승　수도승

▪憎(미워할 증) : 憎惡　愛憎
　　　　　　　　증오　애증

會(회)랑 구별하자~

焚書坑儒
태울 분 　책 서 　구덩이 갱 　선비 유

54. 분서갱유

직역 : 책을 불사르고 선비를 산 채로 구덩이에 파묻어 죽임.

의역 : 시황제(始皇帝)의 가혹한 법과 정치를 말함. 학자와 학문이 정치적으로 박해와 탄압을 받음.

13세밖에 안 된 왕을 끼고 무소불위(無所不爲)의 권력을 행사하게 된 여불위(呂不韋)에게 무엇이 부럽겠냐고 하겠지만 사실은 살얼음판을 걷는 나날의 연속이었다. 바로 자기보다 더 높은 지위에 오른 태후(太后=황제의 어머니를 지칭) 때문이었다.

태후가 누구인가? 과거 자기의 애첩이 아니던가. 천한 무희(舞姬) 출신인지라 남편인 자초가 죽고 난 뒤에는 노골적으로 여불위를 침실로 불러들였다. 태후가 부르는데 신하 입장에 있는 여불위가 아니 갈 수 없는 처지었다. 어린 왕은 점점 장성하고 있는데 발각이라도 되면 지금까지 쌓은 부와 명예가 물거품이 된다 생각하니 잠을 이룰 수가 없었다.

이렇게 고민하고 있던 중 음경이 크다고 소문난 노애(嫪毐)란 자를 알게 되었다. 그때 묘안이 하나 떠올랐다.

여불위는 오동나무로 작은 수레를 만든 다음, 노애로 하여금 저잣거리에서 음경을 바퀴의 축에 끼워 끌고 가게 했다. 이 엽기적인 구경거리가 얼마 뒤 태후의 귀에 들어갔다.

태후는 노애를 궁궐로 불러들이더니 얼마 안 되어 임신이 되자 노애와 함께 궁을 떠나 옹궁(雍宮)으로 거처를 옮겼다.

진시황 9년(B.C. 238년) 어떤 자가 "노애는 진짜 환관이 아니며 태후와 음행을 저지르고 있으며, 이미 두 아들까지 낳았다"라고 진시황에게 고해 바쳤다.

그해 9월, 진시황은 노애와 그의 삼족(三族)을 멸하고, 태후가 낳은 두 아들을 죽였으며, 태후를 옹(雍) 지방으로 유배시켰다.

여불위는 곧 죽음이 닥쳐올 것을 알고 괴로워하다가 스스로 독주를 마시고 목숨을 끊었다. 그후 태후는 외로운 궁궐생활을 하다가 9년 뒤에 세상을 떠났다.

진시황은 친아버지(?)처럼 사랑을 준 여불위를 죽음으로 몰아야만 했고, 또한 생각하기조차 싫은 어머니의 음행을 인정해야만 했던 10대의 끔찍한 시간을 보냈다. 여불위를 제거하고 난 뒤 이 자리를 대신한 사람은 훗날 중국 통일의 일등공신인 법치주의자 이사(李斯)이다.

B.C. 230년 한(韓)나라를 시작으로 조(趙)·연(燕)·초(楚)·위(魏)·제(齊)의 순으로 10년 동안 6국을 통일하였다(B.C. 221년).

이리하여 500여 년의 춘추전국 시대의 종지부를 찍은 실로 엄청난 통일을 완성한 진시황은 역사의 기인(奇人)이 되었다.

진시황은 자신의 탄생을 축하하기 위하여 함양궁(咸陽宮)에서 대규모의 연회를 베풀었다. 여기서 승상(丞相) 이사(李斯)는 극단적인 탄압책을 주장하였다.

"봉건시대에는 천하가 어지러웠으나 이제는 통일되어 법령도 모두 한곳에서 발령(發令)되고 있나이다. 하오나 옛 책을 배운 사람들 중에 새 법령이나 정책을 비난하는 선비들이 있사옵니다. 차제에 이런 선비들을 엄단하시고 아울러 사관이 보관하는 진나라의 기록과 백성들에게 꼭 필요한 의약(醫藥)·복서(卜筮)·종수(種樹 : 농업)에 관한 책만 제외하고 모두 불태워 없애라고 명령하소서. 만약 《시경(詩經)》과 《서경(書經)》을 말하는 사람이 있으면 모두 저잣거리로 끌어내 죽여 버리십시오. 옛 것을 가지고 새법을 비난하는 사람은 그 일가족을 몰살해야 합니다, 또한 이 금령이 내린 지 30일 이내에 책을 태워 없애지 않는 자는 이마에 먹물을 새겨 넣고 옥에 가둬야 합니다. 이를 알고도 검거하지 않는 관리도 같은 죄로 다스리십시오."

진시황은 이사의 의견에 찬성하고 분서(焚書)의 명을 내렸다.

"그렇게 하라."

이 분서(焚書) 사건에 이어 다음 해(B.C. 212년)에는 갱유(坑儒)의 참극이 터지게 된다.

진시황은 천군만마(千軍萬馬)를 거느리고 6국을 멸망시키는 용감무쌍한 기질의 성격인 반면 어려서부터 호흡기가 약해 감기에도 자주 걸렸기 때문에 늘 죽음을 두려워하고 삶에 집착하는 심약한 모습을 보이곤 했다.

중국을 통일한 뒤 신선방술(神仙方述)에 빠져 방사(方士) 노생에게 진인(眞人=신선)을 찾아오라고 명령하였다.

얼마 후 노생이 돌아와 진인은 데려오지 못하고 도중에 귀신을 만났는데 시황제에게 부탁할 것이 있다면서 편지를 주었다며 바쳤다.

그 편지 내용은 이러했다.

"진나라를 멸망시킬 자는 호(胡)이다."

이 수수께끼 같은 편지 속에 호(胡)는 누구를 가리키는 것일까?

진시황은 북방민족인 호인(胡人=흉노족)이라 생각하고 당장 몽염 장군에게 30만 대군을 주고 흉노족을 정벌하도록 명령하였다.

그러자 노생은 사기가 들통날까 두려워 진시황을 비난하며 도망을 쳤다. 뒤에 속았음을 알게 된 시황제는 분노에 찬 칙령을 내렸다.

"나는 전에 천하의 쓸모 없는 책들을 모아 모두 불태우게 하고, 문학이나 방술(方術)에 종사하는 사람들을 불러모아 나라를 태평하게 하고, 불로장생의 약을 구해 오도록 하였다. 그런데 그 놈들은 짐(朕)의 신임을 저버리고 막대한 재산을 가로챘으며, 요설로써 백성들을 미혹케 하는 나쁜 놈들이니 모두 잡아들여 주살시켜라!"

이 칙명이 떨어지자마자 방사, 학자라는 이름이 붙은 사람 460명을 함양에 생매장하였다. 그 뒤 생매장이 3차례 더 시행되었다.

불로장생을 꿈꾸며 5번째이자 마지막인 전국 순행길에 오른 지 B.C. 210년 진시황(秦始皇)은 막내아들 호해(胡亥)를 이끌고 조고(趙高)를 비롯한 중신들과 낭야대에서 술을 마시며 노래를 부르다 문득 자신의 병이 심각함을 직감했다. 행렬이 평원진에 도달했을 때, 진시황의 직감대로 병은 더욱 악화되었다(고증에 의하면 병명이 늑막염이라고 함).

하북 지역에 다달았을 때, 진시황(秦始皇)은 이미 운명의 시간이 다가오고 있음을 감지하고 조고(趙高)를 불러 들여 유서를 작성하게 했다. 내용은 갱유(坑儒) 사건 때 직언을 서슴없이 한 죄로 만리장성으로 추방을 당한 장자 부소(扶蘇)가 함양(咸陽)으로 돌아와 자신의 장례식을 거행하라는 내용이었다. 이는 장자 부소가 계승자임을 세상에 공표하는 것이었다.

그리고 이날 밤 진시황(秦始皇)은 세상을 뜨니 그의 나이 50세였으며 스스로 시황제(始皇帝)라 칭한 지 겨우 13년 만의 일이었다.

한자 Up 그레이드

캠프파이어 할 때 木木(나무)들이 火(불길) 속에서 활활 타고 있는 모습을 생각해 보자.

눈으로만 봐도 쉽게 이해되는 상형문자는 즐겁게 외우자.

- 焚香(분향) 향을 피움.
- 玉石俱焚(옥석구분) 옥과 돌이 섞여 불에 타듯, '착한 사람이나 악한 사람이 함께 화를 당함'을 비유하는 말.

그럼 여기서 火(불)과 관계 있는 한자들을 알아보자.

활활 타오르는 불꽃을 표현하는데 火 (불 화) 한 개로는 부족했나 보다. 뜨거운 불꽃이 생각나는 한자이다.

불꽃 **염**

- 炎症(염증) 세균 등의 감염으로 몸의 한부분이 붓고, 열이나 통증 따위를 일으키는 일.
- 腸炎(장염) 창자의 점막이나 근질에 생기는 염증.

다시 炎 (불꽃 염)을 음으로 취한 한자 두 개를 보자.

맑을 **담**

炎 (염 → 담)에서 음을 氵(물)을 넣어 '맑다' '싱겁다' 는 뜻이다.

- 淡白(담백) 욕심이 없고 마음이 조촐함.
- 淡淡(담담) 마음에 욕심이나 꺼림이 없이 조촐함.
- 淡水魚(담수어) 민물고기.

괴이할 **괴** 말씀 **담**

여름만 되면 귀신이 등장하는 이상야릇한 怪談 (괴담)으로 TV와 극장가를 뜨겁게 달군다. 특히 '여고괴담(女高怪談)' 은 단연 압권이다.

음으로 나온 圣 (괴)는 다른 곳에서는 볼 수 없으니 그냥 외우는 것이 상책이다. 여기에 忄(심방변)을 넣어 '이상하다' 는 뜻과 함께 '요망스런 귀신' 을 뜻하게 되었다.

- 怪物(괴물) 괴상한 사람이나 동물.
- 妖怪(요괴) 요사스럽고 괴상함.
- 怪狀(괴상) 기괴한 모양.
- 怪異(괴이) 이상야릇함.
- 怪漢(괴한) 행동이 수상한 사나이.

이런 한자어를 보니 어째 기분도 으스스해진다.

言 (말씀 언)에다 炎 (염 → 담)을 넣어 만든 談 (말씀 담)은 입에 불붙은 것처럼 시끄럽게 떠드는 수다를 생각나게 한다. 정말 그럴까?

- 談話文(담화문) 어떤 일에 대한 견해를 특별한 격식을 차리지 아니하고 밝힌 글.
- 談笑(담소) (스스럼없이) 웃으며 이야기함.
- 弄談(농담) 실없이 하는 우스갯소리.
- 相談(상담) 서로 의논함.
- 面談(면담) 서로 만나서 이야기함.

꼭 그런 것 같지는 않다.

책서

　　한자를 외우다 보면 비슷하게 생긴 한자가 여러 곳에 보이는 경우가 있다.

　　聿(붓 율)이 바로 대표적인 예인데 무슨 뜻인지 알면 한자공부에 상당히 도움이 된다.

어디 글자 한번 써 볼까...

붓 율

붓을 잡은 손 아래에 두 가닥의 붓털을 그렸다.
'붓'과 관계있는 한자에 보이며 부수로 나온다.

책서

聿(붓)으로 曰(말)하고 싶은 내용을 쓰고 있다.
지금은 '글', '책' '편지', '쓰다' 등 다양하게 활용되고 있다.

두 번 말할 필요가 없을 만큼 우리 생활 속에 자주 보이는 중요한 한자다.

■ 書店(서점)　책을 팔거나 사는 가게.
■ 圖書館(도서관)　많은 도서를 모아 보관하고 공중에게 열람시키는 시설.

붓 필

　　聿(붓 율)이 단독으로 나오지 않는 이유는 붓의 재료인 竹(대나무)를 넣은 이 한자가 만들어졌기 때문이다.

　　물론 聿(율→필)에서 음도 취했다.

■ 筆名(필명)　글이나 글씨로 떨친 명성.
■ 筆者(필자)　글이나 글씨를 쓴 사람.
■ 鉛筆(연필)　흑연의 분말을 나무때기 속에 박은 필기도구.

옛날에는 붓, 지금은...
落書 大學
筆記
鉛筆로 筆記

글씨가 제대로 써지지 않으면 대부분 연필이 나빠서 잘 안 써진다고 핑계를 댄다. 정말 그럴까?

서툰 목수가 연장 탓 한다.

본쩬 똥 땜에 글씨가 엉망으로 써져.

能 書 不 擇 筆
능할능 글서 아니불 택할택 붓필

당나라 사람 저수량은 붓이나 먹이 좋지 않으면 글씨를 쓰지 않았다.
어느 날, 우세남에게 물었다.
"내 글씨와 구양순의 글씨를 비교하면 어느 쪽이 더 뛰어나다고 생각하는가?"
그러자 이렇게 대답했다.
"구양순은 붓과 종이를 가리지 않고 뜻대로 글씨를 쓸 수 있다고 하니 자네는 도저히 구양순을 따르지 못할 것 같네."

'글씨를 잘 쓰는 사람은 붓을 가리지 않는다' 는 이 성어는 재주나 능력이 최고조에 이르는 사람은 도구의 성능에 구애받지 않고 능수능란하게 일을 처리한다는 말이다.

그러니 내 능력이 부족한 것은 생각 안 하고 핑계만 대면 망신 당할지 모른다.

법은 두 가지 종류가 있다. 윗사람이 아랫사람에게 입으로 소리내어 지시하는 법으로 명(命)과 영(令)이 있다면 聿(붓)을 彳(움직여) 글로 남긴 성문법인 律(법 률)이 있다.

뒤에 음악과 관계 있는 '음률' 이란 뜻도 갖게 되었다.

법 **률**

- 法律(법률)　사회생활을 유지하기 위한 강제적인 규범.
- 不文律(불문률)　은연중에 서로 납득하여 지키고 있는 규칙.
- 音律(음률)　음악의 곡조.

 내 맘대로 해석

붓을 오래 쓰다 보면 털이 자꾸 빠져 닳아 없어진다.

이 한자는 皿(벼루)에 聿(붓 털)이 여기저기 灬(빠

다할 **진**

져) 있는 모습이라고 생각하자. 그래서 붓 털에서 한 획을 생략하고 대신 빠진 붓 털 4개를 넣었다. 이 한자만 유일하게 붓 털이 한 획인 것에 주의하자.

허신은 《설문해자》에서 솥을 솔로 박박 닦아 빠진 털이라고 했다. 어찌되었든 간에 자기의 모든 힘을 다 쏟아 일을 끝냈다는 뜻은 같은데 이럴 때 생각나는 문장이 있다.

■ 盡人事待天命(진인사대천명) 사람으로서 할 수 있는 일을 다하고 나서 천명을 기다림.

선거 때만 되면 후보자들이 한 번은 꼭 인용하는 한자성어이다. 나랏일을 하겠다고 나선 후보자들이 최우선으로 생각해야 할 한자성어는 아래에 있는데 말이다.

나라를 위하여 이 한 몸 기꺼이...

盡忠報國
다할 진 충성 충 갚을 보 나라 국

송나라에 농촌 출신인 악비(岳飛)가 밤낮으로 나라를 걱정하자 노모가 말했다. "너는 나라의 은혜에 보답하는 것을 잊지 말아야 하느니라." 하더니 아들의 등에 '盡忠報國' 네 글자를 문신으로 새겨 주었다.
그 후 금나라와의 전쟁을 승리로 이끌면서 나라를 위기에서 구하는 영웅이 되었으나 간신 진회의 음모에 빠져 서른아홉 젊은 나이에 죽음을 당했다.

충무공 이순신같은 장군인데 억울하게 죽었다네.

"충성을 다하여 나라에 은혜를 갚는다"는 뜻이니 여러 번 강조해도 지나치지 않다.

■ 無盡藏(무진장) 다함이 없이 많음.
■ 極盡(극진) 더이상 더할 수 없을 만큼 최선을 다함.

세울 **건** 쌓을 **축**

聿(붓)을 꼿꼿이 세워서 廴(천천히 움직여) 글씨를 쓰듯이 어떠한 일이나 공사를 차례대로 세워나간다는 뜻이 建(세울 건)이다.

■ 建國(건국) 새로 나라가 세워짐, 또는 세움.
■ 建設(건설) 건물이나 그 밖의 시설물을 만들어 세움.

656

그렇다면 築(쌓을 축)은 어떻게 만들어졌을까?

중국 고대에 筑(축)이라는 현악기가 있는데 거문고와 비슷하게 생겼다. 이 한자에서는 음으로 취했다. 木(나무)는 건축에 빼놓을 수 없는 재료이며 흙을 골고루 다져 단단하게 하는 데도 필요하다.

음으로 들어간 한자 때문에 상당히 복잡해졌는데 지금 중국에서는 筑(축)을 간자로 쓰고 있다. 뜻은 버리고 음만 취한 꼴이다.

- ■ 增築(증축)　지금 있는 건물에 더 늘려서 지음.
- ■ 築造(축조)　다지고 쌓아서 만듦.

健康(건강)은 健康(건강)할 때 지키라는 말이 있다.

늙거나 병이 들어 기진맥진(氣盡脈盡)해지면 서서 걷는 것도 힘들다. 亻(사람)이 꼿꼿하게 建(서) 있기만 해도 건강하다고 생각한 것은 아닐까? 이제 서 있을 힘만 있어도 健康(건강)하다 자부하며 씩씩하게 걷자.

健 튼튼할 건　康 편안할 강

- ■ 健實(건실)　건전하고 착실함.
- ■ 保健(보건)　건강을 지켜 나가는 일.

그렇다면 康(편안할 강)은 어떤가?

모양이 많이 변했다고 한다. 庚은 10간의 (庚 : 일곱째천간 경 → 강)의 변형 모습에서 음이 나왔다. 그럼 아랫 부분의 한자가 뜻이란 말인데 뭘까?

아 米 (쌀 미)의 변형된 모습이란다.

米 (밥)을 먹어야 편안하고 건강해진다고 봐도 될 것 같다.

健康(건강)할 때 즐겁게 식사하고 열심히 걸어다니자.

구덩이 **갱**

土(흙 토)가 뜻으로 나오고 뒤에 있는 亢(항 → 갱)이 음을 나타내는 것쯤이야 다 눈치챘을 터인데, 그렇다면 亢(항)에 대해 알아보자.

모가지가 길어서 슬픈 짐승은?

사슴 모가지만 슬퍼 보일까? 아니다. 기린 모가지가 더 길고 슬퍼 보인다. 기다란 목에서 '높다'는 뜻이 나왔는데 다른 한자와 결합하여 음으로 나온다.

높을 **항**

그래서 기린의 목처럼 亢(길게, 항 → 갱) 土(땅)을 파내려가서 만든 '구덩이' 었는데 지금은 광산이나 탄광에서 사람들이 드나들며 운반하기 위해 만들어 놓은 길을 가리킨다.

■ 坑道(갱도) 땅속으로 뚫은 길.

배 **항**

亢(항)에서 음을 舟(배 주)에서 뜻을 취해 만들어진 이 한자는 처음에는 배를 가리키는 한자였다.

그런데 후에 하늘을 나는 비행기란 뜻까지 확대 사용되었다. 하긴 물 위의 배나 구름 위의 비행기나 수송하고 이동하는 목적은 똑같다.

■ 密航(밀항) 법을 어기고 몰래 해외로 항해(항행)함.
■ 航空機(항공기) '공중을 비행하는 기계'를 통틀어 이르는 말.
■ 航路(항로) 해로와 항공로를 두루 이르는 말.

나는 폼이 꼭 亢같다.

亢(항)에서 음을 扌(손)으로 힘껏 저항하는 모습이다.

하긴 저항하는 사람을 보면 눈에 핏발이 서고 목에 힘줄이 튀어나오니 亢(항)이 꼭 음만은 아닐 듯싶다.

막을 **항**

- 抵抗(저항) (어떤 힘·권위 따위에) 맞서서 버팀.
- 反抗(반항) (권력이나 권위 등에) 순순히 따르지 아니하고 맞서거나 대듦.
- 抗拒(항거) 순종하지 않고 맞서 버팀.
- 抗議(항의) 어떤 일을 부당하다고 여겨 따지거나 반대하는 뜻을 주장함.

조선 500년 동안 우리의 정신을 지배해온 유교(儒敎)는 지금도 곳곳에 흔적이 남아 있다.

이 한자를 알기 전에 우선 다음 한자부터 알아야 한다.

선비 **유**

需(비 우)에다 수염을 그린 而(말이을 이)가 만났다.

할아버지 수염처럼 주룩주룩 비가 내리기를 바라는 마음에서 '요구하다' '기다리다' 는 뜻이 나왔다. 자식 결혼시키면서 예단을 너무 과하게 요구하면 빗물에 나의 인격이 쓸려 내려갈지 모른다. 그러니 婚需(혼수)는 적당히 요구하자.

구할 **수**

- 需要(수요) 필요해서 얻고자 함.
- 特需(특수) 특별한 수요.
- 婚需(혼수) 혼인에 드는 물품.

다시 앞으로 돌아가보자.

需(수→유)에서 음을, 亻(사람 인)에서 뜻을 취해 유학(儒學)을 신봉하거나 배우는 사람 혹은 공맹(孔孟)의 가르침을 뜻한다. 제자백가(諸子百家) 중 하나의 학파일 뿐인데 너무 오래 우리를 지배해 왔다. 정말 대신할 학파가 없는 것일까? 요즘 서점가에 가면 노장(老莊) 사상에 관한 책이 많이 팔린다고 한다. 유교의 맹점을 신랄하게 비판한 노자와 장자의 사상도 음미해 볼 만하다.

- 儒學(유학) 유교의 학문. 공자의 사상을 근본으로 삼아 정치·도덕의 실천을 중심 과제로 함.
- 儒林(유림) 유도(儒道)를 닦는 학자들, 또는 그들의 사회.

7

생활이 그대를 속일지라도 기뻐하거나 슬퍼하지 마라

55 지록위마 指鹿爲馬
56 화사첨족 畵蛇添足
57 쌍희임문 雙喜臨門
58 유아독존 唯我獨尊
59 퇴　　고 推　　敲
60 난형난제 難兄難弟
61 칠보지시 七步之詩
62 새옹지마 塞翁之馬
63 토사구팽 兔死狗烹

指鹿爲馬

가리킬 **지** 사슴 **록** 할 **위** 말 **마**

55. 지록위마

직역 : 사슴을 가리켜 말이라고 하다.

의역 : 윗사람을 농락하여 권세를 마음대로 휘두르는 짓을 이르는말.

진시황의 마지막 모습을 가장 가까이서 지켜본 내시 조고(趙高)는 진시황 사후에 진나라를 한손에 좌지우지하는 막강한 권력을 행사하다 멸망을 재촉한 인물이다.

조고의 아버지는 죄를 지어 궁형을 당하고 그의 어머니는 관노가 되었는데 이때 다른 남자와 눈이 맞아 정을 통해서 낳은 사생아가 바로 조고이다.

체격이 좋고 법률에 능통하다는 소문을 들은 진시황이 중서령에 임명하고 막내아들 호해(胡亥)를 교육시키는 임무까지 맡겼는데 이때 두 사람은 각별한 사이로 발전하였다.

진시황이 지방 순행 중 사구(沙丘)에서 죽자 조고는 조서(詔書)를 태워 없앤 후 호해를 2대 황제로 올리고 태자 부소(扶蘇)는 자결하라는 거짓 조서를 변방에 있던 장자 부소에게 보냈다.

이제 문제는 황제의 죽음을 숨긴 채 어떻게 3000리 떨어진 수도 함양까지 무사히 도착할 것인가에 있었다.

이사(李斯)와 조고는 무더위 속에 진시황의 시체를 온량거(轀輬車)에 싣고 소금에 절인 생선 몇 수레를 함께 싣고 가면서 시체 썩는 냄새를 숨겼다.

조고는 무사히 함양에 도착하자마자 국상(國喪)을 발표한 뒤 호해를 황제의 자리에 등극시키고 진시황은 9월에 여산에 묻었다.

입구에서 바라 본 진시황릉　　진시황릉 위에서 내려다 본 정경

조고는 20세밖에 되지 않은 호해를 밤낮으로 환락에 빠지도록 하여 자연스럽게 정치에 무관심하게 만들었다. 동지이면서 라이벌인 이사를 궁지에 몰아 요참(腰斬)이란 극형으로 제거하고 스스로 승상(丞相)이 되어 권력을 마음대로 휘두른 지 어언 10년의 세월이 흘렀다. 그러나 조고의 야심은 여기서 그칠 줄 몰랐다. 급기야 조고 자신이 황제의 자리를 넘보기 시작한 것이다. 이에 신하들을 시험해 보려고 사슴을 황제에게 바치면서 말했다.

"제가 귀한 말 한 필을 얻었사온대 이것을 폐하께 바치옵니다."

황제가 웃으면서 말했다.

"승상은 농담하는가? 이것은 사슴인데 어째서 말이라 하는가?"

조고가 다시 말하길, "이것은 말이옵니다. 한번 여러 신하들에게 물어 보시지요."

황제가 좌우에 있는 신하들에게 물으니 모두, "훌륭한 말이옵니다"라고 대답하였다.

그리고 소수만이 사슴이라고 사실대로 말했다. 얼마 뒤 조고는 사슴이라고 말한 신하들을 법에 걸려들게 하여 처형시켰다. 이 일이 있은 후 신하들은 조고를 더욱 두려워하였다. 이 무렵 관동에서 반란군이 봉기했는데 진나라 군대가 거록에서 대패했다는 소식이 함양에 알려지자 백성들과 궁 안이 혼란에 빠지기 시작하였다. B.C. 206년 유방(劉邦)의 부대가 함양에 거의 도착했다는 소식이 들렸다.

그러자 조고는 자객을 시켜 호해 스스로 목을 찔러 자결하게 한 다음 부소의 아들인 자영(子嬰)을 3대 황제로 세웠다. 조고는 자영이 아버지의 원수에게 복수할 기회를 노리고 있었다는 것을 예상하지 못했다. 3대 황제 자영은 즉위하는 날 아프다는 핑계를 대고 조고를 집으로 불러들여 심장에 칼을 꽂아 죽임으로써 아버지의 원수를 갚았다. 한 달 뒤에 자영은 옥새를 목에 걸고 유방에게 항복함으로써 진나라는 막을 내리게 된다.

"진나라를 망하게 할 자는 바로 호(胡)이다."

살아 생전에 진시황은 호(胡)를 흉노족이라 생각하고 북방의 흉노를 정벌하고 만리장성을 증축하였다. 그러나 진나라를 망하게 한 것은 흉노족이 아니라 그의 아둔한 아들 호해(胡亥)였던 것이다.

진(秦)나라는 인도에서 支那(china)로 불리던 이름이 유럽으로 전해졌는데 후에 중국을 지칭하는 고유명사가 되었다.

한자 up 그레이드

가리킬 **지**

才(손가락)으로 어디를 가리키며 지시한다는 뜻이다.

 (맛 지)는 음으로 나왔다.

- 指揮(지휘)   명령하여 사람들을 움직임.
- 指示(지시)   (무엇을 하라고) 일러서 시킴.
- 指摘(지적)   (어떤 사물을) 꼭 집어서 가리킴.

그럼 여기서 ᆯ(맛 지)가 만들어진 유래를 보자.

나,절대미감

맛 **지**

내 뜻대로 맛이 나왔을까?

匕(숟가락)으로 음식을 떠서 맛을 보고 있다. 日(해)처럼 보이는 이 한자는 '그릇' 혹은 '입'이 변한 것이다.

내 뜻대로 만들어졌는지 맛을 본다는데서 나온 '뜻 지'도 있다.

복습하면 臥薪嘗膽(와신상담)에서 본 적 있는 嘗(맛볼 상)을 다시 보면 尚(상)에서 음을 旨(맛 지)에서 뜻을 취했음을 어렵지 않게 알 수 있다.

■ 趣旨(취지) (어떤 일의) 근본 목적이나 의도.

사슴의 뿔, 머리, 네 다리를 그대로 그린 상형문자이다. 가만히 들여다 보면 사슴이 보인다.

鹿
사슴 **록**

■ 鹿茸(녹용) 사슴의 새로 돋은 연한 뿔.
■ 鹿角(녹각) 사슴의 뿔.

그런데 사슴의 화려한 뿔을 제대로 그리지 않아 사슴인지 잘 몰랐다? 그럼 아래를 보시라.

진정한 사슴을 가리는 진검 승부!

혹, 내 뿔

감히 나에게 도전을 해?

鹿 : 麗
사슴 록   고울 려

중국에선 간자로 丽(뿔)만 쓰니 쉽다해.

사슴은 뿔이 크면 클수록 우아하고 화려한 자태를 뽐낼 수 있다.
그런데 鹿(사슴 록)에서는 뿔의 화려함을 제대로 살리지 못했다.
그래서 한 쌍의 멋진 丽(뿔)을 그린 한자가 麗(고울 려)이다.

뿔 때문에 복잡해졌는데 고구려(高句麗), 고려(高麗)의 국호에도 보이니 곱게 봐줘야 한다.

■ 秀麗(수려) 빼어나게 아름다움.
■ 華麗(화려) 빛나고 아름다움.
■ 美辭麗句(미사여구) 아름답게 꾸민 말과 글귀.

지록위마

665

경사 **경**

아는 집에 경사가 나서 잔치가 벌어지면 严 (鹿의 변형 : 사슴)가죽을 들고 직접 夂 (걸을 쇠=가서) 축하의 心 (마음) 을 전했다고 한다.

옛날 사람들에게 최고의 선물은 '사슴 가죽' 이었다.

경사(慶事) 난 집에 축하해 주러 가는 모습을 생각하면 그리 어려운 한자가 아니다. 즐거운 마음으로 외우자.

- 慶事(경사) 매우 즐겁고 기쁜 일.
- 慶賀(경하) 경사스러운 일을 축하함.
- 慶弔事(경조사) 경사스러운 일과 불행한 일.

사슴처럼 생긴 상상의 동물을 그린 한자가 있다.

천거할 **천**

++ (풀 초)와 廌 (해태 치)가 만났다.

먼저 廌 (해태 치)가 어떤 동물인지 알아야 해결할 수 있다.

상상 속 동물 해태(獬豸)는 성품이 충직하여 재판할 때 바르지 못한 자는 뿔로 들이 받는다고 전해진다. 법을 공평무사하게 심판한다는 상징적인 동물이다.
본 이름인 '해채' '해치'보다 지금은 관습상 '해태'로 부르고 있다.

해태(獬豸)를 그린 한자가 두 개나 있다. 그리고 음도 두 개나 되는데 둘다 쓰지 않고 '해태' 로 읽는다. 게다가 우라나라 해태는 온유한 이미지로 변해 뿔도 있는 건지 없

666

는 건지 보이지 않는다.

이 신성한 薦(해태)에게 가장 깨끗한 ⧺(풀)과 곡식을 갖다 '바쳤다' 하여 인재를 소개해서 쓰게 한다는 '천거하다'의 뜻이 나왔다.

이제 해태처럼 법을 공평하게 집행할 줄 아는 사람만 천거(薦舉)해서 국회에 출입할 수 있게 해야 한다.

중국 해태는 경복궁 해태랑 좀 틀리네.

자금성 해태　　　　이화원 해태

- 公薦(공천)　여러 사람의 합의에 따라서 천거함.
- 推薦(추천)　좋거나 알맞다고 생각되는 물건을 남에게 권함.
- 薦舉(천거)　인재를 어떤 자리에 쓰도록 추천함.

'아니, 이 한자는 여기에 왜 나왔지?'

한자 좀 배운 사람은 다 안다. 이 한자가 무슨 뜻인지……

이 한자 속에 해태가 숨어 있다.

법 법

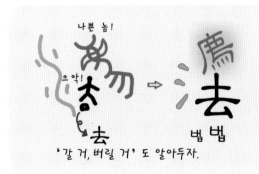

'갈 거, 버릴 거'도 알아두자.

야, 法대로 해!

우리에게 法(법)은...
수평을 유지하는 氵(물)처럼, 정직하지 못한 사람을 뿔로 받아 去(제거)하는 薦(해태)처럼 공정해야 한다.
뒤에 薦(해태)가 생략됐다.

그랬구나. 만약 薦(해태)가 생략되지 않았다면 이 한자도 만만치 않게 복잡했겠다. 그런데 法(법)이라 하면 복잡하고 엄격해야 나라가 잘 다스려진다고 생각하는 사람들이 많다. 정말 그럴까?

사람 위에 法(법) 없다는데...

約法三章

약속할 약 법 법 석 삼 법 장

백성들을 생각한
간단명료한 법!

기원 전 206년 유방(=한고조)이 진(秦)나라 군사를 격파하고 처음으로 관중 땅에 들어가 지방의 유력자 앞에서 법삼장(法三章)을 약속(約)했다.
"사람을 살해한 자는 사형에 처하고, 사람을 상해하거나 남의 물건을 훔친 자는 죄 값을 받을 것이다. 그 밖의 진나라의 무자비한 법은 모두 폐기할 것이다."
이 말이 전해지자 진나라 백성들은 모두 기뻐하였다.

진나라 法(법)처럼 복잡하고 엄격하다고 사회질서가 바로 잡히는 것은 아니다. 約法三章(약법삼장)을 발표하여 질서를 바로잡은 유방이 훗날 항우를 물리치고 한(漢)나라를 건국하는 주인공이 되었으니 말이다.

해태인 豸(태)가 들어간 한자 두 개를 더 보자.

모양 모

미모에 관심 있는 분들은 이 한자를 꼭 알아야 한다.
가면을 쓰고 있는 모습인 皃(모)에서 음을 豸(해태)에서 뜻을 취했다. 해태 얼굴을 한 가면을 쓰고 있는 모습이 가장 예쁜 모습이었나 보다. 그래서 이 한자는 '모양 모', '얼굴 모'가 있다.
지금까지 친구가 "나 예뻐?" 하고 물을 때마다 어디다 기준을 뒤야 할지 몰라 대답을 얼버무렸다. 이제야 기준을 정했다. 해태(獬豸) 얼굴을 하고 있으면 예쁜 거다.

- 美貌(미모) 아름다운 얼굴 모습.
- 外貌(외모) 겉에 나타난 모습이나 용모.
- 貌樣(모양) 겉으로 본 생김새나 형상.
- 容貌(용모) 사람의 얼굴 모양.

법관인 (해태)는 죄 없이 잡혀온 내 心(마음)을 알아줄 거야.

(해태) 앞에서 빌고 또 빌면서 懇切(간절)하게 懇請(간청)하는 모습에서 뜻을, 艮(간)에서 음을 취했다.

■ 懇切(간절) 지성스럽고 절실함.
■ 懇請(간청) 간곡히 청함.

해태(獬豸) 이야기는 여기서 끝내고 다른 동물 이야기를 해보자.

이 한자는 잘 써보려 해도 모양이 잘 안 나서 애를 먹었던 글자 중 하나다.

'뭐 이런 한자가 다 있냐' 하고 투덜대며 썼던 기억이 난다.

그럼 아래에 나와 있는 유래를 살펴보자.

정성 **간**

할 **위**

일하는 코끼리 → 갑골문자에… → 현재의 모습

할 위

사람이 爪(손)으로 爲(코끼리) 코를 잡아당기면서 무거운 짐을 운반하는 모습에서 유래했다.
지금은 '하다' '되다' '삼다' '~위하여'로 다양하게 활용되고 있다.

코끼리를 그린다고 생각했으면 좀 잘 써질까?

활용이 많은 한자라 문장 속에서도 한자어 속에서도 삐죽삐죽 잘 나타난다.

■ 行爲(행위) 사람이 행하는 짓.
■ 爲政者(위정자) 정치를 하는 사람.
■ 無爲自然(무위자연) 사람의 힘이 더해지지 않은 본디 그대로의 자연.
■ 當爲性(당위성) 마땅히 그렇게 해야 할 성질.

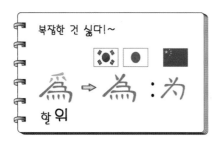

복잡한 건 싫다!~

僞 ⇒ 爲 : 为

할 **위**

< 为(위) 3개를 찾아 봐! >

거짓 **위**

亻(사람)들이 爲(코끼리)의 코를 잡아당기면서 일을 시키는 행위(行爲)가 부자연스럽고 人爲(인위)적인 모습으로 보였나 보다. 위에 코끼리를 부리는 사람을 다시 보자.

여기서 '거짓' '가짜' '속임수'란 뜻이 나왔다. 하긴 亻(사람)들 爲(하는 일)이 진실성이 없어 '거짓'으로 보였는지 모른다.

우리 인간들 눈에도...

- 僞善者(위선자) 겉으로만 착한 체하는 사람.
- 僞造(위조) (물건이나 문서 따위의) 가짜를 만듦.
- 虛僞(허위) 거짓.

사실 덩치가 커다란 코끼리를 구체적으로 그린 한자는 따로 있다.

코끼리 **상**

이 모습이야말로 코끼리의 특징을 잘 살려서 그린 상형문자이니 외우지 말고 그리자.

그런데 이 한자는 '코끼리' 외에 '모양' '본뜨다' '본받다'는 뜻도 있다.

- 象牙(상아) 코끼리의 위턱에 길게 뻗은 두 개의 어금니.
- 氣象豫報(기상예보) 앞으로의 날씨를 예측하여 알려줌.
- 象形文字(상형문자) 물체의 모양을 본떠서 만든 글자.

670

이 한자는 위의 한자가 가지고 있는 '모양'이란 뜻과 함께 亻(사람)이 象(코끼리) 같은 동물이나 부처, 사람 따위의 형체를 만들거나 그린다는 뜻이 있다. 亻(장님) 象(코끼리) 만지는 '형상'이라면 잘 외워질까?

형상 **상**

■ 佛像(불상) 부처의 모습을 조각이나 그림으로 나타낸 것.
■ 偶像(우상) 신과 같이 여겨 섬기는 대상.
■ 肖像畵(초상화) 사람의 얼굴이나 모습을 그린 그림.

乘馬(승마)라면 '말을 탄다'는 뜻이다.
馬(말 마)는 이미 앞에서 다루었으니 생략하고
乘(탈 승)에 대해 알아보기로 하자.

탈**승**   말**마**

난 나무타기가 취미야.

탈승

木(나무) 위에 禾(사람)이 올라 탄 모습에서 나무나 동물 등을 올라 탄다는 뜻이 나왔다.
탈 것이 지금과 다르다.

조금 이해하기가 어려운 한자인데 알고 보니 나무 타는 모습이었다. 요즘은 비행기나 버스를 이용해 '이동한다'는 뜻으로 쓰고 있다.

■ 乘客(승객) (차나 배·비행기 따위에) 타려 하거나 탄 손님.
■ 乘車(승차) 차를 탐.
■ 乘船(승선) 배를 탐.
■ 搭乘客(탑승객) 탑승한 손님.

畫 蛇 添 足

그림 화 뱀 사 더할 첨 발 족

56. 화사첨족

직역 : 뱀을 그리는데 다리를 더함.

의역 : 공연한 짓, 쓸데없는 짓을 해서 낭패를 봄. 줄여서 사족(蛇足)이라고 함.

전국시대 일이다. 초(楚)나라 소양(昭陽) 장군이 위(魏)나라를 공격하였다. 이 싸움에서 위나라 군대를 크게 물리치고 일거에 8개의 성(城)을 차지하는 압도적인 승리를 거두었다.

그러자 이 상승 분위기를 틈타 군사를 돌려 제(齊)나라를 공격하려 하였다. 이 소식을 전해 들은 제나라 왕은 어찌할 바를 몰라 발을 구르다가 모사(謀士) 진진(陳軫)을 소양 장군에게 보내 어떻게 해서든 막으라고 명령하였다.

진진은 도착하자마자 소양 장군을 접견하고 축하의 말을 올렸다.

"장군께서 이번 전쟁에 승리하신 것을 축하드립니다. 그런데 장군께서는 놀라운 전과(戰果)에 대하여 나라의 법에 따라 무슨 상을 받게 되시는지요?"

그러자 소양 장군이 매우 자랑스럽게 말했다.

"벼슬은 상주국(上柱國)에 봉하여지고, 작위는 상집규(上執珪)에 봉하여질 것이오."

진진이 다시 물었다.

"그렇다면 그보다 더 높은 관직은 없습니까?"

"물론 있소. 오직 영윤(令尹)이란 벼슬뿐이오."

그러자 기다렸다는 듯이 이렇게 말했다.

"아, 그렇군요. 그런데 제 생각에는 최고 자리인 영윤을 초나라 왕이 두 개를 만들지는 않을 겁니다. 제 이야기를 한번 들어보시죠.

옛날 초나라에 제사장이 제사를 지낸 뒤 여러 하인들에게 술 한 병을 주었지요.

평생에 한 번 마셔 볼까 말까 한 귀한 술인데 양이 너무 적어 한 사람이 마시면 딱 좋은 양이었답니다. 그러자 한 하인이 이렇게 제안했습니다.

"여러 사람이 나누어 마신다면 간에 기별도 안 갈 테니, 땅바닥에 뱀을 제일 먼저 그리는 사람이 혼자 다 마시기로 하는 게 어떻겠나?"

"그렇게 하세."

하인들은 모두 찬성하고 각기 땅바닥에 뱀을 그리기 시작했습니다. 이윽고 뱀을 다 그린 한 하인이 왼손에 술병을 잡고 이렇게 말했습니다.

"나는 뱀의 다리도 그릴 수 있어" 하고는 뱀의 몸에 다리를 그리기 시작했지요.

그가 다리를 다 그리기도 전에 두 번째로 뱀을 완성한 하인이 재빨리 그 술병을 빼앗아 들고 말했습니다.

"세상에 발 달린 뱀이 어디 있나?"

하더니 그 자리에서 술을 다 마셔 버렸지요.

술병을 빼앗겨 버린 하인은 공연히 쓸데없는 짓을 했다고 후회했지만 무슨 소용이 있었겠습니까?

지금 장군께서 위나라 군대를 격파하시고, 다시 우리 제나라를 정벌하시려고 하는데 제가 보기에 장군의 명성은 이미 높아져 있습니다. 설사 승리를 한다 해도 관직이 다시 더 높아질 것 같지도 않습니다. 만약 운이 사나워 목숨이라도 잃게 되는 날이면 작위가 무슨 소용이 있겠습니까? 그러니 자칫 잘못하면 장군님이야말로 뱀의 발을 그린 하인 꼴이 될지 모릅니다."

진진의 말을 들은 소양 장군은 제나라를 공격하지 않고 군대를 철수하였다.

그림 **화**

어? 어디서 본 듯한 한자이다.

맞다. 書(책 서)와 비슷하게 생겼구나.

어디가 다른가 잘 살펴보자.

그림 **화**

내 꿈은 畫家~

聿(붓)으로 畺(밭과 경계선)을 그린 모습이라서 그런지 밭이 펼쳐진 옛 풍경화를 쉽게 볼 수 있다.

반드시 書(책 서)와 구분해야 한다.

이 한자는 ① '그림 화' '그릴 화' 외에 글씨나 그림의 붓으로 그은 줄을 가리키는 ② '획 획' 이 있다.

畫(획)이라 하니까 중학교

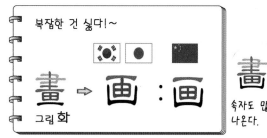

복잡한 건 싫다!~

畫 → 画 : 画

그림 **화**

畫

속자도 많이 나온다.

한문시간에 배웠던 '획순(畫順)'과 '획수(畫數)'가 생각난다. 한자를 처음 배울 때는 그림에 가까운 회화체가 많아서 그런 대로 배우는 재미(?)가 쏠쏠하다. 그런데 얼마 뒤 완벽한 한자 공부를 위해서는 부수를 외워야 하고, 여기에 획수(畫數) 심지어 획순(畫順)까지 정확히 익혀야 한다는 사실을 알고부터 갑자기 한자공부가 두려워지기 시작한다. 이런 경험은 한자를 배우는 사람이라면 누구나 한번쯤 하는 것이기도 하다. 아무튼 다른 문자에서 볼 수 없는 이런 점들이 한자 공부를 방해하는 첫째 원인이다.

한글과 영어도 쓰는 순서가 있지만 익숙해지면 순서를 살짝 무시하면서 개성대로 쓰는 것이 크게 문제되진 않는다. 너무 지엽(枝葉)적인 것에 목숨 걸면 주객(主客)이 전도(顚倒)되어 흥미를 떨어뜨린다. 그래서 어느 순간 한자와 원수가 된다. 사소한 것에 너무 집착하지 말자!

1. 그림 화 畫家(화가) 그림 그리는 일을 전문으로 하는 사람.
　　　　　 畫廊(화랑) 미술품을 전시하는 장소.
　　　　　 油畫(유화) 기름으로 갠 물감으로 그린 서양식 그림.
2. 획 획 畫順(획순) (글자의) 획을 긋는 순서.
　　　　　 畫數(획수) (글자의) 획의 수.

그림을 그릴 때 가장 중요한 것은 마무리라고 한다.

다음 고사성어를 보자.

마지막 손질이 중요해!

사물의 가장 중요한 부분을 마무리한다는 뜻이야~

畫 龍 點 睛
그릴 화 용 룡 찍을 점 눈동자 정

실제 사물과 똑같이 그리기로 유명한 장승요는 안락사의 벽에 그림을 그려 넣으라는 명령을 받고 흰 용 네 마리를 그렸다. 그런데 눈동자를 그려 넣지 않자 사람들이 그 이유를 물었다. "눈동자를 그려 넣으면 용은 당장 벽을 박차고 하늘로 날아가 버릴 것이오." 그러자 믿을 수 없다며 그려 넣으라고 재촉하자 할 수 없이 눈동자를 그렸다. 그러자 돌연 벽 속에서 번개와 천둥소리가 울리더니 벽을 박차고 하늘로 올라가고 눈동자를 그려 넣지 않은 용 두 마리만 벽에 그대로 남았다.

刂(칼)로 畫(긋는) 모습처럼 깨끗하고 분명하게 나누어 구분한다는 뜻으로 나온다.

■ 劃期的(획기적) 어떤 일로 새로운 시대가 열릴 만큼 뚜렷한 사건.
■ 劃一化(획일화) 줄을 친 듯이 가지런히 된 것.
■ 計劃(계획) 어떤 일을 하기 전에 미리 일에 대해 생각함.

그을 획

낮 **주**

이 한자는 畫(그림 화)와 잘 구분해서 외워야 한다.

그럼 무엇으로 구별할까?

여기 旦(아침 단)에 시선 집중!

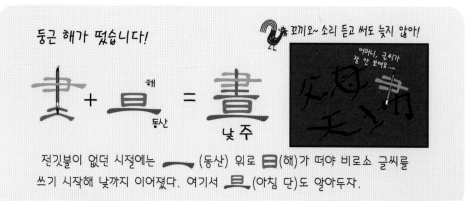

둥근 해가 떴습니다!

꼬끼오~ 소리 듣고 써도 늦지 않아!

어머니, 글씨가 잘 안 보여요~

晝 + 旦 = 晝
해
동산
낮 주

전깃불이 없던 시절에는 ━(동산) 위로 日(해)가 떠야 비로소 글씨를 쓰기 시작해 낮까지 이어졌다. 여기서 旦(아침 단)도 알아두자.

옛날 사람들은 날만 어두워지면 글을 쓸 수도 볼 수도 없었을 테니 이것을 핑계로 공부를 게을리 한들 누가 뭐랄 수 있었을까. 요즘은 밤낮 구별이 없이 바쁘게 펜을 움직여야 원하는 것을 얻을 수 있다.

- 晝間(주간)   낮 동안.
- 晝耕夜讀(주경야독)   낮에는 농사짓고 밤에는 공부함. '바쁜 틈을 타서 어렵게 공부함'을 이르는 말.

畫(그림 화)를 배우면서 이 한자를 빼놓을 수 없다.

그림 **도**

지도를 보면 국토의 □(경계선)과 꼬불꼬불한 呂(등고선)도 있고 창고도 보이고 마을도 보인다. 이 모든 것을 합쳐 만든 한자가 ① '지도 도' '그림 도'이다.

옛날에 지도는 어떤 의미였을까?

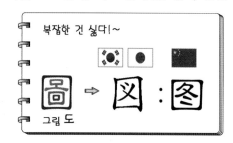

복잡한 건 싫다!~

圖 ⇒ 図 : 图
그림 도

전쟁을 하게 되면 지도만큼 중요한 것이 없다. 지도 앞에서 장군들이 머리를 맞대고 이기기 위해 신중하게 전략을 세운다. 그래서 이 한자에는 어떤 일을 도모한다는 뜻인 ② '꾀할 도' 도 있다.

1. 지도 도 圖書(도서) 지도와 서적.
   　　　　圖案(도안) 미술·공예 작품을 만들 때, 그 형상이나 모양·색채·배치 등에 관한 것을 그림으로
   　　　　　　　　　　나타낸 것.
2. 꾀할 도 意圖(의도) 무엇을 이루려고 속으로 세운 계획.
   　　　　圖謀(도모) 어떤 일을 이루려고 수단과 방법을 생각함.

氵(물)을 퍼다 붓는다는 뜻에다 음으로 나온 忝(첨)이 낯설어 외우기가 쉽지 않게 된 것이다. 그런데 활용은 많다.

더할 첨　더할 가

■ 添削(첨삭) 내용을 보충하거나 삭제함.
■ 添附(첨부) 문서에 보태거나 덧붙임.
■ 別添(별첨) 문서 따위를 따로 붙임.
■ 錦上添花(금상첨화) 비단 위에 꽃을 더하듯이 좋은 일에 좋은 일이 겹침.

添(더할 첨)보다 활용 면에서 더 우월한 한자가 加(더할 가)이다. 力(힘)주어 口(입)으로 말한다는데서 '더할 가' 가 되었다.

■ 加工(가공) 재료를 손으로 다듬어 새 물건을 만드는 것.
■ 增加(증가) 수나 양이 많아지는 것.
■ 參加(참가) 어떤 단체에 관여하여 참석하거나 가입함.
■ 加速(가속) 속도를 더냄.

加(더할 가)를 음으로 취한 한자 2개를 더 보기로 하자.

물건을 얹어 두기 위하여 방이나 마루의 벽에 건너질러 놓은 木(나무)인 시렁에 물건은 얹어 놓는다 하여 나온 加(더할 가)는 음과 뜻을 포함한다.

시렁 가

■ 書架(서가) 책 시렁.
■ 架設(가설) (전선·다리·선로 따위를) 건너질러 시설함.
■ 架空(가공) 공중에 건너질러 설치함. 근거 없는 일.

하례할 **하**

예나 지금이나 축하해줄 일이 있으면 조그만 선물이나 貝(돈)으로 기쁨을 함께 하며 더해 준다는 뜻이니 加(더할 가)는 음뿐만 아니라 뜻으로도 나온 것이다.

연하장의 단골 문구

- 賀禮(하례) 축하의 예식.
- 謹賀新年(근하신년) '삼가 새해를 축하합니다'.

발 **족**

발 모양을 보고 그린 이 한자는 ① '발 족' 이란 뜻 외에 ② '족할 족' 도 있다는 것을 알아야 낭패를 당하지 않는다.

1. 발 족 足迹(족적) 걸어 온 발자취.
2. 족할 족 不足(부족) 만족하지 못함. 모자람.
         滿足(만족) 마음에 모자람이 없이 흡족함.

잡을 **착**

足(발)과 扌(손)의 결합이라 그렇다면 손으로 다리를 꽉 잡는다는 뜻이겠구나. 떠나는 님 바짓가랑이 붙들고 늘어지는 꼴이다. 물론 足(족→착)이 음으로도 나온 건 두말하면 잔소리.

- 捕捉(포착) 어떤 일의 요령이나 행동을 알아차림.

재촉할 **촉**   닥칠 **박**

亻(사람)과 足(발)이 만나 促(재촉할 촉)이 만들어졌다? 사람의 발이 정신없이 움직이는 모습에서 '재촉하다' 는 뜻을 연상해보자. 물론 足(족→촉)은 음으로도 나왔다.

- 促進劑(촉진제) 재촉하여 빨리 진행하도록 하는 약.
- 督促(독촉) 몹시 재촉함.

678

迫(닥칠 박)은 白(백 → 박)에서 음을 취하고 점점 나의 앞으로 辶(걸어오는) 발소리에서 뜻을 취했다고 생각하니 반갑지 않은 시간이 다가온다는 뜻일 게다.

- 壓迫(압박)　내리누름. 심리적, 정신적으로 상대편에게 겁을 줌.
- 迫害(박해)　(힘이나 권력으로) 약한 처지의 사람을 괴롭히거나 해를 입힘.

'어떤 기한이나 시간이 바짝 다가와서 마음이 급해지는 것' 을 促迫(촉박)하다고 하는데 이런 상황이 되면 진땀난다.

그럼 여기서 白(흰 백)을 넣어 만든 한자들을 알아보자.

맏아들을 가리키는데 지금도 큰아버지를 뜻하는 伯父(백부)에서 그 흔적을 찾을 수 있다.

- 伯母(백모)　큰어머니.
- 伯仲之勢(백중지세)　서로 어금지금하여 우열을 가리기 어려운 행세.
- 伯氏(백씨)　맏형.

맏 **백**

白(백 → 박)에서 음을 취하고 扌(손)을 넣어 손뼉을 친다는 뜻이다.

- 拍子(박자)　음악이나 춤의 가락을 돕는 장단.
- 拍手(박수)　손뼉을 여러 번 치는 일.
- 拍掌大笑(박장대소)　손뼉을 치며 한바탕 크게 웃음.
- 拍車(박차)　승마용 구두 뒤축에 댄 쇠로 만든 톱니모양의 물건. 일이 빨리 진행되도록 더하는 힘.

칠 **박**

여행을 하게 되면 宿泊(숙박)을 해야 할 일이 생긴다.

처음에 宿(묵을 숙)을 보고 이런 생각을 했다.

'이 宀(집)은 亻(사람)을 百(백 명)이나 수용할 수 있으니 으리으리한 호텔쯤 되겠다. 그럼 여인숙(旅人宿)은 뭐지?

묵을 **숙**　머무를 **박**

알고 보니 (백)은 '돗자리'였는데 모양이 변한 거란다. 어찌 되었든 간에 요즘은 宿泊(숙박) 업소의 규모가 점점 커지고 있으니 이렇게 외운들 어떠랴.

■ 投宿(투숙) 여관에 듦.
■ 合宿(합숙) 여럿이 한 곳에 묵음.

여기서 宿(숙→축)에서 음을 취해 만들어진 縮(오그라들 축)도 알아두자. 아마 糸(실)이 뜨거운 열을 받았나 보다. 실로 짠 옷을 뜨거운 물에 빨았다가 오그라들어 낭패를 본 경험을 한번쯤은 해봤을 것이다.

■ 縮地法(축지법) 도술에 의해 지맥(地脈)을 축소하여 먼 거리를 가깝게 하는 도술.
■ 伸縮性(신축성) 늘었다 줄었다 하는 성질.
■ 縮小(축소) 줄여서 작게 함.

옛날에는 뱃길을 이용한 여행이 보통인지라 배를 대고 하룻밤 머무는 장기 여행이 많았다. 지금이야 3泊(박), 4泊(박)으로 가는 여행이 보통이지만 말이다. 泊(머무를 박)은 白(백→박)에서 음을 취하고 氵(삼수)에서 뜻을 취했다. 이 한자에서 선상여행(船上旅行)이 정취가 묻어 있다.

지금은 '객지에서 묵는 밤의 횟수를 세는 말'로 쓰이고 있다. 아무튼 여행중에 宿泊(숙박)은 허락해도 外泊(외박)은 절대 안 된다!?

■ 外泊(외박) 딴데 나가서 잠.

680

雙 喜 臨 門

쌍쌍 기쁠희 임할림 문문

57. 쌍희임문

직역 : 연달아 생긴 경사.

의역 : 1. 기쁜 일에 또 기쁜 일이 겹칠 때.
2. 남녀의 만남. 또는 부부간의 금실.

북송(北宋)시대 마원외는 애지중지 기른 딸을 결혼시키는데 좋은 사윗감을 고르고 싶어 집 대문에 주마등(走馬燈)과 함께 이런 글을 써 붙였다.

'시에 재주가 있는 사람이면 누구든지 이 시구(詩句)의 아래에 대구(對句)를 해 보시오.' 그 시구는 이러했다.

추억이 走馬燈(주마등)
처럼 스쳐 지나가네.

走馬燈 燈走馬 燈息馬停步 (주마등 등주마 등식마정보)
주마등은 등이 말을 달리게 하더니 등이 꺼지니 말도 걸음을 멈추네.

왕안석(王安石) 초상화

이때 23세의 왕안석(王安石)이 과거(科擧) 시험을 보러 가던 도중에 이 마을을 지나가다가 이집 대문에 걸린 글을 읽게 되었다. 유심히 시구를 들여다보던 왕안석은 "좋아, 됐다" 하고 좋아했다.

그러나 그 다음날은 과거시험에 응해야 하기 때문에 기회를 뒤로 미루기로 하고 과

거장으로 향했다. 과거장에 들어가 일필휘지(一筆揮之)로 시험지에 답안을 작성하고 면접을 보는데, 시험관이 시험장 앞에 있는 '비호기(飛虎旗)'를 가리키며 다음 시구에 대구를 해보라고 했다.

그 시구는 이러했다.

飛虎旗 旗飛虎 旗卷虎藏身 (비호기 기비호 기권호장신)
비호기는 깃발이 호랑이를 날게 하더니 깃발이 접히니 호랑이도 몸을 숨기네.

왕안석은 그 순간 마원외의 집앞에 써 있던 '주마등'의 시구가 생각났다. 그래서 천천히 마원외의 대문에 붙어 있던 '주마등'의 시를 읊조리자 시험관들의 칭찬이 쏟아졌다.

이렇게 시험을 마친 왕안석이 마원외의 집에 들러 이번에는 비호기로 대구를 했다. 그러자 마원외는 너무 기뻐 자기 딸과 혼인을 허락했다.

며칠 뒤에 결혼식을 거행하는데 신랑 신부가 맞절하는 순간 밖에서 말발굽 소리가 들리더니, "왕안석, 장원급제요" 라는 낭보를 전해 주었다.

그야말로 기쁜 날에 기쁨이 더해지는 순간이었다. 왕안석은 너무 기쁜 나머지 붉은 종이 위에 크게 희(喜)자 두 개 겹친 囍(쌍희 희)자를 써서 대문 위에 붙였다. 그리고 이렇게 읊조렸다.

교묘한 대구로 쌍희가를 부르니   巧對聯成雙喜歌
주마등과 비호기가 혼인을 맺어 주네.   馬燈飛虎結絲蘿

결혼과 과거급제라는 두 마리 토끼를 잡은 이 일이 있고부터 중국에서는 결혼하는 경사스런 날에 축복의 의미로 희(囍)자를 크게 써 붙이는 풍속이 생겨 오늘날까지 행해지고 있다.

왕안석이 만든 희(囍)자를 사자성어로 하면 금상첨화(錦上添花)인데 이 역시 왕안석이 쓴 시에서 유래했다.

錦上添花
비단 **금** 위 **상** 더할 **첨** 꽃 **화**

▶ 비단 위에 꽃을 더한다는 말로 좋은 것 위에 더욱 좋은 것을 더
한다는 뜻.

강은 서쪽 남원으로 비스듬히 흐르고	河流南苑岸西斜
바람은 수정 같고 이슬은 영롱하다.	風有晶光露有華
문앞의 버드나무 집은 도연명이 살던 집이요	門柳故人陶令宅
우물가의 오동나무 집은 총지가 살던 집이로다.	井桐前日總持家
좋은 날 초대받아 술잔을 기울이고	嘉招欲覆盃中淥
고운 노래는 비단 위에 꽃을 더한 듯 아름답다	麗唱仍添錦上花
이렇게 나는 무릉도원의 객이 되고	便作武陵樽俎客
강위엔 붉은 노을이 흠뻑 들었구나.	川源應未少紅霞

왕안석이 말년에 정계를 떠나 남경의 한적한 곳에서 은거하며, 지난 과거의 물욕을
씻고 자연에 흠뻑 취해 풍류를 즐기면서 읊은 시에서 나왔다.

왕안석이 쓴 시에서 유래된 한자성어가 또 하나 있다.

紅一點
붉을 **홍** 한 **일** 점 **점**

▶ 많은 남자들 속에 단 한명뿐인 여자

어느날 왕안석이 한림원(翰林院) 뜰을 거니는데 문득 한 그루의 석류나무가 눈에
들어 왔다. 온통 푸른 잎사귀 속에 빨간 석류꽃 한 송이를 보고 그 자리에서 시 한 수를

읊었다. 제목은 〈영석류시(詠石榴詩)〉이다.

온통 푸른 잎 속에 붉은 점 하나.

　　　　　萬綠叢中紅一點

마음을 동하게 하는 봄기운은 이것으로 충분

하네.　　　　動人春色不須多

한자 UP그레이드

쌍 **雙**

又(손) 위에 암수 隹隹(한 쌍)이 짝을 이루고 앉아 있는
모습에서 '둘씩 짝을 하고 있는 물건'과 '암컷과 수컷'을 뜻한다.

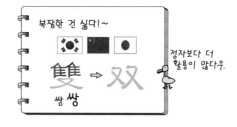

■ 雙璧(쌍벽)　두 개의 귀한 구슬로 비교가 어렵다는 뜻.
■ 勇敢無雙(용감무쌍)　용감함이 짝을 이룰 만한 라이벌
이 없을 정도라는 뜻.

하나 **척**

사이가 좋았던 둘이 어느 날 티격태격 싸웠나 보다. 화가 난 암
컷이 포르르 날아가 버려 그만 쓸쓸히 혼자 앉아 있는 모습에서
외짝을 가리키게 되었다. 지금은 '배나 수레 등을 세는 수사'로
나온다. "동해안에서 어선 한 隻(척)이 나포(拿捕) 되었습니
다." 뉴스 시간에 가끔 듣는 멘트이다.

그렇다면 새의 암컷과 수컷을 한자로 어떻게 만들었
을까? 此(이것 차→자)에서 음을 隹(새 추)에서 뜻을
취해 '암컷 자'를 만들었다. 厷(팔뚝 굉→웅)에서 음을
취해 만들어진 '수컷 웅'은 뒤에 '용감하다' '뛰어나다'
는 뜻으로도 나온다.

■ 英雄(영웅)   재능과 담력이 뛰어난 걸출한 인물.
■ 雄壯(웅장)   으리으리하게 커서 장관을 이루는 것.

여기서 잠깐!

상대되는 한자로 한자어를 만들 때에는 좋은 뜻은 앞에, 나쁜 뜻은 뒤에 배치하는
것이 일반적이다. 선악(善惡), 강약(强弱), 우열(優劣), 승부(勝負)에서 그 예를 볼 수
있다.

또 라이벌 관계일 때도 어느 것을 앞에 두느냐로 실갱이를 하곤 한다. 연고전이냐
고연전이냐가 대표적인 예이다. 그런데 우열(優劣), 승부(勝負)를 겨룬다는 뜻으로
'雌雄(자웅)을 겨룬다.'고 한다. 그렇다면 '雌(암컷 자)=우등, 승리자'란 뜻
이고, '雄(수컷 웅)=열등, 패배자'를 뜻하는 것일까?

물론 아니다. 오히려 반대다. 그럼 왜? 좀 황당하겠지만 '발음' 때문이란다.

小(작은) 隹(새)라면 누구나 '참새'를 생각한다.

특징을 잘 살려서 만들었으니 참새가 기분 나빠할 일은 아니지
만 그래도 왠지 좀 얕잡아 보는 느낌을 지울 수 없다.

"참새 따위가 감히……"

"참새가 어찌 기러기와 고니의 뜻을 알 수 있겠는가?" 지금도 종
종 쓰지 않은가. 그래서 참새의 마음을 달래줄 한자어가 없을까 찾다가 하나 발견했다.

차나무의 어린잎이 참새의 혀만큼 자랐을 때 채취하여 만들었다 하여 붙여진 작설
차(雀舌茶)가 있다. 작설차(雀舌茶)는 예로부터 스님들의 사랑을 받아 왔으며 다른
차에 비해 가격이 상당히 비싼 편이니 참새가 들으면 덜 섭섭할 것이다.

나아갈 진

隹(참새)가 계단을 콩콩 辶 (밟으며) 조금씩 계속 올라가는 모습이 연상되는 한자가 進(나아갈 진)이다. 그래서 급하게 올라가면 실패하기 쉽다. 우린 이것을 急進(급진)이라고 한다.

앞으로 나아가되 천천히 숨을 고르며 끝까지 올라가자. 進步(진보)와 急進(급진)의 차이는 숨고르기에 달렸다.

- 前進(전진) 앞으로 나아가는 것.
- 進級(진급) 등급이나 학년이 올라가는 것.
- 進學(진학) 학문의 길에 나아가 배움.

성씨 최

고산(高山)을 한 글자로 만든 이 한자는 '높을 최'인데 지금은 '성씨'로만 활용되고 있고 본뜻은 거의 쓰지 않고 있다.

崔(성씨 최)를 음으로 취한 한자가 있다.

재촉할 최   잠잘 면

인위적으로 '잠을 재촉하다'는 뜻인 催眠(최면)이 의학에도 적용되고 있다.

催(재촉할 최)는 崔(높은 산)을 앞에 두고 빨리 올라가자고 재촉하는 亻(사람)이 연상된다. 崔(최)씨 성을 가진 사람들만 성격이 급한 건 아닐 거다.

- 催淚彈(최루탄) 눈물을 재촉하는 가스를 넣은 탄환.
- 開催(개최) 행사를 여는 것.

眠(잠잘 면)은 감고 있는 目(눈)에서 뜻을 民(백성 민→면)에서 음을 취했다. 民(백성 민)은 전쟁 중에 포로로 잡힌 사람의 卩(눈)을 七(칼)로 찔러 애꾸눈을 만들어 백성을 만든 데서 유래했다. 國民(국민)의 한 사람으로서 슬프다.

여기서 정상적인 잠을 뜻하는 한자어 睡眠(수면)도 알고 가자. 睡(잠잘 수)는 식물이 늘어져 있는 모습인 垂(드리울 수) 앞에 目(눈)을 넣어서인지 '졸린 눈'이 연상된다.

睡眠(수면)이 부족한 학생들이 수업시간에 이런 표정을 하고 있다. 선생님들이 催眠(최면)을 건 것도 아닌데 말이다.

■ 熟眠(숙면)　잠이 깊이 듦. 또는 그 잠.
■ 快眠(쾌면)　기분이 좋아질 만큼 달게 잠. 또는 그렇게 자는 잠.

쾌적한 睡眠(수면)이 내일의 건강을 보장한다!

새가 보이고 옆에 사람도 보이고 언덕도 보이는 이 한자의 유래를 보자.

기러기 **안**

기러기 안

우린 줄 맞추어 날지요.
厂(언덕) 위로 亻(줄) 맞추어 날고 있는 隹(새)떼가 바로 '기러기'이다.

亻(사람)인 줄 알았는데 기러기가 줄맞추어 날아가는 모습이란다.

■ 雁書(안서)　기러기가 전해준 편지. 지금은 편지를 가리킴.
■ 雁足(안족)　① 기러기발.
　　　　　　　② 거문고 따위에 줄을 괴고 있는 기러기 발 모양의 부분품.

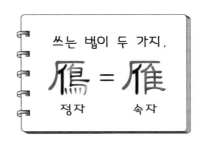

쓰는 법이 두 가지.
鴈 = 雁
정자　　속자

鴻
기러기 **홍**

雁(기러기 안)보다 덩치가 큰 놈은 이 한자를 쓴다.

江(강→홍)에서 음을 鳥(조)에서 뜻을 취했는데 기초한자 1800자에 둘 다 들어가는 것을 보면 참 중요한(?) 새인가 했는데 활용할 만한 한자어가 거의 없다.

그렇다면 아래 한자성어 때문은 아닐까.

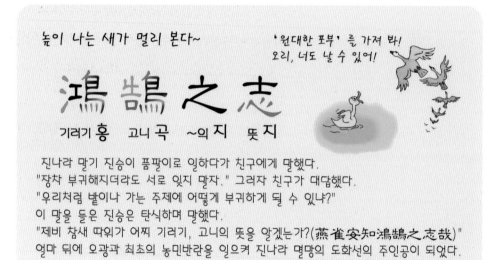

높이 나는 새가 멀리 본다~

'원대한 포부'를 가져 봐!
오리, 너도 날 수 있어!

鴻 鵠 之 志
기러기 홍 고니 곡 ~의 지 뜻 지

진나라 말기 진승이 품팔이로 일하다가 친구에게 말했다.
"장차 부귀해지더라도 서로 잊지 말자." 그러자 친구가 대답했다.
"우리처럼 밭이나 가는 주제에 어떻게 부귀하게 될 수 있냐?"
이 말을 들은 진승은 탄식하며 말했다.
"제비 참새 따위가 어찌 기러기, 고니의 뜻을 알겠는가?(燕雀安知鴻鵠之志哉)"
얼마 뒤에 오광과 최초의 농민반란을 일으켜 진나라 멸망의 도화선의 주인공이 되었다.

이 문장에서도 참새는 기러기와 비교되어 조무래기 새로 등장하는구나.

應
응할 **응**

사냥터에서 주인의 말에 응하는 雁(매 응)에서 음과 뜻을 취하고 心(마음 심)을 넣어 '응할 응'이 나왔다.

중국에서는 간체자가 따로 있어서 외우지 않으면 알아보기 어렵다.

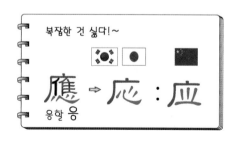

복잡한 건 싫다!~

🇰🇷 🇯🇵 🇨🇳

應 ⇒ 応 : 应
응할 응

- 應答(응답) 물음이나 부름에 응하여 대답함.
- 應募(응모) 모집에 응함.
- 對應(대응) (어떤 일이나 사태에) 알맞은 조치를 취함.

기쁠 희

기쁘다는 뜻을 가진 이 한자가 어떻게 이런 뜻을 갖게 되었는
지는 아래 한자를 먼저 알아야 이해가 쉽게 된다.

북 고

북소리는 마음을 들뜨게 해.

支(북채)를 들고 커다란 壴(북)을 치고 있는
모습이다.
둥둥~ 북 치는 소리가 사방으로 퍼져 나갈 것
같이 생동감 있게 그렸다.

고대 중국인들에게 북을 치는 행위는 조상과 하늘을 연결하기 위한 것이었고, 전쟁
중에는 귀가 먹을 정도로 크게 쳐서 병사들에게 힘과 용기를 주어 더 용감하게 싸울
수 있도록 자극하는 도구이기도 했다. 이처럼 북은 다른 악기와 달리 사람을 흥분시키
는 촉진제 역할을 하는데 한자어를 보자.

- 鼓舞(고무) 북 치고 춤추 듯 격려하여 기세를 올리는 것.
- 鼓吹(고취) 북 치고 피리 불며 용기를 북돋워 일으키는 것.
- 鼓腹擊壤(고복격양) 배를 두드리고 흥겨워한다는 뜻으로 백성들이 태평세월을 누린다는 말.

그렇다면 본론으로 돌아와서 喜(기쁠 희)는
어떻게 만들어졌을까?
壴(북)을 치며 크게 口(입)을 벌려
웃고 떠드는 모습을 그렸단다. 마음속에
있는 기쁨을 거리낌 없이 마음껏 발산할
때의 즐거움을 표현했다.

배부르고 북치며 노니
세상 부러울 것이 없네~

북치는 아저씨 신났다~

- 喜消息(희소식) 좋은 소식.

쌍희 **희**

바로 이 한자가 왕안석이 결혼식하던 도중에 장원급제 소식을 듣고 붉은 종이에 喜(희)자를 두 개 겹쳐 써서 문에 걸었다는 바로 그 한자이다. 囍(쌍희 희)를 한자어로 쓰면 雙喜(쌍희)이다. 喜喜(희희)를 한 글자로 간략하게 표현한 재치가 돋보인다. 그래서 지금도 중국에서는 길상(吉祥)의 기호로 결혼하는 장소나 청첩장에서 많이 볼 수 있다. 우리나라에서는 가구(家具)나 복식(服飾)에 문양(文樣)으로 많이 새겨 넣었다.

중국에서 囍자 써진 카드 받으면 결혼 청첩장~

그럼 여기서 즐겁고 기쁘다는 뜻을 가진 한자 하나를 더 보자.

풍류 **악**

이번엔 북이 아니고 잘 다듬은 木(나무) 위에 幺幺(실)을 걸쳐 놓고 白(흰 손가락)으로 튕기면서 연주하는 현악기를 그렸다.

이 한자는 음이 세 개인데 처음에는 악기를 가리켜 ① '풍류 악' 이었다가 이 악기를 연주하면서 나오는 감정에서 ② '즐거울 락' 을 만들고 이런 악기를 연주하고 즐기는 것은 누구나 좋아한다 하여 ③ '좋아할 요' 가 나왔다. 꼭 알아두자.

1. 풍류 악 樂器(악기) 음악을 연주하는 데 쓰이는 기구.
   　　　　　樂譜(악보) 음악의 곡조를 일정한 부호를 써서 나타낸 것.
2. 즐거울 락 樂天主義(낙천주의) 모든 일을 밝고 희망적인 방향으로 생각하려는 경향.
   　　　　　娛樂(오락) 피로나 긴장을 풀기 위해 노래, 춤 따위로 즐겁게 노는 일.

喜怒哀樂(희로애락)　기쁨, 노여움, 슬픔, 즐거움.
喜喜樂樂(희희낙락)　매우 기뻐하고 즐거워함.
3. 좋아할 요　樂山樂水(요산요수)　산과 물을 좋아함, 곧 자연을 사랑함.

이 ⾋⾋(풀)을 먹으면 樂(즐거워진다)는데 이것이 무엇 일까?

아하, 약초구나. 옛날에는 아플 때 내 몸을 낫게 해주는 것으로 가장 흔한 것이 약초였다. 비록 입에는 쓰다 할지라도 병이 낫는다면 환자는 즐겁게 먹는다.

약 藥

■ 藥局(약국)　약사가 의약품을 조제하여 파는 가게.
■ 醫藥(의약)　의술과 약품. 의학과 약학.

오리 중국 거리에 나가다.

枉(굽을 왕)은 구부러진 木(나무 목)에서 뜻을 취하고 王(임금 왕)에서 음을 취했다.

'왕림' 은 각종 초대장 등에 주로 등장하는 단어로 상대의 내방에 대한 경칭의 의미를 지닌다

갈 왕　임할 림

그럼 여기서 임금왕에 점을 찍은 主(주인 주)를 음으로 취한 한자들을 알아보자.

쌍희임문

691

살 주   집 택

등불 모양을 하고 있는 主(주인 주)는 등불처럼 중심이 되는 사람을 가리켜 '주인, 군주'를 뜻하게 되었다. 亻(사람 인)을 앞에 붙이면? 亻(사람)이 主(주인)이 되어 '산다'는 뜻이다.

- 衣食住(의식주) 인간생활의 세 가지 요소인 옷, 음식, 집을 아울러 이르는 말.
- 住民(주민) 거주민의 준말.
- 移住(이주) 다른 곳이나 다른 나라로 옮아가서 삶.

宅(집 택)은 지붕 모양인 宀(갓머리)에서 뜻을 乇(부탁할 탁→택)에서 음을 취했는데 몸을 구부리고 편안하게 잠을 청하고 있는 모습과 흡사하다. 이 한자는 ① '집 택' 외에 속음으로 ② '집 댁'도 있다. 옛날에는 결혼한 아낙을 이렇게 지칭했다.

"목포 宅(댁)은 뭐하누?"

"수원 宅(댁)이랑 우물가에 갔시유."

요즘은 거의 듣기 어렵다.

乇(탁)을 음으로 취한 한자로 托(맡길 탁)도 있으니 알아두자.

세상에서 가장 좋은 住宅(주택)이란 누가 뭐래도 최대한 편한 자세로 주인스럽게 누워서 휴식을 취할 수 있느냐 없느냐가 기준이다.

- 宅配(택배) 짐, 서류 따위를 각 호별로 배달함.

기둥 주

木(나무)에서 뜻을 취해 중심이 되어 떠받치는 가장 중요한 나무를 뜻한다.

- 柱石之臣(주석지신) 나라에 버팀목이 되는 중요한 신하.
- 支柱(지주) 무엇을 버티는 기둥으로 의지할 수 있는 힘을 뜻함.

692

注(물댈 주)는 氵(물)이 한군데로 흐를 수 있도록 끌어댄다는 뜻으로 나왔다.

물댈 **주** 기름 **유**

- 注目(주목) 특별히 관심을 가지고 자세히 살핌.
- 注入式(주입식) 주입 교육에 따라 베푸는 교육 방식.
- 注視(주시) 눈여겨봄. 쏘아봄.

우리 일상생활 속에 없어서는 안 될 油(기름 유)는 氵(물)에서 뜻을 由(유)에서 음을 취했다. 요즘은 차량이 늘어난 만큼 注油所(주유소)도 많이 생겼다.

- 石油(석유) 천연으로 지하에서 솟아나는 탄화수소류의 혼합물.
- 食用油(식용유) 음식을 만드는 데 쓰는, 식용의 기름.
- 油畵(유화) 기름으로 갠 물감으로 그리는 서양식 그림.
- 揮發油(휘발유) 석유의 휘발성분인 무색 액체.

중국에서는 注油(주유)를 加油(가유)로 쓴다. 기름을 부으면 활활 타오르듯 '힘 내라!' 는 격려, 응원의 뜻도 있다. 우리가 흔히 열 받을 때 쓰는 표현인 "아주, 기름을 부어라!"와 다르다.

다시 앞으로 돌아가서 臨(임할 림)에 대해 알아보자.

臨(임할 림)은 앞에 臥薪嘗膽(와신상담)에서 나온 臥(누울 와)를 기억하고 있다면 쉽게 이해할 수 있다.

品(물건 품)은 물건을 쌓아 놓은 모양인데 이런 品(물건)을 臣(내려다보는) 모습에서 '높은 곳에서 내려다보거나 지위가 높은 사람이 지위가 낮은 사람을 대하거나 혹은 장소에 나가는 것' 을 뜻한다. 따라서 枉臨(왕림)이란 '다른 사람이 자기가 있는 곳으로 오는 것' 에 대한 경칭이다. 그래서 이렇게 말한다.

" 이렇게 枉臨(왕림)해 주셔서 감사합니다."

唯我獨尊

오직**유**   나**아**   홀로**독**   높을**존**

58. 유아독존

직역 : 하늘 위와 하늘 아래 오직 나만이 존귀(尊貴)하다. '천상천하 유아독존(天上天下唯我獨尊)'
의 준말.

의역 : 우주만물 중에서는 내가 가장 존엄한 존재라는 뜻으로 인간의 존귀한 실존성을 뜻하는 성어
인데 지금은 세상에서 자기만이 잘났다고 뽐내는 건방진 행동이란 뜻으로 잘못 알려짐

석가모니(釋迦牟尼)는 인도의 종족 이름이며 석가씨의 성자(聖者)란 뜻이다. 불타
(佛陀)는 각자(覺者 : 깨달은 자)라 번역되며 佛(불)이라 약칭한다.

석가모니는 탄생하기 전에 도솔천에 계셨는데 이름은 호명보살(護明菩薩)이었다.
오랜 선정 끝에 호명보살은 석가족(釋迦族)이 살고 있는 카필라국의 정반왕(淨飯
王)과 마야(Maya) 왕비를 부모로 정했다. 이제 깨달음으로 가는 길에 겪을 모든 시련
을 극복할 마음의 준비가 끝나자 도솔천을 떠난다.

금강사 벽화/ 1.도솔래의상(兜率來儀相)

인도 카필라국은 어질고 훌륭한 정반
왕과 착한 백성들이 근심걱정 없이 평
화롭게 살았으나 마야 왕비가 40세가
넘도록 태자를 낳지 못하고 있었다.

어느 날 마야 왕비는 잠을 자다가 여
섯 개의 상아를 가진 흰코끼리 한 마리
가 하늘에서 내려와 왕비의 옆구리를

통해 몸 속으로 들어오는 이상한 꿈을 꾸었다.

얼마 후 태기가 있었다. 해산할 때가 가까워진 왕비는 그 당시의 풍습에 따라 친정에 가서 아기를 낳으려고 가는 도중에 룸비니(Lumbimi) 동산에 이르렀다.

왕비는 천천히 걸음을 옮겨 무우수(無憂樹)나무 아래에서 늘어진 나뭇가지를 잡으려고 손을 뻗었다. 그 순간 오른쪽 옆구리로 태자가 탄생하였다.

룸비니 동산에는 광명(光明)이 비추고 태자가 사방으로 각각 일곱 걸음을 걸을 때마다 연꽃이 피어올랐다. 이때 태자는 오른쪽 손가락으로 하늘을 가리키고 왼쪽 손가락으로 땅을 가리키며 말했다.

2. 비람강생상 (毘藍降生相)

"하늘 위에서나 하늘 아래에서 오직 나만이 존귀하네(天上天下唯我獨尊).

온세상이 모두 고통 속에 헤매이니 내가 마땅히 모두를 편안케 하리라."

이때에 허공에서 아홉 마리 용이 깨끗한 물을 토하여 태자를 목욕시키고 하늘 사람들은 공중으로 비단옷을 내려 태자를 입혔다.

왕은 태자의 이름을 싯다르타(Siddhartha ; 모든 일이 뜻대로 이루어진다는 뜻)라고 지었다.

태자는 궁중의 안락과 사치 속에서 성장했다.

그러던 어느 날 성문 밖에서 늙은 사람, 병들어 신음하는 사람, 그리고 죽은 사람을 싣고 가는 상여의 행렬을 보게 되었다. 그후로 궁중 생활의 허무와 자신의 어리

3. 사문유관상 (四門遊觀相)

석음을 깊이 느끼게 되었다. 그러던 어느 날 싯다르타는 성의 북문으로 나갔다가 세속을 떠난 수행자를 만났다. 태자는 수행 생활만이 괴로움에서 벗어날 수 있는 길이라고 생각하고 출가(出家)를 결심했다.

해야 할 일이 이미 결정된 태자는 발길을 돌려 시종 찬다카를 불러 종마 칸타카를 끌고 오게 하였다. 그리하여 태자는 종마 칸타카를 타고 성을 빠져 나오면서 이렇게 외쳤다.

4. 유성출가상(踰城出家相)

"나는 이제 차라리 스스로 절벽 위에서 이 몸을 던져 큰 바위에 떨어질지언정, 모든 독약을 마시고 목숨을 끊을지언정, 또한 스스로 아무것도 먹고 마시지 않아 죽을지언정, 내가 중생들을 고통의 바다에서 해탈시키지 못한다면 결코 카필라성에 다시 돌아가지 않으리라!

5. 설산수도상(雪山修道相)

태자는 숲속으로 들어가 적당한 곳을 찾아 그곳에 가부좌를 하고 명상을 시작했는데 목이 마르고 몹시 배가 고파왔다. 이렇게 6년 동안 고행하였으나 깨달음을 얻지 못하자 다시 생각했다.

'이런 쇠약한 몸으로는 진리를 구할 수가 없다. 약간의 음식을 먹고 기운을 되살려야겠다.'
태자는 네란자라 강으로 가서 몸을 씻고 수자타라는 소녀가 주는 우유죽을 먹고 길상초(吉祥草)를 깔고 결가부좌하여 앉았다. 그리고 최후의 좌선(坐禪)에 들어갔다.

태자가 보리수(菩提樹) 아래에서 좌정(坐定)에 들어가자 마왕(魔王)의 세계가 크게 흔들렸다. 그러자 마왕은 요염하고 교태로운 세 딸을 보내 유혹하게 하고, 온갖 마군의 무리를 동원하여 성도(成道)를 방해하려 했으나 실패하였다.

태자는 일체의 마군을 항복시키고 동쪽 밝은 새벽별을 보며 큰 소리로 이렇게 말했다.

6. 수하항마상 (樹下降魔相)

"이제 어둠의 세계는 타파되었다. 내 이제 다시는 고통의 수레에 말려들지 않으리라. 이것을 고뇌의 최후라 선언하며 이제 여래의 세계를 선포하노라."

마침내 악마를 항복시키고 깨달음을 성취하였다.

부처는 녹야원에서 다섯 수행자에게 최초로 법을 설하셨다. 이들은 모두 청정하고 지혜로워 최초의 법 바퀴를 굴리며 설하는데 묘법을 받들고 어기지 않았다.

7. 녹원전법상 (鹿苑轉法相)

45년간 진리를 설하시고 80세가 되신 해 부처님이 쿠시나가라에 이르러 사라(沙羅)나무 숲으로 들어갔다. 그리고 아난에게 자리를 깔도록 한 후 머리를 북으로 두고 이렇게 말씀하셨다.

8. 쌍림열반상 (雙林涅槃相)

"비구들아, 너희들에게 말하리라. 이 세상의 모든 것은 변해 간다. 게으르지 말고 정진하라. 이것이 나의 마지막 말이다."

그리고는 조용히 열반에 드셨다.

拈 華 微 笑
집을 **념**　　꽃 **화**　　작을 **미**　　웃을 **소**

▶ 부처가 꽃을 집어들어 보여주니 제자 가섭이 미소를 보냄. 말이나
　글로 전하지 않고 마음에서 마음으로 전함.
▶ 유사어 : 이심전심(以心傳心), 심심상인(心心相印), 불립문자(不立
　　文字), 교외별전(敎外別傳), 염화시중(拈華示衆)

어느날 석가는 제자들을 영산(靈山)에 불러모았다.

그리고 그들 앞에서 손가락으로 연꽃 한 송이를 집어들어 보였다(拈華). 제자들은
석가가 왜 그러는지 그 뜻을 알 수 없었으나 가섭만은 그 뜻을 깨닫고 빙긋이 웃었다
(微笑). 그러자 석가는 가섭에게 말했다.

"내가 너에게 정법안장(正法眼藏)과 열반묘심
(涅槃妙心)과 실상무상(實相無相)과 미묘법문(微
妙法門)과 불립문자(不立文字)와 교외별전(敎外
別傳)을 전해 주마."

여기에서 유래한 拈華微笑(염화미소)는 以心傳
心(이심전심)과 함께 말을 하지 않고도 마음과 마음
이 통해 깨달음을 얻게 된다는 뜻으로 널리 쓰이고
있다.

隹(새)의 口(입)에서 나오는 소리는 '오직' 한소리뿐이다!? 새들이 알면 기분 나빠 하겠다.

- 唯物論(유물론)　영혼이나 정신 따위의 실재를 부정하고, 우주 만물의 궁극적 실재는 물질뿐이라고 보는 이론.
- 唯一無二(유일무이)　둘이 아니고 오직 하나뿐이라는 뜻.

오직 **유**

隹(새 추)를 음으로 취한 한자 6개를 보자.

忄(마음)에서 뜻을 취해 '생각하다'는 뜻이 나왔다.

- 思惟(사유)　논리적으로 생각함.

생각할 **유**

糸(밧줄)로 隹(새)를 꽁꽁 묶었다는 뜻이 아닐까. 그래서 이 한자는 '벼릿줄'과 '매다'는 뜻이 있다. 상황에 따라 앞에 나온 唯(오직 유)와 같은 뜻으로 쓰기도 한다. 維新(유신)이 대표적인 예이다.

- 維新(유신)　낡은 제도나 체제를 아주 새롭게 고침.
- 維持(유지)　(어떤 상태를) 그대로 지니어 감.

맬 **유**

維(유 → 라)에서 음을 罒(그물)에서 뜻을 취해 ① '그물 라' ② '벌릴 라' ③ '비단 라'가 나왔다.

- 門前雀羅(문전작라)　문 앞에 새그물을 친다는 뜻으로 권세가 약해지면 방문객들이 끊어진다는 뜻.
- 羅列(나열)　죽 벌이어 놓음.
- 網羅(망라)　널리 빠짐없이 모음.
- 森羅(삼라)　많이 늘어서 있음.

벌릴 **라**

유아독존

699

누구 **수**

'누가(who)' 라는 뜻을 가지고 있는 이 한자는 言(말씀 언)에서 뜻을 취했는데 한자어에서는 나오지 않고 한문 문장 속에서나 볼 수 있다.

비록 **수**

唯(유 → 수)에서 음을 虫(벌레)에서 뜻을 취해 '비록(雖) ~일지라도' 라는 뜻이 나왔다.

한자어에서는 나오지 않고 한문 문장에서는 빈번하게 보이니 위의 한자와 함께 꼭 필요한 사람만 알면 된다.

터 **기**   법도 **준**

옛날에 어린아이가 이불에 오줌을 싸면 키를 씌워서 이웃집으로 보내 소금을 받아오게 했다.

어린아이가 썼던 키를 그린 한자가 其(그 기)이다. 지금은 대명사 '그것' 이란 뜻으로 나오지만 모양은 키의 모양을 그대로 하고 있다. 其(그 기)아래에 土(흙 토)를 넣은 基(터 기)는 집터를 잡고 '키에 흙을 담아 基礎(기초)공사를 하는 모습' 이다. 이렇게 基本(기본)이 잘 다져져야 좋은 집을 지을 수 있다.

- 基本(기본) 사물의 가장 중요한 밑바탕.
- 基幹(기간) 본바탕이 되는 줄기.

그렇다면 準(법도 준)은 어떻게 만들었을까? 十(나무)위에 앉아 있는 이 隹(새) 이름은? 바로 '매' 다. 準(법도 준)은 氵(물) 위를 '수평' 을 유지하며 유유히 날아다니는 隼(매)의 습성에서 '법도 준' '평평할 준' 이 나왔다. 隼(매 준)에서 음도 취했다. 어디에 基準(기준)을 삼아야 할지 모를 때 수평을 유지하며 나는 날카로운 매의 눈초리를 생각하자.

바위에 앉아 먼 곳을 응시하고 있는 흰매의 모습에서 準(법도 준)이 보인다.
崇獻芝芝圖 / 郎世寧 / 淸

- 準則(준칙) 준거할 기준이 되는 규칙.
- 平準化(평준화) 평준되게 함.
- 準備(준비) 미리 마련하여 갖춤.

700

옛날 자신(나)을 보호해 주는 무기가 창뿐이었나 보다.

일인칭대명사로 알고 있는 이 한자는 戈(창 과)보다 더 날카로운 톱날이 삐죽삐죽한 창이라니 이런 무기로 자신을 보호해야 한다는 뜻에서 '나' 란 뜻이 되었다.

나 **아**

- 我執(아집) 자기중심의 좁은 생각이나 소견 또는 그것에 사로잡힌 고집.
- 我田引水(아전인수) '자기에게만 이롭게 되도록 생각하거나 행동함' 을 뜻하는 말.

한자에서 동물 양이 나오면 제사의식과 관련이 있다고 앞에서 다룬 적이 있다. 我(아 → 의)에서 음을 羊(양)에서 뜻을 취해 제단에 양을 바치고 비는 의식에서 '옳을 의' 가 나왔다.

양을 제단에 바치는 행위는 '사람이 마땅히 해야 할 도리' 를 다했다는 증거이다.

옳을 **의**

- 義務(의무) 마땅히 해야 할 직분.
- 義理(의리) 사람으로서 마땅히 지켜야 할 바른 도리.
- 主義(주의) 굳게 지켜 변하지 않는 일정한 방침이나 주장.
- 道義(도의) 사람이 마땅히 행해야 할 도리와 의로운 일.

義(의)를 말하면서 빼놓을 수 없는 유명한 고사성어가 있다.

우리 의형제 맺는 날!

桃園結義

복숭아 도 동산 원 맺을 결 옳을 의

우리도 '의형제' 맺자

하늘이시여, 저희들을 굽어 살피소서. 유비, 관우, 장비는 비록 성은 다르지만 오늘 이렇게 의형제를 맺었습니다. 마음을 하나로 모아 힘을 합쳐 백성의 곤궁함을 구원하고 나라의 위급함을 도와 위로는 국가에 은혜를 보답하고 아래로는 백성들을 편안하게 하겠습니다.

같은 해 같은 달 같은 날에 태어나지는 않았지만 같은 해 같은 달 같은 날에 죽기를 원하옵니다. 천지신명께서는 저희들이 의(義)를 저버리고 은혜를 잊으면 벌하여 죽이오소서.

거동 **의**

亻(사람 인)을 앞에 추가하여 義(의)로운 행동을 하는 사람을 가리킨다. 이런 의로운 행동을 하는 사람의 '거동'은 법도에 부합하여 '모범'으로 삼을 만하다는 뜻이다.

여기서 '법도 의' '모범 의'도 나왔다.

■ 儀式(의식) 의례를 갖추어 베푸는 행사.
■ 禮儀(예의) 예절과 의리.

의논할 **의**

여러 사람들이 모여 무엇이 옳고 그른지 言(말)을 들어보고 의견을 조율한다는 뜻에서 '의논할 의'가 나왔다.

그런데 말로 시작한 會議(회의)가 말싸움으로, 심지어 몸싸움으로 발전(?)하는 경우가 종종 있다.

■ 會議(회의) 모여 의논함, 또는 그 모임.
■ 協議(협의) 여럿이 모여 의논함.
■ 論議(논의) 어떤 문제에 대하여 서로 의견을 말하며 의논함.

주릴 **기**　주릴 **아**

경제가 어려워지면 여기저기에서 굶는 사람들이 속출한다. 배가 고프면 책상 같은 데 비스듬히 기대어 멍하니 허공만 바라본다.

그래서 飢(주릴 기)는 食(먹을 식)에서 뜻을 几(책상 궤→기)에서 음과 뜻을 취했다.

餓(주릴 아)는 我(아)에서 음을 취했다. 한자어 飽食(포식)에도 食(먹을 식)이 있고 굶주리는 飢餓(기아)에도 食(먹을 식)이 있다. 참으로 아이러니하다.

외로울 **고**　홀로 **독**

우리가 흔히 외로움을 느낄 때 '孤獨(고독)'하다는 말을 한다. 孤(외로울 고)는 子(아들)에서 뜻을 瓜(오이 과→고)에서 음을 취했다.

그러니까 자식이 외롭다는 말인데 왜일까?

부모가 없는 자식이기 때문일 것이다. 그래서 어릴 때

부모를 여의고 혼자 남은 자식을 孤兒(고아)라고 한다. 뒤에 넓은 의미의 '외로움'을 뜻하게 되었다. 그럼 여기서 瓜(오이 과)의 유래를 알아보자.

오이 모양에 주목하자.

⺈(덩굴) 속에 구부정하게 모습을 드러낸 乁(오이)를 그렸다.
떨어질 듯 붙어 있는 시든 꽃도 그렸다.
앞서 본 爪(손톱 조)와 헷갈리지 말자.

이 瓜(오이 과)를 음으로 취한 한자가 하나 더 있다.

瓜(과 → 호)에서 음을 犭(개)에서 뜻을 취해 간사스러운 여우를 만들었다. 개처럼 생겼으며 여름만 되면 안방극장에 단골로 등장하는 구미호(九尾狐)부터 옷장 속에 여우코트까지 우리 생활에 깊숙이 들어와 있다. 이 여우가 호랑이의 위세를 빌려 큰소리친다는 고사성어 狐假虎威(호가호위)를 감상해 보자.

여우 **호**

난 background 없이 못살아 ~

'빽'을 이용하는 것도 능력이야 ~

狐 假 虎 威

여우 호 빌릴 가 범 호 위엄 위

남의 능력을 빌려 약자 앞에서 큰소리 치는 너, 비열해!

전국시대 초선왕은 신하들이 장군 소해휼을 무척 두려워하는 것을 이상하게 생각하자 신하 강을이 그 이유를 이렇게 비유하며 말했다.
"어느 날 호랑이가 여우를 잡아 입 속에 넣으려는 순간 여우가 이렇게 말했답니다.
'너는 나를 잡아먹을 수 없다! 하느님이 나로 하여금 동물의 왕이 되라 하셨거든. 내 말을 믿지 못하겠다면 내 뒤를 따라 와 봐!'
그럴듯하다고 생각한 호랑이가 여우 뒤를 따라갔더니 동물들이 정신없이 도망을 치더랍니다. 자신을 보고 도망간 것이라고 전혀 생각을 못하고 말이지요.
지금 사람들은 소해휼 뒤에 계신 대왕을 두려워합니다. 그는 대왕께서 주신 병권(兵權)을 이용해서 권력을 마구 휘두르고 있는 것뿐이옵니다."

'내세울 것도 별로 없는 사람이 남의 것을 이용해서 남들 앞에서 큰소리친다'는 뜻
이니 만약 주변에 이런 사람이 있다면 한 마디 날리자.

"狐假虎威 하는 놈!"

그런데 살기 위해 이런 정도의 위협과 거짓은 오히려 애교스러운 것 아닌가? 여우에
게 이용당하는 호랑이의 어리숙함이 더 문제가 아닐까 싶다.

狐(외로울 고)에 대한 설명은 여기서 마치고 다음 獨(홀로 독)에 대해 알아보자.

蜀(촉나라 촉→독)에서 음을, 犭(개)에서 뜻을 취해서 '외롭다'는 뜻이 어떻게 나
왔을까? 개들은 다른 동물에 비해 모였다 하면 으르렁거리며 싸웠다. 그래서 집집마다
개집에 한 마리씩 길렀다고 한다. 옆집에 살고 있는 소와 돼지와 닭들은 단란한 가족
을 이루며 사는데 말이다. 여기서 '홀로 독'이 나왔다고 하니 그럼 요즘 애견들은 변종
아닌가? 이 한자가 말하는 '나 홀로'의 의미는 '슬하에 자식 없어 혼자 늙은 사람의 외

로움'을 말한다. 孤獨(고독)이란
'부모가 없는 외로움과 늙어서 자식이
없는 외로움'이 만나서 만들어진 한자
어이다. 우리가 말하는 孤獨(고
독)과는 좀 거리가 있다.

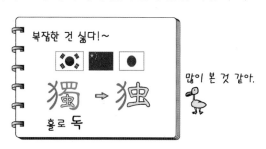

그럼 여기서 蜀(촉나라 촉)의 유래를 알아보자.

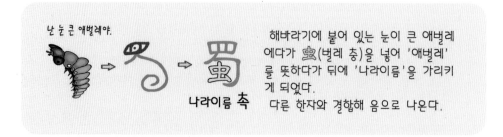

蜀(촉)나라 하면 도원결의(桃園結義)의 주인공 유비가 세운 왕조 아닌가. 《삼국

지》를 읽은 사람들이라면 친숙한 나라이름인데 알고 보니 애벌레를 그린 한자였다.

蜀(촉)을 음으로 하는 한자들을 알아보자.

火(불 화)를 넣어 '촛불 촉'이 나왔는데 기초한자 1800자에 들어간 걸 보면 아래 한자어가 참 중요한가 보다.

- 華燭(화촉)   '혼례'를 달리 이르는 말.
- 燭光(촉광)   촛불 빛. 광도의 단위.

촛불 **촉**

角(뿔 각)을 넣어 '부딪치다'는 뜻이다. 애벌레의 더듬이일 수도 있고 소뿔일 수도 있다.

- 接觸(접촉)   다른 사람과 교섭을 가짐.
- 觸覺(촉각)   오감(五感)의 하나.
- 觸感(촉감)   무엇에 닿는 느낌.

닿을 **촉**

한자어 混濁(혼탁)에 뜻으로 氵(물)이 보이는 걸 보니 '더러운 물'이다. 뒤에 나온 한자 昆(맏 곤→혼)과 蜀(촉→탁)은 음으로 나왔다.

불순물이 많이 섞인 물을 보면 混濁(혼탁)하고 더럽다.

그런데 공기나 강물만 흐린 것이 아니라 세상인심이 부귀만을 쫓는 세상을 '混濁(혼탁)'에 비유하기도 한다. 混濁(혼탁)한 물에 사는 잉어만 힘든 것이 아니었다. 이런 混濁(혼탁)한 세상에서 사는 우리도 숨조차 쉬기 힘들 때가 많다.

- 混食(혼식)   (여러 음식을) 섞어서 먹음.
- 混合(혼합)   뒤섞어서 한데 합함.

섞을 **혼**   흐릴 **탁**

붙을 **속**

앞에서 배운 尾(꼬리 미)의 변형인 尸(미)아래 蜀(벌레)가 우글우글 붙어서 살고 있는 모습이다. 동물 꼬리를 들여다보면 온갖 벌레들이 독립할 생각하지 않고 빌붙어 살고 있다. 그러나 벌레만 그런 것이 아니다. 국력이 약하면 할 수 없이 강대국에 빌붙어 도움을 받으며 살아가게 되는데 이런 나라를 屬國(속국)이라고 한다.

- 歸屬(귀속)　재산이나 권리 등이 개인이나 단체 등에 속하여 그의 소유가 됨.
- 貴金屬(귀금속)　공기 중에서 산화하지 않고, 화학 변화를 거의 일으키지 않으며 항상 광택을 지닌 금속.
- 附屬品(부속품)　본체에 딸린 물건.

요즘 여자들은 몸에 주렁주렁 달고 다니길 좋아한다.

그런데 귀 밑에 빌붙어 있는 貴金屬(귀금속) 1쌍 중 하나가 어느 순간 독립(獨立)할지 모른다. 수시로 확인하자.

높을 **존**

앞에서 배운 酉(술단지)가 보이고 寸(손)도 보이는데 무엇을 말하는 것인지 아래 그림을 보면서 알아보자.

히야, 술 냄새가 기가 막혀!

제사 때 두 ナ(손)으로 酉(술통)을 들어 신에게 바치는 모습이다.
정성을 다해 오랫동안 숙성시킨 특별한 술이라 새어나오는 〜〜(냄새)가 기가 막히게 좋다.
여기서 상대방을 '높이다' '공경하다'는 뜻이 나왔다.

높을 존

제사 지낼 때 존경하는 마음으로 술잔을 두 손으로 들어올리는 것처럼 상대방을 尊重(존중)해주자!

- 尊敬(존경)   남의 훌륭한 행위나 인격 따위를 높여 공경함.
- 尊重(존중)   소중하게 여김, 또는 소중하게 여겨 받듦.
- 尊貴(존귀)   지위나 신분 따위가 높고 귀함.

尊(술단지)를 들고 辶(뒤따라가는) 모습이다. 당연히 조심스럽게 경건한 마음으로 걸어가야 한다. 물론 尊(존→준)에서 음도 취했다.

좇을 준

- 遵法(준법)   법령을 지킴. 법을 따름.
- 遵守(준수)   (규칙이나 명령 따위를) 그대로 좇아서 지킴.

推 敲

밀 **퇴**　두드릴 **고**

59. 퇴고

직역 : 민다, 두드린다

의역 : 시문(詩文)을 지을 때 자구(字句)를 여러 번 생각하여 고침을 이르는 말.

중당(中唐) 때의 시인 가도(賈島)는 여러 차례 과거에 응시하였으나 실패하고 중이 되었다. 얼마 뒤에 다시 과거를 보러 당나귀를 타고 낙양으로 가던 도중 갑자기 시 한 수가 떠올랐다. 제목은 〈제이응유거(題李凝幽居)〉이다.

이웃이 드물어 한가하고	閑居隣竝少
풀숲 오솔길은 쓸쓸한 동산으로 통하네.	草徑入荒園
새는 연못가 나무에 잠자고	鳥宿池邊樹
중은 달 아래 문을 두드린다.	僧敲月下門

그런데 '중은 달 아래 문을……'에서 '민다[推]'라고 하는 것이 좋을지 '두드린다[敲]'라고 하는 것이 좋을지 여기서 그만 딱 막혀 버렸다. 그래서 가도는 나귀를 탄 채 '민다' '두드린다'는 이 두 낱말만 정신없이 되뇌며 손으로 밀었다 두드렸다를 반복하다가 그만 고관의 행차와 부딪치고 말았다.

이때 가도 귀에 갑자기 쩌렁쩌렁 울리는 고함소리가 들려 왔다.

"뭣하는 놈이냐? 이 행차가 뉘 행찬 줄 알기나 하느냐?"

네댓 명의 병졸이 저마다 한 마디씩 내뱉으며 가도를 끌어내려 고관 앞으로 끌고 갔다. 그 고관은 당대의 대문장가인 한유(韓愈)로 당시 그는 경조윤(京兆尹)이라는 높은 자리에 있었다.

한유 앞에 끌려온 가도는 먼저 길을 비키지 못한 까닭을 솔직히 말하고 사죄했다. 그러자 한유는 잠시 생각하더니 이렇게 말했다.

"내 생각엔 '두드린다'는 '고(敲)'가 좋겠네."

이 사고를 계기로 이들은 둘도 없는 시우(詩友)가 되어 교유하면서 가도는 환속까지 했다.

그후 다시 진사(進士) 시험에 응시하였으나 급제하지 못하자 다시 중이 되어 법건사(法乾寺)에 머물렀다.

하루는 선종(宣宗)이 이 절에 미행(微行)하였는데 종루(鐘樓)에서 시 읊조리는 소리를 듣고 올라갔다. 가도의 책상 위에 있는 두루마리를 무심코 펼쳐서 보고 있는데 가도가 갑자기 시권(詩券)을 낚아채더니 팔을 휘두르며 호통을 쳤다.

"그대는 어찌 이리 무례한가?"

순간 선종이 부끄러워 얼른 종루에서 내려갔다.

사람들이 와서 아까 그 사람이 바로 천자(天子)라고 알려주자 놀란 가도가 천자에게 가서 사죄하였다. 선종이 가도의 재주를 높이 인정하여 쓰촨성(四川省)에 주부(主簿)로 제수했다(837년).

그리고 몇 년 뒤에 죽었는데 그의 곁에는 병든 나귀와 고장난 거문고와 고서(古書)가 전부였다고 한다.

推
밀 퇴

扌(손)으로 민다는 뜻에 隹(새 추→퇴)에서 음을 취해 만들었다. 이 한자는 다른 곳으로 이동한다는 뜻일 때는 ① '옮길 추'로 읽고 뒤에서 민다는 뜻일 때는 ② '밀 퇴' 로 읽어준다. 앞서 나온 고사성어에서는 '퇴'로 읽고 나머지는 '추'로 읽어 준다.

- 推移(추이) 시간이 흐름에 따라, 사물의 상태가 변하여 가는 일.
- 推測(추측) 미루어 헤아림.
- 推定(추정) 미루어 헤아려서 판정함.

앞에서 隹(새 추)에 대한 한자를 이미 다루었다.

지금부터 새의 모습과 행동에서 유래 된 한자들을 마지막으로 다루려고 한다. 〈새 이야기 하나〉~〈새 이야기 넷〉까지 읽다 보면 어려운 한자가 쉬워진다.

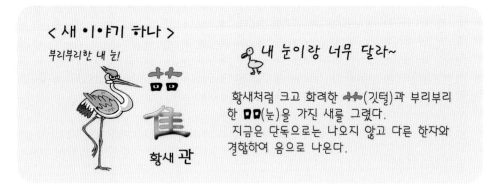

< 새 이야기 하나 >
부리부리한 내 눈!

황새 관

🦢 내 눈이랑 너무 달라~

황새처럼 크고 화려한 ➰(깃털)과 부리부리한 ◻◻(눈)을 가진 새를 그렸다.
지금은 단독으로는 나오지 않고 다른 한자와 결합하여 음으로 나온다.

아래 4개의 한자를 알아두자.

觀見光
볼 관   빛 광

"눈을 크게 뜨고 보아요."

"누구처럼?"

"雚 (황새)처럼 보아요."

앞에 보이는 사물이 있는 그대로 보이는 見(볼 견)

710

으로는 부족하다. 그래서 황새처럼 크게 눈을 뜨고 '사물을 주의 깊게 보는 모습'을 추가했다. 그러니까 觀光(관광)할 때는 황새처럼 눈을 크게 뜨고 봐야 한다. 光(빛 광)은 儿(무릎끊고) 앉은 노예의 머리 위에 ⺌(등불)을 들고 있다는데 뭐 그냥 외워도 좋다.

光(빛 광)은 '풍광 광'도 있음을 알아야 觀光(관광)을 '다른 지방이나 다른 나라의 풍속, 풍광을 눈으로 직접 체험한다'는 뜻으로 해석할 수 있다.

- 觀察(관찰) 사물의 동태 따위를 주의 깊게 살펴봄.
- 觀覽(관람) 연극 · 영화 · 운동 경기 따위를 구경함.

木(나무)가 들어 있으니 나무 이름이었을 것인데…….

원래 황화목(黃華木)이라는 나무를 가리키는 한자였단다. 그러다 뒤에 수평을 잡아주는 저울추를 가리키면서 '권세(權勢)', '권력(權力)'을 뜻하게 되었다고 한다.

저울추는 쇠나 구리로 만들었으니 나무와 아무런 연관이 없다.

그러니 이런 한자는 그냥 외우는 수밖에 없다.

그나마 雚(관→권)에서 음을 취했으니 외우는 데 조금은 도움이 된다.

권세 **권**

- 權力(권력) 남을 지배하여 강제로 복종시키는 힘.
- 權威(권위) 절대적인 것으로서 남을 복종시키는 힘.
- 棄權(기권) 자기가 가지고 있는 투표 · 의결 · 참가 등의 권리를 버리고 행사하지 아니함.
- 權利(권리) 무슨 일을 자기 마음대로 할 수 있는 자격.
- 權不十年(권불십년) 권력은 10년을 가지 못한다.

雚(관→권)에서 음을 취하고 力(힘 력)을 넣어 여럿이 함께 황새처럼 소리지르며 일 하자고 '권하는' 모습이다.

권할 **권**

- 勸善懲惡(권선징악) 선행을 장려하고 악행을 징계하는 일.
- 勸告(권고) 타이르며 권함.

雚(황새)처럼 입을 크게 欠(벌리고) 기뻐서 웃는 모습을 생각해 보자. 주둥이가 길어서 기뻐 웃는 모습이 상당히 인상적(?)이다. 이런 모습으로 歡迎(환영)

기쁠 **환** 맞이할 **영**

을 받는다면 손님들이야 물론 기분 좋
다. 迎(맞이할 영)은 辶(책받침)
에서 뜻을, 卬(우러를 앙 → 영)에서
음을 취했다. 卬(앙)을 卯(토끼 묘)
나 卵(알 란)으로 쓰면 안 된다. 이
기회에 送(보낼 송)도 알아두자.

복잡한 건 싫다!~

		⇒	🀫 ●	🀆
볼 관	觀	⇒	観	观
권세 권	權	⇒	権	权
권할 권	勸	⇒	勧	劝
기뻐할 환	歡	⇒	歡	欢

활용이 많아서
외워야 해.

- 歡樂(환락) 기뻐하고 즐거워함.
- 歡待(환대) 기쁘게 맞아 정성껏 대접함.

부리부리한 눈을 가진 황새가 두려움에 떠는 표정은 과연 어떤 모습일까.
잠깐이라도 생각해 보고 아래 한자를 보자.

懼
두려워할 **구**

隹(새)위에 目目(눈)을 하나도 아니고 둘을 그렸다. 아마
여러 마리가 놀란 忄(마음)으로 쳐다보는 모습을 그린 것이 아닐
까. 아무튼 기초한자 1800자에 들어 있기는 하지만 조금 어려운
한자이다.

- 悚懼(송구) 두려워서 마음이 거북스러움.
- 疑懼心(의구심) 의심을 품고 두려워 하는 마음.

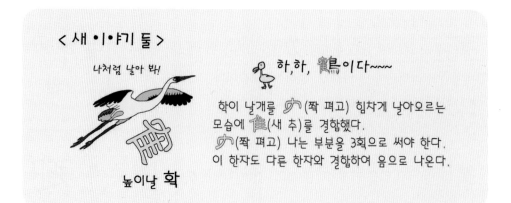

< 새 이야기 둘 >

나처럼 날아 봐!

높이날 **확**

하,하, 鶴이다~~~

학이 날개를 𠘨(짝 펴고) 힘차게 날아오르는
모습에 隹(새 추)를 결합했다.
𠘨(짝 펴고) 나는 부분을 3획으로 써야 한다.
이 한자도 다른 한자와 결합하여 음으로 나온다.

우아하게 그리고 높이 나는 모습인 (확)의 대표 새는? 소나
무 위에 앉아 있는 '학' 이다.

뒤에 鳥(새 조)를 넣어 뜻을 분명히 했다.

■ 群鷄一鶴(군계일학)　'평범한 사람들 가운데의 뛰어난 한 사람' 을 비유해 이르는 말.
■ 鶴首苦待(학수고대)　'몹시 기다림' 을 뜻하는 말.

학 **학**

(확)에서 음을 石(돌)에서 뜻을 취해 '단단하다' 는 뜻을
만들었다.

■ 正確(정확)　바르고 확실함.
■ 確固(확고)　태도나 상황 따위가 확실하고 굳음.
■ 確實(확실)　틀림이 없음.
■ 確立(확립)　확고하게 세움.

굳을 **확**

< 새 이야기 셋 >

날 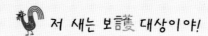濫獲하지마!

잡을 **약**

저 새는 보護 대상이야!

雚(황새)에서 눈이 빠진 모습을 한 雀(새)
가 사냥꾼의 又(손)에 잡혀 버둥거리고 있다.
이 한자는 독립해서 쓰지 않고 다른 한자와
결합하여 음으로 나온다.

사냥꾼의 손에 잡혀 발버둥치는 새 蒦(약→획)의 모습에 犭
(사냥개)를 넣어 사냥해서 잡은 새임을 보여주고 있다. 이렇게 붙
잡힌 새의 질끈 감은 눈을 그리기 싫었나 보다.

■ 獲得(획득)　얻어 내거나 얻어 가짐.
■ 漁獲(어획)　물고기 · 조개 따위를 잡거나 바닷말을 땀.
■ 濫獲(남획)　(짐승 · 물고기 따위를) 마구 잡음.

얻을 **획**

요즘 사람들 손에 들고 다니는 携帶(휴대)전화는 언제부터인가 필수품이 되었
다. 携(이끌 휴)는 사냥해서 잡은 隹(새)를 扌(손)으로 꽉 잡고 乃(끌고) 가는

이끌 **휴**　　띠 **대**

모습에서 '이끌다' '손에 들고 가다' 는 뜻이 나왔다.

　　이 한자 역시 질질 끌려가는 새의 눈은 안 그리는 것이 차라리 낫다. 乃(이에 내)처럼 생긴 한자가 질질 '끌려 가는 새' 라고 생각하면 그리 복잡한 한자는 아니다.

　　帶(띠 대)는 옷 위에 두르는 '허리 띠' 모양을 그린 한자다. 장식이 많이 달린 띠였나 보다. 그래서 携帶(휴대)는 손에 들거나 몸에 지닌다는 뜻이다. 그런데 한자는 너무 어렵다.

- 携帶(휴대)　어떤 물건을 몸에 지님.
- 提携(제휴)　(공동의 목적을 위하여) 서로 도움.

지킬 **보**　　보호할 **호**

　　사냥꾼에게 잡혔다고 해서 다 불행하게 질질 끌려가는 것만은 아닌가 보다. 잡힌 새를 보호해 주고 도와주는 것도 사람이니 말이다. 그래서 言(말씀 언)을 넣어 '보호하자' '도와주자' 고 말하는데서 護(보호할 호)가 나왔다.

　　그런데 蒦(약→호)의 음이 너무 많이 변했다.

　　保(지킬 보)는 亻(엄마)등에 呆(업은 아기)에서 나왔다. 어린아이가 엄마의 품속에서 保護(보호) 받고 있는 모습을 생각하자.

　　자연 保護(보호)는 바로 人間 保護(보호)란 걸 상기하자.

- 守護(수호)　(중요한 사람이나 처소 등을) 지키고 보호함.
- 保護(보호)　약한 것을 잘 돌보아 지킴.
- 救護(구호)　재난을 당한 사람이나 병자·부상자 등을 도와 보호함.
- 看護(간호)　환자나 노약자를 보살펴 돌보아 줌.

벼벨 **확**

　　새의 발목을 잡듯이 낫을 들고 禾(벼)의 밑둥을 베는 모습에서 만들어진 이 한자는 다음 한자어 외에는 별로 활용할 곳이 없다. 이런 한자 꼭 외워야 하나 고민된다.

- 收穫(수확)　농작물을 거두어들임.

나무나 돌을 깊게 파서 곡식을 찧는 기구를 '절구' 라고 한다.

절구 모양을 그린 한자가 바로 臼(절구 구)이다.

오랠 **구**

예로부터 절구 주변에는 萑(새)들이 많이 모여들었다. 새 중에서도 부엉이 종류의 새를 뜻했는데 지금은 '옛날 구' '오랠 구' '낡을 구' 로 나온다.

신구(新舊) 세력 간의 갈등은 어느 사회나 있기 마련이다. 양보와 타협만이 원만한 해결을 할 수 있다는데 쉽지 않다.

■ 舊正(구정)　음력 설.
■ 舊式(구식)　케케묵어 시대에 뒤떨어짐.
■ 復舊(복구)　파괴된 것을 다시 본래 상태대로 고침.

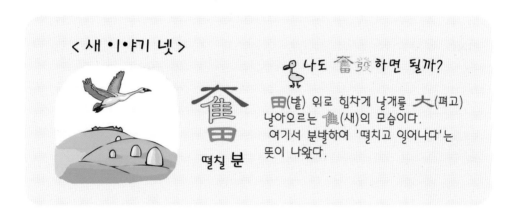

< 새 이야기 넷 >

나도 奮發하면 될까?

田(밭) 위로 힘차게 날개를 大(펴고) 날아오르는 隹(새)의 모습이다.
여기서 분발하여 '떨치고 일어나다'는 뜻이 나왔다.

떨칠 분

위에 설명한 그대로이다.

다시 한 번 보자.

大(대)자로 날개를 벌리고 힘차게 나는 새처럼 사람도 힘껏 열심히 살라는 뜻에서 만들어진 것이 아닐까.

떨칠 **분**

복잡한 한자도 그림으로 풀면 쉽다!

■ 奮發(분발)　마음과 힘을 떨쳐 일으킴.
■ 奮鬪(분투)　있는 힘을 다하여 싸우거나 노력함.
■ 興奮(흥분)　(자극을 받아) 감정이 북받치거나 분기함.

빼앗을 **탈**

왠지 舊(잴 약)과 이미지가 비슷하다.

힘차게 奞(나는 새)를 寸(손)으로 잡고 있는 모습에서 다른 사람이 갖고 있는 물건을 빼앗는다는 뜻이 나왔다.

이 한자의 활용이 상당히 많으니 꼭 알아두자.

- 奪取(탈취)　(남의 것을) 억지로 빼앗아 가짐.
- 爭奪(쟁탈)　서로 다투어 빼앗음, 또는 그 다툼.
- 奪還(탈환)　도로 빼앗아 찾음.
- 換骨奪胎(환골탈태)　'얼굴이나 모습이 이전에 비하여 몰라보게 좋아졌음'을 비유하여 이르는 말.

위에 나온 새에 관한 한자들은 다소 복잡해서 외우기 싫을 수 있다. 그러나 이런 한자의 벽을 뚫어야만 1800자의 고비를 넘길 수 있다. 그렇지 않으면 평생 하늘천, 따지의 주위만 뱅뱅 돌다 끝난다.

두드릴 **고**

두드린다는 뜻을 가진 攴(칠 복)에다 高(높을 고)에서 음을 취해 만들었다.

위에서 다룬 퇴고(推敲) 외에 활용할 곳이 없다.

難 兄 難 弟

어려울 **난**　　형 **형**　　어려울 **난**　　아우 **제**

60. 난형난제

직역 : (형을) 형이라 하기 어렵고 (아우를) 아우라 하기도 어렵다.
의역 : 실력이 비슷해서 우열을 가리기가 어렵다.
유사어 : 막상막하(莫上莫下), 백중지세(伯仲之勢)

양상군자(梁上君子) 고사에서 도둑을 용서한 진식(陳寔)은 중국 후한시대 두 아들 진기(陳紀), 진심(陳諶)과 함께 삼군자로 유명하다.

진기와 진심이 어렸을 적 일이다. 하루는 집에 손님이 찾아와 밤을 보내게 되었다. 진식은 어린 두 아들에게 '식은 밥을 쪄오라' 하고 손님과 함께 담론은 나누고 있었다.

진기와 진심은 불을 지펴놓고는 손님과 아버지의 이야기를 엿듣는데 그만 정신이 팔려 솥 안에 대나무 발을 괴는 것을 까먹어 밥이 솥에 빠지는 것을 몰랐다. 죽밥이 올려진 밥상을 보고 진식이 물었다.

"밥이 왜 이렇게 되었느냐?"

그러자 진기와 진심이 무릎을 꿇고 말하길,

"아버지와 손님께서 하시는 말씀을 엿듣느라고 대나무 발을 괴지 않아 그만 죽이 되고 말았습니다."

그러자 진식이 "너희들이 아는 것이 있더냐?"라고 하자 대답했다.

"기억할 수 있을 것 같습니다."

하더니 두 아들이 서로 번갈아 고치고 보충하더니 말에 빠뜨린 것이 없었다.

그러자 진식이 "그랬구나. 죽이라도 괜찮으니 사죄할 게 뭐 있느냐" 하면서 감탄했다.

훗날 진기의 아들과 진심의 아들이 서로 자기 아버지의 공적과 덕행을 놓고 우열을 다투는데 도저히 결말이 나지 않자 할아버지인 진식에게 판결을 요청했다.

그러자 진식이 말하길 "진기를 형이라 하기도 어렵고, 진심을 동생이라 하기도 어렵구나(元方難爲兄 季方難爲弟)"라고 대답했다.

두 사람의 능력이 엇비슷해서 우열을 가리기 어렵다는 말이다.

한자 Up 그레이드

이 한자를 알려면 우선 堇(근)을 알아야 한다.

堇(진흙)에서 隹(새)가 빠져나오려고 버둥거리는 모습을 그려 일이 뜻대로 잘 안 된다는 뜻으로 ① '어려울 난'이 나왔다.

난

어려울 **난**

진흙 근

음으로만 알고 있어도 돼.

黃(누를 황) 아래 土(흙 토)가 결합하여 만들어진 堇(진흙 근)이다.

지금은 다른 한자와 결합하여 음으로 나온다.

그리고 나중에 ② '재난 난' ③ '비난할 난' 등의 뜻이 추가되었다.

1. 어려울 난　難易度(난이도)　어렵고 쉬운 정도.
　　　　　　 難攻不落(난공불락)　공격하기가 어려워 좀처럼 함락이 어려운 것.
　　　　　　 苦難(고난)　괴로움과 어려움.
2. 재난 난　災難(재난)　뜻밖의 불행한 일.
3. 비난할 난　非難(비난)　남의 흠을 책잡는 것.

　몸집이 작은 새가 진흙 밭에서 버둥거릴수록 빠져나오기 어렵다. 그때 欠(벌린 입)에서 '탄식'이 터져나온다.

　　　　　　　　후에 '감탄할 탄'도 나왔다.

탄식할 **탄**

■ 歎息(탄식)　한숨을 쉬는 것.
■ 感歎(감탄)　감동하여 찬탄하는 것.
■ 晩時之歎(만시지탄)　때가 이미 늦었음을 탄식하는 것.

　漢(물이름 한)은 菓(근→한)에서 음을 氵(삼 수)에서 뜻을 취해 중국 양자강의 큰 지류인 한수(漢水)를 가리키기 위해 만들어진 한자이다.

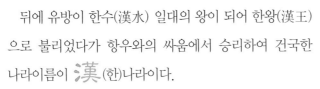
물이름 **한**　글월 **문**

　뒤에 유방이 한수(漢水) 일대의 왕이 되어 한왕(漢王)으로 불리었다가 항우와의 싸움에서 승리하여 건국한 나라이름이 漢(한)나라이다.

　漢(한)나라는 정치, 경제, 문화 모든 면에서 질적 성장을 이룩해 중국을 대표하는 왕조(王朝) 국가가 되었다. 한자(漢字), 한문(漢文)도 모두 漢 나라에서 그 유래를 찾을 수 있다.

　이 '漢' 자는 꼭 중국의 지명이나 인명에만 있는 것이 아니다.

　조선시대 수도는? 한양(漢陽).

　우리나라에 서울을 통과하는 대표 '한강'(漢江)도 이 한자를 쓴다.

　대한민국(大韓民國)의 강(江)이란 뜻으로 '韓江'으로 쓰는 줄 아는 사람도 종종 있다. 인천국제공항에 가면 서울을 영어로 Seoul이라고 쓴다. 뭐, 당연한 거지. 그런데 한자로 어떻게 쓰나 봤더니 '漢城(한성)'이란다. 중국에서는 서울을 '漢城'으로 표기한다. 다행히 최근에 우리나라에서 서울의 발음과 의미를 살려 서우얼 '(首尔)'로 표기해줄 것을 중국에 요구하고 있다.

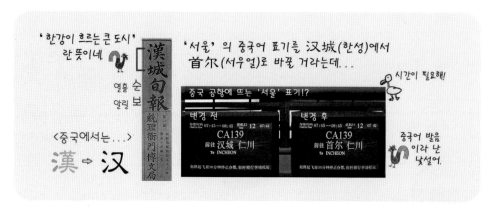

이 한자의 또 다른 뜻인 남자의 낮춤말 '사나이 한'도 알아두자. 치한(癡漢), 괴한(怪漢)에서 그 뜻을 찾아볼 수 있는데 보다시피 아주 '나쁜 놈'이란 뜻이거나 아니면 문외한(門外漢), 호한(好漢)에서 보듯 '자신을 낮추는 뜻'이 있다. 그렇다고 한성(漢城)을 이런 남자들만 득실대는 도시로 해석하면 절대 안 된다.

- ■ 癡漢(치한) 여자를 희롱하는 사내.
- ■ 門外漢(문외한) 그 일에 전문가가 아닌 사람.
- ■ 怪漢(괴한) 차림새나 행동이 괴상한 남자.
- ■ 好漢(호한) 의협심이 많은 남자.

文(글월 문)은 몸에 문신(文身)한 문양을 그린 모습에서 '무늬' '글자' '문화'라는 뜻이 나왔다. 그럼 漢文(한문)이란 무엇인가? 낱자인 한자(漢字)가 결합하여 이루어진 문장 아닌가. 그런데 이웃인 중국과 우리말의 어순이 다른데 특히 목적어의 위치가 동사 뒤에 온다는 점이다. 영어처럼 말이다. 획수도 많아 외워지지도 않으니 설상가상이다. 그러나 배우기는 쉽지 않지만 알아두면 여러 모로 쓸모가 있으니 어렵더라도 잘 익혀두자.

董(진흙 근)에서 간신히 '겨우' 빠져나온 亻(사람)을 보고 만들었나 보다. 이런 한자가 왜 1800자에 들어 있는 거지?

■ 僅少(근소)　얼마 되지 않을 만큼 아주 적음.
■ 僅僅(근근)　겨우, 간신히.

董(진흙)을 이겨서 力(부지런히) 벽에 바르고 있는 모습이다. 무척 힘이 들어보이는 육체노동의 모습이 勤(근)이라면 勞(일할 로)는 머리에 불나게 일하는 정신과 육체를 겸한 노동을 의미하는 것은 아닐까. 어쨌거나 부지런히 일하는 모습은 경이롭다.

■ 勤勉(근면)　아주 부지런함.
■ 勤勞者(근로자)　근로에 의한 소득으로 생활하는 사람.
■ 出勤(출근)　일터로 근무하러 나가거나 나옴.
■ 夜勤(야근)　밤에 근무함.

堇(근)에서 음을 言(말씀 언)에서 뜻을 취해 '말을 조심하고 삼가' 하라는 뜻으로 나왔다.

■ 謹愼(근신)　말이나 행동을 조심.
■ 謹嚴(근엄)　매우 젊잖고 엄함.

弔(조상할 조)는 설이 분분한데 '죽은 사람의 영혼을 위로하고 상(喪)을 당한 유가족(遺家族)을 위로한다' 는 뜻으로 쓰는 한자이니 애인과 헤어진 친구에게 위로한다고 이 한자 쓰면 안 된다.

여기서 잠깐!
弔(조)자는 정자와 속자가 있는데 다음의 근조기(謹弔旗)를 보자.

謹弔 정자

謹弔 속자

'삼가 고인의 명복을 빕니다' 라는 애도의 뜻이구나.

위 한자어가 보이면 말과 행동을 삼가해야 예의에 벗어나지 않는다. 그러니까 상가 집에 문상(問喪)가서 오랜만에 만난 친구, 친척들 보고 반갑다고 깔깔거리며 웃으면 弔問客(조문객)의 예의가 아니다.

무궁화 근

우리나라 사람이라면 꼭 알고 있어야 할 한자이다.

木(나무 목)에서 뜻을 菫(근)에서 음을 취해 만든 '무궁화 근'이다. 예로부터 우리나라 국화(國花)인 무궁화(無窮花)를 근화(槿花)로 불리었다. 그래서 옛부터 중국에서는 '근화(槿花)가 많이 피는 나라'라는 뜻으로 '근역(槿域)'으로 불렀다는 기록이 있다. 근화(槿花)는 잎이 나기 시작할 때 진드기가 꼬이기 시작한다. 그러나 시들거나 죽지 않는다. 그리고 7월이 되면 꽃이 피기 시작하여 무려 100일 동안 피었다 지었다 를 반복한다. '음, 이제는 다 피었겠지' 생각했는데 아침에 나와 보면 옆에 숨어 있던 봉오리가 함박웃음을 띠고 맞이한다. 이런 근화(槿花)의 끈질긴 면은 우리 민족성과 많이 닮았다. 한꺼번에 펴서 한꺼번에 우수수 떨어지는 벚꽃과 좋은 대조를 이룬다.

중국 문헌에 "군자(君子)의 나라에는 사방 천리에 근화(槿花)가 많이 피어 있다"는 기록을 생각하면서 자부심과 함께 무궁화를 사랑하는 마음을 가져야겠다.

난 끈기의 여왕!

우리도 닮고 싶어요~

피고 또 피는 무궁화 만세!

아주 오랜 옛날에 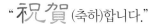(형)은 어떤 존재였을까?

제단 앞에서 儿(무릎 꿇고 앉아) 크게 口(소리내어) 축문을 읽고 있는 사람이 兄(형)이다.

다른 동생들이 감히 할 수 없는 행위에서 권위를 보여준다.

그런데 왜 '兄' 뒤에 '님' 자를 붙이면 조폭 냄새가 날까?

口(입)에서 나오는 짧은 ハ(입김)을 그린 只(다만 지)와 헷갈리지 말자.

빌 **축**　하례 **하**

"祝賀(축하)합니다."

듣기만 해도 기분 좋은 이 한자의 유래를 보자.

祝(빌 축)은 示(제단) 앞에 앉아서 축문을 읽고 있는 兄(형)을 그려 넣어 만들었다.

요즘은 축문을 읽으며 제사 지내는 집들이 거의 없어 형이 할 일이 없어졌다. 그렇다고 동생들이 맞먹으면 형한테 맞는다.

賀(하례 하)는 돈이나 선물을 주면서 경사를 축하해 준다는 뜻이니 加(더할 가→하)에서 음과 뜻을 貝(조개 패)에서 뜻을 취했음을 앞서 다루었다.

예나 지금이나 축하자리에 갈 때는 貝(돈)이니 선물을 준비해야 한다.

빈손으로 가면 불청객으로 몰려 문전박대 당할지 모른다.

아무튼 여기저기에서 들어오는 祝賀(축하)선물은 加(더해질수록) 기분좋다.

그러나 마음에 없는 선물은 자칫 뇌물이 될 수 있으니 신중해야 한다.

- 祝歌(축가)　축하의 뜻으로 부르는 노래.
- 祝福(축복)　행복하기를 비는 것.
- 祝祭(축제)　경축하며 벌리는 잔치.

상황 **황**

이 한자는 氵(삼 수)로 이미 감을 잡았다. 음... '물과 관련 있을거야' 하고 생각했는데 '상황 황' 이란다. 그렇다면 '兄(형→황)'에서 음이 변한 건 분명한데 그렇다면 시간이 흐르면서 본

뜻이 사라지고 새로운 뜻이 주인 행세를 하는 거구나' 라고 감을 잡으면 거의 맞다.

- 狀況(상황)   어떤 일의 모습이나 형편.
- 現況(현황)   현재의 상황.
- 活況(활황)   장사나 주식시장이 활기를 띠는 것.
- 情況(정황)   당시의 환경이나 상태.
- 近況(근황)   요 근래의 상황.

이길 **극**   몸 **기**

사실 이 한자는 형과는 별 관계가 없고 모양만 비슷할 뿐이다. 어떻게 만들어졌는지 아래를 보자.

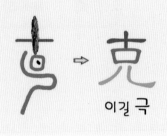

이길 극

도끼를 들었으면 무라도 잘라야 해~

무거운 十(도끼)를 들고 맹수를 향해 달려 가는 兄(무사)의 모습을 연상하자.
좀 무모해 보이는 도전인데 과연 결과는?
"이겼다!"

'나를 이기자' 는 뜻을 가진 克己(극기)는 널리 알려진 한자성어인데 공자가 주장한 극기복례(克己復禮 ; 자기의 욕심을 이기고 예로 돌아오다)에서 나왔다.

자기의 욕망(欲望), 사욕(私慾)을 이겨내고 사회의 법칙인 예(禮)로 돌아가라는 뜻인데 각 학교마다 수학여행(修學旅行) 대신 극기훈련(克己訓鍊)이 유행인 적이 있었다. 나를 이겨보겠다고 군대에서나 하는 고된 훈련을 받으면서 克己(극기)를 체험(?)한 것이다.

己(몸 기)는 새끼줄이라고도 하고 구부리고 있는 사람이라고도 하는데 克己(극기)에서 보듯 '나' 자신을 가리키는 뜻으로 나온다.

그럼 己(몸 기)를 음으로 취한 한자들을 보자.

記 (기록할 기)는 己 (기)에서 음을 言 (말씀 언)에서 뜻을 취했다.

나 자신의 생활에 대한 사건을 기록하는 일기(日記) 같은 느낌을 주는 한자이다.

기록할 **기** 기록할 **록**

錄 (기록할 록)은 중요한 문서를 金 (금속)에 기록한데서 나왔다. 그렇다면 彔 (깎을 록)은 음이 되겠구나 짐작할 수 있다.

彔 (록)을 음으로 취한 한자를 보자. 糸 (실)에 초록빛을 염색했다는 綠 (초록빛 록), 示 (보일 시=제단=신)을 넣어 '관리의 봉급' 이란 뜻인 祿 (녹 록)이 있다.

국가의 祿 (녹)을 먹는 사람은 '신이 내린 선물' 을 먹는다고 믿었다. 당연한 것 아닌가? 국민의 혈세를 쪼개서 받는 祿 (녹)의 의미를 다시 새기자.

아, 綠 (초록빛 록)은 緣 (인연 연)과 비슷하니 헷갈리면 안 된다.

물론 彖 (판단할 단 → 연)에서 음이 나왔는데 공교롭게 모양이 비슷하다. 인연(因緣)이 닿으면 잡고 올라가야 하는 법! 그래서 緣 (인연 연)에는 '오를 연' 이 있다. 다음 한자성어를 보자.

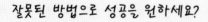

잘못된 방법으로 성공을 원하세요?

목적과 수단이 일치하지 않으면 성공은 불가능해.

緣木求魚

오를 연 나무 목 구할 구 물고기 어

제선왕은 패자(覇者)가 되고 싶은 마음에 맹자를 만나 말했다.
"과인에게 큰 야망이 있소."
"아니, 왕께서는 아직도 음식과 옷과 여자가 부족하신 겁니까?"
"과인에게 그런 사소한 욕망엔 관심 없소."
"아, 그러시다면 왕의 야망은 천하를 통일하고 오랑캐를 복종케 하려는 것이군요. 하오나 무력으로 천하를 통일하는 것은 '나무에 올라가 물고기를 구하려는 것'과 같사옵니다."
"아니, 그토록 무리한 일이오?"
"오히려 더 심하지요. 緣木求魚 (연목구어)는 물고기만 구하지 못하지만 무력을 이용한 패도정치가 실패하면 나라가 망하옵니다."

난형난제

벼리 **기** 벼리 **강**

요즘 사회의 紀綱(기강)이 무너졌다고 걱정하는 소리가 여기저기에서 들리고 있다.

도대체 紀綱(기강)이 뭐길래?

己(기)와 岡(산등성이 강)에서 음을 취하고 糸(실)에서 '벼릿줄'이란 뜻이 나왔다.

벼릿줄이란 그물의 위쪽 코를 꿰어 잡아당기게 된 줄로 이 벼릿줄을 잡아당기면 밑에 있는 엉킨 그물이 쫙 펴진다. 그래서 이 사회를 지탱하고 있는 '도덕, 법칙, 규율' 따위를 '벼릿줄'에 비유한 것이다.

벼릿줄이 제대로 펴져야 그물이 펴지듯 도덕, 규율이 제자리를 찾아야 이 사회가 건강해진다는 뜻이다.

어려운 일인 것 같기도 하고 쉬운 일인 것 같기도 하다.

아, 罔(그물 망)과 岡(산등성이 강)은 잘 보지 않으면 같은 한자로 보이니 주의해야 한다.

일어날 **기**

己(기)에서 음을 走(달릴 주)에서 뜻을 취해 일어난다는 뜻이다. 아침마다 엄마의 잔소리를 들으면서 일어난다면 그건 진짜 일어나는 것이 아닐지 모른다. 自己(자기) 스스로 일어나도록 하자.

- 起死回生(기사회생) 중병으로 죽을 뻔하다가 다시 살아남.
- 起床(기상) 잠자리에서 일어남.
- 起伏(기복) 일어났다 엎드렸다 함.

꺼릴 **기**

己(내) 마음에 뭔가 꺼리는 心(마음)이 있다는 말인데 '부모 또는 조상이 죽은 날'이란 뜻도 있다. 그래서 초상집에 가면 '기중(忌中)'이라고 써 있는 것을 종종 볼 수 있다.

- 忌祭祀(기제사) 해마다 조상이 죽은 날에 지내는 제사.

726

己 (기 → 개)에서 음을 攵(칠 복)을 넣어 두드리고 때려서 고친다는 뜻이다. 남보고 고치라고 하기 전에 먼저 나부터 고쳐야 한다는 깊은 의미를 새겨보자.

- 改過遷善(개과천선)　잘못을 고치어 착하게 됨.
- 朝令暮改(조령모개)　'법령이나 명령이 자주 뒤바뀜'을 이르는 말.
- 改造(개조)　고치어 다시 만듦.
- 改善(개선)　잘못된 점을 고치어 잘 되게 함.

고칠 **개**

己 (기 → 비)에서 음을 女(계집 녀)에서 뜻을 취해 왕의 아내를 말한다.

- 王妃(왕비)　임금의 아내.

왕비 **비**

부부가 되는 혼례식 날 신랑신부가 마주보고 반씩 나누어 마시는 합환주(合歡酒)가 있다. 酉(합환주)을 나누어 마신 배필과 백년해로(百年偕老)해야 하는 뜻이 담겨 있다.

己 (기 → 배)에서 음과 뜻을 酉(술잔)에서 뜻을 취해 나와 술잔의 술을 반씩 나눠 마신 사이이니 '배우자'라는 말이 경건해진다. 아, 여기서 '나누다'는 뜻도 나왔다.

짝 배

1. 짝 배　配匹(배필)　부부로서의 짝.
　　　　　配偶者(배우자)　부부로서 짝이 되는 상대자.
2. 나눌 배　配分(배분)　몫몫이 나누어 줌.
　　　　　配當(배당)　알맞게 벼르거나 별러서 줌.

그럼 여기서 兄 (형)과 비슷하게 생긴 한자 兌 (태)에 대해 알아보자.

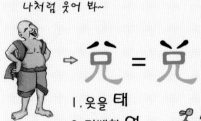

나처럼 웃어 봐~

⇒ 兌 = 兌

1. 웃을 태
2. 기뻐할 열

웃으면 장수 한데요.

八(주름)이 패일 정도로 口(입)을 크게 벌리고 儿(서서) 웃는 모습이다. 이 한자를 음으로 6개의 한자가 나온다.

쓰는 법이 두 가지여요~

말씀 설

그럼 이 한자는 兌(웃으면서) 言(말한다)는 것인가?

꼭 웃으며 말하는 것은 아니겠지만 이렇게 해석하니 기분 좋아지는 한자다. 말하되 상대방을 설득시킨다는 '달랠 세'도 있다. 兌(열→설)에서 음을 취했다.

① 말씀 설
- 說得(설득) 잘 설명하거나 타이르거나 해서 납득시킴.
- 說往說來(설왕설래) 무슨 일의 시비를 따지느라고 말로 옥신각신함.
- 說明(설명) 어떤 일의 내용이나 이유, 의의 따위를 알기 쉽게 밝혀서 말함.

② 달랠 세
- 遊說(유세) 각처를 돌아다니며 자기 의견을 설명하며 들어주기를 바람.

벗을 탈

옷을 벗으면 月(살)이 보이는데 여기서 '벗는다'는 뜻이 나왔다. 뒤에 '벗어나다' '빠지다' '떨어지다'는 뜻이 나왔다. 兌(열→탈)에서 음을 취했다.

- 脫落(탈락) 어떤 데에 끼지 못하고 떨어져 나가거나 빠짐.
- 脫俗(탈속) 속세의 번뇌에서 벗어남.
- 脫稅(탈세) 납세 의무자가 부정한 방법으로 납세액의 일부 또는 전부를 납세하지 않는 일.
- 脫漏(탈루) 있어야 할 것이 빠짐. 누락됨.

기쁠 열

兌(열)에다 忄(마음)을 넣어 '기쁘다'는 뜻을 분명히 했다.

- 喜悅(희열) 기쁨과 즐거움.
- 悅樂(열락) 기뻐하고 즐거워함.
- 法悅(법열) 불법을 듣고 진리를 깨달아 마음에서 일어나는 기쁨.

검열할 열

門(대문) 안에 들어오는 사람과 물건들을 일일이 계산하고 조사했다는 뜻에다 兌(열)에서 음을 취했다.

- 檢閱(검열) 검사하고 열람함.
- 閱覽(열람) (도서관 등에서) 책이나 신문 등을 죽 훑어봄.

여기까지 나온 4개의 한자는 兌(열)에서 음을 취했다. 다음 2개의 한자는 兌(태)에서 음을 취했다.

옛날 세금(稅金)이라 하면 역시 수확한 禾(볏단)이었구나. 후대로 오면서 곡물뿐 아니라 직물이나 돈으로 다양하게 걷었지만 말이다. 兌(태→세)에서 음을 취했다.

세금 **세**

- 租稅(조세) 국가나 지방자치단체가 필요한 경비를 마련하기 위하여 국민으로부터 강제로 거두어들이는 돈.
- 稅關(세관) 공항·국경 등에서 수출입품에 세금을 물리고 선박이나 화물의 단속 따위를 맡고 있는 관청.
- 稅率(세율) 과세 표준에 따라서 세액을 산정하는 법정 비율.

날카로운 것을 말하라 하면 쇠를 따라갈 수 없다. 金(쇠)에서 뜻을 兌(태→예)에서 음을 취했다. '날카롭다'에서 '민첩하다'는 뜻도 나왔다. 성격이 銳敏(예민)한 사람 앞에서는 말 조심해야 한다. 살짝 건드리기만 해도 손 벤다!

날카로울 **예**

- 銳利(예리) 날카로움.
- 尖銳(첨예) 끝이 뾰족하고 서슬이 날카로움.
- 銳敏(예민) 사물에 대한 이해나 판단이 날카롭고 빠름.

'예민하다'의 반의어인 '둔하다'는 뜻을 가진 한자도 알아보자.

여기에 보이는 金(쇠)는 날카로운 칼을 만들려다 잘못되어 버려진데서 반대말인 '무디다' '미련하다'는 뜻을 갖게 되었다. 屯(진칠 둔)에서 음을 취했다.

둔할 **둔**

- 愚鈍(우둔) 어리석고 둔함.
- 鈍才(둔재) 굼뜬 재주.

屯(둔)자가 들어간 한자가 하나 더 있다.

순수할 **순** 깨끗할 **결**

염색을 하기 전에 누에고치에서 막 뽑아낸 糸(실)은 참으로 깨끗하고 순수하다. 어떠한 때도 묻지 않는 실에서 만들어진 한자가 純(순수할 순)이다. 물론 屯(둔→순)에서 음을 취했다.

그럼 潔(깨끗할 결)은 어떻게 만들어졌기에 이리 복잡하게 생겼을까?

刀(칼)로 糸(실)을 丰(묶어서) 끝을 정리하고 氵(물)에다 깨끗이 세탁하는 모습이다. 그래서 복잡해졌지만 지금도 더러워진 옷을 물에 빨면 깨끗해진다.

따라서 純潔(순결)이란 '내 잘못된 행동이나 생각을 반성하며 몸과 마음을 깨끗하게 하는 것' 이란 뜻을 가지고 있다.

아우 **제**

무기처럼 생긴 丿(막대기)에 가죽끈으로 순서에 맞게 칭칭 己(감는) 모습을 그렸다.

차례차례 고르게 감았다는 데서 '차례' 라는 뜻으로 썼다가 어린 사람을 지칭하면서 ① '아우 제' ② '제자 제' 의 뜻으로 쓰게 되었다.

■ 兄弟(형제) 형과 아우.
■ 弟子(제자) 스승의 가르침을 받는 사람.

차례 **제**

자리를 빼앗겨 버린 '차례' 는 어디로 갔나 보니 위에 ⺮(대죽)을 붙이고 다시 나타났다. 그리고 깔끔하게 위에 두 획을 잘라 버렸다.

이 한자는 ① '차례 제' 에서 순서나 등급을 표시하기도 하며 이 외에 관리등용시험인 ② '과거 제' 라는 뜻도 나왔다.

■ 第一人者(제일인자) 어느 사회라도 견줄 만한 사람이 없이 뛰어난 사람.
■ 壯元及第(장원급제) 과거시험에서 장원으로 급제하는 것.
■ 落第(낙제) 조건에 미달하거나 좋은 결과에 이르지 못하는 것.

七步之詩
일곱 칠   걸음 보   ~의 지   시 시

61. 칠보지시

직역 : 일곱 걸음 걷는 사이에 지은 시
의역 : 1. 훌륭한 시재(詩才)를 비유.   2. 형제들끼리 아귀다툼을 비유.
유사어 : 골육상쟁(骨肉相爭), 자중지란(自中之亂)

《삼국지》의 조조(曹操)와 아들 조비(曹丕), 조식(曹植)은 전쟁 영웅일 뿐만이 아니라 '문학사의 주공(周公), 공자(孔子)'라 칭송될 만큼 중국 문학사에도 위대한 발자취를 남긴 인물들이다.

삼부자 중에서 문학적 백미(白眉)는 단연 조식으로 10세 전부터 시를 지어 사람들을 놀라게 하였는데 그때마다 형 조비는 열능감에 시달렸다.

장성(長成)한 후 조식(29세)은 형 조비와 왕위 계승 문제로 불가피한 쟁탈전에 휘말리게 되는데 아버지 조조가 죽고(220년) 형 조비에게 밀리면서 조식의 측근들이 모두 죽음을 당해 사고무친(四顧無親)의 신세로 전락했다. 지존의 자리에 오른 형 조비(위나라의 초대 황제인 문제)는 조식을 괴롭히기 위해 일부러 해마다 새 봉지로 옮겨 살도록 하고 한 번씩 궁궐로 불러들여 모욕을 주는 것으로 쌓였던 콤플렉스를 풀었다.

어느 날 조비는 조식을 죽이려고 마음 먹고 궁궐로 불러들였다. 그리고 많은 궁인들 앞에서 일곱 걸음을 걷는 동안에 시를 짓지 못하면 죽이겠다고 으름장을 놓았다.

잠시 숨을 고른 조식은 천천히 발걸음을 떼면서 이렇게 지었다.

콩대를 태워서 콩을 삶으니	煮豆燃豆其
가마솥 속에 콩이 우는구나	豆在釜中泣
본디 같은 뿌리에서 태어났건만	本是同根生
어찌 이리도 지독하게 볶아대는가	相煎何太急

형을 콩대에, 자신을 콩에 비유하여 형제간의 싸움을 비유한 〈칠보지시(七步之詩)〉는 이렇게 탄생했다. 부모를 같이하는 친형제간인데 어째서 이렇게 자기를 들볶냐는 힐난을 눈치챈 형 조비는 그만 얼굴을 붉히며 부끄러워했다.

이 고사성어를 '자두연기(煮豆燃其)'라고도 한다.

사실 두 형제 사이에는 드러낼 수 없는 복잡 미묘한 갈등이 하나 더 있었으니 조비의 부인이며, 조식에게는 형수인 견씨(甄氏)와의 감정이 그것이다.

견씨는 원소(袁紹)의 아들인 원희(袁熙)에게 시집간 지 얼마 되지 않아 조조가 기주성을 쳐들어왔는데 이때 포로로 잡혔다(204년). 원희의 아내 견씨가 뛰어난 미모의 여인임을 익히 알고 있던 조조는 기주성을 치자마자 견씨를 잡아오라고 명령하였다. 그러자 좌우 신하들이 "조비가 이미 잡아갔습니다"라고 말했다.

조조는 "이번 전쟁을 한 이유가 저 견씨 때문인데...." 하며 무척 아쉬워했다.

견씨를 차지하기 위해 기주성을 친 조조 입장에서 보면 뒷북을 친 꼴이 되었다.

견씨를 아내로 삼았을 때 조비 나이가 18세였고 견씨는 5세 많은 22세였다.

조비가 아버지 조조와 함께 전쟁터를 누비고 있을 때 당시 13세 조식은 형수 견씨와 집에서 허물없이 지내면서 점점 가까워졌다. 조식은 10세나 차이 나는 형수에게 엄마의 포근함과 누나의 다정함을 느끼게 되고 견씨 또한 친밀한 감정이 생기게 되었다.

그 뒤 황제에 즉위(220년)한 조비는 젊음이 사라진 견후에게는 눈길을 주지 않았다. 다음해에 황후 견씨는 귀인 곽씨에게 황후 자리를 빼앗기고 간신들의 부추김에 그만 죽음을 당하였다.

그 이듬해(222년)에 형 조비는 조식을 궁궐로 불러들여 견씨의 죽음을 알리고 평소에 사용했던 유품인 옥베개를 주었다.

옥베개를 받아든 조식은 그 옛날 견씨와의 아름다운 추억과 죽음에서 지켜주지 못한 회한에 그만 감정이 복받쳐 눈물을 줄줄 흘렸다. 옥베개를 끌어안고 궁궐에서 나와 자신의 초라한 봉지로 돌아가던 중 낙수(洛水)에서 잠깐 쉬는데 그때 갑자기 멀리서 견씨가 바람을 타고 나타나 이렇게 말했다.

"저는 처음부터 당신에게 마음이 있었답니다." 조식이 깜짝 놀라 깨 보니 꿈이었다.

조식은 견씨에 대한 연민의 정을 천부적인 붓놀림으로 써내려가 조식의 최고 걸작인 〈낙신부(洛神賦)〉를 지었다.

摹顧愷之洛神圖 / 丁觀鵬 / 淸

조식은 형수 견씨가 곽씨에게 황후의 자리를 빼앗기고 죽음까지 당한 뒤 그녀의 유품인 베개를 받고 임지로 돌아오는 길에 낙수가에 이르렀다. 그때 조식은 생전의 견씨 모습을 회상하며 '낙신부(洛神賦)'를 지었다.
낙수의 여신을 만나 서로 사랑하게 되지만 사람과 신이라 더 이상 가까이할 수 없는 안타까운 심정을 그린 작품으로 견씨와 이룰 수 없는 사랑을 표현했다.
위 그림은 고개지의 낙신도(洛神圖) 중 조식과 낙수의 여신이 여섯 마리 용이 끄는 운거(雲車)에 올라 유람하는 장면인데 청(淸)나라 화가 정관붕(丁觀鵬)이 다시 그렸다.

형 조비로부터 죽임을 겨우 모면한 조식은 그뒤 엄격한 감시하에 온갖 수모를 당하며 불우한 나날을 보내다가 41세 짧은 나이에 병으로 생을 마감했다.

内 助
안 **내** 　도울 **조**

▶ 아내가 집안을 잘 다스려서 남편을 돕는 일.

조비(曹丕)의 황후 곽씨(郭氏)는 태어나면서부터 남달리 영리하여 아버지가 말하길, "내 딸은 여자 중에 왕(女王)이다"라고 말해 여왕(女王)으로 불렸다.

조조가 조비보다 조식을 더 편애하자 그녀는 여러 가지 방책을 써서 조비를 황태자에 오르는데 영향력을 행사하였으며 뒤에 조비가 황제의 자리에 오르자 귀빈(貴嬪)의 자리까지 올라갔다.

그러나 곽씨는 질투가 심해 〈낙신부〉의 주인공인 견후(甄后)를 모함하여 결국 죽게 하였다. 견후가 죽자 머리카락을 풀어 헤쳐 얼굴을 덮게 하고 겨로 입을 틀어막아 매장시켰다.

얼마 뒤 곽씨를 황후로 세우려 하자 중랑 잔잠(棧潛)이 조비에게 상소를 하였다.

"예부터 제왕이 천하를 다스리는 데는 조정의 신하들의 도움뿐만이 아니라 아내가 남편을 안에서 돕는 일(內助) 또한 큽니다. 나라의 흥망성쇠는 내조(內助)에서 시작되는 것이 옵니다. 하(夏)나라의 마지막 걸왕(桀王)에게는 말희(末喜)라는 요부가 있었고, 은(殷)나라의 주왕(紂王)에게는 달기(妲己)가 있었습니다. 이렇듯 성품이 온화하지 못하거나 신분이 천한 사람을 귀한 자리에 앉혀 패가망신하는 경우가 허다합니다. 그러니 황후를 세울 때는 특히 신중을 기해야 하옵니다."

그러나 조비는 곽씨를 황후로 세웠다. 얼마 뒤 조비의 뒤를 이어 황제자리에 앉은 명제(明帝)는 견후의 아들이다. 명제는 곽후가 어머니 견후를 겨로 입을 채워 매장한 사실을 알고 속으로 분을 삭히고 있었다.

곽후가 이 사실을 알고 명제에게 말했다.

"너의 아버지 조비가 자살하라 해서 죽은 것인데 어찌 나를 문책하는가? 너는 사람의 자식이다. 원수를 갚겠다고 나를 죽일 수 있겠느냐?"

곽후의 뻔뻔함에 명제는 화가 치밀어 올라 급기야 죽음으로 몰고 갔다.

그리고 어머니 견후가 당한 그대로의 모습으로 장례를 치루어 주었다.

이 한자를 모르지는 않을 것이다.

일곱 **칠**

- 七去之惡(칠거지악) (지난날, 유교적 관념에서 이르던) 아내를 버릴 수 있는 이유가 되는 일곱 가지 경우. '시부모에게 불순한 경우, 자식을 낳지 못하는 경우, 음탕한 경우, 질투하는 경우, 나쁜 병이 있는 경우, 말이 많은 경우, 도둑질한 경우'를 이름.
(참고) 삼불거(三不去) – 칠거(七去)의 사유가 있는 아내라도 버리지 못하는 세 가지 경우. 곧, 부모의 삼년상을 같이 치른 경우, 장가들 때 가난하다가 뒤에 부유해진 경우, 돌아가 의지할 곳이 없는 경우를 이름.

七(칠 → 절)에서 음을 취했지만 일곱 번 刀(칼)로 자른다고 외우면 쉽지 않을까? ① '끊을 절'과 함께 ② '모두 체'가 있다.

끊을 **절**

1. 끊을 절 切斷(절단) 끊어 냄. 잘라 냄.
   切齒腐心(절치부심) (몹시 분하여) 이를 갈며 속을 썩임.
2. 모두 체 一切(일체) 모든 것. 온갖 것.

아래 그림을 보며 두 개의 한자어 절단(切斷)과 절단(絕斷)을 비교해 보자.

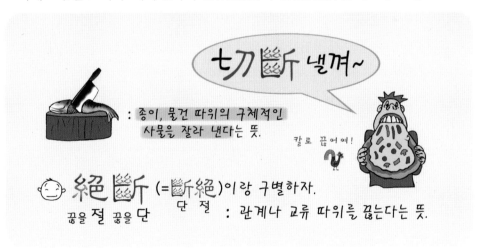

그러니까 '종이를 절단'할 때는 切斷을 '교류가 단절'되었다에는 絕斷을 쓴다는 말이겠다. 그런데 일체(一切)란 한자어는 뒤에 오는 문장에 따라 읽는 법이 두 가지란다.

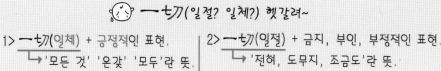

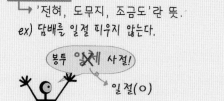

다시 정리하면 뒤에 뜻이 부정적인 표현이면 '일절' 긍정적인 표현이면 '일체' 로 읽어준다는 말이다.

'수업시간 중에 잡담을 일절(一切) 금하다' '내 일에 일절(一切) 간섭하지마!' '범행사실을 일절(一切) 부인하다' '一切(일절) 소식이 없다' '사진 촬영 일절(一切) 금지' '부조금 일절(一切) 사절' 이 맞는 표현이다.

반면에 '일체(一切)' 는 긍정적인 표현에 쓰이므로 '필요한 것 일체(一切)를 다 갖추다' '일체(一切) 비용을 다 책임지다' '회사 운영을 일체(一切) 너에게 맡긴다' '교통사고에 대한 일체(一切)를 변상하겠습니다' 가 맞는 표현이다. 실생활의 대화에서 틀린다고 뭐라 할 사람은 없겠지만 될 수 있으면 바르게 쓰는 것이 좋지 않을까?

걸음 **보**

止 (오른발)과 ㄐ (왼발)의 걷는 모습을 그려 만들었다니 외우자! 주의할 점은 왼발을 少(적을 소)로 쓰면 안 된다.

- 五十步百步(오십보백보) 약간의 차이는 있으나 본질적으로는 같다는 뜻.
- 闊步(활보) 큰 걸음으로 당당히 걷는 일.
- 步行(보행) 걸어가는 일. 걷기.

그럼 이제부터 止 (그칠 지)를 넣어 만든 한자들을 보자.

氵(물) 위를 步(걸어) 건너간다는 뜻인데 활용할 한자어가 많지 않다.

건널 **섭**

- 涉獵(섭렵)　책을 이것저것 널리 읽음.
- 交涉(교섭)　어떤 일을 이루기 위하여 상대편과 의논함.

厂(언덕) 아래 秝(벼) 밭 사이로 난 길을 걸어가며 止(발자국)을 남기는 사람의 뒷모습에서 '지나다' 는 뜻이 나왔다는데 우리에게는 歷史(역사)란 한자어 때문에 꼭 외워야 한다.

인간이 지나온 길이란 뜻을 가진 歷(력)과 붓을 잡고 있는 史(사)가 만난 歷史(역사) 속에 나 자신의 모습이 있기 때문이다.

지낼 **력**

- 履歷書(이력서)　이력을 적은 문서.
- 經歷(경력)　이제까지 거쳐온 학업 · 직업 · 지위 따위의 내용.
- 歷任(역임)　차례로 여러 관직을 거침.

齒(이 치)는 ⿰(윗니와 아랫니)를 그린 모습에 다 止(지→치)에서 음을 취했다.

어렵지 않게 외울 수 있지만 쓰기가 좀 번거롭다.

이 **치**　　어금니 **아**

牙(어금니 아)는 짐승의 이빨 모양을 그렸다. 코끼리의 어금니인 상아의 모습을 생각하자. '이 없으면 잇몸으로 산다' 는 우리 속담도 있지만 齒牙(치아)관리는 평생 건강을 좌우한다고 하니 평소에 열심히 닦자.

- 齒科(치과)　이를 전문으로 치료하고 연구하는 의학의 한 분과.
- 齒石(치석)　이에 누렇게 엉기어 붙은 단단한 물질.
- 風齒(풍치)　한방에서 풍증으로 일어나는 치통을 이르는 말.

중국에 가면 牙科(아과)가 있다!

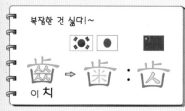

꾀할 **기**   업 **업**

아이들이 발뒤꿈치를 들고 자기 키보다 훨씬 높은 담장밖을 조금이라도 더 내다보려고 애쓰는 모습을 '까치발로 서서 …' 라고 표현한다.

企(꾀할 기)는 亼(사람)이 止(까치발)을 하고 있는 모습에서 '발돋움할 기' 가 나왔다. 여기서 발전을 위해 어떠한 일을 '계획하고 도모' 한다는 뜻이다.

業(업 업)은 옛날 악기가 걸리도록 만든 도구의 모습을 그렸다는데 지금은 변해서 '직업' 이란 뜻으로 나온다.

企業(기업)이란 것이 무엇인가? '영리를 목적으로 하여 사업을 계획하는 조직체' 가 아닌가. 조금이라도 다른 기업에 뒤처지면 바로 죽음이라는 절박한 생존의 몸부림을 생각하면 까치발로 서서 발돋움하고 있는 한자 企(꾀할 기)가 예사롭게 보이지 않는다. 따라서 企業(기업)의 생존 법칙은 '까치발' 에 있다.

業(업)에 대한 또 하나의 뜻이 있는데 불교에서 말하는 業(업)이다. '몸과 입과 뜻으로 짓는 소행' 이란 뜻인 業(업)은 원인이 없으면 일어나지 않으며, 일단 일어난 행위는 반드시 어떠한 결과를 남기고, 다시 그 결과는 다음 행위에 크게 영향을 미치는데 그 원인, 행위, 결과, 영향을 총칭한다.

"모두가 전생의 業(업)이야." "업보(業報)를 받는 거야."

따위의 말들을 불교인이 아니어도 입에 올리는 '팔자타령'과 같은 맥락이다. 그러나 전생의 業(업)에 매달리는 운명론적인 삶보다 현재 자신의 職業(직업)에 충실하며 미래를 준비하는 진취적인 삶이 더 건강하다.

유래없이 그냥 외우는 것이 더 속 편할지 모른다.

만약 "年歲(연세)가 어떻게 되십니까?"하는 질문을 받았다면 대단히 나이가 드신 분이란 뜻이다. 만약 아직 듣지 못했다면 즐거운 마음으로 외우자. 올해가 가기 전에 말이다.

나이의 높임말로 年歲(연세) 외에 춘추(春秋)가 있다. "봄과 가을을 몇 번 만났습니까?"란 뜻이니 봄꽃을 몇 번이나 보았는지 계산하면 나이가 나온다. 그래서 나이는 숫자에 불과할 뿐이라는 명언(?)이 있다. 이 말에 동감한다면 나이가 드신 분이다!

요즘엔 '귀한 손님'이란 뜻을 가지고 있는 賓客(빈객)이란 한자어를 잘 쓰지 않는다. 귀빈(貴賓)이나 '손님'이란 말을 더 즐겨 사용한다. 여하간에 손님이 갖추어야 할 예의를 생각해 보자.

지금까지 남의 집을 방문하는 손님은 작은 선물을 주인에게 주는 것을 하나의 에티켓으로 여겨왔다. 따라서 賓(손님 빈)은 방문하는 宀(집)에 도착한 손님의 尹(발)과 貝(조개 패)가 결합했다. 역시 貝(돈)되는 물건을 들고 가야 한다.

客(손님 객)은 宀(집)에서 뜻을 各(각→객)에서 음을 취했는데 貝(조개)가 없네?! 그래서인지 賓(빈)은 客(객)보다 높

임말이라는 뉘앙스가 강하게 풍긴다. 내빈(來賓), 귀빈(貴賓) 대접을 받고 싶으면 꽃 한송이, 주스 한 통이라도 들고 가자. 빈 손으로 방문하다가 불청객(不請客) 대접을 받거나 客(객)적은 소리한다고 핀잔 들을지 모른다.

■ 主客顚倒(주객전도)   사물의 경중이나 완급, 또는 중요성에 비춘 앞뒤의 차례가 서로 뒤바뀜.

그럼 여기서 '제각기'란 뜻을 가지고 있는 各(각각 각)을 음으로 취한 한자들을 보자.

各(각→격)에서 음을, 가로세로가 반듯한 木(나무)에서 뜻을 취해 '바로잡다.' '연구하다' '법'이 나왔다. 활용이 많아 꼭 알아두어야 할 한자이다. 21세기는 기존의 格(격)을 깨는 '破格(파격)의 시대' 아닌가.

■ 格物致知(격물치지)   실제 사물의 이치를 연구하여 지식을 완전하게 함.
■ 品格(품격)   사람이나 물건에서 느껴지는 품위.
■ 格式(격식)   격에 어울리는 일정한 법식.
■ 格言(격언)   사리에 꼭 맞아, 인생에 대한 교훈이나 경계가 되는 짧은 말.

各(각→락)에서 음을, 糸(실)에서 뜻을 취해 끝없이 이어 져 있다는 뜻이 나왔다.

■ 連絡(연락)   정보 따위를 전함. 관계를 가짐.
■ 脈絡(맥락)   사물의 연결. 줄거리. 혈관의 계통.

洛(물이름 락)은 황하로 흘러드는 지류로 북쪽에 위나라를 비롯 중국 여러 왕조의 수도가 되었던 낙양(洛陽)이 유명하다.
洛(락)에서 음을, 시들어 떨어지는 ++(풀)에서 뜻을 취했다. 꼭 알고 있어야 할 한자이다.

■ 烏飛梨落(오비이락)   '공교롭게도 어떤 일이 같은 때에 일어나 남의 의심을 받게 됨'을 이르는 말.
■ 落書(낙서)   (장난으로) 아무 데나 글자를 쓰거나 그림을 그림.
■ 脫落(탈락)   어떤 데에 끼지 못하고 떨어져 나가거나 빠짐.
■ 沒落(몰락)   (번영하던 것이) 쇠하여 보잘것없이 됨.

閣僚(각료)란 '내각(內閣)을 구성하는 각 장관'을 말한다. 閣(누각 각)은 門(문)에서 뜻을 各(각각 각)에서 음을 취해 커다란 대궐을 뜻했는데 이후 '행정관청'을 뜻하는 말로 사용하게 되었다. 지금은 크든 작든 상관없이 중국음식점 상호에서 더 자주 보인다.

누각 **각**   동료 **료**

■ 閣下(각하) 높은 지위에 있는 사람에 대한 경칭.

僚(동료 료)는 亻(사람 인)에서 뜻을 尞(료)에서 음을 취했는데 2001년 교육용 기초한자 1800자를 조정하는 과정에서 새로 들어간 행운의 한자이다. 동료(同僚)와 관료(官僚)에서나 볼 수 있는 이 한자가 실생활 속에서 얼마나 필요한지 잘 모르겠다. 그래도 꼭 외워야 할 한자라고 생각한다면 당신은 官僚(관료)적 색채가 강한 사람이다!

■ 官僚(관료) 국가의 행정을 맡은 관리.

寺(절 사 → 시)에서 음을 言(말씀 언)에서 뜻을 취해 만들어졌다. 어떤 詩(시)는 읽다 보면 한 폭의 풍경화 속에 들어가 있는 듯한 착각을 일으킬 때가 있다. 이것을 '畵中有詩 詩中有畵(그림 속에 시가 있고 시 속에 그림이 있다)'라고 한다. 그러니까 "詩(시)는 형태 없는 그림이며, 그림은 형태를 지닌 詩(시)이다"라는 말 아닌가. 혹 학창시절에 배운 詩(시)가 생각난다면 한 번 읊조려 보자.

시 **시**

불교인들이 불공 들이러 가는 곳 寺(절 사)를 음으로 취한 한자들이 많다.

'시간'을 뜻하는데 日(해)가 빠질 수 없다. 물론 寺(사 → 시)에서 음을 취했다.

때 **시**

■ 不時(불시) 뜻하지 아니한 때.
■ 時代(시대) 어떤 길이를 지닌 연월, 또는 역사적인 특징을 가지고 구분한 일정한 기간.

모실 시

寺(절)간에 있는 亻(사람)이 아닐까 했겠지만 결론은 아니다. 높은 분을 옆에서 모시고 있는 亻(사람)이란 뜻에 寺(사 → 시)에서 음을 취했다. 내시(內侍)가 대표적인데 21세기에 알아야 할 중요한 한자어가 안 보인다.

- 侍女(시녀) 지체 높은 사람 곁에서 시중을 들던 여자.
- 內侍(내시) 왕조 시대 궁궐 내관.

가질 지

扌(손)에 물건을 쥐고 있다는 뜻에 寺(사 → 지)에서 음을 취했다.

- 支持(지지) (의견·주의·정책 따위에) 찬동하여 원조함.
- 維持(유지) (어떤 상태를) 그대로 지니어 감.
- 持病(지병) 잘 낫지 않아 늘 앓으면서 고통을 당하는 병.

특별 특

牛(소) 중에서도 '숫소'를 가리키다가 지금은 '특별하다'는 뜻으로 쓰고 있으니 암소가 알면 뒤집어질 일이다. 그렇다면 음은? 寺(사 → 특)에서 나왔다는데 변해도 너무 特異(특이)하게 변했다. 우리나라 사람들은 상품 앞에 '特(특)'자가 붙으면 유별나게 좋아하는 경향이 있다.

소가 절간에 간 이유는?

- 特別(특별) 보통과 아주 다름.
- 特異(특이) (보통 것에 비하여) 두드러지게 다름.
- 獨特(독특) 특별히 다름.

■ 내 맘대로 해석 ■

같을 등　등급 급

이렇게 외우는 건 어떨까?

寺(절)간에 있는 ⺮(대나무)는 다 동등(同等)하다! 스님들은 절에 들어오는 모든 중생들을 이런 눈으로 바라볼 것이 분명하다. 그렇다면 속세가 문제 아닌가.

속세에서는 사사건건 差等(차등)을 두고 等級(등급)을 매긴다.

그러나 다음과 같은 등식을 상상해 보는 것은 어떨까?

'一等과 꼴~等 = 同等' 🧍

언젠가는 우리가 사는 속세에도 이런 좋은 날이 오리라 희망을 걸어보자.

- 同等(동등)　(가치·처지·등급 따위가) 같음.
- 等級(등급)　품질·신분 따위의 높고 낮음이나 좋고 나쁨의 차를 여러 층으로 나눈 급수.
- 對等(대등)　(낫고 못함이 없이) 서로 걸맞음.
- 差等(차등)　차이가 나는 등급, 또는 등급의 차이.

級(등급 급)은 及(미칠 급)에서 음을 취하고 糸(실)의 품질과 색깔에 따라 등급이 매겨진다는 데서 뜻으로 나왔다. 전통사회에서는 관료들의 품계에 따라 관복의 색깔을 달리 했다. 요즘은 여러 종류의 級數(급수)시험이 열풍이라고 한다.

"너 이번에 몇 級(급) 땄니?" "나 1級(급) 땄어." 級(급)에 따라 기가 죽었다 살았다 한다. 우리 사회는 이렇게 等級(등급)매기는 일에 정신이 없다.

- 進級(진급)　등급, 계급, 학년 따위가 올라감.
- 階級(계급)　지위나 관직 등의 등급.

■ 🧍🧍 내 맘대로 해석 🧍🧍 ■

寺(절)에 가면 탑이 있는데 옛날에는 사랑하는 님과 만나는 장소이기도 했다. 탑 앞에서 彳(왔다갔다) 서성거리며 초조하게 기다리는 모습을 생각하자. 요즘도 만날 시간이 지났는데 나타나지 않으면 나도 모르게 서성거린다. 待(기다릴 대)는 '대접할 대' 도 있다.

기다릴 **대** 대접할 **우**

- 優待(우대)　특별히 잘 대우함.
- 期待(기대)　어떤 일이 이루어지기를 바라고 기다림.

遇(대접할 우)는 길을 辵(가다가) 사람을 만난다는 뜻에서 '만날 우' 인데 '대접하다' 는 뜻도 있다. 禺(원숭이 우)에서 음을 취했다는데 음으로만 알고 있어도 된다. 예의를 갖추어 대한다는 뜻인 한자어 待遇(대우)를 많이 애용하자.

遇(만날 우)가 들어 있는 한자성어가 있다.

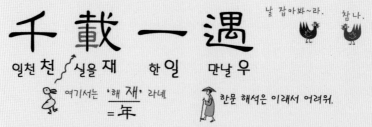

기회는 날마다 오는 것이 아니야!

千 載 一 遇

날 잡아봐~라.   참 나.

일천 천 / 실을 재   한 일   만날 우

여기서는 '해 재' 라네. =年

한문 해석은 이래서 어려워.

: 천 년에 한 번 만나는 기회. 즉, 좀처럼 만나기 어려운 좋은 기회

禺(원숭이 우)를 넣어 만든 한자 두 개를 더 알아보자.

짝 **우**

亻(사람 인)을 넣었으니 사람과 관계가 있는데 '배필' 이라는 뜻 과 '허수아비' 라는 뜻이 있다. 숭배의 대상이 되고 있는 우상(偶 像)은 시대마다 다른데 요즘은 연예인들을 우상(偶像)으로 삼는 사람들이 많다. 이렇게 偶(짝 우)는 '허수아비' 에서 나온 우상 도 있지만 '배우자' 란 뜻도 있다. 결혼을 하고 나서야 현실적인 우상(偶像) 숭배를 한다. 그 대상이 바로 配偶者(배우자)다! 설마 사람과 원숭이가 짝 이 된다고 생각한 건 아니겠지!?

■ 配偶者(배우자)   부부의 한쪽(남편에 대한 아내, 아내에 대한 남편).
■ 偶像(우상)   목석이나 금속으로 만든 신불 또는 숭배의 대상이 되는 인물.

어리석을 **우**

훈민정음 언해에 보면 세종대왕이 '어리석은 백성(愚民)을 위 해 28자를 만들었다' 는 기록이 있다.

心(마음 심)을 넣어 원숭이처럼 '어리석고 바보스럽다' 는 뜻으로 나온 이 한자는 우리나라 전직 대통령 이름에도 들어 있 다. 설마? 궁금하면 찾아보라.

■ 愚直(우직)   어리석고 고지식함.
■ 愚昧(우매)   어리석고 사리에 어두움.
■ 愚弄(우롱)   (남을 바보로 여기고) 업신여겨 놀림.

들으면 기분 나빠지는 한자라서 사람 이름으로 쓰기에는 더더욱 적당해 보이지 않는다. 그러나 인간이 만든 '어리석음'의 기준이란 것이 얼마나 부질없는 모래성 같은 것인지 아래 고사성어를 보면 알 수 있다.

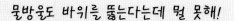

물방울도 바위를 뚫는다는데 뭘 못해!

愚 公 移 山
어리석을 우 어른 공 옮길 이   메 산

우공이 산을 옮겼다구!? 끈기만 있으면 너도 할 수 있어!

먼 옛날 태행산과 왕옥산 사이에 살고 있는 90세 우공(愚公)이 사방 700리에 높이가 만 길인 두 큰 산이 집을 가로막고 있자 가족에게 말했다.
"저 두 산을 깎아 없애고, 예주와 한수 남쪽까지 곧장 길을 내는 것이 어떻겠느냐"
다음날 아침부터 우공은 세 아들과 손자들을 데리고 돌을 깨고 흙을 파기 시작했다.
어느 날 지수(智叟)가 '죽을 날이 가까운 늙은이가 망령났소?'하며 비웃자 우공이 말했다. 지혜 지 노인 수 : '지혜로운 노인'   어? 나도 '지수'랑 생각이 같은데...
"내가 죽으면 아들이 하고, 아들은 또 손자를 낳고, 이렇게 자자손손 계속하면 언제 가는 저 두 산이 평평해질 날이 올걸세."
우공의 끈기에 감동한 옥황상제는 두 산을 옮겨 지금은 작은 언덕조차 없다고 한다.

인내심으로 불가능한 일을 가능한 일로 만든다는 희망의 메시지와 함께 등장인물의 이름에 인간이 만든 '지혜'와 '어리석음'을 반어적으로 넣어 어리석은 자가 알고 보면 지혜롭고 지혜로운 사람이 반대로 어리석을 수 있다는 뜻도 포함하고 있다.

우공의 정신처럼 끊임없이 노력하면 언젠가는 목적을 달성할 수 있다. 한자도 그러하다. 어렵다고 덮어버리면 그 순간 모든 것이 물거품이 된다. '하루에 한 글자라도 외운다'는 정신이면 언젠가는 정복할 수 있다.

"고지가 바로 저긴데 여기서 그만둘 수 없다."

塞 翁 之 馬

변방 **새**　늙은이 **옹**　~의 **지**　말 **마**

62. 새옹지마

직역 : 변방 노인의 말
의역 : 사람의 앞날은 어떻게 될지 아무도 예측할 수 없음.
유사어 : 전화위복(轉禍爲福), 흥진비래(興盡悲來), 고진감래(苦盡甘來)

옛날 중국 북방 근처에 점을 잘 치는 한 노인이 살고 있었는데 어느 날 노인이 기르던 말이 오랑캐 땅으로 달아났다. 이를 알게 된 마을 사람들이 찾아와서 노인을 위로하자 조금도 애석한 기색 없이 이렇게 말했다.

"누가 아오? 이 일이 복(福)이 되는지?"

몇 달이 지난 어느 날, 도망갔던 그 말이 오랑캐의 준마(駿馬)와 함께 돌아왔다. 마을 사람들이 모두 와서 축하해 주자 노인은 조금도 기쁜 기색 없이 이렇게 말했다.

"누가 아오? 이 일이 화(禍)가 되는지?"

며칠 뒤 노인의 아들이 말을 타다가 그만 떨어지면서 다리가 부러졌다. 마을 사람들이 와서 위로하자 이번에도 노인은 조금도 슬픈 기색 없이 말했다.

"누가 아오? 이 일이 복이 되는지?"

그로부터 1년이 지난 어느날, 오랑캐가 쳐들어와 마을 장정들은 모두 전쟁터로 나가서 싸웠다. 이 전쟁에서 십중팔구가 전사(戰死)했다. 그러나 노인의 아들만은 절름발이라서 전쟁에 나가지 못해 목숨을 건질 수 있었다.

인간세상에서 복(福)이 화(禍)가 되고, 화(禍)가 복(福)이 되는 변화무쌍한 일을 우리 인간은 예측하기 어렵다. 그래서 인간만사 새옹지마(人間萬事塞翁之馬)라고 하지 않던가!

오르막길이 있으면 내리막길이 있고 험한 산을 넘으면 평지가 있듯이 고생의 어려운 고비를 넘으면 분명 즐거움이 기다리고 있으리라 믿고 세상을 바라보자!

한자 **UP** 그레이드

이렇게 생긴 한자는 열심히 외워 놓고 쓰려면 마구 헷갈려 버리는 얄미운 한자 중에 하나다.

그럼 유래를 알아보자.

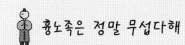
흉노족은 정말 무섭다해

외부로부터 침입을 막기 위해 ﾉﾟﾟ(손)을 부지런히 놀려 王王(벽돌)을 쌓고 있다.
국가와 가족을 위해...
여기에 재료 土(흙 토)를 넣어 '변방 새' 와 '막을 색'이 나왔다. 주의해서 읽자.

벽돌과 손이 결합해서 만들어진 부분을 주의하지 않으면 잘못 쓰기 쉽다.

만리장성에 있는 돈대가 생각나는 이 한자는 흉노족의 침략을 막기 위해 국경 근처에 흙이나 벽돌로 장성을 쌓을 수밖에 없었던 절박함을 느끼게 한다.

① '변방 새' 와 함께 ② '막을 색' 도 있는데 아래 한자어를 보자.

1. 변방 새 要塞(요새) 국경 등에 있는 요해의 성채.
2. 막을 색 梗塞(경색) 응고된 혈액이나 이물질 따위로 혈관이 막혀서 조직의 일부가 괴사하는 일.
　　　　　拔本塞源(발본색원) 폐단의 근본 원인을 아주 없앰.

중국 변방에 가면...
만리장성이 있다.

만리장성은 要塞(요새)가 아니라
백성의 피눈물이다.

흉노족이 얼마나 무서웠으면 산등성이마다 이렇게
긴 장성을 쌓았을까?

저 꼭대기 너무 가파르던데! 난 누가 등 뒤에서 잡아
당기는 줄 같았다니까, 좀 무서워!

맹강녀는 남편의 겨울옷을 만들어 찾아갔다가 돌무덤
에 이미 묻혔다는 소식을 듣고 대성통곡하자 800리
장성이 무너졌다는 전설이 전해진다.

수백만 명을 동원해 만든 장성 주변에
는 무덤이 없다!
처자식과 생이별하고 끌려와 장성 쌓다
가 죽으면 벽돌과 함께 섞어서 묻었다고
한다.
알고 보면 세계에서 가장 큰 '인간무덤'
이다.
지금 후손들이야 입장료 수입으로 부자
가 되고 있지만 말이다.

관광객 여러분!
지금 보시는 만리장성은 진시황 때가
아니고 명나라 때 쌓은 겁니다!

그렇다면 이 한자는 어떻게 만들어진 걸까?

土(흙 토) 대신에 冫(이수변=얼음)을 넣었으니 얼거나 춥다는 뜻인 '찰 한'이다.

찰 한

사실 이 한자는 벽돌을 쌓은 것이 아니라 추운 겨울날 짚더미를 이불 삼아 덮고 발 아래에는 얼음이 얼어 있는 모양을 그린 것이다. 지금처럼 난방이 잘 된 집이 절대 아니다.

- 寒氣(한기) 추운 기운. 추위.
- 寒波(한파) 겨울철에 한랭 전선이 몰아닥쳐 기온이 급격하게 떨어지는 현상.

그럼 이번에는 나무를 쌓아 올린 모습을 하고 있는 한자를 알아보자.

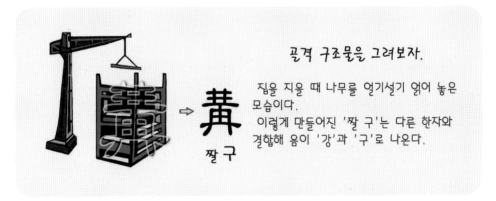

골격 구조물을 그려보자.

집을 지을 때 나무를 얽기설기 얽어 놓은 모습이다.
이렇게 만들어진 '짤 구'는 다른 한자와 결합해 음이 '강'과 '구'로 나온다.

짤 구

옛날 커피숍에서 애인을 기다리며 쌓았던 성냥개비가 생각나는 한자이다.

冓(짤 구)를 넣어 만든 한자가 3개가 있다.

나무를 얽은 모습인 冓(구)의 앞에 木(나무 목)를 추가하여 뜻을 좀더 분명하게 하여 '얽을 구'를 만들었다.

다음 한자어에서 보듯 활용이 많다.

얽을 구

- 構造(구조) 어떤 물건이나 조직체 따위의 전체를 이루고 있는 부분들의 서로 짜인 관계나 그 체계.
- 構想(구상) 무슨 일에 대하여 그 전체의 내용이나 규모, 실현하는 방법 등에 대해서 이리저리 생각하는 일.
- 構圖(구도) 예술 표현의 여러 요소를 전체적으로 조화 있게 배치하는 도면 구성의 요령.
- 構成(구성) 몇 가지 요소를 조립하여 하나로 만드는 일, 또는 그 결과.
- 虛構(허구) 사실이 아닌 것을 사실처럼 얽어 만듦.

구매할 **구**

冓(구)에서 음을, 貝(조개 패)에서 뜻을 취해 돈을 주고 물건을 산다는 뜻인 '구매할 구'를 만들었다.

1800자에 들어가지 않지만 활용이 많은 한자이다.

- 購買(구매) 사들임. 구입.
- 購入(구입) 사들임. 구매.
- 購販場(구판장) 조합 같은 데서, 생활용품 등을 공동으로 구입하여 싸게 파는 곳.
- 購讀(구독) 책이나 신문·잡지 따위를 사서 읽음.

풀이할 **강**

사람들 앞에서 言(말)을 할 때는 나무를 얽어 놓은 것처럼 조리 있고 설득력 있게 설명해야 한다는 뜻으로 나온 '풀이할 강'이다.

따라서 講演(강연)은 아무나 하는 것이 아니다.

- 講義(강의) 학문·기술 따위를 설명하여 가르침.
- 講師(강사) 학교의 촉탁을 받아 강의를 하는 교원.
- 講讀(강독) 글을 읽고 그 뜻을 밝힘.
- 講演(강연) 일정한 주제로 많은 청중 앞에서 연설을 함.

冓(짤 구)와 비슷한 한자를 알아보자.

이 한자는 冉(저울)에 一(물건)을 올렸다 내렸다를 반복하며 여러 번 무게를 다는 모습에서 '다시 재'가 되었다.

再

다시 **재**

- 再三(재삼) 두세 번. 거듭.
- 再考(재고) 다시 한 번 생각함.
- 非一非再(비일비재) 한두 번이 아니고 많음.
- 再建(재건) 다시 일으켜 세움.

呼(부를 호)는 乎(어조사 호)에서 음을, 口(입구)에서 뜻을 취했다.

음으로 나온 乎(호)는 한문 문장 뒤에서 ?(물음표)에 해당되는 의문종결사로 주로 나온다.

呼 稱

부를 **호**   일컬을 **칭**

그래서인지 선생님이 "呼名(호명)하는 사람 나와!" 하고 부르면 학생들 얼굴 표정은 '내가 뭘 잘못했나?' 긴장하면서 의문의 눈빛으로 쳐다본다.

稱(일컬을 칭)은 再(다시 재)보다 더 구체적으로 저울을 그린 모습이다.

禾(벼)같은 곡식을 冉(저울) 위에 올리고 爫(손)으로 들었다 났다 하면서 저울질하는 모습이다. 뒤에 '일컫다' '칭찬하다'는 뜻이 나왔다.

그렇다면 이제 자신을 대신하는 멋진 呼稱(호칭) 하나 지어 봄이 어떨런지.

- 對稱(대칭) 점, 선, 면 또는 이것들로 된 도형이 어떤 기준되는 점이나 선.
- 稱讚(칭찬) 잘 한다고 추어주거나 좋은 점을 들어 기림.
- 呼稱(호칭) 이름지어 부름. 또는 그 이름.
- 稱號(칭호) (명예나 지위 따위를 나타내는) 사회적으로 일컫는 이름.
- 尊稱(존칭) 존경하여 높이어 부름.

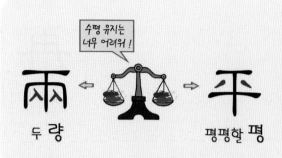

천칭저울은 공정성의 상징물~

천칭 모습에서 나온 한자들이다. 저울질하여 '둘'이 '공평'하게 나눠야 한다는 평범한 진리가 보이는 한자이다.

두 량

양쪽으로 ㅅㅅ(물건)을 올려놓고 저울질하는 천칭의 帀(가로대와 저울)을 본뜬 모양에 '두 량'이 나왔다고 하니 위 그림을 다시 보시라.

- 兩家(양가) 양쪽 집.
- 兩親(양친) 아버지와 어머니.
- 兩極(양극) 두 개의 사물이 몹시 동떨어져 있음.

가득찰 만

ㅅㅅ(물건)을 올려 놓은 㒼(저울)이 수평을 유지하고 있어 더 올리면 기울기 때문에 더 이상 올릴 수 없는 상태를 그린 것이다.

여기에 氵(물)을 넣어 이미 꽉 찬 것을 강조하고 있다.

- 滿員謝禮(만원사례) 극장 등에 관객이 많이 들어 감사의 뜻을 표함.
- 滿點(만점) 결점이나 부족한 데가 없이 아주 만족할 만한 상태.

위 천칭에서처럼 干(저울) 양쪽으로 丿 丶(물건)을 놓고 균형을 잡고 있는 모습이다

여기서 누구에게나 '공평'하고 '평등하다'는 뜻을 가진 한자가 되었다.

- 平等(평등) 치우침이 없이 모두가 한결같음.
- 平野(평야) 넓게 펼쳐진 들.
- 平和(평화) 평온하고 화목함.

平 평평할 **평**

물건을 저울질하듯 어떠한 사실을 놓고 옳고 그름을 따지고 평가한다는 뜻으로 나왔다. 言(말씀 언)에서 뜻을 平(평)에서 음과 뜻을 다 취했다. 그러니까 評價(평가)라는 것은 公平(공평)하게 해야 한다는 말씀이다.

- 評價(평가) 사람이나 사물의 가치를 판단함.
- 評論(평론) 사물의 질이나 가치 따위를 비평(批評)하여 논함.
- 批評(비평) 사물의 옳고 그름 따위를 평가함.

評 평론할 **평**

公(공→옹)에서 음을 취하고 羽(깃 우)가 뜻으로 나와 새의 목털을 가리키다가 뒤에 '늙은이 옹'으로 사용되었다. 뒤에 남성 중에 연장자인 '노인에 대한 존칭'으로도 사용되고 있다.

'함석헌 翁'에서 그 예를 찾아 볼 수 있다.

그럼 여기서 公(공평할 공)에 대해 알아보기로 하자.

翁 늙은이 **옹**

공평할 **공** 사사로울 **사**

인간이 모여 사는 사회에서 우선 지켜야 할 점은 公(공)과 私(사)를 구분해야 한다는 것이다.

그런데 반대의 뜻을 가진 두 한자 속에 공통으로 들어 있는 한자를 알아야 이해가 된다.

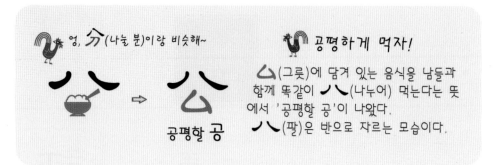

엉, 分(나눌 분)이랑 비슷해~

공평할 공

공평하게 먹자!

厶(그릇)에 담겨 있는 음식을 남들과 함께 똑같이 八(나누어) 먹는다는 뜻에서 '공평할 공'이 나왔다.

八(팔)은 반으로 자르는 모습이다.

그렇다면 밥그릇이 이번에는 어떻게 변했나 주목하시라.

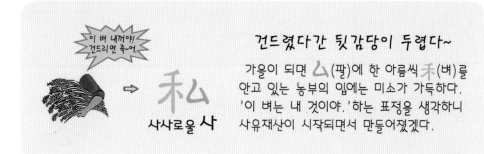

이 벼 내꺼야! 건드리면 죽~어

사사로울 사

건드렸다간 뒷감당이 두렵다~

가을이 되면 厶(팔)에 한 아름씩 禾(벼)를 안고 있는 농부의 입에는 미소가 가득하다. '이 벼는 내 것이야.'하는 표정을 생각하니 사유재산이 시작되면서 만들어졌겠다.

공교롭게도 공통으로 들어 있는 한자가 이렇게 다른 뜻을 가지고 있다.

公(공)은 다른 사람과 공평하게 나누어 먹는 뜻인 반면 私(사)는 벼를 옆구리에 끼고 내 것 건드리지 말라는 강력한 경고를 느끼게 하는 한자이다. 소유가 분명하면서 이기적인 성격이 강한 한자이다. 그래서 公(공)과 私(사)를 구분하지 못하면 망신당할 각오해야 하는 거였나 보다.

■ 公共場所(공공장소) 공원 등 대중들이 자유롭게 모일 수 있는 곳.
■ 公開(공개) (마음대로 보거나 듣거나 할 수 있도록) 일반에게 개방함.
■ 公正(공정) 공평하고 올바름.

- 私生活(사생활)　개인의 사사로운 생활.
- 公平無私(공평무사)　공평하고 사사로움이 없음.
- 私心(사심)　제 욕심을 채우려는 마음.
- 私立(사립)　개인이나 민간 단체가 설립하여 유지하는 일.

그럼 公(공평할 공)을 음으로 취한 한자 3개를 보기로 하자.

公(공→송)에서 음을 木(나무 목)에서 뜻을 취했다.

늘 푸른 소나무는 보통 장수(長壽), 기개(氣槪), 성실(誠實), 지조(志操), 생명(生命)을 상징하면서 오랜 세월 동양의 문화와 사상을 지배해 왔다.

소나무 **송**

- 靑松(청송)　푸른 솔.
- 松花(송화)　소나무의 꽃, 또는 그 꽃가루.
- 老松(노송)　늙은 소나무.

이 한자 역시 公(공→송)에서 음을 言(말씀 언)에서 뜻을 취해 말다툼이 벌어졌다는 뜻을 만들었다.

訟事(송사)를 주관하는 자는 반드시 公正(공정)해야 한다.

송사할 **송**

- 訟事(송사)　소송(訴訟)하는 일.
- 訴訟(소송)　법원에 재판을 청구하는 일.

公(공→송)에서 음을 취하고 頁(머리 혈)을 넣어 머리와 관계가 있을 것인데 원뜻은 사라지고 지금은 공을 세운 사람을 '칭찬한다' 는 뜻으로 쓰고 있다.

칭송할 **송**

- 讚頌歌(찬송가)　개신교에서, 하나님의 사랑과 은혜를 기리어 부르는 노래.
- 稱頌(칭송)　공덕을 칭찬하여 기림.
- 頌德碑(송덕비)　공덕을 기리기 위하여 세운 비석.

兎 死 狗 烹

토끼 **토**　　죽을 **사**　　개 **구**　　삶을 **팽**

63. 토사구팽

직역 : 토끼사냥이 끝나면 사냥개를 삶는다.

의역 : 쓸모가 있을 때는 요긴하게 쓰이다가 쓸모가 없어지면 버려짐.

　　무명의 평민이었던 시절, 한신(韓信)은 집안이 가난해서 관리로 뽑히지도 못하고, 이집저집 다니며 얻어먹고 다니자 그를 싫어하는 사람들이 많았다. 그러나 항상 장검(長劍)을 차고 다녔다.

　　그는 남창(南昌) 정장(亭長 ; 당시의 마을 촌장)의 집에서 자주 밥을 얻어 먹으며 여러 달씩이나 신세를 진 적도 있었는데 한신을 귀찮게 여기던 정장의 아내는 아침밥을 지어 몰래 이불 속에서 먹어 치우고 밥을 차려주지 않자 한신은 부끄럽기도 하고 화가 나서 그 후로 가지 않았다.

　　어느 날, 한신은 회수(淮水)에서 낚시질을 하다가 마침 물가에서 무명베를 표백하고 있던 노파들을 보았다. 그들 중 한 노파가 굶주린 한신의 모습을 보고 여러 날 그에게 밥을 주었다. 이에 한신은 크게 감동하여,

　　"제가 언젠가 반드시 후하게 보답하겠습니다"라고 말했다.

　　한편 회음(淮陰)의 도축업자들 중에 한신을 업신여기는 자가 있었는데 하루는 그가 말했다.

　　"네가 기골이 장대하고 검을 차고는 있지만 사실은 겁쟁이일 뿐이다. 이봐 한신, 죽음이 두렵지 않으면 나를 그 칼로 찔러봐라. 그러나 죽음이 두려우면 내 바짓가랑이

밑으로 기어나가봐."

한신은 한참을 노려보다가 머리를 숙이고 바짓가랑이 밑으로 기어나오자 온 저잣거리의 사람들이 한신을 겁쟁이라고 조롱하였다. 여기에서 유명한 '치욕을 참고 견딘다'는 과하지욕(跨下之辱)의 고사가 나왔다.

그후 한신은 처음에 항우(項羽)에게 의지하였다가 후에 유방(劉邦)에게 가서 자신의 실력을 유감없이 발휘하게 된다.

특히 장량(張良)과 함께 사면초가(四面楚歌)의 작전으로 항우의 목을 자르면서 전쟁의 대단원의 막을 내리고 일약 한나라를 세우는 일등공신이 되었다.

일등공신 한신은 초왕(楚王)에 봉해져서 고향에 도착하자 옛날에 자기에게 밥을 먹여준 노파를 찾아 천금(千金)을 주었다. 그리고 남창의 정장에게 백전(百錢)을 주면서 이렇게 말했다.

"자네는 소인이네. 남에게 은덕을 베풀면서 끝까지 하지 않았네."

그리고 자신을 가랑이 밑으로 들어가라고 시킨 자를 불러서 중위라는 벼슬을 주고 이렇게 말했다.

"이 사람은 장사다. 나를 욕보이던 때에 내가 어찌 그를 죽일 수 없었겠는가? 그를 죽인다 해도 이름이 드러나는 것이 아니기에 참고 오늘의 공(功)을 이룬 것이다."

이리하여 한신은 과거의 일을 깨끗이 마무리했다. 그리고 얼마 후 본래 한신과 친하던 항우의 장수 종리매(鐘離昧)가 항우가 죽자 한신의 집에 몸을 의탁하였다.

한고조 유방은 종리매에게 쌓인 원한이 있어 그를 체포하려 하였다.

어떤 자가 한신에게 말했다.

"종리매의 머리를 가지고 가시면 분명히 기뻐하실 겁니다."

한신이 고심 끝에 종리매에게 의논하자 종리매가 이렇게 말했다.

"한나라 유방이 자네를 공격하지 못하는 것은 내가 여기에 있기 때문일세. 만약 나를 체포하여 한고조 유방에게 잘 보이려 한다면 나는 오늘 죽을 것이네. 그러나 자네 또한 죽을 것일세."

그리고 스스로 목을 찔러 죽었다.

한신이 종리매의 머리를 한고조에게 바쳤음에도 불구하고 포박을 당하자 한신이 탄식하며 말했다.

"아아, 과연 사람들의 말이 맞구나. '교활한 토끼가 죽고 나면 좋은 사냥개는 삶아지고(狡兎死良狗烹), 높이 나는 새가 없어지면 좋은 활은 창고에 버려지며, 적국을 무찌르고 나면 모신(謀臣)을 죽인다'고 하더니... 천하가 평정되었으니 내가 가마솥에 들어가는 것은 당연한 것이구나."

마음 약한 한고조는 한신의 모반 혐의를 용서해 주고 회음후로 강등시켰다.

기원전 197년 거록 태수 진희가 반란을 일으켰는데 한고조가 직접 토벌에 나섰으나 한신은 병을 핑계대고 출정하지 않았다.

다음해 정월 한신을 잡아들이기 위해 "진희는 살해되고 난은 평정됐다. 비록 병중이라도 경축하기 위해 조회에 참가하라"는 연락이 왔다.

하는 수 없어 한신이 조회에 참석하기 위해 입궁하였는데 여태후는 곧바로 한신을 체포하고 목을 베고 삼족을 멸했다. 한고조는 이 소식을 듣고 한편으로는 기쁘게 생각하고 한편으로는 가엽게 여겼다.

한자 Up 그레이드

토끼 **토**

꾀 많은 토끼를 그렸을 것인데 어디 한번 보자.

- 狡兎三窟(교토삼굴) 꾀 많은 토끼는 세 개의 굴을 판다. 완벽한 준비만이 재난을 막을 수 있다.

내 兔끼 꼬리 잘라 주고
죽음에서 免할까 했더니
간을 내놓으래.

토끼 토

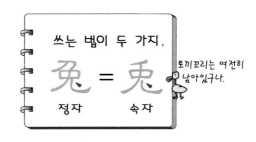

내 짧은 꼬리가 우습게 보이냐?

토끼의 刀(귀), 口(얼굴), 儿(다리)!
여기에 짧은 ヽ(꼬리)까지 그렸다..
그런데 꼬리 잘라내면 免(면할 면)이다.
토끼 꼬리 함부로 자르지 말자!

'토끼' 하면 생각나는 설화가 있다.

삼국시대 김춘추는 백제와의 싸움에서 사위와 딸이 전사하자 고구려에 구원병을 요청하러 들어갔다. 그런데 조령과 죽령 땅을 돌려 달라는 말을 거절하자 그만 감금되고 말았다.

쓰는 법이 두 가지.

兔 = 兎

정자   속자

토끼꼬리는 여전히 남아있구나.

이때 고구려 신하 선도해가 찾아와 넌지시 들려준 이야기가 "용왕님이 병이 나서 토끼의 간이 필요한데……" 하며 시작하는 '귀토지설(龜兔之說)'이다. 살기 위해서는 토끼처럼 거짓말이라도 해서 일단 빠져나가라는 암시였다. 이 깊은 뜻을 눈치챈 김춘추는 다음날 땅을 돌려주겠다는 약속을 하고 고구려 땅을 빠져나왔다.

그럼 지금부터 兔(토끼 토)와 관련된 한자들을 알아보자.

兔(토끼)가 냅다 辶(달리고) 있다. 토끼가 달린다면 이는 위험한 상황에서 빠져나와 '도망간다'는 뜻 아닌가. 그런데 이 토끼 뛰는 폼이 '逸品(일품)'이다. 이렇게 도망가면 어디론가 '숨어서' 한동안 거동을 하지 않고 '안락하게' 지낼 것이 분명하다.

달아날 **일**

그래서 이 한자의 뜻은 ①'달아날 일' ②'숨을 일' ③'뛰어날 일' ④'편안할 일'이 있다. 꾀 많은 토끼가 뛰어서인지 뜻도 다양하다.

- 逸品(일품) 아주 뛰어난 물건.
- 逸脫(일탈) 빗나가고 벗어남.
- 逸話(일화) 세상에 알려지지 않은 이야기.
- 安逸(안일) 편안하고 한가로움.

■ ☺☺☺ 내 맘대로 해석 ♨♨♨ ■

면할 **면**

兎(토끼 토)에서 꼬리가 잘려 나갔다. 도마뱀이야말로 위험에서 벗어나기 위해 꼬리를 자른다는데 토끼도 위험한 상황을 벗어나기 위해 꼬리를 잘랐다고 생각하자.

유래가 구구하니 이렇게 외워도 무리는 아닐 듯싶다.

- 免稅店(면세점) 외화 획득이나 외국인 여행자를 위해 세금을 면제하여 파는 상점.
- 免罪符(면죄부) 중세 가톨릭 교회에서 금전, 재물을 바친 사람에게 그 죄를 면한다는 뜻으로 교황이 발행하던 증서.
- 赦免(사면) 죄를 용서하여 형벌을 면제하여 줌.

힘쓸 **면**

免(면할 면)에서 음을, 力(힘 력)에서 뜻을 취해 만들었다. 죽음을 免(면)하기 위해 젖먹던 力(힘)까지 총동원한다는 데서 '힘쓸 면'이 나왔겠다. 1970년대를 보낸 사람들은 새마을 운동의 정신적인 기조인 근면(勤勉), 자조(自助), 협동(協同)을 귀에 못이 박히게 듣고 또 들으며 살아왔다. 이렇게 중요한 여섯 글자 '勤, 勉, 自, 助, 協, 同'을 중학교 900자에 넣을 만큼 당시에는 중요했을 것이나 지금은 시대가 변해 21세기이다. 나머지 다섯 한자는 지금도 활용이 많지만 이 한자는 활용할 한자어가 별로 없다.

- 勉學(면학) 학문에 힘씀.

免(면→만)에서 음을 日(해)가 서산에 지고 있는 모습에서 때가 이미 '늦었다'는 뜻과 '저녁'이란 뜻이 나왔다.

늦을 **만**

- 晩餐(만찬) 저녁 식사. 특별히 잘 차려 낸 저녁 식사.
- 晩時之歎(만시지탄) 시기에 뒤늦었음을 원통해하는 탄식.
- 晩學(만학) 나이가 들어서 공부를 시작함.
- 晩秋(만추) 늦가을.
- 大器晩成(대기만성) 남달리 뛰어난 큰 인물은 보통 사람보다 늦게 대성한다는 말.

人生如朝露(인생여조로)에서 이미 다룬 적이 있는 한자이다.

죽은 사람의 歹(뼈)를 내려다보고 있는 ヒ(사람)을 그렸다.

죽을 **사**

- 死亡(사망) 죽음
- 生死(생사) 삶과 죽음

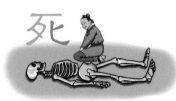

아주 먼 옛날에는 부모의 시체를 매장하지 않고 골짜기에 아무렇게나 갖다 버렸다. 어느 날 아들이 지나가다 여우와 너구리가 자기 아버지 시체를 뜯어먹고 파리, 모기가 피를 빨아먹고 있는 광경을 우연히 보게 되었는데 그 순간 이마에 진땀이 나면서 차마 눈뜨고 볼 수가 없었다. 그는 집으로 달려가 삼태기와 삽을 들

장사지낼 **장**

고 다시 가서 흙으로 시체를 덮었다. 여기서 땅을 파고 흙으로 덮는 매장(埋葬) 문화가 시작되었다고 하는데 이 내용은 맹자(孟子)가 주장한 이야기의 일부이다.

오늘날의 장례(葬禮) 풍습을 생각하면 매장(埋葬)한 死(시체) 위에 자란 艹(풀)을 생각하는 것이 당연한 것이겠지만 艹(풀 숲)에 死(시체)를 방치한 모습 둘 다 연상할 수 있다.

- 埋葬(매장) (시체나 유골을) 땅에 묻음.
- 火葬(화장) 시체를 불에 살라 장사하는 일.
- 葬送曲(장송곡) 장례 때 연주하는 악곡.
- 葬禮(장례) 장사를 지내는 일.

지금부터 무릎 꿇고 있는 ヒ(사람)을 제외한 죽은 사람의 歹(뼈)가 들어 있는 한자 4개를 보자.

차례 **서**   벌릴 **렬**

연령, 지위, 성적 따위를 일정한 순서에 따라 늘어놓은 것을 序列(서열)이라고 한다. 특히 우리 사회에서는 아주 중요하다.

序(차례 서)는 予(나 여 → 서)에서 음을 广(집 엄)에서 뜻을 취했다는데 많이 변해서 그냥 외우는 것이 낫다. 予(나 여)를 矛(창 모)로 쓰는 실수만 하지 말자.

- 順序(순서) 정해 놓은 차례.
- 序文(서문) 머리말.

列(벌릴 렬)은 살과 歹(뼈)를 刂(칼)로 분해해서 차례에 맞게 늘어놓은 모습이다. 앞서 나온 別(나눌 별)과 유래가 거의 비슷하다.

그런데 이 한자어는 '서렬'로 읽지 않고 '서열'로 읽는다. 우리가 알고 있는 두음법칙은 '단어의 첫머리가 다른 음으로 발음' 되는 것으로 알고 있다. 예를 들면 리익(利益)을 '이익'으로, 녀자(女子)를 '여자'로 읽는 것 같은 것이다.

그런데 序列(서렬)을 '서열'로 발음하는 것 역시 예외적으로 적용되는 두음법칙이다. 이는 앞 음절이 '모음'이나 'ㄴ'으로 끝날 때 적용되며, 그 예로 분열(分裂), 치열(熾烈), 나열(羅列), 파열(破裂), 비열(卑劣), 백분율(百分率)이 여기에 해당된다. 사실 두음법칙 때문에 어떤 경우엔 필자도 원음을 잊어버리는 경우가 간혹 있다.

- 班列(반열) 품계·신분·등급의 차례.
- 列島(열도) 길게 줄을 지어 늘어서 있는 섬들.
- 列强(열강) 여러 강국.
- 序列(서열) (연령·지위·성적 따위의) 일정한 순서에 따라 늘어서는 일.
- 陳列(진열) (여러 사람에게 보이려고) 물건을 죽 벌여 놓음.

亻(사람)에서 뜻을, 列(렬 → 례)에서 음을 취해 사람이 '본보기'라는 뜻인가 보다. 만물의 영장인 인간의 시체를 본보기로 삼은 것은 아니겠지?

법식 **례**

- 例文(예문)   예로서 드는 문장.
- 事例(사례)   일의 실례(實例).
- 慣例(관례)   관습이 된 전례.

列(벌릴 렬)에서 음과 뜻을 취해 활활 타오르는 灬(불길)에 자신의 뼈를 태우는 희생을 보여주고 있다. 곧고 강한 정신을 느낄 수 있다.

세찰 **렬**   선비 **사**

역사적으로 살펴보면 조선시대에 한 남편만 섬겨야 한다는 일부종사(一夫從事)를 몸소 실천한 烈女(열녀)가 있었으며, 일제시대 때 나라와 민족을 위하여 맨몸으로 싸우고 저항하다가 의롭게 죽은 烈士(열사)가 있다. 대표 인물로 유관순 烈士(열사), 이준 烈士(열사)가 있다.

士(선비 사)는 '관리자'나 '무사'를 뜻하며 학문과 인격이 '훌륭한 사람'에게도 붙여준다. 참, 土(흙 토)와 헷갈리는 일은 없어야 한다.

먼저 裂(찢을 렬)은 列(렬)에서 음을 찢어진 衣(옷)에서 뜻을 취했다.

위에 나온 烈士(렬사)를 '열사'로 읽는 것을 두음법칙이라고 하는 것쯤은 알고 있다. 龜裂(균렬)을 '균열'로 읽는 것도 앞서 말한 예외적으로 적용되는 두음법칙에 해당된다. 꼭 기억하자.

터질 **균**   찢을 **렬**

이제 거북이 등 껍데기처럼 '갈라져서 터진 모양'이란 뜻인 龜裂(균열)에서 龜(터질 균)의 유래를 보자.

그림일까? 문자이까?

거북이의 모습을 그대로 그렸다. 발가락과 등에 난 무늬와 꼬리도 있다.
주의 할 점은 독음이 3개나 있다는 것이다.
1. 거북 귀   2. 땅이름 구   3. 터질 균
헷갈리지 않게 잘 활용해야 한다.

거북 귀

뜻에 따라 음이 3가지인 이 한자는 '거북 귀'로 가장 많이 알고 있는데 나머지도 알아두면 좋다. 그런데 동물이름으로 나올 때는 '귀'로 읽어야 함에도 불구하고 '귀토지설(龜兔之說)'을 '구토지설'로 잘못 읽고 있다. 지명이나 국명으로 읽을 때는 은평구에 '구산동(龜山洞)'과 경상북도에 '구미시(龜尾市)'처럼 '구'로 읽어야 한다. 그리고 가락국시조 김수로왕의 건국신화에 나오는 시가는 '龜旨歌(구지가)로 읽어야 한다. 왜냐하면 '구지봉(龜旨峯)'이라는 산봉우리 이름에서 나왔기 때문이다. 거북이 등짝처럼 손등이 터지거나 땅바닥이 갈라졌다는 뜻을 가진 한자어는 '龜裂(균열)'로 읽어준다. 이렇게 뜻에 따라 읽는 법이 3가지이다. 얼렁뚱땅 읽지 않도록 하자.

아래 한자어도 알아두면 만사형통이다.

귀감으로 삼을 만한 인물은 누구?

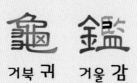

거북 귀   거울 감

자네 얼굴 잘 들여다 봐!

고대에는 거북(龜)은 껍질로 길흉을 점쳤으며, 거울(鑑)은 사물의 선악미추의 모습을 그대로 비추어 볼 수 있다.
여기서 자신을 바로잡는 '본보기'로 삼는다는 뜻인 龜鑑(귀감)이 유래했다.

狗
개 구

羊頭狗肉(양두구육)에서 이미 다룬 적이 있는 한자로 누렁이를 황구(黃狗)라고 부른다고 했다. 그럼 여기서 句(구절 구)를 음으로 삼은 한자들을 보기로 하자.

잡을 **구**　끌 **인**

句(구절 구)는 모양에서 보듯이 굽은 갈고리 모양을 하고 있는데 지금은 '구절'이란 뜻으로 쓰고 있다.

이 한자 앞에 扌(손)을 넣어 사람을 '체포하다'는 뜻이 나왔다. 혹시 옛날에는 고기잡듯이 갈고리로 사람을 잡아들인 것은 아닐까?

- 拘束(구속)　마음대로 못하게 얽어맴.
- 拘留(구류)　1일 이상 30일 미만의 기간 동안 구치소에 가두어 자유를 속박하는 형벌.
- 拘禁(구금)　피고인 또는 피의자를 공소에 따라 구치소나 교도소에 감금하는 일.

引(당길 인)은 弓(활)과 丨(화살)이 결합되어 끌어당기는 모습이다. 우리나라의 양궁선수들의 활시위를 생각하자.

- 引上(인상)　끌어 올림.
- 牽引(견인)　끌어당김.
- 割引(할인)　(일정한 값에서) 얼마를 싸게 함.

따라서 拘引(구인)이란 '소환에 응하지 아니한 경우에 끌고가는 강제처분'이다.

진실로 **구**

艹 (풀 초)에서 보듯 풀이름으로 나온 한자였으나 지금은 전혀 관계없이 ① '진실로 구' ② '구차할 구'의 뜻으로 쓰이면서 원뜻은 사라졌다. 게다가 문장 속에서 간간이 보일 뿐 활용할 한자어도 별로 없다.

- 苟且(구차)　살림이 매우 가난함.

공손할 **공** 공경할 **경**

우리나라 사람이라면 '윗사람을 恭敬(공경)해야 한다'는 말을 수도 없이 들으며 성장한다.

恭敬(공경)이란 무엇인지 어디 한자로 한번 풀어 보자.

우선 恭(공손할 공)에서 음으로 나온 共(함께 공)의 유래를 보자.

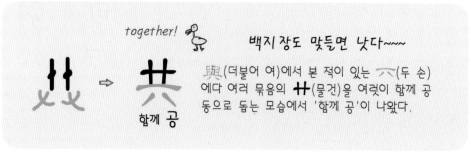

together!
백지장도 맞들면 낫다~~~

與(더불어 여)에서 본 적이 있는 ⌒⌒(두 손)에다 여러 묶음의 卄(물건)을 여럿이 함께 공동으로 돕는 모습에서 '함께 공'이 나왔다.

함께 공

共(함께 공)의 유래를 알아두면 쉽게 이해할 수 있는 한자어들이 많다.

- 公共(공공) 사회 일반이나 공중에 관계되는 것.
- 共通(공통) 여럿 사이에 두루 통용되거나 관계됨.
- 共同(공동) 두 사람 이상이 일을 같이함.
- 共犯(공범) 두 사람 이상이 짜고 함께 죄를 범하거나 가담함.
- 共産主義(공산주의) 자본주의의 붕괴와 계급투쟁에 의한 프롤레타리아 혁명을 주장하는 주의. 재산을 공동으로 갖자는 주의.

恭(공경할 공)은 여러 사람이 共(함께) 공손한 小(마음)으로 어른을 섬긴다는 뜻에서 '공손하다' '공경하다' 가 나왔다. 그렇다면 敬(공경할 경)은 어떻게 설명할 수 있을까?

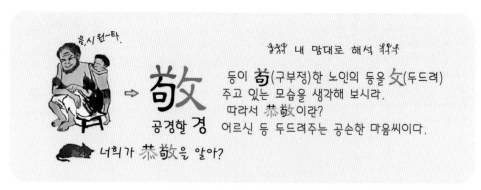

음,시원~타.

ㅇㅎㅎㅎ 내 맘대로 해석 ㅎㅎㅎ

등이 苟(구부정)한 노인의 등을 攵(두드려) 주고 있는 모습을 생각해 보시라.
따라서 恭敬이란?
어르신 등 두드려주는 공손한 마음씨이다.

공경할 경

너희가 恭敬을 알아?

그러니까 恭(공손할 공)은 정신적인 것이라면 敬(공경할 경)은 직접 실천하고 행동화하는 모습이라면 이해가 될 것이다.

그러니까 지하철에서 젊은이가 노약자석(老弱者席)에 앉아 자리를 내주지 않는 것은 恭敬(공경)하는 '마음' 도 '실천' 도 없는 것이다.

- 敬愛(경애)　존경하고 사랑함.
- 尊敬(존경)　남의 훌륭한 행위나 인격 따위를 높여 공경함.
- 敬意(경의)　존경하는 뜻.

동물들 중에 말이란 놈은 덩치만 컸지 겁이 많아 잘 놀라기로 유명하다. 숲을 가다 조그만 뱀을 보고 놀라 앞발을 들고 서서 허공을 향해 냅다 소리를 질러대는 바람에 주인이 낙마하는 일이 종종 일어난다.

놀랄 **경**

그래서 苟攵(경)에서 음을, 잘 놀라는 馬(말 마)에서 뜻을 취했다.

- 驚氣(경기)　어린아이가 깜짝깜짝 놀라고 경련이 일어나며 까무라치는 병.
- 驚愕(경악)　깜짝 놀람.
- 驚句(경구)　사람을 놀라게 할 만큼 잘 지은 시구(詩句).
- 驚異(경이)　놀라 이상스럽게 여김, 또는 놀라움.
- 驚天動地(경천동지)　세상을 크게 놀라게 함.

苟攵(경)에서 음을 言(말씀 언)에서 뜻을 취해 말과 행동을 삼가고 조심해야 한다는 데서 나왔다.

경계할 **경** 경계할 **계**

- 警句(경구)　어떤 사상이나 진리를 간결하고도 날카롭게 표현한 글귀.
- 警察(경찰)　범죄의 예방과 수사, 공공의 안녕 등을 유지하기 위한 행정과 그 기관.
- 警告(경고)　조심하라고 알림, 또는 그 말.
- 警報(경보)　위험 또는 재해가 닥쳐올 때, 사람들에게 경계하도록 알리는 일.

戒(경계할 계)는 廾(양손)과 戈(창 과)가 결합하였으니 양손으로 창을 꼭 쥐고 주위를 살피며 '경계' 하는 모습에서 만들어졌다.

정치권에서 쓰는 은어(隱語) 중에 '烹(팽)당했다'는 말이 있다. 대선 때 대통령 만들기에 가장 앞장섰던 일등공신이 대선이 끝나고 얼마 못 가서 매스컴에 뇌물수수다 뭐다 하며 비리로 오르내리다 감옥으로 끌려가는 신세가 되는 기사를 종종 본다.

삶을 **팽**

이런 일이 벌어질 때마다 정치권에서는 兔死狗烹(토사구팽)을 줄여 '烹당했다'고 수군거린다. 내막이야 우리가 알 수 없지만 뭔가 억울한 희생을 당했다는 강한 뉘앙스를 풍기는 건 사실이다.

亨(형통할 형 → 팽)에서 음을 가마솥에 灬(불)을 지피고 '삶는다'는 데서 뜻을 취했다. 그럼 여기서 亨(형통할 형)에 대해 좀더 자세히 알아보자.

이 한자는 높은 건물을 그린 高(높을 고)에서 파생되어 나온 한자로 높은 누각에서 앞을 내다 볼 때 막힘 없이 탁 트인데서 '형통할 형'이 나왔다.

亨(형통할 형)은 남자 이름에 많이 쓰므로 주의하지 않으면 낭패를 당할 수 있다.

이 한자와 비슷하게 생긴 한자로 享(누릴 향)이 있다. 모양에서 보듯 두 한자는 같은 뜻이었다가 후에 갈라져 나왔다. 음과 모양이 비슷해서 헷갈리기 쉬우니 주의해야 한다.

■ 享年(향년) 죽은 이의 한평생 살아서 누린 나이를 이르는 말.
■ 享樂(향락) 즐거움을 누림.

하는 일마다 순조롭게 잘 되라는 염원을 담은 한자어로 대미(大尾)를 장식하겠다.

萬事亨通 뒤에 기다리는 烹을 조심하게.

萬事亨通 萬事享通 하세요~ 틀렸당.
일만 만 일 사 형통할 형 통할 통
:모든 일이 거리낌 없이 뜻한 대로 다~ 잘됨.

여러분들도 하는 일마다 萬事亨通(만사형통)하세요!

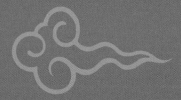

부록

- 찾기 쉬운 필수생활한자 색인
- 한중일 주요 속자·동자, 약자·간체자
- 본문에 나오는 한자성어 165
- 참고 문헌 및 사이트

· 중고등학교 교육용 기초한자 1800자는 검정색 글자로 표시함.
· 숫자는 본문 페이지 표시이며, 페이지 없는 것은 본문에 언급되지 않은 1800자 한자임.
· 청록색 글자는 기초한자 1800자 이외의 한자로 본문에 설명이 있음.

가~개

가	假 빌릴 492	價 값 449	加 더할 677	可 옳을 403	家 집 90	歌 노래 405	街 거리 306	暇 겨를 492
	佳 아름다울 305	架 시렁 677	苛 가혹할 403	哥 형 405	卡 카드 454	柯 줄기 353		
각	各 각각 740	角 뿔 219	刻 시각 384	覺 깨달을 119	却 물리칠	脚 다리	閣 누각 741	
간	干 방패 105	看 볼 446	間 사이 178	簡 대쪽 179	刊 간행할 295	姦 간사할 398	幹 줄기 294	懇 정성 669
	肝 간 105	艮 그칠 552						
갈	渴 목마를 175							
감	感 느낄 129	敢 감히 399	減 덜 129	甘 달 572	監 볼 472	鑑 거울 476	坎 구덩이 323	
갑	甲 갑옷 57							
강	強 강할 34	江 강	講 풀이할 750	降 내릴 595	康 편안할 657	剛 굳셀 610	綱 벼리 726	鋼 강철 610
	岡 산등성이 610	糠 쌀겨 432	疆 끝 601					
개	個 낱 151	改 고칠 727	開 열 181	皆 모두 364	介 끼일 123	慨 분개할	槪 대개	蓋 덮을

객~경

객	客 손님 739						
갱	更 다시 603	坑 구덩이 658					
거	去 갈 140	居 살 644	巨 클 554	擧 들 284	車 수레 366	拒 막을 554	據 의거할	距 떨어질 555
건	建 세울 656	件 물건 383	健 튼튼할 657	乾 마를 293	巾 수건 130			
걸	傑 뛰어날 250	乞 구걸할 319	桀 홰 250					
검	儉 검소할 583	檢 검사할 584	劍 칼 582					
격	擊 부딪칠	格 바로잡을	激 과격할 740	隔 막을				
견	堅 굳을 424	犬 개 29	見 볼 89	牽 끌	絹 비단 41	肩 어깨	遣 보낼 630	
결	決 결정할 505	潔 깨끗할 730	結 맺을 538	缺 이지러질 504				
겸	兼 겸할	謙 겸손할						
경	京 서울 234	慶 경사 666	敬 공경할 766	景 경치 235	經 경서 287	輕 가벼울 289	驚 놀랄 767	警 경계할 767

경~관

경

競 다툴 514	傾 기울 373	境 지경 308	鏡 거울 308	卿 벼슬 308	耕 밭갈 289	徑 지름길 289	硬 굳을 604
竟 마침내 308	頃 잠깐 373	庚 일곱째천간 57	鯨 고래 237	巠 줄기 288			

계

季 계절 148	界 지경 123	計 셀 417	鷄 닭 109	係 맬 767	戒 경계할 767	系 이을 41	繼 이을 40
階 섬돌 365	契 맺을	啓 열	癸 열째천간 57	械 기계	桂 계수나무 307	繫 맬	溪 시내

고

古 옛 150	告 알릴 592	固 굳을 151	故 옛 150	考 상고할 531	苦 쓸 151	高 높을 199	孤 외로울 702
庫 곳집 367	枯 마를 152	稿 원고 199	顧 돌아볼	鼓 북 689	姑 시어머니 152	賈 장사 449	膏 심장밑 606
敲 두드릴 716	股 넓적다리 480						

곡

曲 굽을 115	穀 곡식 43	谷 골짜기 192	哭 울 513	鵠 고니 688

곤

困 피곤할 614	坤 땅 323	昆 맏 705

골

骨 뼈 217

공

公 공평할 754	共 함께 766	功 공로 487	工 장인 487	空 빌 489	孔 구멍 268	攻 칠 489	恐 두려울 490
恭 공손할 765	貢 바칠 489	供 이바지할	廾 들 56				

과

果 과실 191	科 과목 146	課 매길 191	過 잘못 217	寡 적을 188	誇 자랑할 188	瓜 오이 703	戈 창 127

곽

郭 성곽 377

관

官 벼슬	管 대롱 121	館 집 180	關 빗장 211	貫 꿸 212	慣 버릇 212	寬 너그러울 194	冠 갓

관~궐

관

觀 볼 710	鸛 황새 710

광

光 빛 710	狂 미칠 30	廣 넓을 392	鑛 쇳돌 392

괘

掛 걸

괴

塊 흙덩이 246	愧 부끄러울 246	壞 무너질	怪 괴이할 653

교

交 사귈 119	校 학교 118	郊 성밖 122	較 견줄 122	橋 다리 453	巧 공교할 487	敎 가르칠 45	矯 바로잡을 453
喬 높을 453							

구

九 아홉 37	口 입 262	句 구절 104	救 구제할 224	求 구할 224	究 궁구할 382	舊 오랠 715	具 갖출 91
區 지경 618	構 얽을 749	球 공 499	久 오랠	丘 언덕	俱 함께 461	懼 두려워할 712	拘 잡을 765
狗 개 104	苟 진실로 765	驅 몰	蟲 찔 749	購 구매할 750	臼 절구 715		

국

國 나라 373	局 판 645	菊 국화

군

君 임금 454	郡 고을 455	群 무리 455	軍 군사 367

굴

屈 굽힐 645

궁

宮 궁궐 483	窮 다할 489	弓 활 34

권

勸 권할 711	權 권세 711	券 문서 475	卷 책 475	拳 주먹 475

궐

厥 그

궤	軌 수레길 382	几 안석 43					
귀	歸 돌아갈 140	貴 귀할 209	鬼 귀신 245	龜 거북 763			
규	規 법 137	叫 부르짖을 208	糾 얽힐 306	圭 홀			
균	均 고를	菌 버섯 147					
귤	橘 귤 94						
극	極 다할 192	劇 심할 724	克 이길 192	亟 빠를			
근	斤 도끼 40	近 가까울 406	勤 부지런할 721	謹 삼갈 721	僅 겨우 721	根 뿌리 553	槿 무궁화 722	菫 진흙 718
금	今 지금 159	琴 거문고 159	禁 금할 566	金 쇠 64	禽 날짐승 637	錦 비단		
급	急 급할 224	給 줄 629	及 미칠 225	級 등급 742			
긍	肯 긍정할	兢 조심할 221					
기	己 몸 724	記 기록할 725	起 일어날 726	紀 벼리 726	忌 꺼릴 726	其 그 441	期 기약할	基 터 700
	欺 속일	旗 깃발 441	氣 기운 318	奇 기이할 635	寄 붙어있을 639	騎 말탈 640	企 꾀할 738	器 그릇 596
	既 이미 149	幾 얼마 42	畿 경기	機 베틀 42	棄 버릴 50	祈 빌	豈 어찌	飢 주릴 702
	技 재주 369	杞 기나라 243	气 기운 318	汽 물끓는김 318			
긴	緊 팽팽할 425						

길	吉 길할 538			
(나)	那 어찌			
낙	諾 대답할			
난	暖 따뜻할 226	難 어려울 718		
남	南 남녘 439	男 사내 396		
납	納 넣을 305			
낭	娘 아가씨 549			
내	內 안 304	乃 이에 59	奈 어찌	耐 견딜 60
녀	女 계집 396			
년	年 해 739			
념	念 생각할	拈 집을 698		
녕	寧 편안할 588			
노	奴 종 397	怒 성낼 397	努 힘쓸 398	
농	農 농사 116			
뇌	腦 뇌 623	惱 괴로워할 624		

뇨	尿 오줌 644

능	能 능할 433

니	泥 진흙 104

다	多 많을 584	茶 차 491

단	單 홀 221	短 짧을 183	端 실마리 641	團 둥글 330	壇 단	檀 박달나무	段 구분	斷 끊을 40
	旦 아침 676	但 다만	丹 붉을 469	耑 끝 641	彖 판단할 725			

달	達 도달할

담	談 말씀 653	擔 멜 435	淡 묽을 653	膽 쓸개 432

답	答 대답할 629	畓 논 169	踏 밟을

당	堂 집 266	當 마땅히 263	黨 무리 280	唐 당나라	糖 사탕	螳 사마귀 548

대	大 큰 160	代 대신 587	對 마주볼 447	待 기다릴 743	帶 띠 714	隊 무리 367	臺 누대	貸 빌릴 588
	戴 이을 461							

덕	德 덕 450

도	到 이를	倒 넘어질	度 법도	渡 건널 622	道 길 623	導 이끌	徒 무리	都 도읍 377
	逃 달아날	跳 뛸	挑 돋울	桃 복숭아 141	圖 그림 676	途 길	塗 진흙	島 섬 366

도	盜 훔칠 597	稻 벼 407	陶 질그릇	刀(刂) 칼 583

독	獨 홀로 702	讀 읽을 631	毒 독 36	督 감독할	篤 도타울

돈	敦 도타울	豚 돼지 91

돌	突 갑자기 30

동	冬 겨울 339	動 움직일 406	同 같을 463	東 동녘 439	洞 동네 464	童 아이 384	銅 구리 464	凍 얼 440

두	斗 말 146	豆 콩 82	頭 머리 102

둔	屯 진칠 729	鈍 둔할 729

득	得 얻을 164

등	登 오를 82	燈 등불 83	等 같을 742	騰 오를 505

라	羅 벌릴 699

락	樂 즐거울 690	落 떨어질 740	絡 이을 740	洛 물이름 740

란	卵 알 712	亂 어지러울 510	欄 난간	蘭 난초

람	覽 볼 476	濫 넘칠 476	藍 쪽풀 472

랑	浪 물결 549	郎 사내 549	廊 복도 550	狼 이리 550	螂 사마귀 548

래	來 올 340

랭	冷 찰 440						
략	略 간략할 235	掠 노략질할					
량	兩 두 752	良 좋을 548	量 헤아릴 496	糧 양식 497	諒 살필 236	凉 서늘할 236	梁 들보 453
려	旅 나그네 441	慮 생각할 531	麗 고울 665	勵 힘쓸	呂 등골 482	戾 사나울 31	
력	力 힘 44	歷 지낼 737	曆 책력				
련	練 익힐	鍊 불릴	連 이을 366	蓮 연꽃 367	戀 그리워할 356	聯 연이을 180	憐 불쌍히여길
렬	列 벌릴 762	烈 세찰 763	劣 못할 545	裂 찢을 763			
렴	廉 청렴할	斂 거둘 586					
렵	獵 사냥 635						
령	令 명령할 331	領 거느릴 332	嶺 재	零 떨어질	靈 신령 322		
례	例 법식 763	禮 예도 117	隸 종				
로	勞 일할 483	老 늙을 530	路 길 400	露 이슬 400	爐 화로	鹵 소금 478	
록	綠 초록빛 725	錄 기록할 725	鹿 사슴 665	祿 녹 725	彔 깎을 725		
론	論 논할 285						
롱	弄 희롱할 499						

뢰	賴 힘입을	雷 천둥 321					
료	料 헤아릴 146	了 마칠 457	僚 동료 741				
룡	龍 용 87						
루	屢 여러 233	樓 다락 233	淚 눈물 31	漏 샐 321	累 포갤	泪 눈물 31	婁 맬 232
류	柳 버들 519	流 흐를 47	留 머무를 170	類 무리			
륙	六 여섯 37	陸 뭍 367					
륜	輪 바퀴 287	倫 인륜 286	侖 뭉치 286				
률	律 법 655	栗 밤나무	率 비율 49				
륭	隆 높을						
륵	肋 갈빗대 109						
릉	陵 언덕 141						
리	利 이로울 145	李 오얏 190	理 다스릴 497	里 마을 496	離 떠날 637	履 밟을 580	梨 배나무 147	吏 벼슬아치 484
	裏 속 497	鯉 잉어 536					
린	隣 이웃						
림	林 수풀 566	臨 임할 691					

립	立 설 512						
마	馬 말 202	麻 삼 567	磨 갈 567	魔 마귀 568			
막	莫 없을 296	幕 장막 298	漠 사막 297				
만	滿 가득찰 752	萬 일만 37	晩 늦을 761	慢 게으를 103	漫 질펀할 103	饅 만두 102	曼 넓을 102
말	末 끝 189						
망	亡 망할 607	望 바랄 609	忙 바쁠 608	忘 잊을 607	妄 망령될 608	罔 없을 610	茫 아득할 611	網 그물 611
	网(罒) 그물 77						
매	妹 누이 131	每 매양 172	買 살 631	賣 팔 631	埋 묻을 496	媒 중매 	梅 매화 174
맥	麥 보리 340	脈 맥 108					
맹	孟 맏 28	猛 사나울 29	盟 맹세할 562	盲 장님 608			
면	免 면할 760	勉 힘쓸 760	面 얼굴 65	眠 잠잘 686	綿 솜 	麵 밀가루 340
멸	滅 멸망할 129						
명	名 이름 616	銘 새길 617	命 명령할 331	明 밝을 148	鳴 울 365	冥 어두울 	皿 그릇 31
모	母 어머니 35	毛 털 386	侮 업신여길 174	模 본뜰 299	暮 저물 296	募 모을 298	慕 사모할 298	冒 무릅쓸 585
	某 아무개 	謀 꾀할 	貌 모양 668	矛 창 500			

목	木 나무 188	目 눈 446	牧 칠 384	睦 화목할 	沐 목욕할 192		
몰	沒 빠질 270						
몽	夢 꿈 352	蒙 입을 					
묘	妙 묘할 545	墓 무덤 299	廟 사당 292	苗 싹 	卯 토끼 170		
무	務 힘쓸 500	霧 안개 499	武 굳셀 141	無 없을 249	舞 춤출 249	茂 무성할 	戊 다섯째천간 127
	貿 바꿀 171	毋 말라 36	巫 무당 324	誣 속일 324			
묵	墨 먹 280	默 말없을 280					
문	文 글월 719	門 문 88	問 물을 178	聞 들을 177			
물	物 물건 383	勿 말라 383					
미	美 아름다울 96	米 쌀 146	未 아닐 189	味 맛 189	尾 꼬리 646	微 작을 698	眉 눈썹 447	迷 헤맬 45
	彌 꿰맬 257						
민	民 백성 686	憫 근심할 182	敏 민첩할 173	閔 근심할 182			
밀	密 빽빽할 577	蜜 꿀 575					
박	朴 순박할 278	迫 닥칠 678	拍 칠 679	泊 머무를 679	薄 얇을 327	博 넓을 329	
반	半 반 385	伴 짝 386	反 반대로 526	返 돌아올 527	飯 밥 527	叛 배반할 386	般 일반 	盤 소반

반~보

반
班
나눌
498

발
發	髮	拔	犮	ㄣ
쏠	터럭	뽑을	달릴	걸음
83	601	602	601	82

방
方	房	放	訪	防	妨	芳	倣
방향	방	놓을	찾을	막을	방해할	꽃다울	본뜰
443	444	445	444	444	444	445	446

傍	邦	旁
곁	나라	곁
445	377	445

배
拜	倍	背	配	培	排	杯	輩
절	곱	등질	짝	북돋을	밀칠	잔	무리
		363	727	77	228	77	

백
白	百	伯	魄	佰
흰	일백	맏	넋	일백
447	37	679	312	628

번
番	煩	繁	飜
차례	괴로워할	많을	번역할
170	624	173	

벌
伐	罰	閥
칠	벌줄	공로
587	77	214

범
犯	範	凡	帆
범할	법	무릇	돛
474		316	316

법
法
법
667

벽
壁	碧
벽	푸를
	172

변
變	辯	辨	邊	釆
변할	말잘할	분별할	가장자리	나눌
356			274	170

별
別
나눌
618

병
兵	病	丙	屛	竝
병사	질병	남녘	병풍	나란히설
561	613	57		513

보
保	報	步	寶	普	補	譜	甫
지킬	알릴	걸음	보배	널리	도울	족보	겨우
714	429	736	209	514	530	514	529

복~비

복
伏	服	福	卜	複	復	腹	覆
엎드릴	옷	복	점	겹칠	회복할	배	엎을
595	645	218	277	580	579	579	581

攴(攵)
칠
46

본
本
근본
189

봉
奉	封	逢	峯	蜂	鳳	蓬	縫
받들	봉할	만날	봉우리	벌	봉황	쑥	꿰맬
337	307	259	259	260	316	567	257

牽
당길
258

부
否	夫	扶	婦	富	父	部	副
아닐	남편	도울	아내	넉넉할	아버지	거느릴	버금
136	137	136	207	35	294	219	

負	浮	付	府	符	附	腐	賦
질	뜰	줄	마을	부신	붙을	썩을	구실
435	268	111	111	122	110		

赴	簿	缶	斧	阜(阝)	敷
나아갈	문서	장군	도끼	언덕	펼
329	405	568	377	328	

북
北
북녘
439

분
分	粉	紛	憤	墳	奔	奮	焚
나눌	가루	어지러울	분할	무덤	달릴	떨칠	태울
208	208	208	164	164	163	715	652

糞	賁
똥	클
195	164

불
不	佛	拂	弗
아니	부처	털	아닐
341	626	627	626

붕
朋	崩
벗	무너질
148	

비
比	批	非	悲	飛	鼻	備	妃
견줄	비평할	아닐	슬플	날	코	갖출	왕비
363	364	74	76	76	273	253	727

祕	費	肥	卑	碑	婢	匕
숨길	쓸	살찔	낮을	비석	계집종	순가락
577	627	202				75

빈~새

빈

貧 가난할 207	賓 손님 739	頻 자주	嚬 찡그릴 446

빙

氷(冫) 얼음 237	聘 부를 574

사

事 일 485	史 역사 484	使 시킬 483	四 넉 37	士 선비 763	仕 섬길 741	寺 절	射 쏠 59
師 스승 142	思 생각할 625	死 죽을 393	私 사사로울 754	絲(糸) 실 41	舍 집 550	謝 사례할 60	寫 베낄 580
査 조사할 600	社 토지신	辭 말씀 511	巳 뱀 203	似 같을 73	司 맡을	捨 버릴 551	斜 비낄
斯 이것	沙 사막 297	祀 제사 84	蛇 뱀 234	詐 속일	詞 말씀	賜 줄 171	邪 간사할
奢 사치할 584	乍 언뜻 459	厶 나 34					

삭

削 깎을 158	朔 초하루

산

山 뫼 86	散 흩어질 46	産 낳을 65	算 셈할

살

殺 죽일 413

삼

三 석 37	彡 터럭 578	森 빽빽할 566

상

上 위 453	傷 상처 520	商 장사 200	常 항상 264	想 생각 320	相 서로 447	床 상	嘗 맛볼 432
狀 형상 528	喪 죽을 513	尚 숭상할 263	霜 서리 320	象 코끼리 670	像 형상 671	賞 상줄 265	償 갚을 266
桑 뽕나무 168	裳 치마 265	詳 자세할 97	祥 상서로울 97	觴 술잔 477	爽 시원할 504		

새

塞 변방 747

색~속

색

色 빛 376	索 찾을 584	嗇 인색할 195

생

生 날 393

서

序 차례 762	書 책 654	西 서녘 439	暑 더울 78	庶 여러	徐 천천히	恕 용서할 396	敍 차례
緒 실마리	署 관청 78	誓 맹세할	逝 갈	犀 무소 384	鼠 쥐		

석

夕 저녁 304	席 자리	石 돌 209	昔 옛	惜 아낄	析 가를	釋 풀

선

仙 신선	先 먼저 347	善 착할 98	線 줄 465	船 배 602	選 뽑을 602	鮮 신선할 135	宣 베풀
旋 돌 443	禪 참선	膳 반찬 99	煽 부채질할 345	扇 부채 345	蟬 매미 547		

설

舌 혀 572	設 베풀 417	說 말씀 728	雪 눈 485

섭

攝 당길	涉 건널 737

성

城 성 128	姓 성씨 394	性 성품 394	成 이룰 127	誠 정성 128	盛 담을 128	省 살필 544	聖 성스러울 509
聲 소리 415	星 별 394						

세

世 세상 123	勢 기세 314	歲 해 739	洗 씻을 347	稅 세금 729	細 가늘 625

소

小 작을 156	少 적을 544	所 바 89	消 사라질 158	笑 웃을 698	素 바탕 583	掃 쓸 138	召 부를 573
昭 밝을	燒 불태울	疏 트일 48	蔬 푸성귀 48	蘇 깨어날	訴 하소연할	騷 떠들	

속

俗 풍속 193	續 이을 632	束 묶을 410	速 빠를 410	屬 붙을 706	粟 조

손~습

손	孫 손자 41	損 덜						
송	松 소나무 755	送 보낼 712	頌 칭송할 755	訟 송사할 755	誦 외울 253			
쇄	刷 인쇄할	鎖 쇠사슬						
쇠	衰 쇠할 257	夊 천천히걸을 242						
수	修 닦을 46	受 받을 223	守 지킬 489	手 손 56	授 줄 223	收 거둘 556	數 셈할 233	樹 나무 188
	水(氵) 물 237	秀 빼어날 148	首 머리 65	愁 근심 339	壽 목숨 601	誰 누구 700	雖 비록 700	須 모름지기 578
	囚 가둘 79	垂 드리울 687	帥 장수	搜 찾을	殊 다를 636	獸 짐승 636	睡 잠잘	輸 보낼
	遂 이룰	隨 따를	需 구할 659	殳 몽둥이 414	酬 잔돌릴 562	戍 수자리 127	讐 원수 461	
숙	叔 셋째 229	宿 묵을 679	肅 엄숙할 222	淑 맑을	孰 누구	熟 익을		
순	純 순수할 730	順 순할	巡 돌	循 돌	旬 열흘 720	殉 따라죽을	脣 입술 541	瞬 눈깜짝할
	盾 방패 500							
술	術 기술 313	戌 열한번째지지 127	述 지을					
숭	崇 높일 86							
슬	瑟 큰거문고 159							
습	習 익힐 346	濕 젖을 87	襲 엄습할	拾 주울 628				

승~안

승	勝 이길 505	承 이을 671	乘 탈 648	僧 중	昇 오를			
시	始 처음 459	市 시장 129	施 베풀 440	是 옳을 74	時 때 741	示 보일 85	視 볼 449	詩 시 741
	試 시험 586	侍 모실 742	矢 화살 182	匙 숟가락 75	豕 돼지 90	尸 주검 647	屍 시체 647	黹 진흙 599
식	式 법 586	植 심을 448	識 알 600	食 먹을 208	息 숨쉴 274	飾 꾸밀		
신	信 믿을 354	新 새 426	申 아뢸 322	神 귀신 322	臣 신하 423	身 몸 58	辛 매울 426	伸 펼 323
	愼 삼갈 539	晨 새벽 425	腎 신장	薪 섶나무 426				
실	失 잃을 165	室 집	實 열매 211					
심	心(忄,㣺) 마음 242	深 깊을 600	甚 심할 297	審 살필	尋 찾을			
십	十 열 37							
쌍	雙 쌍 684							
씨	氏 씨 394							
아	兒 아이 45	我 나 701	亞 버금 99	牙 어금니 737	芽 싹	雅 우아할	餓 주릴 702	阿 아첨할 122
	襾 덮을 449							
악	惡 악할 98	岳 큰산	堊 흰흙 101	愕 놀랄 188	噩 놀랄 188			
안	安 편안할 457	案 책상 458	眼 눈 552	顔 얼굴 65	岸 언덕	雁 기러기 687		

779

알	謁 뵐	歹 앙상한뼈 210					
암	暗 어두울 244	巖 바위 399	癌 암 616	嵒 바위 616			
압	壓 누를 594	押 누를					
앙	仰 우러를 501	央 가운데 503	殃 재앙 712	卬 우러를			
애	愛 사랑 242	哀 슬플 257	涯 끝 307	厓 언덕 307			
액	額 이마	厄 재앙 225					
야	夜 밤	野 들 283	也 어조사 565	耶 어조사			
약	弱 약할 34	約 약속 562	藥 약 691	躍 뛸 347	若 같을		
양	羊 양 95	洋 바다 96	樣 모양 97	陽 햇볕 517	養 기를 97	壤 흙	讓 사양할 518	楊 버들
	揚 날릴 518	昜 햇살 516					
어	魚 물고기 136	漁 고기잡을 135	語 말씀 354	於 어조사 411	御 어거할		
억	億 억 37	憶 생각할 245	抑 누를				
언	言 말씀 354	焉 어찌 409	彦 선비 65				
엄	嚴 엄할 398	广 집 57					
업	業 업 738						

여	如 같을 395	餘 남을 492	與 함께 281	興 수레 285	余 나 491	汝 너 396	予 나 762
역	易 바꿀 171	逆 거스를 386	域 지경 375	亦 또한 142	役 부릴 418	疫 전염병 614	譯 번역할 / 驛 역참
연	然 그럴 593	煙 담배 566	研 갈 58	延 끌	演 펼	燃 불탈 594	緣 인연 725 / 鉛 납 465
	燕 제비 646	軟 연할	宴 잔치	沿 물따라흐를 465			
열	熱 더울 314	閱 검열할 728	悅 기쁠 728				
염	炎 불꽃 653	染 물들일 383	鹽 소금 477	厭 싫어할 594			
엽	葉 잎 153						
영	榮 영화로울 481	永 길 98	英 꽃부리 502	迎 맞이할 711	映 비출 503	營 경영할 482	泳 헤엄칠 / 詠 읊을
	影 그림자 234						
예	藝 재주 313	豫 미리 284	譽 기릴	銳 날카로울 729			
오	五 다섯 37	午 낮 57	誤 잘못 462	吾 나 495	悟 깨달을 496	烏 까마귀 524	傲 거만할 / 嗚 탄식소리
	娛 즐거울 462	汚 더러울 188	吳 오나라 462				
옥	玉 구슬 498	屋 집 321	獄 감옥 473				
온	溫 따뜻할 32						
옹	擁 안을 70	翁 늙은이 753	雍 가릴 70	甕 항아리 70			

와	瓦 기와 70	臥 누울 423	蝸 달팽이 216				
완	完 완전할 615	緩 느릴 224					
왈	曰 가로 572						
왕	王 왕 498	往 갈 691					
왜	歪 바르지않을 409	矮 키작을 409	倭 나라이름 409				
외	外 바깥 304	畏 두려워할					
요	要 중요할 107	謠 노래 405	遙 멀 406	搖 흔들 406	腰 허리 107	曜 빛날 347	夭 일찍죽을 453	幺 작을 41
욕	浴 목욕할 192	欲 하고자할 193	慾 욕심 194	辱 욕될 542				
용	勇 용감할 252	容 용서할 194	用 쓸 251	庸 떳떳할	甬 솟을 252			
우	友 벗 119	右 오른쪽 617	牛 소 383	遇 만날 744	雨 비 312	優 뛰어날 244	郵 우편	于 어조사 124
	又 또 56	宇 집 124	尤 더욱 236	憂 근심 243	偶 짝 744	愚 어리석을 744	羽 깃 345	禹 짐승이름 743
운	運 돌 367	雲 구름 311	云 말할 312	韻 운				
웅	雄 수컷 685	熊 곰 432						
원	元 으뜸 615	原 근원 471	圓 둥글 309	園 동산 527	怨 원망할 553	遠 멀 406	願 바랄 471	員 인원 436
	援 구원할 224	源 근원 141	院 집 615	爰 이에 224	夗 누워뒹굴 553			

월	月 달 291	越 월나라 463	戉 도끼 127				
위	位 자리 512	偉 훌륭할 69	危 위태할 225	威 위엄 398	爲 할	圍 둘레 669	委 맡길 69	慰 위로할
	衛 지킬 69	僞 거짓 670	緯 씨 69	胃 밥통 106	謂 이를	違 어길 68	韋 가죽 66	
유	有 있을 249	油 기름 692	由 말미암을 115	遊 놀 443	遺 떨어질 630	乳 젖 267	儒 선비 659	酉 닭 560
	猶 같을 218	唯 오직 699	幼 어릴 45	幽 그윽할	悠 멀	惟 생각할 699	愈 나을	柔 부드러울 501
	維 맬 699	裕 넉넉할	誘 꾈	愉 기쁠 504	尤 머뭇거릴 270			
육	肉(月) 고기 105	育 기를 45						
윤	閏 윤달 181	潤 젖을 182	尹 성씨 455					
율	聿 붓 654							
은	恩 은혜 142	銀 은 552	隱 숨길 642					
을	乙 새 293							
음	陰 그늘 517	音 소리 244	飮 마실 193	吟 읊을 160	淫 음란할 510			
읍	邑(阝) 고을 377	泣 울 512						
응	應 응할 688	凝 엉길 241						
의	依 의지할 256	衣(衤) 옷 88	意 뜻 245	義 옳을 701	儀 거동 702	議 의논할 702	醫 의원 615	疑 의심할 241

의~잠

의
矣	宜
종결사	마땅할
396	599

이
二	以	異	移	耳	已	而	夷
두	써	다를	옮길	귀	이미	말이을	오랑캐
37	73	195	745	262	203	60	161

貳	爾
두	너
628	257

익
益	翼	弋
더할	날개	주살
33	365	587

인
人(亻)	仁	印	因	引	認	忍	寅
사람	어질	도장	인연	끌	인정할	참을	동방
390	326	144		765	62	60	57

姻	堲	刃	乀
혼인	막힐	칼날	길게걸을
	566	60	37

일
一	日	逸	壹
한	해	달아날	한
37	572	759	628

임
壬	任	賃
아홉째천간	맡길	품삯
57	510	588

입
入
들
304

잉
孕
아이밸
59

자
子	字	者	自	姉	姿	資	恣
아들	글자	놈	스스로	누이	맵시	재물	방자할
456	457	201	273	131		416	

刺	紫	玆	慈	雌
찌를	자줏빛	이	사랑할	암컷
480				685

작
作	昨	爵	酌	勺	雀
지을	어제	벼슬	따를	국자	참새
459	459		562	562	685

잔
殘	盞
해칠	술잔
210	229

잠
暫	潛	蠶
잠시	잠길	누에
304	169	168

잡~접

잡
雜
섞일
638

장
場	腸	壯	將	獎	裝	長(镸)	帳
마당	창자	굳셀	장수	장려할	꾸밀	길	휘장
519	516	516	528	528	528	601	603

張	章	障	丈	墻	掌	粧	莊
베풀	법	막을	어른	담	손바닥	단장할	별장
603	668	302	195	195	265		528

葬	藏	臟	爿
장사지낼	감출	내장	조각
761	528	528	528

재
再	在	才	材	財	災	裁	載
다시	있을	재주	재목	재물	재앙	옷마를	실을
751	212	213	213	214	503		744

哉	栽	宰
어조사	심을	재상

쟁
爭
다툴
221

저
低	貯	底	抵	著	氐
낮을	쌓을	아래	막을	나타날	낮을
537	588	537		431	537

적
的	赤	敵	適	積	績	籍	賊
과녁	붉을	원수	갈	쌓을	길쌈질	서적	도둑
563	491	201	202				597

跡	寂	摘	滴	商	翟
자취	고요할	딸	물방울	밑동	꿩
141		202	202	201	347

전
傳	全	典	前	展	戰	田	錢
전할	온전할	책	앞	펼	싸울	밭	돈
330	304	287	126	647	221	169	210

電	專	轉	殿
번개	오로지	구를	큰집
320	328	330	330

절
節	絕	切	折	竊	(卪,卩)
마디	끊을	끊을	꺾을	훔칠	병부
148	378	735		489	475

점
占	店	點	漸
점칠	가게	찍을	점점
277	278	277	303

접
接	蝶
사귈	나비
430	152

정~주

정
正 바를 408	政 정사 407	整 정돈할 410	丁 장정 588	停 머무를 588	定 정할 539	庭 뜰 57	情 뜻 470
精 정밀할 471	靜 고요할 222	程 길 508	井 우물 469	淨 깨끗할 222	貞 곧을 436	頂 정수리 588	亭 정자 588
廷 조정 56	征 칠 408	訂 바로잡을 588	挺 빼낼 55	晶 빛날 395	睛 눈동자 675	呈 드릴 509	

제
| 帝 임금 317 | 弟 아우 730 | 祭 제사 84 | 際 사이 87 | 第 차례 730 | 制 누를 162 | 製 지을 162 | 除 덜 |
| 題 제목 74 | 提 끌 75 | 濟 구제할 288 | 齊 가지런할 153 | 諸 모두 | 堤 둑 75 | | |

조
助 도울 598	祖 조상 598	組 짤 599	早 일찍 163	朝 아침 291	潮 조수 292	調 고를 292	造 지을 592
鳥 새 346	操 잡을	條 가지	兆 조 37	弔 조상할	照 비칠 721	燥 마를	租 세금 599
爪(爫) 손톱 56	趙 나라이름 158	糟 술지게미 432					

족
| 足 발 48 | 族 겨레 442 |

존
| 存 있을 212 | 尊 높을 706 |

졸
| 卒 병사 561 | 拙 졸할 62 |

종
| 宗 종묘 85 | 從 따를 390 | 終 마칠 339 | 種 씨 | 鐘 종 | 縱 세로 390 |

좌
| 左 왼 | 座 자리 617 | 坐 앉을 | 佐 도울 |

죄
| 罪 허물 77 |

주
| 主 주인 691 | 住 살 691 | 注 물댈 692 | 晝 낮 676 | 朱 붉을 491 | 走 달릴 163 | 酒 술 560 | 周 두루 |

주~질

주
| 州 고을 562 | 舟 배 464 | 宙 집 124 | 奏 연주할 337 | 柱 기둥 692 | 洲 섬 | 株 그루 | 珠 구슬 |
| 鑄 쇠불릴 | 尌 세울 189 | | | | | | |

죽
| 竹 대 179 |

준
| 準 법도 700 | 俊 준걸 | 遵 좇을 707 | 隼 매 700 |

줄
| 崒 지껄일 507 |

중
| 中 가운데 229 | 衆 무리 455 | 重 무거울 406 | 仲 버금 229 |

즉
| 卽 즉시 149 |

증
| 增 더할 648 | 曾 일찍 648 | 憎 미워할 648 | 贈 줄 648 | 證 증거 648 | 症 증세 83 | 蒸 찔 613 |

지
地 땅 565	志 뜻 688	誌 기록할	知 알 182	智 지혜 183	持 가질 742	指 가리킬 664	支 버틸 369
止 그칠 408	紙 종이 538	至 이를 273	只 다만 723	枝 가지 369	池 연못 564	遲 늦을 384	之 갈 144
旨 맛 664	枳 탱자 94						

직
| 直 곧을 448 | 織 짤 599 | 職 벼슬 600 |

진
| 盡 다할 655 | 眞 참 448 | 進 나아갈 686 | 珍 보배 | 陣 진칠 364 | 震 진동할 540 | 辰 별 540 | 振 떨칠 541 |
| 鎭 진압할 | 陳 늘어놓을 440 | 秦 진나라 337 | | | | | |

질
| 質 바탕 | 姪 조카 612 | 疾 질병 165 | 秩 차례 613 | 嫉 시기할 613 |

짐~천

짐	朕 나 505						
집	集 모일 637	執 잡을 428					
징	徵 부를	懲 징계할					
차	次 다음 597	差 어긋날	且 또 598	借 빌릴	此 이것 685		
착	着 붙을 430	捉 잡을 678	錯 어긋날				
찬	讚 기릴 348	贊 도울 348					
찰	察 살필 86						
참	參 참여할 628	慘 참혹할 303	慙 부끄러울 303	斬 벨	僭 일찍 168		
창	唱 노래 395	窓 창 463	創 비롯할 592	昌 창성할 395	倉 곳집 592	暢 펼 520	蒼 푸를 593
채	採 캘 638	菜 나물 638	彩 무늬 639	債 빚	豸 해태 666	廌 해태 666	采 캘 638
책	册 책 287	責 꾸짖을 436	策 꾀				
처	處 곳 413	妻 아내 431					
척	尺 자 56	戚 겨레	拓 개척할	斥 물리칠	隻 하나 684		
천	千 일천 37	天 하늘	泉 샘 198	淺 얕을 211	賤 천할 208	踐 밟을 211	薦 천거할 666	遷 옮길 37
	川(巛) 내 503	仟 일천 628	舛 어그러질 250	串 꿰미 232			

철~출

철	鐵 쇠 64	哲 밝을	徹 뚫을 556	撤 거둘 556	轍 바퀴자국 555	
첨	尖 뾰족할 157	添 더할 677	僉 모두 582	詹 소곤거릴 435		
첩	妾 첩 430					
청	靑 푸를 469	淸 맑을 470	請 청할 471	晴 갤 470	聽 들을 449	廳 관청 450
체	體 몸 118	替 바꿀	滯 막힐	逮 잡을	遞 갈마들	
초	初 처음 256	招 부를 574	草(艹) 풀 163	抄 베낄 545	秒 초 545	肖 닮을 157	礎 주춧돌	超 넘을 574
촉	促 재촉할 678	燭 촛불 705	觸 닿을 705	蜀 나라이름 704		
촌	寸 마디 56	村 마을 190				
총	銃 총 49	總 묶을 219	聰 총명할 220	悤 바쁠 219		
최	最 가장 544	催 재촉할 686	崔 성씨 686			
추	推 옮길 710	秋 가을 338	追 쫓을 141	抽 뽑을	醜 추할 561	隹 새 346	帚 빗자루 138
축	祝 빌 723	築 쌓을 656	縮 오그라들	蓄 모을 680	丑 소 57	畜 가축	逐 쫓을 91	筑 악기이름 657
	蹙 찡그릴 446					
춘	春 봄 337					
출	出 날 62	朮 차조 313				

충	充 채울 48	忠 충성 231	衝 부딪칠	蟲(虫) 벌레 168			
취	取 취할 542	就 나아갈 236	趣 달릴 543	吹 불 193	臭 냄새 272	醉 취할 561	
측	測 잴	側 곁					
층	層 층 647						
치	治 다스릴 457	致 이를	齒 이 737	置 둘 448	恥 부끄러울 542	値 값 449	侈 사치할 584　多 해태 666
	廌 해태 666						
칙	則 법칙 112						
친	親 친할 427						
칠	七 일곱 37	漆 옻					
침	針 바늘 417	侵 침노할	寢 잠잘	枕 베개 270	沈 잠길 268	浸 잠길	
칭	稱 일컬을 751						
쾌	快 상쾌할 504	夬 터놓을 502					
타	他 다를 565	打 칠 587	墮 떨어질	妥 온당할	它 다를 234		
탁	卓 높을	托 맡길 692	濁 흐릴 705	濯 씻을 347	啄 쪼을 507	乇 부탁할 692	
탄	彈 탄알	歎 탄식할 719	炭 숯	誕 태어날 58			

탈	脫 벗을 728	奪 빼앗을 716						
탐	探 찾을 600	貪 탐할 159						
탑	塔 탑 629							
탕	湯 끓일 519							
태	太 클 160	態 모양 433	泰 클 161	怠 게으를 458	殆 위태할 458	胎 태아 459	台 별이름 457	兌 웃을 727
택	宅 집 691	擇 택할 655	澤 연못					
토	土 흙 75	討 칠	吐 토할	兔 토끼 758				
통	統 거느릴 49	通 통할 252	痛 아플 613					
퇴	退 물러날 554							
투	投 던질 416	鬪 싸움 43	透 통할 148	妬 시기할 613				
특	特 특별 742							
파	波 물결 67	破 깨뜨릴 67	派 갈래 108	把 잡을 205	播 뿌릴 434	罷 그만둘 68	頗 자못	巴 큰뱀 204
판	判 판단할 386	板 널빤지 528	版 판목 528	販 팔 527				
팔	八 여덟 37							
패	敗 패할 110	貝 조개 112	狽 이리 550					

팽	烹 삶을 767						
편	便 편할 604	篇 책	片 조각 528	偏 치우칠	編 엮을	遍 두루 90	
평	平 평평할 753	評 평론할 753					
폐	閉 닫을 181	幣 비단 640	弊 폐단 641	廢 폐할 84	肺 허파 130	蔽 가릴 642	敝 해진옷 640
포	布 베 490	包 쌀 69	胞 태의 70	抱 안을 70	捕 사로잡을 529	浦 개펄 529	飽 배부를 71
	怖 두려울 490	哺 먹일 529	鮑 절인어물 121				
폭	暴 사나울 50	爆 터질 52	幅 너비 219				
표	表 겉 497	票 쪽지 563	標 표할 563	漂 떠다닐			
품	品 물건 616						
풍	風 바람 314	豊 풍년 116					
피	避 피할	疲 피곤할 614	皮 가죽 66	彼 저 67	被 입을 256		
필	必 반드시 577	筆 붓 654	匹 짝	畢 마칠			
하	下 아래 453	夏 여름 338	河 강 404	何 어찌 404	荷 멜 404	賀 하례할 678	
학	學 배울 118	鶴 학 713	虐 모질 413				
한	寒 찰 749	韓 나라이름 292	恨 한할 553	限 한계 553	漢 물이름 719	閑 한가할 178	旱 가물

할	割 나눌 418						
함	含 머금을	咸 다 129	陷 빠질				
합	合 합할 628						
항	抗 막을 659	港 항구	航 배 658	恒 항상	巷 거리	項 목	亢 높을 658
해	害 해칠 419	海 바다 172	解 풀 352	亥 돼지 57	奚 어찌	該 갖출 109	
핵	核 씨						
행	幸 다행 427	行 다닐 69					
향	向 향할 263	鄕 고향 150	香 향기 146	享 누릴 768	響 울릴		
허	虛 빌 412	許 허락할 383					
헌	憲 법	獻 바칠	軒 집				
험	險 험할 585	驗 시험 586					
혁	革 가죽 66						
현	現 나타날 449	賢 어질 425	玄 검을	絃 줄 378	縣 고을	懸 매달 480	顯 나타날
혈	血 피 31	穴 구멍 489	頁 머리 65				
혐	嫌 싫어할						

汗
땀
178

협	協 맞을 348	脅 옆구리					
형	兄 형 723	刑 형벌 295	形 모양 295	亨 형통할 768	衡 저울대	螢 개똥벌레 481	
혜	惠 은혜 330	兮 어조사 486	慧 슬기로울 486	彗 꼬리별			
호	呼 부를 751	好 좋아할 457	戶 집 89	湖 호수 153	號 부르짖을 412	護 보호할 714	乎 어조사 751	虎 범 412
	互 서로 199	毫 잔털	浩 넓을 592	胡 오랑캐 152	豪 뛰어날 199	狐 여우 703	号 부르짖을 412
혹	或 혹시 374	惑 미혹할 375					
혼	婚 혼인할 538	混 섞을 705	昏 어두울 537	魂 넋 312			
홀	忽 갑자기						
홍	紅 붉을 491	弘 넓을 33	洪 큰물	鴻 기러기 688			
화	化 될 356	花 꽃 355	禾 벼 145	和 화할 147	畵 그림 674	華 빛날 161	話 말할 572	貨 재화 640
	禍 재앙 218	火(灬) 불 653	靴 가죽신 357				
확	確 굳을 713	擴 넓힐 393	穫 벼벨 714	雀 높이날 712			
환	患 근심 232	歡 기뻐할 711	環 고리 527	丸 알 383	換 바꿀 574	還 돌아올 527	幻 변할 44	喚 부를 573
활	活 살 573	滑 미끄러울 156					
황	黃 누를 392	況 상황 723	皇 임금 317	荒 거칠	鳳 봉황 316	肓 명치 607	

회	回 돌 579	會 모일 373	悔 후회할 175	懷 품을	膾 회 648
획	劃 그을 675	獲 얻을 713			
횡	橫 가로 390				
효	孝 효도 530	效 본받을 121	曉 새벽	梟 올빼미 523	
후	厚 두터울 328	後 뒤 126	候 기후	侯 제후	朽 썩을 187
훈	訓 가르칠				
훼	毁 헐	卉 풀 163			
휘	揮 휘두를 368	輝 빛날 368			
휴	休 쉴 190	携 이끌 714			
흉	凶 흉할 106	胸 가슴 106	匈 오랑캐 106		
흑	黑 검을 279				
흠	欠 하품 193				
흡	吸 숨쉴				
흥	興 일어날 284				
희	喜 기쁠 689	希 바랄 490	戲 희롱할 499	稀 드물	囍 쌍희 690

한중일 주요 속자·동자, 약자·간체자

〈속자 · 동자〉

姦 = 奸
간사할 **간**

鑑 = 鑒
거울 **감**

強 = 强
강할 **강**

個 = 箇
낱 **개**

敎 = 教
가르칠 **교**

暖 = 煖
따뜻할 **난**

內 = 内
안 **내**

涼 = 凉
서늘할 **량**

裏 = 裡
속 **리**

麪 = 麵
밀가루 **면**

杯 = 盃
잔 **배**

峰 = 峯
봉우리 **봉**

負 = 負
질 **부**

秘 = 祕
숨길 **비**

沙 = 砂
모래 **사**

尙 = 尚
숭상할 **상**

選 = 選
뽑을 **선**

疏 = 疎
트일 **소**

衰 = 衰
쇠할 **쇠**

鴈 = 雁
기러기 **안**

益 = 益
더할 **익**

姉 = 姊
손윗누이 **자**

牆 = 墻
담 **장**

全 = 全
온전할 **전**

冊 = 册
책 **책**

歎 = 嘆
탄식할 **탄**

兎 = 兔
토끼 **토**

閑 = 閒
한가할 **한**

黃 = 黄
누를 **황**

戱 = 戲
희롱할 **희**

788

〈약자 · 간체자〉

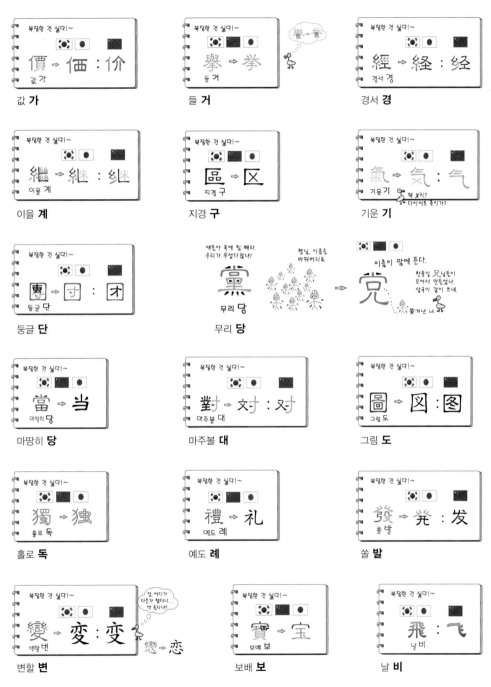

價 ⇒ 価 : 价
값 가

擧 ⇒ 挙
들 거

經 ⇒ 経 : 经
경서 경

繼 ⇒ 継 : 继
이을 계

區 ⇒ 区
지경 구

氣 ⇒ 気 : 气
기운 기

團 ⇒ 団 : 才
둥글 단

黨 ⇒ 党
무리 당

當 ⇒ 当
마땅히 당

對 ⇒ 対 : 对
마주볼 대

圖 ⇒ 図 : 图
그림 도

獨 ⇒ 独
홀로 독

禮 ⇒ 礼
예도 례

發 ⇒ 発 : 发
쏠 발

變 ⇒ 変 : 変
변할 변

戀 ⇒ 恋

寶 ⇒ 宝
보배 보

飛 : 飞
날 비

789

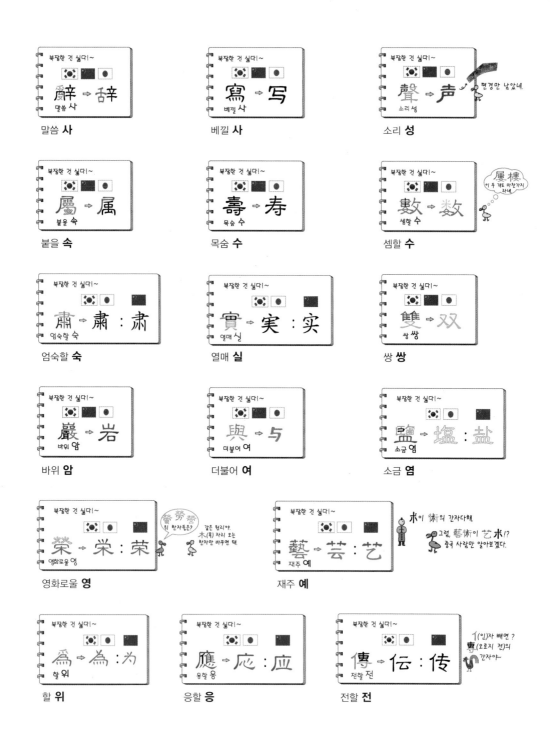

말씀 **사**

베낄 **사**

소리 **성**

붙을 **속**

목숨 **수**

셈할 **수**

엄숙할 **숙**

열매 **실**

쌍 **쌍**

바위 **암**

더불어 **여**

소금 **염**

영화로울 **영**

재주 **예**

할 **위**

응할 **응**

전할 **전**

북잡한 건 싫다~

點 ⇒ 点
찍을 점

찍을 점

북잡한 건 싫다~

處 ⇒ 処 : 処
곳 처

곳 처

북잡한 건 싫다~

鐵 ⇒ 鉄 : 铁
쇠 철

쇠 철

북잡한 건 싫다~

廳 ⇒ 庁 : 厅
관청 청

관청 청

북잡한 건 싫다~

體 ⇒ 体
몸 체

休(쉴 휴)랑 헷갈린다구요!?

몸 체

북잡한 건 싫다~

總 ⇒ 総 : 总
묶을 총

묶을 총

북잡한 건 싫다~

齒 ⇒ 歯 : 齿
이 치

이 치

북잡한 건 싫다~

學 ⇒ 学
字(글자 자)랑 혼동하지 말자.

일본(?)은? 覺 ⇒ 覚

배울 학

북잡한 건 싫다~

號 ⇒ 号
부르짖을 호

부르짖을 호

북잡한 건 싫다~

畫 ⇒ 画 : 画
그림 화

畵 획자도 많이 나온다.

그림 화

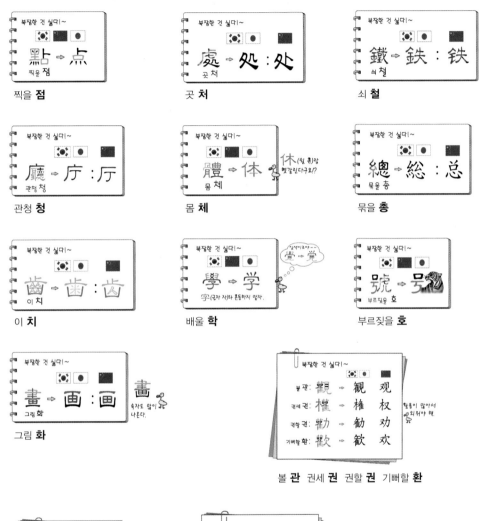

북잡한 건 싫다~

볼 관	觀 ⇒	観	观
권세 권	權 ⇒	権	权
권할 권	勸 ⇒	勧	劝
기뻐할 환	歡 ⇒	歓	欢

활동이 많아서 외워야 해.

볼 관 권세 권 권할 권 기뻐할 환

북잡한 건 싫다~

살 매	買	買	买
팔 매	賣	売	卖
읽을 독	讀	読	读
이을 속	續	続	续

난 오히려 더 복잡해 보이는 걸

살 매 팔 매 읽을 독 이을 속

비교해 볼까~~

正字(정체)	略字(약자)	簡體字(간체자)
韓國	韓国	韩国 :한국
經濟	経済	经济 :경제
農業	農業	农业 :농업
主義	主義	主义 :주의
關係	関係	关系 :관계
車	車	车 :차

한국, 경제, 농업, 주의, 관계, 차

북잡한 건 싫다~

樂 ⇒ 楽 : 乐
풍류 악

藥 ⇒ 薬 : 药
약 약

풍류 악 약 약

會 의원 금뱃지는 국민을 생각하는 일꾼에게 달아 주자 ! 😊

뚜껑 열린 국회?

본교룔 좋아하면 나라 망한다~

🔲 : 国 会

나라 **국** 모일 **회**

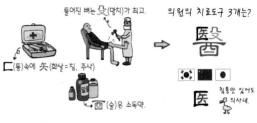

틀어진 뼈는 殳(망치)가 최고.

의원의 치료도구 3개는?

匸(통)속에 矢(화살=침, 주사)

얼룩

酉(술)은 소독약.

醫

침통만 있어도 의사네.

医

의원 **의**

어지러울 **란**

어지러울 **란**

손

손

정자 龍과 간자체 龙을 찾아라!

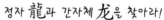

미꾸라지처럼 보여~

용 **룡**

지금 중국에서는...

幾 ➡ 几 机 ⬅ 機
얼마 기   베틀 기

엉? "안석 궤"가 왜 여기 있지?

한자 음은?

우리 중국에서 만든 간체자 중에 현재 한자에서 쓰는 정자를 간체자로 쓰는 경우가 있다해. 아래 한자들을 보라해.

< 진시황 병마용갱에서 >

彩绘俑头
COLORING HEADS OF WARRIORS

頁 의 간자.

못 '음'이 보겠다.

머리 **두**

雲 ➡ 云   裡·里   鬪   斗   穀·谷
구름 운 운할운 속 리 마을리 싸울 투 대 두 곡식 곡 계 곡

그럼, 흰구름은 白云으로, 鬪爭(투쟁)을 斗爭으로 쓰겠네!

얼마 **기** 베틀 **기**

豊 ➡ 豐 ➡ 豊
         풍성할 풍   약자

풍성할 **풍**

북적(北狄) 중앙에서 빛나는 문명민족이라는 중화사상이 있다해.

서윰(西戎) 中華 동이(東夷)

그럼 우리도 등록 오랑캐야? 너네 맘대로 갖다 붙이지마!

남만(南蠻)

華(빛날 화)는 🌸(꽃)을 그린 모양인데 너무 복잡하자 花(꽃 화)를 다시 만들었다.

지금 중국에서는. 華(빛날 화)를 华 이렇게 쓴다.
              간자

빛날 **화**

중국에서는...

马
간자

말 **마**

의로워. 재네는 뭐냐? 우리처럼 해 봐——

요즘 길거리의 연인들 모습이야.

立 설 립

立立 = 竝 나란히설 병

나란히설 **병**

컴퓨터를 중국어 간자로...

전기(電氣)가 통하는 영리한 뇌(腦)란 뜻이 라네요.

電腦
电脑
전뇌
dian nao 간자

뇌 **뇌**

'한강이 흐르는 큰 도시' 란 뜻이네

영혼 순
알릴 보

漢城旬報
統理衙門博文局

<중국에서는...>
漢 ⇨ 汉
한수 **한**

한수 **한**

진정한 사슴을 가리는 진검 승부!

록, 내 룡

鹿 : 麗
사슴 록   고울 려

감히 나에게 도전을 해?

중국에선 간자로 丽(鬲)만 쓰니 쉽다해.

고울 **려**

麵生麵死

쫄깃쫄깃한 麵 빨~~~

중국의 간자로 쓰면...
面生面死

우리 중국에서는 面(면)을 간자로 쓰니까 조심하라해.

참나, '얼굴에 죽고 얼굴에 산다.'로 해석했잖아!

CUP 라麵

밀가루 **면**

어, 한자가 다르네.

謹弔
정자

?

謹弔
속자

조상할 **조**

조상할 **조**

두 건물의 한자 비교하자.

난 낯설어.

<대만>
畫廊
眼鏡   金銀銅

<중국>
画廊
眼镜   金银铜

좀 다르지만 읽을만하네.

화랑, 안경, 금은동

풍성할 **풍**

가장자리 **변**

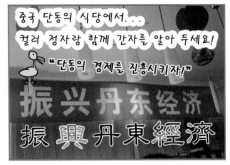

흥할 **흥** 동녘 **동** 경서 **경** 건널 **제**

차 **차**

마당 **장**

본문에 나오는 한자성어 165

가렴주구 苛斂誅求 ◀401

가인박명 佳人薄命 ◀325

가정맹어호 苛政猛於虎 ◀401

결초보은 結草報恩 ◀429

경국지색 傾國之色 ◀370

경세제민 經世濟民 ◀288

계륵 鷄肋 ◀109

고황지질 膏肓之疾 ◀605

곡학아세 曲學阿世 ◀113

과유불급 過猶不及 ◀218

과전불납리 瓜田不納履 ◀581

관포지교 管鮑之交 ◀121

교언영색 巧言令色 ◀488

교학상장 教學相長 ◀467

구밀복검 口蜜腹劍 ◀569

구상유취 口尙乳臭 ◀261

구우일모 九牛一毛 ◀379

귀감 龜鑑 ◀764

귀거래사 歸去來辭 ◀140

극기 克己 ◀724

근주자적 근묵자흑 近朱者赤 近墨者黑 ◀567

금상첨화 錦上添花 ◀683

기우 杞憂 ◀243

기화가거 奇貨可居 ◀633

난형난제 難兄難弟 ◀717

남가일몽 南柯一夢 ◀353

남귤북지 南橘北枳 ◀94

남상 濫觴 ◀477

낭패 狼狽 ◀550

내조 內助 ◀733

노익장 老益壯 ◀34

능서불택필 能書不擇筆 ◀655

다다익선 多多益善 ◀34

단기지교 斷機之教 ◀38

단장 斷腸 ◀515

당랑거철 螳螂拒轍 ◀546

당랑포선 螳螂捕蟬 ◀547

도불습유 道不拾遺 ◀620

도원결의 桃園結義 ◀701

독서백편의자현 讀書百遍義自見 ◀90

등용문 登龍門 ◀80

마부작침 磨斧作針 ◀568

마이동풍 馬耳東風 ◀315

마중지봉 麻中之蓬 ◀567

만사형통 萬事亨通 ◀768

망매해갈 望梅解渴 ◀175

맥수지탄 麥秀之嘆 ◀340

맹모삼천 孟母三遷 ◀26

모순 矛盾 ◀500

무릉도원 武陵桃源 ◀141

무용지용 無用之用 ◀247

문일지십 聞一知十 ◀176

문전성시 門前成市 ◀125

문전작라 門前雀羅 ◀126

미봉책 彌縫策 ◀258

반포지효 反哺之孝 ◀521

배수진 背水陣 ◀364

배중사영 杯中蛇影 ◀227

백문불여일견 百聞不如一見 ◀90, 178

백미 白眉 ◀447

백아절현 伯牙絶絃 ◀378

별천지 別天地 ◀619

복수난수 覆水難收 ◀582

봉생마중 蓬生麻中 ◀567

부귀재천 富貴在天 ◀206

부동심 不動心 ◀376

부익부 빈익빈 富盆富 貧盆貧 ◀34

분서갱유 焚書坑儒 ◀649

불구대천지수 不俱戴天之讎 ◀461

불인지심 不忍之心 ◀61

불혹 不惑 ◀376

비익조연리지 比翼鳥連理枝 ◀358

빙산일각 氷山一角 ◀237

사이비 似而非 ◀72

사지 四知 ◀578

삼고초려 三顧草廬 ◀143

상전벽해 桑田碧海 ◀166

새옹지마 塞翁之馬 ◀746

서시빈목 西施嚬目 ◀438

소탐대실 小貪大失 ◀154

순망치한 脣亡齒寒 ◀541

신체발부수지부모 身體髮膚受之父母 ◀536

십시일반 十匙一飯 ◀75

쌍리약출 雙鯉躍出 ◀536

쌍희임문 雙喜臨門 ◀681

안서 雁書 ◀389

압권 壓卷 ◀475

약법삼장 約法三章 ◀668

양두구육 羊頭狗肉 ◀92

양상군자 梁上君子 ◀451

어부지리 漁夫之利 ◀134

여민동락 與民同樂 ◀282

여반장 如反掌 ◀61

역성혁명 易姓革命 ◀332

연목구어 緣木求魚 ◀725

염화미소 拈華微笑 ◀698

오리무중 五里霧中 ◀493

오십보백보 五十步百步 ◀495

오월동주 吳越同舟 ◀460

온고지신 溫故知新 ◀33

와각지쟁 蝸角之爭 ◀215

와신상담 臥薪嘗膽 ◀420

우공이산 愚公移山 ◀745

운우지정 雲雨之情 ◀310

유아독존 唯我獨尊 ◀694

의기양양 意氣揚揚 ◀93

의심암귀 疑心暗鬼 ◀240

이이제이 以夷制夷 ◀162

이전투구 泥田鬪狗 ◀104

인면수심 人面獸心 ◀636

인생여조로 人生如朝露 ◀387

인자무적 仁者無敵 ◀201

일각여삼추 一刻如三秋 ◀385

일엽장목 一葉障目 ◀302

입신양명 立身揚名 ◀518

자두연기 煮豆燃萁 ◀732

자포자기 自暴自棄 ◀52

전철 前轍 ◀555

점심 點心 ◀275

점입가경 漸入佳境 ◀300

정문입설 程門立雪 ◀506

정신이출 挺身而出 ◀53

조강지처 糟糠之妻 ◀432

조삼모사 朝三暮四 ◀290

조장 助長 ◀591

종횡무진 縱橫無盡 ◀391

좌우명 座右銘 ◀617

주지육림 酒池肉林 ◀557

줄탁동시 啐啄同時 ◀507

중도이폐 中道而廢 ◀185

지록위마 指鹿爲馬 ◀662

지지위지지 부지위부지 시지야 知之爲知之
    不知爲不知 是知也 ◀185

지피지기 知彼知己 ◀68

진충보국 盡忠報國 ◀656

채미가 采薇歌 ◀230

천고마비 天高馬肥 ◀196

천의무봉 天衣無縫 ◀254

천재일우 千載一遇 ◀744

철면피 鐵面皮 ◀63

청출어람 靑出於藍 ◀466

추선 秋扇 ◀342

춘래불사춘 春來不似春 ◀334

출사표 出師表 ◀143

칠보지시 七步之詩 ◀731

타산지석 他山之石 ◀566

토사구팽 兔死狗烹 ◀756

퇴고 推敲 ◀708

파경중원 破鏡重圓 ◀309

풍수지탄 風樹之嘆 ◀535

학이시습지 불역열호 學而時習之不亦說乎 ◀142

해어화 解語花 ◀349

현두자고 懸頭刺股 ◀480

형설지공 螢雪之功 ◀479

호가호위 狐假虎威 ◀703

호연지기 浩然之氣 ◀590

호접몽 胡蝶夢 ◀153

혼정신성 昏定晨省 ◀534

홍곡지지 鴻鵠之志 ◀688

홍일점 紅一點 ◀683

화룡점정 畫龍點睛 ◀675

화사첨족 畫蛇添足 ◀672

회자정리 會者定離 ◀539

후목분장 朽木糞牆 ◀184

후생가외 後生可畏 ◀468

참고 문헌 및 사이트

※ 이 책에서 인용·참조한 자료들은 출처를 밝히거나 직접 저작권자의 허락을 받았습니다. 그러나 일부 자료는 아직 저작권자를 찾지 못했습니다. 일부 자료에 직간접으로 관련된 분들은 연락주시기 바랍니다.

- 김성재 지음,《갑골에 새겨진 신화와 역사》, 동녘, 2000.
- 김언종 지음,《한자의 뿌리 1, 2》, 문학동네, 2001.
- 김원중 지음,《중국의 풍속》, 을유문화사, 1997.
- 김인종 지음,《그림 한자》, 바다출판사, 2001.
- 유의경 지음·김장환 옮김,《세설신어 상·중·하》, 살림, 2000.
- 이재돈 지음,《한자를 찾아서》, 상록수, 1998.
- 이훈종 지음,《한자의 바른 길 빠른 길》, 일조각, 1985.
- 전광진 지음,《뿌리를 찾는 한자 2350》, 조선일보사, 2000.
- 정민 외 지음,《살아있는 한자 교과서》, 휴머니스트, 2004.
- 정춘수 지음,《한자 오디세이》, 부키, 2003.
- 허세욱 지음,《중국문학기행》, 학고재, 2000.
- 허진웅 지음·홍희 옮김,《중국고대사회》, 동문선, 1991.
- 세실리아 링크비스트 지음·하영삼 외 옮김,《한자왕국》, 청년사, 2002.

- 許愼 著,《說文解字》, 中華書局, 2003.
- 吳兆基 編著,《中華成語故事 上·下》, 京華出版社, 2002.
- 吳兆基 編著,《唐詩三百首》, 京華出版社, 2002.
- 盧孟來 編著,《中國古典散文名句錘煉口才》, 廣東經濟出版社, 2004.
- 盧孟來 編著,《唐詩宋詞名句錘煉口才》, 廣東經濟出版社, 2004.
- 楊飛 主編,《中國繪畵》, 中國文史出版社, 2004.
- 商務印書館 編輯部,《古漢語常用字字典》, 商務印書館, 2000.
- Rick Harbaugh,《中文字譜》, 翰蘆出版社, 1998.

- Dr. L. Wieger, S.J. *CHINESE CHARACTERS*, Dover Dimensions, 1965.
- 林語堂當代漢英詞典 www.arts.cuhk.edu.hk/Lexis/Lindict
- 中華里 www.chinalane.org
- 中華民國敎育部異體字字典 http://140.111.1.40/
- 李白 www.chiculture.net/0408/html/index.php
- 中國國家博物館 www.nmch.gov.cn/default1024.htm
- Confucius Publishing Co. Ltd(孔學出版社多種語文網址) www.confucius.org/index.html
- 國立故宮博物院 www.npm.gov.tw
- 漢文化網 www.han-culture.com
- 時空之旅(蘇軾) http://cls.hs.yzu.edu.tw/su_shih
- 秦始皇兵馬俑博物館 www.bmy.com.cn
- 中國文明 www.chiculture.net
- 中華博物 www.gg-art.com
- 大紀元文化網 www.epochtimes.com/b5/ccindex.htm
- 古代漢語(湖州師範學院人文學院) www.hutc.zj.cn/rwxy/kecheng/gdhy/index.asp
- 中國千年繪畫巡禮 www.guxiang.com/painting/index.htm
- 長江文明 www.chiculture.net/0202/html/b06/0202b06.html
- 龍騰世紀 www.millionbook.net
- 網易相册 http://photo.163.com
- 孝恩文化 www.xiao-en.org/index.html
- 智慧故事 http://ccc.sngs.sch.edu.sg/zhihui/index.html
- 中國紅色旅游 www.xibaipo.com
- 瑞麗女性網 www.rayli.com.cn/index.html
- 漢陽大學中國學部 http://pendar.hanyang.ac.kr
- 正一藝術 www.ccd.zionline.com.cn/
- 好圖网 www.haotu.cn/
- East Asian History www.east-asian-history.net
- Barry's Clipart Server www.barrysclipar.com
- 이야기 한자여행 http://hanja.pe.kr
- 이명희 민화연구소 www.leemh-minhwa.co.kr
- 아태여성정보통신센터 http://apwinc.sookmyung.ac.kr

중앙에듀북스 Joongang Edubooks Publishing Co.
중앙경제평론사 | 중앙생활사 Joongang Economy Publishing Co./Joongang Life Publishing Co.

중앙에듀북스는 폭넓은 지식교양을 함양하고 미래를 선도한다는 신념 아래 설립된 교육 · 학습서 전문 출판사로서 우리나라와 세계를 이끌고 갈 청소년들에게 꿈과 희망을 주는 책을 발간하고 있습니다.

현직 선생님이 들려주는 **한자를 알면 세계가 좁다** 〈최신 개정판〉

초판 1쇄 발행	2006년 2월 24일
초판 12쇄 발행	2007년 11월 15일
개정초판 1쇄 발행	2008년 7월 15일
개정초판 8쇄 발행	2014년 3월 15일
개정2판 1쇄 발행	2016년 8월 25일
개정2판 4쇄 발행	2021년 9월 10일

지은이 | 김미화(MiHwa Kim)
펴낸이 | 최점옥(JeomOg Choi)
펴낸곳 | 중앙에듀북스(Joongang Edubooks Publishing Co.)

대　표 | 김용주
편　집 | 한옥수 · 백재운
디자인 | 박근영
마케팅 | 김희석
인터넷 | 김회승

출력 | 케이피알　종이 | 에이엔페이퍼　인쇄 | 케이피알　제본 | 은정제책사

잘못된 책은 구입한 서점에서 교환해드립니다.
가격은 표지 뒷면에 있습니다.

ISBN 978-89-94465-31-9(03700)

등록 | 2008년 10월 2일 제2-4993호
주소 | ⊕04590 서울시 중구 다산로20길 5(신당4동 340-128) 중앙빌딩
전화 | (02)2253-4463(代)　팩스 | (02)2253-7988
홈페이지 | www.japub.co.kr　블로그 | http://blog.naver.com/japub
페이스북 | https://www.facebook.com/japub.co.kr　이메일 | japub@naver.com
♣ 중앙에듀북스는 중앙경제평론사 · 중앙생활사와 자매회사입니다.

도서
주문　www.japub.co.kr
전화주문 : 02) 2253-4463

※ 이 도서의 국립중앙도서관 출판시도서목록(CIP)은 서지정보유통지원시스템 홈페이지(http://seoji.nl.go.kr)와
국가자료공동목록시스템(http://www.nl.go.kr/kolisnet)에서 이용하실 수 있습니다.(CIP제어번호: CIP2016018111)

중앙에듀북스/중앙경제평론사/중앙생활사에서는 여러분의 소중한 원고를 기다리고 있습니다. 원고 투고는 이메일을
이용해주세요. 최선을 다해 독자들에게 사랑받는 양서로 만들어 드리겠습니다. 이메일 | japub@naver.com

그림으로 보는 부수 일람표

▣ 총 214개 한자 부수의 명칭과 각각의 유래를 그림으로 표시함.

주검 시	활 궁	도끼 근	털 모	검을 현
풀 철	돼지머리 계	방향 방	성씨 씨	구슬 옥 (구슬옥변)
메 산	터럭 삼	없을 무	기운 기	오이 과
개미허리(내 천)	천천히걸을 척(= 두인변)	해 일	물 수(삼수변, 물수발)	기와 와
장인 공	**4획**	가로 왈	불 화(불화발)	달 감
몸 기	마음 심(심방변, 마음심발)	달 월	손톱 조(손톱머리)	날 생
수건 건	창 과	나무 목	아버지 부	쓸 용
방패 간	집 호	하품 흠	사귈 효	밭 전
작을 요	손 수(재방변)	그칠 지	조각 장	발 소
집 엄(= 엄호)	지탱할 지	뼈앙상할 알(= 죽을사변)	조각 편	병들어기댈 녁
길게걸을 인(=민책받침)	칠 복(등글월문)	몽둥이 수	어금니 아	등질 발(= 필발머리)
맞잡을 공	글월 문	말라 무	소 우	흰 백
주살 익	말 두	견줄 비	개 견(개사슴록변)	가죽 피

皿 그릇 명	糸(糹) 실 사(실사변)	至 이를 지	西(覀) 덮을 아	身 몸 신
目(罒) 눈 목	缶 장군 부	臼 절구 구		車 수레 거, 차
矛 창 모	网网(罒) 그물 망(그물망머리)	舌 혀 설	**7획** 見 볼 견	辛 매울 신
矢 화살 시	羊 양 양	舛 어그러질 천	角 뿔 각	辰 날 신, 별 진
石 돌 석	羽 깃 우	舟 배 주	言 말씀 언	辵(辶) 쉬엄쉬엄갈 착(책받침)
示(礻) 보일 시(보일시변)	老(耂) 늙을 로	艮 그칠 간	谷 골 곡	邑(阝) 고을 읍(우부방)
内 짐승발자국 유	而 말이을 이	色 빛 색	豆 콩 두	酉 닭 유
禾 벼 화	耒 쟁기 뢰	艸(艹) 풀 초(초두머리)	豕 돼지 시	釆 분별할 변
穴(宀) 구멍 혈(구멍혈머리)	耳 귀 이	虍 범 호	豸 벌레 치	里 마을 리
立 설 립	聿 붓 율	虫 벌레 충	貝 조개 패	**8획** 金 쇠 금
	肉(月) 고기 육(육달월변)	血 피 혈	赤 붉을 적	長(镸) 길 장
6획 竹 대 죽	臣 신하 신	行 다닐 행	走 달릴 주	門 문 문
米 쌀 미	自 스스로 자	衣(衤) 옷 의(옷의변)	足(𧾷) 발 족(발족변)	

阜阝
언덕 부(좌부변)

 隶
미칠 이

佳
새 추

雨
비 우

青
푸를 청

非
아닐 비

風
바람 풍

飛
날 비

食
먹을 식(먹을식변)

首
머리 수

香
향기 향

9획

面
얼굴 면

革
가죽 혁

韋
가죽 위

韭
부추 구

音
소리 음

頁
머리 혈

10획

馬
말 마

骨
뼈 골 162

高
높을 고

髟
긴머리털 표

鬥
싸울 투

鬯
울창주 창

鬲
솥 격, 력

鬼
귀신 귀

11획

魚
물고기 어

鳥
새 조

鹵
소금 로

鹿
사슴 록

麥
보리 맥

麻
삼 마

12획

黃
누를 황

黍
기장 서

黑
검을 흑

黹
바느질할 치

13획

黽
맹꽁이 맹

鼎
솥 정

鼓
북 고

鼠
쥐 서

14획

鼻
코 비

齊
가지런할 제

15획

齒
이 치

16획

龍
용 룡

龜
거북 귀

17획

 龠
피리 약